한국어 정책의 이해

한국어 정책의 이해

최용기 지음

한국문화사

한국어 정책의 이해

초판 인쇄 2010년 7월 20일
초판 발행 2010년 7월 30일

지은이 최용기
펴낸이 김진수
펴낸곳 **한국문화사**
등 록 1991년 11월 9일 제2-1276호
주 소 서울특별시 성동구 구의로 3 두앤캔B/D 502호
전 화 (02)464-7708 / 3409-4488
전 송 (02)499-0846
이메일 hkm77@korea.com
홈페이지 www.hankookmunhwasa.co.kr

잘못된 책은 바꾸어 드립니다.
이 책의 내용은 저작권법에 따라 보호받고 있습니다.

ISBN 978-89-5726-785-1 93370

이 도서의 국립중앙도서관 출판시도서목록(CIP)은 e-CIP 홈페이지
(http://www.nl.go.kr/cip.php)에서 이용하실 수 있습니다.
(CIP제어번호: CIP2010002457)

머리말

　한 원로 국어학자께서 한평생 살아가며 국어학 전공 서적 세 권을 발행해야 국어학자로 인정받을 수 있다는 말씀을 한 적이 있습니다. 이 말씀이 늘 머릿속을 맴돌며 나를 괴롭혔고 정말 실천할 수 있을까 고민을 많이 하였습니다. 결코 불가능할 것 같지도 않지만 쉬운 일이 아니라는 생각도 하였습니다. 그분은 덧붙여 박사 학위를 취득한 후에 십 년을 기준으로 하여 국어학 전공 서적을 한 권씩을 발행해야 하고 삼십 년쯤은 국어학 연구를 해야 한다고 연구 방법도 알려 주었습니다.

　어느덧 박사 학위를 취득한 지가 십 년이나 되었으니 이제는 국어학 전공 서적 한 권을 내야 하겠다고 생각하였지만 쉽지만 않았습니다. 일반 대학원생보다 늦게 박사 학위 과정에 입학을 하였으니 더 부지런히 연구하고 논문도 더 많이 써야 할 텐데 여러 가지 업무 때문에 쉽게 해결되지 않았습니다. 다행히 박사 학위 논문은 단행본으로 발간되어 호평을 받았지만 그 이후에 연구는 별로 진척되지가 않았고 국립국어원의 업무에만 매달려 하루하루를 보내는 날이 더 많았습니다.

　국립국어원의 일이 조사 연구나 교육 활동보다는 국어 정책을 수립하고 이를 실천하는 업무가 대부분이다 보니 논문을 쓰고 이를 정리하는 시간이 많지 않은 것도 사실입니다. 이런 어려움 속에서도 그동안 여기저기에 발표한 논문이 이십여 편이나 되어 이들을 한 곳에 모아야 하겠다고 생각을 여러 번 하였지만 이것마저도 쉽지 않았습니다. 왜냐하면 처음부터 계획된 것도 아니고 일관성 있게 기술한 것도 아니므로 이를 편집하고 정리하는 일도 간단하지 않았기 때문입니다.

　그렇지만 한국어 정책에 대한 이론서가 없는 상황에서 무작정 기다릴 수만은 없다고 생각하여 이들 논문을 깁고 더하여 한 권의 책으로 꾸며 보았습니다.

이 책에 실린 논문은 필자가 국어학 관련 학회지에 실었거나 국어학 또는 한국어학 학술 대회에서 발표한 것들입니다. 모두 22편의 논문을 네 분야로 묶어 정리를 해 보니 그런 대로 연관이 있다고 생각됩니다. 필요한 분야만을 골라서 볼 수도 있고 분야별로 선택해서 볼 수도 있을 것입니다.

각 분야의 특징을 살펴보면 제1부는 국어 정책의 과거와 현재로 세종의 문자 정책, 일제 강점기의 언어 정책, 표준어와 지역어 정책, 한글 진흥 정책의 미래에 대하여 언급하였으며, 제2부는 국어 순화와 남북 언어 정책으로 국어 순화 정책, 남북한 국어 정책, 남북한 순화 용어와 통일 방안, 남북한 언어 차이와 동질성 회복 방안 등 현실적인 국어 정책을 담고 있습니다. 제3부는 한국어 교육 정책에 관한 내용으로 한국어 교육 정책의 현황과 과제, 세종 학당의 운영 방향, 한국어 교원 제도의 현황과 과제, 다문화 사회의 한국어 교육 정책 등을 살펴보았고, 제4부는 국어 정책과 실용 언어 연구로 광고 언어 연구, 교과서 문장 연구, 청소년 언어폭력 추방 대책, 공직자의 언어생활 등을 담고 있습니다.

비록 이 책은 여러 측면에서 부족한 부분이 많이 있을지라도 앞으로 이 책을 매개로 하여 이 분야의 연구가 더 활발해지기를 간절히 바랍니다. 끝으로 여러 가지 어려운 상황에도 흔쾌히 이 책의 출판을 맡아 주신 한국문화사 김진수 사장님과 임직원 여러분께 진심으로 감사드립니다.

2010년 6월 15일
국립국어원 교육진흥부장실에서
최 용 기

차 / 례

제1부 / 국어 정책의 과거와 현재

제1장 | 세종의 문자 정책과 한글 진흥 정책의 미래 • 11

제2장 | 일제 강점기의 국어 정책 • 36

제3장 | 박정희 대통령 시기의 언어 정책 • 56

제4장 | 한글 띄어쓰기의 변천 연구 • 70

제5장 | 표준어와 지역어(방언) 정책 • 101

제2부 / 국어 순화와 남북 언어 정책

제6장 | 국어 순화 정책 연구 • 133

제7장 | 방송 언어의 순화 • 167

제8장 | 남북한 국어 정책 변천사 연구 • 185

제9장 | 남북한 순화 용어와 통일 방안 • 210

제10장 | 남북한의 언어 차이와 동질성 회복 방안 • 225

제3부 / 한국어 교육 정책의 이해

제11장 | 한국의 언어 정책과 세종학당 운영 • 253
제12장 | 한국어 교육 정책의 현황과 과제 • 267
제13장 | 한국어 교육의 현황과 세종학당 운영 방향 • 294
제14장 | 한국어교원 자격 제도의 현황과 과제 • 325
제15장 | 다문화 사회의 한국어 교육 정책 • 351

제4부 / 국어 정책과 실용 언어 연구

제16장 | 광고 언어의 조사 연구(고유어, 한자어) • 377
제17장 | 광고 언어의 조사 연구(외래어) • 411
제18장 | 국어 교과서 문장 실태 연구 • 444
제19장 | 청소년 언어폭력 실태와 추방 대책 • 469
제20장 | 건재 정인승 선생의 국어 사랑 정신 • 485
제21장 | 공직자의 언어생활 • 507
제22장 | 교과서 문장론 • 522

■찾아보기 • 558

제1부

국어 정책의 과거와 현재

제1장 | 세종의 문자 정책과 한글 진흥 정책의 미래

제2장 | 일제 강점기의 국어 정책

제3장 | 박정희 대통령 시기의 언어 정책

제4장 | 한글 띄어쓰기의 변천 연구

제5장 | 표준어와 지역어(방언) 정책

제1장 세종의 문자 정책과 한글 진흥 정책의 미래

1. 머리말

　훈민정음이 1443년(세종 25년)에 창제되고 그 3년 뒤인 1446년(세종 28년)에 공식적으로 반포되었다. 이때에 반포된 '훈민정음'은 문자의 이름이며 동시에 책 이름이기도 하다. 이 책에 최초로 '국어'(國語)라는 명칭(훈민정음 해례본 '합자해', 且國語雖不分輕重, … 於國語無用)이 나타나는데 오늘날의 '표준어'(우리말)와 같은 개념으로 사용되었다. 그 이후에 훈민정음이 정부의 공식 문서에 대표적인 표기 형식으로 자리를 잡게 된 것은 1894년(고종 31년) 11월 21일에 공포된 '칙령' 제1호 공문식 제14조에서부터이다. 곧 "法律勅令 總以國文爲本 漢文附譯 或混用國漢文"(법률 칙령은 다 국문으로 본을 삼고 한문 번역을 붙이며 또는 국한문을 혼용한다.)이라 한 것이 그것인데 이 가운데 '국문'이란 오늘날의 한글을 가리키며 한글은 이때부터 말 그대로 나라를 대표하는 글자(나라글자)로서의 지위를 얻게 된 것이다.

　그런데 이 칙령은 공문서의 대표 형식을 '한문'에서 '국문'으로 바꾸는 데는 커다란 공헌을 하였지만 그 뒤에 이것은 우리의 공식적인 문자생활에 또 다른 문제를 불러일으키는 계기를 만들었다. 그것이 '국한문 혼용'인데 공문서에서의 국한문 혼용은 1908년(순종 2년) 2월 6일자 관보에 처음 나타난다. "各官廳의 公文書類는 一切히 國漢文을 交用ᄒᆞ고 純國文이나 吏讀나 外國文字의 混用ᄒᆞᆷ을 不得ᄒᆞᆷ"이 그 내용이다. 이와 같은 상황 변화는 오랫동안의 한자 위주의 굳어진 문자생활의 버릇에서 비롯하는데 이미 굳어진 버릇을 하루아침에 바꾸는 것은 쉬운 일이 아니었다.

우리의 문자생활에 큰 변화가 찾아온 것은 일제의 식민 시대에서 벗어나 광복을 맞게 되면서부터이다. 한글이 나라글자로서의 지위를 확고하게 자리 잡은 것은 1948년 10월 1일(공포는 10월 9일, 법률 제6호)에 국회를 통과한 '한글 전용에 관한 법률'이었다. 이 법률은 비록 한 줄밖에 안 되는 내용(대한민국의 공문서는 한글로 쓴다. 다만, 얼마 동안 필요한 때에는 한자를 병용할 수 있다.)이지만 그 파장은 대단하였다. 그러나 이것에 반대하는 세력도 만만치 않아 1949년 9월에 '한자 사용에 관한 건의안'이 제안되어 가결되었다. 그 이후에 한글 전용 정책과 한자 교육 정책은 혼란을 빚게 되었다. 정부 당국도 이런 논쟁에 휘말리어 갈피를 잡지 못하는 지경에 이르게 되었다. 그래서 오늘날까지도 문자 정책에 관해 정부가 분명한 태도를 보이지 못하고 있는 것은 이런 사실과 무관하지 않다.

아울러 2005년에는 '국어기본법'과 동법 시행령을 제정하여 공포하였지만 '한글 진흥 정책'에 관한 구체적인 사항을 명시하지 못하고 포괄적인 면에서만 제시하고 있다. 아직까지 국어 정책과 한글 정책을 구분하지 못한 상태에서 어문 정책을 추진하는 것이 아쉽기만 하다.

이 글은 세종 대왕의 훈민정음 창제 정신과 그동안의 여러 가지 경위를 알아보고 우리의 문자 정책은 무엇이 문제인지, 미래의 한글 진흥 정책에 대한 방향은 무엇인지 모색해 보고자 한다. 그러나 이런 문제는 그렇게 간단하지 않다. 인접 학문과의 연계 문제, 관련 부처와의 업무 조율 문제, 학자들 간의 이견 조율 문제 등이 쉽지 않을 뿐만 아니라, 문자 개혁은 비록 작은 변화일지라도 국민들에게 또 다른 문제를 가져다 줄 수도 있기 때문이다.

2. 세종의 민본 정신과 문자 정책

2.1. 세종의 자주 정신과 민본 정신

세종 대왕은 훈민정음의 머리말에서 다음과 같이 말씀하셨다.

> "우리나라 말은 중국과 달라서 중국말을 적는 글자인 한자로써는 우리말을 적을 수 없다. 그러므로 우리 백성은 말하려는 일이 있어도 자기의 뜻을 나타내지 못하는 사람이 많다."

우리는 이 훈민정음 머리말에서 중요한 사실을 몇 가지 확인할 수 있다.

첫째는, 세종 대왕의 민족 자주정신을 확인할 수 있다. 우리말이 중국말과 다르다는 것이다. 그러므로 중국 글자인 한자로써는 우리말을 적을 수 없음을 먼저 내세우고 있다는 것은 매우 중요한 일이다. 우리나라는 중국이 아니라는 것을 분명히 깨우쳐 주고 있다.

이것은 지극히 당연하고 평범한 일인 것 같으나 그때의 지식인들이 생각하는 사고방식 밑바닥에 흐르고 있는 조류를 생각해 볼 때는 반드시 당연한 일이라고만 보아 넘길 수 없는 일일 것이다. 그때의 지식인들은 중국에 대해 극히 저자세이었고 모화사상에 흠뻑 젖어 자기 자신을 잃어버리고 있었기 때문이다. 그 극단적인 표현이 최만리, 신석조, 정창손 등의 훈민정음 반대 상소문에 나타나 있으니 그 몇 부분을 살펴보면 다음과 같다.

> "우리나라에서는 일찍부터 지성으로 중국을 섬기어 한결같이 중국의 제도를 따랐는데, 이제 (중국과) 글자도 같게 하고 수레바퀴의 규격도 같게 할 때를 당하여 언문을 만듦은 보고 듣기에 놀랍습니다."
> "만약 (언문을 만들었다는 사실이) 중국으로 들어가 이를 비난하는 일이 있다면 어찌 사대 모화에 부끄럽지 않겠습니까?"
> "역대 중국이 모두 우리나라를 …… 중국과 비슷하다고 하였는데 이제 따로 언문을 지어 중국을 버리고 스스로 오랑캐와 같아지려 하니, 어찌 문명의 큰 해가 되지 않겠습니까?"

이들은 중국 사람이 되고 싶어 못 견디는 무리이었음을, 우리는 이 글에서 분명히 알아차릴 수 있다. 이런 사대 모화의 거센 소용돌이 속에서, 세종 대왕은 우리말은 중국말과 다르다는 것을 첫 마디에 내세우고 있으니 세종 대왕의 민족 자주정신은 항상 뼈에 사무쳐 있었다고 생각할 수밖에 없는 일이다.

세종 대왕의 이러한 정신은 동북아시아의 국경선을 확정하여 근세적인 개념을 확립하는 데에도 강하게 나타나 있고 중국 음악을 부흥시켜 새 음악을 작곡한 데 이어 우리나라의 향악을 작곡하여 그것을 기보하기 위해 '정간보'(井間譜)를 창안한 데에도 나타나 있다.

둘째는, 이 머리말에서 우리는 세종 대왕께서 백성을 위해 정치를 하려는 민본 정신을 읽을 수 있다. 어리석은 백성이 말하려 해도 말할 수 없어서 억울한 일을 당하는 일이 많음을 딱하게 여겨 훈민정음을 만든 것이다. 이것은 세종 대왕의 민본 정신을 나타낸 것이며 이 정신은 오늘날의 민주주의 정신과도 통한다고 할 수 있다. 훈민정음이 쉽고 조리 있게 만들어진 까닭을 바로 여기에서 찾을 수 있는 것이다. 모든 백성이 이른 시일 안에 다 배워 알 수 있도록 하기 위해서는 글자는 되도록 쉬어야 했던 것이다.

이러한 세종 대왕의 밑바닥 정신은 인도주의 정신으로 이끌어진다. 아기 낳은 관비의 휴가 기간을 연장하여 충분한 휴식을 취하게 한 일, 감옥 안에 물동이를 두어 죄수들이 한더위를 견디기 쉽도록 해 준 일, 죽을죄는 반드시 3심을 받도록 한 일, 그리고 노비에 대해 사사형벌을 금한 일 따위는 모두 세종 대왕의 이러한 민본 정신과 인도 정신을 나타낸 것으로 볼 수 있을 것이다. 심지어, 훈민정음 창제에 강력히 반대하던 최만리 일파에 대해서도 누누이 타이르며 설득하려고 했지만 그래도 지나치다고 생각하여 의금부에 가두었으나 그 이튿날 풀어 주도록 명령을 내리기도 하였다.

2.2. 세종의 문자 정책

세종 대왕의 훈민정음 창제는 과감한 실천력 없이는 이루어질 수 없는 일이다. 실로 위대한 결단과 놀라운 글자 혁명이 이루어진 것이다. 우리는 훈민정음의 머리말에서 세종 대왕의 민본 정신을 읽을 수 있었고 나아가서 새 글자를 만들었다는 사실에서 세종 대왕이 매우 독창적인 성격을 지니고 있었음을 알 수가 있다.

세계의 여러 글자의 뿌리를 살펴보면 불과 몇 개로 집약이 된다고 한다. 이 몇 가지의 글자에서 모든 나라들이 그 글자를 빌려 쓴 것이다. 그리고 이 몇 가지의 글자도 대부분 어떤 개인에 의해 창조된 것이 아니다.

이렇게 보면 우리의 글자 한글만이 세종 대왕과 그의 신하(또는 학자)들이 힘을 합하여 만들어 낸 것이다. 그것도 세계의 여러 문자 가운데 매우 과학적이면서도 그 밑바닥에는 동양 철학의 원리를 깔고 있고 아주 쉬운 글자를 창조한 것이다.

세종 대왕이 훈민정음을 창제한 것은 쉬운 일이 아니었다. 웬만한 독창적인 두뇌로써는 도저히 이루어 낼 수 없는 위대한 창조였다. 세종 대왕은 이러한 정신과 성격을 글자로 승화시키기 위하여 있는 정성을 다하여 몸소 연구에 골몰하였다. 어떤 분은 세종 대왕은 언어 정책만 세웠을 뿐이지 실질 연구는 신하들이 하였다고 하는 일이 있으나 그렇지 않다는 것은 최만리의 상소문에 잘 나타나 있다.

> "이번에 청주 조정에 거동할 때에 특히 농사 형편이 좋지 않은 것을 염려하시어 시종의 모든 사무를 간략히 하여 앞날에 비하면 옆에 열아홉을 줄이고, 계품하는 공무까지도 또한 정부에 맡겼는데 저 언문은 국가에 시급한, 꼭 해야 하는, 시일을 정한 일도 아님에도 불구하고 어찌 홀로 행재에서 급급히 이것을 놓지 않고 임금이 조섭하는 때를 번거롭게 합니까?

이 표현에서 우리는 세종 대왕이 언어 정책을 세운 데에만 그치지 않았음을 알 수 있다. 그뿐만 아니라 훈민정음이 조선 한자의 소리나 중국말의 소리를 적기 위해서 만들기 시작한 것이라는 터무니없는 주장도 배제해야 할 것이다.

훈민정음은 우리말을 적기 위해서, 세종 대왕이 몸소 연구에 관여해서 만들어 낸 것이다. 그러나 그것을 만들기 위해서는 중국의 언어학(운학)에서 많은 것을 애써 배웠으니, '홍무정운역훈'과 '동국정운'은 그 결실로 볼 수 있을 것이다.

세종 대왕은 훈민정음을 만들고 난 뒤에 그 보급에도 관심을 두었다. 훈민정음을 보급하는 방편으로, '효뎨례의'(孝悌禮義)라는 별전(別錢)을 만들어(출전, 고전대감(古錢大鑑)) 훈민정음을 돈처럼 널리 쓰이게 하고자 하였으며 이를 '경하전'(慶賀錢)으로 다루었다고 한다(이 별전을 재구하여 지난 2006년에는 한글날 기념주화로 제작하였으며, 2008년에는 세계주화책임자회의(DMC)에서 세계 최고 주화로 선정, '가장 기술적인 은화' 부문 대상 수상, 참고 문헌 뒤에 첨부). 또, 관리 등용 시험에도 훈민정음을 한 과목으로 삼도록 하였고 신하들에게도 문서를 훈민정음으로 만들게 하기도 했다고 한다.

또한, '용비어천가', '석보상절', '월인천강지곡'과 같은, 운문과 산문에도 훈민정음을 사용하여 표본을 보이기도 하였다. 이 세 책 중에 '월인천강지곡'은 세종이 직접 지은 것(이 사실에 대해서도 의심을 하는 사람이 있으나)이며, 그 표기법에 주목할 만한 두 가지 사실을 발견할 수 있다.

첫째, 한자말을 적는 데 있어서 '석보상절'에서는 한자가 위에 놓이고 그 밑에 그보다 작은 한글로 소리를 적어 놓았는데 '월인천강지곡'에서는 그 자리와 크기가 바뀌어 있다. 곧 한글을 먼저 내세우고 그 밑에 그보다 작은 한자를 붙여 놓았다.

> 삼三쳔千때大쳔千이 불ᄀ며 룸樓뎐殿이 일어늘 안좀 걷뇨매 어마님 모ᄅ시니
> (월인 기 16)

이러한 표기 방법으로써, 우리는 세종 대왕의 한자말 표기의 근본정신을 알 수 있다. 곧 세종 대왕은 한자말도 훈민정음으로 적으려는 의도를 가지고 있었던 것이다. 이것은 글자 적기의 큰 혁명이니 여기에서 우리는 세종 대왕의 혁신적인 성격을 아울러 엿볼 수 있다.

둘째, '석보상절'의 표기는 소리대로 적기이다. 그런데 월인천강지곡의 표기는 오늘날의 표기법과 비슷한 형태소의 기본형을 밝혀 적는 것이다.

> 날 둘이 츠거늘 어마님이 뼈毘람藍원園을 보라 가시니 (월인 기 17)

여기에서도 우리는 세종 대왕이 우리말에 대한 문법 의식을 소유한 분임을 알 수 있다. 곧 그때의 다른 사람들에 비해 세종 대왕은 현대의 언어학자들과 비슷한 수준에서 우리말을 분석하였던 것이다. 그 당시 최고의 학자인 최만리가 훈민정음으로 중국 저서를 번역하는 것은 터무니없는 것이라고 주장하자 세종

대왕은 "너희가 운서를 아느냐? 또 너희가 사성 칠음과 자모가 몇인 줄 아느냐"라고 묻자 그는 아무 말도 하지 못했다고 한다.

세종 대왕의 훈민정음 창제는 우리 겨레의 문자 생활을 새롭게 시작하는 중요한 계기가 된 것이다. 우리나라에도 훈민정음 이전에 글자의 기록을 남겼다. 그러나 이 기록들은 우리 조상들이 살아 움직이는 모습과 그 마음가짐을 잘 전해 주지 못하고 있었다. 향가와 이두 같은 우리말의 기록은 그 분량이 너무나 적은 데다가 그것마저 그 당시의 언어로 복원하기는 쉬운 일이 아니다. 또한, 많은 한문 서적이 전해져 오고 있으나 이 기록들은 마치 중국 사람의 눈에 비친 우리 조상들의 모습과 감정을 그려 놓은 것같이 느껴지는 것들이다. 한 민족의 언어와 그 민족의 사고방식은 밀접한 관계가 있으므로 한문의 기록은 중국적인 사고방식에 끌리지 않을 수 없도록 되는 것이기 때문이다.

그러므로 진정한 의미에서 우리 겨레의 역사 기록은 훈민정음 창제와 더불어 시작되었다고 해도 과언이 아니다. 그때부터 비로소 우리 조상들이 살아 움직이는 모습이 바로 우리 눈앞에 나타나기 시작한 것이다. 바로 훈민정음 창제는 세종의 문자 정책을 그대로 보여 준 대표적인 것이며 우리 겨레 역사상 가장 중대한 사건으로 보아야 할 것이다.

(※) 훈민정음(한글)에 대하여 외국 학자들이 평가하는 극찬의 글이다.(참고 자료)
(1) 한글은 음소적이고도 음절적인 장점을 지닌 아마도 세계에서 실제로 쓰이고 있는 어느 나라 문자보다도 가장 과학적인 문자 체계일 것이다.(라이샤워와 페어뱅크, 미국 하버드대학 교과서)
(2) 한국인들은 세계에서 가장 좋은 알파벳을 발명하였다.(포스, 네덜란드 라이센 대학)
(3) 한글은 자못 수준 높은 조음 음성학적 분석의 기초 위에서 창조적으로 만들어진 알파벳이다.(맥콜리, 미국 시카고 대학)
(4) 한글은 음성 같은 계열 안에서 조직적인 모양 변화를 갖는 것만으로도 충분한데 동시에 발성기관과 소리의 상호 관계를 묘사하는 합리성까지 갖추고 있어 세계 문자사에서 유례가 없는 문자학적 놀라운 업적이다.(레드야드, 미국 캘리포니아 대학)

(5) 한글의 문자 체계는 문자 디자인의 관점에서 볼 때 단위 기호의 부분들이 음성의 분석적 자질을 대표하는 문자 체계로, 세계에서 유일하다.(차오, 중국 언어학자)
(6) 한글은 단순성과 편의성에 감탄할 만하며 표음문자이지만 새로운 차원의 자질 문자 체계로서, 인류의 가장 위대한 지적 성취의 하나로 평가된다.(샘슨, 영국 언어학자)
(7) 한글은 인간이 개발한 문자 체계 중에서 가장 뛰어난 과학적 표기법 체계이다. (다이아몬드, 미국 과학자)

3. 훈민정음 창제 이후의 문자생활

훈민정음 창제 이후의 문자생활을 정리하는 일은 쉬운 일이 아니다. 사실상 문자 정책이 분명하지 않았기 때문이며 이에 관한 문헌을 찾기도 쉽지 않기 때문이다. 다행히 외솔 최현배 교수의 '고친 한글갈'(1961)과 안병희 교수의 '한글의 창제와 보급'(2000)이 있어 이를 정리하면 다음과 같다.

외솔은 '한글 쓰기의 번짐(한글 사용의 진흥)'을 한글의 창제 시기, 정착 시기, 변동 시기, 간편화 시기, 각성 시기, 대성 시기의 여섯으로 나누고 각 시기의 특징을 다음과 같이 설명하고 있다. 창제 시기는 임금이 직접 한글을 지어 쓰던 시기이요, 정착 시기는 양반 계급이 한글을 쓰기 비롯한 시기이요, 변동 시기는 한글이 양반 계급에서 평민의 손으로 옮아가기 비롯한 시기이요, 간편화 시기는 한글이 아주 평민의 손에 만만히 쓰이던 시기이요, 각성 시기는 독립된 나라 정부가 백성과 함께 한글을 높여 쓰기 비롯한 시기이요, 대성 시기는 모든 장애를 없애 버리고 자유로이 그 과학적 성능을 발휘하는 시기이다.

이렇게 말하면, 한글이 그 탄생 이후로 무난히 자라서 임금의 손에서 양반에게로, 양반의 손에서 평민에게로, 평민의 손에서 나라와 백성에게로 순조로이 번진 것 같지만, 그렇지 아니하다. 그 창제 시기에 있어서는 완고한 낡은 사대주의 세력의 맹렬한 반대에 봉착하였으며, 정착 시기에는 연산군의 책 태우는 악정이 있었으며, 변동 시기에는 왜란의 참화가 훈민정음의 원본까지 영영 인멸의 운명으로 몰아넣었으며 간편화 시기에는 비교적 널리 쓰이기는 그 쓰는 법이 한글 본연의 성능을 크게 불구자로 만들었으며 순조 때부터 갑오경장에 이르는 한 백 년 동안에는 한글이 아주 침체 부진의 상태에 빠졌던 것이며 각성 시기에는 실로 현대적 비약을 할 만한 좋은 시기였지만 그 악운은 더욱 극악하였다. 일본 제국주의의 침략은 우리 겨레와 함께 한글을 아주 말살하려 하였던 것이다. 그러나 원체 높은 이상과 씩씩한 과학다운 건강성을 타고난 한글은 그 첩첩한 액운과 난관을 개척 돌파하여, 드디어 대성 시기를 획득하게 된 것이다. 그러나 액운은 한글의 발전 계단에 번번이 찾아들기를 잊지 아니하고 계속 생기었으니 이른바 정부의 '한글 간소화', '구 철자법으로의 환원'이란 것이 곧 그것이다. 이에 대해서도 한글은 용감히 승리를 관철하였으니 이는 온 민중이 한글의 과학성, 위대한 이상에 깊은 각성과 신념을 가지고 분투한 결과라고 하겠다.

안병희 교수는 훈민정음 창제 이전에 우리의 문자생활은 주로 한자로 이루어지는데 한자를 가지고 한 문자생활은 다시 순수한 한문 곧 고전 한문으로 하는 문자생활과, 우리나라의 한자음과 새김을 이용한 한자 곧 이두로 우리말을 적은 문자생활의 두 가지로 나눈 뒤, 삼국 시대 이후의 문자생활도 고려 시대와 조선 시대에도 상당 기간 한문으로 계속되었다고 하였으며 한글 창제 이후에 대하여는 다음과 같이 말하고 있다.

한글은 한자에 비하면 배우고 사용하기가 여간 쉬운 문자가 아니다. 한글로 쓴 글은 한문이나 이두문으로 나타내기 힘든 감정이나 사실도 쉽고 정확하게 나타낼 수 있다. 정인지가 말한 것처럼, 지혜로운 이는 하루아침에 배우고 어리석은 이도 열흘이면 배울 수 있는 것이 한글이다. 한자로는 엄두도 못 내던 사람들에게도 한글의 창제로 문자생활의 길이 열리게 된 것이다. 그러나 한글은 한자에 의한 문자생활을 완전히 대신하지는 못하였다. 공적인 문자 생활은 여전히 한자로 행하였다. 공적이 아닌 문자생활에 제한되어 한글이 사용되었다. 한자나 한문을 공부하기 위하거나 백성의 교화나 불교의 포교를 위한 문헌에서 소설과 시가의 창작이나, 아녀자들과 또는 그들끼리 주고받는 편지에서, 한글이 사용되었다. 한글이 창제된 뒤로 우리 문자생활에서는 한자와 한글에 의한 이러한 주종의 역할 분담이 있었음을 이해하여야 한다. 다시 말하면, 한자와 한글에 의한 문자생활의 이중 구조는 조선 초기에 이루어져서 19세기 말까지 계속되었던 것이다.

그 후에도 이런 이중 구조는 계속되었으며 한글 전용 정책의 기본 정신은 1948년에 제정된 이른바 '한글 전용법'(법률 제6호)에 바탕을 두고 있다. 따라서 우리의 문자 생활은 그것이 공적이건 사적이건 가릴 것 없이 모두 한글로만 쓰는 데 있다. 그러나 반대 세력도 만만치 않아 바로 다음 해인 1949년 9월에 '한자 사용에 관한 건의안'이 제안되어 그것이 가결됨으로써 한글 전용 정책과 한자 교육 정책은 지금까지 혼란을 거듭하게 되었다.

4. 한글 진흥 정책의 미래

4.1. 국어 정서법과 한글 표기의 개선

훈민정음 창제는 우리 역사상 매우 중요한 사건이지만 현대 국어의 정서법 관점에서 한글 표기의 문제점이 무엇인지, 이를 개선해야 할 것이 무엇인지 이를 살펴보고자 한다. 우리가 흔히 국어 4법이라고 하는 한글 맞춤법, 표준어 규정, 외래어 표기법, 국어의 로마자 표기법 등이 있는데 한글 맞춤법 중에서 띄어쓰기와 고유 명사의 표시를, 표준어 규정에서 표준어의 정의와 사정 방법을, 그리고 외래어의 표기, 로마자의 표기에 대하여 살펴보기로 한다.

첫째, 띄어쓰기는 훈민정음 창제 당시에는 없었고 적어도 19세기 중반까지는 찾아보기가 어렵다. 그러다가 갑오경장 이후에 권점(圈點)과 빈칸에 의한 두 가지 띄어쓰기 방안이 나타난다. 권점 띄어쓰기는 '독립경고문'(1894년)의 국문, 한문본에 흑점이 찍혀 있음을 볼 수 있고, 이봉운의 '국문정리'(1897)에는 권환(동그라미)이 쳐져 있음을 볼 수 있다. 특히, 주시경의 저서에는 띄어쓰기가 많이 나타나는데 '국문초학'(1909)에는 흑점을, '국어문법'(1910)에는 권환을 썼고 '말의 소리'(1914)에 와서는 흑점, 권환과 아울러 겹침표(>)를 썼음을 볼 수 있다. 매우 정밀하게 형태론적, 통사론적 사실들을 분석하여 표시한 것이라고 볼 수 있다 (* 옛날에도 권점법이 아주 없었던 것은 아니다. 가령, 용비어천가는 국문 가사와 한문 문장에서 구절에 권환을 쳤다.).

이에 대하여 빈칸 띄어쓰기는 '독립신문'(1896)이 채택함으로써 보급되었다고 할 수 있다. 이것은 영어를 비롯한 서양 언어의 맞춤법 영향을 받은 것임에 틀림없다. 서재필이 미국에서 공부를 하였으므로 우리말에 이 방법을 택한 것은 지극히 자연스러운 일이라고 볼 수 있다. 그는 '독립신문'의 창간호 '논설'에서 '귀졀을 쎄여' 쓸 것을 주장하고 이를 시행하였다.

20세기에 들어 와서 위의 두 가지 방법 중에서 빈칸 띄어쓰기가 점차 세력을 얻어 드디어 1933년 조선어학회의 '한글 맞춤법 통일안'에서 이것이 채택되기에 이르렀다. 그런데 이 빈칸 띄어쓰기도 주로 순국문체에서만 시행되었고 국한문 혼용체는 이를 따르지 않았다.

오늘날의 띄어쓰기는 전반적으로 잘 시행되고 있으나 그 실상을 들여다보면 국어사전, 교과서, 신문, 잡지에 이르기까지 매우 다양하다. 맞춤법의 규정을 잘 지키지 않는 것도 문제이지만 국민이 쉽게 언어생활을 알 수 있도록 띄어쓰기 규정을 보완하는 것이 필요하다. 가령, 의미 단위로 붙여 쓸 수 있도록 하고 의존 명사나 단위 명사 등도 붙여 쓰는 방안을 검토해야 할 것이다. 아울러 북한의 띄어쓰기 규정도 참고하는 것이 좋을 것이다.

둘째, 고유 명사의 표시는 가독성을 높여 주고 암기력을 도와주는 효과가 있다. 한글 표기에서 고유 명사임을 표시한 것도 '독립신문'이었는데, 오른쪽에 방선(傍線)을 그어서 표시하였다. 국명(國名)이나 지명(地名)에는 복선을, 인명에는 단선을 그어서 구별하였다. 그런데 이 신문은 제1권 102호까지만 이 복선법을 사용하였고, 그 다음 호부터는 그것을 폐지하였는데 그 이유는 밝히지 않았다. 이 복선법은 중국에서 간행된 '태서신사'(泰西新史)를 학부에서 번역한 국문본(1897)에서도 발견된다. 이 책에서는 국명과 지명은 오른쪽에 복선을, 인명은 왼쪽에 복선을 그어 구별한 점이 다르다. 20세기에 들어와서도 이 방법이 계승되었는데 최남선이 간행한 잡지 '소년'(少年)이 그렇다. 그런데, '청춘'(靑春)에서는 이를 따르지 않고 있다.

이렇듯 고유 명사의 방선 표시법은 널리 행해지지 않았는데 1933년의 '한글 맞춤법 통일안'(부록 2. 문장 부호)에서 "고유명사를 표시하고저 할 적에는 종서에서는 좌방에 단선을 긋고, 횡서에서는 하선을 긋는다."라고 규정한 점이 주목된다. 그 방법이 번거롭고 보기에도 좋지 않음에도 그 뒤의 개정판에서도 이 규정이 유지되었음은 고유 명사 표시의 필요성을 말해 주는 것이다.

그러나 요즈음의 간행물들을 살펴보면 고유 명사의 표시는 거의 포기하고 있다. 국어사전도 예외는 아니다. 간혹 인용부(낫표, 작은따옴표)를 한 글을 보기도 하나 임시방편에 지나지 않는다. 특수한 예로서, 한국판 '리더스 다이제스트'는 인명이 처음 나올 때 고딕체로 표기하고 있다. 현대 국어의 정서법에서도 고유 명사와 보통 명사를 식별하는 방법이 필요할 것이다.

셋째, 표준어의 정의와 사정 방법에 대하여 살펴볼 필요가 있다. 먼저 표준어의 정의를 살펴보면 '표준어는 교양 있는 사람들이 두루 쓰는 현대 서울말로 정함을 원칙으로 한다.'로 되어 있다. 그런데 여기에서 '교양 있는 사람'의 기준과 '서울말'의 경계, 그리고 '현대'의 개념 등에 대하여 문제를 제기하는 국어학자들이 상당히 있다. 즉, 서울의 행정적, 지리적 팽창으로 수도권 전체가 '서울'의 개념으로 확장되어 지리적으로 규정하기가 불가능하고 서울 사람끼리 결혼한 가족도 찾기 어렵고 교육 수준도 일정하지 않아서 그 기준을 정하기가 막연하기만 하다. '교양 있는 사람들'은 어떤 사람들인지 가릴 수 있는 기준이 없고 '두루 쓰는'이라는 표현도 모호하기만 하고 '~로 정함'이라는 표현도 본래 존재하는 것이 아니고 인위적이거나 작위적이라는 것임을 나타낸다. 더구나 '~로 정함을 원칙으로 한다.'라고 함으로써 현대 서울말이면서 표준어가 아닌 말이 있을 수 있고 현대 서울말이 아니지만 표준어가 될 수도 있다고 해석할 수 있다. 가령, '부주, 삼춘, 사둔'은 전자에 해당하고 '멍게, 영글다'는 후자에 해당할 것이다. 그래서 표준어의 정의에서 '서울말'을 빼고 '공통어'를 넣자는 주장이 나오지만 좀 더 검토가 필요할 것이다.

표준어의 사정 방법도 개선해야 할 점이 한두 가지가 아니다. 발음 변화와 어휘 선택에 대한 명확한 규정이 없는 것도 문제지만 제시된 표준어가 약 700여 개에 지나지 않아서 제시되지 않은 어휘는 어떻게 처리할 것인지도 문제이다. 구체적인 사례는 일일이 다 열거할 수는 없지만 이형태와 변종 어형이 있는 것들도 많다. 가령, 곰살궂다-곰살맞다, 복사뼈-복숭아뼈, 섬뜩하다-섬찟하다, 엉큼하다-응큼하다, 떨어뜨리다-떨구다, 굽실거리다-굽신거리다, 으스대다-으시대다 등은 어느 한쪽만 표준어인지 이에 대한 언급이 없고, 오순도순-오손도손, 만날-맨날, 야멸치다-야멸차다, 맨송맨송-맹숭맹숭, 바동바동-바둥바둥 등은 표준어가 현실 언어보다도 현저히 사용 빈도가 낮은 경우이다. 그런데 무슨 근거로 한쪽 어형만을 표준으로 제시하였는지 확실하지가 않다. 그래서 이런 것들에 대한 대안을 제시하기 위해서 언어 사용 실태 조사가 필수적인데 이들을 일일이 조사하는 일이 쉽지 않기 때문에 최근에는 말뭉치(코퍼스) 자료를 이용하여 사용 빈도를 조사하는 경우도 있다.

넷째, 외래어의 표기도 여전히 문제가 많다. 현행 외래어는 원음주의와 관용을 존중한다고 하고 있지만 제대로 지켜지지 않는 부분이 상당히 많다. 우선 파열음 표기에 된소리를 쓰지 않는 것은 국어의 특성에 맞고 국어를 사용하는 우리 국민들에게 편리하도록 하고자 하는 의도는 알겠지만 원음과 멀어지는 결과를 초래하고 있다. 또한, 굳어진 외래어는 관용을 존중한다고 하였는데 굳어진 외래어의 기준이 무엇인지 알 수가 없다. 따라서 일반 국민들은 일일이 국어사전을 찾아보아야 알 수가 있으며, 원어를 알고 있어도 외래어 표기를 정확히 알기는 쉽지가 않다. 외래어 표기 세칙을 살펴보아도 외래어 용례로 나와 있는 외래어는 절반이 외국어이다. 외래어 용례로 제시된 104개 중에 국어사전에 표제어로 오른 것은 59개에 불과하다. 외래어 발음도 보완이 필요하다. 국어사전이나 외래어 표기 용례집에도 외래어 발음에 관한 정보는 없다. 아무런 언급이 없다면 예사소리(평음)로 발음해야 하겠지만 현실음은 그렇지 않기 때문이다. 또 약어(略語)나 두문자어(頭文字語)의 외래어 표기에 대해서도 언급이 필요하다. 가령, ASEM, APEC, ANZUS'의 표기가 '아셈, 에이펙, 앤저스' 등으로 음운 구조는 비슷한데 외래어 표기는 각기 다르기 때문이다.

아울러 지금처럼 각 언어권별 외래어 표기 세칙을 추가로 제정하는 것도 문제가 심각하다. 만약 전 세계의 언어권별로 외래어 표기 세칙을 제정한다면 수천 개에 해당하는 표기 세칙이 필요하게 될 것이다. 현재 21개의 외래어 표기 세칙(3개 언어 추가 고시 검토 중)이 있는데 외래어의 표기 방법도 문자를 달리 적는 방안을 검토해 볼 필요가 있을 것이다.

다섯째, 로마자 표기는 한글을 모르는 외국인을 위해 한글을 국제 사회에 널리 사용되는 로마자로 음역(音譯)하는 것을 뜻한다. 따라서 로마자 표기법은 일차적으로 한국인을 위해 만든 표기법이라기보다는 외국인을 위해 만든 표기법이라고 할 수 있다. 그런데 로마자 표기법이 외국인을 위한 표기법이라고 할 때 어느 정도까지 외국인을 위한 것일까 하는 문제는 그리 단순하지가 않다. 흔히, 외래어 표기와 반대로 생각하는 경우가 많은데 이는 잘못이다. 외래어 표기법은 일단 자국어의 하나로 받아들인 상태로 표기하는 체계인데 반해 로마자 표기법은 외국어 상태를 그대로 표기하는 것을 목표로 삼는 표기 체계이기 때문이다.

그런데 현행 로마자 표기법은 지난 2000년에 개정되었는데 표음주의 방식을 반영한 전사법을 사용하고 있어 발음과 표기가 다를 수밖에 없다. 또한, 모음의 표기와 자음의 표기가 쉽지 않으며 내국인을 위한 것인지 외국인을 위한 것인지 그 경계가 모호하다. 특히, 모음 중에 종전 표기법과 달라진 것은 '어, 으, 의' 3가지이다. 이 중에서 '어'와 '으'는 특수 부호를 없애고 'eo'와 'eu'로 하였고, '의'는 '으+이'의 구성이나 'ui'로 한 것이 특이하다. 자음 중에서 달라진 것은 'ㄱ, ㄷ, ㅂ, ㅈ'을 'g, d, b, j'로 적도록 한 것인데 종전 표기법에서는 단어 첫머리에서는 무성음으로 발음되는 점을 반영하여 'k, t, p, ch'로 적고 유성음 환경에서는 'g, d, b, j'로 적도록 했었다. 그래서 외국인에게 혼란을 초래하였고 내국인도 성명과 기관명 등 기존에 사용해 왔던 표기를 바꾸지 않고 있는 실정이다. 더구나 현행 로마자 표기법은 정보화 차원에서도 입력 시 속도가 느리다는 지적이다. 가령 '여의도'를 로마자로 전환하면 'Yeouido'가 되어 과거의 로마자 표기보다도 느리다는 것이다.

아무튼 한글이 세계의 많은 글자들 가운데 조직성이나 체계성 면에서 우수한 것은 인정받고 있지만 한글은 완벽한 글자는 결코 아니다. 이에 우리는 자만하지 말고 한글의 특징을 최대한 살려서 누구라도 쓰기 편하고 편리한 문자로 발전할 수 있도록 지혜를 모아야 한다.

4.2. 한글 글자꼴의 개선

한글은 글자꼴이 다른 문자들과 전혀 다른 과정으로 결정된 문자이다. 따라서 한글의 제자 원리가 유별난 만큼 글자꼴에 관한 것도 역시 유별날 수밖에 없다. 한글의 글자꼴에 대한 논의는 여러 각도에서 이루어질 수 있다. 한글 글자꼴이 생겨난 유래나 역사도 논의될 수 있고 한글 글자꼴이 지닌 형태상의 특징도 논의의 대상이 될 수 있다. 한글의 글자꼴이 정해진 것은 이미 제자 원리에 다 설명이 되어 있다. 한글의 제자 원리가 곧 글자꼴의 유래인 것이다. 그래서 여기서는 한글 글자꼴의 특징을 주로 살펴보고자 한다.

한글(자모)의 글자꼴은 두 가지 특성을 지니고 있다. 첫째는 각각의 글자꼴이 특정한 의미를 지닌다는 점이고, 둘째는 각각의 글자꼴이 독립된 것이면서도 실제 표기에서는 전체의 한 부분으로서 기능한다는 점이다. 한글 글자꼴이 일정한 의미를 지니고 있다는 것은 독특한 제자 원리 때문이다. 글자의 모양을 정할 때 소리의 특징(자질)을 연구하여 그것을 글자꼴에 반영했기 때문에 글자꼴이 여러 가지 정보를 지니게 된 것이다.

마찬가지로 사람의 이름을 정할 때도 그냥 짓는 경우와 돌림자를 넣어 짓는 경우가 있다. 그럴 때 두 가지 이름은 그것이 나타내는 정보와 기능면에서 차이가 있다. 그냥 짓는 경우는 단순히 한 개인을 다른 사람과 구별해 주는 것뿐이지만 돌림자를 넣어 짓는 경우는 그 외에 다른 정보(돌림자 속에 입력되어 있는 정보)도 나타내 준다. 한글의 글자꼴이 바로 후자의 경우에 해당한다. 한글의 글자꼴에는 음운론적인 정보와 철학적인 정보 등이 본래 입력되어 있는 것이다. 각 글자들이 나타내는 소리의 단위는 로마자와 같이 음소이지만, 로마자와는 구분되는 까닭도 바로 여기에 있다.

두 번째 특징은 각각의 글자들이 고유의 꼴을 지니면서도 그것이 실제로는 독립적인 것이 아니라 다른 단위의 한 요소라는 점은 모아쓰기라고 하는 표기 원리에서 비롯되는 것이다. 모아쓰기라는 표기 원리는 글자꼴이 결정되고 난 후에 정해진 것이 아니라 그렇게 모아쓰는 것을 전제로 하여 각각의 글자꼴들이 결정된 것으로 여겨진다. 따라서 모아쓰기라는 표기 원리는 각 글자꼴의 결정에 결정적인 영향을 미쳤음에 틀림이 없다.

초성과 중성의 글자꼴이 처음부터 분명하게 구분되어 만들어진 것도 그것을 합쳐서 쓸 것임을 미리 염두에 두었기 때문으로 이해할 수 있다. 로마자처럼 표기하는 경우에는 자음과 모음이 형태상으로 특별히 구별되어야 할 이유가 없는 것이다. 모든 사람은 개개인이 독립적인 존재이면서도 가족 등의 집단을 구성할 경우에는 집단의 한 구성원이 되기도 한다. 가장이나 주부, 자식 등의 신분은 개체로서보다는 집단의 구성 요소로서의 신분을 말한다. 마찬가지로 초성이나 중성 등도 독립된 소리를 뜻하는 것이 아니라 소리의 한 요소(부분)를 뜻하는 말이다. 그러므로 초성을 적기 위해 만들어진 문자 역시 그것만으로는 완전한 것이 될 수 없다. 결국 한글의 글자꼴에 관한 논의는 문자(자모) 차원의 논의만으로는 완전한 것이 될 수 없다는 결론에 도달한다. 실제로 같은 초성자라고 하더라도 초성에 쓰일 때와 종성에 쓰일 때 서로 모양이 달라질 수 있는 것이 바로 한글의 글자꼴이기 때문이다.

그런데 현대의 '한글 맞춤법'에 규정되어 있는 자모 순서는 한글이 처음 만들어졌을 때(훈민정음)의 순서와는 다르다. 예컨대, 초성의 경우 현재는 'ㄱ ㄴ ㄷ ㄹ ㅁ ㅂ……'의 순서이지만 훈민정음에서는 'ㄱ ㅋ ㆁ ㄷ ㅌ ㄴ……'의 순서로 되어 있다. 훈민정음에서의 자모 순서는 당시의 이론에 근거해서 정해진 것이다. 그 당시에는 초성을 조음 위치(아/설/순/치/후)와 조음 방법(전청/차청/불청불탁)으로 분류하였으므로 그런 기준에 의해 순서도 결정한 것이다. 여기서 중요한 것은 자모 순서가 이론적이라는 점인데 이론적인 자모 순서를 익히는 것은 단순히 순서만을 배우는 것이 아니라 거기에 내재된 이론을 함께 익히는 것이다.

현대의 자모 순서는 '훈몽자회'부터 나타나서 조금씩 변해 온 전통적인 순서를 그냥 따른 것이다. 문제는 표기 원리는 전통적인 것을 따르지 않고 바꾸면서 그것과 밀접한 관련이 있는 자모 순서는 그대로 두었다는 점이다. 즉, 맞춤법이 바뀌기 전까지는 자모 순서가 표기법과 관련하여 이론적 근거를 지니던 것이었는데 맞춤법이 바뀜으로 해서 그 이론적 근거와 논리를 잃게 된 것이다. 훈몽자회에서는 한글 자모를 세 부류로 나누었다. 초성과 종성에 함께 쓰는 여덟 자와 초성에만 쓰는 여덟 자 그리고 중성을 구분한 것이다. 그와 같은 분류는 종성에는 여덟 자만 써도 되는 당시의 표기법을 고려할 때 수긍할 수 있는 것이다. 현대의 자모 순서는 훈몽자회의 그것과도 조금 달라졌다. 즉 훈몽자회에서는 'ㅋ ㅌ ㅍ ㅈ (ㅿ ㆁ) ㅊ ㅎ'의 순서이었는데 지금은 'ㅈ ㅊ ㅋ ㅌ ㅍ ㅎ'으로 바뀌어 있다. 이것은 '아/설/순/치/후'라는 순서도 깨져 버린 것이다. 따라서 현재의 자모 순서는 초심자나 전문가나 할 것 없이 모두 기억하기가 힘들고 무조건 외워야만 한다.

　이와 같은 현상은 한글의 특성을 간과하고 무시한 데서 야기된 결과이다. 한글은 과학적인 이론에 근거해 만들어진 문자로 글자꼴 하나하나에 이론적인 정보가 담겨져 있는데 현재의 자모 순서는 그것을 무시하고 있는 것이다. 가령, 'ㄴ ㄷ ㄸ ㅌ' 등의 문자가 나타내는 소리는 서로 공통점이 있는데 이것은 발음 위치가 모두 같다는 것이다. 한글은 그와 같은 내용을 확인하고 그것을 반영하여 만든 문자이므로 글자꼴에도 그 점이 나타나 있다. 따라서 자모 순서를 정할 때도 이들 문자들을 나란히 배열하게 되면 자형을 익히기도 쉽고 한글의 제자 원리도 익히고 음성 이론도 저절로 배우게 될 것이다.

　이 밖에도 한글 표기와 관련하여 문자의 모양을 개선하는 방안도 검토해 볼 필요가 있다. 세종 대왕께서 한글을 창제할 때에는 글자가 이렇게 작아지리라고는 생각하지 못했을 것이다. 요즘 신문이나 사전을 보면 '홍'인지 '홍'인지 '홍'인지 도무지 구별할 수 없을 때가 있다. 심지어 '학장실'과 '화장실'도 구분할 수 없는 상황이 생기기도 한다. 한글의 정확한 특징을 알고 있다면 네모꼴 안에 갇혀 있는 문자의 모양도 개선하는 것이 바람직하다. 탈네모꼴의 한글꼴이 아름다운 문자 모양을 보여 주는 것은 당연하기 때문이다. 그동안 국어학자들은 이런 연구에 전혀 관심이 없었다. 앞으로의 한글 글자체 연구는 실용과 아름다움을 함께 아우르는 창의적인 연구가 필요할 것이다.

　아울러 한글을 대표하는 글자꼴과 크기는 무엇인지, 공문서나 공공 기관에서 사용하는 대표 글자꼴과 크기는 무엇인지 제시할 필요가 있을 것이다. 다양한 글자꼴을 개발하고 보급하는 것은 바람직한 일이지만 최소한의 표준은 언제 어디에서나 필요하기 때문이다.

4.3. 컴퓨터 한글 코드의 개선

한글의 특성과 관련하여 그 범위와 코드 체계를 생각해 보면 결코 간단한 문제가 아니다. 불과 몇 년 전만 하더라도 한글 문제는 컴퓨터마다 서로 다른 코드 체계를 가지고 있어서 자료의 호환성 여부로 큰 어려움과 불편이 따랐으나 이제는 컴퓨터에서의 한글 코드 체계가 거의 통일이 되어 여간 다행스러운 일이 아니다. 아직도 사용되고 있는 한글 코드의 두 형태인 완성형 한글 코드와 조합형 한글 코드의 장단점을 살펴본다.

먼저, 완성형으로 되어 있는 한글 코드는 한글의 개념에서 보면 결코 납득하기 어려운 방식이다. 완성형 한글은 현대 국어에서 사용되고 있는 2,350자, 한자 4,888자, 특수문자 986자 합계 8,224 글자로 구성되어 있는데 한글 자모의 정상적인 결합에 의한 모든 한글 자형들을 수용하고 있지 않다는 점이다. 이러한 글자 수의 제약은 있는 글자만 사용하고 없는 글자는 사용하지 않으면 그만이지만 나중에 코드의 개선이나 확장에 심각한 문제가 따른다는 점도 단점이라고 할 수 있다. 완성형이란 이름도 자모가 결합된 하나하나를 독립된 글자로서 코드화하고 한글의 모양도 독립적으로 처리한다는 뜻인데 이 코드 체계는 어떠한 개선이나 변경이 가해질 수 없음을 전제로 한 완성된 체계인 것이다. 원래는 국제적인 정보 교환을 위한 글자 수의 제약에 의하여 한글의 글자 수가 이렇게 줄어든 것으로 실용적인 면에서는 전혀 문제가 없는 것처럼 생각되지만 국어학적인 면에서는 문제가 있다.

완성형 한글은 현행 한글 맞춤법과 국어 낱말들을 기준으로 한 것인데 이 맞춤법이나 국어 낱말은 시간이 지나면 맞춤법이 바뀌고 새로운 낱말이 생겨나게 마련인데 그때마다 새로운 것을 반영하기 위해서 또 다시 한글 코드를 바꾸어야 하거나 새 낱말을 적당히 추가하여야 하는데 그러면 한글 배열이 맞지 않는 한글 코드를 사용할 수밖에 없을 것이다.

예를 들어 '겁이 난다'를 '겂시 난다'라고 말하는 사람이 있는가 하면 '깨끗이'를 '깨끚치'라고 발음하는 사람이 있는데, 만약 언젠가 이러한 발음들이 표준어로 규정된다면 그때는 이들을 문법에 맞게 표기하기 위하여 '겂'과 '끚'이라는 글자가 필요하지만 완성형에는 이러한 글자가 없으니 표기할 방법이 없는 것이다. 그렇다고 이러한 글자들을 한글 배열에 맞도록 추가할 수도 없는 것이다. '겁'과 '것' 사이에 '겂'이 들어가야 하는데 그 사이에는 이미 빈칸이 없다. 한 글자라도 중간에 넣게 되면 다음 글자부터 순차적으로 코드값이 바뀌게 되어 전체적으로 다른 코드 체계가 되는데, 어느 한 순간에 한글 코드를 바꾸게 되면 그동안 축적된 수많은 자료들을 이용할 수 없게 되고 한글 배열이 맞지 않아 정보 교환에 어려움을 겪게 된다. 따라서 한글 코드의 체계는 장기적인 안목에서 가장 타당한 방식이 선정되어야 한다. 이러한 점에서 볼 때에 완성형 한글 코드는 국어 자료 처리나 일상적인 문자 생활과도 결코 조화되기 어려운 방식이다.

조합형 한글도 완성형 한글보다는 우수하다고 하더라도 국어학적인 면에서 볼 때는 문제가 있다. 첫째는 한글의 수효에 관한 문제이다. 한글 코드 문제로 인식되어 온 완성형 한글과 조합형 한글의 본질도 바로 이 문제이다. 완성형 한글은 한글의 사용 빈도수를 근거하여 가려 뽑은 2,350자의 음절만을 사용하는 방식이기 때문이며 조합형 한글은 현행 맞춤법에서 규정된 초성, 중성, 종성의 결합에 의한 11,172자의 한글 전부를 사용하는 방식이기 때문이다. 국어학적인 면이나 일상 언어생활 면에서도 글자의 수요가 풍부한 조합형 한글이 우수하다는 것은 이미 언급하였지만 반드시 그런 것만은 아니다. 한글의 수효는 맞춤법에 규정된 11,172자를 넘어서 고문헌에 사용된 옛글자, 어간 형태의 옛글자, 방언 형태의 글자, 개화기 문헌의 글자 등 현행 맞춤법에 벗어난 한글 형태가 상당히 있기 때문이다. 이들 자모들의 숫자는 이미 현행 2바이트 조합형 코드 구조가 수용할 수 있는 초성, 중성, 종성의 범위를 넘어선 것이므로 자모별 조합형은 기대할 수가 없다. 따라서 현행 조합형 한글 바탕 위에 옛글자는 한자와 같은 방식의 완성형을 가미하여 사용할 수밖에 없을 것이다.

둘째는 한글 코드 체계의 문제이다. 조합형 가운데 코드화할 자모 단위와 그 배열 순서의 문제이다. 자모 단위에 있어서 'ㅘ, ㅝ, ㅢ ……'와 같은 겹모음이나 'ㄶ, ㄺ ……' 등과 같은 겹받침들을 하나의 단위로 할 것인가 두 개로 할 것인가 하는 문제이다. 한글의 기본 자모는 자음 14자, 모음 10자 합계 24자, 옛글자를 포함하더라도 자음 17자, 모음 11자 합계 28자밖에 안 되므로 이들 문자에만 코드값을 부여하면 될 것이다. 즉, 기본 문자가 아닌 겹자모들을 모두 단자모 형식으로 풀어서 코드화하면 되는 것이지만 이것은 컴퓨터의 효율성이나 우리 문자 생활의 실용적인 측면에서는 수용하기 어려운 것으로 생각된다.

그런데 2바이트 조합형은 초성 19자, 중성 21자, 받침 27자로서 이들의 산술적인 결합에 의한 글자 수효는 모두 11,172자가 된다. 한글의 자모들이 이렇게 선정된 것은 현행 한글 맞춤법에 따른 것이지만 컴퓨터에서 한글을 실현하는 기준은 한글 맞춤법과는 무관하게 컴퓨터가 허용하는 범위에서 문자 생활의 실용성과 효율성에 입각하여 결정되어야 한다.

셋째는 한글 실현의 방식이다. 한글 실현 방식에는 하드웨어 방식과 소프트웨어 방식으로 구분할 수 있는데 하드웨어 방식은 컴퓨터에 하드웨어 장치를 추가로 설치해야 하는 만큼, 개인 사이에 컴퓨터의 동일한 한글 환경을 보장하기 어려울 뿐 아니라 하드웨어 개량판이 나올 때마다 새로운 장치를 교체해야 하는 번거로움이 있다. 요즘은 컴퓨터의 기억 장치 용량이 넉넉하여 소프트웨어 한글을 사용하더라도 불편은 없다. 이러한 소프트웨어 한글 방식에도 한글 도스 방식, 프로그램 내장 방식, 램(RAM) 상주 방식이 있는데 여전히 문제점이 있다. 한글 도스 방식은 완성형 한글이기 때문에 실용적이지 못하고, 프로그램 내장 방식은 자료의 호환성에 문제가 있고, 램 상주 방식은 영문 소프트웨어 사용에 문제가 있다.

아울러, 컴퓨터에서의 한글 코드 문제는 한자나 특수 문자 등과도 관련되어 있기 때문에 한글 단독으로만 이야기할 수 없는 또 다른 문제가 있다. 아무튼 어느 방식을 채택하여도 문제는 있지만 현행 한글 맞춤법의 한계를 벗어나서 컴퓨터가 허용하는 범위에서 실용성과 효율성을 강조하는 개선된 한글 문자 코드를 서둘러 개발해야 할 것이다.

4.4. 한글 문화권 확장의 꿈

어느 젊은 영문학자가 대한민국의 대표 브랜드를 '한글'로 지정해야 한다고 하였고, 한국이미지커뮤니케이션연구원(CICI)은 외국인을 대상으로 한 대한민국 국가 이미지 설문 조사 결과 '한글'이 1위로 나타났다고 발표하였다. 이제 한글은 우리 한민족의 고유 문자만이 아닌 것은 틀림이 없다.

세계 어디서나 'USA'가 미국을 상징하는 국가 이미지가 되듯이 대한민국의 상징은 '한글'이 되도록 한글 문화권의 원대한 꿈을 꾸어야 할 것이다. 결코 '다이나믹코리아'(Dynamic Korea)가 대한민국을 대표할 수 없으며 국가 이미지도 될 수 없을 것이다. 우리가 말하지 않아도 이제는 외국인이 '한글'은 대한민국을 대표한다고 말할 수 있도록 해야 한다.

과거에 미국의 자원 봉사단인 '평화 봉사단'(Peace Corps)이 개발도상국을 찾아다니며 교육과 문화, 의료 활동을 하며 그들의 목표를 달성하였듯이 이제는 우리도 아시아가 동반 성장하도록 '문화 나눔 운동'을 펼쳐야 할 것이다. 그 중심에는 언제나 언어가 있고 언어 가운데 우리의 '한글'이 우뚝 솟을 수 있도록 한글 문화권 확대의 꿈을 가져야 할 것이다.

한글 문화권 확대의 꿈은 과거에 열강의 제국주의가 강요한 언어 침탈의 방식으로는 결코 이루어질 수 없으며, 문자가 없는 민족을 대상으로 그들이 문자의 필요성을 느낄 때에 우리는 '한글 나눔 운동'을 함께 펼쳐야 할 것이다. 말(언어)은 있지만 기록할 문자가 없는 소수 민족 국가나 개발 국가인 아프리카 등 어디든지 기록할 문자를 원하는 곳을 찾아가야 한다.

한글 세계화나 한글 수출의 방안은 신중하게 접근할 필요성이 있다. 자칫 문화 우월주의나 한글의 우수성만을 강조하다 보면 그들이 곱지 않은 시각으로 바라볼 수도 있기 때문이다. 오히려 한글 표기의 실용성과 편리성을 내세워 스스로 배울 수 있도록 도와주어야 할 것이다. 우리의 문화와 언어를 강요하는 방식보다는 문화 상호주의 방식을 내세워 그들의 우수한 전통 문화를 '한글'로 기록하여 영원히 남길 수 있도록 도와주는 아름다운 생각을 가져야 할 것이다. 구전되는 그들의 전통 가요와 설화 등을 기록하여 후세에 남길 수 있는 길을 알려 주어야 하며 그 방안의 하나로 '한글'을 공유하도록 일깨워 주어야 할 것이다.

이제 한글 문화권의 영역을 아시아를 중심으로 확대해 나가야 한다. 21세기는 아시아 태평양의 시대라고 하는데 그 선구적 역할을 대한민국이 해야 한다. 일찍이 오스왈드 스펜글러(Oswald Spengler)가 서구의 몰락을 경고하였고 새로운 시대가 온다고 예언한 바 있듯이 영원한 로마도 영원한 미국도 있을 수 없을 것이다. 억압받아 왔던 아시아가 일어나고 있다. 일본, 한국의 발전에 이어 중국, 인도, 싱가포르가 일어나고 아시아 각국이 일어날 것이다. 아시아에는 풍부한 인적, 물적 자원이 있으므로 희망을 공유할 수 있는 것이다.

한국은 남의 나라를 침략한 바 없는 약소국가이지만 평화를 애호하는 민족으로서의 장점을 충분히 가지고 있다. 한때는 열강의 침략 대상이었지만 지금은 신흥 대국으로 눈부시게 발전하고 있다. 반 만 년의 역사와 문화 민족, 경제 발전, 민주화의 성취, 근면한 국민성 등이 세계인을 깜짝 놀라게 하고 있다. 그 중심에는 언제나 소통의 수단인 '한글'이 있었기에 모두 가능했던 일이다.

전 세계 6,000여 언어 중에 한국어는 사용 인구 측면에서 10위권의 대국 언어라는 발표도 한글 문화권 확대에 대한 꿈을 부풀게 하고 있다. 2007년도 유엔(UN)이 발표한 세계 주요 언어 분포와 응용력 조사 자료에서 한국어는 세계 9위에 속한 언어라는 보고도 있었고 세계지식재산권기구(WIPO)는 국제특허협력조약(PCT)에서 한국어를 9번째 국제 공개어로 채택하기도 하였다.

한국에 대한 세계인의 이미지는 그 어느 시기보다도 좋은 때이다. 한국인의 정신 문화사적 가치와 한국인의 잠재적 능력을 좋게 평가하고 있는 것이다. 한국인은 평화를 사랑하고 문화민족이므로 아시아 국가들과 협력과 연대가 가능하다고 믿고 있으며 민주화를 최단 시간에 이루었기에 대단히 우호적인 시각을 보이고 있다. 한국 바로 알기와 한국어 학습 열풍도 우리에게는 더없이 좋은 기회이다. 한글 문화권 확대에 대한 꿈은 우리가 노력만 한다면 충분히 가능한 일이다.

5. 맺음말

지금까지 세종 대왕의 문자 정책과 21세기의 한글 진흥 정책에 대하여 살펴보았다. 여러 가지 내용을 한꺼번에 다루다 보니 약간 산만한 점도 있으나 세종 대왕의 정신과 그 업적을 우리는 결코 잊지 말아야 할 것이며 오늘에 이어받아 올바른 21세기의 한글 진흥 정책을 펼쳐야 할 것이다.

세종 대왕은 강한 민족 자주 정신을 가지신 분이었다. 모화사대사상에 젖어 있는 많은 관료들에게 중국에 대한 '나'를 분명히 밝히려 하였다. 중국의 강한 압력 속에서도 우리 겨레의 독자성을 지키려고 무한히 노력하였다. 그렇지 않았더라면 한자와 전혀 딴판인 과학적이고 편리한 훈민정음을 만들지 못했을 것이다.

세종 대왕은 백성 위주의 정치를 펼쳐 민본과 인도주의 사상을 가지신 분이었다. 한문만으로 문자 생활을 누리려는 특권층을 위해서가 아니라 어리석은 백성을 위해서 훈민정음을 만든 것이다. 또한, 세종 대왕은 독창적이고 혁신적인 성격을 가지신 분이었다. 훈민정음을 만든 것만으로도 위대한 창조였지만 이 글자를 돈에 새기고 관리 등용의 시험 과목으로 채택하고 '월인천강지곡'과 같은 문학 작품을 쓴 일 등은 그런 정신을 반영한 것으로 볼 수 있다.

21세기 한글 진흥 정책에서는 국어 정서법, 한글의 글자꼴, 컴퓨터의 한글 코드, 한글 문화권의 꿈과 관련하여 개선해야 할 점들을 살펴보았다. 특히, 한글 맞춤법과 관련하여 띄어쓰기의 문제점을 지적하고 바람직한 규정을 마련할 것을 제안하였고 고유 명사 표시의 필요성을 강조하였다. 문자의 모양과 관련해서도 한글 글자체의 개선이 필요하다고 역설하였다. 표준어의 개념도 바뀌어야 한다고 하였고 외래어 표기와 로마자 표기도 현실에 맞도록 개선해야 한다고 하였다.

한글의 글자꼴과 관련하여 자모 순서의 변경이 필요하다고 하였고 컴퓨터상의 한글 코드와 관련하여 완성형과 조합형 모두 문제점이 있으므로 컴퓨터가 허용하는 범위에서 실용성과 효율성을 감안하여 개선하는 것이 바람직하다고 하였다. 그러나 무엇보다도 중요하고 소중한 것은 세종 대왕의 정신을 이어받아 그것을 지금에 살리는 길이 무엇인가 생각해 보아야 할 것이다.

첫째, 우리에게 필요한 것은 민족 자주 정신을 살려 나가는 일이다. 이 정신은 오늘날에 이어가는 길은 우리말과 글을 곱고 바르게 쉽게 다듬는 일일 것이다. 민족의 주체성을 살리는 길은 곱고 바르고 쉬운 우리말을 창조적으로 부려 쓰는 데서부터 시작될 것이다.

둘째, 세종 대왕의 민본과 인도주의 정신을 이어가야 할 것이다. 이 땅에 민주주의를 뿌리 내리도록 하기 위해서는 국민 모두가 쉽게 읽을 수 있도록 모든 글들이 한글만으로 되어야 할 것이다. 이것은 결코 어려운 일이 아니다. 일부 지식인들이 어려운 한자를 써서 자신의 지식 정도를 과시하려고 하고 있는데 이것은 결코 바람직한 것이 아니다.

셋째, 세종 대왕이 분석한 국어의 근본 원리를 오늘날의 국어학자들이 이어받아 한글 맞춤법을 개정해야 할 것이다. 아직까지도 한글 맞춤법이 어렵다고 하는 것은 우리의 어문 규정에 문제가 있음을 지적하는 것이다. 한글 맞춤법에 관한 한 국민의 입장에서 과감하게 수용하는 자세가 필요할 것이다.

넷째, 정부의 기구 가운데는 한글을 비롯하여 문자 정책을 전문적으로 연구하고 진흥하는 전문 연구 기관이 없다. 따라서 문자 정책에 대한 대처 방안을 제시해 주지 못하고 있다. 국립국어원이 있지만 사실상 문자 정책에 대해서는 그 미치는 힘이 너무도 미약하다. 그래서 국립국어원을 확대 발전시키거나 별도의 전문 기관 설치(가칭, 한글진흥원)가 필요하다.

다섯째, 문자 정책과 관련하여 전문적인 식견이나 지식을 가진 학자들이 문제 해결을 위해 적극적으로 참여해야 한다. 국가적인 문제에 그 분야의 전문가가 적극적으로 참여하는 것은 너무나 당연한 일이며 국가가 정상적으로 문자 정책을 펼치지 않는다면 개선을 요구할 필요도 있다.

참고 문헌

강창석(1996), 「한글의 제자 원리와 글자꼴」, 『21세기의 한글』, 문화체육부.
김미경(2006), 『대한민국 대표 브랜드 한글』, 자유출판사.
김민수(1973), 『국어정책론』, 탑출판사.
김정수(1990), 『한글의 역사와 미래』, 열화당.
남광우(1973), 『개정 현대 국어국자의 제문제』, 일조각.
안병희(1983), 『한국어문의 제문제』, 일지사.
_____(2000), 「한글의 창제와 보급」, 『겨레의 글, 한글』(특별전 도록), 국립중앙 박물관.
이기문(1996), 「현대적 관점에서 본 한글」, 『21세기의 한글』, 문화체육부.
임용기(2000), 「문자 정책 분야」, 『21세기의 국어 정책』, 국립국어연구원.
정인상(1996), 「국어학에서 본 컴퓨터와 한글」, 『21세기의 한글』, 문화체육부.
최용기(2003), 『남북한 국어 정책 변천사 연구』, 도서출판박이정.
_____(2006), 「세종의 언어 정책과 21세기 한글」, 국립국어원 학술 발표 자료집.
최현배(1947), 『글자의 혁명』, 군정청 문교부.
_____(1961), 『고친 한글갈』, 정음사.
한재준(2007), 『곱고 바른 한글 활자꼴 개발의 필요성 연구』, 국립국어원.
허 웅(1997), 「세종조의 언어 정책과 그 정신을 이어받는 길」, 세종 대왕 탄신 600돌 기념 학술대회 자료집, 세종대왕기념사업회.

※ 560돌 한글날 기념주화 / 2008년 세계주화책임자회의에서 세계 최고 주화로 선정.
※ 이 기념주화는 필자의 제안으로 한국은행과 한국조폐공사가 제작하여 판매하였으며, 앞면의 디자인과 출전은 필자가 직접 제공하였다.

※ 한국어학회, 제2회 국제학술회의(2008. 8.)에서 발표된 논문을 수정하여 보완한 것임.

제2장 일제 강점기의 국어 정책

1. 서론

한 나라의 국어 정책은 그 민족을 결속시키는 데 있어서 중요한 요인이 될 수 있다. 그래서 서구의 여러 나라에서는 일찍부터 국어 정책을 체계적으로 수립하여 이를 실천에 옮기고 있다. 우리나라도 그동안 국어 정책에 대한 계획이 없었던 것은 아니지만[1] 본 논문에서는 특히 1910년부터 1945년 광복 이전까지의 일제 강점기의 국어 정책을 대상으로 삼는다.

특히, 이 시기는 우리나라가 일제의 지배를 받았던 참혹한 암흑기였으므로 정치, 사회, 문화 등 모든 분야에서 정책을 추진하는 데 제약이 뒤따랐으며 국어 정책 역시 예외가 될 수 없었다. 일제는 이 시기에 우리 한민족을 지배하면서 일본어를 '국어'로 지정하고 이를 배울 것을 강요하였고, 우리말을 마치 외국어처럼 취급하였다.

평상시에도 언어와 관련된 문제는 많이 있다. 다민족 국가는 어떤 언어를 나라의 공용어(公用語)로 채택할 것인가, 공용어로 채택되지 않은 언어를 어떻게 할 것인가 하는 문제가 심각하다. 한 나라 안에서도 표준어를 어떻게 제정하고 보급할 것인가, 국어의 문자 표기는 어떻게 할 것인가 하는 문제도 쉬운 일이 아니다. 또한, 우리나라는 외래어와 로마자 표기도 내부의 문제 못지않게 어려운 문제이다.

---

1) 조선 시대 세종 대왕 때에 훈민정음 창제 또는 서적의 편찬을 위해 설치한 집현전이나 정음청(正音廳)에서 계획했던 일과 대한제국 때에 학부(學部)에서 계획했던 일도 국어 정책이라고 볼 수 있다.

그러므로 일제 강점기의 국어 정책은 이런 내용을 포함하여 이른바 '헌병 정치'인 군사적 억압 정책과 일본인으로의 '동화 정책'(뒤에 '문화 통치 정책')이 추가되었고, 한편으로는 우리 민족의 주체성을 잃지 않으려는 조선인으로의 민족적 저항을 반영한 '민족 애국 정책'을 포함해야 할 것이다.

2. 일제 강점기의 국어 정책 기관

2.1. 국어 정책의 정의

이 글에서 소개되는 '국어 정책'은 "국민이 일상 언어생활에서 사용하는 언어에 대한 국가 정부의 시정(市政) 방책(方策)"이라고 정의한다.[2] 국가 차원이 아닌 지방 행정부나 회사·학교·군·사회 등의 경영에서도 '정책'이 있고 그 조직에서 요구되는 언어 정책이 있을 수 있지만 여기서 말하는 '국어 정책'이란 국가에서 수립하여 시행하는 언어 정책을 말하는 것이고, 좀 더 구체적으로 우리나라의 언어 정책을 말하는 것이다. 즉, 우리나라의 언어 정책을 여기서 '국어 정책'이라고 정의하고 있다.

대부분의 국가에서는 정부가 여하한 형태로든 국민이 사용하는 언어와 문자에 관여한다. 우리나라를 비롯하여 중국, 일본, 프랑스, 핀란드, 북한 등 일부 국가에서는 우리나라의 국립국어원과 같은 기관을 두고 국민이 사용하는 언어 전반에 걸쳐 적극적인 개선 방안을 모색하여 시행하기도 하지만 다수 국가에서는 '국민 교육' 혹은 '대(對) 소수 민족 정책'의 일부로 언어 정책이 존재한다. 따라서, 실질적으로는 언어 정책이 존재하지만 보편적인 관념으로는 이해되지 않는 경우가 많다. 그동안 언어에 관계되는 문제를 해결하기 위하여 국가적인 차원에서 계획

---

2) 김하수(1993): "국가라고 하는 기구와 관련되어 나타나거나 시도되는 제반 사회적 정치 집단의 합목적적 계획이나 노선 그리고 실천을 말함"으로 규정한 것도 같은 맥락이다.

적인 대책을 강구하는 행위 일반을 언어 계획(language planning)이라는 용어로 사용하여 왔고, 학자에 따라서는 이를 세분하여 '언어의 습득과 관계되는 사항'은 '언어 수련'(言語 修鍊, language cultivation)으로, '사회 및 국가와 관련되는 사항'은 '언어 정책'(language policy)으로 부르기도 하였다.3) 전자는 '국어 또는 공용어(公用語)와 관련되는 정책'이며, 후자는 '소수 민족의 언어와 관련되는 정책'으로 이해할 수 있다.4)

결과적으로 '국어'가 '국가를 배경으로 한 국민의 언어'라는 점에 유의한다면 '국어 정책'은 '국어에 관한 국가 정부의 계획 또는 기본 방책(方策)'이라고 할 수 있을 것이다.

2.2. 일제 강점기의 국어 정책 기관

일제 강점기 때에 우리나라에 있던 국어 정책 추진 기관은 둘로 나누어 볼 수 있는데 하나는 일제가 의도적으로 일본어를 보급하기 위해 만든 '조선총독부'이고, 다른 하나는 대한제국이 만든 학부 안의 '국문연구소'이다.

조선총독부는 한일합방을 이룬 일제가 조선에 설치한 지배 기구로, 이 기구는 국어 정책뿐만 아니라 모든 정책을 간섭하고 억압하였다. 3·1 운동 이후로 잠시 유화적인 태도를 보이기도 하였지만, 철저하게 조선어 말살 정책과 황국 신민화(皇國 臣民化) 정책을 추진하였다. 따라서 조선총독부의 국어 정책은 조선인이 일본어를 자국어로 사용할 것을 강요하는 국어 정책을 펼쳤다. 이에 저항하여 조선의 민간 조직인 '조선어학회'와 '조선어학연구회'가 활동을 하였다. 이들은 한글 맞춤법의 통일이나 표준어 제정, 외래어 표기법 제정, 그리고 국어사전 편찬 등의 국어 정책을 펼쳤다. 사실상의 국어 정책이라고 생각할 수 있다.

그 이전의 국문연구소는 대한제국이 1907년 7월에 학부(學部) 안에 설치한 국문 연구 기관이다. 주시경, 지석영 등의 위원으로 구성하여 약 3년 동안 국어

---

3) *Encyclopaedia of Educational Research, Fifth Edition*, Vol. 1. 1982. 204쪽 참고.
4) 송기중(1993), 「언어 정책」, 『세계의 언어 정책』(국어학회 편), 3쪽. 태학사.

통일에 관한 토의를 하였다. 비록 그 뜻을 이루지 못했지만 이곳에서 만든 '국문 연구 의정안'은 대단한 업적으로 평가된다.

3. 일제 강점기의 국어 정책 연구

3.1. 조선총독부의 국어 정책

조선총독부의 국어 정책은 그 전개 방식과 특성에 따라 그 시기를 대략 3기~4기 정도로 나눌 수 있는데 이 글에서는 3기로 나누어 살펴보고자 한다. 이러한 시기 구분에 대하여 논란이 있을 수 있지만[5] 글의 전개상 필요하여 나누었음을 밝혀 두고자 한다. 제1기는 1910년~1919년까지로, 한일합방에서 3·1 독립운동 이전까지이며, 이른바 '무단 통치 시대'이다. 제2기는 1919년~1938년까지로, 3·1 독립운동부터 중·일 전쟁 이전까지이며, 이른바 '문화 통치 시대'이다. 제3기는 1938년~1945년까지로, 중·일 전쟁부터 8·15 광복까지이며, 이른바 '강압 통치 시대'이다. 물론, 이들 시대의 국어 정책은 모두 조선총독부에서 이루어졌다.

3.1.1. 제1기(1910 ~ 1919) : 무단 통치 시대의 국어 정책

1910년 8월 29일 일제는 한일합방으로 대한제국의 국권을 넘겨받고 조선총독부를 설치하였으며, 조선에서의 국어 정책은 명실공히 조선총독부가 총괄하였다.

---

[5] 이기문(1972) : "언어사에 있어서는 외사(外史)와 내사(內史)를 구별하는 것이 중요하다. 외사는 그 언어 사용자들의 거주지 또는 이주에 대해서, 다른 언어 사용자들과의 접촉이라든가 사회적 문화적 환경의 변동이라든가 하여튼 그 언어에 어느 형태로나 영향을 미친 모든 사실에 대해서 논하는 것이다. 이에 대하여 내사는 그 언어의 구조 자체에 일어난 여러 가지 사실에 대하여 논하는 것이다."라는 주장이 있다.

조선총독부는 정치적으로는 헌병과 경찰을 중심으로 한 야만적 폭력 정치를 펼쳤으며, 국어 정책은 이러한 무단 정치를 뒷받침하는 허울뿐인 동화 정책의 수단으로 이용되었다. 이 시기의 국어 정책의 특성은 1911년 8월에 공포된 제1차 조선 교육령[6]을 통해 분명하게 드러났다.

한일합방 후에 처음으로 공포된 조선 교육령은 식민지 교육의 방침과 제도를 명시한 것이었는데, 특히 일본어 보급을 통한 조선인의 일본 국민화를 목적으로 하는 국어 정책에 중점을 두었다. 모든 단위의 학교에서 일본어가 교수 학습 용어가 되었을 뿐만 아니라 '조선어 및 한문 독본'[7] 과목을 제외한 모든 교과서가 일본어로 편찬되었다. 또한, 일본어는 교내 생활의 일상용어가 되었으며 교육과정에서도 큰 비중을 차지하게 되었다. 모든 학교의 교육과정에서 일본어가 '국어'로 바뀌고 '한국어'는 과목명이 '조선어'로 전락하였으며, 그 교과목도 '조선어 및 한문 독본'이라고 하여 한문과 통합되었다.

그뿐만 아니라 수업 시간도 조선어의 수업 시간이 많이 줄어든 반면에 일본어 수업 시간은 대폭적으로 늘어났다. 가령, 보통학교에서의 일본어 과목과 '조선어 및 한문 독본' 과목의 한 주간 수업 시간 수를 비교해 보면 알 수 있다. 더구나 '조선어 및 한문 독본' 시간에도 많은 부분을 한문 수업으로 진행되었다는 점에서 실질적인 조선어의 수업 시간은 훨씬 적었는데 이는 고등 보통학교나 여자 고등 보통학교 등에서도 별다른 차이가 없었다.

〈표 1〉 제1차 조선 교육령 시기 보통학교 학년별 '조선어 및 한문 독본'과 '일본어'의 주당 수업 시간

구 분	조선어 및 한문 독본	일본어	총 수업 시간
1학년	6(23%)	10(38.5%)	26
2학년	6(23%)	10(38.5%)	26
3학년	5(18.5%)	10(37%)	27
4학년	5(18.5%)	10(37%)	27
합 계	22(20.7%)	40(37.7%)	106

6) 제1차에서 제3차에 이르는 조선 교육령은 시기마다 상당한 변화를 담고 있었으나 1942년의 제4차 조선 교육령은 제3차 조선 교육령의 연장선상에서 이루어진 것으로 그 성격과 목적에서 큰 차이를 발견할 수 없었다.
7) 본래 명칭은 '朝鮮語及漢文讀本'이었다.

이러한 일본어의 계획적 보급은 학교 교육을 통해서만 이루어진 것만은 아니었다. 일반 행정 기관과 경찰, 헌병에 이르기까지 조선에 있는 일본인의 역량을 총동원하여 이루어졌는데, 이런 조직과 인력을 기반으로 하는 일본어 강습회나 야학회 등은 식민지 중반기에 가서는 전국의 웬만한 곳에 개설되지 않은 곳이 없을 정도로 많아지게 되었다. 이에 따라 3·1 운동 이전에는 일본어를 해득한 조선인의 수가 34만 명을 넘어, 그 비율은 조선인 남자의 1.6%, 여자의 0.2%에 달할 정도였다.

조선총독부는 이처럼 우리말의 억압과 말살 정책을 펼쳤고 일본어의 교육과 보급을 국어 정책의 주축으로 삼는 한편, 1911년 4월에 조선어 철자법 제정에 관여하였고 국어사전 편찬 사업 등에도 관여하였다. 조선어 철자법은 조선총독부 학무국 주재 하에 일본인(國分象次郞, 新庄 順貞, 鹽川一太郞, 高橋亨 등)과 조선인(유길준, 어윤적, 강화석, 현은 등)이 위원으로 참여하여 1912년 4월에 '보통학교용 언문 철자법'이란 이름으로 확정되었다. 이것은 당시 보통학교용 '조선어 및 한문 독본'에 포함되어 학습자에게 적지 않은 영향을 끼쳤다. 국어사전 편찬은 조선총독부 취조국의 소관이었는데 집필과 편찬은 조선인(현은, 송영대, 김돈희, 박이양 등)에게 하게 하였고, 심사 수정 및 주석은 일본인(鹽川一太郞, 小田幹治郞, 小倉進平 등)에게 하게 하였다. 이것은 조선총독부가 처음부터 의도적으로 조선인을 위한 '조선어 사전'을 발간할 목적으로 출발한 것이 아니고, 일본인을 위한 '조선어 사전'을 발간할 목적으로 시작했던 것이다. 이 사전은 많은 인력과 비용을 들여 착수한 지 10년 만인 1920년 3월에 '조선어 사전'[8]으로 발간되었다. 최초의 본격적인 조선어 사전이라고 할 수 있지만 일본어로 주석을 달았다는 점에는 내국인용 사전이라고 할 수 없고 일본인용 사전으로서 의미가 더 컸었다고 할 수 있다.

---

8) 조선어 사전은 일종의 표준어 사전으로 한자어 40,734개, 언문어 17,178개, 이두 727개 총 58,639개의 어휘가 수록되었다. 이들 표준어에 대해 뜻풀이를 하였고 고어, 방언, 경어, 별칭, 약어 등을 구별해 놓았다.

3.1.2. 제2기(1919 ~ 1938) : 문화 통치 시대의 국어 정책

　조선총독부는 1919년 3·1 운동을 계기로 종래의 '무단 통치 시대'의 한계를 인식하였으며 그들의 식민 정책에도 다소의 변화를 주었는데 그 변화는 이른바 '문화 통치'라는 모습으로 나타났다. 이 시기의 문화 통치는 일제의 식민지 지배 정책의 본질적 변화를 의미하는 것은 아니었지만 여러 측면에서 식민지 초기와는 다른 가시적인 변화의 모습을 보였다. 헌병 경찰 제도의 폐지와 언론 출판의 자유 확대 등이 그 대표적인 변화의 모습이라고 할 수 있다. 교육 정책의 변화는 1920년 11월에 기존의 조선 교육령을 부분적으로 개정하는 것에서부터 시작하였다. 종래 4년제였던 보통학교의 수업 연한을 일본의 학제를 모방하여 6년으로 연장하고 이를 수료한 자는 일본의 전문학교에 진학하는 것을 가능하게 하였다. 이렇게 조선총독부는 일본인과 조선인을 차별하지 않는다는 점을 부각시키려 노력하였다.

　그러나 이러한 외형적 변화에도 국어 정책의 본질에서 별다른 변화가 나타나지 않았으며, 오히려 시간이 흐름에 따라 조선어에 대한 차별과 억제는 더욱 심화하였다. 조선총독부는 1922년 2월에 개정 공포된 제2차 조선 교육령에 의거하여 한국 내에 있는 일본인을 위한 교육 제도와 한국인을 위한 교육 제도를 따로 마련하여 차별 교육을 하였다. '국어 상용'(國語 常用)이라는 표현을 사용하여 일본인과 한국인을 차별 대우하는 것을 감추려 하였지만 이는 사실상 한국인에 대한 일본어 교육을 강화하려는 수단일 뿐이었다.

　이 시기에는 각급 학교에서의 조선어 수업 시간도 감축되었다. 무단 통치 시대와는 다르게 '조선어 및 한문 독본' 과목이 '조선어'와 '한문'으로 분리되어 나타났으며 독립된 한문 수업 시간에는 한자와 한문 지식을 습득하기 위한 한문 수업이 아니고 일본어를 사용하는 데 필요한 한자와 한문을 가르치도록 하였다. 이것은 사실상 조선어 수업 시간만을 대폭 줄이는 결과를 낳았다.

　이러한 교육 제도적인 측면 외에도 일제는 조선인에게 다양한 방식으로 조선어의 사용을 억압하고 일본어의 사용을 강요하기 시작했으며 이는 제2기의 중반 이후부터 더욱 심해졌다. 1920년대 중반부터 각급 학교에서는 교내에서 조선어 사용을 금지하면서 이를 어길 경우에는 벌금을 물리거나 체벌 또는 구타를 하는 방법 등을 동원하면서 규제를 가하였다. 법원이나 재판소에서도 조선어를 사용할 경우에는 재판을 연기하거나 거부하는 일이 흔히 있었다. 또한, 조선총독부는 일본어의 보급을 위해 전국 방방곡곡에 일본어 강습소와 야학 기관을 설치하여 수강토록 하였다. 반면에, 조선어를 가르치는 조선어 강습소나 야학 기관은 순경들이 감시하면서 온갖 방법을 동원하여 방해했으며, 조선어 교육의 일부를 담당하던 서당마저 단속하였다.

〈표 2〉 제2차 조선 교육령 시기 6년제 보통학교 학년별 '조선어' 대 '일본어'의 주당 수업 시간 비교

구 분	조선어	일본어	총 수업 시간
1학년	4(17%)	10(43.5%)	23
2학년	4(26%)	12(48%)	25
3학년	3(11%)	12(44%)	27
4학년	3(10%)	12(40.5%)	30
5학년	3(10%)	9(30.5%)	30
6학년	3(10%)	9(30.5%)	30
합 계	20(12%)	64(39%)	165

위와 같은 조선총독부의 국어 정책이 진행되면서 일본어의 보급은 비록 강제적이지만 점차 그 성과를 나타내기 시작하였다. 일본어 교육도 확대되고 각종 학교 졸업생들의 사회적 지위도 그만큼 향상되었으므로 조선인들도 점점 일본어의 필요성을 느끼게 되었다. 제2기의 마지막 해인 1938년에 일본어를 아는 조선인의 수는 2백 7십여만 명에 이르렀는데 이 숫자는 당시 조선인의 총 인구 수가 2천2백만 명이므로 약 12.4%에 해당하는 것이다.

한편, 조선총독부는 식민지 정책의 원활한 집행을 위한 한 방편으로 1921년에 '조선총독부 및 소속 관서 직원 조선어 장려 규정'을 공표하여 일본인 직원에 대해서는 조선어 장려 정책을 펼쳤다. 또한, 일본인 학교에도 조선어과를 설치하였으며 경성제국대학에도 조선어과를 설치하여 조선어를 연구토록 하여 극소수

이기는 하지만 조선인 학생들에게 조선어를 공부할 기회를 주기도 하였다.

이와 함께 조선총독부는 제1기에 제정했던 '보통학교용 언문 철자법'이 10년 가까운 세월이 흐르면서 문제점이 나타나자 1921년 3월에 학무국에서 기초한 '보통학교용 언문 철자법 대요'(일명 '개정 언문 철자법')를 '보통학교용 교과용 도서 언문 철자법 조사 위원회'의 토의를 거쳐 확정하고 이를 공포하였다. 그 위원회의 위원에는 제1기 언문 철자법 제정에 참여했던 인사들 외에 일본인 金澤庄三郎과 조선인 지석영, 권덕규 등이 새로 가세하였다. 그러나 이 개정 언문 철자법은 위원들 간의 이견과 이론적 혼란으로 많은 문제점을 안고 있었기에 조선총독부는 제3차의 개정을 시도하였다. 1928년 9월부터 역시 학무국을 중심으로 개정안을 마련하였고 조사 위원회를 조직하였다. 조사 위원회에는 일본인 小倉進平, 西村眞太郎과 조선인 신명균, 장지영, 정열모, 최현배 등의 조선어학회 인사들이 대거 참여하였으며 1930년 2월에 제3차 언문 철자법이 다시 공포되었다.

이 시기에 만들어진 '보통학교용 언문 철자법 대요'는 그 후에 조선어학회가 만든 1933년의 '한글 맞춤법 통일안'에 그대로 반영되어 사실상 한글 맞춤법의 근간이 되었으므로 매우 중요한 표기법이라고 볼 수 있다.

3.1.3. 제3기(1938 ~ 1945) : 강압 통치 시대의 국어 정책

일제는 1931년 만주사변을 일으키면서 대륙 침략의 야욕을 드러내기 시작하였다. 이를 계기로 시작된 중국과의 갈등은 1937년 중일 전쟁으로 확대되었으며 우리나라를 전쟁 수행을 위한 병참 기지화로 만들었다. 이에 따라 조선총독부는 조선에 대한 지배 정책을 이른바 '황국 신민화(皇國 臣民化) 정책'으로 전환하고 더욱 노골적인 민족 말살과 수탈을 감행하였다. 1938년에 제정 공포된 제3차 조선 교육령은 이런 변화의 모습을 반영하려고 한 것이며 1943년의 제4차 조선 교육령은 그러한 식민지 지배 정책을 분명하게 보여준 것이라고 할 수 있다.

먼저, 제3차 조선 교육령 시기의 국어 정책 변화를 살펴보면 '조선어'를 각급 학교의 필수 과목에서 제외하고 가설 과목 또는 수의 과목으로 바꾸고 '조선어'

외의 모든 교과목의 교수 용어를 일본어로 할 것을 명시하였다.

〈표 3〉 제3차 조선 교육령 시기 6년제 심상 소학교 학년별 '조선어' 대 '일본어'의 주당 수업 시간 비교

구 분	조선어	일본어	총 수업 시간
1학년	4(15%)	10(38.5%)	26
2학년	3(11%)	12(44%)	27
3학년	3(10%)	12(41%)	29
4학년	2(6%)	12(36%)	33
5학년	2(5.8%)	9(26.5%)	34
6학년	2(5.8%)	9(26.5%)	34
합 계	16(8.7%)	64(35%)	183

이 시기에는 '조선어'를 수의 과목으로 남겨두어 위와 같은 수업 시간이 배당될 수 있었지만 조선총독부는 각종 압력을 넣어 각급 학교에서 '조선어'를 가르치는 것을 방해하였다. 따라서, '조선어' 수업이 제대로 이루어질 리가 없었고 이미 조선어 말살 정책이 시작되었음을 의미한다. 결국, 제4차 조선 교육령 하에서는 '조선어' 과목이 각급 학교의 교육과정에서 완전히 제외되었다.

조선총독부의 '조선어' 말살 정책은 국어 정책뿐만 아니라 사회적인 면에서도 나타나게 되는데 1940년에는 조선인에게 이른바 '창씨 개명'을 요구하여 이름에서조차 조선어를 사용하지 못하게 하였으며 동아일보를 비롯한 한글로 발간된 잡지와 신문을 모두 폐간토록 하였다. 또한, 1942년에는 이른바 '조선어학회 사건'[9]을 만들어 조선인에 의해 자생적으로 연구되었던 조선어 연구의 맥까지도 끊어 버리려 하였다. 이 결과 일본어 보급률은 1938년에 12.4%였는데 1943년에는 22%에 이르고 1945년 초에는 27%에 이르렀을 것으로 추정되었다.

---

9) 조선어학회 사건 : 1942년 10월에 일본어 사용과 조선어 말살을 꾀하던 일제가 조선어 학회의 회원을 투옥한 사건. 일제는 조선어 학회를 학술 단체를 가장한 독립운동 단체라고 꾸며 회원들에게 혹독한 고문을 자행하였다. 이 사건으로 학회는 해산되고 편찬 중이던 국어사전 원고의 상당한 부분이 없어졌다.

3.2. 대한제국의 국어 정책과 민간단체의 국어 운동

3.2.1. 대한제국의 국어 정책[10]

일제 강점기에서 대한제국의 국어 정책은 자율적으로 이루어질 수가 없었다. 정부에서 이루어지는 모든 것은 일제의 감시 속에 있었고 일일이 그들의 승인을 받아야만 했다. 한마디로 대한제국의 국어 정책은 조선총독부의 지시에 의해 움직이는 꼭두각시의 행동과 같을 수밖에 없었다. 다만, 비록 민간단체의 활동이었지만 조선어학회와 조선어학연구회의 국어 운동은 사실상 우리나라 국어 정책의 역사에서 매우 돋보이는 특이한 활동이라고 할 수 있다.

이러한 암흑기 속에 펼친 대한제국의 국어 정책을 살펴보면 크게 '언문 철자법'를 제정하고 개정하는 일과 '국어사전'을 편찬하는 일로 나누어 볼 수 있다. 먼저, '언문 철자법'의 제정은 일제 강점기 이전부터 지각 있는 국어학자들이 줄곧 주장하였던 내용으로, 1905년에 지석영의 '신정국문'에 고저표(高低標, 뒷말의 장음 표시 예 動 움직일 동·, 同 한가지 동)와 예성표(曳聲標, 앞말의 장음 표시 예 廉 발·렴, 足 발 족)를 둔 것이나, 1909년에 국문연구소가 마련한 '국문연구의정안'[11]의 장단음 표시를 한 것과 같은 것들이다. 이러한 것들이 급기야 1912년에 조선총독부가 '언문 철자법'을 발표하는 계기를 마련해 주었던 것이다. 이 '언문 철자법'은 1921년과 1930년에 두 번을 고쳤다.

이런 일제 강점기의 공용어는 당연히 일본어였지만 우리의 표준말이 정식으로 규정된 것도 이 당시였다. 물론, 이 당시에 표준말과 철자법에 대한 개념이 있었던 것이 아니었지만 1912년 4월 '보통학교용 언문 철자법'에서 '경성어를 표준으로 함'이라고 한 것은 국어 정책의 역사에서 매우 획기적인 일이었다.

한편, 1911년 4월부터 '조선어사전' 편찬에 착수하였다. 벌써 서양 사람에 의한

---

10) 대한제국의 국어 정책은 일제 강점기의 국어 정책이라고 할 수 없지만, 여기서는 이해를 돕기 위해 설정하였다. 사실상 이 부분은 국어 정책이라고 할 수 없을 것이다.
11) 국문연구의정안 : 대한제국 말기에 학부(學部) 안에 설치된 국문연구소에서 23회의 회의를 거쳐 1909년 12월 28일에 제출한 일종의 국어 정서법 보고서이다. 그 후에 한글 맞춤법 통일안을 만드는 계기를 제공하였다.

사전 편찬이 있었지만 1920년 3월에 간행된 이 사전이 최초의 본격적인 국어사전인 셈이다. 이 사전은 조선총독부가 조선의 제도와 구습을 조사하기 위해 편찬한 것이며 표제어의 해설을 일본어로 옮겨 조일사전(朝日辭典)이 되었지만 편찬에 참여한 사람은 일본인뿐 아니라 어윤적, 정병조, 박종렬, 윤희구, 한영원 등 여러 명의 조선인이 참여하여 사실상 우리나라 사람의 손에 의해 편찬되었음을 알 수 있다. 또한, 이 사전은 일종의 표준말 사정과 같은 성격도 띠고 있는데 한자어 40,734개, 언문어 17,178개, 이두 727개, 총 58,639개의 어휘가 실려 있으며 표제어의 뜻풀이에 고어, 방언, 경어, 별칭, 약어 등을 구별해 놓은 것이 주목을 받을 만하다.

3.2.2. 민간단체의 국어 운동

조선총독부의 국어 정책에 대응하는 일제 강점기의 국어 운동으로는 조선어학회의 활동과 조선어학연구회의 활동 등을 들 수 있다. 이들의 활동은 비록 정부의 본격적인 국어 정책은 아닐지라도 당시의 상황에서는 우리나라의 국어 정책 못지않게 중요한 부분을 차지하였다. 이 글에서는 이들의 중요한 활동만을 중심으로 언급하고자 한다.

소선어학회의 국어 운동을 살펴보면 그 출발점에는 항상 주시경이 있었다. 주시경은 1896년에 '국문동식회'와 1908년에 '국어연구학회'[12]를 조직하여 활동하였는데, 1911년에 '국어연구학회'는 '조선언문회(배달말글몯음 → 한글모)'로 바뀌었다. 또한, 조선어 보급을 위해 1907년에 상동 청년 학원에 '국어 강습소'를 개설하였으며, 이 기관은 '조선어 강습원'으로 발전하였다. 조선어 강습원 출신 중에는 이후 조선어연구회에서 활동하게 되는 인사들이 많이 배출되었는데 이를 살펴보면 다음과 같다.

강습생(중등과) : 이병기, 권덕규, 신명균, 최현배(이상 1회), 정열모(2회), 이치규(3회)
　　　(고등과) : 이병기, 권덕규, 신명균, 최현배(이상 1회), 정열모(2회), 이치규(3회)
강　　사 : 주시경, 신명균, 권덕규, 김두봉

---

[12] 한글학회는 '국어 연구 학회'의 창립일인 1908년 8월 31일을 창립 기념일로 보고 기념행사를 치르고 있다(한글학회 발자취, 2005:1 참조).

또한, 조선어학연구회 창립 회원이며 조선어 강습원의 강사로 활동한 사람은 장지영, 김윤경, 이병기, 권덕규, 신명균 등이며 동인지 '한글'에서 활동한 사람은 '최현배'와 '정열모'이다. 아울러 1929년에는 '조선어 사전 편찬회'를 조직하는데 이는 조선어학회의 주요 사업을 추진하기 위한 기구이며 여기에는 이윤재, 이극로, 이중화 등이 참여하였고, 그 밖에 주요 인사로 이희승, 김선기, 안호상, 정인승 등이 참여하여 활동을 시작하였다.

조선어학회가 본격적인 국어 운동을 시작한 것은 1921년 12월 권덕규, 장지영 등이 '조선어연구회'를 조직하면서부터였고 이 단체의 활동이 가시화된 것은 1926년 훈민정음 480주년 기념식을 치른 후부터이다. 당시에는 이 기념일을 '가갸날'[13]이라고 하였고 신민사(新民社)와 공동으로 주최하는데 이 학회는 우리말 우리글 계몽 강연회를 열기도 했다. 또한, 1927년에는 동인지 '한글'을 창간하였고 1929년에는 '조선어 사전 편찬회'를 조직하여 본격적인 사전 편찬 작업을 시작하였다. 아울러 이 학회는 1931년에 학회의 명칭을 '조선어학회'로 바꾸고 '조선 어문의 연구와 통일'을 목적으로 하는 단체임을 표방하였다. 이 학회는 민족 학회로 성장하였고 대한제국의 국어 정책을 사실상 이끌어 나갔다고 생각할 수 있다. 한글 맞춤법 통일안 발표, 사정한 조선어 표준말 모음 발표, 외래어 및 외래 문자 표기법 발표, 한글날 기념식 주관, 한글 기관지 발간 등 매우 비중 있는 국어 정책을 펼쳐 나갔다. 이것을 못마땅하게 생각한 조선총독부는 1942년에 이른바 '조선어학회 사건'을 만들어 29명을 구속하였다.

한편, 조선어학회 못지않게 활발하게 국어 연구를 한 학회로 '조선어학연구회'를 들 수 있는데 이 학회의 창립에서 운영까지 절대적인 영향력을 발휘했던 학자는 박승빈이다. 이 학자는 관비 유학생으로 일본 중앙대학에서 법학을 전공하고 1907년 귀국 후에 법관직에 머물다가 1931년에 조선어학연구회를 조직하였다. 박승빈은 외국어를 배우는 과정에서 문법에 대한 지식을 자연스럽게 습득하게 되었고, 이것이 조선어 문법에 대한 관심과 연구로 이어졌다고 밝히고 있다. 조선어학연구회의 모체는 친목 단체인 '한양구락부'였고, 후에 이것은 '계명구락부'로 바뀌지만 언어 문제에 지대한 관심을 보였고 적극적인 활동을

---

13) '가갸날'이라는 명칭은 1928년에 '한글날'로 바뀌었다(한글학회, 1971:7 참조).

하였다. 이 학회는 창립총회에서 '조선어학의 연구와 조선문 표기법의 정리'를 단체의 목적으로 명시하였다. 또한, 기관지 '정음'을 발간하였고, 조선어학 강습회 개최, 조선어 철자법 토론회 개최, 조선어학회의 한글 맞춤법 통일안에 대한 반대 성명을 발표하였다.

3.3. 조선총독부의 언문 철자법과 조선어학회의 한글 맞춤법 통일안

조선총독부의 언문 철자법과 조선어학회의 한글 맞춤법 통일안을 비교하는 것은 그렇게 쉬운 일이 아니다. 왜냐하면, 조선총독부와 조선어학회는 주체가 다르고 언문 철자법과 한글 맞춤법 통일안은 그 목적이 서로 달랐기 때문이다. 따라서 이 글에서는 이들의 성격을 대비하지 않고 각각의 특징과 그 내용을 살펴보고자 한다.

3.3.1. 조선총독부의 언문 철자법

먼저, 언문 철자법은 조선총독부의 학무국 주재 하에 마련된 것이다. 조선총독부는 1912년 4월에 '보통학교용 언문 철자법'을 확정하여 고시하게 되는데 이것은 비록 일제 강점기이지만 정부가 최초로 철자법을 고시한 것이다. 이 철자법은 종전의 대한제국 보통학교 교과서의 철자법이 번잡하여 교육상 학습에 불편을 가져온 점을 인정하고 이를 평이한 것으로 정하려고 마련한 것이다. 그 뒤에 1921년(2회)과 1930년(3회)에 두 번을 고쳤다. 여기서는 이들의 특징과 내용만을 살펴보고자 한다.

○ 1912년(1회) 보통학교용 언문 철자법 : 이 철자법은 1911년 7월부터 11월까지 5회에 걸친 토의를 거쳐 이듬해에 확정하였던 것이다. 이 규정은 특히 한자음을 역사적 표기법으로 하고 순 우리말의 표음주의적 철자법을 명문화

한 것이다. 그 중요한 내용은 다음과 같다.

> (1) 아래아의 폐기(예 : 눈>는, 룰>를)
> (2) 된ㅅ의 채택(예 : 꼿, 뜻)
> (3) 받침 10개(ㄱ ㄴ ㄹ ㅁ ㅂ ㅅ ㅇ ㄺ ㄻ ㄼ)
> (4) 좌견일점의 장음 표시(예 : ·고)

한자음은 운(韻)을 문란히 할 우려가 있다고 하여 종전대로 두었으니 이원적인 것이 되었다. 그러나 이 철자법은 당시 보통학교용 '조선어 및 한문 독본'에 채택되어 적지 않은 영향을 끼쳤으며 1921년(2회)의 개정 철자법이 일부의 수정과 보충에 그친 것이었으므로 이 원칙은 무려 20여 년간이나 채택된 것이었다. 다만, 아래아(·)가 한자음에 여전히 쓰였기 때문에 1930년대까지 아주 없어진 것은 아니었다.

표준어와 관련하여서도 서언 셋째 항 (1)에 "경성어를 표준으로 함."이라고 명시된 것도 중요한 부분이다. 이 당시에 표준어와 철자법의 개념이 분명하지 않았지만 경성어를 표준으로 하겠다는 것은 어느 정도 표준어에 대한 개념이 싹 텄다고 할 수 있을 것이다.

또한, 이 철자법은 역사적 표기법인 표의주의 표기법[14])을 피하고 언중에게 편리한 표음주의 표기법[15])을 채택하였다. 이것은 언어가 변화한다는 개념을 반영한 것이라고 볼 수 있다.

○ 1921년(2회) 보통학교용 언문 철자법 대요 : 1921년 3월 보통학교 교과서용 도서 언문 철자법 조사원 회의에서 조선총독부 학무국 안인 '개정 언문 철자법'을 토의하여 확정한 것이다. 그 내용은 1912년의 규정에 비해서 장음 표

---

14) 표의주의 표기법(表意主義表記法) : 형태 음소적 표기법(形態音素的表記法)과 같은 말. 형태소가 그것이 실현되는 환경에 따라 모습을 달리했을 때에, 그것을 그대로 표기하지 않고 고정하여 적는 표기법. '잎'이라는 형태소가 '잎도'에서는 '입또'로, '잎만'에서는 '임만'으로 소리 나지만 '잎'으로 고정하여 적는 것 따위이다. 현행 한글 맞춤법은 이 표기법에 따른 것이다.
15) 표음주의 표기법(表音主義表記法) : 맞춤법에서, 단어를 소리 나는 대로 적어야 한다는 주장. 같은 단어라도 다르게 발음되면 소리 나는 대로 적는다. 조선조 초기의 8 종성법과 1954년의 '한글 간소화 방안'은 이 표기법을 따른 것이다.

시가 폐기되었을 정도로 일부의 수정과 보충에 불과하다. 이 철자법은 1920년의 '조선어사전'에 따라 보완한 조처였을 뿐이라고 생각한다.

다만, 이 규정에서 특별한 사항은 'ㄷ ㅈ ㅊ ㅌ ㅍ ㅎ ㄲ ㅄ ㄳ' 등을 새 받침으로 사용할 것을 논의하였지만, 아주 신중한 태도를 보여 보류되었다. 이것은 형태주의와 음소주의와의 논쟁으로 그 구성원에 어윤적, 권덕규 등 주시경 학파가 참여함으로써 보류되었던 것으로 보인다.

○ 1930년(3회) 언문 철자법 : 이 철자법은 학습 능률의 증진과 변화에 순응하고, 그동안 학계와 교육계에서 개정의 필요성을 꾸준히 제기해 온 것을 받아들인 결과라고 할 수 있다. 조선총독부 학무국에서 작성한 안을 가지고 1928년부터 7회에 걸쳐 심의를 한 후에 1930년 2월에 발표하여 4월부터 적용하였다. 그러나 반대파들의 항의에 부딪혀 잠시 인쇄가 중단되기도 하였지만, 당국은 '개정 조선어 독본'의 발행과 신철자법의 실시를 동시에 추진하였다. 이 철자법은 주로 형태주의 원칙을 따르고 있는데 이것은 절반 이상이 주시경 학파로 구성되어 있어, 음소주의와의 대결에서 형태주의가 승리하였음을 말하고 있다. 그 중요한 내용을 살펴보면 다음과 같다.

(1) 분명한 것은 분철 표기(예 : 웃음, 깊이)
(2) 사이 ㅅ의 사용(예 : 동짓달, 일ㅅ군, 문ㅅ자)
(3) 10 받침 이외의 새 받침 사용(예 : ㄷ ㅌ ㅈ ㅊ ㅍ ㄲ ㄳ ㄵ ㄾ ㄿ ㅄ)
(4) 구개음화의 불인정(예 : 같치, 밭치)
(5) 한자음의 표음화(예 : 뎍당 > 적당, 회녕 > 회령)
(6) 된소리 채택(예 : ㄲ ㄸ ㅃ ㅆ ㅉ)

결국, 이 철자법의 특징은 종전에 이원적이었던 한자음과 순 우리말의 표기가 일원화되고, 으레 붙이던 보통학교용이란 말을 벗겨 일반화한 점이다. 이로써 7 종성의 통칙을 비롯한 전통적인 음소주의적 철자법이 부인되었으며, 까다로운 신철자법의 대중화란 새로운 문제를 안고 이 철자법은 험난한 출발을 하게 되었던 것이다.

그래도 이 철자법은 1933년의 '한글 맞춤법 통일안'의 토대가 되었다는 점에서 매우 중요한 표기법이라고 볼 수 있다. 비록 조선총독부가 마련한 철자법이지만 국어 표기법 역사에서 우리나라의 정통성을 잇는 가교 역할을 한 점은 인정되어야 할 것이다.

3.3.2. 조선어학회의 한글 맞춤법 통일안

1930년에 발표된 언문 철자법은 1929년 한때 철자법 파동을 겪고 구파의 강한 반대만 아니라 신파의 불철저하다는 불만도 샀다. 왜냐하면, 그 철자법이 실시되던 해 12월에 주시경 학파인 한글파의 주축이었던 조선어학회는 학무국의 심의위원이던 5명을 포함한 12명의 위원을 내어 다른 학회 안 제정에 착수했고, 기존의 정음파는 이듬해 12월에 박승빈을 주축으로 하는 조선어학연구회는 그 저지에 열을 올렸다.

이렇게 시작된 '한글 맞춤법 통일안'은 3년 동안 125회의 회의를 하여 1933년 10월에 당시 조선총독부의 규정과 다른 별도의 사안(私案)으로서 발표되었다. 따라서, 이 통일안은 순수한 우리나라 사람의 힘으로 만든 민간단체인 조선어학회 안으로 처음 탄생한 것이다. 그 당시의 조선총독부 학무국 안에 비해서 형태주의적 어원 표시의 규정이 더욱 분명해진 것이다. 따라서, 이 규정은 1930년의 언문 철자법과는 매우 가깝고, 1912년과 1921년과의 철자법과는 아주 먼 관계가 있는 것이었다.

조선어학회의 이 통일안은 권덕규, 김윤경, 박현식, 신명균, 이극로, 이병기, 이윤재, 이희승, 장지영, 정열모, 정인섭, 최현배 등 12명이 만든 원안을 바탕으로 김선기, 이갑, 이만규, 이상춘, 이세정, 이탁 등 6명의 위원이 더 참여하여 토의한 후에 임시 총회에서 이를 통과시켰다. 이 통일안은 조선총독부가 만든 언문 철자법의 불만을 비판하고 작성한 것으로 형태주의 원칙을 더 철저하게 지키고 있다. 양자의 중요한 차이는 다음과 같다.

구 분	언문 철자법(1930)	한글 맞춤법 통일안(1933)
(1) 사이시옷	5. 동짓달, 장ㅅ군	30. 동짓달, 장군

(2) 새 받침	13. 11개 추가(ㄷ ㅌ ㅈ ㅊ ㅍ ㄲ ㄳ ㄵ ㄾ ㄿ ㅄ)	11. 18개 추가(ㄷ ㅈ ㅊ ㅋ ㅌ ㅍ ㅎ ㄲ ㅆ ㄳ ㄵ ㄶ ㄹㄱ ㄾ ㄿ ㄹㅎ ㄻ ㅄ)
(3) 구개음화	15. 밭, 밭치 / 16. 숯, 숯테	5. 밭, 밭이 / 숯, 숯에
(4) 어미 변이	20. 되여서, 가저서	8. 되어서, 58. 가져서
(5) ㄷ 변칙	21. 뭇다, 물엇소	10. 묻다, 물었소
(6) 준ㅎ	22. 그러타, 그럿소	56. 그러ㅎ다, 그러ㅎ소
(7) 장음 표시	6. 부(附)하지 않음	부록 二, 16. 자전에만 씀

첫째, 맞춤법 통일안이 형태주의에 철저한 점은 구체적으로 새 받침의 추가, 구개음화의 인정, 준ㅎ의 설정 등이다.

둘째, 맞춤법 통일안은 규정을 형태주의에 입각하여 더욱 정밀하게 하는 동시에 자모, 약어, 외래어, 띄어쓰기, 표준어, 문장부호 등 각종 어문 규정을 폭넓게 규범화하였다.

셋째, 일반 언중은 이러한 형태주의와 규정의 세밀화 부분에 대하여 불평을 하기도 하였다. 이것은 1930년의 언문 철자법도 비슷한 상황이었다.

따라서, 이 통일안이 발표된 1933년 10월 29일에는 적어도 세 가지의 표기법이 존재하였다. 그것은 1921년의 보통 학교용 언문 철자법 대요, 1930년의 언문 철자법 그리고 1933년의 통일안이 공존하였기 때문이다. 또한, 이 무렵에는 1931년에 조선어학연구회가 창립되면서 기관지 '정음'을 발간하였고, 여기에서 통일안의 모순을 조목조목 규탄하기도 하였다. 결국, 조선어학연구회는 1921년의 철자법을 지지한 셈이 되었고, 조선어학회는 1930년의 철자법을 지지한 셈이 된 것이다.

어쨌든, 1933년에 만든 조선어학회의 통일안은 몇 차례의 수정을 거쳐 발표되었고, 표준말 사정 내용이 1936년 10월에 발표됨으로써 사실상 정부의 국어 정책처럼 자리 매김이 되었다. 그러나 1939년 2월에 조선어 과목이 폐지되고 1940년에 조선일보와 동아일보의 폐간 등 민족어 말살 정책이 자행되면서 이 규정도 사실상 유명무실하게 되었고 1942년 10월에 이른바 '조선어학회' 사건으로 일시 종지부를 찍게 되었던 것이다.

4. 맺음말

지금까지 일제 강점기의 국어 정책을 변천사 중심으로 살펴보았다. 일제는 지난 36년간(1910~1945) 한민족을 지배하면서 모든 것을 마음대로 온갖 만행을 자행하였다. 여기에는 우리말과 우리글을 포함한 국어 정책 연구도 예외일 수 없었다. 그러나 이런 온갖 어려움 속에서도 우리말과 우리글은 꿋꿋하게 살아남을 수 있었다. 그 중심에는 항상 우리 민족을 사랑하고 지키려는 애국지사가 있었고, 우리말과 우리글을 가꾸고 다듬었던 국어학자들이 있었다.

사실 국어 연구라는 것이 평상시에도 쉬운 일이 아니다. 맞춤법과 표준어뿐만 아니라 외래어와 한자어 문제, 로마자와 공용어 문제 등 골칫거리가 한두 가지가 아니다. 그런데 일제 강점기에는 이들 통치자의 눈을 피해서 우리말과 우리글을 정리하고 보급하는 일이 결코 쉬운 일이 아니었을 것이다.

이미 앞에서 살펴보았듯이 일제는 우리 민족을 강제로 통치하면서 우리말과 우리글을 사용하지 못하도록 조선어 말살 정책을 펼쳤다. 그럴수록 국어학자들은 혼신의 힘을 다하여 자신들의 소임인 국어 연구를 게을리하지 않았다. 오늘날의 시점에서 이를 뒤돌아볼 때에 참으로 배울 점이 많고 책임이 무겁다는 것을 느낀다. 결국, 오늘날의 어문 규정은 이들 국어 선각자들의 피와 땀으로 만들어진 결과물이다.

참고 문헌

국어학회(1993), 『세계의 언어 정책』, 태학사.
김문창(1988), 「표준어의 제문제」, 『말과 글』 37, 한국교열기자회, 72~80쪽.
김민수(1973), 『국어정책론』, 탑출판사.
김하수(1993), 「한글 맞춤법 통일안의 사회언어학적인 의미 해석」, 주시경연구소.
민현식(1999), 『국어 정서법 연구』, 태학사.

박성의(1970), 『일제 하의 언어 문자 정책』, 민중서관.
안병희(1988), 「한글 맞춤법의 역사」, 『국어생활』 여름호, 국어연구소.
이기문(1972), 『국어사개설』, 탑출판사.
이성연(1988), 「열강의 식민지 언어정책에 관한 연구」, 전남대 박사논문.
이연수(1985), 「일본의 식민지 언어정책과 한국인의 대일의식」, 한국외대 박사논문.
이응백(1987), 「일정 시대의 국어 표기법」, 『국어생활』 여름호, 국어연구소.
이응호(1975), 『개화기의 한글 운동사』, 성청사.
이익섭(1992), 『국어표기법 연구』, 서울대 출판부.
조태린(1997), 『일제시대의 언어 정책과 언어 운동에 관한 연구』, 연세대 석사논문.
최용기(2003), 『남북한 국어정책 변천사 연구』, 박이정.
최현배(1953), 『우리말 존중의 근본 뜻』, 정음사.
한글학회(1971), 『한글학회 50년사』, 선일인쇄사.
허　웅(1974), 『우리말과 글의 내일을 위하여』(국어 정책론), 과학사.
_____ (1980), 『우리말과 글에 쏟아진 사랑』, 샘문화사.

※ 『한국어문학 연구』(한국어문학연구학회 논문집), 제46집(2006. 2.)에 실린 논문을 수정하여 보완한 것임.

제3장 박정희 대통령 시기의 언어 정책

1. 박정희 대통령의 재임 기간

박정희 대통령의 재임 기간에 대하여 여러 가지의 의견이 있다. 하나는 공식적인 대통령 재임 기간으로 1963년 12월부터 1979년 10월까지로 보는 의견이고, 다른 하나는 1961년의 5·16 혁명 이후인 1961년 5월부터 1979년 10월까지로 보는 의견이다.

먼저 1961년 5·16 혁명 이후로 보는 의견은 5·16 혁명 이후부터는 국가재건최고회의의 의장을 맡아 사실상 국권을 장악하였으므로 국가 최고의 권력자로서는 18년 동안 있었다고 보는 것이다. 다른 하나인 1963년 12월로 보자는 의견은 1963년은 제3공화국인 제5대 대통령으로 취임하는 해이기 때문에 이때부터 시작하여 1979년 10월까지로 17년 동안을 재임 기간으로 보는 것이다.

그러나 박정희 대통령은 실제로 1962년 3월부터 대통령 권한대행을 시작하여 1979년 10월 26일까지 집권하였기 때문에 만 17년 동안 재임하였다고 보는 것이 타당할 것이다.

참고로 우리나라 역대 대통령의 재임 기간을 살펴보면 다음과 같다.

〈우리나라 역대 대통령의 재임 기간〉

제1공화국
초 대 : 이승만(李承晩), 1948. 7. ~ 1952. 8.
제2대 : 이승만(李承晩), 1952. 8. ~ 1956. 8.
제3대 : 이승만(李承晩), 1956. 8. ~ 1960. 4.

(대행) : 허정(許 政), 1960. 4. ~ 1960. 6.
(대행) : 곽상훈(郭尙勳), 1960. 6. ~ 1960. 6.
(대행) : 허정(許 政), 1960. 6. ~ 1960. 8.

제2공화국
제4대 : 윤보선(尹潽善), 1960. 8. ~ 1962. 3.
(대행) : 박정희(朴正熙), 1962. 3. ~ 1963.12.

제3공화국
제5대 : 박정희(朴正熙), 1963.12. ~ 1967. 6.
제6대 : 박정희(朴正熙), 1967. 6. ~ 1971. 7.
제7대 : 박정희(朴正熙), 1971. 7. ~ 1972.12.

제4공화국
제8대 : 박정희(朴正熙), 1972.12. ~ 1978.12.
제9대 : 박정희(朴正熙), 1978.12. ~ 1979.10.
(대행) : 최규하(崔圭夏), 1979.10. ~ 1979.12.
제10대 : 최규하(崔圭夏),1979.12. ~ 1980. 8.
(대행) : 박충훈(朴忠勳), 1980. 8. ~ 1980. 8.
제11대 : 전두환(全斗煥), 1980.9. ~ 1981. 2.

제5공화국
제12대 : 전두환(全斗煥), 1981. 2. ~ 1988. 2.

제6공화국
제13대 : 노태우(盧泰愚), 1988. 2. ~ 1993. 2.
제14대 : 김영삼(金泳三), 1993. 2. ~ 1998. 2.
제15대 : 김대중(金大中), 1998. 2. ~ 2003. 2.
제16대 : 노무현(盧武鉉), 2003. 2. ~ 2008. 2.
제17대 : 이명박(李明博), 2008. 2. ~ 현재

2. 박정희 대통령 시기의 어문 정책

박정희 대통령은 1961년의 5·16 군사 혁명으로 출발하여 1962년 3월부터 대통령 권한대행을 하였고 1963년의 민정 이양 선언 후에 대통령으로 당선됨으로써 1979년까지 무려 18년 동안의 장기 집권을 하였다. 이 시기에 이루어진 주요 어문 정책의 내용을 살펴보면 다음과 같다.

2.1. 학교 문법 통일안

이 시기의 어문 정책 가운데 가장 큰 문제는 이른바 '말본 파동'일 것이다. 광복 이후에 중고교 각급 학교마다 국어학자들의 학설에 따른 문법 교육이 이루어짐으로써 품사 분류, 문법 용어, 성분의 분류 등에서 차이점이 많고 학교 문법 불일치로 일선 국어 교사들은 입시 지도에서 어려움이 많았다. 이러한 원성에 따라 혁명 정부는 학교 문법 통일안을 준비하게 되었다.

문법 문제로 혼란이 점점 커지자 국어국문학회에서는 1962년 1월 9일 임시 총회를 개최하여 '학교 문법을 통일하라'라는 건의서를 문교부에 제출하였다. 이에 앞서 문교부 안에서도 1961년 12월 8일부터 문교부 교육과정 심의 위원회 (최현배, 김윤경, 이희승, 정인승, 이숭녕 등)가 학교 문법 용어를 문제 삼았으며 1년여의 진행 끝에 1963년 3월 2일 13명의 학교 문법 통일 준비 위원회를 구성하여 초안을 작성하였는데 반대에 부딪혀 4월 15일에 '학교 문법 심의 전문 위원회'(의장 이희승)가 새로 구성되었다. 이 위원회는 교과서 저자 8명과 비저자 8명으로 구성하기로 하고 의장의 발언으로 전형위원 3인(박창해, 이응백, 조문제)을 선정하였고 그들로 하여금 비저자 8명을 추천토록 하였다. 그 결과 저자 8명은 이희승, 최현배, 김윤경, 이숭녕, 정인승, 장하일, 최태호, 김민수 등이며 비저자 8명은 유제한, 이훈종, 박창해, 김형규, 이응백, 이희복, 윤태영, 강윤호 등으로 16명이었다.

학교 문법에서 쟁점이 된 핵심 사항 중의 하나는 품사 이름을 순수 우리말인 '토박이말'로 할 것이냐 아니면 '한자어'로 할 것이냐 하는 것이었다. 가령 '이름 씨'와 '말본'이라고 할 것이냐 '명사'와 '문법'이라고 할 것이냐의 명명방식에서 팽팽하게 맞서고 있었던 것이다. 언중들은 '이름씨'를 주장하는 사람들을 가리켜 이른바 '말본파'(또는 '씨파')라고 불렀고 '명사'를 주장하는 사람들은 이른바 '문법파'(또는 '사파')라고 불렀다. 바꾸어 말하면 한글 전용론(말본파)과 국한문 혼용론(문법파) 두 진영의 문법적 싸움으로 번진 것이다. 따라서 선정된 위원의 입장 비율이 어떻게 배치되었느냐에 따라 합의되는 내용이 다르게 나오도록 되어 있었다. 16명의 위원을 최현배가 분석해 본 결과 교과서 저자 8명 가운데 말본파가 4명, 문법파가 4명으로 동등한 비율이었지만 비저자에서는 말본파가 3명, 문법파가 5명으로 양 진영은 7 대 9로 말본파가 불리하게 되었다고 하였다. 그 중 문법파인 이숭녕은 당시 체미 중이었기 때문에 그 대리로 이기문이 출석하여 발언권을 얻었으나 표결권은 주지 않았다고 하였다(현대문학 108호, 학교 말본 통일 위원회의 경과). 그러나 이에 대해 이희승은 16명의 위원 중에 한글학회 회원이 13명이나 되어 실질적으로 '한글학회의 총의로 결정된 셈'이라고 주장하였다.

이 문제는 1963년 4월 15일부터 5월 22일까지 12차례에 걸쳐 진행되었으며 '학교 문법 통일 전문 위원회'에서는 결정 사항을 '국어과 교육과정 심의회'에 회부하기로 하였다. 문교부는 같은 해 '국어과 교육과정 심의회'를 열어 252개 품사 용어와 9품사 체계를 확정하였다. 이 과정에서 한자 용어와 고유어 용어 선택을 앞두고 뜨거운 격론이 벌어졌고 그 결과 한자 용어가 채택되자 반대파가 퇴장하는 소동을 거쳤지만 7월 25일에 '학교 문법 통일안'이 공포되었다.

그 이후 학교 문법 통일안은 그대로 강행되었으며 1965년 중등 교과서 검인정 심사에서 말본파인 최현배, 김윤경, 정인승 3명의 제출본이 불합격되었다. 이에 붕응하여 저자와 출판사들은 행정 소송을 제기하였고 한글학회도 국회에 청원서를 제출하였다. 이에 대하여 1966년 11월 24일 문교부 장관이 국회 문공위원회의 답변에서 "이미 학계에 널리 낱말로 인정된 '이다'의 처리는 각 저자의 자유에 맡기어 그것을 하나의 씨로 세우는 것을 허락하고 용어는 한자 용어와 한글 용어의 병용을 허용한다."라고 답변하여 다시 논쟁이 시작되었다. 문법파에서는 당연히 반대 성명서를 냈고 말본파에서는 환영 성명서를 발표하였다.

비록 한글 용어의 병용이라는 것이 '명사(이름씨)'처럼 한글 용어를 괄호에 넣어 부기하도록 하는 것이었지만 학교 문법 통일안을 개정함으로써 한글학회를 중심으로 한 말본파는 한 고비를 넘겼다고 하였고 전체적으로 승리한 문법파는 그 기세를 계속 몰아갔다.

그래서 이 통일안에 따라 1966년에 나온 중학교 문법 교과서 16종과 1968년에 나온 고교 문법 13종 교과서 중에도 품사 분류나 명칭에서 통일안을 지키지 않은 교과서가 나와 통일안은 유명무실해졌다. 그 후 1979년에 '문법' 교과서가 5종 교과서로 줄어들고 1985년 4차 교육과정에서 국정 단일 고교 문법 교과서로 되기까지 학교 문법의 통일은 20여 년의 시간이 걸렸다. 품사 분류와 용어 문제로 국어학자들이 논쟁하는 동안 문법 교육은 독서, 화법, 작문 생활 곧 국어생활에 기여하여야 한다는 기본 목표는 실종되고 대학 학문 문법의 요약 교육 즉 지식 문법 교육으로 전략하고 문법 교육의 무용론, 문법에 대한 염증만 불러일으키고 말았다.

2.2. 국어 어문 규정의 개정

(1) 편수 자료 3집(1960.11.), 4집(1963.7.), 1972년 편수 자료 3~6집 합본 발행

문교부는 어문 규정을 반영한 편수 자료를 1960년 11월에 3집과 1972년 3~6집 합본을 발행하였다. 이들 편수 자료는 교과서 집필 및 검정에 적용되었고 문교부의 편수 활동에도 활용되었다.

(2) 교정 편람(1963.9.), 한글 전용 편람(1969.12.)

교과서 편수에 따라 국어 표기 규범에 대한 세칙이 필요하여 이들 자료가 나오게 되었다. '띄어쓰기' 10개 항이 상세하여 60~70년대 띄어쓰기 정착에 영향을 끼쳤다. 그러나 띄어쓰기를 지나치게 세분하였고 예외 규정을 많이 달아 가장 쉬운 한글을 가장 어렵게 만든 결과를 낳고 말았다. 한자 붙여 쓰기 문화권에서

살아온 우리가 독립신문 띄어쓰기 이래 서구의 띄어쓰기 문화권에 편입하게 되는 데서 오는 갈등으로 볼 수도 있다.

(3) 국어 어문 규정 정비(1970~1979)

정부는 1968년 10월 박정희 대통령의 '알기 쉬운 표기 방법' 연구 지시에 따라 국어심의회에서 1970~1972년 3개년 계획으로 표준어, 맞춤법 수정 작업을 위한 '국어조사연구위원회'를 따로 두고 개정 작업을 진행하여 1972년 8월 ~ 1973년 6월 사이에는 맞춤법 초안을 수정 심의하여 작성하였다. 그 이후 수년간 지연되다가 1978년부터 재심에 들어가 1979년에 공청회를 거치고 1979년 12월에 맞춤법 안이 마련되었다.

표준어 규정도 1970년에 '표준말 사정 위원회'를 두고 1971년부터 표준어 사용 실태 조사, 된소리와 긴소리 연구, 지방 출신 작가 작품에서 통용어 찾기 작업 등을 1972년까지 하면서 표준어 수집 작업을 하여 1973~1977년까지 표준말 사정 회의를 하여 표준어 규정안을 만들었다.

외래어 표기법도 1976년 한국신문편집인협회에 '보도 용어 통일 심의 위원회'를 상설 기구로 설치하면서 외래어 표기 문제가 거론되자, 문교부는 편수 자료 3, 4집의 미비점을 보완하여 외래어 표기법안을 1979년 12월에 발표하였다.

로마자 표기법안도 1978년에 분석 연구가 들어가 1979년에 개정안을 만들어 결국 1979년에는 한글 맞춤법안, 표준어 규정안, 외래어 표기법안, 국어의 로마자 표기법안 등 이른바 국어 4법을 마련하여 공표를 준비하였다. 그러나 1970년대의 국가적 어문 규범 개정 사업은 1979년의 10·26 사태와 박정희 대통령의 유고라는 초유의 정치 불안 사태로 중단되게 되었고 1983년부터 학술원에서 다시 재심 수정을 거쳐 1988년까지 국어연구소에서 이 사업을 계속하였다.

2.3. 문자 정책

박정희 대통령은 한글 전용 정책을 근본적으로 지지하였으며 1968년 10월

25일에는 '한글 전용 촉진 7개 사항'을 지시하였다.

  1968년 3월 14일 국무회의는 1973년부터 실시할 '한글 전용 5개년 계획안'을 의결하였고 1968년 10월에는 그 실시 시기를 1970년으로 앞당긴다는 것을 의결하였다. 그리하여 박정희 대통령은 내각에 대하여 다음과 같은 '한글 전용 촉진 7개 사항'의 지시를 내렸다.

〈한글 전용 5개년 계획 지침〉

문교부 : 현재의 상용한자 1300자를 오는 1969년까지는 700자로 줄이고 그 후 초중고 대학의 순으로 한자를 줄여 1972년까지는 각급 학교 교과서에서 한자를 모두 없앤다.

공보부 : 신문 및 각종 간행물의 한자를 1968년까지 2000자, 1969년까지 1300자, 1970년까지 700자로 각각 줄이고, 72년에는 한글을 전용토록 할 방침이며 이를 뒷받침하기 위해 관계법을 제정한다.

총무처 : 각종 공문서, 인사 기록 카드에 한자를 점차적으로 줄인다.

법원 행정처 : 호적, 등기 사항과 소송 기록 등을 점차적으로 한글로 표기한다.

〈한글 전용 촉진 7개 사항〉

  세종 대왕이 한글을 반포한 지 520년이 넘도록 한글을 전용하지 않고 주저하는 것은 비주체적 전근대적 사고 방식이며 한문을 모르는 많은 국민을 문화로부터 멀리하려는 행위이다.

1항 : 1970년 1월 1일부터 행정, 입법, 사법의 모든 문서뿐만 아니라 민원서류도 한글을 전용하며 국내에서 한자가 든 서류를 접수하지 말 것.

2항 : 문교부 안에 한글 전용 연구 위원회를 두어 1969년 전반기 내에 알기 쉬운 표기 방법과 보급 방법을 연구하고 발전시킬 것.

3항 : 한글 타자기 개발을 서두르고 말단 기관까지 보급하여 쓰도록 할 것.

4항 : 언론 출판계의 한글 전용을 적극 권장할 것.

5항 : 1948년에 제정한 '한글 전용에 관한 법률'을 개정하여 1970년 1월 1일부터 전용하게 하고 그 단서는 뺀다.

6항 : 각급 학교 교과서에서 한자를 없앨 것.

7항 : 고전의 한글 번역을 서두를 것.

박정희 대통령은 개인적으로 한글 전용에 확실한 신념을 가져 1970년부터 한글 전용 정책을 강력히 추진하였으며 교과서의 한자 표기를 퇴출하도록 지시하였다고 한다.

그동안 한자는 국한문 혼용체 문화가 일반적이어서 1951년에 선정된 문교부 제정 '상용 일천 한자표'와 1957년에 300자를 보강한 1300자를 학교 교육에서 가르쳐 왔다. 그 후에 1963년 2월 새로 공표한 초등학교 교육과정 국어과 4학년 읽기에서는 "일상생활에서 쓰는 한글과 한자, 숫자, 로마자와의 구별을 알도록 한다."라고 한자 지도의 근거를 설정하여 1964년 9월 학기부터는 초등 600자, 중학교 400자, 고교 300자의 한자 교육을 하였다.

그러나 한글 전용에 대한 반대파들의 강력한 저항도 나타나 1972년 8월에 다시 1800자 상용한자를 정하고 한문 교과를 독립시키는 방향으로 정책이 바뀌었다. 그 후에 1996년부터 시행한 제6차 교육과정부터는 중등학교에서 한문과가 선택 과목으로 바뀌어 한문 교사들이 위기의식을 느끼고 한문과의 폐지까지 장차 예상되는 상황이 되었다.

박정희 대통령의 지시에 따라 같은 해(1968년) 11월 5일 '한글전용연구위원회'가 대통령령 제3925호로 설치되었고 같은 해 12월 24일 한글 전용에 관한 국무총리 훈령 제68호가 시달되었다.

〈국무총리 훈령 제68호〉

정부는 '한글 전용에 관한 법률'을 1948년 10월 9일에 제정하고 그의 실천을 위하여 정부 공문서 규정(대통령령 제2056호, 1965년 2월 24일)으로 공용문서는 한글을 쓰도록 하고 있으나 이의 실천이 잘 되지 않고 있으므로 다음 사항을 지시하니 한글 사용에 철저를 기하도록 할 것.

① 한글의 전용
가) 공문서 작성에 있어서 이미 한글만으로 표기하던 것을 더욱 철저히 지키고 공문서의 별지나 부록, 자료 등 부속서류도 한글을 쓰도록 한다.
나) 한글 전용에 관한 법률 단서에 불구하고 정부가 발행하는 모든 공문서 기타 표현물(표어, 포스터, 현수막, 아취 및 간판, 정부 간행물, 신문 및 잡지 등에 게재하는 공고, 광고문 등)을 전부 한글로 쓴다. 다만, 한자가 아니면 뜻의 전달

이 어려운 것은 괄호 안에 상용한자의 범위 안에서 한자를 표기해도 무방하며 1970년 1월 1일부터는 완전히 한글로만 표기하도록 한다.
다) 법규 문서도 전항에 따른다. (정부 공문서 규정 제7조 1항 단서는 폐지.)
② 어휘 및 표기 방법
가) 문장의 어휘도 우리말을 바르게 쓴다.
나) 각급 기관장은 한자로 쓴 기술 및 행정 용어를 우선 자체 내에서 통일 사용하도록 한다.
다) 각 중앙행정기관의 장은 분기마다 통일 사용토록 한 술어를 문교부장관에게 제출하여 문교부장관은 법률 술어, 과학 술어, 학술 술어 및 행정 술어 등 기능별로 분류, 관계 각 부처와 협의하여 전 기관이 같은 어휘와 표기 방법을 쓰도록 한다.
③ 서식 정비
가) 총무처장관은 1968년 12월 중으로 서식 정비 계획을 수립하여 정부에서 제정하는 모든 서식을 한글로 표시할 수 있게 고친다.
나) 성명은 한글로 표기하되 괄호 안에 한자를 표기할 수 있도록 한다.
다) 서식 각 난에는 번호를 부여하여 전자처리기계나 텔레타이프, 텔렉스를 이용할 수 있게 한다.
④ 민원서류
가) 각급 행정 안내실에서는 민원서류를 대필 작성하여 줄 때, 한글로 써 주도록 하고 직접 써서 가져오는 경우에는 한글로 쓰도록 지도 계몽하며 1970년 1월 1일부터는 완전 한글로 쓰도록 한다.
⑤ 감독 확인
가) 각급 기관장은 소속 직원이 사무 처리 과정에서 한글로 전용하도록 지도 감독하고 여러 가지 감사 때에는 이의 실천 상태를 확인하도록 감사 점검표 착안점에 추가한다.

또한, 법원행정처에서는 1970년부터 등기와 호적의 기재를 한글로 전용하고 등기, 호적 사무의 합리화를 기하기 위하여 <등기·호적 사무의 한글 전용 기본 방침>을 수립하였다. 그리고 각급 학교 교과서에 노출되었던 한자는 1969년 9월 교육과정의 개편에 이어 모두 삭제되었다. 아울러 언론계에서도 1969년 1월 1일부터 한국신문협회 제정 상용 2000자만을 사용하기로 하였다.

이 시기에 박정희 대통령의 강력한 한글 전용 정책으로 한글 전용주의자가 우세한 듯 보였으나, 1970년대 초 양자의 공방전은 평행선을 달렸다. 정부의 한글 전용 정책에 한자 혼용을 주장하는 일부 여론도 만만치 않았기 때문이다. 1971년 8월 한국어문교육연구회, 국어국문학회, 국어학회, 한국국어교육연구회 등 4개 학술 단체의 한자 교육 부활 건의 및 학술원의 지지 답변, 동아일보의 한자 교육 부활 찬성, 10월 국정감사에서 한자 교육 거론에 대해 정부의 한자 교육 실시 답변으로 문자 정책은 혼란스럽기만 하였다. 그리하여 문교부는 1972년 2월에 교육법 시행령을 개정하고 6월에 '교육용 기초 한자' 1781자를 시안으로 발표한 다음에 8월에 '한문 교육용 기초 한자' 1800자를 선정하였다. 더구나 1974년 7월에는 1975년도부터 중·고등학교의 일반 교과서에 한자를 병기한다고 발표하였다.

이러한 조치들에 대하여 한글학회를 중심으로 한 수십 개 단체에서 크게 반발하였고 이러한 반대 운동에 대해 문교부는 1976년 8월에 초등학교에서는 현행대로 한자 교육을 실시하지 않기로 결정하였다. 그리하여 중·고등학교에서도 한자는 한문 과목에서 가르치고 국어 과목 등에서는 한글 전용의 교육이 계속되어 지금에 이르고 있다.

2.4. 국어 순화 정책

박정희 대통령 시기의 국어 순화 정책은 정부와 민간이 함께 추진하였다. 이 시기는 국어 순화 운동이 광범위하게 전개된 시기이다.

(1) 문교부의 '한글 전용 특별 심의회' 설치(1962. 2. 5.)

문교부는 1962년 2월에 '한글 전용 특별 심의회'를 설치하여 1962년 4월부터 1963년 7월까지 운영하였다. 심의회 위원은 40여 명이고 14,159개 어휘를 심의하였으며 '한글 전용 특별 심의회 회보'를 발행하였다. '회보' 제1집 머리에는 '한글 전용 특별 심의회'의 규정이 실려 있는데 거기에는 이 심의회의 설립 목적, 조직,

활동 내용이 드러나 있다. 이는 '제2의 우리말 도로 찾기' 운동의 시작이라고 할 수 있다.

- 제1조: 한글 전용을 추진함에 있어서 우선 신문, 잡지에 사용되는 일상용어를 심의하기 위하여 문교부에 '한글 전용 특별 심의회'(이하 심의회라 한다)를 둔다.
- 제2조: 심의회는 ① 일반 용어 분과 ② 언어 문학 분과 ③ 법률 제도 분과 ④ 경제 금융 분과 ⑤ 예술 분과 ⑥ 과학 기술 분과의 6개 분과로써 구성한다.
- 제3조: 심의회는 용어를 심의 검토하고 결정된 용어를 널리 보급하기 위하여 수시 회보를 발간하여 각 기관에 배부하여 일반의 질의에 응한다.
- 제4조: 심의회는 위원장 1인, 부위원장 1인과 각 분과에 상임위원 3인 내지 8인으로 구성한다. 위원장은 문교부 장관이 되고 부위원장은 한글학회 이사장이 된다. 상임위원은 한글 또는 각 분과에 관한 전문적인 지식을 가진 사람 중에서 위원장이 위촉한다.

(2) 농업진흥청의 '농업 용어 한글 전용 연구 위원회' 구성(1969)

농업진흥청은 '농업 용어 한글 전용 연구 위원회'를 구성하고 1969년도에 1383개, 1970년도에 1657개 모두 3040개의 어려운 용어를 문교부와 한글학회의 심의를 거쳐 순화하였다.

(3) 문교부의 국어 순화 사업 계획 보고(1976. 1. 16.)

문교부는 1976년도 대통령 업무 보고 시 국어 순화 사업 계획을 보고함으로써 국어 순화 사업을 본격적으로 추진하겠다고 하였다.

- 대통령 지시(1976. 4. 16.): 모든 광고 간판, 방송 용어, 축구 중계 해설에서 외국어가 남용되고 또 과자 이름 등의 9할이 외래어임을 지적, 이를 전문가의 협조를 얻어 시정하도록 문교부, 문화공보부, 보건사회부에 지시하였다.
- 문교부 보고(1976. 5. 17.): 차관 회의 시 국어 순화 범국민화 추진을 위하여 국어연구원을 상설 기구로 설치하겠다고 보고하였다.
- 대통령 지시(1976. 6. 3.): 내각에 대하여 문교부가 주관하여 각 분야에 쓰고

있는 외국어를 우리말로 다듬는 시안을 만들도록 지시하였다.
- 내무부 전달(1976. 6. 11.): 외래어 간판을 우리말로 바꾸기 위하여 상호 변경 신청을 했을 때에 면허세를 면제하도록 각 시도에 전달하였다.

(4) 국어 순화 운동 협의회 발족(1976. 8. 6.)

정부는 국어 순화 운동 방안에 필요한 사항, 각 부처 및 국어순화추진회 단체가 협조할 수 있는 '국어 순화 운동 협의회' 규정을 국무회의에서 의결(1976. 7. 23.)하여 8월 4일에 공포하였다.

이를 계기로 1976년 8월 6일 '국어 순화 운동 협의회'가 대통령령에 의해 발족되고 학계, 언론계 및 교육계 인사 9명과 정부 각 부처 실국장 11명으로 구성된 이 협의회는 국어 순화 운동을 위한 사업과 방향을 제시하였고 활발한 국어 순화 운동을 펼쳤다.

(5) 국어순화분과위원회 신설(1976. 11.)

문교부는 1976년 11월에 국어심의회 안에 '국어순화분과위원회'를 신설하였고 각계를 망라한 위원 28명과 전문 위원 3명이 위촉되었다. 여기서 심의 결정한 용어를 모아서 1977년에 '국어 순화 자료' 제1집, 1978년~1982년까지 제2집~5집을 발간하였다. 1977년의 제1집에 수록된 순화 자료는 모두 630낱말이며 발음, 어법, 금기어(속어, 비속어, 유행어) 그리고 방송용어의 풀어쓰기도 포함되었다.

그런데 1970년대 중반의 국어 순화 운동은 유신 정권의 국어 문화 운동이라는 정권의 반독재 투쟁을 분산시키려는 문화 정책으로 비칠 수 있다는 점 때문에 갑자기 이러한 국어 순화 운동이 생겨난 배경에 대하여 의문을 갖는 사람도 있었다. 이는 역대 독재 국가들이 체육, 예술 방향의 문화 운동을 일으켜 반독재 의식을 분산시키고 국민의 관심을 분산시키려 했기 때문에, 우리나라의 경우도 유신 말기에 그런 전략 차원에서 '국어 순화 의식'을 '민족주의, 국수주의' 정신으로 고취시켜 정권에 유리하게 작용하려는 의도로 생각하였을 것이다. 따라서 국어 순화 운동을 계기로 어느 정도 국어 순화, 국어 애호 의식이 형성되었을 것이라는 점에서 긍정적 결과를 무시할 수 없지만 문화 운동은 그 결과에 못지 않게 그 동기도 순수해야 한다는 점을 알아야 할 것이다. 그런 점에서 정부가 주도하는 국어 순화 운동은 매우 신중해야 하며 민간 차원에서 순수하고도 지속적으로 국어 순화 운동이 이루어져야 신뢰와 권위가 생길 수 있을 것이라는 점도 상기할 필요가 있다.

어쨌든 우리나라의 국어 순화 운동과 국어 애호 의식은 개화기 이래 증가하여 일제 강점기에 저항적 언어관을 바탕으로 하여 조선어학회 수난 시기를 거쳐 광복 후에는 정부, 민간 기구들의 협조 아래 계속하여 원활히 진행되어 왔다. 그러나 1980년대까지의 국어 순화 정책의 문제점은 국어 순화 정책의 전담 기구에서 원활한 집행이 이루어지지 않았고 대통령과 장관 등의 통치자의 뜻에 따라 좌우되는 경향이 있었다는 점이다. 물론 1970년대에도 문교부에서 어문 정책을 기획하고 집행하였고 국어심의회에서 순화어를 심의하고 공포하였지만 순화 정책을 기획하고 연구, 집행, 홍보, 평가하는 종합적 연구 기관이 없었다는 점은 아쉽기만 하였다.

3. 맺음말

지금까지 박정희 대통령 시기의 어문 정책에 대하여 살펴보았다. 이 시기는 우리나라 어문 정책의 역사에서 매우 중요하고 특별한 시기였다고 할 수 있을 것이다. 여러 가지의 요인이 있지만 우선 18년이라는 장기 집권과 박정희 대통령 개인이 한글 전용을 선호하였다는 점을 간과할 수 없을 것이다.

아울러 북한의 김일성 정권 시기의 어문 정책도 시사하는 바가 있었을 것이다. 북한에서도 이 시기에 한글 전용 정책을 강력히 추진하여 문맹률을 크게 낮추었다는 보도를 하였기 때문이다.

아무튼 이 시기는 한글 전용의 전성기라고 할 수 있으며 박정희 대통령은 1970년대를 한글 전용의 전성기로 만들려고 하였던 것은 분명하다. 그러나 이러한 많은 노력을 기울였지만 결과적으로 그 결실은 크게 부각되지 못했다. 이러한 사정은 1977년 8월 18일에 발표한 박정희 대통령의 다음과 같은 글에 잘 드러나 있다.

현실적으로 상용되고 있는 한자를 없애자는 주장도 옳지 않지만 상용한자를 현재보다 더 늘리자는 주장도 옳지 않은 것이며 어느 면에서는 시대역행적이라 생각한다.

※ 『나라사랑』(외솔회 학술지), 제115집(2009. 2.)에 실린 논문을 수정하여 보완한 것임.

제4장 한글 띄어쓰기의 변천 연구

1. 머리말

한글 표기의 띄어쓰기 문제는 '한글 맞춤법 통일안'(1993) 때부터 현행 '한글 맞춤법'(1988)에 이르기까지 매우 비중 있게 다루어 왔다. 과거의 '한글 맞춤법 통일안'에서는 총 7장 중 제7장에서 띄어쓰기를 별도로 다루었고, 현행 '한글 맞춤법'에서도 총 6장 중 제5장에서 따로 다루고 있는 데서 그 사정은 잘 드러난다.

이처럼 띄어쓰기를 중요하게 다룬 이유는 언중들의 띄어쓰기 실태가 매우 혼란스러워 띄어쓰기를 가장 어려워하기 때문이다. 이익섭(1992:390-396)에서도 이러한 한글 띄어쓰기에 대해 '자신 없어 한다.'고 하면서 방금 쓴 '자신 없어 한다.'조차 어떻게 띄거나 붙여야 할지 기준이 없음을 언급하고 있다.[1]

또한 '띄어쓰기'라는 용어를 단어로 보면서 '띄어 쓰다'라는 용어를 단어로 보지 않아 띄어 쓰고 있는 이유를 언중이 이해하기란 쉽지 않고 오히려 '띄어쓰기'를 단어로 본다면 '띄어 쓰다'도 합성어로 보아 붙여 써야 한다고 주장할 수도 있어 띄어쓰기 문제가 그렇게 간단하지 않다.

이러한 실태에 비추어 한글 띄어쓰기의 변천사를 살펴보면서 그동안 나왔던 한글 띄어쓰기 규정과 현행 띄어쓰기 규정의 문제점을 살펴보고 나아갈 방향을 점검해 보고자 한다.

---

[1] 민현식, 한글 띄어쓰기론, 국어 정서법 연구(1999), 태학사, 재인용.

2. 한글 띄어쓰기의 개념

우리나라의 글에서 띄어쓰기가 처음 나타난 것은 '독립신문(1896~1899)'으로 보고 있다. 그러나 띄어쓰기의 개념을 어떻게 잡느냐에 따라 그 기술은 달라질 수도 있다. 리의도(1983)에서는 띄어쓰기의 범주를 구두점 찍기, 토 달기, 사이띄기의 세 가지로 넓게 보았다. 구두점 찍기와 토 달기가 띄어쓰기와 함께 독해의 효율성을 높이기 위해 고안된 점이라는 데는 민현식(1994, 1999)에서도 같은 방식을 취했다.

그러나 글을 읽을 때 일정 단위마다 끊어 읽거나 쓰는 방법을 구두법(句讀法)이라고 한다면 띄어쓰기나 구두점 찍기나 토 달기가 모두 구두법을 이루는 하위 방법들이므로 넓은 의미의 띄어쓰기와 좁은 의미의 띄어쓰기로 나눌 수 있는데 이를 '구두법'과 '구두점'으로 구별하면 된다. 즉 구두점은 구두법의 한 방법으로서 구체적인 점을 가리키거나 또는 점 찍기 방식을 가리킨다. 그러므로 '구두법'의 수단으로 구두점 찍기, 토 달기, 띄어쓰기를 소속시키는 관점에서 띄어쓰기를 살펴볼 수 있다.

한편 외국의 사전들은 '점(point)'을 뜻하는 라틴어의 'punctus'에서 유래했다는 영어의 'punctuation'의 개념에 점 찍기와 같은 문장 부호 외에 띄어쓰기까지 모두 포함하여 정의하고 있다(브리태니커 백과사전 The New Encyclopaedia Britannica 권 29의 'Writing' 항목의 설명과 Crystal 1987:205 참조).

따라서 'punctuation'을 구두점, 문장 부호 정도로만 좁게 번역함은 잘못이고 띄어쓰기까지 모두 포괄하는 '구두법'으로 번역해야 적절한 번역이 된다. 그러므로 이 글에서는 '구두법'의 수단으로 '구두점 찍기', '토 달기', '띄어쓰기'를 포함하는 관점에서 띄어쓰기의 변천사를 살펴볼 것이다.[2)]

먼저 '구두점 찍기'와 '토 달기'를 살펴보면 '구두점 찍기'는 '문장 부호'와 밀접한 관련이 있고 '토 달기'[口訣]는 원래 중국의 경서를 우리가 학습할 때 학습자의 편리를 위해 우리말 어순과 의미에 맞추어 끊어 읽으면서 그 끊는 단위마다

---
2) 이들의 변천사에 대해서는 김병철(1980), 리의도(1983), 김민수(1988), 전광현(1990), 민현식(1994, 1996) 등에서 다루고 있다.

한문 구결이나 한글 구결을 붙이는데서 유래한다. 이처럼 읽기의 전통에서 생긴 구결법은 설총(薛聰)이 구결법의 대가였을 것으로 추정되어 삼국 시대까지 거슬러 올라가며 원문 옆에 소자(小字)로 구결을 단 구역인왕경(舊譯仁王經, 12세기 중엽), 신역화엄경(新譯華嚴經, 12세기 후반), 화엄경소(華嚴經疏, 12세기) 등 고려 불경의 구결 자료에서도 그 전통이 확인되고 있다(남풍현 1980, 1999).

이러한 경서 읽기의 전통에서 유래하는 구결은 한글 창제 이후부터는 한문 원문을 끊은 단위마다 구결토를 대등한 글자 크기로 삽입하여 이루어진 구결문이 나타남으로써, 구결문은 한문 원문, 언해문과도 대등하게 대비되는 제3의 통사적 구문 양식으로 자리 잡는다(김상대 1985). 또한 구결문은 불경 언해서의 구결문에 나타날 뿐 아니라 훈민정음 언해본처럼 일반 문헌에서도 나타난다.

따라서 토 달기는 원문 끊어 읽기나 끊어 쓰기의 방법으로 나타나고 한문을 띄어 쓸 수 없었던 전통의 중압 속에서 띄어쓰기나 띄어 읽기의 효과를 보여 주므로 역시 점 찍기와 함께 띄어쓰기의 선구적 방식이라고 할 수 있다. 이러한 토 달기는 개화기 때까지도 한문 학습이 존재하는 한 존속되었다.

점 찍기나 토 달기가 띄어쓰기 의식이 담긴 띄어쓰기의 선구적 방식으로 본다면 본격적인 사이띄기(빈칸 띄어쓰기)는 무규범기와 규범기로 나누어 살펴볼 수 있다.

무규범기의 띄어쓰기는 개화기 때에 선교사들의 회화 학습서들에서 단편적으로 보이기 시작하다가 '독립신문'의 창간호(1896. 4. 7.)부터 본격적으로 나타난 후에 '한글 맞춤법 통일안'(1933)이 나타나기까지의 기간이다.

규범기는 조선어학회에서 정한 '한글 맞춤법 통일안'의 띄어쓰기 규정에서 시작되어 몇 차례의 개정과 광복 후 정부 최초의 띄어쓰기 규정인 '한글 띄어쓰기'(1949)를 거쳐 현행 규정인 '한글 맞춤법'(1988)에 이르는 기간이다.

띄어쓰기의 유형에 대해 김민수(1973:210)는 띄는 단위에 따라 분석식, 어형식, 구문식, 구절식의 네 유형을 나누었는데 구문식과 구절식은 용어의 개념 구분이 선명하지 못하고 오히려 구절보다 구문이 더 큰 단위로 인식된다. 따라서 어형식은 '어절형'으로, 구문형은 '구형'(句形)으로, 구절형은 '절형'(節形)으로 바꾸면 다음과 같다.

ㄱ. 분석형 띄어쓰기 : 단어나 형태소까지 띄는 방식으로 조사, 어미, 접사까지 최대한 띄는 방식이다. 단어인 전치사까지 띄는 영어의 띄어쓰기는 이에 속하며 국어에서는 이규영의 '현금 조선문전'(現今 朝鮮文典, 1920), 이상춘의 '조선어문법'(1925)에서 이 방식이 보인다.
  ㉠ 그 책 이 좋 은 줄 알 면 오 늘 의 학 생 들 은 읽 어 보 아 야 한 다.
ㄴ. 어절형 띄어쓰기 : 조사는 붙여 쓰고 어절 단위마다 띄어 쓰는 것으로 의존 명사나 보조 용언까지 띄어 쓰는 1946년 개정의 '통일안'과 1964년의 '교정 편람'의 방식이다.
  ㉠ 그 책이 좋은 줄 알면 오늘의 학생들은 읽어 보아야 한다.
ㄷ. 구형 띄어쓰기 : '의존 명사와 선행어', '보조 용언과 본용언' 구조를 묶어 모두 붙여 쓰는 방식이다. '독립신문', 1933년 '통일안', 북한의 띄어쓰기 규정이 대체로 이에 속하여 '수식어와 피수식어'를 묶어 붙여 쓰기를 하는 경우도 이에 속한다.
  ㉠ 그책이 좋은줄 알면 오늘의학생들은 읽어보아야한다.
ㄹ. 절형 띄어쓰기 : 이는 종속절이나 대등절과 같은 절 단위로 묶어 표기하는 것으로 개화기 신소설이나 교과서 등에서 보인다.
  ㉠ 그책이좋은줄알면 오늘의학생들은읽어보아야한다.

그런데 개화기 신문이나 신소설에서는 어절형과 구형, 구형과 절형이 혼합된 경우도 나타나 위 구분이 엄격하지는 않다. 현행 규정은 의존 명사는 띄어 쓰고 보조 용언은 띄어 쓰는 것을 원칙으로 하고 붙여 쓰는 것을 허용하여 어절형과 구형의 절충형을 쓰고 있다.

3. 무규범기의 띄어쓰기 변천사

전통적으로 수천 년 동안 한문의 문체는 붙여 쓰기의 전통을 유지해 왔고 지금도 그러하다. 오늘날 중국이나 일본의 표기 문체는 이 전통을 그대로 이어가고 있다. 우리나라도 한문 전래의 영향으로 이 전통을 지켜온 점에서는 중국, 일본과 마찬가지로 한글 창제 이후에도 한글 표기에서도 한문체처럼 붙여 쓰기를 해 왔다.

3.1. 전통 높임법 띄어쓰기(대두법, 擡頭法)

옛 문헌에서 나타나는 한글체나 한문체의 띄어쓰기는 현대적 의미의 띄어쓰기와 달리 높임법 표현의 한 수단으로 나타난다. 먼저 존귀자(尊貴者) 앞에 글자 한 자를 띄어 쓰는 '자(字) 띄움법'이 있다. 이것은 '궐자법'(闕字法)이라고도 부르는 것으로 글을 쓰는 이가 집필자에 대해 경의를 표하는 방법이다.

또 다른 높임법 표현 수단으로는 최고 존귀자가 나타나면 쓰던 글줄의 아랫부분을 완전히 비우고 아예 줄을 바꿔 다음 줄 첫머리로 올려서 쓰는 '줄 바꿈법'(평출법, 平出法)이 있다(서재극 1984). 줄 바꿈법은 임금을 높일 때나 사용하였는데 훈민정음 해례본의 예에서처럼 '전하(殿下)'를 높이고자 행을 바꿔 행 머리에 놓은 경우이다. '자 띄움법'은 용비어천가 1장의 '육룡(六龍)' 앞을 띄운 것이 그것인데 이처럼 초기에는 임금을 제외한 존귀자의 등장 시 '자 띄움법'이 사용되다가 개화기 때에는 임금에 대해서도 일일이 '줄 바꿈법'을 하지 않고 '자 띄움법'을 하였다.

이러한 존귀자 관련 대두법은 개화기 문헌에도 지속되어 로스(J. Ross) 목사와 한국인 조력자들이 번역한 쪽 복음서인 '예수셩교(聖敎)누가복음젼셔'(1882)는 존귀자인 '하느님, 예슈, 쥬' 뒤를 한 칸 띄웠고, '예슈셩교셩셔-누가복음데즈힝젹'(1883), '예슈셩교젼셔-요안닉복음'(1883)은 존귀자 앞을 한 칸 띄었다.

이렇게 존귀자 앞이나 뒤를 띄우는 것이 단순히 임의적인지 아니면 어떤 차이가 있는지는 분명하지 않다. 그런데 이들 쪽복음서를 묶어 낸 첫 신약성경인 '예슈셩교젼셔'(1887)에서는 이런 '자 띄움법'이 보이지 않는다. 그러나 후대의 '독립신문, 협성회회보, 미일신문'에서는 '대군주, 님군, 하ᄂᆞ님, 왕후…'에서 '자 띄움법'을 계속 보인다(최태영 1990).

존대해야 할 대상 앞뒤에 나타나는 이런 표기법은 국어 경어법이 말뿐만 아니라 글의 영역에서도 독특하게 나타난 증거인데 이런 문장법이 일제 시대를 거치면서 무너졌다(서재극 1984:51).

한글 띄어쓰기 역시 훈민정음 창제 이래 시도되지 못한 것은 한문의 경우와 마찬가지로 한문 띄어쓰기가 거부된 전통을 그대로 한글이 답습한 때문이며 더욱이 한글은 한문의 보조 문자로 인식되었으므로 한문 붙여 쓰기의 벽을 넘어설 수 없었던 때문이다. 또한 한글은 음소 문자이지만 음절 문자처럼 자모를 조합하여 썼으므로 한글 띄어쓰기는 영문 띄어쓰기의 필요성만큼 절박하지 않은 것도 한 이유가 될 것이다(심재기 1990:192).

3.2. 외국인에 의한 띄어쓰기

현대적 의미의 띄어쓰기는 외국인 선교사나 외교관의 문법서에서 한국어 회화문을 영역문과 대비하면서 나타났다. 즉, 영역문의 띄어쓰기에 맞춰 국문을 배열하다 보니 자연스러운 띄어쓰기가 나타났던 것이다(이기문 1989, 심재기 1990).

로스(J. Ross) 목사의 'Corean Primer(1877)'와 이의 수정판인 'Korean Speech with Grammar and Vocabulary'(1882)에는 영문의 가로 띄어쓰기가 자연스럽게 국어 회화문에 반영되는 모습을 보여 준다. 또한 영국 외교관 스코트(J. Scott)의 '언문말칙'(A Corean Manual or Phrase Book, 1887, 재판 1893)도 국어 회화문의 띄어쓰기가 더욱 분명히 드러난다. 선교사 언더우드(H. Underwood)의 'An Introduction to the Korean Spoken Language'(1890)에서는 로스와 스코트의 저서처럼 국문과 영문을 상하로 대역 배치한 것뿐만 아니라 왼쪽에 국문, 오른쪽에 영문을 대역시키는 좌우 배치 방식도 보이면서 왼쪽의 국문에 어절형 띄어쓰기를 분명히 보여 준다.3)

이상의 자료들은 모두 '독립신문'보다 앞서 외국인에 의해 나타난 것들로 '독립신문'의 띄어쓰기는 이들 외국인과 개화파의 맥락 속에서 영문의 띄어쓰기에 자연스럽게 영향을 받은 것으로 볼 수 있다.

---

3) 외국인의 한글 띄어쓰기는 모든 외국인의 글에서 나타나는 것은 아니다. 가령 게일(Gale)의 '사과지남'(辭課指南, Korean Grammatical Forms, 1894, 1903, 1916)에서는 영한대역문이라도 붙여 쓰기를 보여 준다.

3.3. 내국인에 의한 띄어쓰기

독립신문보다 앞선 띄어쓰기가 내국인에 의해 시도된 것으로는 박영효(朴泳孝)가 수신사로 일본에 다녀와 남긴 기록인 '사화기략'(使和記略, 1882)이 있다. 이 기록의 10월 3일자 일기에 처음 보이는 국한혼용체가 불규칙적인 띄어쓰기를 보여 같은 국한혼용체인 '서유견문'(西遊見聞, 1895)이 붙여 쓰기를 한 것과 대조적이다.4) 따라서 '독립신문'보다 더 앞서 박영효의 국한문체가 국한문체의 효시임은 물론 띄어쓰기에서도 효시를 이룬 것으로 봐야 한다.

단지 박영효의 띄어쓰기는 개인적 차원에 머물렀으나 독립신문의 띄어쓰기는 신문이었기에 대중적 확산을 보였다는 점이 다르다.

또한 '한성주보'(漢城週報, 1886)에서도 긴 구절이나 문장 단위로 띄어쓰기를 한 것이 불규칙적으로 보여 '독립신문'보다 앞서 띄어쓰기 의식이 나타났다(이석주 1990:337).

이상에서처럼 띄어쓰기 의식이 1880년대에 싹트면서 본격적 띄어쓰기는 '독립신문'(1896. 4. 7.)에서 시작되었다. '독립신문'의 띄어쓰기는 미국에 오래 체류하고 영문 띄어쓰기에 익숙했던 서재필이 한글 운용에 관해 그 나름대로 가졌던 의식의 결과로 보인다(이기문 1989). 그 후 독립신문의 띄어쓰기 방식을 충실히 실천한 것은 기독교계 인사들로 그들이 번역한 성경과 기독교계 신문에서 나타난다. 가령 배재학당 학생 회보인 '협성회화보'(1898), 최초의 일간지인 '미일신문'(1898) 등이 그러한 띄어쓰기를 하였고, 이는 일반 언론에도 영향을 주어 '대한미일신보'(1904)는 초기에 붙여 쓰기를 하다가 후에는 띄어쓰기를 하였다. '황성신문'(皇城新聞, 1898)은 사설, 논설 등에서 보수층의 문체인 국한문체를 쓰면서 붙여 쓰기를 하였지만 사회면 기사는 서민 및 진보층의 문체인 한글체와 띄어쓰기를 보여 개화기의 국한문체와 한글체의 갈등은 그대로 붙여 쓰기와 띄어쓰기의 갈등으로 나타났음을 보여 준다.

특히 번역 성경의 띄어쓰기는 독립신문 발간 이듬해에 나온 '바울이 갈나대인의게 흔 편지'(1897), 구약의 시편 일부를 번역한 '시편촬요'(1898), '신약젼셔'(1900)

---

4) 이 자료는 '수신사기록'(한국사료총서 9, 문교부 국사편찬위원회 발행, 1958) 참조.

등에서 고도의 문법 의식을 가지고 의존 용언을 비롯 '대로, 바, 것, 수' 등의 의존 명사까지도 어절식 띄어쓰기를 보여 주어 비록 무규범기이었지만 현행 어절식 띄어쓰기를 미리 실천하고 있다는 점에서 주목된다.

이러한 점은 독립신문의 구형(句形) 띄어쓰기보다 어절형 띄어쓰기로 진일보한 것이며 일제하 문법서들조차 띄어쓰기를 일반화하지 않던 사실에 비추어 놀라운 일이 아닐 수 없다. 특히 첫 규범이라는 '한글 맞춤법 통일안'(1933) 조차 의존 용언과 의존 명사를 붙여 쓰도록 하다가 1946년 통일안과 1949년 정부의 '한글 띄어쓰기' 규정부터 비로소 어절식 띄어쓰기가 나타난 것에 비해 반세기 이상 앞서 어절식 띄어쓰기를 실천하고 발전시킨 점은 한글 성경의 공로라고 할 수 있다(최태영 1990).[5]

그런데 개화기 때의 띄어쓰기는 아직 실험적 성격이어서 관청이나 대중의 적극적 호응이 적었다. 이는 개화기 때 국문 문제를 종합적으로 논한 '국문연구소'(1907)의 '국문 연구 의정안'(1907~1909)에는 띄어쓰기 문제가 거론되지 않아 아직 띄어쓰기 문제가 국문연구소 위원들에게도 본격적 관심사가 되지 않았음을 보여 준다. 주시경조차 대두법은 지킬지언정 붙여 쓰기로 쓴 글이 많고 '월남망국사'처럼 띄어쓰기 글도 있지만 후기에는 권점을 사용한 붙여 쓰기를 보여 주어 '권점 사용 붙여 쓰기'가 그의 이상이었던 듯하다.

특히 주시경의 마지막 저서인 '말의 소리'(1914)는 지극히 분석적인 권점 표시를 보이고 붙여 쓰기를 하였으며 형태소 끝에는 우권점을, 어절 끝에는 중권점을 사용하였는데 용비어천가의 두 가지 권점 사용과 일맥상통한다.

그 후 띄어쓰기는 일제 하 1920년대에 들어와 본격적 확산기로 접어든다. 가령, 일제 하에 들어와 '매일신보'(1910)는 붙여쓰기로 출발하다가(일부 연재소설에서 띄어쓰기가 보임) 1914년 6월 9일자부터 사회면 한글 기사에서 띄어쓰기를 시도하는데 '독립신문'과 같은 어구식 띄어쓰기가 구, 절, 문 단위로 원칙 없이 대강대강 띄어 썼다.

1920년에 창간된 '조선일보', '동아일보'도 처음에는 붙여 쓰기뿐이다가 한글

---

[5] 초기 한글 번역 성경의 띄어쓰기는 최태영(1990) 참고, 번역 성경의 영인본은 정길남 편 (1995) 참고.

기사부터 띄어쓰기를 시도하며 국한혼용체 기사의 띄어쓰기로 확장해 갔다. 그 후 1933년 '한글 맞춤법 통일안'의 규범화 이래 어절 단위의 띄어쓰기로 발전하여 오늘에 이른다. 그런데 현대 신문의 띄어쓰기는 지면 절약 상 붙이는 경우가 많아 '먹는 것'과 같은 의존 명사구나 '만들어 팔다'와 같은 접속 용언구의 붙여 쓰기는 흔하게 나타난다.

개화기 교과서들은 붙여 쓰기가 일반적이며 단지 초급자를 위한 '초등 소학'(1906) 전 8권 중 1~4권의 분석적 띄어쓰기, '쵸목필지'(樵牧必知, 1903), '녀ᄌ독본'(1908)에 어절형 띄어쓰기가 나타난다.

일제 하에는 이규영의 '현금(現今) 조선문전'(1920), 이상춘의 '조선어문법'(1925)이 조사나 어미까지 띄어 쓴 분석적 띄어쓰기를 보인다. 이 시기에 강매(姜 邁)의 '조선어문법제요'(朝鮮語文法提要, 1921)는 어절형 띄어쓰기를 보여 오늘날과 비슷하며 1930년대에는 최현배의 '우리말본'(1937) 등에서 어절형 띄어쓰기가 더 확산된다.

그런데 조선 총독부의 철자법 규정에서도 띄어쓰기 규정은 보이지 않아 뚜렷한 규범이 없었는데 '한글 맞춤법 통일안'(1933)에 와서야 구체적 규정이 선포되면서 정착되었던 것이다.

4. 규범기의 띄어쓰기 변천사[6]

우리나라에서 국민의 국어 생활을 위해 필요한 어문 규범은 한글 맞춤법, 표준어 규정, 외래어 표기법, 국어의 로마자 표기법 등 4대 규범이 골격을 이룬다. 그 중에서도 핵심이 되는 것은 개화기 때에 '국문연구소'(1907~1910)에서 만든 '국문 연구 의정안'(1909)이 그 시초를 이루며 일제 시대에는 조선 총독부의 '보통학교용 언문 철자법'(1912), '보통학교용 언문 철자법 대요'(1921), '언문 철자법'(1930)으로 이어진다. 그 후 민간단체인 '조선어학회'가 사전 편찬 사업을 하게

---
6) 띄어쓰기 규정의 변천사는 김민수(1973:206-212) 참고.

되면서 이를 위한 기초 작업으로 어문 규정의 정비가 시급해지자 3년여의 준비 작업을 거쳐 1933년 10월 29일에 역사적인 '한글 맞춤법 통일안'이 탄생하게 되었다.

그 후 1937년, 40년, 46년, 48년, 56년, 80년에 개정안이 나왔는데 이 중에 48년, 56년 안은 규정 전문의 문체를 바꾸거나 문법 용어를 고유어 용어로 고치는 것에 불과해 규정 내용이 변화한 것은 37, 40, 46년 안뿐이다. 이 중에서 1946년 안이 광복 후에도 공식적인 언급 없이 공식 규범처럼 사용되어 왔다.[7]

4.1. 통일안 규범기

한글 띄어쓰기가 공식적으로 다루어진 것은 '한글 맞춤법 통일안'(1933)에서이다. 이에 앞서 '국문 연구 의정안'(1907~1909)에서는 10개 항목을 다루면서 제10항이 철자법 문제인데 횡서(가로쓰기)가 가결되었으나 띄어쓰기는 명문화되지 않았다. 그 후 일제 시대에는 조선 총독부가 주체가 된 '보통학교용 언문 철자법'(1912), '보통학교용 언문 철자법 대요'(1921), '언문 철자법'(1930)이 나왔으나 이들에서도 띄어쓰기 규정이 전혀 언급되지 않았다. 이처럼 띄어쓰기 규정이 언급되지 않다가 통일안에서 처음으로 다루어진 것은 획기적인 일이었다.

따라서 띄어쓰기 규정의 변천사도 조선어학회(뒤에 한글학회)의 통일안 규정과 개정안을 먼저 검토해야 한다. 그동안 조선어학회의 통일안은 다음과 같이 개정 변천되었다.[8]

(1) 1933년 한글 맞춤법 통일안(1933. 10. 29.)

---

[7] 조윤제(1947)에서는 통일안이 해방 후에 문교부의 어문 규범처럼 자리잡게 된 것을 '아무도 모르게 슬그머니' 자리 잡았다면서 문제점을 지적하고 있다(김민수 1973:237 주15 재인용). 또한 최현배 선생의 영향력도 있었을 것으로 보인다. 최현배의 전기와 생애는 허웅(1993), 고영근(1995), '나라사랑' 89집(1994) 참고.

[8] 한글 맞춤법 규정의 변천사는 김민수(1973), 박홍길(1995) 참고. 역대 '통일안'의 자료는 김민수, 하동호, 고영근 편(1985)의 '역대한국문법대계' 3부 9책을 참고.

총론 3개항과 각론 7장(총 65개항), 2개 부록으로 되어 있는데 그 중에 총론 삼(三)과 제7장의 61-65항까지가 띄어쓰기를 규정하였고 부록 2에 문장 부호 16개항도 나와 있다. 의존 명사와 보조 용언류의 붙여 쓰기가 당시 규정의 특징이다. 그러나 고유 명사, 합성어, 전문 용어의 띄어쓰기에 대하여는 아무 언급이 없다.

(2) 1937년 수정안
1933년 통일안의 일부 수정판이지만, 띄어쓰기 사항은 바뀌지 않았다.

(3) 1940년 수정안
통일안의 일부를 다시 수정한 것이다. 띄어쓰기도 일부 보완하여 총론은 그대로 두고 각론 제7장 띄어쓰기의 경우 일부 용례를 고친 정도로 처음 골격은 유지되었다.

(4) 1946년 수정안
광복 후 통일안을 다시 일부 수정한 것으로 그동안 1988년 한글 맞춤법이 나오기까지 한글 맞춤법의 근간이 되었다. 띄어쓰기도 크게 변하여 총론은 그대로 두고 제7장의 띄어쓰기에서 일부 내용을 변경하고 새 규정을 신설하여 1933년 안의 골격이 크게 변하였다. 고유 명사의 띄어쓰기가 처음으로 언급되고, 의존 명사와 보조 용언을 띄어 쓰도록 간접적, 비명시적으로 선언하고 있다. 그러나 합성어 전반에 걸친 문제는 다루지 않았다. 단지 '이 곳 저 곳 → 이곳저곳'처럼 1음절어가 이어질 때의 띄어쓰기를 붙일 수 있도록 융통성 규정을 둔 것이 특징이다. 또한 용례의 경우 '제 이십 일 항'을 '제 이십 일항'으로 '항'을 붙여 쓰게 한 것은 띄는 것을 원칙으로 하고 붙임도 허용한 것이다. 그리고 이 때 '제'(第)는 뒤에 오는 수사와 띄어 쓰게 하였는데 현 규정에서는 '제일, 제이, 제삼'을 서수사로 보고 붙여 쓰도록 하여 차이가 난다.

'열 술 밥'의 경우도 '술'이 단위 명사이므로 1933년 안에서는 당연히 붙여 쓸 것인데 1946년 안에서는 삭제하여 띄는 것을 원칙으로 하고 붙일 수 있게 한 것이다. 결국 이것은 단위 명사는 띄어 쓰는 것을 원칙으로 하되 붙여 쓸 수 있도록 하겠다는 취지가 밑바탕에 흐르는 것이라고 해석할 수 있다.

(5) 1948년 수정안

내용은 그대로 두고 국한문체로 된 규정을 한글체로 바꾸기만 하였다.

(6) 1956년 수정안

내용은 그대로 두고 한자 용어를 순 우리말 용어로 바꾼 것이다.

(7) 1980년 전면 개정안

한글학회에서는 1933년의 '한글 맞춤법 통일안' 명칭을 '한글 맞춤법'이라고 하고 내용이나 용례를 현실에 맞게 전면적으로 고친 것인데 전체 표기의 원리나 내용은 1946년 안의 골격을 유지하였다. 총론 2개항, 각론 5장(총 53개항), 붙임(부록) 3개항으로 되어 있다. 띄어쓰기는 제5장에서 50-53항에 걸쳐 다루고 있다. 1970년대부터 진행되어 오던 정부의 어문 규범 표준화 사업이 쉽게 발표되지 않으므로 한글학회는 단독으로 '한글 맞춤법' 규정을 발표하게 되었고 띄어쓰기 규정도 손질하게 되었다. '서로서로'와 같은 반복 부사, '거절당하다, 공부시키다'와 같은 파생어류에 대하여 '붙여 쓸 수 있다'고 하여 띄는 것을 원칙으로 하고 붙여 쓸 수 있다는 태도를 보이는 것이 특징이다. 또한 숫자와 어울리는 앞뒤의 말은 띄어쓰기가 원칙이되 붙여 쓰기를 허용한다고 하였다.

4.2. 정부안 규범기

정부 주도로 이루어진 '한글 띄어쓰기' 규정도 1946년 통일안을 바탕으로 하되 부분적으로 수정하여 세칙을 만들었다. 이 규정은 총칙 2개항과 세칙 18개항으로 되었는데 교과서 편수 지침용으로 1949년 10월 21일에 만들었고 '편수 시보 1'(1950. 2.)에 실렸다. 그 후 1964년에 '교정 편람'이 나오고, 1969년에 '한글 전용 편람', 1988년에 '한글 맞춤법'으로 이어진다. 각각의 특징은 다음과 같다.

(1) 1949년 한글 띄어쓰기

　18개 항목은 한글 띄어쓰기의 쟁점이 되는 영역을 처음으로 모두 망라하였다. 의존 명사, 보조 용언, 고유 명사, 수, 접미사, 전문어, 합성어 부분이 거론되었는데 사용된 용어는 '우리말본' 용어를 주로 사용하였다. 의존 명사와 보조 용언에 대하여 대체로 1946년 안의 띄어쓰기를 따르고 있는데 좀 더 명시적인 점이 보인다. 의존 명사인 '뻔(당시는 번), 체, 듯, 만, 법, 양 …'을 접미사로 보아 띄어 쓸 수 있도록 허용하여 이중으로 처리했는데 이 부분은 현행 규정과 일치한다. 보조 용언에 관해서는 띄어쓰기만 허용하여 현행 규정과는 차이를 보이고 있다.

(2) 1964년 교정 편람

　통일안을 제시하고 세칙을 총 10개항으로 만들었다. 1988년 한글 맞춤법 규정이 나오기까지 사실상 띄어쓰기를 지배하였다. 1960년대 구조주의 문법의 절정기에 구조주의 형태 분석과 전통 문법 의식을 바탕으로 하여 띄어쓰기 규정을 광범위하고 치밀하게 만든 점에서 의의가 있다. 특징은 ① 체언이나 부사에 붙는 조사는 붙여 쓴다. ② 용언의 어미 또는 어미처럼 굳어 버린 숙어는 붙여 쓴다. ③ 불완전 명사는 띄어 쓴다. ④ 수량을 나타내는 명수사(名數詞)는 띄어 쓴다. ⑤ 보조 용언은 띄어 씀을 원칙으로 한다. ⑥ 복합어는 한 덩어리 되게 붙여 쓴다. ⑦ 파생어는 한 덩어리 되게 붙여 쓴다. ⑧ 첩어 또는 준첩어는 한 덩어리 되게 붙여 쓴다. ⑨ 여러 개의 단어로 이루어진 고유 명사나 술어는 띄어 씀을 원칙으로 한다. ⑩ 수를 우리글로 적을 때에는 십진법에 따라 띄어 쓴다.

　전체적으로 본문 규정 외에 <다만> <참고> 사항이라든가 ○표로 된 '그러나' 사항이 예외 규정으로 들어가 띄어쓰기 규정이 어렵다는 비판을 받게 되었다. 교과서, 일반도서 출판에서 큰 영향력을 발휘해 왔으며 지금도 '한글 맞춤법'에서 다루지 않은 사항은 이 '교정 편람'의 띄어쓰기를 적용하는 경우가 많다. 지나치게 의존 명사와 조사를 세분화한 것이나 보조 용언과 합성 용언을 다룬 규정이 까다롭다고 지적을 받고 있다. 또 관형사와 접두사의 구별, 고유 명사와 전문 용어의 인정 여부도 역시 어렵다는 지적을 받고 있다.

그럼에도 이 교정 편람은 1960년대를 거쳐 1988년 '한글 맞춤법'의 띄어쓰기가 나오기까지 근 20여 년 교과서, 일반 도서 출판에서 큰 영향력을 발휘해 왔으며 새 규정이 나온 지금도 새 규정이 다루지 않은 사항은 '교정 편람'의 띄어쓰기를 적용하는 경우가 많다.

(3) 1969년 한글 전용 편람

1964년의 교정 편람을 '한글 전용 편람' 또는 '한글 표기법'으로 명칭을 바꾸고 1970년부터의 한글 전용 추진을 앞두고 만들었다고 하였다. 대부분 한글 전용 편람의 내용이 '교정 편람'을 따르고 있다.

(4) 1988년 한글 맞춤법

정부 수립 후 최초로 국어연구소를 통해 나온 현행 한글 맞춤법 규정은 통일안의 표의주의 표기 정신은 유지하되 내용상 많은 변화를 보인다. 통일안이 총론에 3개항을 제시한 후 각론을 1~7장에 걸쳐 전개하던 것과 달리 6장 체제로 하였다. 이 중에 5장의 띄어쓰기 규정은 1946년 통일안보다는 자세하지만, 1964년 '교정 편람'보다는 간결하다. 전체 57항 중 10개항이 띄어쓰기에 관한 내용이다. 그 특징은 ① 조사는 그 앞말에 붙여 쓴다. ② 의존 명사는 띄어 쓴다. ③ 단위를 나타내는 명사는 띄어 쓴다. ④ 수를 적을 적에는 '만' 단위로 띄어 쓴다. ⑤ 두 말을 이어 주거나 열거할 적에 쓰이는 말들은 띄어 쓴다. ⑥ 단음절로 된 단어가 연이어 나타날 적에는 붙여 쓸 수 있다. ⑦ 보조 용언은 띄어 씀을 원칙으로 하되, 경우에 따라 붙여 씀도 허용한다. ⑧ 성과 이름, 성과 호 등은 붙여 쓰고, 이에 덧붙는 호칭어, 관직명 등은 띄어 쓴다. ⑨ 성명 이외의 고유 명사는 단어별로 띄어 씀을 원칙으로 하되, 단위별로 띄어 쓸 수 있다. ⑩ 전문 용어는 단어별로 띄어 씀을 원칙으로 하되, 붙여 쓸 수 있다. 이 규정은 조사-의존 명사, 단위 명사, 수, 보조 용언, 고유 명사와 전문 용어 영역으로 정리되어 있고 합성어나 파생어와 같은 복합어 영역이 빠져 있다.

5. 현행 띄어쓰기 규정과 문제점

현행 한글 맞춤법 속의 띄어쓰기 규정을 영역별로 알아보고 문제점을 살펴보도록 한다.

(1) 조사와 의존 명사의 띄어쓰기

조사의 붙여 쓰기는 1933년 통일안 이후 모든 규정이 지속되는 원칙이다. 그러나 의존 명사는 1933년 통일안이 붙여 쓰기로 시작하다가 1946년 안부터 별도 규정 없이 통일안 총론3항에 의거하여 비명시적, 간접적으로 띄어쓰기로 전환하였다. 반면에 정부의 규정은 직접적, 명시적으로 띄어쓰기를 명문화하였다. 이들 조사, 의존 명사의 경우는 문법적 처리에 따라 띄어쓰기가 달라지는 경우가 많다.

① '의존 명사-보조사' 유형
   ㄱ. 믿는 대로 된다.(대로 : 의존 명사)
   ㄴ. 믿음대로 된다.(대로 : 보조사)
   ㄷ. 너 밖에도 또 있다.(밖 : 의존 명사)
   ㄹ. 너밖에 없다.(밖 : 보조사)

이들은 관형어 뒤에서 의존 명사로 쓰이면서 체언 뒤에도 붙어 조사처럼 쓰이므로 그 경우는 보조사로 보아 붙여 쓴다. ㄷ과 ㄹ의 '밖'은[9] 긍정어 '있다'가 후행하면 띄어쓰기를 하고, 부정어 '없다'가 후행하면 붙여 쓰기를 하여 까다롭다. 의미상 서로 상보적 분포를 보이므로 동일한 보조사로 처리하여 붙여 쓰는 쪽이 훨씬 간결할 것이다.

---

9) '밖'에 대해 사전의 처리가 제각각이다. '표준국어대사전'(이하 '표준')과 '금성 국어대사전'(이하 '금성')은 '밖에'를 조사로 처리하고 있는데, '그 밖의 문제, 예상 밖의 일'에서의 '밖'은 '표준'에서는 자립 명사로, '금성'에서는 의존 명사로 처리한다. '우리말 큰사전'(이하 '큰사전')은 '밖에'를 따로 조사로 인정하지 않고 명사 '밖'에 조사가 붙은 것으로 처리하고 있다. 그렇다고 의존 명사라는 설명도 따로 하지 않고 있어 자립 명사처럼 보인다.

② '의존 명사-의존 명사' 유형
  ㄱ. 오는 동안 다 읽었다.(동안 : 의존 명사)
  ㄴ. 방학 동안 여행을 다녀왔다.(동안 : 의존 명사)
  ㄷ. 책도 살 겸 나갔다.(겸 : 의존 명사)
  ㄹ. 장관 겸 부총리이다.(겸 : 의존 명사)

①과 ②의 차이는 의존 명사 앞에 오는 체언이 광범위하여 선택에 제약이 적으면 보조사로 보고 선택에 제약이 심하면 의존 명사로 본 때문이다. 따라서 ②의 유형은 대체로 선행 체언에 대한 선택 제약이 커서 의존 명사로 본 것이다.

그런데 보조사와 의존 명사를 구별하는 선행 체언 결합 분포의 기준을 어느 범위에서 정해야 할지 절대적 기준치를 정하기가 어려운 것이 사실이다. 그리고 문법적 처리가 다를지라도 체언 뒤 의존 명사나 보조사의 띄어쓰기는 일관되게 붙이는 쪽으로 통일함이 언중에게는 편리할 수 있다.

③ '의존 명사-접미사' 유형
  ㄱ. 그런 식으로 하면 된다.(식 : 의존 명사)
  ㄴ. 미국식으로 하면 된다.(식 : 접미사)
  ㄷ. 쌀, 보리, 콩, 조, 기장 들을 오곡이라고 한다.(들 : 의존 명사)
  ㄹ. 학생들이 많이 모였다.(들 : 접미사)

위 유형은 의존 명사와 접미사로 통용하는 유형이다.

④ '의존 명사-어미' 유형
  ㄱ. 떠난 지가 3년이 되었다.(지 : 의존 명사)
  ㄴ. 언제 올지 모른다.(ㄹ지 : 어미)
  ㄷ. 네가 아는 바를 진술하라.(바 : 의존 명사)
  ㄹ. 집을 불법으로 지은바, 철거가 당연하다.(ㄴ바 : 어미)

위 예들은 의존 명사와 어미로 통용하는 유형이다. 그러나 '지'의 경우 시간의 경과는 의존 명사로, 사실 여부는 어미로 보아 구별하였는데, 모두 관형형 어미 'ㅡㄴ, ㅡㄹ' 뒤에 온 경우인데 하나는 의존 명사로 보고 하나는 어미로 인식한 것이 까다롭다. 모두 어미로 통일하는 것이 언중에게는 편리할 것이다.

⑤ '의존 명사―보조사―어미' 유형
ㄱ. 먹을 뿐이다.(뿐 : 의존 명사)
ㄴ. 남자뿐이다.(뿐 : 보조사)
ㄷ. 얼굴이 예쁠뿐더러 마음씨도 곱다.(ㄹ뿐더러 : 어미)[10]

위 예들은 사전마다 문법적 해석이 달라 불일치를 보이고 있다. 이런 예는 '만큼, ㅡㄹ망정, ㅡㄹ라치면, ㅡ다시피' 등이 더 있다. 이런 것들이 표준화되지 않는다면 언중들은 혼란스러울 수밖에 없다.

⑥ '의존 명사―조사―의존 명사' 유형
ㄱ. 사흘 만에 돌아왔다.(만 : 의존 명사)
ㄴ. 너만 못하다.(만 : 보조사/격조사)
ㄷ. 볼 만하다.(만 : 의존 명사, 만하다 : 의존 형용사)[11]

위 예들도 혼란스러운 것은 마찬가지다. 국어사전마다 문법적 해석이 제각각이다. 관형형 어미 뒤에 올 경우와 체언 뒤에 올 경우를 달리 처리하여 언중을 혼란스럽게 하고 있다. 물론 국어학자들이 문법적 해석을 다르게 할 수는 있을지 몰라도 띄어쓰기까지 바꾸는 것은 너무나 까다롭다.

이상에서 의존 명사, 조사, 어미, 접미사 등과 관련되는 형태들 상당수에 대한

---

10) '민중 국어대사전'(1982)은 'ㅡㄹ 뿐더러'를 띄어 쓰고 있다. 그러나 이 경우 'ㅡㄹ뿐더러'는 어미이므로 붙여 쓰는 것이 타당하다.
11) '만하다'의 경우 '표준'은 '보조 형용사'로, '금성'은 체언 뒤의 '만하다'을 접미사로 처리하고 있다. 그러나 '큰사전'은 '볼 만하다'처럼 용언 뒤에 오는 '만하다'를 독립해서 올리지 않고 의존 명사 '만'의 용례 안에서 'ㅡㄹ 만하다' 유형의 예를 들고 있다.

문법적 처리와 띄어쓰기 방법이 현행 규정에서는 다루지 않았거나 사전들마다 불일치한 사정이라 학교 문법, 사전, 띄어쓰기 규정에서의 표준화가 시급하다.

(2) 단위성 의존 명사

단위성 의존 명사, 즉 단위 명사는 초기에 붙여 쓰기로 단순화하다가 46년 안부터 의존 명사 띄어쓰기로 변하면서 일부 예들을 띄거나 붙일 수 있게 이중화하여 복잡해졌다.

① 반드시 띄는 경우
  ㄱ. 단순 수량 표현 : 한 개, 열 살, 한 벌, 두 켤레
  ㄴ. 시간 수량 표현 : 삼 (개)년 이 개월 이십 일(간)

② 띄거나 붙일 수 있는 경우
  ㄱ. 순서(=차례) 표현
    <원칙> 이천삼 년 일 월 구 일
    <허용> 이천삼년 일월 구일
  ㄴ. 숫자 표기
    <원칙> 2003 년 1 월 9 일
    <허용> 2003년 1월 9일

따라서 단순 수량 표현과 한글 수로 표기된 시간 수량 표현은 반드시 띄어야 하며, 순서 표현이나 아라비아 숫자 표기는 어느 경우든 띄거나 붙일 수 있는 융통성이 있는 것으로 요약된다. 그런데 ①은 반드시 띄어야 하고 ②는 융통성을 둘 수 있다는 절대적인 이유를 찾기 어렵다. 따라서 불필요한 예외 규정을 둔 것이라는 비판을 받기 쉽다.

(3) 수 표기

수 표기는 그동안 십진법 기준으로 읽어 왔으나 현행 규정에 와서야 만 단위로

바뀌었다. 아울러 숫자 표기로 된 경우의 예시가 과거에는 없었는데 현행 규정에서는 숫자 표기 예도 보여 주고 있다.

한편, 세 자리 단위마다 쉼표를 하는 우리의 숫자 표기 관습은 현행 어문 규정이나 과거 어문 규정에도 명시되어 있지 않다. 다만 '사무 관리 규정 시행 규칙'에 그 예시가 보인다. 이 관습은 세 자리 단위마다 끊어 읽는 영미권의 수 읽기 방식에서 나온 것으로 우리의 언어 현실에는 맞지 않는다.12)

(4) 보조 용언

보조 용언은 통일안이 붙여 쓰기를 하다가 1946년 규정부터는 띄어쓰기로 변하였고 정부안도 이를 명시하며 준수하다가 현행 규정에 와서 붙여 쓰기를 일부 허용하였다. 붙여 쓰기를 허용한 것은 '-아/어/여' 뒤에 연결되는 보조 용언과13) '듯하다, 만하다, 법하다, 성싶다…'처럼 '의존 명사 + 하다/싶다'의 보조 용언 구성에만 제한되어 적용된다. 이러한 보조 용언 문제는 '보조 용언-합성 용언-접속 용언'의 세 구성과 관련되는 문제이다.

① ㄱ. 물건을 사 가다.(= 사서 가다 : 접속 동사구)
　　ㄴ-1. 학교를 돌아갔다.(迂廻, = 돌아서 가다 : 병렬 합성 동사)
　　　-2. 집에 돌아간다.(歸, 돌아가다 : 융합 합성 동사)
　　　-3. 장수하고 돌아가셨다.(死, 돌아가다 : 융합 합성 동사)

② ㄱ. 몸이 자꾸 늙어 간다.(늙어 가다 : 본 동사 + 보조 용언)
　　ㄴ-1. 기계가 잘 돌아간다.(進行, 돌아가다 : 융합 합성 동사)
　　　-2. 일이 잘 돌아간다.(進行, 돌아가다 : 융합 합성 동사)

---

12) 이런 주장은 남기심 · 김하수(1995:18-19)에도 나타난 바가 있다.
13) 본용언+보조 용언 구성은 대개 본용언이 '먹고 보자, 먹고 싶다, 먹게 되다, 먹는가 싶다'처럼 '-고, -게, -는가' 따위로 끝나거나 '먹어 보자, 남아 있다, 하여 보자'처럼 '-아/어/여'로 끝나는데 현 규정처럼 '-아/어/여' 구성만 따로 처리한 것은 북한 '조선어철자법'(1954)의 보조 용언 띄어쓰기 조항에서 이들 어미만 따로 언급하는 것에서 나타난다.

(①ㄱ)의 '사 가다'는 단순히 두 동사가 병렬 접속된 접속 동사구이다. (①ㄴ-1)의 '돌아가다'는 구성 단어 의미인 '돌다 + 가다'의 병렬 구성인 병렬 합성 동사이다. 그러나 이 단어는 '돌아(서) 가다'처럼 구(句)의 구조로 변형도 가능하여 '돌다'와 '가다'의 접속 동사구로도 볼 수 있는 이중적 구조이다. 이런 구조의 존재는 합성어인 합성 용언과 구(句) 구조인 접속 용언의 구별이 붙여 쓰기로 중화될 수 있음을 보여 주어 이들 구조에서는 띄어쓰기의 구별이 무의미하다. 이런 경우를 생각하면 접속 용언 구성이나 보조 용언 구성이나 띄어쓰기를 절대적으로 해야 한다고 주장할 이유가 없다고도 할 수 있다.

(①ㄴ-2, 3)의 '돌아가다'는 (①ㄴ-1)과 같은 이중 구조적 애매성이 없고 '-서'의 개입도 불가능하여 합성 동사 구조로 융합되어 있다. 이는 구성 단어의 의미가 특수화하여 융합 합성 동사로 띄어쓰기는 아예 붙여 쓰므로 어려움이 없다.

(②ㄱ)의 '가다'는 보조 용언으로 쓰인 구성이며 현행 규정에서는 띄어 씀이 원칙이며 붙여 씀도 허용하고 있다. 그런데 (②ㄴ-1, 2)는 '되어 가다, 늙어 가다, 자라 가다…'처럼 쓰이는 보조 동사 '가다'가 결합한 예이므로 원래는 띄어 써야 할 보조 용언구인데, 이 단어가 워낙 잘 쓰이는 단어라서 사전들이 이 단어를 아예 합성 동사로 기술하고 있다. 따라서 보조 용언 구성과 합성 동사 구성이 중화되어 띄어쓰기가 불분명해졌다. 결국 구체적 동작의 '가다'와 보조 용언의 '가다'를 객관화하기 어렵고 관용적 빈도에 의지하는 것은 띄어쓰기의 혼란으로 볼 수 있다.

현행 규정은 이러한 합성 용언의 문제를 다루지 않아 결과적으로 사전, 교과서 집필자 및 편찬자, 출판인들에게 혼란을 주고 있다. 그 결과 일부 허용된 보조 용언을 붙여 쓰면 항상 붙여 쓰는 합성 용언과는 띄어쓰기 면에서 변별이 불가능하게 되는데 그런 논리라면 반대로 '사 가다, 사러 가다'와 같은 접속 용언 구(句)나 '먹게 되다, 먹고 싶다'와 같은 나머지 보조 용언 구도 합성어처럼 붙여 쓰게 해도 문제될 것이 없다는 주장이 가능하다.

이처럼 복잡한 띄어쓰기의 혼란을 예방하고자 어휘마다 사정하여 띄어쓰기 어휘 목록을 정해 암기 학습을 한다면 부담이 클 뿐만 아니라 학습 후에도 혼란은 별로 나아지지 않을 것이므로 이러한 구성 즉 접속 용언, 합성 용언, 보조 용언 구성을 모두 붙여 쓰거나 모두 띄어 써서 혼란을 줄이는 방법을 택해야 할 것이다.

(5) 합성어

합성어에 대한 규정은 '한글 띄어쓰기'(1949)와 '교정 편람'(1964)에서 붙여 쓰기를 원칙으로 다룬 정도이고 그 외 규정들은 다루지 않고 있다. 이들 합성어 중에서 합성 명사, 합성 용언, 합성 부사의 띄어쓰기가 혼란을 주고 있다.

① 합성 명사

합성 명사의 띄어쓰기 혼동은 동일어, 동형어의 상이 표기 예에서 드러난다(원형섭 1993).

ㄱ. 동일어 : 큰 소리/큰소리, 한 가지/한가지, 고향 집/고향집, 하늘 나라/하늘나라
ㄴ. 동형어 : 가시 덩굴/가시밭, 가을 하늘/가을비, 머리 위/머리끝, 섬 나라/꿈나라

위 예들은 교과서에서 조차 동일어, 동형어가 구와 합성어의 변별이 어려워 혼란을 보이는 예들이다. 합성어의 변별은 화용적, 관용적 빈도에 의존하는 경향이라 그 기준이 불확실하므로 이들을 띄어쓰기로 구별하려고 하는 한 위와 같은 혼란은 불가피하다.

② 합성 용언

합성 용언은 앞에서 보조 용언 항목에서도 다루었듯이 구와 합성어의 변별 문제에 직결된다. 일단 구로 보이면 사전에 표제어로 실리지 않을 것이고 합성어로 보면 사전에 실린 것으로 판단하는 것인데 그 기준은 화용적, 관용적 빈도에 따르는 편이라 객관적, 과학적 정밀화가 어렵다. 합성 용언의 띄어쓰기 혼동을 교과서에서 찾아본다(원형섭 1993).

ㄱ. 같다 : 억척같다, 똑같다, 한결같다(합성어) / 꼭 같다, 바보 같다, 샛별 같다(구 구조)
ㄴ. 놓다 : 갈라놓다, 내놓다, 털어놓다(합성어) / 갈아 놓다, 올려 놓다, 떠 놓다(구 구조)
ㄷ. 먹다 : 마음먹다, 잡아먹다, 좀먹다(합성어) / 구워 먹다, 주워 먹다, 해 먹다(구 구조)
ㄹ. 보다 : 알아보다, 살펴보다, 맛보다(합성어) / 가 보다, 시험 보다, 열어 보다(구 구조)

위에서 붙여 쓴 것이라도 사전들에서 합성어로 실리지 않은 것도 있고 반대로 띄어 쓴 것이라도 사전에는 합성어로 실린 것도 있어 그만큼 이들의 변별이 사전 집필자나 교과서 집필자나 자의적이므로 대중들도 자의적으로 띄어쓰기를 할 수밖에 없는 것이다. 이러한 사례는 생각한 것보다 훨씬 더 많다. 또한 현행 교과서들은 '띄어쓰기'와 같은 '-기' 파생어들에 대해 합성 용언으로 인정하는 경우와 그렇지 않은 경우가 있어 혼란을 주고 있다.

ㅁ. 합성 용언을 인정하는 경우 : 농사짓다/농사짓기, 알아맞히다/알아맞히기 등
ㅂ. 합성 용언을 인정하지 않는 경우 : 받아 쓰다/받아쓰기, 널 뛰다/널뛰기 등

위의 (ㅂ)에서처럼 '-기' 파생어의 어휘적 가치를 인정한다면 '받아쓰다, 널뛰다' 등도 합성 용언으로 보자는 주장도 가능하여 (ㅁ)과 (ㅂ)의 문법적 변별은 매우 어려운 난제이다. 오히려 이처럼 구와 합성어의 변별이 어렵다는 난점을 생각하여 그런 경우는 띄거나 붙일 수 있는 융통성이 필요할지도 모른다.

용언 활용형에서 반복형의 띄어쓰기도 표준화되지 않은 것이 많다. 이런 유형은 반복어 유형과 '말다' 후행형 등이 있다. 반복어 유형도 자립 형태 동일 어간 반복, 자립 형태 반의(反意) 어간 반복, 비자립 형태 동일 어간 반복, 비자립 형태 반의 어간 반복으로 나누어 볼 수 있다. 순서대로 몇 단어씩 예를 들면 다음과 같다.

> ㅅ. 자립 형태 동일 어간 반복 : 곱게곱게, 흘러흘러, 두고두고, 높고높다
> ㅇ. 자립 형태 반의 어간 반복 : 자나깨나, 주거니받거니
> ㅈ. 비자립 형태 동일 어간 반복 : 가깝디가깝다, 머나먼, 기나긴, 고우나고운
> ㅊ. 비자립 형태 반의 어간 반복 : 들락날락, 엎치락뒤치락, 오르락내리락

이들은 모두 붙여 쓰기를 하였는데, 띄어 쓴 교과서나 언중들의 표기에서는 일관성 없이 띄는 경우가 많다.

> ㅋ. '말다'의 후행형 : -거나 말거나, -나 마나, -며 말며, -든지 말든지

이들은 모두 띄거나 붙여 쓴 경우로, 사전마다 일관성이 없어 언중들을 혼란스럽게 하고 있다. 붙여쓰기를 지향한다면 모두 붙여 쓸 수도 있다. 그러나 이미 고유명사나 전문어도 띄는 경우를 허용하고 보조 용언도 붙일 수 있게 융통성을 두기로 했다면 수식어 여부에 따라 띄어쓰기를 하는 것은 수식어의 수식 영역을 구분하려는 문법 논리 때문에 타당한 면이 있으나 까다로운 면이 있어 "수식어가 올 때는 띄는 것이 원칙이나 붙여 쓸 수 있다"고 융통성을 두는 것도 바람직할 것이다.

③ 합성 부사

합성 부사는 '부슬부슬, 펄럭펄럭, 가끔가끔, 하루하루'와 같은 반복 부사가 문제되는데 현행 규정은 이들을 언급하고 있지 않고 '한글 띄어쓰기'(1949)와 '교정 편람'(1964)에서 이들을 다룬 적이 있을 뿐이다. 대체로 이 규정은 지금도 붙여 쓰기를 하고 있다.

(6) 파생어

파생어에 대해서도 통일안과 현행 규정은 언급이 없어 이에 대한 표준화가 시급하다. 파생어의 경우는 접두사와 접미사를 붙여 쓰므로 합성어의 경우와 같은 어려움은 없고 접두사와 관형사의 변별이 문제가 된다.

① 접두사 파생어 / 관형사 구(句)
  귀공자, 귀부인 / 귀 기관, 귀 회사
  매달, 매시간 / 매 경기, 매 회계연도
  본이름, 본바탕 / 본 사건, 본 안건
  신세대, 신기록 / 신 학년, 신 교육과정

단어로서 사전에 실릴 것으로 보이면 붙여 쓰는 것이 당연한데 위에서 관형사 구의 예들 중에는 붙여 쓸 가능성이 있는 것들이 있어 역시 파생어로 보느냐 구(句)로 보느냐의 문제는 쉽지 않다.

② 접두사 / 합성어 / 관형사 / 부사
  참깨 / 참사랑 / 참 교육 / 참 아름답다
  맨땅 /-/ 맨 처음

위의 접두사, 합성어, 관형사, 부사의 예는 구별이 필요하며 띄어쓰기가 구별된다. 그러나 사전에 따라 언중에 따라 띄어쓰기가 달라지기도 한다. 또 파생어 중에 '-이'가 붙는 '-없이'의 경우도 '-없다'의 경우처럼 혼란이 많다.

③ 띄어쓰기: 가릴 것 없이, 두말 없이, 소리 없이, 쉴 새 없이
  붙여쓰기 : 난데없이, 너나없이, 대중없이, 밤낮없이, 빠짐없이

그러나 위의 예들도 교과서와 사전에 따라 띄어쓰기가 다르다. 관용 정도에 따라 띄어쓰기도 달라진다면 언중들은 혼란스러울 수밖에 없다. 언중들은 어느 한쪽으로 통일해 줄 것을 바라고 있다.

(7) 고유 명사와 전문 용어
통일안의 경우 고유 명사는 1933년 안 및 1940년 안에서 언급이 없었다가 1946년 안에서 ① 성명 ② 지명 ③ 기관명 ④ 서명 및 사건명의 4 유형을 보인 후

80년 안은 ① 성명은 띄되 ② 지명은 띄거나 붙일 수 있게 했는데 ③ 기관명 ④ 서명 및 사건명의 경우는 언급이 없다. 또한 ① 성명과 밀접한 지칭어 및 호칭어의 경우 통일안들에서는 언급이 없다가 '한글 띄어쓰기'와 같은 정부안에서부터 비로소 나타난다. ⑤ 전문 용어 규정도 통일안들에서는 다루지 않다가 정부안에서만 나타나는 것이 특징이다.

정부안은 '한글 띄어쓰기'의 경우 ① ~ ⑤에 걸쳐 모두 붙여 쓰기를 지향하였고 전문 용어 규정도 처음 보여 준다. '교정 편람'에서는 가장 미세한 규정을 두어 특히 전문 용어가 가장 복잡한 결과를 초래하였다. 현행 규정에서는 ① 성명, 지칭어, 호칭어를 모두 다루고 성명 이외의 고유 명사를 다루었는데 ③ 기관명만 예시하고 ② 지명 ④ 서명 및 사건명은 다루지 않았다. 그러나 본문이 '성명 이외의 고유 명사'라고 했으므로 기관명, 지명, 서명, 사건명이 모두 포함되는 것으로 보아야 할 것이다. 지명은 현행 '한글 맞춤법' 규정 용례에는 빠졌지만 '외래어 표기법'(1986), '국어의 로마자 표기법'(2000)의 용례를 참고할 수 있다.

전문 용어의 개념은 막연하지만 대개 합성어들이 많아 현행 맞춤법에서는 합성어 전문 용어의 경우 단어별로 띄어 씀을 원칙으로 하고 붙일 수도 있는 융통성을 두었다. 그 결과 전문 용어로서의 합성어와 당연히 띄어 쓰는 구(句)와의 띄어쓰기 구별이 불가능해졌다. 오히려 이 규정은 합성어 구조의 전문 용어를 붙여 쓰는 것을 원칙으로 하고 필요에 따라 띄어 쓸 수 있도록 수정하는 것이 좋을 것이다. 여기서 '필요에 따라'는 어근이 긴 음절의 전문 용어라면 시각적 인지가 불편하므로 적절히 끊을 수 있게 하되, 집필자에게 융통성을 줄 수 있다는 것으로 보면 될 것이다.

또한 외래어 고유 명사 뒤에 붙는 단어를 띄어 쓰게 한 것은 '교정 편람'과 현행 '외래어 표기법'에서 보이는데 이 역시 지나친 띄어쓰기의 강요로 언중들은 따르지 않고 있다. 비실용적이므로 띄어 쓰는 것을 원칙으로 하되 붙여 쓰는 것도 허용해야 할 것이다.

6. 북한의 한글 띄어쓰기

북한의 어문 규범이 남한과 다르듯이 띄어쓰기도 남한은 어절형 띄어쓰기를 지향하는 데 반해 북한은 의존 명사와 보조 용언, 전문 용어에서 붙여쓰기를 하고 있다. 광복 후에는 1946년에 개정된 통일안이 북한에서도 쓰였으나 곧 북한 단독의 맞춤법을 수립해 규범도 분단기로 접어들었다. 그동안 북한의 맞춤법 변천에 따라 나타난 띄어쓰기 규범의 변천은 4 차례가 있었다.14)

(1) 제1기 : 한글 맞춤법 통일안 및 조선어신철자법 시대(1945 ~ 1954)

남북 분단 후에도 북한에서는 1954년 '조선어철자법'이 나오기까지 여전히 1946년의 통일안이 준용되었다. 비록 1947년 2월에 설치된 '조선어문연구회'에서 1948년 1월 15일 김두봉 등이 주도하여 '조선어신철자법'이란 것을 만들었지만 이것은 한자 폐지와 가로 풀어쓰기와 같은 문자 개혁에 치중하여 새 자모 6자를 제정하는 등 개혁적, 시안적 성격을 띠었고 강제성을 띠지는 않아 사회적으로는 여전히 통일안이 준용되었다고 보아야 한다. 이는 조선어문연구회에서 이 시기의 대표적 문법서로 만든 '조선어문법'(1949.12.)의 뒤에 실은 띄어쓰기 항목에 1946년 통일안의 띄어쓰기 규정을 그대로 싣고 있는 데서도 드러난다.

또한 이 당시 편집부(1949.12.)에서 만든 '띄여 쓰기를 정확히 실시하자'는 글의 띄어쓰기 설명도 1946년 통일안의 띄어쓰기 사항 범위 내에서 의존 명사, 보조 용언, 단위 명사, 십진법 수 표기, 고유 명사의 띄어쓰기를 명시하고 있어 1946년 통일안이 여전히 준용되었음을 보여 준다.

(2) 제2기 : 조선어철자법 시대(1954 ~ 1966)

1954년 9월 북한 과학원 조선어 및 조선 문학 연구소 내의 조선어철자법 규정 작성 위원회가 '조선어철자법'(총론과 8개장 56항으로 구성)을 제정 공포했는데 제7장이 띄어쓰기를 다루었다. '좋아하다, 추위지다'처럼 어미 '-아/어/여'가 선행

---

14) 북한의 띄어쓰기 변천사나 개관은 시정곤(1989), 유목상(1989), 국립국어연구원(1992), 전수태(2000), 최용기(2000) 참고.

하는 보조 용언을 붙여 쓰고 기타 어미가 선행하면 보조 용언을 띄게 한다거나 '하다, 되다, 시키다, 지다'가 붙은 것의 붙여 쓰기를 명시한 것 정도가 주목될 뿐 전체적으로는 통일안의 띄어쓰기 경향이 준용되었던 제1기와 큰 차이가 없다.

(3) 제3기 : 조선말규범집 시대(1966 ~ 1987)

　북한 띄어쓰기가 획기적으로 붙여 쓰는 쪽으로 변하게 된 것은 1966년 5월 14일자의 김일성 교시에서 붙여 쓰기를 권장한 후 북한 내각 직속 국어사정위원회에서 '조선말규범집'(1966. 7.)을 공포하면서부터이다. 남한에서 맞춤법 규정 안에서 띄어쓰기 규정을 다루고 문장 부호를 부록으로 처리한 것과는 다르게 이 규범집에서는 맞춤법, 띄어쓰기, 문장 부호법, 표준 발음법의 4부 체제로 하여 띄어쓰기(북한 표기로는 '띄여 쓰기'임) 규정을 맞춤법 규정에서 분리하여 다루고 있음이 특징이다. 띄어쓰기 규정만 총칙과 6개 장, 23항으로 되었고 붙여 쓰기를 지향하였다. 이때부터 북한의 띄어쓰기는 철저하게 붙여 쓰기로 방향을 전환하였다고 볼 수 있다.

(4) 제4기 : 개정 '조선말규범집' 시대(1987 ~ 2000)

　북한 내각 직속 국어사정위원회에서 1987년 5월 15일에 '조선말규범집'을 새로 제정, 1988년 2월에 발표하였다. 1966년 규범이 6장 23항 체제였는데 1987년 규범은 5장 22항으로 줄었다. 변한 것은 1966년 규범의 5, 6장이 통합되었고 용어 및 문구를 고쳤으며 '붙임'을 늘려 세칙이 늘어난 것인데 전체적으로 1966년 규범의 붙여 쓰기 정신 위에서 지나친 붙여 쓰기를 완화해 띄어쓰기를 부분적으로 허용한 것이 특징이다.

(5) 제5기 : 개정 '조선말 띄여 쓰기규범' 시대(2000 ~ 현재)

　북한 국어사정위원회에서 1987년 5월에 만든 '조선말규범집' 안에 있는 띄어쓰기 규정을 새로 제정하여 '조선 띄여 쓰기규범'이라는 이름으로 2000년 2월 27일부터 3월 21일까지 8회에 걸쳐 로동신문에 기사 형식으로 발표하였다. 발표 내용을 요약하면, 이 규정은 다음과 같은 특징이 있다.

① 띄어쓰기 항목을 22개 조항에서 9개로 줄이고 항목을 구체적으로 설정하였다. 또 종래의 규정에서는 토(조사)가 붙은 단어와 그 뒤에 오는 단어는 띄어 쓴다고 하면서도 붙여 쓰는 경우가 더 많았는데, 이 규정에서는 붙여 쓰는 경우를 한 조항으로 묶었다.

② 단어를 단위로 하여 띄어 쓴다고 할 때, 기본은 품사의 소속이 다른 단어는 띄어 써야 하며 토가 붙는 단어와 그 뒤에 오는 단어는 띄어 쓴다고 명시하였다. 그것은 품사의 소속이 다른 단어들은 문장 속에서 서로 띄어 써야만 그 뜻을 올바로 이해할 수 있으며 토가 붙은 단어는 그 뒤의 단어와 띄어 써야만 문법에도 맞기 때문이다.

③ 용언의 '아, 어, 여' 형과 '고' 형의 뒤에 오는 동사를 토가 붙은 단어의 띄어쓰기 규정에 의하여 띄어 쓰게 하였다. 종래의 규정에서는 이런 형태를 가진 동사들이 보조적 동사의 자격으로 쓰일 때는 붙여 썼고, 다만 '있다'가 올 때는 띄어 썼다. 예를 들면 '만나보다, 먹어보다, 전개되여오다, 먹고 있다'를 '만나 보다, 먹어 보다, 전개되여 오다, 먹고 있다'처럼 일관성을 유지하도록 하였다.

④ 관형사의 처리에서 모든 관형사는 뒤에 오는 단어와 띄어 쓰도록 하면서 외마디 관형사가 외마디 단어와 결합할 때 관형사가 붙어 고유한 명칭이나 직제를 나타낼 때에는 붙여쓰도록 하여 관형사의 띄어쓰기를 명백히 하였다. 예를 들면 '내 나라, 내 조국'은 띄어 쓰고 '새날, 첫술, 총참모장, 총지휘자'는 붙여 쓴다.

⑤ 학술 용어는 하나의 과학적인 뜻을 나타내는 단어이므로 모든 학술 용어는 토가 있어도 붙여 쓴다. 예를 들면 '머리덥히기, 함께살이동물, 모내는기계, 짐싣고부리는기계'는 붙여 쓴다. 그러나 고유한 명칭의 뒤에 토(조사) '의'가 올 경우는 '뉴톤의 제3법칙'처럼 띄어쓴다.

그밖에 '하나의 대상, 하나의 움직임을 나타내는 말, 굳어진 말, 고유 명사, 의존 명사'는 붙여 쓰고, '수사'는 띄어 쓴다. 요컨대 북한의 띄어쓰기 정책은 광복 후부터 1966년까지는 비교적 통일안식 띄어쓰기가 유지되다가 1966년 김일성 교시 이후 '조선말규범집'(1966)이 나오면서 붙여쓰기 위주로 전환해 오늘에 이르고 있다고 할 수 있다.

7. 정리 및 요약

지금까지 띄어쓰기에 대하여 살펴보았는데 이를 정리하면 다음과 같다. 먼저 글을 일정 단위마다 끊어 읽거나 쓸 때 나타내는 방식을 구두법이라고 하며 구두법에는 구두점 찍기, 토 달기, 띄어쓰기 방식이 있다. 이 중 우리나라의 띄어쓰기는 한문의 붙여 쓰기 전통에 따라 거부되다가 선교사들의 회화 학습서들에서 단편적으로 보이기 시작하다가 '독립신문'(1896)에서 본격적으로 나타났으며 1933년의 통일안에서 정식으로 규범화되어 정착되어 갔다.

띄어쓰기는 단위별로 분석형, 어절형, 구형, 절형 띄어쓰기로 나눌 수 있으나 한글 맞춤법 통일안과 정부안들이 대체로 어절형 띄어쓰기를 지향하였다. 북한은 광복 후부터 1966년까지는 어절형을 유지하다가 1966년의 '조선말규범집'부터 붙여 쓰기를 지향하여 구형 띄어쓰기를 보인다.

띄어쓰기의 쟁점 영역은 ① 조사-의존 명사 ② 단위 의존 명사 ③ 수 ④ 의존 용언 ⑤ 합성어 ⑥ 파생어 ⑦ 고유 명사 및 전문 용어 등 7대 영역으로 나뉘는데 최대 쟁점은 합성어와 구의 변별 문제로 이는 일반 국어학에서도 난제에 속한다. 앞으로 이러한 것들을 실용적인 차원에서 검토하여 언중이 언어생활을 하는 데 불편을 주지 않도록 연구를 해야 할 것이다.

참고 문헌

『표준국어대사전』, 국립국어연구원, 1999, 두산 동아.
『우리말큰사전』, 한글학회, 1991, 어문각.
『금성 국어대사전』, 금성출판사, 1991/개정판 1996, 금성출판사.
『민중 국어대사전』, 민중서림, 1961/재개정판 1995, 민중서림.

고영근(1995), 최현배의 학문과 사상, 집문당.
국립국어연구원(1992), 북한의 언어 정책, 국립국어연구원.
김민수(1973/1984), 국어 정책론, 고려대 출판부/탑출판사.
_____(1988), 구두점에 대하여, 유목상 박사 회갑 논총, 중앙대학교.
김민수·하동호·고영근 편(1985), 역대 한국 문법 대계, 탑출판사.
김병철(1980), 한국 구두점 기원고, 한국학보 9, 일지사.
김상대(1985), 중세 국어 구결문의 국어학적 연구, 한신문화사.
남기심·김하수(1995), 당신은 우리말을 새롭고 바르게 쓰고 있습니까?, 샘터
남풍현(1980), 구결과 토, 국어학 9, 국어학회.
_____(1999), 국어사를 위한 구결 연구, 태학사.
리의도(1983), 오늘의 국어 무엇이 문제인가, 어문각.
민현식(1994), 국어 띄어쓰기법 개선에 관한 연구, 한국학 연구4, 숙명여대.
_____(1996), 띄어쓰기, 한국신문방송 말글 변천사(하), 한국교열기자회.
_____(1999), 국어 정서법 연구, 태학사.
박홍길(1995), 국어 표기법의 변천에 관한 연구, 동의어문논집 8, 동의대학교.
서재극(1984), 국어답지 않은 국어(1), 국어 생활 창간호, 국어연구소.
시정곤(1989), 남북한 띄어쓰기 규정의 비교, 북한의 어학혁명, 백의.
심재기(1990), 최태영 교수의 초기 번역 성경의 띄어쓰기를 읽고
　　　　　　-초기 번역 성경과 국어 정서법- 숭실 사학6, 숭실대 사학과.
원형섭(1993), 초중고 국어 교과서에 나타난 띄어쓰기·맞춤법 용례, 세창출판사.
유목상(1989), 북한의 맞춤법, 북한의 말과 글, 을유문화사.
이기문(1989), 독립 신문과 한글 문화, 주시경 학보4, 탑출판사.
이석주(1990), 국어 형태론, 한샘.
이익섭(1992), 국어 표기법 연구, 서울대 출판부.
전광현(1990), 최태영 '초기 번역 성경의 띄어쓰기'에 대한 토론, 숭실사상 6, 숭실대.

전수태(2000), 개정된 북한의 띄어쓰기 규정, 새국어생활 제10권 제2호, 국립국어연구원.
정길남 편(1995), 개화기 국어 자료 집성, 박이정.
조윤제(1947), 국어 교육의 당면 문제, 문화당.
최용기(2000), 개정된 북한 '조선말 띄여 쓰기규범', 한글 새소식 334호, 한글학회.
_____(2003), 남북한 국어 정책 변천사 연구, 도서출판 박이정.
최태영(1990), 초기 번역 성격의 띄어쓰기, 숭실 사학6, 숭실대 사학과.
　　　　　　초기 번역 성경의 대두법 표기, 숭실어문7, 숭실대 국문과.
최현배(1937/1975), 우리말본, 정음사.
허 웅(1993), 최현배, 우리말 우리얼에 바친 한평생, 근대 인물 한국사 408, 동아일보사.

Ross, J(1877), Corean Primer, 역대한국문법대계 2부 1책, 탑출판사.
　　　(1882), Korean Speech with Grammar and Vocabulary, 역대한국문법대계 2부 1책, 탑출판사.
Scott, J(1887), 언문말칙'(A Corean Manual or Phrase Book, 역대한국문법대계 2부 1책, 탑출판사.
Underwood, H(1890), An Introduction to the Korean Spoken Language, 역대한국문법대계2부 1책, 탑출판사.

※『국문학 논집』(단국대 국어국문학과), 제19집(2003. 12.)에 실린 논문을 수정하여 보완한 것임.

제5장 표준어와 지역어(방언) 정책

1. 머리말

최근에 표준어 정책에 대한 비판이 매우 활발하게 제기되고 있고, 반면에 다원화 시대의 지역어(방언) 정책이 강조되고 있다. 그동안 정부 주도로 운영된 표준어 정책이 소중한 문화유산인 지역어를 위축되게 하고 소멸하게 하는 원인이 되었다는 지적도 있고,[1] 국민 각계각층의 자유로운 의사 표현을 제약하고 있다는 비판도 제기되고 있다.[2] 천년 넘게 계속된 중앙 집권 통치가 말글 정책에도 영향을 미쳐[3] 우리 말글 정책의 '일관성' 유지라는 잘못된 관행을 빚어낸 결과라고 한다. 그래서 이들의 주장은 정부는 표준어를 없애고 표준어 정책을 포기하라는 것이다.[4] 때맞추어 참여 정부는 지방 분권화 시대를 강조하면서 지방화 시대가 다가오고 있다고 주장하고 있다. 그래서인지 지역어에 대한 관심이 그 어느 때보다도 높아지고 있다.

이 글은 이런 시대적 흐름에 비추어 볼 때에 그간의 표준어 정책에 대해 무엇이 문제이고 다원화 시대의 지역어(방언) 정책은 어떻게 방향을 잡아야 할 것인지 살펴보자 한다. 이 글의 구성은 표준어의 역사, 현행 표준어 규정의 특징과 문제점, 표준어 정책의 방향, 다원화 시대의 지역어(방언) 정책의 방향은 무엇인지 등을 살펴보자 한다.

---

[1] 이상규(2004), 「새로운 표준어 정책의 모색」, 토론회 발언 내용. 새국어생활 제14권 제1호.
[2] 고길섶(2003), 「국어 순화 정책, 무엇이 문제인가?」, 국어 순화 실천 학술 대회 자료집.
[3] 이기문(2005), 「국어사 연구의 회고와 전망」, 국어사 연구 어디까지 와 있는가? 자료집.
[4] 남영신(1998), 『국어 천년의 실패와 성공』(표준어 규정은 규정이 아니다. p, 131~p, 148). 한마당.

2. 표준어의 역사

우리나라에서 표준어 문제가 대두한 것은 일제 강점기 때에 조선총독부에서 제정한 '보통학교용 언문철자법'(1912)에서 '경성어를 표준으로 한다.'라고 발표할 때부터라고 생각한다. 그 이후에 조선어학회의 '한글 맞춤법 통일안'(1933)에서 '표준말은 대체로 현재 중류사회에서 쓰는 서울말로 한다.'라고 규정한 데서 더 확실한 근거를 찾을 수 있다.

2.1. 조선어사전(1920) : 조선총독부의 표준어 정책

조선총독부는 '보통학교용 언문철자법'(1912)의 서언(緒言) 셋째 항(1)에서 "경성어를 표준어로 한다."라고 발표하였다. 이것은 총 16개 항 중 14개 항에서 장음(長音) 단어에 좌견점(左肩點)을 칠 것을 요구하고 있다. 또한, 조선총독부는 1911년 4월부터 '조선어사전' 편찬에 들어가 1920년 3월에 이를 완성하였는데 이 사전의 표제어는 약 6만 5천 어휘이다. 이 사전은 비록 조선총독부가 주관하여 발간하였지만 국가적인 표준어 작업의 첫 출발이었다고 할 수 있다.

위의 내용을 수정한 '보통학교용 언문철자법대요'(1921)의 규정 제1항에서는 "용어는 현대의 경성어를 표준으로 한다."라고 명시하였다. 이것은 앞의 규정보다 '현대'라는 시대적인 조건이 추가되었다. 총 16개 항 중 15개 항에서 장음 구별이 필요함을 강조하였지만, 좌견점을 폐지한다고 하였다.

그 후에 언문철자법(1930)의 제2항에서는 "용어는 현대 경성어를 표준어로 한다."라고 명시되었다. 각론 25개 항 중에 제6항에서 장단음 구별이 필요하되 견점(肩點)은 하지 않는다고 하여 표준 발음 의식이 지속한다. 이러한 장단음 문제는 이후에 사라졌다가 1988년에 '표준어 규정'의 '표준 발음법'에서 다시 나타난다.

2.2. 조선어 표준말 모음(1936) : 조선어학회의 표준어

조선어학회가 만든 한글 맞춤법 통일안(1933)의 제2항에는 "표준말은 대체로 현재 중류 사회에서 쓰는 서울말로 한다."라고 명시되었고 부록 1(표준어), 2(문장 부호) 중 1에서는 주요 표준어를 10개 항에 걸쳐 다루었다. 그런데 그 내용 중에 '낯-낫-낱, 놓치다-노치다'와 같은 표기법의 문제도 뒤섞여 있어 표준어와 표기법 문제를 정확하게 구분하지 못하고 있는 듯하다.

또 '조선어사전' 편찬을 위해 1929년 10월부터 '조선어표준어사정위원회'를 만들고 73명의 위원(서울 출신 26명, 경기 11명, 각도 대표 36명)이 어휘를 사정한 후에 따로 선발한 수정 위원(김윤경, 방종현, 이극로, 문세영, 이희승, 이윤재, 정인승 등)이 여러 차례의 독회를 거쳐 9,547개(표준어 6231, 비표준어 3082, 약어 134, 한자어 100) 낱말을 1936년에 '사정한 조선어 표준말 모음'으로 발표하였다. 이것이 우리나라 최초의 표준어 모음집이며 1988년의 '표준어 규정'이 나올 때까지 광복 이후 50여 년 동안 표준어의 기준이 되었다. 그런데 이 규정은 전체 내용이 까다롭고 한자음에서는 속음을 표준으로 하는 것들도 있고 현실과 거리가 먼 내용도 있어 문제점이 지적되기도 하였다. 가령 '재작년', '매년', '염료', '용도', '호랑이', '신랑' 등을 비표준어로 처리하였고, 그 대신에 '그러께', '해마다', '물감', '씀씀이', '범', '새서방'을 표준어로 처리하였다. 그러나 이들 비표준어는 표준말 모음이 발표된 당시 이후 한 번도 비표준어로 떨어졌던 일이 없었다.

2.3. '큰사전' 발간(1947~1957) : 한글학회의 표준어

조선어학회의 사전 편찬 원고가 1930년부터 시작하여 1942년에 완성되어 조판에 들어갔지만 이른바 '조선어학회 사건'이 터지면서 중단되고 말았다. 그 뒤 광복 후에 원고를 찾아 1947년 10월에 '조선말 큰사전' 1권이 나오고, 1957년 6월에 '큰사전' 6권이 모두 완간되었다. 이 사전의 표제어는 164,125개인데 표준어 140,464개, 사투리 13,006개, 고유명사 5,203개, 옛말 3,013개, 이두 1,449개, 마디말(절) 990개이다. '큰사전'은 우리말의 표준을 세우고 표준어 연구에 큰 획을 긋는 빛나는 업적이며, 공통어의 기틀을 마련하는 데에 크게 이바지한 것으로 평가받고 있다.

그런데 '큰사전'은 '조선어 표준말 모음'을 그대로 수용한 것은 아니다. 가령, '조선어 표준말 모음'에서는 '범'을 표준어로 하고, '호랑이'를 비표준어로 하였지만 '큰사전'에서는 '범'과 '호랑이'를 모두 표준어로 처리하였다.

2.4. 표준어 규정(1988)과 표준어 모음(1990) : 문교부의 표준어 정책

표준어와 한글 표기의 혼란이 생기자 문교부는 어문 규정을 개정하기로 계획을 세우고 1970년부터 개정 작업에 들어갔다. 학술원에서 연구를 시작하여 10년만인 1979년 봄에 완성하고 어문 규정 개정을 위한 공청회를 열었지만 10·26 사태로 중단되고 말았다. 이것을 1983년부터 학술원에서 재론하다가 1984년에 국어연구소가 설립되면서 어문 규정 정비를 본격화하였다.

마침내 1988년 1월에 개정된 '표준어 규정'과 '한글 맞춤법'을 동시에 발표하였다. 표준어 규정은 총칙에서 "표준어는 교양 있는 사람들이 두루 쓰는 현대 서울말로 정함을 원칙으로 한다."라고 하였다. 이 규정은 국가적 규범으로서 20년이란 진통 끝에 마침내 햇빛을 보게 된 것이다. 또 이것은 1년이란 준비 기간을 거쳐 1989년 1월부터 시행하게 되었다. 개정된 표준어 규정의 특징을 살펴보면 다음과 같다. ① 표준어 대상 기준을 합리화하였다. ② 표준어 사정 원칙상 미비한 규정을 보완하였다. ③ 표준 발음법을 새로 정하였다. ④ 현실 언어를 존중하되 전통성과 합리성을 고려하였다.[5]

그 뒤에 1990년 9월에는 국어연구소가 조사하여 사정한 '표준어 모음' 1,400여 개를 문화부가 발표하였다. 이것은 한글학회의 '새한글사전'(1965/1986)과 민중서관의 '국어대사전'(1982)에 나온 상이(相異) 표제어를 비교하여 표준어를 제시한 것이다.

---

5) 박갑수(2004), 「표준어 정책의 회고와 반성」, 새국어생활 제14권 제1호.

2.5. 표준국어대사전(1999) : **국립국어연구원의 표준어 정책**

국립국어연구원이 1991년에 설립되자마자 '표준국어대사전' 편찬 사업이 시작되었고, 사전 편찬 사업을 시작한 지 8년 만인 1999년에 이 사전은 완간되었다. 국가에서 직접 편찬한 최초의 사전으로 본문만 7,128면이며 표준어를 비롯하여 북한어, 옛말, 방언 등 50만 개 낱말을 수록하였고, 연인원 500여 명, 예산 92억 원 집행이라는 대규모 사업으로 마무리되었다. 이 사전에서 가장 역점을 두었던 것은 어문 규정을 구체적으로 단어 하나하나에 적용하여 국민의 올바른 언어생활에 표준을 제공하는 것이었다.

이 사전은 애초에는 기존 사전들의 정보를 종합하는 '종합국어대사전'과 남북 언어 통일을 대비하는 '통일국어대사전'이라는 두 가지 목적을 가지고 편찬을 시작하였지만, 결국에는 여러 국어사전 간의 상이한 표제어의 표준을 정하는 수준에 머무르고 말았다.

또 이 사전에서 표준어를 정하는 문제에서도 서울말 실태 조사가 좀 더 체계적이고 진지하게 조사되어야 했음에도 사실상 그런 조사가 이루어지지 못한 것은 아쉬움으로 남는다.

3. 표준어 규정의 특징과 문제점

'표준어'란 무엇인가? 표준국어대사전에 나온 '표준어' 정의부터 살펴보고자 한다.

> 표준어 : 한 나라에서 공용어로 쓰는 규범으로서의 언어. 의사소통의 불편을 덜기 위하여 전 국민이 공통으로 쓸 공용어의 자격을 부여받은 말로, 우리나라에서는 <u>교양 있는 사람들이 두루 쓰는 현대 서울말로 정함</u>을 원칙으로 한다.

표준어의 정의에 대해서는 발음, 어형, 의미 등 여러 가지의 문법 요소를 고려해야 할 것이다. 표준어를 현대 서울말이라고 할 때에도 현대 서울말을 정의하려면 현대 서울말의 어휘와 문법도 필요할 것이다. 또 이들의 조합인 서울말의 문장에 대한 설명도 있어야 한다. 이러한 관점에서 보면 표준어 규정의 '표준어 사정 원칙'(1988)은 표준어의 극히 부분적인 설명에 불과하다.

한편, 표준어를 지역어(방언)와 비교하여 다른 시각에서 정의한 것도 있다.

> "표준어와 방언은 서로 공존하는 것이며, 이는 마치 각국어(各國語)와 국제어와의 관계와도 비슷하다. 따라서 방언은 그 나라 각지에서 발생한 지역어이며, 표준어는 그 방언 차에 의한 불통을 없애고 서로 소통에 쓰이게 하려고 만든 그 나라 국민의 공통 공용어다. 요컨대, 표준어는 있어야 할 말이며, 방언은 있는 그대로의 말이다. 또 표준어는 이념적인 말이며, 방언은 실재적인 말이다."[6]

언어란 항상 쉬지 않고 움직이는 생명체와 같기 때문에 표준어도 고정되어 있거나 과거의 것이 아니라는 것이다. 또 표준어는 실재의 방언을 기초로 해서 방언의 공통성을 살린 것이어야 한다는 것이다. 그러면서도 정치·문화·경제의 배경을 가져서 객관성이 현저한 어느 지역어를 기초로 하고 있다는 것이다. 이것은 여러 방언을 비교해서 공통성이 있게 만들고 또한 바르고 알기 쉽고 쓰기 쉬우며 되도록 고운 것이기를 바라고 있기 때문이다.

3.1. 표준어 정의의 문제

표준어 규정은 제1부 표준어 사정 원칙과 제2부 표준 발음법으로 나뉘어 있다. 이를 다시 세분하면 제1부 표준어 사정 원칙은 제1장 총칙, 제2장 발음 변화에 따른 표준어 규정, 제3장 어휘 선택의 변화에 따른 표준어 규정으로 나뉘고 제2부 표준 발음법도 제1장 총칙, 제2장 자음과 모음, 제3장 소리의 길이, 제4장 받침의

---

6) 김민수(1973), 『국어정책론』(p.69~p.71), 고려대학교 출판부.

발음, 제5장 소리의 동화, 제6장 된소리되기, 제7장 소리의 첨가로 나뉜다.

표준어 사정 원칙은 3장으로 나뉘지만 실은 제1장과 제2장, 제3장으로 나뉜다고 볼 수 있다. 제1장은 개념에 대한 정의이고 제2장과 제3장은 개별적인 어휘에 대한 사정이기 때문이다. 먼저, 표준어의 개념 정의인 제1장 제1항에 대해 살펴본다.

제1항 표준어는 교양 있는 사람들이 두루 쓰는 현대 서울말로 정함을 원칙으로 한다.

이것은 '한글 맞춤법 통일안'(1933)에서 "표준말은 대체로 현재 중류 사회에서 쓰는 서울말로 한다."를 고친 것이다. 이렇게 고친 까닭에 대해 표준어 규정 해설서에서 '표준말'을 '표준어'로 한 것은 '비표준어'와 대비하여 말결을 맞추기 위해서라고 하고, '중류 사회'도 그 기준이 모호하여 '교양 있는 사람들로'로 바꾸었다고 하였다(사회적 조건). 또 '현재'를 '현대'로 한 것은 역사 속에서 한 시대의 표준말을 규정짓는 데 적합하지 못하다는 인식 때문이라고 하였고(시대적 조건), '서울말로 한다.'를 '서울말로 정함을 원칙으로 한다.'로 고친 것은 서울말을 원칙으로 하지만 서울말이 아니더라도 좋은 말이라면 표준어로 삼겠다는 것이다(지역적 조건)고 하였다.

그러나 여전히 문제는 남아 있다. '현대'의 개념은 언제부터 언제까지인지를 알 수가 없고 '서울말'의 범위와 세대가 어디까지인지 알 수도 없다. '현대'를 막연히 20세기를 가리키는 정도로 보았지만, 세기가 바뀌어 21세기가 될 수도 있고 세대를 고려한다면 최소한 3세대 90년을 전후로 의사소통을 원활하게 할 수 있는 시기로 볼 수도 있다. 또 '서울말'이라고 할 때에 서울의 행정적·지리적 팽창으로 수도권 전체가 '서울'의 개념으로 확장되고 있는 요즈음이므로 서울말의 정의를 지리적으로 규정하기는 불가능하다. 더구나 서울 사람끼리 결혼한 가족을 찾기도 어렵고 교육 수준도 일정하지 않아서 그 기준을 정하기는 막연하기만 하다. 어휘의 형태도 80, 90세 노인들이 쓰는 고형(古形)의 말이 현대 서울말이 될 수 있는지, 초등학생이나 유치원생이 쓰는, 만들어 내는 새로운 말도 현대

서울말이 될 수 있는지도 문제가 될 것이다. 그래서 '현대 서울말'의 정의는 반드시 필요할 것이다.7)

아울러 '교양 있는 사람들이 두루 쓰는'에서 어떤 사람들이 '교양 있는 사람들'인지 가릴 수 있는 기준이 없고 '두루 쓰는'이라는 표현도 모호하기만 한다. '~로 정함'이라는 표현도 표준어가 본래 존재하는 것이 아니고 인위적이거나 작위적이라는 것임을 나타낸다. 더구나 '~로 정함을 원칙으로 한다.'라고 함으로써 현대 서울말이면서 표준어가 아닌 말이 있을 수 있고 현대 서울말이 아니지만 표준어가 있을 수 있다고 해석할 수 있다. 가령, '부주', '삼춘', '사둔'은 전자에 해당하고, '멍게', '영글다'는 후자에 해당할 것이다.

3.1.1. 발음 변화와 어휘 선택의 표준어 문제

제2장과 제3장은 개별 어휘에 대한 사정으로 표준어와 비표준어를 구별하여 놓았다. 그러나 여기에 제시된 표준어는 일부분(약 700여 개)에 지나지 않아서 제시되지 않은 어휘에 대해서는 표준어인지 비표준어인지 알 수가 없다.

발음 변화와 관련하여 제7항의 접두사 '수-'의 경우는 '수소', '수놈', '수나사'처럼 표기하여 현실 발음 '숫-'과 너무나 거리가 멀어져 버렸고 '숫양', '숫염소', '숫쥐' 세 단어로만 한정해 버린 기준이 무엇인지 막연하기만 하다. 역사적으로 '암-', '수-'의 '수-'는 옛말이 ㅎ 종성체언 '숳-'이었고 변한 말은 '숫-'이었다. 아직도 발음에는 '숫-'이 일반적이므로 이를 존중하는 쪽으로 규정이 정비되어야 할 것이다. 이러한 처리는 제12항의 '윗-'을 기본으로 하고 거센소리, 된소리 앞에서는 '위-'를 쓰도록 한 것과 같은 태도이다. '위-'의 옛말도 ㅎ 종성체언 '욳-'이었고 변한 말은 '웃-'이었으므로 이것도 규정이 정비되어야 할 것이다.

제8항은 모음조화의 파괴를 허용하는 조항인데 문제가 있다. 이럴 경우에 '하고', '먹고' 같은 어미도 '하구', '먹구'로 해야 할지 의문이다. 또 '오순도순',

---

7) 김세중(2004), 『표준어 정책에 대하여』, 새국어생활 제14권 제1호.

'애숭이'도 아직까지 '오손도손', '애송이'로 남아 있는 현실을 생각한다면 재검토가 필요한 조항이다.

제9항은 기술자는 '-장이'로 한 것이 특징인데 '요술쟁이', '마술쟁이' 같은 직업인을 그것에서 제외한 것도 기술자의 개념이 무엇인지 분명하지 않음을 보여 주는 것이다. 또 '양복장이'는 기술자이고 '양복쟁이'는 양복을 잘 입는 사람을 가리키는 것처럼 두 표기 형태도 의미상 공존할 수 있다. 이 조항에서는 현실 발음이 거의 '-쟁이'로 바뀌었다는 점도 간과할 수 없을 것이다.

제12항은 위에서도 언급하였지만 '윗-, 위-'의 처리에서 위, 아래 대립이 없는 것은 '웃-'으로 하였기 때문에 비슷한 뜻의 어휘도 문제가 된다. 가령 '웃옷', '윗옷'의 경우 '웃옷'은 '겉옷'의 뜻으로, '윗옷'은 '상의'(上衣)의 뜻으로 볼 수 있지만 이에 대한 언급이 없다.8) '웃분-아랫분'의 경우도 규정대로 '웃분'으로 하게 되지만 현실음은 '윗분'이 많은 실정이다.

제14항~제16항은 본말과 준말의 인정 여부를 다루고 있는데 여기에서도 '원말'과 '변한 말'에 대한 명확한 설명이 없다. 대부분의 사전에서는 '원말'을 표준어로 보지 않는 편인데 앞으로 원말 허용의 범위를 명시할 필요가 있다. 가령 '자도'의 변한 말인 '자두'는 표준어로 인정되지만 '호도'의 변한 말 '호두'에 대해서는 언급이 없다.9) 준말의 용언 활용 시 모음 어미가 연결될 때에는 준말의 활용형을 인정하지 않는다고 한 부분도 매우 까다롭다. 가령 '가지다 → 갓다', '머무르다 → 머물다'를 준말의 복수 표준어로 하면서 '갓다', '머물다'의 활용형 모음 어미가 오는 경우(*갓어, *머물어)는 불허하고 있다.

제17항은 단수 표준어를 다루고 있고, 제18항~제19항은 복수 표준어를 다루고 있다. 문제가 되는 것은 '귀고리-귀엣고리'에서 '귀고리'를 표준어(제17항)로 인정하였는데 '귀걸이'에 대한 언급은 없다.10) 복수 표준어에서도 제2장 발음 변화의 예인 제18항과 제3장 어휘 선택 변화의 예인 제26항의 차이가 불분명한 경우도 있다. 가령 제26항에 나오는 '가뭄-가물', '기엾다 기엽다', '넝쿨 덩굴',

---

8) 국립국어연구원의 『표준국어대사전』(1999)에서는 이들을 구분하여 표제어를 등재하였다.
9) 국립국어연구원의 『표준국어대사전』(1999)에서는 이들을 구분하여 표제어로 등재하였다.
10) 국립국어연구원의 『표준국어대사전』(1999)에서는 이들을 '동의어'로 처리하였다.

'들락거리다-들랑거리다', '~뜨리다-~트리다', '서럽다-섧다', '~세요-~셔요' 등은 화자에 따라 발음 변화의 예로 볼 수도 있다.

어휘 선택의 변화와 관련해서도 제21항은 고유어 계열의 단어를 표준어로 삼은 조항이다. 여기에서 '지겟다리-목발'의 경우 '지겟다리'를 표준어로 하였는데 '목발'도 환자용의 경우는 쓰이고 있으므로 비고란에 이에 대한 언급이 필요하다.

제25항은 단수 표준어 조항이다. '-롭다', '-스럽다'에서 '-롭다'는 선행 어근 말음이 모음으로 끝난 경우로서 '슬기롭다', '지혜롭다', '번거롭다'처럼 해당 어근 의미의 '속성이 충만하다'의 뜻이다. '-스럽다'는 선행 어근 말음이 자음이든 모음이든 무관한데 '어른스럽다', '의심스럽다'처럼 해당 어근의 '속성에 가깝다'의 뜻이다. 따라서 '자유롭다'는 완전히 자유로운 상태에 있는 뜻이지만 '자유스럽다'는 '자유롭다'보다는 약간 미흡한 상태의 자유를 뜻한다고 볼 수 있다. 그런데 국어사전에서는 '자유롭다-자유스럽다'는 이렇게 구별하였으나 '평화롭다-평화스럽다'는 동의어(=) 표시를 하였고[11] 제25항에서는 '신기롭다-신기스럽다'를 예시하고 '신기롭다'만을 표준어로 인정하여 일관성이 없다. '언뜻-펀뜻'의 경우도 '언뜻'만을 표준어로 하였는데 '펀뜻'(갑자기 또는 잠깐 나타나는 꼴)도 일부 국어사전(한글학회 사전)에서는 표제어로 올렸다.

제26항은 복수 표준어 조항이다. '서럽다-섧다'를 복수 표준어에 넣었으나 '섧다'는 그 활용형이 거의 안 쓰이므로 단수 표준어로 처리하면 좋을 것이다. 또 '연달다-잇달다'를 복수 표준어로 처리하였는데 '잇따르다'(뒤따르다의 의미)도 함께 복수 표준어로 볼 수 있다. '멀찌감치-멀찌가니-멀찍이'로 했으면 '일찌감치-일찌거니'에도 '일찍이'를 추가해야 형평이 맞다. '옥수수-강냉이'도 제23항으로 옮겨 방언 복수 표준어로 넣어 처리하는 것이 나을 것이다. '추어올리다-추어주다'는 복수 표준어로 인정했는데 많이 쓰이는 '추켜올리다'는 비표준어로 처리한 점은 현실성이 없다.

이 밖에 이형태나 변종 어형이 없는 경우는 별로 문제가 되지 않는다. 여러 변종이 존재하는 것에 대해서만 표준 어형을 제시하면 될 것이다. 그러나 문제가

---

11) 표준어 모음(1990)에서는 이들을 '복수 표준어'로 처리하였다.

되는 말이면서도 들어 있지 않는 경우도 있고 제시한 어형 중에서도 문제가 있는 것들도 많다. 가령, '곰살궂다-곰살맞다', '복사뼈-복숭아뼈', '섬뜩하다-섬찟하다', '엉큼하다-응큼하다', '떨어뜨리다-떨구다', '굽실거리다-굽신거리다', '으스대다-으시대다' 등도 어느 한쪽만 표준어인지 둘 다 표준어인지 이에 대한 언급이 없다. 현실 언어보다도 현저히 사용 빈도가 낮은 경우도 있다. 가령 '오순도순-오손도손', '만날-맨날', '야멸치다-야멸차다', '맨송맨송-맹숭맹숭', '바동바동-바둥바둥', '이키-이크' 등은 규범어가 거의 사용되지 않고 있다.12)

3.1.2. 표준 발음법의 문제

현행 표준어 규정에서는 전에 없었던 '표준 발음법'을 제2부로 제시하였다. 이는 표준어라는 개념이 어휘뿐만 아니라 음운 차원에서의 바른 발음도 요구하는 개념임을 뜻한다. 이 중에서 논란의 여지가 있는 일부 조항을 살펴보면 다음과 같다.

제5항은 모음 발음에 관한 조항이다. 다만, 2에서 "'예, 례' 이외의 'ㅖ'는 [ㅔ]로 발음한다."라고 했는데 '례'는 '사례[사례/사레]', '관례[괄례/괄레]'의 경우처럼 [ㅔ]로 발음하는 경우가 있으므로 삭제하는 것이 좋을 듯하다.

제15항은 받침의 발음에 관한 조항이다. '맛있다', '멋있다'는 [마딛따/마싣따], [머딛따/머싣따]처럼 두 발음을 허용한다고 했는데 같은 구조의 '뜻있다'의 언급은 없다. 이것도 [뜨딛따/뜨싣따]로 하는 것이 좋을 듯하다.

아울러 '꽃', '밭'과 같은 어휘의 발음도 뒤에 모음으로 시작되는 조사가 왔을 때에 'ㅊ, ㅌ'으로 발음하라고 되어 있지만 'ㅅ'으로 발음하는 경우가 상당히 많다. '닭', '흙'과 같은 말도 모음으로 시작하는 조사가 왔을 때에 'ㄹ'과 'ㄱ'을 다 발음하게 되어 있지만 'ㄱ'만 발음하는 것이 보통이다. 특히 '밟다'의 경우 자음 앞에서 [밥]으로 발음하도록 되어 있는데 현실적으로 [발꼬], [발찌]로 발음하는 사람이 상당히 많다.

---

12) 안상순(2004), 「표준어, 어떻게 할 것인가」, 새국어생활 제14권 제1호.

제20항은 소리의 동화에 관한 조항이다. 그런데 'ㄴ'과 'ㄹ'이 왔을 때에 'ㄹㄹ'이 되는지 'ㄴㄴ'이 되는지에 대한 설명이 없고 개별적인 어휘의 발음 문제만을 다루고 있다. 그런데 현실음을 보면 '신라'는 [실라]로, '선릉'은 [선능]이라고 하는 사람이 훨씬 많다. 일일이 개별 어휘를 기억해야 하는 부담이 너무나 많다.

제22항은 용언의 어미 '-어'를 [-어/-여]의 두 가지로 발음하는 경우를 '되어[되어/되여]', '피어[피어/피여]'의 두 가지로 제시했는데 같은 구조의 '기어', '개어', '띄어', '틔어', '쐬어'도 [-여]로 발음되는데 이에 대해서는 언급이 없다.

제6장은 된소리되기인데 도대체 무슨 근거로 예사소리와 된소리로 구별하였는지 그 설명이 불분명하다. 가령 [효과]인지 [효꽈]인지, [사건]인지 [사껀]인지 아무런 설명이 없다. 물론 이들을 어떤 규칙으로 설명하기는 쉽지 않을 것이다. 그렇다면, 언중을 대상으로 한 발음 실태 조사 결과가 뒷받침되어야 할 것이다.

표준 발음법과 관련하여 더 문제가 되는 것은 외래어에 대한 발음이다. 아예 외래어 발음에 대하여는 언급이 없는데 외래어도 분명히 우리말의 범주에 들어 있다. 당연히 이에 대한 언급이 있어야 한다. 가령 '서비스'를 [서비스], [서비쓰], [써비스], [써비쓰] 중 어느 것으로 발음해야 하는지 명쾌한 설명이 있어야 할 것이다.

3.1.3. 표준어 모음의 문제

표준어 모음은 표준어 규정을 발표한 뒤, 1990년에 국어연구소가 한글학회의 『새한글사전』(1965/1986)과 민중서관의 『국어대사전』(1982) 간에 상이(相異)한 표제어 중 1,400여 개에 대해 추가 사정한 표준어 자료집이다. 이 가운데 문제점이 있다고 생각한 것만 골라 보면 다음과 같다.

우선 '일러두기'에 '발짓-발질'을 보면 두 단어가 유사하지만 뜻이 다르다는 것으로 설명하고 관련 규정으로 제26항을 본다고 하였다. 그런데 제26항은 복수 표준어 규정으로 "한 가지 의미를 나타내는 형태 몇 가지가 널리 쓰이며 표준어 규정에 맞으면 그 모두를 표준어로 삼는다."라고 밝히고 있어 복수 표준어의 개념에 혼란을 주고 있다. 더욱이 국어연구소에서 밝힌 '표준어 모음의 심의 경위와 해설'을 보면 "복수 표준어와 단수 표준어라는 용어는 편의상 붙인 용어라는 점에 주의해야 한다. 즉, 복수 표준어라고 하여 그 의미가 완전히 같은 단어들을 지칭하는 것이 아니며 단수 표준어라고 하여 해당 의미가 있는 말로서 그 단어만을 인정한다는 것이 아니다."라고 하여 제26항에서 밝힌 규정의 설명을 완전히 뒤집고 헷갈리게 하고 있다.

이런 예들은 표준어 모음에서 수없이 나온다. 가령 '활찐-활짝', '가려잡다-골라잡다', '소용없다-쓸데없다', '안개비-가랑비', '기장-길이', '늦장-늑장', '단걸음에-단숨에' 등처럼 문맥 분포에 따라 다소 의미가 다른 경우까지 복수 표준어로 보고 있다. 특히 '도토리나무-떡갈나무', '두견새-소쩍새', '주꾸미-꼴뚜기'처럼 생물학적으로 별개인 사물까지 복수 표준어로 처리하고 있다.

그러면서 '표준어 규정'의 복수 표준어 개념과 같은 유형도 포함하고 있다. 가령 '검정콩-검은콩', '소낙비-소나기', '각시-새색시', '귓속말-귀엣말', '멧돼지-산돼지', '크낙새-골락새', '호랑나비-범나비', '시골말-사투리', '제비꽃-오랑캐꽃', '껌벅거리다-끔벅거리다', '평화스럽다-평화롭다' 등이 있다. 따라서 이것은 '표준어 모음'에서 '표준어 규정'을 뒤집을 수 없으므로 '표준어 모음'을 고치는 것이 좋을 것이다.[13]

4. 표준어 정책의 방향

최근에 제기되고 있는 표준어에 대한 반성 움직임은 그간의 경직된 표준어 개념에서 비롯된 것이라고 할 수 있다. 언어 실상을 제대로 반영하지 못한 우리 정부의 표준어 정책과 표준어 사정 결과는 국민에게 표준어 자체에 대한 부정적인 시각을 낳게 하였다. 그러나 표준어는 분명히 필요한 것이며 부인하고 싶어도 부인할 수 없을 것이다. 만약 표준어가 없다면 공문서, 법률 문장, 교과서, 신문, 방송, 출판물 등이 큰 혼란을 빚을 것이다. 표준어가 있기 때문에 국민 전체를

---

13) 최용기(2003), 『남북한 국어 정책 변천사 연구』(p.61~p.67), 참조.

대상으로 한 제반 언어활동이 원활하게 이루어질 수 있었던 것이다. 지난 수십 년간 표준어를 통해 이런 활동이 행해져 왔다.

4.1. 표준어의 정의

표준어의 정의에서 '서울말'을 아예 빼자는 주장이 나오고 있다.[14] '서울말'을 명시하지 않고 '가장 널리 통용되는 말, 즉 공통어' 정도로 바꾸더라도 결국 서울말과 별로 다르지 않을 것이라고 한다. 그러나 '서울말'을 표준어의 정의에서 빼는 것은 여러 가지 문제를 낳을 수 있다. 서울말을 명시하지 않을 경우 억양이나 어형을 어떤 지역어로 할 것인지 모호해 질 수 있을 것이다. 그러므로 표준어의 정의에서 '서울말'을 제외하는 것은 바람직하지 않을 것이다. 서울말은 역사적으로 이미 몇 백 년 전부터 한국어의 표준어 역할을 해왔고 현재도 가장 많은 인구가 서울말을 쓰고 있기 때문이다. 현대 서울말은 한국어의 표준어로 정착되었다고 할 수 있다. 만약 '서울말'을 표준어로 할 수 없다면 적어도 '공통어'에 대한 정의라도 설정하여 이를 표준어로 삼아야 언어생활의 혼란을 줄일 수 있을 것이다.

4.2. 표준어 사정의 방법

표준어의 원론적인 개념은 일부의 반발이 있지만 그래도 어느 정도 타당성이 있다고 생각한다. 그래서 상당히 공헌을 했다고 보지만 개별적인 단어 사정은 잘못된 경우가 적지 않음을 앞에서 지적하였다. 언어 현실을 반영하지 못한 표준어 사정이 이루어진 것은 언어 사용의 실태 조사가 충분히 이루어지지 못했기 때문이다. 이것은 표준어와 비표준어가 함부로 결정된 사례가 적지 않았음을 의미한다. 가령 한 예로 '이쁘다'는 '예쁘다'의 비표준어로 '조선어 표준말 모음'에

---

14) 이상규(2003), '공통어를 기반으로 한 표준어로 어문 규정의 전환을 위한 정책 제안서' 참조.

오른 이래 지금까지 비표준어로 처리되어 왔다. 그런데 현실 언어는 '이쁘다'를 더 많이 쓰고 있다. 의미 차이나 어감의 차이가 있다면 당연히 별개의 단어이고 그렇지 않다면 왜 '이쁘다'를 비표준어로 처리하였는지 충분한 설명이 있어야 할 것이다. 대다수의 국민이 일상생활에서 쓰고 있는 말이 비표준어로 처리되어서는 안 될 것이다.

4.2.1. 표준어 사정의 방법 개선

그동안 우리 정부의 표준어 정책은 모든 말을 표준어와 비표준어로 나누는 것이 거의 전부였다. 일부 국어학자가 언어 실태 조사나 지역어 실태 조사를 한 경우가 있었지만 이는 학술 연구의 목적 때문이었지 표준어 사정을 위한 것이 아니었다. 그런데 무엇을 근거로 표준어와 비표준어를 가르는지 그 기준이 모호하기만 하다. 별로 뚜렷한 근거도 없이 잘 쓰이는 말을 표준어와 비표준어 중의 어느 하나로 결정한 것이다. 표준어는 규범어로, 비표준어는 비규범어로 보고 있을 뿐만 아니라 표준어는 맞는 말, 비표준어는 틀린 말로까지 보고 있다. 실제로 '표준국어대사전'에서는 비표준어를 표준어의 '잘못'이라고 표현하고 있다. 예를 들어 '야멸차다'를 국어사전에서 찾으면 '야멸치다'의 잘못이라고 되어 있다.

그러나 인터넷의 포털사이트에서 검색해 보면 '야멸차다'의 사용 예가 '야멸치다'보다 더 많다는 것을 알 수 있다. 말뭉치(코퍼스)에서도 마찬가지 현상이 나타난다. 많은 사람이 두루 쓰고 있는 말이 잘못된 말, 틀린 말인 셈이다. 이것은 '교양 있는 사람들이 두루 쓰는 말'이 표준어라는 표준어의 정의와도 모순된다. 그렇다면, 표준어와 비표준어의 이분법에서 벗어나야 한다.

이제는 같은 뜻의 단어가 발음상의 차이 때문에 여러 변종으로 쓰여서 극심한 혼란을 보이지는 않고 있다고 생각한다. 그래서 1930년대 방식으로 표준어를 사정해서는 안 될 것이다. 발음 때문에 다양한 변종이 있다면 몰라도 현대어는 그렇지 않기 때문에 관대하게 처리하는 것이 좋을 것이다. 구체적으로 개별 표준어

사정을 하지 않는 것이 좋을 것이다. 표준어 사정이라고 할 때의 표준어는 서울말 전체를 가리키는 것이 아니고 문제되는 개별 단어를 가리킨다. 이때의 표준어 사정은 표준어인지 아닌지를 가려내는 것이다.

그런데 이제는 그렇게 할 것이 아니라 둘 이상의 변종 어휘가 존재하는 경우에 대하여 각각의 어휘 중에서 어느 것이 얼마나 더 많이 쓰이는지를 조사하여 그 결과를 보이는 것이 더 우선 되어야 할 것이다. 가령 '만날'과 '맨날'의 경우 각각의 어형이 어느 정도 세력으로 쓰이는지를 조사하여 그 결과를 보이는 것이다. 그런 다음에 표준어 사전에 하나만 올릴 것인지 둘 다 올릴 것인지 사전 편찬의 목적에 따라 사전 편찬자가 정하면 될 것이다.

말은 언중이 필요에 따라 만들어 가고 어형을 바꿀 필요가 있으면 바꾸어 나갈 것이다. 심의위원 몇 명이 사정한 결과를 언중에게 따라 쓰라고 하는 것은 무리한 요구일 것이다. 그 대신에 국민의 언어 사용 실태를 주기적으로 조사해서 결과를 공개하는 일이 필요하다고 생각한다. 그 결과를 사전 편찬자나 교과서 집필자가 이용하면 될 것이다. 과거에는 국민의 언어 사용 실태를 파악하기가 쉽지 않았다. 그러나 요즈음은 여기저기서 구축해 놓은 말뭉치(코퍼스) 자료를 이용할 수도 있을 것이고 인터넷에 오른 자료를 검색해서 그 실태를 살펴볼 수도 있을 것이다. 어쨌든 과거의 방식인 표준어 사정은 개선되어야 할 것이다.

특히 최근에는 말뭉치(코퍼스) 자료를 이용한 어휘 검색이 매우 활발하게 진행되고 있다. 영국의 몇몇 사전 편찬업체는 3억~5억 어절까지 말뭉치(코퍼스)를 구축하였다고 하며 우리나라도 약 1억 어절의 말뭉치가 구축되었다고 한다. 이런 말뭉치 자료를 이용하면 별도의 어휘 실태 조사를 하지 않아도 사용 빈도를 알 수 있을 것이다.

표준어 사정도 그동안 국어학자 중심으로 운영하던 방식을 바꿔 국어학자뿐 아니라 문인, 언론인, 출판인 등이 주도적으로 참여하되 영역별로 전문가를 중심으로 자문 위원회를 두어야 할 것이다. 일차적인 자료는 언어 실태 조사 자료가 될 것이지만 문법적 타당성이나 지역어 반영 여부도 충분히 검토되어야 할 것이다.

4.2.2. 표준어 사정 원칙의 수정

현행 표준어 규정은 1988년에 고시되어 각종 교과서와 국어사전의 표제어 결정을 위해 사용되었고, 각종 교과서와 사전 편찬에 사용됨으로써 그 소임을 거의 다 했으므로 이제는 더 표준어 사정 원칙을 강요할 까닭이 없다. 표준어인지 아닌지의 확인 여부는 국어사전을 찾아보면 될 것이다. 그리고 제3항부터 제26항 중에서 언어 현실과 달라서 개별적으로 재사정해야 할 것들은 재사정해야 할 것이다. 가령 '으시대다'나 '부시시하다'가 '으스대다'나 '부스스하다'의 비표준어로 처리된 것은 재검토되어야 할 것이다.

오히려 지금은 날마다 언론에 보도되는 신어나 신조어의 사정 기준이 필요하다. 현재 신어나 신조어는 표준어 사정의 원칙에 막혀 심의 대상에도 들어가지 못하고 있는 실정이다. 신어나 신조어는 현대 사회가 변화하여 이전에 없었던 사물이나 개념이 생겨나면서 그에 대응하여 새로이 만들어진 말들이다. 따라서 이들 상당수는 표준어로 인정해 주어 원활하게 언어생활을 할 수 있도록 해야 할 것이다. 그것이 되도록 복수 표준어를 인정한 '표준어 모음'의 기본 태도와도 맞을 것이다. 아울러 지금은 방언형으로 처리된 말들을 광범위하게 수집하여 이들도 가능한 표준어로 인정하는 태도가 필요하다. 가령 '내음'과 '나래'와 같은 말을 '냄새'와 '날개'의 방언형으로 처리한 것은 재검토되어야 할 것이다.

그 밖에 국어 순화 차원에서 다듬은 말들도 사정을 하여 표준어로 인정해야 할 것이다. 외국어를 받아들여 '외래어'로 인정하는 태도보다는 우리말로 바꾸려는 노력이 훨씬 더 돋보이며 우리말의 정체성을 살리는 길이 될 것이다.

4.2.3. 구어(입말)에 대한 표준어 원칙 제시

구어(입말)와 문어(글말)는 여러 가지 점에서 차이가 있다. 그런데 현재의 표준어 규정은 그러한 차이가 나타나 있지 않다. 가령 접속 어미 '-구'는 구어에서 '-고'보다 압도적으로 널리 쓰이지만 국어사전에는 비표준어 어미로 되어 있다. 그렇다면 '-구'라고 말하는 사람은 비표준어로 말하고 있는 셈이다. 그러나

'-구'를 단순히 '-고'의 비표준어로 처리하는 것은 구어와 문어의 표준어 차이를 고려하지 않은 것이다. 대부분의 문어에서는 접속 어미로 '-구'를 쓰는 일이 없고 누구나 '-고'를 쓰지만 자연스러운 대화를 하면서는 '-구'를 쓰는 것이 일반적이다. 그렇다면, 구어에서 '-고'만 쓰라고 강요할 수는 없을 것이다.

그뿐 아니라 대명사 '네'도 구어에서는 '니'가 훨씬 더 많이 쓰이고 있다. 말을 할 때도 글을 쓸 때처럼 하라고 할 수는 없을 것이다. 구어와 문어의 차이 나는 부분을 가려내어 구어에서는 구어답게 말할 수 있도록 구어의 표준어 원칙을 제시해 주어야 할 것이다.

물론 문어(글말)의 표준어도 글을 쓰는 작가나 국어사전 편찬자에게는 매우 소중한 것임은 두말할 나위가 없다. 그러나 일반 언중들의 언어생활은 글을 쓰는 일보다는 주로 대화를 통해서 언어생활을 영위하기 때문에 구어(입말)에 대한 표준어가 더 시급한 것이다. 표준 발음법이 있지만 이것도 문어의 어휘에 대한 표준을 제시한 것이지 구어에 대한 표준을 제시한 것은 아니기 때문이다.

5. 다원화(多元化) 시대의 지역어(방언) 정책

5.1. 지역의 언어

'지역(地域)'은 국어사전에서 찾아보면 '일정하게 구획된 어느 범위의 토지', '전체 사회를 어떤 특징으로 나눈 일정한 공간 영역'이라는 뜻을 갖는다. 그러므로 지역의 언어라고 하면 '어떤 특징으로 나눈 일정한 공간 영역에서 사용하는 언어'를 말하는 것이다. 우리나라는 행정을 중심으로 지역을 분할하고 있기 때문에 남쪽의 경우는 서울, 경기, 충청, 전라, 경상, 강원, 제주 지역으로 나뉜다.

그런데 이처럼 국어사전의 뜻과는 다르게 '지역'이라는 말을 일부에서는 '중앙'과 대립되는 개념으로 다루는 경우가 있다. 따라서 '지역 발전이 소외되고 있다.'는 표현에서와 같이 중앙과 대립된 지방을 두고 일컫는 경우도 있다. 방언을 '지역어'라고 부를 때도 역시 원래의 개념에서 벗어난 채, '지방의 말'로 잘못 생각하는 경우가 많다. '지방(地方)'의 뜻에 '서울 이외의 지역'이라는 뜻이 있기 때문에 '지역'과 '지방'의 뜻을 뒤섞어 쓰면서 생긴 결과라고 할 수 있다.

지역의 언어라고 할 때, 그 개념 안에는 한국어로서 가지는 보편적인 음운 현상, 통사 현상, 화용 현상, 문체, 어휘, 억양, 리듬, 음의 고저와 장단, 속담, 관용 표현 등이 포함되는 것은 물론, 지역의 고유한 방언적인 특징들이 첨가된다.

태어난 고향에서 사용하는 말은 일상적 언어이다. 일상어는 지역에서 자연스럽게 습득한 고유어, 한자어, 민속어, 방언, 개인어, 유행어, 비속어, 속담, 관용 표현과 같이 일상생활에서 마음 놓고 사용하는 언어를 말한다. 일상어는 입말이며 어린이부터 노인까지 사용하는 언어이다. 언어 사용이 매우 자연스러워 비어나 속어, 관용 표현 등이 자연스럽게 구사된다. 설화, 민요와 같은 구비 문학에서 많이 사용한다.

유치원이나 초등학교에 다니면서 한글을 배울 때 공식적인 언어를 배우기 시작한다. 따라서 말은 일상어를 쓰고 글은 표준어를 쓰는 이중적인 언어생활을 하게 된다. 이때부터 평소 쓰던 일상어와 다른 독특한 표준어를 배운다. 할아버지가 쓰는 '핵교, 퇴끼'와는 다른 '학교, 토끼'를 배우면서 일상어와 표준어가 다르다는 것을 배우고, 말과는 다른 표준어를 일일이 배워야 하기 때문에 국어가 어렵다는 생각을 갖는다.

우리나라의 정치 형태는 여전히 중앙 집권적이어서 초등학교에서부터 말을 가르칠 때에 표준어만을 강조하고 있다. 표준어는 정치적으로 한 나라를 통치하기 위해서 인위적으로 만든 말이다. 우리는 이 표준어에만 너무 신경을 쓴 나머지 자연적으로 만들어진 지역어(방언)의 중요성을 잊고 있다.

고등학교나 대학교를 졸업하고 사회에 나가게 되면서 대체로 고향을 벗어나게 된다. 서울에 가서 사는 사람들은 고향말을 버리고 서울말에 익숙해지려고 노력한다. 사람들이 낯설게 생각하고 스스로도 창피하게 생각하기 때문이다. 서울말을 배우려고 노력하면서 고향의 말에 대한 관심은 거의 사라진다. 그러나 고향에서 배운 방언을 끝까지 버리지는 못한다.

나이가 들어서 정년을 맞이할 무렵이면 고향 생각이 간절한데 그 무렵에는 그간 사용하기를 꺼려하던 고향말을 다시 쓰고 싶어 한다. 일단 제도에서 벗어나 자유인이 되었기 때문에 굳이 규범에 얽매이지 않아도 되므로 그간 나를 집요하게 억눌러왔던, 배우기 어려운 표준어보다는 어려서부터 배워 일상생활에서 많이 썼던 고향의 언어로 다시 돌아가기 시작한다.

방언이 사라지면 우리는 고통을 당하게 된다. 그것은 어떤 사물이나 대상을 표현할 때 어려서부터 써오던 말이 없어져서 정확한 의미를 가진 어휘로 표현할 수가 없기 때문이다. 예를 들면 '폭폭허다'는 말을 '답답하다'로 바꾸면 의미가 달라지는 것이다.

언어는 사람이 사용하는 사회적, 문화적 수단이다. 언어에는 규범적인 언어와 자연적인 언어가 함께 공존한다. 따라서 우리는 두 언어를 배우고 익혀 사회생활이나 일상생활에 불편함이 없어야 한다.

정보와 문화의 시대를 맞이하여 지역의 문화가 부각되면서 지역의 언어를 문화로 보는 인식이 확산되었다. 따라서 영화, 연극, 소설, 드라마, 간판 등에서 방언을 사용하는 횟수가 급격히 늘어났다. 이러한 현상은 문화의 다양성을 인정하여 미래의 한국의 문화를 발전시키는 데 매우 바람직한 기능을 하게 될 것이다.

5.2. 지역어(방언)의 중요성

가. 지역어(방언)는 우리의 정서를 반영하는 자연스러우며 살아 있는 언어이다.

우리는 지역어(방언)를 사용하면서 정서적 안정감을 얻고 가족과 지역민들이 동질감을 갖고 이를 통해 강한 연대감으로 결속하는 장점이 있다. 이는 지역의 정체성을 확립하게 하여 지역 발전에 원동력이 된다.

국어사전이 보여주는 올림말의 뜻풀이는 물리적, 현상적 의미에만 치중하여 지역민들의 사고를 경직시킨다. 다양한 경험과 체험에서 나오는 문화적, 정서적, 표현적 의미가 배제되기 때문에 지역어(방언)가 포함된 국어사전을 만들어야 한다.

'다슬기'는 지역에 따라 부르는 말이 다르다. 경남에서는 '고동, 고등, 고딩이'라 부르고, 경북과 강원에서는 '골뱅이'라 부른다. 충청 지역에서는 '올갱이, 올강, 올뱅이'라 부르고 '베틀올갱이, 베틀올강'이라고도 부른다. 강원도와 경기도에서는 '달팽이'라 부른다. 전북과 전남 지역에서는 '다슬이, 대사리, 대수리, 다실개'라 부른다. 전북을 중심으로 한 인접 지역에서 '물고동'이라고도 하고, 전남에서는 '갯고동, 갯다사리, 갯물고동, 갯비트리, 비트리'라고 부른다. 제주에서는 '가메기보말, 민물보말'로 부른다.

'고등, 골뱅이'는 주로 바다에 서식하는 연체동물을 말한다. '다슬기'를 '고등, 골뱅이'라 부르는 지역은 바다와 인접해 있다. '달팽이'는 주로 논과 밭이나 풀숲에서 사는데 내륙에서 주로 쓰는 말이다. '다슬이, 대수리'를 쓰는 지역은 하천이나 연못이 많은 지역이다. '물고동'은 바다에 사는 '고등'에 비해 민물에 사는 '민물고동'을 일컫는 지역어(방언)이다.

지역에 따라 생활하는 방식이 다르고 그 문화에 따라 연체동물의 이름이 섬세하게 달라짐을 알 수 있다. 우리는 이제 이름에 따른 문화를 존중해야 할 때다. 따라서 하나만 취하고 나머지를 버릴 것이 아니라, 모두를 이해하고 그 문화를 알려고 노력해야 한다.

나. 지역어(방언)는 현장성, 직접성, 구체성을 갖는 언어이다.

지역어(방언)는 말이 중심이 되는 언어이다. 반면에 표준어는 글이 중심이 되는 언어이다. 따라서 구어체는 구체적인 현장에서 사용하기 때문에 생활과 밀접히 관련된 언어이다. 따라서 한자어보다는 우리 민족의 특성을 잘 나타내는 고유어를 훨씬 많이 사용한다.

'추수(秋收)'의 의미를 갖는 고유어는 '가을'이다. '가을걷이'를 줄여서 '가을'이라고 하고, '가을걷이하다'는 줄여서 '가을하다'로 말한다. '가을'의 중세국어 형태는 'ᄀᆞ술'이다. 그래서 지역어(방언)에서는 '가실하다'를 많이 쓰고 있다.

'가을하다'는 '가을일하다, 가을걷이하다, 가을거두다, 가을걷어들이다, 가을추수하다' 등으로도 쓰는데, 이때 '가을'은 지역에 따라 '가실, 갈'로도 쓰고 있다. '가을하다'는 경기도를 비롯하여 전국적으로 쓰고 있고, 준말로 '갈하다'를 사용

한다. '가실하다'는 충청 이남에서 많이 쓰고, 제주도에서는 'ᄀ실하다'를 쓴다. 북쪽도 거의 비슷하게 사용하고 있다.

우리말인 '가을일'은 '가을에 곡식을 거두어들이는 일'이고, '가을일하다'는 동사가 된다. '가을걷이'는 '가을에 곡식을 거두어들임'이라는 뜻이다. '가을'은 '익은 곡식'을 의미하기 때문에 '가을을 걷다.'는 표현에서 '가을걷이'가 나온 것이다. 방언에서는 한자어인 '추수하다'는 많이 쓰지 않고 우리말인 '가을일하다, 가을걷이하다, 가을하다'를 많이 쓰고 있다.

다. 지역어(방언)는 지역성, 지방성을 나타내는 언어이므로 매우 다양하다.
지역의 말은 그 지역의 전통과 역사, 삶의 모습인 다양한 문화가 담겨 있다.

전라도 말에 '애를 달갠다'는 말이 있다. '달개다'의 중세 국어형은 '달애다'인데, 여기서 '애'의 고어형은 '개'이기 때문에 지금까지도 이 지역어(방언)에서는 중세 이전의 어형을 유지하고 있는 셈이다.

'씀바귀'라는 식물이 있다. 이것은 전북 방언에서는 '싸랑부리, 싸난부리'라고 말하는데 알고 보면 '부리'는 중세국어의 '불휘'를 발음한 것이다.

전북 방언에서는 '만들다'를 '맹글다, 맨들다'라고 말한다. '맹글다'는 중세 국어에서 쓰던 '밍ᄀᆞᆯ다'라는 말이 지금까지 어른들에게서 사용되는 것이다. '밍ᄀᆞᆯ다'는 '새로 스믈여듧 字를 밍ᄀᆞ노니'에서처럼 훈민정음에 나오는 말이다.

"어렸을 때부텀 자기 물건을 맹글어 쓰는 습관을 길러야지, 맨날 남이 맨든 물건만 쓰먼 발전허들 못허는 거여."

전북 방언의 '남새'는 '채소(菜蔬)'와 '나물 반찬'을 일컫는 말로서 표준어이자 방언이다. 이 '남새'란 말은 16세기 국어에서도 사용되었는데 그때는 'ᄂᆞᄆᆞ새'라고 쓰였다. 'ᄂᆞ물ㅎ + 새'로 이루어진 복합어가 줄어서 '남새'가 된 것이다. 이때 쓰이는 '새'는 '풀'을 의미하는 '茅(띠 모)'자의 우리말이었다. 그러니까 우리말인 '나물'과 우리말인 '새'가 연결되어 '남새'가 된 것이다.

전북 방언에서는 나무를 '낭구'라고 하는 분들이 많다. 이때 쓰는 '낭구'는 중세 국어에서 쓰던 '남ㄱ'을 그대로 발음하고 있는 것이다. 따라서 방언이면서 역사적인 잔존형인 셈이다. 나무를 심을 때 '심다'는 표현도 '심군다'고 하는 분들이 있는

데 이때 '심그다'도 역시 중세국어의 잔존 형태가 그대로 남아 있는 셈이다.

이처럼 지역어(방언)는 우리에게 오래 전의 역사를 보여주기 때문에 유형의 문화재처럼 아주 소중히, 아주 면밀히 다루어야 하는 것이다. 오늘 우리가 쓰고 있는 말은 현대에 생성된 말도 있지만, 역사성을 이어가는 먼 과거로부터 오늘에 이른 말이 대부분이기 때문이다.

라. 지역어(방언)는 표준어의 모태이고, 어휘의 다양성을 확보해 준다.

지역어(방언)는 한국어 어휘의 보물 창고이다. 아름다운 우리말을 찾아 골라 쓰는 지혜가 필요한 시대이다. 유형의 문화재를 보존하고 새롭게 가꾸는 것처럼, 해당 지역어가 갖는 정밀한 의미와 쓰임을 바탕으로 작성하는 지역의 방언사전을 시급히 구축하여야 한다.

방언사전을 바탕으로 표준어를 선정하고 국어사전을 작성하여야만 '서울말'로 정하는 일방적인 표준어가 아니라 '한국어'를 대표하는 공통어적인 표준어를 확립할 수 있는 것이다.

표준어인 '부추'는 경기도와 강원도 지역에서는 '부추, 분추'라 부른다.

부추는 지역에 따라 부르는 이름이 분명하게 다르다. 전라남북도에서는 '솔'이라 부르는데 '솔'로 '전'을 부쳐서 간식으로 먹는다. 충남에서는 '졸'이라 부른다. 경북을 중심으로 '정구지'라 부른다. 경남을 중심으로는 '정구지'라고도 하고, '소풀, 소불'이라고도 한다. 이 지역에서는 '정구지, 소풀'로 '찌짐(부침개)'을 해서 먹는다. 제주도에서는 '세우리, 쉐우리'라 불러 아주 독특한 이름을 갖고 있다.

북쪽에서도 다양한 이름으로 불리는데 평안도에서는 주로 '푸초'로 부르고, 함경도에서는 '불기, 섯쿠레, 염주, 염지'로 부른다. '솔'과 '정구지'도 쓰고 있다. 중국에 거주하는 해외 동포들도 조상들의 출신지에 따라서 '부추, 솔, 염지, 정구지, 졸파, 푸초, 서쿨레이' 등 아주 다양하게 사용하고 있다. 지역의 문화에 따라서 '부추'의 이름이 매우 다양하게 존재하는 것을 알 수 있다.

5.3. 문화체육관광부와 국립국어원의 지역어(방언) 정책

국어 정책의 수립과 집행, 조사, 연구 사업 등이 지난 2004년 11월에 국립국어원으로 이관되었고 국어 기본법이 2005년이 발표됨으로써, 국어 정책은 일대 전환기를 맞고 있다. 이에 따라 국립국어원은 국어 발전 기본 계획을 2007년 3월에 발표를 하였고 표준어 정책과 지역어(방언) 정책도 변화를 모색하고 있다. 문화체육관광부와 국립국어원에서 시행하는 표준어 정책과 지역어(방언) 정책은 다음과 같다.

첫째, 토착 지역어 조사 사업을 진행하고 있다. 이는 남북한을 아울러 지역어를 조사하는 사업으로 질문지를 이용하여 어휘 항목을 공통으로 조사하고 있다. 그러나 이 사업은 '어휘, 음운, 문법'에 치중되어 기존의 방언학 연구에서 크게 벗어나지 못하고 있다. 토착 지역어의 문화적인 측면을 함께 조사하는 대규모 사업이 진행되어야 한다.

둘째, 한국 지역어(방언) 검색 프로그램 구축 사업을 진행하고 있다. 이는 기존에 구축된 자료를 한꺼번에 검색할 수 있도록 만든 프로그램이다. 이 사업에서 하는 내용은 다음과 같다.

1) 남한 방언 검색 프로그램
2) 북한 방언 검색 프로그램
3) 해외 방언 검색 프로그램
4) 문학 작품에 나타난 방언 검색 프로그램

셋째, 민족 생활어 조사 사업을 진행하고 있다. 전국을 6개 권역(서울・경기, 강원, 충청, 전라, 경상, 제주)으로 나누어 생활 현장의 어휘 조사를 실시하고 있다. 조사 내용은 전통 기층문화 생활어와 직업 생활어를 주로 대상으로 하고 있는데 전통 기층문화 생활어는 의식주, 농업 관련, 문화, 관혼 상제 관련 어휘이며 직업 생활어는 상인 집단 관련 어휘 등이다.

최근에 국립국어원에서 발표한 표준어 관한 내용은 표준어 정책의 변화를 예고하고 있다. 국립국어원의 사업 중에 '표준어'와 관련된 내용을 일부 제시하면 다음과 같다.

표준어사정심의위원회는 일상생활에서 널리 쓰이는 말을 복수 표준어로 폭넓게 받아들이는 것을 심의의 기본 방향으로 정했다. 특히, 국어의 소중한 문화유산인 방언과의 연계성을 강화한다는 세부 목표를 설정하였다. 그동안 표준어에 불편한 점이 있었던 것도 이처럼 조사가 충분하지 않았던 데에서 비롯한다. 따라서 표준어사정심의위원회에서는 언어 현실을 폭넓게 조사하여 널리 쓰이면서 국어를 풍요롭게 하는 말들을 찾아냄으로써 표준어가 권위 있고 엄격한 말이 아닌, 편하고 풍요로운 말이 되도록 할 생각이다.

또한, 국어 기본법에 국가와 지방자치단체의 언어 정책에 관한 책무가 명시되어 있다.

제4조 (국가와 지방자치단체의 책무) ①국가와 지방자치단체는 변화하는 언어사용환경에 능동적으로 대응하고, 국민의 국어능력의 향상과 지역어의 보전 등 국어의 발전과 보전을 위하여 노력하여야 한다.
②국가와 지방자치단체는 정신·신체상의 장애에 의하여 언어사용에 어려움을 겪고 있는 국민이 불편 없이 국어를 사용할 수 있도록 필요한 정책을 수립하여 시행하여야 한다.
제10조 (국어책임관의 지정) ①국가기관 및 지방자치단체의 장은 국어의 발전 및 보전을 위한 업무를 총괄하는 국어책임관을 그 소속공무원 중에서 지정할 수 있다.
제22조 (국어능력의 향상을 위한 정책 등) ①국가와 지방자치단체는 국민의 국어능력 향상을 위한 기회를 균등하게 제공하는 데에 힘써야 하며, 국어능력의 향상에 필요한 정책을 수립하여 시행하여야 한다.
제24조 (국어문화원의 지정 등) ①문화체육관광부장관은 국민들의 국어능력을 높이고 국어와 관련된 상담을 할 수 있도록 대통령령이 정하는 전문 인력과 시설을 갖춘 국어 관련 전문기관·단체 또는 고등교육법 제2조의 규정에 의한 학교의 부설기관 등을 국어문화원으로 지정할 수 있다.

또한, 지방자치단체가 지역에 맞는 언어 정책을 보유해야 하는 이유와 필요한 정책 내용을 제시하면 다음과 같다.

첫째, 모든 지역은 오랜 역사를 가지고 있기 때문에 그 역사와 전통과 문화에서 생기는 독특한 언어와 이 언어가 쓰인 옛 문헌을 보유하고 있다. 이에 대한 관심이 희박하여 중앙에서 모두 다루고 있는 실정이다. 지역의 언어와 그 지역의 언어가 담긴 문헌들은 문화의 시대에 지역을 빛낼 수 있는 아주 가치 있는 문화재들이다.

둘째, 국어 기본법에 의해 지역에 국어문화원이 설립되고 국어책임관이 임명되었다. 이는 국가가 지역의 언어를 정책적으로 펼칠 수 있는 법률을 마련한 것이기 때문에 이를 계기로 적극적으로 지역의 언어를 선양할 필요가 있다.

셋째, 학생들에게 지역의 정체성을 습득케 하기 위해서 지역의 교육에서 방언을 교육해야 한다. 농어촌 지역에 거주하는 외국인들이 늘어가고 있다. 이 외국인들은 표준어는 물론 방언을 습득해야 생활하는 데 어려움이 없다. 그러나 현재 외국인을 위한 방언 학습에 대해서는 전혀 고려하지 않고 있다. 그 지역의 언어 상황에 맞게 가르칠 필요가 있다.

넷째, 지역의 방언 사전, 지역의 언어문화 사전을 만들어야 한다. 각종 대중매체의 보급과 표준어 정책으로 사라져가는 지역의 언어와 그와 관련된 토착문화를 정리하고 알리는 작업이 시행되어야 한다.

다섯째, 지역의 정서에 맞게 도로 이름, 마을 이름 등을 그 지역의 고유한 어휘로 선정하는 등 다양한 방식으로 지역의 언어를 활용하는 방안을 강구해야 한다.

6. 맺음말

지금까지 표준어와 표준어 정책의 이모저모, 다원화 시대의 지역어(방언) 정책 등를 살펴보았다. 그동안 표준어가 지나치게 인위적으로 결정된 사례가 많아서 한국인이면서도 표준어를 새로 배워야 하는 것처럼 인식되었다. 그래서 내가 쓰고 있는 말이 표준어인지 아닌지 국어사전을 찾아보고서야 안심할 수 있는 상황이 된 것이다. 마치 표준어를 외국어처럼 느끼고 새로 배워야 하는 언어 정도로 인식이 된다면 문제가 아닐 수 없다. 보통의 대한민국 사람(또는 서울 사람)이라면 각자가 늘 쓰는 말이 표준어가 되어야 함은 마땅한 일이다. 그러기 위해서는 보통 사람들이 두루 널리 쓰는 말이 무엇인지에 대한 실증적인 실태 조사가 먼저 이루어져야 할 것이다. 그리고 그 결과가 공개되어 국어사전 편찬자나 교과서 집필자, 작가들이 이용할 수 있게 해야 할 것이다.

표준어의 개념에 대한 인식도 바뀌어야 할 것이다. 과거에 표준어가 지역어에 비하여 '우월하다'는 생각은 이제는 갖지 말아야 한다. 표준어가 우리말의 '준거'는 될 수 있지만 모든 말의 상위 언어는 될 수 없다. 이것도 '어휘' 형태만을 제시하여 마치 '어휘'만이 표준어의 전부인 것처럼 생각한 것은 분명히 문제가 있다. 말이 문법적인 문장의 집합이라면 한국어의 표준어도 현대 서울말 문장의 집합이어야 할 것이다. 문장이나 구어를 고려하지 않은 표준어는 진정한 표준어라고 할 수 없을 것이다.

표준어는 현재도 존재하고 있고 앞으로도 계속 존재해야 한다. 그런데 문제는 표준어를 어떻게 규정하고 사정할 것인가에 있다. 가장 널리 쓰이는 말이 표준어라는 데에 동의한다면 가장 널리 쓰이는 말이 무엇인지에 대한 언어 실태 파악이 무엇보다도 중요하다. 물론 이것에 대하여 다른 의견이 있을 수 있다. 말이란 '보수성이 있는 것'이기 때문에 비록 소수가 쓰는 말일지라도 표준어가 될 수 있다는 것을 모르는 것은 아니다. 그러나 '언어의 보편성' 면에서 볼 때에 다수의 사람이 쓰는 말이 우선적으로 표준어가 되어야 하는 것은 자명한 일일 것이다. 그리고 필요하다면 비록 소수의 언어일지라도 사정을 하여 표준어로 인정해야 할 것이다. 결국, 언어의 사용 실태와 학자들의 판단 중에서 필요한 것을 선별적으로 가려서 표준어를 인정해 가는 방식이 되어야 할 것이다.

그동안 우리말의 표준어는 국어학자의 전유물처럼 여겨왔다. 국어학자들 몇몇이 모여서 표준어를 사정하고 이를 국어사전에 표제어로 올리면 온 국민은 이를 지키고 따라 써야만 하는 상황이었다. 그런데 표준어는 국어학자의 전유물이 아니고 우리 국민의 의사소통을 가장 쉽고 빠르게 전달해 주는 의사소통의 도구이어야 한다. 그러기 위해서 먼저 우리 국민의 언어 실태 조사가 각계각층에서 이루어져야 한다. 그리고 그 언어 실태 조사를 수시로 하여 결과를 널리 알리고 이를 국어사전에 반영하고 활용해야 한다. 이제는 수많은 표준어 여부를 국어학자가 몇 사람이 결정하는 일은 없어야 할 것이다.

어쨌든 표준어 정책은 변화를 해야 하고 표준어는 가능하다면 언중의 언어생활을 최대한 원활하게 도와주는 방향으로 전환해야 한다. 지금의 표준어 정책은 살아 움직이는 언중의 언어 실태를 전혀 반영하지 못하고 있고 멈춰 있는 국어사전 속의 표제어만 대상으로 하고 있기 때문이다.

또한, 지역어(방언)에는 그 지역의 오래되고 다양한 문화, 전통, 역사가 살아 숨 쉬고 있기 때문에 그 지역 사람들의 독특한 정서가 깊이 배어 있다. 그래서 우리나라 사람들은 말은 방언으로 하고, 글은 표준어로 쓰는 이중 언어생활을 사용하고 있다.

그래서 표준어를 사정할 때, 지역에서 많이 쓰는 지역어(방언)를 고려하여 표준어로 채택해야 하며 복수 표준어를 많이 만들어 어휘의 다양성을 높여야 한다. 그래야만 표준어에 대한 거부감이 줄어들고 방언에 대한 애정이 문화의 다양성으로 발전하게 될 것이다.

최근 진행하고 있는 '겨레말큰사전'의 편찬에서 총 30만 개의 어휘 중, 지역 방언과 작품의 어휘를 10만 개를 포함하기로 한 점은 통일을 대비하여 한국어의 개념을 크게 확대한 것이다. 국립국어원에서도 지역어 정책을 강화하여 한국어의 개념에 방언을 포함하는 공통어로서 한국어를 정립하려고 노력하고 있고, 지역어 조사와 방언 지도 제작 등의 사업을 시행하고 있어서 매우 다행스럽게 생각한다.

'표준어' 용어를 대신하여 '공통어, 규범어' 등의 용어로 바꿔야 한다. 이는 통일을 대비한다면 미리 바꾸는 것이 좋다. 이를 통하여 규범 언어(공통어)와 자연 언어(일상어)를 함께 배워야 한다는 점을 국민들에게 이해하도록 해야 한다.

참고 문헌

고길섶(2003), 「국어 순화 정책, 무엇이 문제인가」, 국어 순화 실천 학술 대회 자료집, 국립국어연구원.

국어연구소(1988), 『표준어 규정 해설』, 자료집

김민수(1973), 『국어 정책론』, 탑출판사

김세중(2004), 「표준어 정책에 대하여」, 『새국어생활』 제14권 제1호, 국립국어연구원.

김주필(1990), 「표준어 모음의 심의 경위와 해설」, 『국어생활』 22, 국어연구소.

남영신(1998), 『국어 천년의 실패와 성공』, 한마당

민현식(1999), 『국어 정서법 연구』, 태학사

_____(1999), 「표준어와 언어 정책론」, 『선청어문』 27, 서울대 국어교육과.

박갑수(2004), 「표준어 정책의 회고와 반성」, 『새국어생활』 제14권 제1호, 국립국어연구원.

안상순(2004), 「표준어, 어떻게 할 것인가」, 『새국어생활』 제14권 제1호, 국립국어연구원.

이기문(2005), 「국어사 연구의 회고와 전망」, 『국어사 연구 어디까지 와 있는가?』, 연세대학교 국학연구원.

이상규(2003), 공통어를 기반으로 한 표준어로 어문 규정의 전환을 위한 정책 제안서.

_____(2004), 「새로운 표준어 정책의 모색을 위하여」, 『새국어생활』 제14권 제1호, 국립국어연구원.

이익섭(1983), 「한국어 표준어의 제문제」, 『한국 어문의 제문제』, 일지사.

이태영(2006), 「지역 언어의 중요성과 표준어 정책의 문제점」, 한국지방정부학회 학술회의 자료집.

최용기(2003), 『남북한 국어 정책 변천사 연구』, 도서출판 박이정.

_____(2005), 「표준어와 표준어 정책」, 한국언어문학회.

※ 한국민족예술총연합 제주도지회 주관, 제주어 보존 및 활용 방안 모색 학술회의(2007. 5.)에서 발표된 논문을 수정하여 보완한 것임.

제2부

국어 순화와 남북 언어 정책

제6장 | 국어 순화 정책 연구

제7장 | 방송 언어의 순화

제8장 | 남북한 국어 정책 변천사 연구

제9장 | 남북한 순화 용어와 통일 방안

제10장 | 남북한의 언어 차이와 동질성 회복 방안

제6장 국어 순화 정책 연구

1. 국어 순화의 개념

 국어 순화는 국어 속에 있는 잡스러운 것을 없애고 순수성을 회복하는 것과 복잡한 것을 단순하게 한다는 것으로 이해된다. 따라서 국어 순화는 잡스러운 것으로 알려진 들어온 말과 외국어를 가능한 한 고유어로 재정리한다는 것과 비속한 말, 틀린 말을 고운 말, 표준말로 바르게 하자는 것이다. 또한 그것은 복잡한 것으로 알려진 어려운 말을 쉬운 말로 고치는 일도 포함된다. 한 마디로 고운 말, 바른 말, 쉬운 말을 가려 쓰는 것을 말한다.
 현대 국어에서 국어 순화가 필요한 이유는 ① 민족정신의 확립 ② 민족 문화의 발전 ③ 사회의 정화 ④ 국어의 개량 및 언어생활의 개선을 들 수 있다. 이를 구체적으로 살펴보면 다음과 같다.
 첫째, 민족정신을 확립시킨다는 것은 19세기 독일에서부터 진행되었던 운동이다. 독일의 철학자 훔볼트(W.von Humboldt)는 '말은 민족의 존재 그 자체'로 보았으며, "인간의 모든 언어 구조는 민족마다 그 정신적 특성이 다르므로 서로 차이가 있다."라고 하였다. 따라서 한 나라의 말에는 그 나라의 민족정신이 반영되어 있다는 것이다. 우리가 국어를 순화하는 까닭은 우리말 속에 있는 병적인 요소를 제거함으로써 우리말을 사랑하고 우리 겨레를 아끼려는 마음을 다지자는 데 있다.
 둘째, 민족 문화의 창조·발전·전승은 언어에 의해 이루어진다. 그러기에 각 민족은 자국어를 통해 각기 특이한 민족 문화를 빚어내고 있다. 영국의 사상가 칼라일은 "영국이 인도는 내어줄지언정 셰익스피어는 내어놓을 수 없다"라고 하였다. 이것은 셰익스피어가 노르만 정복 이래 잃어버렸던 영어를 갈고 닦아 훌륭한 영문학을 발전시켰기 때문이다. 우리가 국어 순화를 하는 까닭도 민족정신의 확립을 꾀하고, 훌륭한 민족 문화를 빚어내자는 데 있다.

셋째, 언어는 특수한 역사적·사회적인 상황 속에서 생성되어 그 역사적·사회적 상황을 반영한다. 동반(東班)·서반(西班)의 제도가 있었기 때문에 '양반(兩班)'이란 말이 생겨났고, 장인(丈人) 집에 신랑이 들어가 살았기 때문에 '장가(丈家)가다'란 말이 생겨났다. 욕설이나 은어, 비속어, 속어 같은 말이 횡행하는 것은 역사적·사회적 여건이 그만큼 바람직하지 못하다는 것을 의미한다. 그러나 언어는 이와 같이 현실을 반영하는 소극적인 면만 지닌 것은 아니다. 오히려 역사와 사회적인 상황을 정화하는 적극적인 면이 강하다. 다시 말해 국어를 순화함으로써 바람직하지 못한 사회를 바람직한 사회로 바꿀 수 있다는 것이다. 욕설이나 비속어, 은어와 같은 상스러운 말이나 거친 말을 쓰지 않고, 곱고 부드러운 말을 씀으로써 모진 사회적 환경을 부드럽고 아름다운 환경으로 바꿀 수 있는 것이다. 이것은 언어가 사고와 행동을 규제하기 때문이다.

넷째, 국어의 결점과 바람직하지 못한 언어 습관을 제거함으로써 국어를 개량하고, 효과적인 언어활동을 할 수 있도록 언어생활을 개선하는 데 있다. 국어 순화는 적극적인 사고와 효과적인 언어생활을 할 수 있도록 도와주기 때문에 시기, 반목, 충돌의 세계에서 이해, 신뢰, 협동의 세계로 나아가게 한다. 따라서 언어 때문에 빚어지는 대부분의 사고와 충돌을 미리 예방할 수 있게 된다. 언어의 제일 조건은 인간 사회에 존재하는 것이고, 역사적인 우연을 제외하면 언어의 한계는 국민이란 사회 집단의 한계와 일치한다. 따라서 국어는 우리 국민의 재산이며, 우리나라의 사회적 사실이며, 사회적 제도이다. 우리는 마땅히 이를 갈고 닦아 아름답고 풍부한 보고(寶庫)로 만들고, 바람직한 사회적 제도로 만들어야 한다.

2. 국어 순화의 방향

국어 순화란 잡스런 것을 떼어버리고 계통 있고 순수한 국어로 만들어 가는 것이다. 그러므로 국어 순화는 단순히 혼탁해진 국어 현실을 바로 잡는 소극적인 의미만이 아니고, 계통 있고 순수한 국어 －곧 세련된 국어－로 만들어 가는 적극적인 의미도 지니고 있음을 알아야 한다. 흔히 '말을 곱게 다듬고 바로잡는' 것만을 국어 순화의 전부인 것처럼 생각해서는 안 된다. 이러한 국어 순화는 대체로 다음 세 가지 사항을 고려하여 추진하여야 한다.

첫째 언어의 '순결성'을 추구해야 하는데, 이를 '다듬기'라고 할 수 있다. 이는 외국어나 외래어를 제거하는 일련의 과정으로 '곱게 다듬기'라고 하여 국어 순화의 방향을 좀 더 구체화할 수 있다.

둘째 언어의 '규범성'을 추구해야 하는데, 이를 '바로잡기'라고 할 수 있다. 이는 언어의 전통성이나 어법, 문법 등 갖가지 기준에 어긋나는 요소들을 바로잡아 전통성을 회복하고 통일성을 유지시키려는 일련의 과정으로 '맞게 바로잡기'라고 하여 국어 순화의 방향을 좀 더 구체화할 수 있다.

셋째 언어의 '합리성'을 추구해야 하는데, 이를 '가꾸기'라고 할 수 있다. 이는 말을 더욱 합리적이며 효율적으로 가꾸어 나가려는 일련의 과정으로 우리말을 바람직한 방향으로 발전시키려는 노력을 말한다. 좀 더 명확한 표현, 아름다운 표현 등을 추구한다고 할 때 '알차게 가꾸기'라고 하여 국어 순화의 방향을 구체화할 수 있다.

3. 국어 순화의 역사

국어 순화의 시작은 중국의 한자 차용어를 순화하기 시작할 때부터 살펴봐야 하겠지만 본격적인 국어 순화는 대체로 주시경 선생이 국어 연구를 시작한 때부터 1945년 광복을 전후한 때를 그 출발로 보아야 할 것이다. 특히 주시경 선생이 사용하기 시작한 '한글'이라는 낱말에서부터 찾을 수 있을 것이다.

편의상 ① 국어 순화 운동 태동기 ②「우리말 도로 찾기」모음집 발간기 ③ 한글 전용 요강 실천기 ④ 국어 순화 운동 성숙기 ⑤ 국어 순화 자료 활용기의 단계로 나누어서 살펴볼 필요가 있다.

① 국어 순화 운동 태동기: 주시경부터 8·15 광복 때까지
②「우리말 도로 찾기」모음집 발간기: 8·15 광복부터 1959년까지
③ 한글 전용 요강 실천기: 1960년부터 1969년까지
④ 국어 순화 운동 성숙기: 1970년부터 1989년까지
⑤ 국어 순화 자료 활용기: 1990년부터 현재까지

(1) 국어 순화 운동 태동기

주시경은 "말과 민족과의 관계는 떼어놓을 수 없다."라는 언어관과 민족관을 함께 지니고 있었다. 일제 강점기 때에도 맞춤법, 표준어, 외래어 표기법 등의 개정과 사전 편찬 사업들이 이루어지는데, 이것은 민족 수호의 한 수단으로 선각자들이 벌인 국어 정화 운동이다.

이 시기는 우리의 말과 글이 송두리째 빼앗겨 버릴 위기마저 맞을 뻔했지만, 다행히 조국이 광복되어 우리의 말과 글이 다시 소생할 수 있었다. 이 시기에 만들어진 말들을 골라보면 다음과 같다.

> 한글: 우리나라 글자의 이름. 훈민정음을 고쳐 부르는 것.
> 끈끈이: 파리 잡는 물건. 종이에 끈끈한 약을 바른 것.
> 통치마: 신여성들이 입었던 통으로 된 치마.
> 통조림: 통에 넣어 조린 음식.
> 소매치기: 남의 몸에 지닌 물건을 슬쩍 훔치는 도둑.
> 눈깔사탕: 동글동글하게 만든 사탕.
> 팔랑개비: 바람에 불리어 뱅뱅 돌게 만든 장난감의 한 가지.

(2) 「우리말 도로 찾기」 모음집 발간기

조국이 광복되자 정부는 '우리말 정화'에 대한 방침을 세우고 우리 사회에서 흔히 쓰는 일본말을 조사해서 모은 뒤, 그 말 대신에 쓸 만한 우리말을 찾아 초안을 만들어 내게 되었다.

문교부는 「우리말 도로 찾기」 머리말에서 '① 우리말이 있는데 일본말을 쓰는 것은, 일본말을 버리고 우리말을 쓴다. ② 우리말이 없고 일본말을 쓰는 것은, 우리 옛말에라도 찾아보아 비슷한 것이 있으면, 이를 끌어다가 그 뜻을 새로 작정하고 쓰기로 한다. ③ 옛말도 찾아낼 수 없는 말이, 일본어로 씌어온 것은 다른 말에서 비슷한 것을 얻어 가지고 새 말을 만들어, 그 뜻을 작정하고 쓰기로 한다. ④ 한자로 된 말을 쓰는 경우에도 일본식 한자어를 버리고 우리가 전부터 써오던 한자어로 쓰기로 한다.'라고 밝혔다. 여기서 수록된 말은 모두 943 단어인데 이들 중 일부 단어를 간추려 본다.

데다라메(出鱈目) → 귀둥대둥
도리께시(取消) → 푸지위하다
나까가이(仲買) → 주릅('주릅'의 옛말)
시로또(素人) → 맹문이, 날무지
분빼이(分配) → 노누매기
야지우마(彌次馬) → 헤살꾼
리소꾸(利息) → 길미

(3) 한글 전용 요강 실천기

문교부는 1962년에 한글 전용을 실시할 목적으로 '한글 전용 특별 심의회'를 설치한다. 이 위원회에서는 일반 용어, 언어 문학, 법률 제도, 경제 금융, 예술, 과학 기술의 6개 분과 위원회를 두어 한자어로 된 용어를 쉬운 우리말로 바꾸는 작업에 착수한다. 한글학회는 1967년에 정부의 한글 전용 정책을 뒷받침한다는 뜻에서 '쉬운말 사전'을 펴낸다. 일러두기에서 올림말의 범위를 일반어와 각종 전문 분야의 용어(낱말과 익은이은말 따위) 가운데, ① 어렵고 낡은 한자말 ②

일본말 찌꺼기 ③ 서양 외국말 등이며 그 밖에 틀리게 쓰는 말들이다. 이 사전에 올림말은 모두 15,924 단어이다. 이 사전에 수록된 몇 단어만 간추려 본다.

가가호호(→ 집집마다, 家家戶戶)
가공인물(→ 헛인물, 뜬인물, 架空人物)
가두판매(→ 거리팔기, 街頭販賣)
가면무도회(→ 탈놀이, 假面舞蹈會)
가봉(→ 시침질, 假縫)
가전(→ 웃돈, 價錢)
가환성(→ 바뀜성, 可換性)
각반병(→ 모무늬병, 角斑病)
각선미(→ 다리맵시, 脚線美)

(4) 국어 순화 운동 성숙기

이 시기는 사실상 한글 전용의 단계에 들어섰다. 정부는 한글 전용 5개년 계획을 앞당겨 1970년부터 정부의 문서뿐만 아니라 민원서류도 한글 전용을 실시하고 언론 출판계에 대하여 한글 전용을 권장한다는 7개항의 지시를 내각에 내렸다. 서울신문이 '우리말을 바로 찾아 바로 쓰자'는 주제 아래 1,641개 단어를 다듬었고, 경향신문이 '국어 순화'(그 실태와 처방)를 특별 기획한 것도 이 무렵이다.

대통령의 지시에 따라 국어 순화 운동은 새로운 방향 전환을 가져오게 된다. 문교부는 1976년 '국어 순화 운동 협의회'를 발족하여 본격적인 활동을 시작하였고, 민간에서도 국어 순화를 위한 협의회나 연구회가 여기저기에서 설립되었다. 국어 순화의 범위도 생활 용어, 언론 용어, 학술 용어, 법률 용어, 건축 용어, 스포츠 용어, 종교 용어 등으로 점차 확대되었고, 비어·속어 계열의 어휘에 관한 것도 포함되었다. 또 문장이나 제목 속에 들어 있는 어휘, 발음, 맞춤법 등도 포함되었다. 심의 기구로 '국어심의회' 안에 '국어순화분과위원회'를 신설하고, '국어 순화 자료'를 발간하기 시작하였다. 『국어 순화 자료』 제1집, 제2집을 중심으로 몇 단어만 간추려 본다.

```
각성(→ 깨닫다, 覺醒)      급사(→ 사환, 給仕)
구서(→ 쥐잡기, 驅鼠)     리스트(→ 목록, 명단, list)
보너스(→ 상여금, bonus)  스케줄(→ 일정, 계획, schedule)
체크(→ 점검, 대조, check) 수입(→ 손질, 手入)
통첩(→ 알림, 알리다, 通牒) 특단(→ 특별한, 特段)
```

1984년 국어연구소 설립은 국어 순화 업무뿐만 아니라 국어 정책 전반에 대하여 본격적인 조사와 연구를 수행하는 계기가 되었다. 국어연구소는 한글 맞춤법, 표준어 규정, 외래어 표기법을 개정하도록 뒷받침을 하였고, 국어 순화 자료집과 국어 오용 사례집을 발간하기도 하였다.

(5) 국어 순화 자료 활용기

문화부의 출범은 국어 정책에 있어서 새로운 변화를 몰고 왔다. 그동안 문교부에서 추진하던 국어 정책을 문화부로 이관하고, 정부 부처 안에 어문출판국(뒤에 문화정책국으로 변경)과 어문과(뒤에 국어정책과로 변경)를 설치하여 본격적인 국어 정책을 추진하였다.

국어연구소를 확대 개편하여 국립국어연구원을 만들어 국어를 과학적으로 조사 연구하고 합리적인 어문 정책을 수립하는 한편, 국민의 올바른 언어생활을 계도하기 시작하였다.

국어 순화 사업은 일본어투 용어 심의를 시작으로 행정 용어, 법령 용어, 생활 외래어, 미술 용어, 선거 정치 용어, 전산기 용어, 임업 용어, 봉제 용어, 국악 용어, 패션 디자인 용어, 문화재 용어, 언론 외래어, 전기 전자 용어, 금융 경제 용어, 농업 용어, 지하철 운전 용어, 정보 통신 용어, 운동 경기 용어, 연극 영화 용어, 법의 부검 용어 등을 심의하여, 이를 공고하거나 자료집으로 발간하였다. 생활 외래어 순화 내용을 중심으로 몇 단어만 간추려 본다.

```
가이드북(guidebook) → 안내 책자, 안내서
데드라인(deadline) → 한계선, 최종 한계
```

> 덤핑(dumping) → 막팔기, 헐값팔기
> 디스카운트(discount) → 에누리, 할인
> 리더십(leadership) → 지도력, 통솔력
> 마스터(master) → 숙달, 통달
> 메뉴(menu) → 차림(표), 식단
> 멜로(드라마)(melodrama) → 통속극
> 바이어(buyer) → 구매자, 구매상, 수입상

4. 국립국어연구원의 국어 순화 자료집

국립국어연구원은 개원한 이후 국어 순화 사업을 중점 사업으로 추진하였다. 그동안 우리말 속에 남아 있는 일본어투 용어, 국적 불명의 외국어, 어려운 한자어, 잘못 표기된 외래어 등 주로 단어(어휘)를 중심으로 국어 순화 사업을 추진하였다. 그 대상 분야도 생활 용어에서부터 전문 용어에 이르기까지 매우 다양하였다. 그 결과 많은 말들이 바르고 고운 말로 다듬어졌고 이들 다듬은 말은 매년 『국어 순화 자료집』으로 발간되었다. 이들 『국어 순화 자료집』을 중심으로 그동안의 국어 순화 실적을 살펴보고자 한다.

여기에 소개된 주로 그해에 발간된 국어 순화 자료집의 '일러두기'에서 내용을 발췌한 것이며 일부 내용은 필자가 보완하거나 수정하였다.

(1) 1991년도 국어 순화 자료집

이 자료집은 국립국어연구원이 1977년부터 1990년까지 문교부, 총무처, 법제처에서 간행한 순화 자료집과 1991년 국어심의회 국어순화분과위원회에서 심의 결정한 용어 중 바꿈말만 쓰도록 한 용어(각 순화 자료집에 X로 표시된 용어)만을 모아 엮은 것이다.

이 자료집 머리말에 정부는 1991년 11월 25일 「행정 용어 바르게 쓰기에 관한 규정」을 국무총리 훈령으로 마련하여 1992년 10월까지 어려운 행정 용어를 쉬운 말로 고치기로 하였다고 하였다. 이 자료집이 이용한 각종 자료집 목록은 다음과 같다.

국어 순화 자료 제1집(1977, 문교부), 국어 순화 자료 제2집(1978, 문교부), 국어 순화 자료 제3집(1979, 문교부), 국어 순화 자료 제4집(1980, 문교부), 행정 용어 순화 편람 제1집(1981, 총무처), 행정 용어 순화 편람 제2집(1982, 총무처), 국어 순화 자료 제5집(1982, 문교부), 국어 순화 자료－학교 교육용(1983, 문교부), 행정 용어 순화 편람 제3집(1983, 총무처), 행정 용어 순화 편람 제4집(1984, 총무처), 법령 용어 순화 편람(1985, 법제처), 법령 용어 순화 편람(1986, 법제처), 행정 용어 순화 편람(1986, 국방부), 법령 용어 순화 편람(1990, 법제처), 일본어투 표현 순화 자료 제1차(1990, 문화부), 일본어투 표현 순화 자료 제2차(1991, 문화부). 이 자료집에 수록된 전체 용어 수는 4,934 단어이다. 이 중에서 행정 용어 순화 내용을 몇 단어만 간추려 본다.

가처분(假處分) → 임시 처분   감옥(監獄) → 교도소
거년(去年) → 지난해   견갑골(肩胛骨) → 어깨뼈
견출지(見出紙) → 찾음표

(2) 1992년도 국어 순화 자료집

이 자료집은 국립국어연구원이 1992년 총무처에서 수집하여 심의 요청한 행정 용어와 1990년 한국미술진흥협회에서 심의 요청한 미술 용어, 1991년 조달청에서 심의 요청한 건설 용어, 그리고 1990년 및 1991년 문화부와 국립국어연구원에서 수집한 일본어투 신문 제작 용어 및 식생활 용어 등 전문 용어들을 모아 엮은 것이다.

행정 용어는 각 행정 기관에서 쓰는 용어들로 농업, 수산업, 산림, 항만, 철도, 체신, 법률, 경제 등 다양한 분야에 걸친 것이며, 미술 용어는 한국화, 서양화,

조각, 도자기 공예, 목공예, 염색 공예, 금속 공예 분야의 용어들이다. 건설 용어는 건설 현장에서 자주 쓰이는 용어들을 위주로 모아 놓은 것이며, 신문 제작 용어는 편집, 교정, 제판, 인쇄, 문선, 정판에 이르는 모든 부문의 용어들이다. 그리고 식생활 용어는 음식, 음식 재료, 그릇 등 식생활에 관련된 전반적인 분야의 용어들을 모아 놓은 것이다.

여기에 실린 용어들은 국립국어연구원의 검토를 거쳐 국어심의회 국어순화분과위원회에서 심의 확정한 용어들이다.

이 자료집에 수록된 용어 수는 행정 용어 8,673 단어, 미술 용어 693 단어, 건설 용어 393단어, 신문 인쇄 용어 144 단어, 식생활 용어 264 단어 등이며 전체 용어 수는 10,167 단어이다. 이 중에서 미술 용어 순화 내용을 몇 단어만 간추려 본다.

갤러리(gallery) → 그림방, 화랑   그라인더(grinder) → 갈개
독필(禿筆) → 몽당붓   디스차지(discharge) → 색빼기
미니어처(miniature) → 소품

(3) 1993년도 국어 순화 자료집

이 자료집은 국립국어연구원이 1993년 총무처에서 수집하여 심의 요청한 행정 용어, 중앙선거관리위원회에서 심의 요청한 선거 정치 용어, 문화체육부의 지원을 받아 국어 순화 문화 가족에서 수집하여 순화하고 국립국어연구원에서 검토한 생활 외래어, 역시 문화체육부의 지원으로 국어정보학회에서 수집하여 심의 요청한 전산기 용어들을 모아 엮은 것이다.

행정 용어는 각 행정 기관에서 쓰는 용어들을 총무처에서 새로 발굴한 용어들과 1992년 순화한 용어 가운데 재심의하여 일부 수정된 용어들을 함께 모아 놓은 것이며, 선거 정치 용어는 해당 분야에서 빈번하게 쓰이는 말들을 대상으로 품위 없는 말과 바람직한 말을 가려 정한 것이다. 생활 외래어는 신문 방송 등을 대상으로 삼아 일상생활에서 자주 쓰이는 외래어들을 모아 놓은 것이다. 전산기 용어는 비전문적인 사용자들도 자주 접하는 일반적인 전산기 용어들을 모아 놓은

것이다.

여기에 실린 용어들 가운데 행정 용어, 선거 정치 용어, 전산기 용어는 국립국어연구원의 검토를 거쳐 국어심의회 국어순화분과위원회에서 심의 확정한 용어들이다.

이 자료집에 수록된 용어 수는 행정 용어 319 단어, 선거 정치 용어 451 단어, 전산기 용어 1,605 단어, 생활 외래어 751 단어 등이며 전체 용어 수는 3,126 단어이다. 이 중에서 선거 정치 용어 순화 내용을 몇 단어만 간추려 본다.

격오지(隔奧地) → 외진곳 규시(窺視) → 엿봄
내봉투(內封套) → 속봉투 바로미터(barometer) → 잣대, 척도
베테랑(véteran, 프) → 숙련가, 전문가

(4) 1994년도 국어 순화 자료집

이 자료집은 국립국어연구원이 1994년 산림청에서 수집하여 심의 요청한 임업 용어, 문화체육부에서 심의 요청한 봉제 용어, 국악교육협의회와 국립국악원에서 심의 요청한 초중고 교육용 국악 용어 동일안들을 국립국어연구원에서 검토하고 국어심의회에서 심의 확정한 것을 모아 엮은 것이다.

임업 용어는 주로 현장이나 행정 기관 등에서 쓰는 용어들 가운데 일본식 한자어, 지나치게 어려운 한자어 따위를 모아 놓은 것이며, 봉제 용어는 해당 분야의 현장에서 특히 자주 쓰이는 일본어, 서구 외국어와 외래어 따위를 모아 놓은 것이다. 국악 용어는 초중고 국악 교육에 필요한 주요 용어들을 모아 놓은 것이다.

여기에 실린 용어들 가운데 임업 용어, 봉제 용어는 국어심의회 국어순화분과위원회에서 순화어를 심의 확정하였고, 국악 용어는 국어심의회 한글분과위원회에서 심의 확정하였다. 국어 용어의 통일안은 넓은 의미에서 국어 순화의 정신과 다르지 않기에 이 자료집에 수록하였다.

이 자료집에 수록된 용어 수는 임업 용어 241 단어, 봉제 용어 331 단어, 국악 용어 447 단어 등이며 전체 용어 수는 1,019 단어이다. 이 중에서 임업 용어 순화

내용을 몇 단어만 간추려 본다.

간지석(間知石) → 축댓돌
고복공(藁覆工) → 짚덮기
광엽수(廣葉樹) → 활엽수
개척종(開拓種) → 선구종
곡지공(谷止工) → 골막이

(5) 1995년도 국어 순화 자료집

이 자료집은 국립국어연구원이 1992년에 순화한 건설 용어, 미술 용어, 식생활 용어, 신문 제작 용어와 1993년에 순화한 선거 정치 용어와 생활 외래어, 1994년에 순화한 임업, 봉제 용어, 1995년에 순화한 행정 용어와 일본어투 생활 용어를 모아 놓은 것이다.

건설 용어, 미술 용어, 식생활 용어, 신문 제작 용어는 1992년 심의 당시 제외되었던 구분 등급을 새로이 심의하여 수록한 것이며, 이 용어들을 포함하여 선거 정치 용어, 생활 외래어, 임업 용어, 봉제 용어들도 순화한 용어와 구분 등급을 일부 수정하고 심의하여 수록한 것이다. 행정 용어는 총무처가 문화체육부에 심의 의뢰한 것으로 일부 용어는 과거에 순화한 용어 중 수정 요청한 것이며, 나머지는 총무처에서 새로 수집한 용어들이다. 수정 요청한 용어 가운데는 종전의 심의안을 그대로 유지한 경우도 재심한 용어임을 보이기 위해 그대로 수록하였다. 일본어투 생활 용어는 문화체육부가 광복 50주년을 기념하여 일상생활에서 여전히 쓰이는 일본어투 용어들을 모아 순화한 것으로 국립국어연구원이 초안을 마련하고 국어심의회 국어순화분과위원회의 심의를 거쳐 문화체육부에서 고시한 것이다.

이들 순화 용어를 가운데 일부를 수정한 까닭은 ① 관보에 고시한 일본어투 생활 용어와 일치시키기 위한 것이고 ② 용어들 사이의 불일치를 해소하고 ③ 더 나은 대안을 제시할 필요가 있는 경우 등이다. 다만 고시한 일본어투 용어일지라도 잘못이 있는 경우는 따르지 않았다. 가령, 일본어투 생활 용어에서는 '빠루'를 '노루발못뽑기'로 순화하였으나 건설 용어와 미술 용어에서는 종전대로

'노루발못뽑이'를 유지하였다.

또 이 자료집에서는 순화 대상 용어가 같을지라도 그 순화한 용어와 구분 등급은 쓰이는 분야에 따라 다를 수 있다. 예를 들어 '누드'는 일반적 쓰임인 생활 외래어로 '알몸', '나체', '맨몸'이 순화한 용어이고 구분 등급도 '→'이지만, 미술 용어로는 '나체(미술)'만이 순화한 용어이며 구분 등급도 'ㅇ'이다.

이 자료집에 수록된 용어의 수는 건설 용어 393 단어, 미술 용어 693 단어, 식생활 용어 264 단어, 신문 제작 용어 144 단어, 선거 정치 용어 451 단어, 생활 외래어 751 단어, 임업 용어 241 단어, 봉제 용어 331 단어, 행정 용어 1,051 단어, 일본어투 생활 용어 702 단어 등 총 5,021 단어이다. 이 중에서 일본어투 생활 용어 순화 내용을 몇 단어만 간추려 본다.

```
가가미(鏡, かがみ) → 거울        가납(假納) → 임시 납부
가라(空, から) → 가짜            가병(假病) → 꾀병
각위(各位) → 여러분              거래선(去來先) → 거래처
```

(6) 1996년도 일본어투 생활 용어 사용 실태 조사 보고서

이 자료집은 국립국어연구원이 발간한 것으로, 문화체육부가 1995년 광복 50주년을 맞아 추진한 일본어투 생활 용어 순화 사업과 1996년 계속 추진한 2차 일본어투 생활 용어 순화 사업에서 대상으로 삼은 일본어투 용어들을 국어심의회의 심의를 거치기 전의 상태로 모아 놓은 것이다. 1995년 자료는 국립국어연구원의 연구 용역을 받아 이광호 교수(정신문화연구원)가 수집하여 순화한 것이고(967개 단어), 1996년 자료는 국립국어연구원에서 국내 각 논저, 일간지 등을 참조하여 수집하고 순화한 것이다(460개 단어).

이 자료집을 발간한 목적은 그동안 각 분야에서 일본어투로 인식하였던 용어들을 모아 제시하고 이를 심의 결과와 비교함으로써 그 가운데 일본어 어원으로 잘못 인식하였던 용어들을 쉽게 알 수 있도록 하고자 하였다. 또 이전까지는 국어심의회의 심의 결과만 있고 과정은 보이지 못하였는데 이 자료집을 통해 그

심의 과정을 밝히는 데에도 목적이 있다.

국어심의회 국어순화분과위원회는 이 자료집의 순화안을 심의 의결하였다. 그러나 이 자료집은 위와 같은 목적에 따라 국어심의회의 심의를 거치기 전의 상태를 수록하였다. 따라서 최종 심의 결과는, 1995년 자료는 '일본어투 생활 용어 순화집'(1995, 문화체육부) 또는 '국어 순화 자료집'(1995, 국립국어연구원)을, 1996년 자료는 '일본어투 생활 용어 순화집'(1996, 문화체육부)을 참조하여야 한다.

이 자료집의 순화 대상 용어의 선정 기준은 다음과 같다.

① 광복 이후 문제가 된 순 일본어, 일본식 한자어, 일본식 발음의 서구 외래어, 일본식 조어의 영어 등을 대상으로 하되 일본어의 영향을 받은 것이 분명하고 일상생활에서 쓰임이 확인되는 어휘들로 한정한다.

② 특히 한자어의 경우, 중국에서 만든 말이라도 일본식 의미와 용법에 따라 쓰이는 것{예: 기합(氣合), 양생(養生)}, 중국식 한자어를 이용하여 일본에서 만든 복합어{예:하구언(河口堰)}, 우리나라에서 만든 말이라도 일본식 조어법에 따른 것{예: 공수표(空手票)}은 포함한다.

③ 전문어라도 널리 쓰이는 말이면 포함한다{예: 메지(目地)}.

④ 우리말로 거의 굳어졌으나 아직 고유어나 우리식 한자어로 바꿔 쓸 여지가 있다고 판단되는 어휘들은 포함한다{예: 두개골(頭蓋骨)}.

⑤ 이미 우리말로 굳어져 마땅한 대안이 없다고 보이는 일본식 한자어는 제외한다{예: 철학(哲學)}.

⑥ 순화 대상 용어는 단일어만 올리는 것을 원칙으로 하되 구(句)도 굳어져 널리 쓰이면 예외적으로 올리기도 한다{예: 견습 기자(見習 記者)}.

이 자료의 순화 대상 용어들을 국어심의회 국어순화분과위원회는 다음과 같이 심의하였다. 이들은 비고란에 간단히 밝혀 놓았다.

① 일본어투가 아니거나 뚜렷한 증거가 없어 의심스러운 경우는 순화 대상 용어에서 제외하였다{예: 날인(捺印), 달변가(達辯家), 다대기, 바깡스(vacance)}.

② 일본어투이지만 마땅히 순화할 말이 없거나 굳이 순화할 필요가 없다고 판단되는 경우 는 순화 대상 용어에서 제외하였다{예: 음반(音盤), 진척(進陟)}.
③ 일본어투이지만 일일이 제시하기에는 지나치게 번거로운 일본식 발음의 서구 외래어는 대표적인 예들 외에는 순화 대상 용어에서 제외하였다{예: 스로간(영, slogan)}.
④ 일본어투이지만 공식 명칭으로 쓰이는 경우는 순화 대상 용어에서 제외하였다{예: 기상대(氣象臺)}.
⑤ 일본어투이지만 현재 그 쓰임이 거의 확인되지 않는 경우는 순화 대상 용어에서 제외하였다{예: 고나카이(小仲買人)}.
⑥ 일본어투이지만 외래어 표기법 등 규범에서 인정한 경우는 순화 대상 용어에서 제외하였다{예: 히로뽕(영, philopon)}.
⑦ 복합어에서 어느 한 성분이 일본어투가 아닌 경우 일본어투에 해당하는 것만 순화대상 용어로 삼았다{예: 고지 의무(告知義務) → 고지(告知)}.
⑧ 한 형태만 제시하여도 충분하다고 판단되는 두 개 이상의 용어들은 한 형태만을 순화 대상 용어로 삼았다{예: 가불(假拂), 가불금(假拂金) → 가불(假拂)}.
⑨ 일본식 의미로 쓰이나 원래 어원은 중국이라는 점에 따라 1995년에 제외하였던 용어를 일본식 쓰임이라는 점을 중시하여 1996년에 순화 대상 용어로 삼기도 하였다{예: 기합 (氣合), 양생(養生)}.
⑩ 일일이 제시하기 어려워 1995년에 제외하였던 일본식 발음의 서구 외래어들 중 일부를 1996년에 순화 대상 용어로 삼기도 하였다{예: 카렌다(영, calender)}.
⑪ 동일한 용어로서 1995년과 1996년 모두 제시된 것은 여러 가지 사정상 1995년에 이어 1996년에 재심한 것이다{예: 경하(慶賀)}.
⑫ 이 자료집에 없으면서 최종 심의 자료에 있는 용어는 심의 과정에서 새로 추가된 것들 이다{예: 매장(賣場)}.

이 중에서 추가된 일본어투 생활 용어 순화 내용을 몇 단어만 간추려 본다.

```
가도(角) → 모서리, 모퉁이      가빠(合羽) → 비옷, 덮개
가오마담(顔-madam) → 얼굴마담   가이셴(回旋塔) → 술래잡기
가케표(かけ標) → 가위표, 가새표
```

(7) 1996년도 국어 순화 자료집

이 자료집은 문화체육부가 발간한 합본으로 1992년에 순화한 건설 용어, 미술 용어, 식생활 용어, 신문 제작 용어, 1993년에 순화한 선거 정치 용어, 전산기 용어와 생활 외래어, 1994년에 순화한 봉제 용어, 임업 용어와 1995년에 순화한 일본어투 생활 용어를 모아 놓은 것이다. 정부가 이들 용어를 모아 합본 자료집으로 발간한 것은 국민들이 한층 쉽게 이용하도록 하는 데 있다.

건설 용어, 미술 용어, 식생활 용어, 신문 제작 용어는 1992년 심의 당시 제외되었던 구분 표시를 새로이 심의하여 보완한 것이며, 나머지 용어들도 일부 수정하고 심의하여 수록한 것이다. 이들 용어들은 모두 국어심의회 국어순화분과위원회의 심의를 거쳐 확정하였다.

이 자료집에 수록된 용어의 수는 건설 용어 393 단어, 미술 용어 693 단어, 봉제 용어 331 단어, 생활 외래어 751 단어, 선거 정치 용어 451 단어, 식생활 용어 264 단어, 신문 제작 용어 144 단어, 일본어투 생활 용어 702 단어, 임업 용어 241 단어, 전산기 용어 1605 단어 등 총 5,575 단어이다. 단, 행정 용어(법률 용어 포함)에 관한 순화 용어(8,673 단어)는 총무처에서 1992년도에 별도로 보급한 바가 있음으로 제외하였다. 이 중에서 건설 용어 순화 내용을 몇 단어만 간추려 본다.

```
가베(壁) → 벽              가이단(階段) → 계단, 층계
간조(勘定) → 셈, 품삯       겐바(現場) → 현장
구루마(車) → 수레, 달구지
```

(8) 1997년도 국어 순화 자료집

이 자료집은 문화체육부가 1992년에 순화한 건설 용어, 미술 용어, 식생활 용어, 신문 제작 용어, 1993년에 순화한 선거 정치 용어, 전산기 용어, 생활 외래어, 1994년에 순화한 봉제 용어, 임업 용어(1차), 1995년에 순화한 일본어투 생활 용어(1차), 1996년에 순화한 임업 용어(2차), 1997년에 순화한 일본어투 생활 용어(2차)를 모아 놓은 것이다. 이 용어들 중 1992년부터 1995년까지 순화한 용어들을 모아 '국어 순화 자료집'(1996)을 발간한 바가 있고, 이 자료집은 여기에 1996년에 순화한 일본어투 생활 용어와 1997년에 순화한 임업 용어를 더하여 다시 엮은 것이다.

건설 용어, 미술 용어, 식생활 용어, 신문 제작 용어는 1992년 심의 당시 제외되었던 구분 등급을 1995년에 새로이 심의하여 보완한 것이며, 선거 정치 용어, 생활 외래어, 봉제 용어, 임업 용어들도 1995년에 일부 수정하고 심의하여 보완한 것이다. 또 일본어투 생활 용어는 1995년(702 단어)과 1997년(377 단어)에 순화하였고, 임업 용어도 1994년(241 단어)과 1996년(997 단어)에 순화하였는데 이들 용어도 이 자료집에서는 하나로 합쳐 수록하였다. 이 자료집의 용어들은 모두 국어심의회 국어순화분과위원회의 심의를 거쳐 문화체육부가 고시한 것이다.

순화 대상 용어들은 일상생활 및 전문 분야에서 많이 쓰이는 일본어투 용어, 서구 외국어와 외래어, 지나치게 어려운 한자어, 국적 불명의 말, 비규범적인 말 등을 그 대상으로 삼았다. 특히 일본어투 용어라고 함은 순수 일본어, 일본식 한자어, 일본식 발음의 서구 외국어와 외래어, 일본식 조어의 영어 등을 두루 가리킨다. 일본식 한자어의 경우는 중국에서 만든 말이라도 일본식 의미와 용법에 따라 쓰이는 것과 중국 한자어를 이용하여 일본에서 만든 복합어, 그리고 우리나라에서 만든 말이라도 일본식 조어법에 따른 것을 모두 포함한 것이다. 또 순화 대상 용어는 단어를 선정함을 원칙으로 하나, 경우에 따라 널리 쓰이는 구(句)도 대상으로 삼았다.

이 자료집에 수록된 용어의 수는 건설 용어 393 단어, 미술 용어 693 단어, 봉제 용어 331 단어, 생활 외래어 751 단어, 선거 정치 용어 451 단어, 식생활 용어 264 단어, 신문 제작 용어 144 단어, 일본어투 생활 용어 1,079 단어, 임업 용어 1,201 단어, 전산기 용어 1,605 단어 등 총 6,912 단어이다. 단, 지난 1992년에 순화한 행정 용어(법률 용어 포함) 8,673 단어는 총무처에서 이미 보급한 바가 있으므로 이 자료집에는 수록하지 않았다. 이 중에서 봉제 용어 순화 내용을 몇 단어만 간추려 본다.

　　　가마(釜) → 북집　　　　　가타사키(肩先) → 어깨 끝
　　　고시(腰) → 허리　　　　　구세(癖) → 몸새, 다트
　　　기타케(着丈) → 옷 길이, 기장

(9) 1999년도 국어 순화 자료집

　이 자료집은 국립국어연구원이 발간한 자료집으로, 패션 디자인 용어와 언론 외래어를 모아 놓은 것이다. 이들 용어는 모두 문화관광부가 관보에 고시를 하였다.

　패션 디자인 용어는 한국섬유연합회가 1995년에 패션 디자인 용어 순화와 표준화를 기획하고 그 순화 시안을 마련하여 1996년에 문화체육부에 제출한 것을 국립국어연구원이 검토를 한 후에 국어심의회 국어순화분과위원회에 상정하였으며, 국어심의회는 7차례에 걸쳐 소위원회 심의와 본회의 심의를 하여 최종안을 의결한 것이다.

　패션 디자인 용어를 순화하기 위한 순화 대상 용어의 선정 기준은 다음과 같다. ① 순 일본어로 된 용어 ② 어려운 한자어 ③ 국적 불명의 외국어나 우리 정서에 맞지 않은 서양말 ④ 동일한 개념을 가리키면서 여러 가지로 어지럽게 쓰이는 용어 등이다. 또 원칙적으로 단어를 순화 대상으로 삼았으나 경우에 따라 구(句)도 그 대상이 되었다.

　패션 디자인 용어를 순화한 용어의 작성 원칙은 다음과 같다. ① 쉽게 이해할 수 있는 우리말로 순화 ② 간결하면서도 뜻이 명확히 드러날 수 있도록 순화 ③ 국어학적 측면보다는 현실적 수용 정도를 우선 고려하여 순화 ④ 설명식 풀이의 구(句)보다는 단어의 성격을 지니도록 순화 ⑤ 용어 표준화와 국어 순화의 두 가지 목적을 적절히 충족시킬 수 있도록 순화를 하였다.

패션 디자인 용어를 순화하면서 알맞은 대안을 찾지 못한 경우도 있는데, 이런 경우는 현재 쓰이는 용어를 일단 그냥 쓰기로 하였고 순화한 용어 가운데도 여전히 순화할 여지가 있는 것도 있으나 먼저 대안을 제시하여 표준화를 이룬 다음에 단계적으로 순화하는 것이 효과적이라는 판단에 따라 순화 용어를 제시하였다.

언론 외래어는 국립국어연구원이 중앙 일간지 16종을 대상으로 조사한 것이며, 불필요하게 쓰인 외국어와 외래어 사용을 자제하도록 권장하는 것들이다. 그 순화 대상 용어들이 대부분 생활 외래어이므로 유입된 외국어들이 굳어지기 전에 가능한 한 빨리 순화안을 마련해 언론에 제공함을 목적으로 하고 있다.

이 자료집에 수록된 용어 수는 패션 디자인 용어 1,471 단어, 언론 외래어 106 단어이다. 이 중에서 패션 디자인 용어 순화 내용을 몇 단어만 간추려 본다.

가먼트(garment) → 옷, 의류　　　가운(gown) → 덧옷, 관의
거스(girth) → 둘레　　　　　　　게이지(gauge) → 기준 코단수
글로시 컬러(glossy color) → 광택색

(10) 2000년도 국어 순화 자료집

이 자료집은 국립국어연구원이 1999년부터 2000년까지 순화한 문화재 용어, 언론 외래어, 전기 전자 용어, 금융 경제 용어, 농업 용어, 지하철 운전 용어, 정보 통신 용어를 모아 놓은 것이다.

문화재 용어는 문화재청에서 1999년에 시행한 '문화재 용어' 순화 사업 학술 용어 결과물을 검토한 것이며, 언론 외래어는 국립국어연구원이 지난 1999년 6월부터 2000년 11월까지 중앙 일간지를 대상으로 외국어와 외래어를 찾아서 순화한 것들이다. 또 전기 용어는 대한전기협회의 검토 요청으로, 금융 경제 용어는 한국은행의 검토 요청으로, 농업 용어는 농업진흥청의 검토 요청으로, 지하철 운전 용어는 서울지하철공사의 검토 요청으로, 정보 통신 용어는 한국정보통신기술협회의 검토 요청으로 순화한 것이다.

이들 용어 중에서 '문화재 용어'와 '언론 외래어'는 국어심의회 국어순화분과

위원회의 심의를 거쳐 관보에 고시되었고, 그 밖에 용어는 국립국어연구원이 검토한 후에 해당 기관에 통보하였으며 그 기관에서 자료집으로 발간하기도 하였다.

　이 자료집에 수록된 용어 수는 문화재 용어 1,174 단어, 언론 외래어 387 단어, 전기 전자 용어 353 단어, 금융 경제 용어 159 단어, 농업 용어 120 단어, 지하철 운전 용어 140 단어, 정보 통신 용어 31 단어이다. 특별히 이 자료집에서 문화재 용어와 정보 통신 용어는 순화 용어를 제시한 것과 표준 용어를 제시한 것으로 구분이 되는데 비고란에 순화 용어는 ㉠, 표준 용어는 ㉤으로 표시하였다. 따라서 기존에 하던 순화 구분 표시(X, →, ○)를 하지 않았다. 이 중에서 문화재 용어 몇 단어만 간추려 본다.

　　　갈래창 → 옆가지창　　　　검몸 → 칼몸
　　　고리병 → 똬리병　　　　　굴가마 → 비탈가마
　　　장식옥 → 꾸밈구슬

(10) 2000년도 언론 외래어 순화 자료집
　이 자료집은 국립국어연구원이 1999년 6월부터 2000년 11월 말까지 주요 중앙 일간지에서 불필요하게 쓰인 외국어와 외래어를 적당한 우리말로 바꾸어 각 신문사에 알린 순화 용어를 모아 놓은 것이다.

　수록한 외국어와 외래어에 대해서는 가능한 한 모두 원어를 밝혀 줌을 원칙으로 하였다. 외래어의 어원에서 일본어는 '일', 프랑스어는 '프', 독일어는 '독' 등으로 표시하였고, 영어의 경우는 다른 표시를 하지 않았다. 약자로 된 외래어는 대문자로 쓰고 나머지는 소문자로 원어를 밝혔다. 표제어가 원어에 없는 경우나 발음이 변하였을 경우에는 그 원형을 제시하고 형태가 변했다는 표시 '←'를 보였다.

　순화 용어가 두 개 이상일 경우에는 원래 번호를 매겨 나열하여 제시하였으며 같은 번호 내에 쓰인 소괄호는 해당 부분을 임의적으로 사용할 수 있음을 뜻한다.

이 자료집에 수록한 용어 수는 총 387 단어이다. 이 중에서 몇 단어만 간추려 본다.

게스트(guest) → (초대) 손님 누드폰(nude phone) → 투명 전화(기)
니치마켓(niche market) → 틈새시장 딜러십(dealership) → 판매권
라인업(line-up) → 진용(陣容)

(12) 2001년도 국어 순화 자료집

이 자료집은 국립국어연구원이 농구, 배구, 축구 등 운동 경기 분야 15개 종목 1,490 단어를 순화하여 모아 놓은 것이다.

운동 경기 용어 순화는 지난 1993년에 기획되었지만, 문화관광부가 순화 업무를 본격적으로 추진한 때는 1996년이다. 문화관광부는 이 업무를 국어순화추진회에 맡겼고 용역 결과를 받은 것은 1997년이다. 국어심의회 국어순화분과위원회는 심의 도중에 순화 대상 용어와 순화 용어의 재검토를 요구하며 심의를 보류하였다. 2000년에는 국어 정책 과제에 골프와 스키 용어의 순화 계획이 포함되어 있어 운동 경기 용어 순화 목록을 재정리하였다. 여러 차례의 자문 회의와 소위원회의, 재검토 과정을 거쳐 다시 국어심의회 국어순화분과위원회의 심의를 거쳐 확정되었다.

이들 용어를 순화하기 위한 대상 용어의 선정 기준은 다음과 같다. ① 국적 불명의 외국어나 외래어 ② 우리 정서에 맞지 않은 외국어 ③ 어려운 한자어 ④ 동일한 개념을 가리키면서 어지럽게 쓰이는 용어 등이다. 또 단어를 순화 대상으로 선정함을 원칙으로 하였으나 경우에 따라서는 구(句)도 그 대상이 되었다.

이들 운동 경기 용어의 순화 원칙은 다음과 같다. ① 쉽게 이해할 수 있는 우리말로 순화 ② 간결하면서도 뜻이 명확히 드러날 수 있도록 순화 ③ 국어학적 측면보다는 현실적 수용 정도를 고려하여 순화 ④ 설명식 풀이의 구(句)보다는 단어의 성격을 지니도록 순화 ⑤ 용어 표준화와 국어 순화의 두 가지 목적을 충족시킬 수 있도록 하기 위하여, 실제로 쓰이는 용어를 존중하여 그 가운데 한

용어를 순화한 용어와 표준 용어로 삼았고, 실제 쓰이는 용어라도 순화할 여지가 있는 용어는 쉽고 고운 새로운 말로 순화하였다.

특별히 골프와 스키 용어는 모르는 일반인의 이해를 돕기 위해서 순화 대상 용어를 설명하였고 또한 용례를 제시하였다. 이 중에서 골프 용어 순화 내용을 몇 단어만 간추려 본다.

```
갤러리(gallery) → 구경꾼
그린 재킷(green jacket) → 우승 재킷
그린 피(green fee) → (골프장) 입장료
노 리턴(no return) → 중도 포기
다운 블로(down blow) → 내려치기
```

(13) 2001년도 언론 외래어 순화 자료집

이 자료집은 국립국어연구원이 1999년 6월부터 2001년 10월 말까지 중앙의 주요 일간 신문에서 불필요하게 사용한 외국어와 외래어를 적당한 우리말로 바꾸어 각 신문사에 알린 순화한 용어를 모아 놓은 것이다.

수록한 외국어에 대해서는 가능한 한 모두 원어를 밝혀 줌을 원칙으로 하였다. 외국어의 어원에서 일본어는 '(일)', 프랑스어는 '(프)', 독일어는 '(독)' 등으로 표시하였고 영어의 경우는 다른 표시를 하지 않았다. 약자로 된 외국어는 대문자로 쓰고 나머지는 소문자로 원어를 밝혔다. 표제어가 원어에 없는 경우나 발음이 변하였을 경우에는 그 원형을 제시하고 형태가 변했다는 표시 '←'를 보였다.

이 자료집에 수록된 순화한 용어 수는 총 627 단어이다. 이 중에서 몇 단어만 간추려 본다.

```
개런티(guarantee) → 출연료          노스탤지어(nostalgia) → 향수(병)
더블헤더(double-header) → 연속 경기   딜레마(dilemma) → 진퇴양난, 궁지
라이벌(rival) → 맞수, 경쟁자
```

(14) 2002년도 국어 순화 자료집

이 자료집은 국립국어연구원이 연극 용어 323 단어, 금융 용어 178 단어, 법의 부검 용어 413 단어를 순화하여 모아 놓은 것이다.

연극 용어는 지난 2001년 국어 정책 과제인 '연극 영화 용어 순화를 위한 기초 연구'와 '연극 용어 순화안'을 바탕으로 하여 작성된 것이며, 여러 차례의 자문 회의와 소위원 회의를 거쳤으며 국어심의회 국어순화분과위원회의를 거쳐 확정되었다.

금융 용어는 금융감독원 주관으로, 법의 부검 용어는 경찰청 주관으로 마련된 것이며, 국립국어연구원에서 관계자가 참여하여 검토한 것이므로 함께 실었다.

이들 용어를 순화하기 위한 순화 대상 용어의 선정 기준은 다음과 같다. ① 국적 불명의 외국어나 외래어 ② 우리 정서에 맞지 않는 외국어 ③ 어려운 한자어 ④ 동일한 개념을 가리키면서 여러 가지로 어지럽게 사용되는 용어 ⑤ 주로 단어를 순화 대상 용어로 선정하였으나 경우에 따라 널리 사용되는 구(句)도 대상이 되었다.

이들 순화 용어의 작성 원칙은 다음과 같다. ① 쉽게 이해할 수 있는 우리말로 순화 ② 간결하면서도 뜻이 명확히 드러날 수 있도록 순화 ③ 국어학적 측면보다는 현실적 수용 정도를 고려하여 순화 ④ 설명식 풀이의 구(句)보다는 단어의 성격을 지니도록 순화 ⑤ 용어 표준화와 국어 순화의 두 가지 목적을 충족시킬 수 있도록 하기 위하여, 실제로 쓰이는 용어를 존중하여 그 가운데 한 용어를 순화한 용어와 표준 용어로 삼았고 ⑥ 실제 쓰이는 용어라도 순화할 여지가 있는 용어는 쉽고 고운 새로운 말로 순화하였다.

이 자료집에 수록된 순화한 용어 수는 총 914 단어이다. 이 중에서 연극 용어 순화 내용을 몇 단어만 간추려 본다.

다이얼로그(dialogue) → 대화
모놀로그(monologue) → 독화(獨話)
스펙터클(spectacle) → 경관(景觀)
메인 캐릭터(main character) → 주요 인물
서스펜스(suspense) → 긴장(감)

(15) 2002년도 언론 외래어 순화 자료집

　이 자료집은 국립국어연구원이 지난 1999년 6월부터 2002년 10월 말까지 중앙의 주요 일간 신문에서 불필요하게 사용한 외국어와 외래어를 적당한 우리말로 바꾸어 각 신문사에 알린 순화한 용어를 모아 놓은 것이다.

　수록한 외국어에 대해서는 가능한 한 모두 원어를 밝혀 줌을 원칙으로 하였다. 외국어의 어원에서 일본어는 '(일)', 프랑스어는 '(프)', 독일어는 '(독)' 등으로 표시하였고 영어의 경우는 다른 표시를 하지 않았다. 약자로 된 외국어는 대문자로 쓰고 나머지는 소문자로 원어를 밝혔다. 표제어가 원어에 없는 경우나 발음이 변하였을 경우에는 그 원형을 제시하고 형태가 변했다는 표시 '←'를 보였다.

　이 자료집에 수록된 순화한 용어 수는 총 953 단어이다. 이 중에서 몇 단어만 간추려 본다.

　　발리슛(volley shoot) → 공중차기　　버저비터(buzzer beater) → 종료골
　　베이비시터(baby-sitter) → 보모　　베일(veil) → 장막
　　부킹(booking) → 예약

(16) 국어 순화 자료집의 순화 대상 용어 통계

　국립국어연구원에서는 지난 1991년부터 2002년까지 총 12권의 국어 순화 자료집을 발간하였다. 이 국어 순화 자료집에 등재된 전문 분야는 모두 41개 분야이며, 순화 대상 용어는 모두 20,530여 단어이다.

〈기존 국어 순화 자료집 목록〉

◆ 1991년
　- 행정 용어 등 4,934

◆ 1992년
　- 행정 용어 8,673 (법률 용어 포함)
　- 미술 용어 693

- 건설 용어 393
- 신문 제작 용어 144
- 식생활 용어 264

◆ 1993년
- 행정 용어 319
- 선거 정치 용어 451
- 전산기 용어 1,605
- 생활 외래어 751

◆ 1994년
- 임업 용어(1차) 241
- 봉제 용어 331
- 국악 용어 447

◆ 1995년
- 일본어투 생활 용어(1차) 702

◆ 1996년
- 임업 용어(2차) 997 (1차 포함 1,201)

◆ 1997년
- 일본어투 생활 용어 377 (1차 포함 1,079)

◆ 1999년
- 패션 디자인 용어 1,471
- 언론 외래어 106

◆ 2000년
- 문화재 용어 1,174
  · 고고학 용어 507
  · 민속학 용어 305

· 건축사 용어 258
　　· 미술사 용어 214
　　- 언론 외래어 281(1차 포함 387)
　　- 전기 전자 용어 353
　　- 금융 경제 용어 159
　　- 농업 용어 120
　　- 지하철 운전 용어 140
　　- 정보 통신 용어 31

◆ 2001년
　　- 운동 경기 용어 1,490
　　- 언론 외래어 240 (1, 2차 포함 627)

◆ 2002년
　　- 연극 용어 323
　　- 금융 용어 178
　　- 법의 부검 용어 413
　　- 언론 외래어 326 (1, 2, 3차 포함 953)

　구체적이고 자세한 통계 자료는 뒤에 나오는 '국어 순화의 국어학적 연구'(민현식 교수의 논문)를 참고하기 바란다.

5. 국어 순화의 실제

(1) 일본어의 순화

　일본어는 거의 대부분 순화 대상이다. '국어 순화 세칙'(1976)에서는 일본식 한자어나 일본어를 어원으로 하는 외래어는 아주 바꾸어서 먼저 것을 쓰지 않기로 규정하고 있다. 이것은 일본에 대한 좋지 못한 감정, 특히 국어의 자긍심이 일본어 때문에 많이 손상되었기 때문일 것이다.

일본어투 어휘는 크게 ① 순수 일본어 ② 일본어처럼 읽히는 한자어 ③ 우리말처럼 읽히는 일본식 한자어 ④ 일본어투 발음의 서구 외래어 등으로 나눌 수 있다. 이 가운데 순수 일본어와 일본어처럼 읽히는 한자어를 중심으로 살펴본다.

〈일상생활에서 쓰이는 일본어〉
가라(假) → 가짜
기스(傷) → 흠(집), 생채기
단도리(段取り) → 채비, 단속
뎃빵(鐵板) → 우두머리
뗑깡(癲癇) → 생떼
무뎃뽀(無鐵砲) → 막무가내
잇빠이(一杯) → 가득, 한껏
하꼬방(箱-) → 판잣집, 쪽방

〈특히 속되게 느껴지는 생활 일본어〉
곤조(根性) → 본성, 심지
신삥(新品) → 신출내기, 새내기
쇼부(勝負) → 흥정, 결판
닥상(澤山) → 제격
뽀록나다(襤褸) → 들통나다, 드러나다

〈식생활 분야에서 쓰이는 일본어〉
와사비(山葵) → 겨자, 고추냉이
낑깡(金柑) → 동귤(童橘), 금귤(金橘)
사라(皿) → 접시
요지(楊枝) → 이쑤시개
소바면(蕎麥麵) → 메밀국수
다대기(たたき) → 다진양념
다마네기(玉葱) → 양파

〈봉제 분야에서 쓰이는 일본어〉
뗑뗑 가라(點點柄) → 물방울 무늬
시보리(絞) → 조름단, 물수건
나시(袖無) → 민소매
가부라(카부라) → (밑) 접단, 끝접기
곤색(紺色) → 감색, 검남색
우와기(上衣) → 윗옷, (양복) 저고리

〈건설 분야에서 쓰이는 일본어〉
가꾸목(角木) → 목재, 각재
구루마(車) → 손수레, 달구지
고바이(勾配) → 물매, 기울기, 오르막
도기다시(研出し) → 갈아닦기, 윤내기
시마이(仕舞い) → 마감, 마무리
시타바리(下-) → 보조원, 밑일꾼

(2) 일본식 한자어의 순화

일본식 한자어는 크게 두 갈래가 있다. 하나는 '감봉(減俸), 과소비(過消費), 경품(景品)'처럼 읽히는 순수 한자어가 있고, 다른 하나는 '역할(役割, 야쿠와리), 입장(立場, 다치바)'처럼 읽히는 훈독 한자어가 있다. 훈독 한자어는 우리말 한자어처럼 생각되기 쉬우나 사실 일본어에서 한자를 빌려 표기한 한자어일 뿐이다. 이를테면 우리나라의 향찰 표기에서 한자의 훈(과 음)을 이용해 '夜音'[밤]이라고 적은 것과 같다.

문제는 일본식 한자어를 어디까지 순화할 것인가 하는 것이다. 극단적인 순화 운동가들은 한자어 자체를 순화 대상으로 삼으므로 일본식 한자어는 재론할 여지없이 순화해야 한다고 주장하고 있다. 그러나 단지 일본식 한자어라고 해서 무조건 순화하기에는 이미 국어 속에 자리잡은 말들이 많다. 예를 들어 개화기에 신문물의 유입과 함께 들어와 이제는 완전히 국어가 된 '경제, 회사, 정당' 따위를 바꿀 수는 없을 것이다. 또한 원래 있던 우리말 대신에 자리잡은 '美人(←一色),

約束(←言約), 化粧(←丹粧)' 등도 우리말 한자어로 되돌려놓기도 어렵다.

그래서 일본식 한자어는 선별적으로 순화를 해야 한다. 다른 한자어와 마찬가지로 지나치게 어렵다면 순화의 대상으로 삼을 수 있고, 훈독 한자어는 그 속성상 순수 일본어와 유사하다는 점에서 순화의 대상이 될 것이다.

〈지나치게 어려운 일본식 한자어〉
나대지(裸垈地) → 빈집터
매점(買占) → 사재기
사양서(仕樣書) → 설명서
시건(施鍵) 장치 → 잠금 장치
취조(取調) → 문초
택배(宅配) → 집배달, 문앞배달

〈일본식 한자 형태소〉
접두사 : 假-, 空-, 生- 등

가접수(假接受) → 임시 접수
가처분(假處分) → 임시 처분
공수표(空手票) → 부도 수표
공상자(空箱子) → 빈상자
생방송(生放送) → 현장 방송

접미사 : -先, -元, -口, -附, -高, -屆 등

거래선(去來先) → 거래처
수입선(輸入先) → 수입국
제조원(製造元) → 제조 회사
공급원(供給元) → 공급처
매표구(賣票口) → 표 사는 곳
비상구(非常口) → 비상문
물가고(物價高) → 높은 물가

```
수확고(收穫高) → 수확량
결석계(缺席屆) → 결석신고서
숙박계(宿泊屆) → 숙박부
```

(3) 지나치게 어려운 한자어

한자어는 국어 어휘를 풍부하게 해 주고 조어력이 뛰어난 장점이 있지만, 대부분 우리 국민이 어렵게 느껴진다는 점에서 순화의 대상이 된다. 실제로 많이 쓰이는 사례를 중심으로 일부만 살펴본다.

```
○○동 척사(擲柶) 대회 → ○○동 윷놀이 대회
비산(飛散) 먼지 주의 → 날림 먼지 주의
콘크리트 양생(養生) 중 → 콘크리트 굳히는 중
사고 다발(多發) 지역 → 사고 잦은 곳
약을 복용(服用)하다 → 약을 먹다
난색(難色)을 표명(表明)하다 → 어려운 빛을 나타내다
가방을 분실(紛失)하다 → 가방을 잃어버리다
장물을 은닉(隱匿)하다 → 장물을 숨기다
법에 저촉(抵觸)되다 → 법에 걸리다
전력(全力)을 경주(傾注)하다 → 온힘을 기울이다
식별(識別)이 용이(容易)하다 → 알아보기 쉽다
적색(赤色)등이 점등(點燈)되다 → 빨간불이 켜지다
화재(火災)를 진압(鎭壓)하다 → 불을 끄다
촉수(觸手)를 엄금(嚴禁)하시오 → 손대지 마시오
```

(4) 서구의 외국어와 외래어

오늘날은 지구촌이 한 가족처럼 살아가기 때문에 어느 나라나 외국어와 외래어는 있게 마련이고 이를 사용하지 않고 살아갈 수는 없다. 그러다 보니 날로 외국어와 외래어는 증가하게 되고 그에 따른 문제점은 오래 전부터 지적되어

왔다. 비교적 이른 시기에 우리나라에도 서구의 외국어와 외래어가 일본어를 거쳐서 유입되었다. 몇 단어만 간추려 본다.

```
빠꾸(←back) → 뒤로, 퇴짜
레지(←register) → (다방) 종업원
추리닝(←training) → 운동복, 연습복
쇼바(←shock absorber) → 완충기
미싱(←machine) → 재봉틀
```

이런 일본식 외래어는 많이 줄어들었다고는 하지만 꾸준히 이어져 새로운 문화의 도입과 함께 '리모콘(←remote control), 히로뽕(←philopon), 고로케(←croquette), 가라오케(←orchestra)' 등이 새로 들어오기도 하였다.

대개의 경우 이런 일본식 외래어는 쉽게 사라질 수 있지만, 그 이면에는 또 다른 국어 순화 문제가 있다. 즉 우리말로 바꾸는 것이 아니라 해당 원어로 되돌아가는 것이다. 영어를 비롯한 외국어의 능력이 높아지고 서구 문화에 익숙해지면서 외국어에 대한 친숙 정도도 매우 높아졌다. 몇 단어만 간추려 본다.

```
남바(←number) → 넘버           마후라(←muffler) → 머플러
맘모스(←mammoth) → 매머드      바란스(←balance) → 밸런스
부레키(←brake) → 브레이크       사라다(←salad) → 샐러드
```

들어온 일본식 외래어들 가운데 '다스, 골인, 오토바이, 뻰찌' 등은 좀처럼 고쳐지지 않고 굳어진 것도 있다. 이러한 현상은 우리말과 일본식 외래어와의 경쟁이 아니라 해당 원어와의 경쟁에서 밀린 결과가 된 것이다. 사실 이와 같이 중국의 한자어, 일본어에 이어 새로이 등장하는 서구의 외국어와 외래어는 오늘날의 국어생활에서 가장 큰 문제이다. 마치 고유어 '뫼, 가람'이 한자어 '산, 강'에 밀린 것처럼, 우리말이 서구 외국어에 쫓기는 경향을 찾아볼 수 있다. 몇 단어만 간추려 본다.

예절 → 에티켓(étiquette)	알몸 → 누드(nude)
뜬소문 → 루머(rumour)	사진기 → 카메라(camera)
열쇠 → 키(key)	허리띠 → 벨트(belt)
목도리 → 머플러(muffler)	치수 → 사이즈(size)

외래어는 '잉크, 텔레비전, 라디오, 컴퓨터, 뉴스'처럼 새롭거나 특별한 의미를 담는 것이 많기 때문에 그대로 들어오는 경우가 대부분이다. 그러나 그런 과정에서도 우리말을 좀 더 잘 운용하면 얼마든지 가능한 경우도 있다. 예를 들어 '뉴스'만 하더라도 '새소식'과 같은 우리말을 만들어 쓸 수도 있다.

6. 변형된 국어

국어 순화 속에는 변형된 국어를 바로잡는 것도 포함된다. 최근에 많은 문제로 지적되는 것이 컴퓨터 통신 언어이다. 통신이라는 특수한 상황에 기대어 변형된 국어가 횡행하는 것이다. 널리 알려진 예만 보아도 "안냐세요(안녕하세요), 방가(반가워요), 어솨요(어서오세요), 설(서울), 고딩(고등학생), 조아(좋아), 부니기(분위기)" 등 상당히 많다. 여기에 대하여 이를 우려하는 태도와 문제삼을 것이 없다는 태도가 공존한다. 후자의 견해는 주로 이들이 통신이라는 제한된 분야에서 이루어지고, 시간 절약이라는 특수한 목적에서 나온 단어이므로 사용자들이 일상 생활에서는 정상적인 언어를 사용한다는 점을 들고 있다. 매우 타당한 이야기이지만 그렇다고 해서 이들 언어가 아무런 문제가 없다는 태도는 곤란하다. 자주 듣고 접하다 보면 잠재 의식 속에 들어와 자기도 모르게 사용하게 되는 것이 말이다. 적어도 언어의 굴절이 그렇게 자유롭게 허용된다는 의식을 갖게 되는 것만으로도 국어 생활에 영향을 미치게 될 것이다.

상표명과 상호명도 변형된 국어를 많이 사용하고 있다. '포그니, 누네띠네, 모드니에, 예삐방, 함사세(함께 사는 세상)' 등 이것도 국어를 기초로 했다는 점에서 긍정적으로 보는 시각과 국어를 왜곡하고 있다는 점에서 비판적으로 보는 시각이 공존한다. 이와 같이 우리말을 변형시켜 쓰는 태도는 외국어 사용 분위기와도 무관하지 않다. 어쨌든 바람직한 현상이라고 할 수는 없을 것이다.

7. 맺음말

지금까지 국어 순화에 대한 이모저모를 살펴보았다. 국어 순화에서 중요한 것은 크게 세 가지 정도일 것이다. 첫째는 조어법의 문제이다. 순화 용어를 제시할 경우 우선 국어학적으로 아무런 문제가 없어야 할 것이다. 국어의 특성을 고려하지 않고 만든 용어라면 그것은 순화 용어라고 할 수 없다. 일종의 변형된 국어와 다를 바가 없기 때문이다. 둘째는 홍보의 문제이다. 컴퓨터에 비유한다면 앞에 나온 조어법의 문제가 소프트웨어라면 홍보의 문제는 하드웨어라고 할 만하다. 아무리 좋은 순화 용어를 만들었다고 해도 언중이 이를 사용하지 않는다면 소용없는 일이다. 책 속에 숨어 있는 연구 결과가 저절로 언중에게 보급될 수는 없는 일이다.

그러나 무엇보다도 중요한 것은 국어 사랑의 정신일 것이다. 국어를 사랑하겠다는 마음만 있으면 국어 순화는 저절로 해결이 된다. 태어나면서 배운 말, 한평생 그것으로 생각하고 표현하는 말이므로 국어 사랑은 무조건적이다. 국토, 국가, 국어(우리말)를 따로 떼서 생각할 수 없다. 여기에는 국수주의니 민족주의니 하는 시비가 있을 수 없다. 국어를 아끼고 사랑하는 참된 마음만 있다면 국어 순화는 아무런 문제가 없을 것이다.

참고 문헌

강신항(1991), 『현대 국어 어휘 사용의 양상』, 태학사.
국립국어연구원(1991), 『국어 순화 자료집』.
＿＿＿＿＿＿＿(1992), 『국어 순화 자료집』.
＿＿＿＿＿＿＿(1993), 『국어 순화 자료집』.
＿＿＿＿＿＿＿(1994), 『국어 순화 자료집』.
＿＿＿＿＿＿＿(1995), 『국어 순화 자료집』.
＿＿＿＿＿＿＿(1996), 『일본어투 생활 용어 사용 실태 조사』.
＿＿＿＿＿＿＿(1999), 『국어 순화 자료집』.
＿＿＿＿＿＿＿(2000), 『국어 순화 자료집』.
＿＿＿＿＿＿＿(2001), 『국어 순화 자료집』.
＿＿＿＿＿＿＿(2001), 『언론 외래어 순화 자료집』.
＿＿＿＿＿＿＿(2002), 『국어 순화 자료집』.
＿＿＿＿＿＿＿(2002), 『언론 외래어 순화 자료집』.
＿＿＿＿＿＿＿(2003), 『국어 순화 정책 연구 보고서』.
국어순화추진회(1989), 『우리말 순화의 어제와 오늘』, 미래문화사.
국어학회(1997), 『외래어 사용 실태와 국민 언어 순화 방안』.
김민수(1973), 『국어정책론』, 탑출판사.
남영신(2000), '국어 순화 분야', 『21세기의 국어 정책』 발표문, 국립국어연구원.
문화체육부(1996), 『국어 순화 용어 자료집』.
＿＿＿＿＿(1997), 『국어 순화용어 자료집』.
민현식(1999), 『국어 정서법 연구』, 태학사.
＿＿＿(2003), 『국어 순화의 국어학적 연구』, 국립국어연구원.
최용기(2003 가), 『남북한 국어 정책 변천사 연구』, 박이정.
＿＿＿(2003 나), '국어 순화', 『바른 국어 생활』, 국립국어연구원.
한국교열기자회(1985), 『국어 순화의 이론과 실제』, 일지사.
한국정신문화연구원(1984), 『국어 순화 교육』, 고려원.
허만길(1994), 『한국 현대 국어 정책 연구』, 국학자료원.
허철구(1999), '국어 순화', 『국어 문화 학교 국어반』, 국립국어연구원.

※ 국립국어연구원의 『국어 순화 정책 연구 보고서』(2003. 12.)를 수정하여 보완한 것임.

제7장 방송 언어의 순화

1. 머리말

　방송 언어는 불특정 다수에게 정확하고 품위 있는 말을 전달하는 것을 그 특징으로 하고 있다. 이 말은 그만큼 대상자의 범위가 넓고 가장 말하기가 어렵다는 것을 뜻한다. 일반적으로 이러한 방송 언어는 문어(文語)적인 모습보다는 구어(口語)적인 내용을 지니고 있기 때문에 표준어와 표준 발음이 그 무엇보다도 중요하다.
　따라서 방송 언어는 지역의 특성을 살리려는 특수한 드라마를 제외하고는 가능한 한 표준어와 표준 발음을 사용해야 한다. 특히, 보도 방송이나 교양 방송에서는 정확한 내용을 전달하는 것이 중요하기 때문에 표준어를 사용하는 것은 절대적이며, 텔레비전 방송에서는 자막까지도 반드시 국어 어문 규정을 지켜야 한다.
　그동안 방송 언어가 우리의 언어생활에 끼친 영향은 대단히 크다. 먼저, 장점으로는 두메산골이나 국외 교포에게까지 우리말의 표준어를 전달하였고, 항상 국민의 언어문화를 선도하였음을 알 수 있었다. 반면에 단점으로는 방언(지역어)의 지나친 남용, 비속어나 외래어 사용, 표준 발음의 혼란 등을 찾아볼 수 있다.
　이 글은 방송 언어의 오용 사례를 살펴보고 그것에 대한 순화 방안에 대하여 살펴보고자 한다. 예시를 보인 아래의 사례는 방송의 자막을 중심으로 형태상의 오류, 의미상의 오류, 문장의 오류 등을 제시한 것이고, 뉴스나 드라마는 표준 발음의 오류를 살펴본 것이다.

2. 본론

2.1. 형태상의 오류

방송 언어에서 형태상의 문제가 되는 것은 한글 맞춤법을 잘못 이해하거나 표준어를 잘못 사용해 생기는 경우와 이형태를 잘못 적용해 생기는 경우(특히 외래어 등)로 구분해 볼 수 있을 것이다. 이들은 주로 방송의 자막에서 나타난다.

(1) 한글 맞춤법에 어긋난 사례

 가. 공기밥 추가 → 공깃밥 추가 <SBS 솔로몬의 선택>
 나. 오똑한 코 → 오뚝한 코 <SBS 그것이 알고 싶다>
 다. 밀어부치는 한국 → 밀어붙이는 한국 <MBC 일요일 일요일 밤에>
 라. 금새 반응이 → 금세 반응이 <MBC 일요일 일요일 밤에>
 마. 더 가야 되요? → 더 가야 돼요? <KBS VJ 특공대>
 바. 그러면 어떻게 → 그러면 어떡해 <KBS VJ 특공대>

한글 맞춤법에 어긋난 표기는 주로 문어(文語)로 나타날 때에 확인이 되는데 그렇게 심각하지는 않다. 위의 문장에서 '공기밥'은 표준 발음이 [공기빱/공긷빱]이므로 한글 맞춤법 제30항의 규정에 따라 '공깃밥'으로 적어야 한다. '오똑한'은 '오뚝, 오뚝이'라는 부사와 일관성 있게 '오뚝한'으로 적어야 한다. '밀어부치는'은 기본형이 '밀어붙이다'이므로 변화형에서도 '밀어붙이는'으로 적어야 한다. 이때에 '붙이다'는 '붙다'의 의미가 남아 있다. '금새'는 '금시에'(지금 바로)가 줄어든 말이므로 '금세'로 적어야 한다. '가야 되요?'는 '가야 되어요?'가 줄어든 말이므로 '가야 돼요?'로 적거나 '가야 해요?'로 적어야 한다. '어떻게'는 '어떠하다'가 줄어든 '어떻다'에 어미 '-게'가 결합하여 부사적으로 쓰이는 말이고, '어떡해'는 '어떻게 해'라는 구(句)가 줄어든 말이다. 위의 문장은 문맥으로 보아 '어떡해'

라는 구의 쓰임이 적절하다.

(2) 띄어쓰기가 잘못된 사례

가. 수술한거야! → 수술한 거야! <KBS 자유 선언 토요 대작전>
나. 그것 뿐이에요. → 그것뿐이에요. <KBS 추적 60분>
다. 남녀가 바뀐듯한 외모 → 남녀가 바뀐 듯한 외모 <MBC 임성훈과 함께>
라. 을지로 작은 아버지집 도착! → 을지로 작은아버지 집 도착! <MBC 느낌표>
마. 사별한지 석달만에 → 사별한 지 석 달 만에 <SBS 솔로몬의 선택>
바. 최군이 보낸 편지 → 최 군이 보낸 편지 <SBS 그것이 알고 싶다>
사. 한 겨울에 손이 얼어 → 한겨울에 손이 얼어 <MBC 일요일 일요일 밤에>

띄어쓰기는 단어별로 띄어 써야 하는데 띄어쓰기의 규정을 몰라서 틀리는 경우와 자막의 특성상 일부러 붙여 쓰는 경우, 급하게 쓰다 보니 틀리는 경우가 있을 것이다. 특히 띄어쓰기 가운데 가장 많이 나타나는 것은 명사 연결체와 의존 명사이다. 명사 연결체 가운데 합성명사는 붙여 쓰지만 아직 단어화되지 않은 것은 구(句)이므로 띄어 써야 하는데 붙여 적는 경우가 많이 있고 의존명사도 어문 규정을 몰라서 틀리는 경우가 많이 있다. 위의 문장에서 '수술한거야!'는 '수술한 것이야!'의 준말로 이때에 '것'은 의존명사이므로 띄어 써야 한다. '그것 뿐이에요'의 '뿐'은 조사이므로 체언에 붙여 써야 하고, '바뀐듯한'의 '듯'은 의존명사이므로 띄어 써야 한다. '작은 아버지집'은 '작은아버지'가 한 단어이므로 붙여 써야 하고 '집'도 한 단어이므로 따로 띄어 써야 한다. '사별한지 석달만에'는 여러 곳이 잘못되어 있는데 '사별한지'에서 '지'는 어미와 의존명사 둘로 구분되어 쓰이는데 이 경우는 의존명사이므로 띄어 써야 한다. 또 '석달만에'는 '달'이 단위를 나타내는 의존명사이고, '만'이 일정한 기간을 나타내는 의존명사이므로 모두 띄어 써야 한다. '최군'은 '군'이 성(姓) 뒤에 붙는 의존명사이므로 띄어 써야 하고, '한겨울'은 한 단어이므로 붙여 써야 한다.

(3) 문장 부호가 잘못된 사례

가. 2003. 6. 9 → 2003. 6. 9. <SBS 그것이 알고 싶다>
나. 장보윤 이영표 선수 부인 → 장보윤(이영표 선수 부인) <SBS 한선교 정은아의 좋은 아침>
다. 대한민국 vs 폴란드 → 대한민국 대 폴란드 <SBS 한선교 정은아의 좋은 아침>
라. 한·일 월드컵 → 한일 월드컵 <MBC 일요일 일요일 밤에>
마. 옛말에 이런 말이… → 옛말에 이런 말이…… <MBC 일요일 일요일 밤에>
바. "아 내가 넣을 걸!" → "아, 내가 넣을걸!" <MBC 일요일 일요일 밤에>
사. '니가 갖다 먹어라' 이래요. → "네가 갖다 먹어라." 이래요. <KBS VJ 특공대>
아. DJ 하겠다는 얘기… → 디제이 하겠다는 얘기…… <KBS 자유 선언 토요 대작전>

문장 부호가 잘못된 경우는 그렇게 많지 않다. 주로 줄임표와 연월일 뒤에서 많이 나타난다. 위의 문장에서 '2003. 6. 9'는 연월일의 생략 뒤이므로 '2003. 6. 9.'처럼 적어야 하고, '장보윤 이영표 선수 부인'은 소괄호를 이용하여 '장보윤(이영표 선수 부인)'처럼 적어야 의미 파악을 쉽게 할 수 있다. '대한민국 vs 폴란드'는 'vs'(←versus)가 우리말의 문장 부호가 아니고 '~ 대 ~', '~에 대한'의 뜻이 있는 영어의 약자이므로 그 의미를 살려서 '대한민국 대 폴란드'처럼 적어야 하고, '한·일 월드컵'은 '한일'이 '한국과 일본을 아울러 이르는 말'이므로 '한일 월드컵'처럼 적어야 한다. 줄임표는 가운뎃점이 세 개(…)가 아니고 여섯 개(……)이므로 '이런 말이…'처럼 적지 않고 '이런 말이……'처럼 적어야 한다. '아 내가 넣을 걸!'은 '아' 다음에 반점(,)이 빠졌고 띄어쓰기가 잘못되었다. 이 문장의 '아'는 '가벼운 감탄을 나타내는 말'이므로 반드시 반점(,)을 찍어 "아, 내가 넣을걸!"처럼 적어야 하고, '니가 갖다 먹어라.'는 직접 대화를 나타내는 문장이므로 "네가 갖다 먹어라."처럼 큰따옴표(" ")를 사용해야 한다. 'DJ 하겠다는 얘기…'는 이른바 머리글자인 'DJ'는 문장 부호에서 언급하지 않고 있으므로 '디제이'처럼 적어야 하고, 이 문장의 줄임표도 잘못되었는데 역시 가운뎃점은 여섯 개(……)를 찍어야 한다.

(4) 표준어 규정에 어긋난 사례

가. 1학년이예요. → 1학년이에요. <KBS VJ 특공대>
나. 우리가 메꿰 볼 텐데. → 우리가 메워 볼 텐데. <KBS 아침 마당>
다. 바람을 피는 거야. → 바람을 피우는 거야. <SBS 솔로몬의 선택>
라. 맨날 법대로 해요. → 만날 법대로 해요. <SBS 솔로몬의 선택>
마. 바닥만 조금 뜨시지. → 바닥만 조금 따뜻하지. <MBC 일요일 일요일 밤에>
바. 벌써 8명 제꼈어요. → 벌써 8명 제쳤어요. <MBC 일요일 일요일 밤에>
사. 앗, 뜨거라! → 앗, 뜨거워라! <SBS 콜럼버스 대발견>
아. 전화번호 가리켜 주세요. → 전화번호 가르쳐 주세요. <KBS 자유 선언 토요 대작전>
자. 황당해서 놀랬어요. → 황당해서 놀랐어요. <MBC 느낌표>

표준어 규정에 어긋난 경우는 상당히 많다. 방송 언어가 음성 언어를 통하여 실현된다는 점을 고려한다면 표준 어휘뿐 아니라 표준 발음에서도 틀린 곳이 많다. 위의 문장에서 '1학년이예요.'에서 '~이예요'는 '~이어요'와 '~이에요'의 잘못이다. '~이어요/이에요'는 '이다'에 '~어요/에요'가 붙은 말로 받침이 있는 체언에 주로 붙는다. 다만, 받침이 없는 체언에 붙을 때는 '~예요/여요'로 줄어든다. 따라서 이 경우는 받침이 있으므로 '1학년이에요'가 옳다. '메꿰'는 기본형이 '메우다'이므로 변화형도 '메워'라고 적고 발음해야 한다. '피는'은 '피다'와 '피우다'로 구분이 되는데 위의 문장에서는 '피우는'이 옳다. '맨날'은 '만날'의 비표준어이고, '뜨시다'는 '따뜻하다'의 경상도 방언이다. '제끼다'는 '제치다'의 비표준어이고, '뜨겁다'는 형용사이므로 명령형을 직접 만들 수 없고 보조 어간을 빌려 '뜨거워라'처럼 해야 한다. '가리켜'는 기본형이 '가리키다'이고 '가르치다'와는 구분이 된다. 위 글에서는 '가르치다'의 변화형인 '가르쳐'가 옳다. '놀래다'는 '놀라다'의 비표준어이다. 표준 발음에서도 잘못된 곳을 일일이 지적할 수 없을 정도로 많다. 가령 '밭이에요'를 '바시에요'(→ 바치에요)로, '골대'를 '꼴대'(→ 골때)로, '갑갑하고'를 '깝깝하구'(→ 갑까파고)로 발음하는 경우도 종종 있다.

(5) 외래어 표기가 잘못된 사례

가. 케익 자르고 → 케이크 자르고 <MBC 일요일 일요일 밤에>
나. 밧데리도 아니고 → 배터리도 아니고 <MBC 일요일 일요일 밤에>
다. 런닝셔쓰를 입고 → 러닝셔츠를 입고 <MBC 일요일 일요일 밤에>
라. 마스콘 키를 빼고 → 마스컨 키를 빼고 <SBS 그것이 알고 싶다>
마. 선물과 프로포즈 → 선물과 프러포즈 <SBS 한선교 정은아의 좋은 아침>
바. 후라이팬 가득 양념을 → 프라이팬 가득 양념을 <KBS VJ 특공대>
사. 별명이 불독이예요? → 별명이 불도그예요? <KBS VJ 특공대>
아. 팀웍이 중요합니다. → 팀워크가 중요합니다. <KBS 자유 선언 토요 대작전>

　외래어 표기도 원칙을 모르고 잘못 쓴 경우가 많다. 외래어 표기는 발음 기호를 국제 음성 기호(IPA)와 한글 대조표에 맞게 적어야 한다. 위의 문장에서 '케익'은 '케이크'의 잘못이다. 'cake[keik]'는 이중 모음 뒤의 무성 파열음이 어말에 왔기 때문에 '으'를 붙여 '케이크'라고 적어야 한다. '밧데리'는 '배터리'의 잘못이다. 'battery'[bætəri]는 외래어 표기의 원칙에 따라 '배터리'로 적어야 한다. '런닝셔쓰'는 '러닝셔츠'의 잘못이다. 'running shirts'[rʌnig ʃəːrts]는 외래어 표기의 원칙에 따라 '러닝셔츠'로 적어야 한다. '마스콘 키'는 'master control key'의 준말이므로 '마스컨 키'의 잘못이다. '프로포즈'도 '프러포즈'의 잘못이다. 'propose'[prəpouz]는 외래어 표기의 원칙에 따라 '프러포즈'로 적어야 한다. '후라이팬'도 '프라이팬'의 잘못이다. 'frying pan'[fraing pæn]은 외래어 표기의 원칙을 적용하면 '프라잉 팬'이지만 그렇게까지 원어에 충실하여 적을 필요가 없고 이미 굳어진 '프라이'를 관용어처럼 쓰고, [f]는 'ㅍ(모음 앞)/프(어말과 자음 앞)'에 대응시키는 원칙이 있으므로 이에 따라 '프라이팬'이라고 적어야 한다. '불독'도 '불도그'의 잘못이다. 'bull-dog'[būl-dɔːg]는 장모음 뒤의 유성 파열음이 어말에 왔기 때문에 외래어 표기의 원칙에 따라 '불도그'라고 적어야 한다. '팀웍'도 '팀워크'의 잘못이다. 'team-work'[tiːm-wəːrk]도 외래어 표기의 원칙에 따라 '팀워크'라고 적어야 한다.

(6) 기타(단순한 교정 오류 및 로마자, 한자의 노출)

> 가. 어색함이 <u>NO.1</u> → 어색함이 넘버 원 <KBS 자유 선언 토요 대작전>
> 나. <u>Bravo!</u> → 브라보! <KBS 자유 선언 토요 대작전>
> 다. 발라드계의 <u>神話</u> → 발라드계의 신화(神話) <MBC 일요일 일요일 밤에>
> 라. <u>희얼</u>을 느끼는 거야! → 희열을 느끼는 거야 <MBC 일요일 일요일 밤에>
> 마. <u>Are You Ready?</u> → 준비됐습니까? <MBC 일요일 일요일 밤에>
> 바. 페트병을 이용하면 <u>OK!</u> → 페트병을 이용하면 오케이! <SBS 콜럼버스 대발견>
> 사. 전문 <u>MC</u> → 전문 엠시 <SBS 한선교 정은아의 좋은 아침>

방송의 자막에서 단순한 교정의 오류 및 로마자, 한자의 노출도 심각한 수준이다. 위의 문장에서 'NO.1'은 '넘버 원'(number one)의 잘못이고 우리말로 바꿔 '으뜸, 최고' 등을 사용하는 것이 더 좋을 것이다. 'Bravo'도 '브라보'(Bravo)의 잘못이고 우리말로 바꿔 '잘한다, 좋다, 지화자' 등을 사용하는 것이 좋을 것이다. '神話'도 한자가 그대로 노출되었으므로 '신화(神話)'의 잘못이며 한자어가 없어도 의미를 파악하는 데 별 무리가 없다. '희얼'은 '희열'의 단순한 오류이며 'Are You Ready?'는 영어 문장이지 국어 문장이 아니다. 'OK'도 '오케이'(OK)의 잘못이고 우리말로 바꿔 '된다, 좋다' 등을 사용하는 것이 좋을 것이다. 'MC'도 '엠시'(MC)의 잘못이고 우리말로 바꿔 '사회자, 진행자' 등을 사용하는 것이 좋을 것이다.

2.2. 의미상의 오류

방송 언어에서 의미상의 오류는 부정확한 단어를 쓴 것, 외래어와 일본어투 용어를 남용한 것, 단어 사이의 호응이 부적절한 것, 비속어를 사용한 것, 같은 뜻이 중복된 것, 문장 성분이 생략된 것, 관용 표현이 부적절한 것 등에서 살펴볼 수 있을 것이다.

(1) 부정확한 단어를 쓴 사례

가. 신곡 완전 중요해요. → 신곡 정말 중요해요. <KBS 자유 선언 토요 대작전>
나. 前 영부인 이희호여사 → 전(前) 대통령의 부인 이희호 여사 <MBC 느낌표>
다. 허리는 워낙 두꺼우니까 → 허리는 워낙 굵으니까 <SBS 한선교 정은아의 좋은 아침>
라. 신지 씨도 무명 있었지요? → 신지 씨도 무명 시절이 있었지요? <KBS 자유 선언 토요 대작전>
마. 샴페인이라도 할 거 아닙니까? → 샴페인이라도 마실 거 아닙니까? <MBC 일요일 일요일 밤에>
바. 연애 감정이 많이 이어갈 수 있는 → 연애 감정이 오래 이어갈 수 있는 <SBS 한선교 정은아의 좋은 아침>

부정확한 단어를 쓴 경우는 그렇게 많지 않다. 위의 문장에서 '완전'은 '정말'의 잘못이다. '완전'은 명사로 '필요한 것이 모두 갖추어져 모자람이나 흠이 없음'을 말하고, '정말'은 부사로 '거짓이 없이 말 그대로, 정말로'의 뜻이 있다. '前 영부인'은 어떤 어휘가 빠져 이상한데 '영부인' 앞에 '대통령'이라는 어휘를 넣어야 자연스러운 문장이 된다. '두꺼우니까'는 '굵으니까'의 잘못이다. '허리가 두껍다'는 것은 아무래도 이상하다. '허리'는 굵거나 가늘어야 한다. '무명'도 '무명 시절'의 잘못이다. '무명'은 '이름이 없거나 이름을 모름'의 뜻밖에 없다. '샴페인을 하다.'도 '샴페인을 마시다.'의 잘못이다. '연애 감정이 많이 이어가는 것'도 '연애 감정이 오래 이어가는 것'의 잘못이다.

(2) 외래어와 일본어투 용어를 남용한 사례

가. 20년 된 베테랑도 만드는 데 → 20년 된 숙련가도 만드는 데 <KBS VJ 특공대>
나. 김건모 스페셜! → 김건모 특집! <KBS 자유 선언 토요 대작전>
다. 너무 오바하십니다. → 너무 지나치십니다. <MBC 일요일 일요일 밤에>
라. 너무 좋은 아이디어예요. → 아주 좋은 생각이에요. <MBC 느낌표>
마. 러브가 뭡니까? → 사랑이 뭡니까? <SBS 솔로몬의 선택>
바. 핸드폰 요금 → 휴대전화 요금 <SBS 솔로몬의 선택>

사. 뭔가 <u>판타스틱한</u> 게 있어 → 뭔가 <u>환상적인</u> 게 있어 <MBC 일요일 일요일 밤에>
아. 맛도 <u>다운돼요.</u> → 맛도 <u>떨어져요.</u> <KBS 추적 60분>
자. 오늘도 <u>만땅이요.</u> → 오늘도 <u>가득이요.</u> <SBS 솔로몬의 선택>

외래어와 일본어투 용어의 남용도 매우 심각하다. 불필요한 외국어를 함부로 쓴 경우가 대단히 많다. 위의 문장에서 '베테랑'(프. veteran)은 '숙련가, 전문가' 정도로 고치면 좋겠다. '스페셜'(special)도 '특집' 정도로 고치면 좋겠고, '오버'(over)도 '지나치다' 정도로 고치면 좋겠다. '아이디어'(idea)도 '생각, 착안' 정도면 충분하다. '러브'(love)도 '사랑'으로 고치면 되고 '핸드폰'(←hand phone)도 '휴대 전화'로 이미 순화하여 사용하고 있다. '판타스틱'(fantastic)도 '환상적, 공상적'으로 고치면 좋겠고 '다운'(down)도 '떨어지다'로 고치면 충분하다. '만땅'(滿, タン-tank)도 일본말이므로 우리말로 '가득'으로 고쳐 써야 한다.

(3) 비속어를 사용한 사례

가. <u>까</u> 봐야 알겠죠. → <u>열어</u> 봐야 알겠죠. <KBS 자유 선언 토요 대작전>
나. 제가 <u>열 받아 가지고</u> → 제가 <u>화가 나서</u> <KBS 추적 60분>
다. 모른다고 하면 <u>땡입니까?</u> → 모른다고 하면 <u>그만입니까?</u> <MBC 느낌표>
라. <u>왕머리</u> 되시는 분 → <u>머리 크신</u> 분 <MBC 토크쇼 임성훈과 함께>
마. <u>버벅거리지</u> 말고 → <u>더듬거리지</u> 말고 <SBS 한선교 정은아의 좋은 아침>
바. <u>뻥치고 있네.</u> → <u>거짓말하고 있네.</u> <SBS 솔로몬의 선택>

비속어를 사용한 경우는 그렇게 많지 않지만 방송에서 사용하는 어휘 하나하나가 언중에 미치는 영향은 대단히 크다. 방송 언어가 음성을 통해 언중에 간접적인 국어 교육을 한다는 것을 생각한다면 가능한 한 표준어를 써야 하고 어휘를 잘 가려 써야 할 것이다. '까 보다'는 '열어 보다'의 속된 표현이고 '열 받다.'도 '화가 나다.'의 저속한 표현이다. '땡이다.'도 '그만이다.'의 속된 표현이고 '왕머리'도 '머리가 크다.'를 저속하게 이르는 말이다. '버벅거리다.'도 국어사전에 없는 말이므로 '더듬거리다.'로 고쳐 사용해야 한다. '뻥치다.'도 '거짓말하다.'의 속된 표현이므로 고쳐 사용해야 한다.

(4) 기타 동의 반복, 문장 성분 생략, 관용 표현의 부적절 등

> 가. 좋은 결실을 맺는다고 하는데요. → 좋은 열매를 맺는다고 하는데요. <KBS 자유선언 토요 대작전>
> 나. 첫날부터 30대1 → 첫날부터 경쟁률 30 대 1 <SBS 8시 뉴스>
> 다. 여권이 사태 수습에 부심하고 있습니다. → 여권이 대책 마련에 애쓰고 있습니다. <MBC 뉴스데스크>

동의 반복이나 성분 생략, 부적절한 관용 표현 등은 그렇게 많이 나타나지 않지만 신중하게 표현하지 못했다는 지적을 받을 수 있다. 위의 문장에서 '결실'은 '열매를 맺다.'의 뜻으로 '결실을 맺다.'는 의미가 중복되었고, '30대1'은 중요한 어휘인 '경쟁률'이 빠져 이상한 표현이 되었다. '사태 수습에 부심하고'도 자연스럽지 못한 문장이다. 관용 표현으로는 어떤 사건에 대하여 '사태를 수습하다.'로 표현하거나, '대책 마련에 애쓰다.'를 사용하고 있다.

2.3. 문장의 오류

방송 언어에서 문장의 오류는 조사를 잘못 쓴 것, 어미를 잘못 쓴 것, 필요한 문장 성분이 빠진 것, 문장 성분 사이의 호응이 잘못된 것, 수식 구성이 잘못된 것, 접속 구성이 잘못된 것, 불필요한 피동과 사동을 쓴 것, 표현 방식이 부자연스러운 것, 어순이 잘못된 것 등에서 살펴볼 수 있을 것이다.

(1) 조사를 잘못 쓴 사례

> 가. 경찰에 총격을 받고 → 경찰의 총격을 받고 <MBC 시사 매거진>
> 나. 사람의 마음도 변할 수도 → 사람의 마음이 변할 수도 <SBS 솔로몬의 선택>

다. 여름인데 어디가 눈 와. → 여름인데 어디에 눈이 와 <KBS 자유 선언 토요 대작전>
라. 뭐가 잘못했는지 → 무엇을 잘못했는지 <KBS 아침 마당>
마. 여자로써 숨고 싶고 → 여자로서 숨고 싶고 <MBC 시사 매거진>
바. 주위에서 보면은 → 주위에 보면 <SBS 솔로몬의 선택>

조사를 잘못 쓴 문장은 생각보다 훨씬 많다. 아무래도 방송의 자막에서는 음성 언어를 문자 언어로 옮기다 보니 오류가 발생했다고 생각한다. 위의 문장에서 '경찰에 총격을 받고'는 '경찰의 총격을 받고'로 고쳐야 자연스럽다. 물론 '의'를 '에'로 발음할 수 있다고 하지만 표기까지 바꿀 수는 없다. '사람의 마음도 변할 수도'는 '사람의 마음이 변할 수도'로 고쳐야 자연스럽다. 여럿이 열거될 때에는 격 조사 '이'를 '도'로 바꿔 쓸 수 있지만 이 경우는 그런 상황이 아니다. '어디가 눈 와'도 '어디에 눈이 와'의 잘못이다. 구어에서 흔히 들을 수 있는 말이지만 잘못된 것이다. 보조사 '가'가 올 수 없고 처격 조사 '에'가 연결되어야 자연스럽다. '뭐가 잘못했는지'는 '무엇을 잘못했는지'의 잘못이다. 역시 보조사 '가'가 올 수 없고 목적격 조사 '을'이 연결되어야 자연스럽다. '여자로써'는 '여자로서'의 잘못이다. '로써'는 어떤 일의 수단이나 도구를 나타내는 격 조사이고, '로서'는 지위나 신분 또는 자격을 나타내는 격 조사이다. '주위에서 보면은'은 '주위에 보면'의 잘못이다. '에서'와 '에'는 모두 앞말의 행동이 이루어지고 있는 처소를 나타내는 격 조사이지만, 이 경우는 '보다'와 어울릴 수 있는 조사는 '에'이고 '보다'의 활용형은 '보면'이 되어야 자연스럽다.

(2) 어미를 잘못 쓴 사례

가. 아무도 없이 불 꺼진 집 → 아무도 없는 불 꺼진 집 <KBS 자유 선언 토요 대작전>
나. 왜 돈을 남기냐 이겁니다 → 왜 돈을 남기느냐 이겁니다 <KBS 추적 60분>
다. 성급한 결혼한 여자도 → 성급하게 결혼한 여자도 <SBS 솔로몬의 선택>
라. 범인을 검거했다던가 → 범인을 검거했다든지 <SBS 그것이 알고 싶다>
마. 늘 먹었던 약이 떨어진 지가 → 늘 먹던 약이 떨어진 지가 <MBC 시사 매거진>
바. 왜냐면은 뒤에 또 → 왜냐면 뒤에 또 <MBC 일요일 일요일 밤에>

어미를 잘못 쓴 문장도 상당히 많다. 위의 문장에서 '없이'는 '없는'의 잘못이다. '없이'는 부사이고 '없는'은 형용사이다. '불 꺼진 집'을 수식할 수 있는 것은 형용사 '없는'이 자연스럽다. '남기냐'는 물음을 나타내는 종결 어미 '-냐, -느냐'를 선택해야 하는데 형용사의 어간 뒤에서는 '-냐'를, 동사의 어간 뒤에서는 '-느냐'를 사용해야 한다. '성급한 결혼한 여자'는 이상한 문장이다. 부사형으로 고쳐 '성급하게 결혼한 여자'로 고쳐야 자연스럽다. '검거했다던가'는 '검거했다든가'의 잘못이다. '-던가'는 과거의 사실에 대한 물음을 나타내는 종결 어미이고 '-든지'는 나열된 동작이나 상태, 대상들 중에서 어느 것이든 선택될 수 있음을 나타내는 연결 어미이다. '먹었던'은 '먹던'의 잘못이다. '-었-'은 과거를 나타내는 선어말 어미지만 위의 문장에서는 필요 없는 성분이다. '왜냐면은'도 '왜냐면'의 잘못이다. 필요 없는 보조사 '은'을 붙여 문장이 자연스럽지 못하다.

(3) 필요한 문장 성분이 없는 사례

- 가. 잘하라는 <u>뜻으로</u> 더 → 잘하라는 <u>뜻으로 알고</u> 더 열심히 <MBC 일요일 일요일 밤에>
- 나. 주로 <u>밤에 일이라서</u> → 주로 <u>밤에 일어난 일이라서</u> <MBC 시사 매거진>
- 다. <u>타이타닉을 연출하고</u> → <u>타이타닉의 한 장면을 연출하고</u> <KBS 자유 선언 토요 대작전>
- 라. 오늘 <u>김하늘 씨 연기를 해주셔야</u> → 오늘 <u>김하늘 씨의 역할을 연기해 주셔야</u> <KBS 자유 선언 토요 대작전>
- 마. 격려를 <u>많이 주시고</u> → 격려를 <u>많이 해 주시고</u> <SBS 한선교 정은아의 좋은 아침>
- 바. 스케이트 선수가 <u>안으로 굽혀야</u> → 스케이트 선수가 <u>무릎을 안으로 굽혀야</u> <SBS 한선교 정은아의 좋은 아침>

필요한 문장 성분이 빠진 경우는 주로 구어 문장에서 나타나는데 이것은 의미를 전달하는 데 문제가 있다. 위의 문장에서 '뜻으로'는 '뜻으로 알고'로 고쳐야 자연스러운 문장이 되고 '밤에 일이라서'는 '밤에 일어난 일어나서'로 고쳐야 자연스럽다. '타이타닉을 연출하고'는 '타이타닉의 한 장면을 연출하고'의 잘못이다.

아무리 훌륭한 배우라고 할지라도 영화 '타이타닉' 전체를 똑같이 연출할 수 없을 것이다. '김하늘 씨 연기를 해주셔야'도 이상한 문장이므로 '김하늘 씨의 역할을 연기해 주셔야'로 고쳐야 자연스럽다. '격려를 주다.'도 이상하므로 '격려를 해 주다.'로 바꿔야 자연스럽다. '안으로 굽혀야'는 타동사 '굽히다.'의 목적어가 없으므로 '무릎을 안으로 굽혀야'로 고쳐야 자연스럽다.

(4) 문장 성분 사이의 호응이 잘못된 것

가. 어머니를 위해 <u>세탁기를 마음 놓고 하나</u> 사 줄 수가 없었다. → 어머니를 위해 <u>세탁기 하나를 마음 놓고</u> 사 드릴 수가 없었다. <SBS 솔로몬의 선택>
나. 의상부터가 <u>아주 독특한 의상이셔서</u> 여쭤 볼게요. → 의상부터가 <u>아주 독특해서</u> 여쭤 볼게요. <KBS 아침 마당>
다. 피부 색깔은 <u>틀려도 필이 맞는</u> 모양이에요. → 피부 색깔은 <u>달라도 느낌이 통하는</u> 모양이에요. <MBC 일요일 일요일 밤에>
라. <u>그 어떤 방송보다 좀 다른 느낌이죠?</u> → <u>다른 방송들과 느낌이 다르죠?</u> <KBS 자유선언 토요 대작전>
마. 좋은 집을 마련해 <u>주셔서</u> 뭐라고 감사를 드릴지 → 좋은 집을 마련해 주시고 뭐라고 감사를 드릴지 <MBC 일요일 일요일 밤에>

문장 성분 사이의 호응이 잘못된 것은 그렇게 많지 않지만 글쓰기의 기본에 관련된 문제이므로 반드시 지적을 해야 한다. 위의 문장에서 '세탁기를 마음 놓고 하나'는 '세탁기 하나를 마음 놓고'의 잘못이다. 정확하게 말하면 어순의 문제이지만 수식 구조가 어긋나 문장 간에 호응이 되지 않는다. '아주 독특한 의상이셔서'는 '아주 독특해서'의 잘못이다. 이미 '의상부터가' 한 번 언급되었으므로 '의상이셔서'는 생략하는 것이 자연스럽다. '틀려도 필이 맞는'은 '달라도 느낌이 통하는'의 잘못이다. '피부 색깔'은 맞고 틀리는 문제가 아니고 '같거나 다르다.'라고 표현해야 하며 '필이 맞다.'도 이상한 표현이므로 '느낌이 통하다.'라고 고치는 것이 자연스럽다. '그 어떤 방송보다 좀 다른 느낌이죠?'는 '다른 방송들과 느낌이 다르죠?'의 잘못이다. 이 문장의 주어는 '느낌'이고 서술어는 '다르다'이다.

'집을 마련해 주셔서'는 '집을 마련해 주시고'의 잘못이다. 이 문장은 '집을 마련해 준 것'은 '상대방'이고 '감사를 드리는 것'은 '나'이므로 두 문장으로 나누어야 한다.

(5) 그 밖의 문장 오류

그 밖의 문장 오류는 수식 구성이 잘못된 것, 접속 구성이 잘못된 것, 불필요한 피동과 사동을 쓴 것, 표현 방식이 부자연스러운 것, 어순이 잘못된 것 등을 각각 하나의 예시만을 살펴볼 것이다.

가. 개그맨으로서 자질을 보이려면 → 개그맨으로서의 자질을 보이려면 <SBS 장미의 이름>
나. 그렇게 쉽게 보고 우습게 생각하면 안 됩니다. → 그렇게 쉽게 보거나 우습게 생각하면 안 됩니다. <MBC 일요일 일요일 밤에>
다. 꾸벅꾸벅 졸리운 인생 → 꾸벅꾸벅 졸린 인생 <KBS VJ 특공대>
라. 고통을 당한 지 얼마나 돼요. → ~ 얼마나 되셨어요? <MBC 시사 매거진>
마. 잘 해결은 안 돼요. → 해결은 잘 안 돼요. <SBS 솔로몬의 선택>

그 밖의 문장 오류는 상당히 많다. 위의 문장에서 '개그맨으로서 자질'은 수식 구성이 잘못된 것이다. '개그맨으로서의 자질'로 바꿔야 자연스럽다. '그렇게 쉽게 보고'는 접속 구성이 잘못된 것이다. '그렇게 쉽게 보거나'로 바꿔야 서술어와 자연스럽게 어울린다. '졸리운 인생'은 불필요한 피동사를 사용하였다. '얼마나 돼요?'는 표현 방식이 부자연스럽다. 질문하는 문장인데 마치 대답을 하는 평서문처럼 되어 이상하다. '잘 해결은 안 돼요.'는 어순이 잘못되어 부자연스러운 문장이 되었다. '잘'은 부사어이므로 서술어 앞에 와야 자연스럽다.

2.4. 발음의 오류

방송이 음성 언어를 매개로 하고 있기 때문에 비표준적인 발음이 상당히 많이 발견된다. 여기서는 흔히 나타나는 유형을 중심으로 하여 몇 가지 사례만을 간단하게 살펴볼 것이다.

(1) [오]>[우]의 발음

가. 이렇게 나와 있구요. → 이렇게 나와 있고요. <KBS 아침 마당>
나. 속으루 얼마나 → 속으로 얼마나 <MBC 일요일 일요일 밤에>
다. 그래두 다행인 게 → 그래도 다행인 게 <KBS 자유 선언 토요 대작전>

발음 오류의 대표적인 유형으로 [오]형 어미나 조사 대신에 [우]형을 사용하는 것이다. 즉, 어미 '-고, -어도'와 조사 '도, 로' 등을 '-구, -어두, 두, 루'로 발음하는 것을 찾아볼 수 있다. 위의 문장에서 '있구요.'는 '있고요.'의 잘못이고, '속으루'도 '속으로'의 잘못이다. 또한 '그래두'도 '그래도'의 잘못이다. 이런 발음의 오류는 대체로 발화자의 잘못된 발음 습관에서 그 원인을 찾을 수 있을 것이다.

(2) [아]/[어]>[애]/[에]의 발음

가. 우리가 챙피하다 이거야? → 우리가 창피하다 이거야?
나. 깜짝 놀랬어요! → 깜짝 놀랐어요! <MBC 느낌표>
다. 잡아가는 거 같애요. → 잡아가는 거 같아요. <KBS 자유 선언 토요 대작전>

방송 언어에 '아, 어'가 '이' 모음에 동화되어 '애, 에'로 발음되는 경우도 많이 있다. 특히 '같아요.'를 '같애요.'로 발음하는 경우는 아주 빈번하다. 위의 문장에서 '챙피하다.'는 '창피하다.'의 잘못이고, '놀랬어요'도 '놀랐어요'의 잘못이다. 표준 발음법에서 '이' 모음 역행 동화를 인정하지 않기 때문에 발생하는 발음의 오류이다.

(3) [아]>[어]의 발음

가. 괜찮어 → 괜찮아 <KBS 자유 선언 토요 대작전>

> 나. 왜 도둑맞어? → 왜 도둑맞아? <SBS 솔로몬의 선택>
> 다. 듣기 나쁘잖어. → 듣기 나쁘잖아. <MBC 토크쇼 임성훈과 함께>
> 라. 허는 대로 했는데 → 하는 대로 했는데 <KBS 아침 마당>
> 마. 배 아플 거 겉은데 → 배 아플 거 같은데 <KBS 아침 마당>

표준어 발음에서 어미 '-아'와 '-어'는 모음조화를 지켜 앞 모음이 양성인지 음성인지에 따라 선택된다. 그런데 현대 서울말에서 이 규칙이 상당히 무너졌는데 방송 언어에 그 혼란상이 그대로 반영되고 있다. 위의 문장에서 '괜찮어'는 '괜찮아'의 잘못이고 '맞어'는 '맞아'의 잘못이다. 또 '나쁘잖어'도 '나쁘잖아'의 잘못이다. 어미뿐만 아니라 어간의 [아]를 [어]로 발음하는 경우도 있다. 대표적으로 '하다' 동사의 어간을 [허]로 발음하는 경우와 '같다'의 어간을 [겉]으로 발음하는 경우이다. 위의 문장에서 '허는 대로'는 '하는 대로'의 잘못이고 '겉은데'는 '같은데'의 잘못이다.

(4) [어]>[으]의 발음, 된소리 발음

> 가. 갑자기 승질을 내면서 → 갑자기 성질을 내면서 <MBC 일요일 일요일 밤에>
> 나. 증말 → 정말 <MBC 일요일 일요일 밤에>
> 다. 꽁짜지요. → 공짜지요. <SBS 솔로몬의 선택>
> 라. 따른 새로운 남자 → 다른 새로운 남자 <SBS 솔로몬의 선택>

방송 언어에서 '어' 음을 '으'에 가깝게 발음하는 경우가 종종 있다. 이 가운데 대부분의 단어가 현실 발음에서 흔히 들을 수 있는 것인데 방송 언어에서 여과 없이 그대로 나타나는 것이다. 위의 문장에서 '승질을'은 '성질을'의 잘못이고 '증말'은 '정말'의 잘못이다. 또 방송 언어에서 평음이 경음으로 발음되는 경우도 많다. 위의 문장에서 '꽁짜'는 '공짜'의 잘못이며 '따른'은 '다른'의 잘못이다. 방송 언어의 영향인지 요즘은 일상 언어생활에서도 된소리 발음이 자주 나타나고 있다.

(5) 기타 발음

가. 병아리가 나올려고 해요. → 병아리가 나오려고 해요. <SBS 콜롬버스 대발견>
나. 구주류 의원[으원]들은 → 구주류 의원[의원]들은 <KBS 추적 60분>
다. 니들만 잘살면 → 너희들만 잘살면 <MBC 느낌표>
라. 마음씨가 너무 이뻐요. → 마음씨가 너무 예뻐요. <MBC 일요일 일요일 밤에>

방송 언어의 발음 오류는 여러 형태가 있다. 위의 문장에서 '나올려고'는 '나오려고'의 잘못이다. 'ㄹ' 음이 한 번만 나타나야 할 것이 'ㄹ' 소리가 'ㄹㄹ'로 발음되는 경우도 흔히 나타난다. '으원'은 '의원'의 잘못이다. '의'의 발음은 다양해서 표준 발음을 여러 가지로 인정하지만 [으] 발음은 인정하지 않는다. '니들'은 '너희들'의 잘못이다. 현대 국어에서 2인칭 대명사 '네/너'에 해당하는 지역 방언 '니'가 방송 언어에 영향을 미친 것으로 생각하는데 '니'는 표준어가 아니다. 그 밖에 '이뻐요.'도 '예뻐요.'의 잘못이다.

3. 결론

지금까지 방송 언어의 실태를 중심으로 여러 가지 문제점을 살펴보았다. 그러나 사실은 그 성과가 너무 크기 때문에 작은 실수도 크게 보이는 것뿐이다. 그동안 표준어 교육은 학교 교육을 통하여 꾸준히 보급되었지만 언어는 사회의 변화와 더불어 변천하기 때문에 표준어도 달라지고 있다. 이렇게 새로 생겨나는 표준어는 언론 매체에서 간접 교육을 하고 있으므로 일반인은 방송 언어를 사회의 표준어로 받아들이고 있는 것이다.

최근에 각 방송사는 정확한 방송 언어를 구사하기 위해 자체 위원회를 만들어 운영하거나 방송인을 연수시키는 프로그램을 만들어 훌륭한 성과를 얻고 있다. 한국어 연구회를 만들고 아나운서실을 개편할 뿐만 아니라 방송 언어 순화 자료집을 발간하는 모습은 참으로 좋은 본보기가 되고 있다.

  잘 아는 바와 같이 표준어와 표준 발음은 언중을 품위 있게 만들고 국민의 사고와 가치관 확립에도 영향을 미치고 있다는 점을 상기해 볼 필요가 있다. 그런 면에서 방송 언어는 국민의 언어문화를 선도한다는 사명감을 잊어서는 안 될 것이다. 국민이 건강한 언어 습관을 갖도록 하기 위해서는 방송 언어 자체가 건강해야 할 것이다.

참고 문헌

국립국어연구원(2000), 「방송 언어 오용 실태 조사」, 연구 보고서.
_____(2000), 「어문 규범 준수 실태 조사Ⅰ」, 연구 보고서.
_____(2001), 「어문 규범 준수 실태 조사Ⅱ」, 연구 보고서.
_____(2002), 「어문 규범 준수 실태 조사Ⅲ」, 연구 보고서.
_____(2003), 「어문 규범 준수 실태 조사Ⅳ」, 연구 보고서.
_____(2003), 『바른 국어생활』, 국어문화학교 교재.
_____(2004), 『바른 국어생활』, 국어문화학교 교재.
국립국어원(2005), 『바른 국어생활』, 국어문화학교 교재.
대한교과서주식회사(1990), 『국어 어문 규정집』, 대한교과서주식회사.
최용기(1995), 「방송 언어는 건강해야. KBS 사보」, 한국방송공사.
_____(1996), 「방송 언어를 진단한다. KBS 사보」, 한국방송공사.
_____(1998), 「한글날에 생각해 보는 방송 언어」, 방송개발원.

※『우리말 음운 연구의 실제』, 경진문화사(2006. 2.)에 실린 논문을 수정하여 보완한 것임.

제8장 남북한 국어 정책 변천사 연구

1. 머리말

　남북한이 분단된 지 60여 년이 지났다. 남북한은 그동안 정치, 경제, 사회, 문화, 교육 등 여러 분야에서 서로 다른 정책을 수립하여 이를 실행에 옮겼다. 그러면서도 언젠가는 통일이 되어 같은 정책을 펴게 되리라는 희망을 안고 살아가고 있다. 그 중에는 우리의 국어 정책도 포함되어 있다.

　한 나라의 국어 정책은 그 민족을 결속시키는 데 있어서 매우 중요한 요인이 된다. 그래서 서구의 여러 나라에서는 오래 전부터 국어 정책을 체계적으로 수립하여 이를 실천에 옮기고 있다. 우리나라에서도 그동안 국어 정책에 대한 계획이 없었던 것은 아니었지만 본격적인 국어 정책을 수립하여 실천에 옮긴 것은 아마도 8·15 광복 이후일 것이다.

　어느 나라에도 언어와 관련된 문제는 많이 있다. 다민족 국가에서는 어떤 언어를 나라의 공용어(公用語)로 채택할 것인가, 공용어로 채택되지 않은 언어를 어떻게 할 것인가 하는 문제가 심각하다. 한 나라 안에서도 공용어인 표준어를 어떻게 제정하고 보급할 것인가, 국어의 문자 표기는 어떻게 할 것인가 하는 문제도 쉬운 일이 아니다. 정보화가 강조되는 현대에는 문자 생활의 기계화를 어떻게 이룩하여 발전시켜 나가느냐 하는 문제도 제기되고 있다. 우리나라와 같이 선진국의 문물을 받아들여야 할 경우에는 외래어의 문제도 내부의 문제 못지않게 어려운 문제이며 한글을 로마자로 표기하는 문제도 쉬운 일은 아닐 것이다.

　이 논문은 이런 의미에서 8·15 광복 이후 남북한의 국어 정책 변천 과정을 살펴보고 언어 통일을 위해 우리가 할 일이 무엇인지 그 대안을 몇 가지 제시하고자 한다.

2. 남북한 국어 정책의 변천

2.1. 남한 국어 정책의 역사

우리 민족사에 있어서 8·15 광복은 정치, 경제, 사회, 문화, 교육 등 모든 영역에서 새로운 전환점이 되었음은 누구나 잘 아는 사실이다. 국어 정책에 있어서도 새로운 전기가 되었음은 두말할 나위가 없다. 남한에서의 국어 정책을 국한문 혼용이냐 한글 전용이냐 문제를 중심으로 크게 다섯 단계로 나누어 살펴보고자 한다.

■제1기(1945 ~ 1957) : 학교 교육과 한글 전용
  조국이 광복된 직후 미군은 1945년 9월 9일 중앙청 제1회의실에서 일본군과 조선 총독으로부터 항복을 받았으며, 미국의 아놀드(A.B. Arnold)는 9월 10일 군정 장관으로 취임했다.
  그런데 군정 장관이 취임하기 며칠 전인 1945년 9월 7일 극동군 사령관 맥아더(D. MacArthur) 대장은 포고문 제1호 제5조에서 "군정 기간에 있어서는 영어를 모든 목적에 사용하는 공용어로 한다. 영어 원문과 조선어 또는 일본어 원문에서 해석이나 정의가 불분명하거나 부동(不同)할 때는 영어 원문을 기본으로 한다."라고 밝힌 바 있다. 또한 미 군정청은 9월 17일 '일반 명령 제4호'를 발포하여 9월 24일부터 공립 소학교의 개학을 지시하였고, 곧 중등학교 이상의 학교도 개학하도록 지시하였다. '일반 명령 제4호'에는 '전 조선 학교 교육의 교수 용어는 조선 국어로 한다. 단, 조선 국어로 된 적당한 교재가 준비될 때까지는

외국어(일본어)의 교재만을 사용할 수도 있다.'도 포함되었다.

그러고 나서 '일반 명령 제4호'는 9월 29일에 '법령 제6호'로 개정되었다. 그 중 제4조는 "조선 학교에서의 교훈 용어는 조선어로 한다. 조선어로 상당한 교훈 재료를 활용할 때까지 외국어를 사용함도 무방하다."라고 되어 있다. 광복 후에 2주 남짓하여 한국어는 '조선 국어'라는 이름으로 국어의 자리를 공식적으로 회복하였던 것이다.

그 후 1947년 1월에 미 군정청 문교부는 국어정화위원회를 설치하고 1월 27일 제1차 회의를 열었다. 국어정화위원회에서는 문교부 편수국이 초안을 작성한 조·일어 대조표 작성 방침을 심의하는 일을 시작으로 '우리말 도로 찾기' 모음집 작성 작업에 들어갔다. 1948년 미 군정청 문교부는 위의 내용을 토대로 '우리말 도로 찾기' 4가지 방침을 확정한다.

(1) 가. 우리말이 있는데, 일본말을 쓰는 것은 일본말을 버리고 우리말을 쓴다.
　　나. 우리말이 없고 일본말을 쓰는 것은 우리 옛말에라도 찾아보아 비슷한 것이 있으면 이를 끌어다가 그 뜻을 새로 작성하고 쓰기로 한다.
　　다. 옛말도 찾아낼 수 없는 말이 일어로 써어온 것은 다른 말에서 비슷한 것을 얻어 가지고 새 말을 만들어 그 뜻을 작성하고 쓰기로 한다.
　　라. 한자로 된 말을 쓰는 경우에도 일어식 한자어를 버리고 우리가 전부터 써오던 식의 한자어를 쓰기로 한다.

국어정화위원회는 위의 4가지 방침을 통과시킨 뒤 1947년 2월부터 10월까지 11번의 심사위원회를 열어 편수국의 '우리말 도로 찾기' 안을 의논하였으며 신문과 라디오를 통해 나라 안에 발표하여 민간의 의견을 구하고 수정하여 총회에서 결정하였다. 1948년 6월 2일자로 발행된 '우리말 도로 찾기'의 낱말 수는 943개[1]이며, 전국 곳곳에 60만 부를 배포하였다.

한편, 조선어학회는 이른바 '조선어학회' 사건으로 투옥되어 되었던 국어학자들이 1945년 8월 17일 석방되면서 학회 재건이 추진되었고, 9월 1일에는 국어

---

[1] 표제어 숫자에 대하여 한글학회(1971: 499)는 940낱말이라고 하였고, 김민수(1984: 573)에서는 938개 왜색 용어라고 하였다.

교재 발간에 착수하였고, 9월 11일에는 한글 강습회를 열면서 본격적으로 우리의 말과 글 연구와 보급 활동을 시작하였다. 그동안 중단된 우리말 큰사전 편찬에 다시 착수하여 '큰사전' 첫째 권을 1947년 10월 9일에 간행하였고, 훈민정음 반포 500돌을 맞은 1946년에는 광복 전부터 기념해 오던 '한글날'을 공휴일로 결정하도록 건의하였다. 또한 광복 전에 정간(停刊) 당했던 '한글'지를 복간(復刊)하고, 1949년에는 학회의 이름을 '한글학회'로 바꾸기까지 하였다.

광복 후의 어문 정책 가운데서 중요한 사건은 한글 전용에 관한 공식 결의이다. 미 군정청의 '조선교육심의회'에서는 다음과 같이 결의하였다.

(2) 한자 사용은 폐지하고 초·중등학교의 교과서는 전부 한글로 하되 다만 필요에 따라 한자를 괄호 안에 넣을 수 있다.

한자를 폐지하고 한글만 쓰자는 운동은 8·15 광복과 함께 들판의 불길처럼 번져 나갔다. 1945년 9월에 조선어학회 주최 첫 번째 국어강습회에서 수강생들이 주동이 되어 장지영 외 30명을 위원으로 한 '한자폐지실행회발기준비회'가 조직되어 발기 취지서를 배포한 것이 최초의 공식적인 선언이었다. 한글 전용 안은 대한민국 정부가 수립되던 1948년 10월 9일에 다음과 같이 확대되어 법률 제6호로 공포되었다.

(3) 대한민국의 공문서는 한글로 쓴다. 다만, 얼마 동안 필요한 때에는 한자를 병용할 수 있다.

이 한글 전용법의 단서 조항 '병용' 용어에 대하여 '혼용'이라는 주장과 '괄호 안에 넣는다.'는 주장이 팽팽히 맞서 지금까지도 문자 정책을 정할 때에 혼선을 빚고 있다. 이러한 까닭 때문인지는 몰라도 학교 교육에서는 괄호 안에 한자를 넣었고, 일반 사회에서는 한자를 혼용하는 양상을 보였다.

이렇게 한글 운동과 어문 정책이 미 군정청이나 민간단체인 한글학회 등을 중심으로 추진된 반면, 국어의 이론적 측면을 탐구하는 국어학은 대학 교수들이 담당하였다. 광복 전의 유일한 한국 어문학과였던 경성제국대학 조선어문학과가 서울대학교 국어국문학과로 개편되면서 이를 계기로 하여 많은 대학에 국어국문학과가 설치되어 국어학과 국문학을 과학적으로 연구할 수 있는 여건이 조성되었다.

1950년의 한국전쟁은 겨우 자리를 잡아가던 어문 정책과 국어학 연구의 기틀을 송두리째 뒤흔들어 놓았다. 전쟁의 소용돌이 가운데서도 1951년 9월에 문교부는 '상용일천한자표(常用一千漢字表)'를 제정하여 공포하였다. 또한 1952년 9월 임시 수도 부산에서 30대 전후의 국어국문학도들이 국어국문학의 과학적 연구를 표방하여 '국어국문학회(國語國文學會)'를 창립하고 기관지 '국어국문학'을 창간하였다. 한국전쟁 전에 둘째 권까지 나오고 중단되었던 '큰 사전'이 1957년에 여섯 권으로 완간되었다.

한글 맞춤법은 전쟁을 겪는 동안에도 국민 교육과 각종 출판, 언론 매체를 통하여 뿌리를 내리고 있었다. 그러나 취임 초부터 조선어학회의 한글 맞춤법에 대하여 불만이 많았던 이승만 대통령은 우선 정부 기관에 대하여 구식 철자법을 사용하도록 훈령하고 1954년 3월에 '한글 간소화 방안'을 발표하였다.

이 규정은 음소적 원리에 따른 맞춤법으로 전통적 표기법이나 초기 조선 총독부의 '언문 철자법'과 큰 차이가 없었다. 한글 간소화 방안은 최초의 정부 주도 맞춤법 정책이라고 할 수 있는데 문화계의 강한 반발에 부딪혀 2년 반 만에 보류되고 말았다.

■제2기(1958 ~ 1969) : 한글 전용 실천 요강의 공포

1948년에 공포된 '한글 전용법'이 실효를 거두지 못하고 있음을 깨달은 정부는 '한글 전용 실천 요강'을 만들어 1958년부터 정부 기관은 물론, 정부의 감독을 받는 산하 단체에 대해서도 한글 전용을 권장하였다. 이렇게 정부가 어문 정책을 전환한 것은 1956년 10월 한글학회가 낸 '한글만 쓰기에 관한 성명서'가 크게 영향을 미쳤기 때문이다.

이 실천 요강은 1958년 1월부터 발효되었는데 이승만 대통령의 다음과 같은 담화문도 함께 시달되었다.

(4) 중국이 한문을 폐지하고 라틴 알파벳을 쓰기로 하였으니, 우리도 어려운 한자를 쓰지 말고 한글만을 씀으로써 문명 발전과 복지 증진에 힘쓰기를 바란다.

실천 요강에 근거하여 공공 문서를 비롯한 기관의 간판과 관인(官印)까지 모두 한글로 적도록 한 것이다. 또 정부는 외국인 상사와 식당을 제외한 일반 상사의 간판도 모두 한글로 바꾸도록 하였다. 그러나 한글 전용에 관한 법률 시행령의 제정은 반대 여론이 많아 성공하지 못하였다.

1961년 군사 정부가 들어서자 한글학회는 한글 전용법의 개정을 위한 투쟁을 다시 시작하였다. 혁명 정부는 1962년 3월부터 신문, 잡지, 기타의 간행물에 한글 전용을 실시할 목적으로 한글 전용법을 개정할 뜻을 밝혔다. 그리하여 문교부 장관을 위원장으로 하는 '한글전용특별심의회'가 설치되었다. 이 위원회에서는 일반 용어, 언어 문학, 법률 제도, 경제 금융, 예술, 과학 기술의 6개 분과위원회를 두어 한자어로 된 용어를 우리말로 바꾸는 작업에 착수하였으며, 이어서 용어집을 회보의 형식으로 발간하였다.

또한, 문교부는 외래어 표기법과 로마자 표기법도 개정하였다. 1948년에 제정된 외래어 표기법은 너무 전문적이고 한글 자모 이외의 자모도 사용하여 복잡한 점이 많았다. 1956년부터 심의에 착수하여 1958년 10월에 '로마자의 한글화 표기법'을 제정하였다. 외래어 표기의 기본 원칙은 다음과 같다.

(5) 가. 외래어 표기에는 한글 정자법(正字法)에 따른 현용 24자모만을 쓴다.
나. 외래어의 1음운은 원칙적으로 1기호로 표기한다. 곧 이음(異音)이 여럿이 있을 경우라도 주음(主音)만을 표기함을 원칙으로 한다.

현재 사용하고 있는 한글 자모만을 적되 외래어 1음운은 1기호로 적음을 원칙으로 하였다. 이 밖에도 받침에 사용되는 글자에 'ㄱ, ㄴ, ㄹ, ㅁ, ㅂ, ㅅ, ㅇ'의 7기호로 제한한다는 것과 관용된 외래어는 관용대로 표기한다는 규정을 두었다.

한편 문교부는 '한글의 로마자 표기법'도 제정하였다. 기본 원칙은 다음과 같다.

(6) 가. 한글의 현행 표기법을 로마자식으로 표기한다.
　　나. 로마자 이외의 부호는 가급적 사용하지 않는다.
　　다. 일 음운 일 기호의 표기를 원칙적으로 하되, 자음에 있어서는 이 기호를 허용한다.

이어서 '한글의 로마자 표기법'에 따라 1972년에 '로마자의 지명 일람표'를 만들어 통일된 로마자 표기를 실용화할 수 있도록 하였다. 모음 'ㅏ'와 'ㅗ'를 구별하고 어두 파열음의 평음을 로마자의 유성 파열음으로 적은 것이 큰 특징이었다. 정부 기관에서는 이 표기법을 준수하였으나 일반 간행물에서는 외면하는 일이 많았다.

그뿐만 아니라 문교부는 학계와 교육계의 요구를 받아들여 1년여의 작업 끝에 1963년 7월에 '문법 통일안'을 제정하여 공포하였다. 통일 문법의 품사 체계는 9품사였다.

(7) 명사, 대명사, 수사, 동사, 형용사, 부사, 관형사, 감탄사, 조사

그리고 252개의 문법 용어가 12개 부문에 걸쳐 제정되어 공포되었다. 문법 교육상 무리 없는 것을 선택하되 외국어 문법 교육과의 관련성을 고려하는 관점을 취하였다. 말소리와 문장 부호에 관련된 용어만 고유어계로 되어 있고 품사론, 형태론, 문장론에 관한 용어는 한자어계로 되어 있었다.

문법 통일안은 문법 교과서 저자들이 중심이 되어 투표로 결정된 것인데 이에 불복하는 위원들이 있어 이때부터 '문법 파동'이 일어나게 된다. 통일 문법의 용어가 대부분 한자어계라는 사실과 함께 품사 체계에서 지정사[2])가 단어의 자격을 얻지 못한 것이 문제가 되었다. 문법 파동으로 말미암아 한국의 어문학계는 완전히 둘로 갈라졌다. 1959년 12월에 순수 국어학의 연구를 표방하고 창립되었던 국어학회도 문법 파동을 계기로 변화를 보였다. 말본파 국어학자들의 활동이

---

2) 최현배 문법 체계에 설정된 품사의 하나. 무엇이 무엇이라고 지정하는 단어로, 긍정의 '이다'와 부정의 '아니다'가 있다.

줄어들고 임원진도 문법과 국어학자만으로 구성되기 시작하였다. 한글학회는 문법 통일안의 폐기에 앞장서면서 정부의 한글 전용 정책을 뒷받침한다는 뜻에서 1967년에 '쉬운말 사전'을 내어 국어 순화 운동을 선도하였다. 이어서 한글학회는 정부의 지원을 받아 1957년에 완간한 '큰사전'의 개정 작업에 착수하기도 하였다. 또 한글학회는 정부에서 인가한 '한글기계화연구소'의 설립과 운영에 관여하면서 한글 타자기 글자판의 표준화를 비롯한 한글 기계화 사업에 대하여서도 적지 않은 기여를 하였다. 한글 전용 정책의 추진과 함께 일어난 국어 순화 운동은 국민운동으로 확대되었다.

이 시기의 남한의 순수 국어학은 주로 외래 이론을 받아들여 그것을 우리말의 분석에 적용하는 일에 많은 힘을 기울였다. 1960년대 전반기에는 유럽 및 미국의 구조주의에 따른 기술 언어학을 도입하여 국어의 음운 체계 및 그 변천 연구, 형태 구조의 분석 등을 시도하여 많은 성과를 거두었다. 1960년대 후반기에는 미국의 변형 생성 문법의 이론을 도입하여 국어의 통사 구조를 밝히려는 노력을 보였다.

■ 제3기(1970 ~ 1983) : 한글 전용의 시행과 한문 교육의 강화

1950년대부터 성숙되기 시작한 한글 전용 정책은 1970년을 전후하여 새로운 궤도에 접어들었다. 정부는 1968년에 한글 전용 5개년 계획을 의결하였다. 그런데 박 대통령은 목표 연도를 앞당겨 1970년부터 정부의 문서뿐만 아니라 민원서류도 한글 전용을 실시하고 언론 출판계에 대하여는 한글 전용을 권장한다는 7개 항목의 지시를 내각에 내렸다. 이 방침은 지금까지 그대로 계속되고 있는데 광복 후에 교육을 받은 이른바 한글 세대가 사회의 주역이 됨에 따라 대부분의 출판물은 한글로만 표기되어 나왔으며 그것은 국한문 혼용보다 더 자연스럽게 느껴지고 있었다. 사실상 남한은 1970년대부터 한글 전용의 단계에 들어섰다고 말할 수 있다.

한글 전용과 함께 한자 교육 또한 전환기를 맞는다. 1969년에 창립된 '한국어문교육연구회'는 한글 전용의 시기상조를 내걸고 한자 교육의 부활을 표방하였다. 한글 전용과 한자 폐지를 주장하는 한글학회에 맞서는 연구 단체가 새로 탄생

하게 된 것이다. 이 학회는 1973년부터 간행된 기관지 '어문연구'를 통하여 국한문 혼용과 한자 교육의 타당성을 주장하고 나섰다. 이 학회는 일제 시대 조선어학회 회원으로서 투옥되었던 이희승과 그의 서울대학교 제자 남광우가 중심이 되어 창립하였다.

한글 전용은 필연적으로 국어 순화를 전제로 하고 있었다. 국어 순화를 올바로 하려면 한자와 한문에 대한 지식이 뒷받침되어 있어야 한다. 1972년에 교육용 기초 한자 1,800자가 제정된 것도 한국어문교육연구회 등의 한자 교육 부활을 위한 노력 끝에 얻어진 결실이다.

1970년대에 접어들면서 정부는 어문 정책의 혁신에 눈을 뜨게 되었다. 알기 쉬운 표기 방법을 연구하라는 박 대통령의 지시에 따라 문교부는 국어심의회를 중심으로 맞춤법, 표준말, 외래어 및 로마자 표기법을 전면적으로 다시 검토하기 시작하였다. 국어심의회는 '국어조사위원회'를 별도로 구성하여 이 업무를 위탁하였다.

한편, 국어국문학회에서는 국어조사위원회의 구성이 편파적임을 지적하고 학회 나름대로 독자적인 '국어 정서법(안)'을 제출하여 받침이 너무 많은 조선어학회의 맞춤법을 수정할 것을 제안하였다. 국어조사위원회는 1978년 5월부터 개정에 손을 대어 각계의 의견을 들어가며 여러 번 토의를 거듭하다가 1979년 12월에 개정안을 마련하였다. 이 안은 '한글 맞춤법, 표준어 규정, 외래어 표기법, 국어의 로마자 표기법'으로 구성되어 있는데 이 가운데서 로마자 표기법만 1984년 1월에 확정하여 고시되었고, 나머지는 그해 설립된 국어연구소로 이관되었다. '국어의 로마자 표기법' 제1장에 나온 표기의 기본 원칙을 살펴보면 다음과 같다.

(8) 가. 국어의 로마자 표기는 국어의 표준 발음에 따라 적는다.
    나. 로마자 이외의 부호는 되도록 사용하지 않는다.
    다. 1음운 1기호의 표기를 원칙으로 한다.

로마자 표기법은 그 이름을 '국어의 로마자 표기법'으로 정하고 표음주의 원칙을 채택하여 국어의 표준 발음을 소리 나는 대로 적도록 한 것이 중요 특징이라고 할 수 있다. 또한 반달표(ˇ)와 어깨점(')은 인쇄나 타자의 어려움이 있을 때는 생략해도 좋다는 허용 규정이 붙어 있다. 1958년의 '한글의 로마자 표기법'은 현행 맞춤법을 로마자식으로 적어 표의주의를 채택했었다.

한국어의 어문 문제는 1978년에 창설된 한국정신문화연구원에서 집중적으로 연구되었다. 1978년부터 1983년까지 전국 규모의 방언 조사가 행해졌고 학술지 '방언'이 간행되어 이론적 기초를 제공하였다. 이 밖에 북한의 언어, 국어 순화, 한자음, 경어법, 신조어, 방송 매체의 언어 순화, 실용문에 관련된 주제들이 공동 또는 단독으로 연구되었다.

국어 순화 운동은 한글학회에서만 주도되지 않았다. 우선 한국교열기자협회에서는 1978년 신문 언어의 순화에 기여할 목적으로 '말과 글'이라는 계간지를 창간하였다. 1970년대에는 한글 전용 정책에 부응하기 위하여 많은 국어 운동 단체들이 탄생하였다.

이 시기에도 남한의 국어학은 꾸준히 성장하였다. 1970년대 전반기는 앞 시대에 도입된 변형 생성 문법의 연구가 올바른 궤도 위에 섰다는 점을 지적할 수 있다. 맹목적인 이론 전개의 단계를 넘어 국어를 중심으로 하는 이론 개발에 노력을 하였다.

■ 제4기(1984 ~ 1989) : 국어연구소의 설립과 어문 규정의 개정

남한의 언어와 문자 정책은 1984년을 고비로 하여 새로운 전기를 맞이하게 된다. 문교부는 이해 1월에 고시한 '국어의 로마자 표기법'을 시작으로 이해 3월 대한민국 학술원 임원회에서 국어연구소 규정을 통과시켰고, 5월 10일 국어연구소를 정식으로 출범토록 하였다. 국어연구소는 비공식 기구로서 문교부의 어문 정책 사업을 위탁받아 연구하는 기능을 띠기는 하였지만, 남한의 어문 정책을 어느 정도 바른 궤도로 갈 수 있도록 하였다.

정부의 국어 연구 기관은 20세기 초 대한제국 시기에 학부에 설치되었던 '국문연구소'가 처음이었다. 대한민국 수립 후, 문교부 안에 '국어심의회'를 두어 어문 문제를 다룬 바는 있지만 상설 기구도 아니고, 자문 역할만을 하였기 때문에 어문 정책을 일관성 있게 추진하기가 매우 어려웠다.

국어연구소는 학술원에서 관장해 오던 맞춤법, 표준어, 외래어 표기법의 개정 시안들을 인수받아 심의를 계속하였다. 먼저 외래어 표기법은 1985년에 마무리되어 1986년부터 시행에 들어갔다. '외래어 표기법'의 기본 원칙은 다음과 같다.

(9) 가. 외래어는 국어의 현용 24자모만으로 적는다.
나. 외래어의 1음운은 원칙적으로 1기호로 적는다.
다. 받침에는 'ㄱ, ㄴ, ㄹ, ㅁ, ㅂ, ㅅ, ㅇ'만을 쓴다.
라. 파열음 표기에는 된소리를 쓰지 않는 것을 원칙으로 한다.
마. 이미 굳어진 외래어는 관용을 존중하되, 그 범위와 용례는 따로 정한다.

이어 국어연구소는 한글 맞춤법과 표준어 규정의 개정안을 1987년에 마무리하고 이를 문교부에 제출하였고, 문교부는 1988년에 이를 확정하여 고시하였다. 한글 맞춤법 제1장에 나온 총칙과 표준어 규정 제1장에 나온 총칙을 살펴보면 다음과 같다.

(10) 가. 한글 맞춤법은 표준어를 소리대로 적되, 어법에 맞도록 함을 원칙으로 한다.
나. 문장의 각 단어는 띄어 씀을 원칙으로 한다.
다. 외래어는 '외래어 표기법'에 따라 적는다.
(11) 가. 표준어는 교양 있는 사람들이 두루 쓰는 현대 서울말로 정함을 원칙으로 한다.
나. 외래어는 따로 사정한다.

한글 맞춤법은 형태 음소적 원리를 지향하고 있다는 점에서 종전의 통일안과 근본적인 차이가 없고, 표준어 규정은 '중류 사회'를 '교양 있는 사람'으로 바꾼 부분은 차이가 난다.

국어연구소는 기관지 '국어생활'을 계간으로 발행하면서 국어학 지식의 보급에 노력하는 한편, 굵직굵직한 어문 정책 과제에 대한 중점적 연구를 수행하였다. 국어연구소가 비록 임의 단체이지만 본격적인 국어 정책의 틀을 마련하였다고 볼 수 있다.

■ 제5기(1990 ~) : 국립국어연구원의 설립과 21세기 국어 정책

　1990년 정부 부처에 문화부가 설립되면서 어문 정책은 새로운 계기를 맞게 되었다. 문화의 핵심은 말과 글에 있다고 생각한 정부는 문화부 안에 어문출판국(뒤에 문화정책국)과 어문과(뒤에 국어정책과)를 신설하였다. 정부 차원에서 본격적으로 어문 정책을 추진하는 한편, 국립 기관으로서 국립국어연구원을 개원토록 하였다.

　국립국어연구원은 대통령령 제13,163호에 따라 1991년 1월 23일 설립되었다. 국민의 언어생활을 과학적으로 조사 연구하여 합리적인 어문 정책을 수립하고 국민의 올바른 언어생활을 계도하려고 출발한 국어연구소를 확대 개편한 것이다.

　대표적인 사업으로 표준국어대사전 편찬, 어문 규범 정비, 남북한 언어 동질성 회복, 국어 순화 자료집 발간, 국어문화학교 운영, 가나다 전화 운용 등을 꼽을 수 있다. 연구 보고서도 국어 국어의 시대별 변천 연구, 국어 음성 분석 연구, 외래어 표기 용례집, 국어의 로마자 표기 자료집 등 수십 종에 이르고 있다.

　국립국어연구원은 숙원 사업이던 독립 청사(서울 강서구 방화동 소재)를 2000년에 마련하였고, 명실 공히 21세기 국어 정책의 본산으로 성장하고 있다. 특히 1999년 '표준국어대사전' 편찬과 2000년 '국어의 로마자 표기법' 개정은 주목할 만한 일이 되었다. 그뿐만 아니라 국어 정책의 장기 계획인 '21세기 세종 계획'과 '한국어의 세계화 계획'은 우리말의 수준을 한 차원 높이는 주요한 사업으로 평가 받고 있다.

　또한 국립국어연구원은 이전 5년 만에 기관 명칭을 '국립국어원'으로 바꾸고 문화관광부의 모든 국어 정책을 넘겨받고 새로운 도약을 모색하고 있다. 현재 국립국어원은 1과 3부의 체제로 정원 41명, 연간 예산 100억원을 넘고 있다. 특히 2005년 1월의 '국어기본법' 과 7월의 '국어기본법 시행령'을 공포함으로써 국어 진흥의 새로운 장을 열어 갈 것이다.

2.2. 북한 국어 정책의 역사

남한 국어 정책의 초점이 국한문 혼용이냐 한글 전용이냐에 있었다면, 북한의 국어 정책은 맞춤법, 표준말 등의 언어 규범에 관련되는 문제를 중심으로 국어 정책이 수행되었다. 북한 국어 정책의 역사를 언어 규범의 변화를 중심으로 다섯 단계로 나누어 살펴보고자 한다.

■제1기(1945 ~ 1954) : 한글 맞춤법 통일안의 준용

광복 직후 조선어학회가 주축이 되어 국어 교과서를 편찬하고 국어 교사를 양성하여 국어와 국문의 보급에 공헌하였다는 사실은 이미 앞에서도 밝힌 바 있지만 이는 우리나라 전체를 대상으로 한 것이다.

북한에 소련군이 들어오고 김일성이 1948년 북한 정권을 수립하기 전까지 조선어학회의 '한글 맞춤법 통일안'이 그대로 사용되었다. 그러다가 1948년에 '조선어 신철자법'을 공포하였다. 그 특징은 다음과 같다.

(12) 가. 한자어 표기에서 어두에 'ㄴ, ㄹ'을 쓴다.
　　나. 합성어의 표기에서 사이표를 사용한다.
　　다. 형태론적 어음 교체에 사용되는 새 여섯 자모를 설정한다.

이 세 가지만 제외하고는 형태 음소적 원칙을 따르고 있다는 점에서 조선어학회의 맞춤법 통일안과 아무런 차이가 없다. 이 원칙은 1954년까지 존속되는데, 이것은 북한 어학자들이 조선어학회의 중진 회원이었고 주시경의 수제자인 김두봉이 북한 권력의 내부에 깊이 관련이 있었기 때문이다.

북한의 국어 연구는 1946년에 창설된 김일성 종합 대학의 어문학 강좌에서 시작된다. 이것은 서울대학교 국어국문학과가 남한의 어문 연구에 있어 중심이 된 것과 병행한다. 1947년에는 '조선어문연구회'가 김일성 대학 안에 설립되어 조선어와 조선 문자에 대한 연구가 본격화되었다. 이곳에서는 조선어의 규범화와 정화 방안, 한자 폐지 방안, 과학적 철자법 개정 등을 주요 연구 과제로 삼았다.

첫 번째 결실이 바로 '조선어 신철자법'이다. 1949년에 기관지 '조선어 연구'를 창간하였는데 조선어학자들의 논문과 소련의 언어 이론을 소개하는 것을 내용으로 하고 있다.

북한의 국어 연구는 1950년대 중반부터 본격화된다. 북한의 언어학 연구에 큰 영향을 미친 것은 소련의 언어학 대토론이었다. 그 후 1952년 조선민주주의인민공화국 과학원이 창설됨에 따라 '조선어문연구회'는 '조선어 및 조선문학연구소'로 개편되었다. 남한이 국어와 국문학 연구를 대학 국어국문학과에, 국어와 국문의 보급은 한글학회에 분담한 것과는 매우 대조적이다. 남한의 교수들은 실천적인 어문 연구에는 별 관심을 두지 않았다.

김일성은 1946년 대중을 향한 연설에서 언어와 문자 생활에서 일제 침략자의 잔재를 떨어버리는 일이 중요하다면서 다음과 같이 역설하였다.

(13) 문화인들은 우선 언어 행동에서 일본 제국주의의 냄새를 뽑아버려야 하며 또한 자기들의 작품에서 일제사상 잔재를 청산하도록 하여야 하겠습니다.

일본어의 요소를 뽑아낸다는 것은 쉬운 우리의 말과 글을 구사한다는 것을 뜻하며 이는 필연적으로 문맹 퇴치 운동을 전제로 하고 있다. 북한은 1948년에 230만 명의 문맹자를 퇴치했다고 보고하였다. 이는 전체 문맹자의 1/4에 이르는 숫자이다. 북한은 1948년 인민공화국 수립 후 학제를 개편했는데 국어가 중심 교과목의 지위를 차지하고 있다. 그리고 1949년에는 한자를 전폐하여 많은 간행물이 한글로 나왔다.

한글 전용과 함께 북한은 말다듬기에 대해서도 끊임없는 노력을 기울였다. 이것은 1960년대 후반부터 '문화어 운동'으로 발전되는데, 한자어와 일본어는 물론, 문체를 대상으로 이해하기 쉬운 말로 바꾸는 작업을 의미한다. 남한의 '국어순화운동'과 맥을 같이한다. 다만, 남한은 이 운동이 민간단체에 의하여 주도되었음에 대하여, 북한은 김일성의 지시나 공산당의 지시로 강력하게 추진되었다는 점이 다르다.

■ 제2기(1954 ~ 1966) : 조선어 철자법의 공포

　남북한의 언어 규범은 1954년부터 본격적으로 달라진다. 조선민주주의인민공화국 과학원 조선어 및 조선문학연구소는 그동안 써오던 '조선어 신철자법'을 버리고 이해 9월 '조선어 철자법'을 제정하여 공포하였다. '조선어 철자법'의 총칙은 다음과 같다.

(14) 가. 조선어 철자법은 단어에서 일정한 의미를 가지는 매개의 부분을 언제나 동일한 형태로 표기하는 형태주의 원칙을 그 기본으로 삼는다.
　　　나. 조선어 철자법은 그 표기에 있어 일반 어음학적 원리에 의거하되 조선어에 고유한 발음상의 제 규칙을 존중한다.

　총칙은 모두 5개항으로 구성되어 있는데 위의 '가, 나'는 처음 1, 2항만 옮겨 적은 것이다. 3항은 띄어쓰기 규정이고 4항은 표준말 규정이며 5항은 가로쓰기 규정이다. 조선어학회의 '한글 마춤법 통일안'과 비교할 때 표준어 규정이 약간 바뀌고 가로쓰기 규정이 추가되었을 뿐, 그 외에는 큰 차이가 없다. 형태 음소적 원리를 고수하고 있다는 점에서는 통일안과 차이가 없으나 뒷받침되는 문법 체계는 성격을 달리한다. 통일안에 나타나는 체언과 동사의 어간을 모두 '어간'으로 통합하고 조사와 어미는 '토' 가운데 넣되 단어로 인정하지 않았다.

　북한 과학원의 두 번째 큰 업적은 1956년 1월에 펴낸 '조선어 외래어 표기법'이다. 여기에 '외래어 표기법' 이외에 '외국 자모에 의한 조선어 표기법'과 '조선어의 어음 전사법'이 들어 있다. 부록으로 '조선어 외래어 어휘집'이 마련되어 있다.

　북한은 '조선어 철자법'과 '조선어 외래어 표기법'의 제정을 계기로 하여 어문정책을 지속적이고 일관성 있게 추진하였다. 1956년에는 과학원의 조선어 및 조선문학연구소가 언어문학연구소로 바뀌고, 문자개혁위원회가 조직되어 가로 풀어쓰기 등 문자 개혁 문제를 연구하고 담당하였으나 이를 제안한 김두봉이 1958년 숙청됨에 따라 언어문학연구소에 다시 통합되고 말았다. 또한 1958년에는 계몽적 성격을 띤 학술지 '말과 글'이 창간되었고, 1961년에 어학 전문지 '조선어학'이 창간되었다.

'조선어 철자법' 시대의 가장 큰 업적은 규범 문법과 사전 편찬이라고 할 수 있다. 규범 문법은 '조선어 문법'이란 이름으로 '어음론'과 '형태론'을 다룬 첫째 권이 1960년에, '문장론'을 다룬 둘째 권이 1963년에 나왔다. 이 무렵에 남한은 1963년 학교 문법의 품사 체계와 용어만 통일해 놓았으나 반대 세력의 강한 반발에 부딪혀 있었다. '조선어 문법'의 품사 체계는 '명사, 수사, 대명사, 동사, 형용사, 관형사, 부사, 감동사' 등 8품사 체계를 택하였다. 주목할 만한 것은 용언의 어미와 체언의 조사를 '토'라고 하여 단어로 인정하지 않았다.

북한 과학원은 규범 문법 편찬과 함께 사전 편찬도 시도하였다. 1956년에 광복 10주년을 기념하여 '조선어 소사전'을 편찬하였다. 그 이후 본격적인 사전 편찬에 착수하여 '조선말 사전' 첫째 권은 광복 15주년을 기념하여 1960년에 발행하였고, 나머지는 과학원 창립 10주년을 맞아 1962년에 완간하였다. 모두 여섯 권으로 총 18만 7,137개의 어휘가 수록되어 있다. 이 '조선말 사전'은 마르크스·레닌주의의 언어 이론에 기초한 것으로 규범적 성격과 백과사전의 성격을 구비하고 있다.

북한은 조선민주주의인민공화국 창건 15주년을 기념하는 뜻으로 1963년 '새 옥편'을 간행했다. 민족 문화유산을 발굴하고 정리하여 국어 어휘에 대한 지식을 넓혀 나가는 데 있어서는 한자에 대한 지식이 필요하다고 보았다. 1만 7,345 올림자가 실려 있는 가장 풍부한 옥편으로서 활발한 고전 연구와 전면적 문화 혁명에 이바지함을 목적으로 삼고 있다. 북한은 한글 전용 정책을 추진해 나가면서도 한자에 대한 지식이 필요함을 깨닫고 시대적 요구에 맞는 한자 사전을 편찬한 것이다.

북한 국어 연구의 전반적 특징은 현대어의 연구와 이의 규범화였다. 당시 남한의 어학계가 중세 국어를 중심으로 한 국어사 연구에 관심이 쏠려 있던 것과는 매우 대조적이다. 그러나 북한 어학계도 국어의 역사와 방언에 대하여 그렇게 무관심하지 않았다. 홍기문의 '향가 해석', '리두 연구', 김병제의 '조선방언학개요'(상, 중) 등이 대표적 업적이다.

북한의 어학자들은 국어사 및 방언 연구와 함께 국어학사적 안목에도 끊임없는 주의를 기울였다. 우리의 고유 문자인 훈민정음에 대한 문자론적 접근을 비롯하여 창제 과정에 관한 업적을 내었으며, '훈민정음 해례'의 음운 이론을 현대적 관점에서 분석하고 이를 통하여 15세기 국어의 음운 체계를 규명하기도 하였다. 또한 북한은 훈민정음이 창제된 세종 25년 12월을 1447년 1월로 양력 환산하여 기념 강연회를 갖거나 특집호를 내는 일이 많았다.

북한은 국어학의 비조(鼻祖)인 주시경 연구에 일찍부터 눈을 떴다. 주시경 탄생 80주년을 맞아 과학원 언어문화연구소는 1956년 '주시경 유고집'을 간행하였다. '국어문전음학'(1908), '국어 문법'(1910)을 다시 조판을 하고, '말의 소리'(1914)는 영인을 하였다. 주시경을 추모하고 평가하는 행사는 그 뒤에도 계속되었다. 그들은 주시경을 조선 인민이 낳은 열렬한 애국자이며 탁월한 언어학자라고 평가하였다.

1960년대에 들어와서 언어 연구를 더욱 조직적으로 추진하였다. 1964년 2월 17일 내각 결정 제11호에 기대어 과학원 기구를 개편하였다. 과학원 산하 사회과학위원회를 분리하여 사회과학원으로 개편하고 '언어문학연구소'를 '언어학연구소'와 '문학연구소'로 분리하였다. 이와 함께 북한의 언어학자들은 '조선언어학회'를 결성하였다. 사회과학원 언어학연구소 소장인 김병제가 중심이 되었다. 회장에는 김병제, 부회장에는 최정후, 상무위원에는 김병제, 최정후, 홍기문, 리극로, 정렬모, 류렬, 김수경 등 13명이 선임되었다.

■ 제3기(1966 ~ 1976) : 조선말 규범집의 공포

북한의 언어 규범은 1966년에 전환의 고비를 맞는다. 조선민주주의인민공화국 내각 직속 국어사정위원회는 이해 6월 '조선말 규범집'을 간행하여 공포하였다. 이에 따라 1954년에 공포된 '조선어 철자법'은 자동적으로 폐기되었다.

'조선말 규범집'은 '맞춤법, 띄여쓰기, 문장 부호법, 표준 발음법'의 4부로 구성되어 있다. '조선어 철자법'은 '철자법'이란 이름 아래 '철자법, 띄여쓰기, 표준말, 표준 발음법, 문장 부호'를 포괄하고 있는데 이곳에서는 '표준말'을 제외한 나머지 부분을 따로 내세우고 각 부문별로 총칙을 먼저 제시한 다음 세부 규정을 설명하고 있다. '철자법'을 '맞춤법'으로 고친 것은 1933년의 '한글 마춤법 통일안'의 '맞춤법'과 차이가 없다는 점을 드러내고 있다. '조선말 규범집'은 '조선어

철자법'에 비하여 체계가 정비되었고 내용이 자세하다. 특히 띄어쓰기와 표준 발음법은 매우 잘 정비되었다. '조선말 규범집'에 나온 맞춤법의 총칙은 다음과 같다.

> (15) 맞춤법은 단어에서 뜻을 가지는 매개의 부분을 언제나 같게 적는 원칙을 기본으로 한다.

총칙에는 가로쓰기 규정도 들어 있으나 '조선어 철자법'과 차이가 없다.

김일성은 1964년 1월 3일 언어학자들과의 간담회 자리에서 '조선어를 발전시키기 위한 몇 가지 문제'라는 제목의 교시를 행한 바 있다. 김일성은 전부터 표방해 오던 조선어 어휘 발달의 방향을 제시하고 문자 개혁, 언어문화 운동의 추진, 한자 교육의 부활 문제 등을 들었다. 문자 개혁이란 김두봉 등이 주장하던 가로풀어쓰기를 가리키는데 남북한이 공통된 언어와 문자를 쓰는 현실을 무시하고 문자를 개혁하면 의사소통에 지장이 있고 자칫하면 민족이 갈라지는 위험에 빠지기 때문에 조국이 통일될 때까지 보류한다는 것이다. 또한 남한이 한자를 쓰고 있는 한, 어느 시기까지는 한자를 가르쳐야 한다는 것이다. 그들은 초·중학교에서 기술학교까지는 2000자, 대학에서는 1000자 모두 3000자를 교육용 한자로 지정하였다.

'조선말 규범집'의 공포를 계기로 하여 북한에는 '문화어 운동'이란 어학 혁명이 전개된다. 김일성은 1966년 5월 14일 언어학자들과의 간담회 자리에서 '조선어의 민족적 특성을 옳게 살려 나갈데 대하여'라는 교시를 행한 바 있다. 그는 이곳에서 혁명의 참모부가 있고 정치, 경제, 사회, 문화, 군사의 모든 방면에 걸쳐 혁명의 전략이 세워지는 수도 평양말을 중심으로 언어의 민족적 특성을 보존하고 발전시켜 나가야 한다고 역설하였다. 또 그는 우리말을 발전시키는 데는 다른 나라 말을 본받아도 안 되며, 영어나 일본말이 섞여 든 서울말을 표준으로 삼을 수도 없고 고유어를 중심으로 사회주의를 건설하고 있는 북한 인민들만이 조선말을 발전시킬 수 있다고 하였다. 이렇게 조선인민공화국의 수도인 평양말을 중심으로 다듬어 낸 북한의 표준어를 '문화어'라고 하였다.

문화어의 개별 분야는 발음, 억양, 문법, 어휘, 문체에 걸치는데 특히 어휘는 우리의 고유 어근을 중심으로 발전되어야 한다고 주장하였다. 이런 방식으로 우리말을 정리하고 발전시키는 국어 순화 이론이 이른바 '주체의 언어 이론'이다. 그들은 주체의 언어 이론이 김일성에 의해 창시되었으며 김일성이 민족어를 지켜 내고 발전시키는 과정에서 집대성한 이론이라고 주장하고 있다. 주체의 언어 이론은 사람이 모든 것의 주인이며 모든 것을 결정한다는 주체의 철학적 원리를 사상적·이론적 기초로 삼고 있다.

문화어 운동이 본격화한 것은 1968년 계간지 '문화어 학습'이 창간되면서부터이다. '문화어 학습'의 창간을 계기로 하여 어느 정도 전문성을 띠고 있던 어학 계통의 잡지가 자취를 감추었다. 1961년에 창간된 '조선어학'은 1965년으로 종간되었고, 1966년부터 계간으로 나오던 '어문 연구'도 1967년까지만 간행되고 그 이후로는 '문화어 학습'으로 이어진 것이다.

'문화어 학습'은 각 호마다 첫머리에 김일성 주체 언어 이론과 관련된 글이 나오고, 문화어 지식, 생활과 언어, 물음과 대답 등의 내용이 담겨져 있다. 대중들에게 알려야 할 다듬어진 어휘를 '어휘 수첩'이란 이름 아래 소개하였다.

북한은 '조선말 규범집'의 공포를 계기로 하여 전체 인민을 대상으로 문화어 운동을 전개하는 한편, 이를 뒷받침하기 위하여 규범집에 따른 사전과 문법을 다시 편찬하였다. 1969년에 '현대 조선말사전'을 내고 1973년에는 이를 보충하는 '조선문화어사전'을 내었다.

■제4기(1976 ~ 1987) : 문화어 운동의 정착

'조선말 규범집'에 따른 어학 혁명의 기반 구축이 이루어진 뒤에 문화어 운동이 정착되는 시기라고 할 수 있다. 우선 1976년은 김일성의 문화어 운동 교시가 발표된 지 10주년이 되는 해로서 기념 논문집이 발간되었다. 1977년 이후의 '문화어 학습'의 논조가 문화어 운동이 전환기에 처해 있음을 보여 준다. '당의 영도 아래 꽃피여 나는 문화어', '은혜로운 태양아래 꽃핀 문화어'란 제목에서 그런 점을 알 수 있다. 이 문화어 운동에 힘입어 특수 분야의 용어가 다듬어지고 학교에서도 지도 및 보급에 힘을 기울였다.

문법 분야에서는 1972년에 완성된 '문화어문법규범'이 수정을 거쳐 1976년에 정식으로 간행되었다. 1979년에 비슷한 체재의 '조선문화어문법'을 내었다. 근로자, 문필가, 어학 전문가, 학생들에게 문화어 문법 규범을 보급할 목적으로 만들어진 것이다.

1978년에는 '조선민족어발전력사연구'를 펴내 민족어의 발전 과정을 인민의 역사와 관련시켜 설명하기도 하였다. 언어 사실의 변화 양상을 중심으로 서술했다고 볼 수 있는 홍기문의 '조선어력사문법'(1966)과는 성격을 달리하고 있다. 문화어 운동이 이 시기에 자리를 잡았다는 또 하나의 근거는 최정후의 '조선어학개론'(1983)에서 잘 드러난다. 개론 서적에서 문화어 운동을 다룰 수 있을 정도로 대중 속에 뿌리를 박고 있다고 할 수 있다.

이 시기에는 전문성을 띤 업적과 개인 저서들이 많이 나타난다. '우리 당의 언어 정책'(1976), '언어학 론문집'(1979), '주체의 언어리론 연구'(김정휘·정순기, 1982) 등은 사상성과 관련된 책들이다. 또 국어사정위원회의 '외국말적기법(Ⅰ)', 최정후의 '조선어학개론', 한영순의 '어음 및 글자론', 권종성의 '문자학개요' 등은 언어 사실에 관련되는 업적이다.

사전으로는 '현대 조선말 사전' 제2판(1981)이 나왔다. 김일성의 탄생 70돌을 맞은 기념 출판이다. 이와 관련된 업적으로는 '다듬은 말 묶음'(1977), 박용순의 '우리말 어휘 및 표현', 김병제의 '방언사전'(1980), '조선속담'(1984), 정순기·리기원의 '사전편찬리론연구'(1984), 박상훈·리근영·고신숙의 '우리나라에서의 어휘정리'(1986)가 있다.

■제5기(1987 ~) : 조선말 규범집의 수정

이 시기의 가장 큰 특징은 '조선말 규범집'의 수정이다. 1966년의 '조선말 규범집'과는 상당한 차이가 있다. 총칙의 내용은 다음과 같다.

(16) 조선말맞춤법은 단어에서 뜻을 가지는 매개 부분을 언제나 같게 적는 원칙을 기본으로 하면서 일부경우 소리나는 대로 적거나 관습을 따르는 것을 허용한다.

즉 형태주의 원칙을 고수하면서 표음주의 원칙을 일부 허용하고 있는 부분이다. '조선말 규범집'의 맞춤법은 본문 7장 28항으로 되어 있는데 주요 개정 내용은 다음과 같다.

(17) 가. 자모의 명칭에서 'ㅇ'의 명칭이 '(으)'에서 '(응)'으로 바뀐다.
　　 나. 소리가 같은 말인 고유어들은 혼동을 피하기 위하여 다음과 같이 적는다.
　　　 ㉮ 샛별 − 새 별(새로운 별), 빗바람(비가 오면서 부는 바람) − 비바람(비와 바람)
　　 다. 파생어에서 빠진 소리는 빠진대로 적는다.(예 : 가으내, 겨우내, 무질, 바느질)
　　 라. 사이표 특수 용례 규정(제18항)을 삭제한다.
　　 마. 형용사를 동사로 만드는 뒤붙이(제20항)에 '이'를 삭제한다.
　　 바. 말뿌리에 직접 '하다'를 붙일 수 없으나 '히'로만 소리나는 것은 '히'로 적으며, 말뿌리에 직접 '하다'를 붙일 수 있으나 '이'로만 소리나는 것은 '이'로 적는다.
　　　 ㉮ 거연히, 도저히, 자연히, 작히, 큼직이, 뚜렷이

남한에서도 1988년에 '한글 맞춤법'이 개정되었다. 부분적으로 남북한이 차이를 보이고 있으나 언어 이질화를 극복하려는 방향으로 조금씩 양보를 한다면 큰 어려움은 없을 것으로 생각한다.

북한은 이 시기에 김일성 탄생 80돌에 즈음하여 '조선말 대사전'을 출간한다. 이 사전은 두 권, 모두 4,150쪽, 33만개에 이르는 올림말을 수록한 사전이다. 그 특징은 다음과 같다.

(18) 가. 우선 규모 면에서 방대하고 다양한 어휘 유형들이 균형있게 배치되고 뜻풀이의 심도도 최대한 보장되고 있다.
　　 나. 그 구성 체계 면에서도 우리 식대로 참신하게 세웠다. 특기할 것은 올림말의 사용 빈도수를 측정하여 밝히고 있다.
　　 다. 철저히 주체의 원칙에 기초하여 편찬되었다. 우리말의 민족적 특성을 높이 발양시키는 원칙을 확고히 견지하여 고유어들을 풍부히 수록하고 어휘 정리의 산물인 '다듬은 말'을 여러 형식으로 적극 반영하고 있다.

라. 그 외에도 모든 면에서 과학성과 체계성을 보장할 뿐만 아니라 평양말 문화어를 기준으로 낡은 한자말이나 비규범적인 말은 해당하는 표시를 하여 규범적인 말로 안내하는 등의 어휘 규범과 발음 표시나 소리바꿈현상에 대한 사회적 규범과 맞춤법과 띄어쓰기 등 표기 규범에 대해서도 언어 규범성을 보장하고 있다.
마. '다듬은 말'(1986)에서 단어화하지 못하였거나 설명식으로 풀이되어 사전의 표제어로 선택하기 어려운 것들을 제외하고 거의 모두가 기존의 사전에 수록되어 있다.
바. 이 사전에서는 '현대조선말사전'(1981)에 수록된 일부의 다듬은 말 중에서 다듬은 말은 버리고 원래말만 수록하거나 고쳐서 수록하였다.
  ㉮ 두성꽃 → 양성화, 살가죽밑주사 → 피하주사, 더운물물고기 → 온수어족 → 온수어류
사. 이 사전에서는 본래말과 다듬은 말을 다같이 수록하면서 다듬은 말을 쓰도록 이끌어 주었다.

이 시기에 중요한 사건 중의 하나는 언어 정책을 주도적으로 이끌어오던 김일성이 1994년에 사망한 일이다. 김일성이 사망한 이후에 언어 정책에는 큰 변화가 없었다. 다만, 2000년도에 띄어쓰기 규정을 개정하였다. 1987년에 국어사정위원회의 이름으로 공포한 띄어쓰기 규정을 개정하였는데, 과거에 22개 조항을 9개 조항으로 대폭 손질하였다.

(19) 가. 토가 있는 자립적인 동사와 형용사가 다른 자립적인 동사나 형용사와 어울린 것은 띄여 쓴다.
나. 품사가 서로 다른 단어는 띄어 써야 한다.
다. 두개이상의 말마디가 결합되어 하나의 뜻을 나타내는 것은 붙여 쓴다.
라. 불완전명사는 앞의 단어에 토가 있어도 붙여 쓴다.

그 외에도 고유 명사, 수사, 학술 용어, 특수 어휘에 관한 띄어쓰기를 예시와 함께 자세하게 다루고 있다.

3. 남북한 언어 통일 방안

　남북한 언어의 문제 중에 가장 쟁점으로 떠오르는 것은 언어에 대한 태도이다. 남한은 언어 속에 민족성이 깃들어 있다는 홈볼트(W. von. Humboldt)의 세계관 이론을 적용하여 언어가 문화를 창조하거나 언어가 사람을 결속시킨다는 것을 국어 정책과 교육의 지침으로 삼고 있다. 반면에 북한은 언어가 인간 교제의 중요한 수단이며, 혁명과 건설의 중요한 도구로 생각하고 이를 발전시키는 것이 사회주의를 건설하는 길이라고 믿고 있다.

　언어에 대한 태도가 근본적으로 다른 상황에서 남북한 언어를 통일하는 방안은 여러 가지가 있을 수 있지만 몇 가지 대안을 제시하면 다음과 같다.

　첫째, 언어 규범을 통일할 수 있는 남북한 범민족 기구를 두어야 한다. 이 기구는 남북한 어문 규범 통일을 위해 수시로 모임을 갖도록 하고, 가장 합리적인 방안을 만들어내야 할 것이다. 생각하기에 따라서 쉽게 해결할 수 있는 부분이 많이 있을 것이다. 맞춤법은 형태 음소적 원리를 따르고 있기 때문에 합의를 하는 데 큰 어려움이 없을 것이고, 두음 법칙 적용 여부와 사이시옷 표기는 조금씩 양보를 하면 될 일이다. 남한의 표준어와 북한의 문화어는 복수 표준어로 두고 천천히 바꿔 가면 될 일이다. 외래어 표기법은 남한이나 북한이나 원지음 표기에 중점을 두고 있기 때문에 합의를 할 때 조금씩 보완을 하면 될 일이며, 국어의 로마자 표기법은 다 같이 표음법을 바탕으로 하고 있기 때문에 그동안 의견 접근이 꽤 이루어진 부분이다.

　둘째, 우리말 순화 운동을 범민족적으로 벌여야 한다. 남한의 국어 순화 운동이나 북한의 말다듬기 운동이 본질적으로 다르지 않다. 어느 국가나 외국과 접촉이 잦으면 외래 문물이 들어오고 동시에 이를 가리키는 말도 따라 들어오게 마련이다. 그럴 경우 그 나라 말로 바꿀 수도 있고 외국어를 그대로 쓸 수도 있을 것이다. 전통 사회에서는 중국의 영향으로 한자어가 많이 쓰이다가 광복 후에는 남한은 영어가, 북한은 러시아어가 들어와 많이 쓰이고 있다. 특히 남한은 세계화의 물결을 타고 일상 회화에서까지 영어를 섞어 쓰는 일이 늘어만 가고 있다.

북한은 이미 1960년대 후반부터 일기 시작한 문화어 운동을 계기로 하여 많은 한자어와 외래어를 우리말로 다듬었다. 남한도 1970년대부터 정부 차원에서 순화 운동을 적극적으로 추진하고 있다. 그 사이에 달라진 어휘도 많이 있지만 외래어를 우리말로 바꾸려는 정신은 서로 같다.

셋째, 언어 통일의 지름길은 우리말 교육을 강화하는 일이다. 언어 속에는 그 나라의 문화와 민족성이 깃들어 있다고 하듯이, 우리가 한 민족임을 확인하는 것은 남북한이 우리말 교육을 강화하는 일이다. 북한은 동기야 어떻든 우리말을 충실하게 교육하고 발전시키는 데 많은 성과를 거두었으며 우리말이 발전된 언어라는 강한 자부심을 지니고 있다. 그런데 남한은 영어 공용어와 초등학교 영어 조기 교육을 부르짖고 있는데 이것은 잘못이다. 물론 영어가 국제 공용어임을 부인할 수는 없지만, 모국어를 충실하게 가르치는 일이 우리에게는 더 시급한 일이다. 또한 남북한 언어 통일을 앞당기는 계기가 될 것이다.

4. 마무리

지금까지 남북한 언어 정책을 변천사를 중심으로 살펴보았다. 남한 어문 정책의 역사는 국한문 혼용이냐 한글 전용이냐를 중심으로 나누어 보았고, 북한의 어문 정책의 역사는 언어 규범을 중심으로 나누어 보았다. 이런 시대 구분이 반드시 옳은 것은 아니라고 할지라도 그래도 남북한 언어 정책을 이해하는 데는 어느 정도 도움이 될 것이다.

남한 어문 정책의 역사는 학교 교육과 한글 전용, 한글 전용 실천 요강의 공포, 한글 전용의 시행과 한문 교육의 강화, 국어연구소의 설립과 어문 규정의 개정, 국립국어연구원의 설립과 21세기 국어 정책으로 나누어 보았다. 반면에 북한의 어문 정책의 역사는 한글 맞춤법 통일안의 준용, 조선어 철자법의 공포, 조선말 규범집의 공포, 문화어 운동의 정착, 조선말 규범집의 수정으로 나누어 보았다.

다음은 남북한 언어 통일 방안으로 세 가지를 제시하였다. 어문 규범을 통일할 수 있는 범민족 기구의 설치, 범민족적으로 우리말 순화 운동의 전개, 우리말 교육의 강화 등을 제안하였다. 그 외에도 '통일 국어 대사전 편찬', '남북한 지역 방언 조사', '남북 규범 문법의 통일 방안 연구' 등 얼마든지 제안할 수 있는 일이 많이 있을 것이다. 문제는 닫힌 마음의 문을 열고 언제나 한 민족이라는 민족의식만 갖고 있다면 언어 통일은 그렇게 어려운 일이 아닐 것이다.

참고 문헌

고영근(1989), 『북한의 말과 글』, 을유문화사.
＿＿＿(1994), 『통일시대의 어문문제』, 도서출판 길벗.
＿＿＿(1999), 『북한의 언어문화』, 서울대학교 출판부.
국립국어연구원(1992), 『북한의 언어 정책』, (주)정문사문화.
＿＿＿＿＿＿(2000), 『국립국어연구원 요람』, 경미기획.
＿＿＿＿＿＿(2000), 『21세기의 국어 정책』, 학술 발표 요지.
＿＿＿＿＿＿(2001), 『새국어생활』, (주)계문사.
국어학회(1993), 『세계의 언어 정책』, 태학사.
김민수(1984), 『국어정책론』, 탑출판사.
＿＿＿(1989), 『북한의 국어 연구』, 일조각.
＿＿＿(1989), 『북한의 어학 혁명』, 도서출판 백의.
＿＿＿(1991), 『북한의 조선어 연구사』, 도서출판 녹진.
＿＿＿(1997), 『김정일 시대의 북한 언어』, 태학사.
남성우(1990), 『북한의 언어생활』, 고려원.
문화체육부(1998), 『국어정책자료집』, 영진문화인쇄.
＿＿＿＿(1998), 『남북 언어 통일 방안 연구』, 연구 보고서.
민현식(1999), 『국어 정서법 연구』, 태학사.
최용기(1995), 「한글과 국어 정책」, 『국어문화학교 교재』, 국립국어연구원.
＿＿＿(2001), 국어 순화, 『바른 국어 생활』, 국립국어연구원.
＿＿＿(2001), 『남북한 국어 정책 변천사 연구』, 단국대 박사 학위 논문.
＿＿＿(2003), 『남북한 국어 정책 변천사 연구』, 도서출판 박이정.
최호철(2000), 『21세기의 국어 정책』, 국립국어연구원 학술 발표 요지.
한글학회(1971), 『한글학회 50년사』, 선일인쇄사.
허만길(1993), 『한국 현대 국어 정책 연구』, 홍익대 박사 학위 논문.

※ 『국문학 논문집』(단국대 국어국문학과), 제18집(2002. 8.)에 실린 논문을 수정하여 보완한 것임.

제9장 남북한 순화 용어와 통일 방안

1. 서론

　남북한이 분단된 지 60여 년이 지났다. 남북 분단은 단일 민족인 우리 민족에게 많은 상처를 남겼는데, 그 중에는 언어의 문제도 끼여 있다. 그렇다고 의사소통에 지장을 줄 만큼 언어의 차이가 크지 않지만[1] 이질감을 느끼게 할 정도는 충분하다. 이런 요소는 표준어와 문화어의 차이, 국어 순화와 말다듬기의 차이, 한글 맞춤법과 조선어 철자법의 차이 등을 들 수 있다. 여기서는 주로 국어 순화와 말다듬기의 차이를 중심으로 남북 순화 용어의 통일 방안에 대하여 알아보고자 한다.

　국어 순화는 중국의 한자 차용어를 순화할 때부터 살펴보아야 하겠지만 대체로 주시경 선생 때부터 시작하여 1945년 광복을 전후한 때를 그 출발로 보고 있다. 특히 광복 직후에 일본어의 잔재를 몰아내기 위한 노력이 큰 성과를 거두었다. 또한, 1960년대의 한글 전용 특별 심의회 설치, 1970년대의 국어 순화 운동 협의회 설치, 1980년대의 국어 순화 자료집 발간, 1990년대의 생활 외래어 순화 등도 괄목할 만한 성과라고 할 수 있다.

　말다듬기도 북한에서 일본어의 잔재를 일소하고 우리말을 회복하는 차원에서 광복 직후에 민족적 운동으로 전개되었는데, 특히 1964년에 김일성의 1・3 교시를 계기로 하여 적극적으로 추진되었다. 15년에 걸쳐 5만여 개의 어휘를 다듬었

---

[1] 필자가 지난 2001. 12. 14. ~ 12. 16. 중국 베이징 국제학술대회에서 북한 대표단(단장 북한 사회과학원 언어학연구소 소장 문영호) 일행을 만나 회담을 하였는데 남북한 국어학자들이 의사전달을 하는 데 전혀 어려움이 없었다.

다고 하니 과연 혁명적이었다. 그러나 지나친 급진 정책에 제동이 걸렸으며, 그 후에 절반(25,000개 어휘)으로 후퇴하여 다듬은 말은 보급되었다.

국어 순화든 말다듬기든 그 대상은 한자어, 일본어투 용어, 외래어투(서구의 외래어와 외국어를 포함한 개념) 용어이며, 그 명목은 우리 고유어를 잘 살려 씀으로써 민족적 자부심과 긍지를 갖도록 하는 것에 있다고 할 수 있다. 사실 우리말을 이루고 있는 것은 고유어, 한자어, 외래어이다. 이 중에서 한자어는 우리말 속에서 이미 상당 부분을 차지하고 있기 때문에 지나치게 어려운 한자어가 아니면 남한에서는 국어 순화 대상에서 제외하였고 북한에서는 1949년부터 한자 폐지 정책을 펼치면서 많은 한자어를 고유어로 고쳐 사용하고 있다.

반면에 일본어투 용어는 남북한이 모두 반드시 고쳐 써야 할 순화의 대상으로 삼고 있다. 일본어투 용어는 우리말과 자연스럽게 정상적으로 접촉하면서 외래어로 자리를 잡은 것이 아니고 일제 강점기에 어쩔 수 없이 배웠던 통치자의 언어이었으므로 8·15 광복 이후에 지금까지 순화의 대상이 되어 왔다. 또한, 외래어투 용어는 외국 문화, 외국 문물과의 접촉에서 생겨나는데, 다과의 차이는 있으나 세계 어느 언어에서도 찾아볼 수 있다. 외래어투 용어는 남북한이 수용하는 정도에서 약간의 차이가 나는데 남한은 외래어로 인정하려는 정도가 강한 반면에 북한에서는 가능한 한 고유어로 고쳐 쓰려는 노력을 많이 하고 있다.

그러나 모든 것이 다 그렇듯이 언어도 외래 요소가 너무 많으면 그 본래의 생명력에 이상이 생길 수 있으며 원활한 기능을 발휘할 수 없게 된다. 그리고 외래 요소의 범람은 그것을 사용하는 민족의 정신을 흐리게 할 수도 있다. 이리하여 19세기 이후 여러 나라에서 자기 언어 속의 외래 요소를 적절히 제한해야 한다는 생각이 생겼고, 이것을 실천하기 위한 운동이 각국에서 일어나게 된 것이다.2)

우리나라의 경우에도 1945년 광복 이후에 일본어의 잔재를 몰아내기 위한 국어 순화 운동이 시작된 이래 우리말에서 외래어투 요소를 줄이기 위한 노력이

---

2) 프랑스는 1957년 '프랑스 어 어휘 조사국' 창설 이후 프랑스 어 순화에 나섰고, 터키는 1928년 무스타파 케말 대통령을 위원장으로 하는 터키 어 '14인 언어 회의'를 설립한 이후 터키 어 순화 운동에 나섰다.

계속되었다. 그러나 날이 갈수록 영어 계열의 외래어투 용어는 늘어만 가고 심지어는 일상 언어생활에서도 외래어투 용어가 남용되고 있는 실정이어서 이 문제에 대한 대책이 시급하다. 엄밀한 의미에서 외래어는 국어 속에서 인정할 수밖에 없는 현실이지만 가능한 한 우리말로 바꾸려는 노력이 필요하고, 외국어는 반드시 우리말로 바꾸어 써야 할 것이다.

지난 2002년에 발간된 『언론 외래어 순화 자료집』(국립국어연구원 발간)에 나온 외래어투 용어 순화 내용 중 일부를 살펴보면 다음과 같다.

가이드북(guidebook) → 안내서, 안내 책자
누드폰(nude phone) → 투명 전화기
니치마켓(niche market) → 틈새시장
다운로드(download) → 내려받기
도어맨(doorman) → (현관) 안내인
북마크(bookmark) → 바로찾기
셔틀버스(shuttle bus) → 순환 버스
스토커(stalker) → 과잉 접근자
이슈(issue) → 쟁점, 논점, 관심사

또한 방송과 신문 같은 언론 매체, 정부 기관은 국어 순화에 당연히 앞장서야 하는데 오히려 외래어투 용어를 남용하고 있는 현실이 더욱 안타깝다. 아래 내용은 방송 프로그램, 신문 제목, 잡지 이름, 정부 부처 보고서에 나온 외래어투 용어의 일부이다.

○ 방송 프로그램 : KBS뉴스네트워크, 뉴스라인, 모닝스페셜, 뉴스퍼레이드, 리얼코리아, SBS나이트라인, 스포츠와이드, 아이러브스포츠, 뮤직박스, 무비월드, 해피타임, 러브러브셰이크, 해피투게더 싱크투게더
○ 신문 제목 : NEO FOCUS, NEO LIFE, JOB & BIZ, Music & Theater, 투데이, 오피니언, 굿모닝 미즈 & 미스터, 굿모닝 이코노미, 레저, 쇼핑, 스포츠카, 웹사이트, 인터뷰, 클릭 21, 재테크, 리모컨, 마이너리티

○ 잡지 이름 : Wedding, Best Baby, CAR VISION, TOUR, Buyers Guide, BEAUTY LINE, 아트 앤 디자인, 씨네 21, 굿모닝팝스
○ 정부 부처 보고서 : 로드맵, 마인드, 인센티브, 프로젝트, 포커스, 브리핑, 아웃소싱, 코드, 시너지, 워크숍, 컨소시엄, 이벤트, 프로세스, 클러스트, 핫이슈, 어젠다

이런 우리말 속의 외래어투 용어를 생각해 보면 가장 아쉬운 부분이 한쪽에서는 열심히 국어 순화를 하고 있고, 한쪽에서는 그에 역행을 하는 이중적인 모습을 보여 왔다는 점이다.

2. 국어 순화의 역사와 성과

2.1. 8·15 광복 이후부터 1959년까지

조국이 광복되자 우리 정부는 1946년에 '우리말 정화'에 대한 방침을 세우고 우리 사회에서 흔히 쓰는 일본어투 용어를 조사해서 모은 뒤, 그 말 대신에 쓸 만한 우리말을 찾아 초안을 만들어 내게 되었다. 정부 차원의 우리말 순화가 처음으로 시작된 것이다.

문교부는 『우리말 도로 찾기』(1948)[3] 머리말에서 '① 우리말이 있는데 일본말을 쓰는 것은, 일본말을 버리고 우리말을 쓴다. ② 우리말이 없고 일본말을 쓰는 것은, 우리 옛말에라도 찾아보아 비슷한 것이 있으면, 이를 끌어다가 그 뜻을 새로 작정하고 쓰기로 한다. ③ 옛말도 찾아낼 수 없는 말이, 일본어로 씌어온 것은 다른 말에서 비슷한 것을 얻어 가지고 새 말을 만들어, 그 뜻을 작정하고

---

[3] 표제어 숫자에 대하여 한글학회(1971 : 499쪽)는 940낱말이라고 하였고, 김민수(1984 : 573쪽)에서는 938개 왜색 용어라고 하였다. 그러나 문교부의 발표한 자료는 943낱말이다.

쓰기로 한다. ④ 한자로 된 말을 쓰는 경우에도 일본식 한자어를 버리고 우리가 전부터 써오던 한자어로 쓰기로 한다.'고 밝혔다.

이 시기는 일본말의 잔재를 몰아내는 데 전 국민이 힘을 기울였던 것으로 생각이 된다. 국어 사랑은 곧 나라 사랑이라는 것을 실천하였던 시기이다. 이때에 만들어진 어휘들을 '우리말 도로 찾기'에서 골라 보면 다음과 같다.

```
데다라메(出鱈目) → 귀둥대둥
도리께시(取消) → 푸지위하다
나까가이(仲買) → 주름('주릅'의 옛말)
시로또(素人) → 맹문이, 날무지
분빠이(分配) → 노누매기
야지우마(彌次馬) → 헤살꾼
리소꾸(利息) → 길미
```

2.2. 1960년부터 1969년까지

문교부는 1962년에 한글 전용을 실시할 목적으로 '한글 전용 특별 심의회'를 설치하였다. 이 위원회에서는 일반 용어, 언어 문학, 법률 제도, 경제 금융, 예술, 과학 기술의 6개 분과 위원회를 두어 한자어로 된 용어를 쉬운 우리말로 바꾸는 작업에 착수하였다. 또한 정부는 '한글 전용 촉진 7개 사항'을 내각에 지시하고 '한글 전용 연구 위원회'를 구성토록 하였다.

한편, 민간 단체인 한글학회는 1967년에 정부의 한글 전용 정책을 뒷받침한다는 뜻에서 '쉬운말 사전'을 펴낸다. 일러두기에서 올림말의 범위를 일반어와 각종 전문 분야의 용어(낱말과 익은 이은말 따위) 가운데, ① 어렵고 낡은 한자말. ② 일본말 찌꺼기. ③ 서양 외국말. 그 밖에 틀리게 쓰는 말들이다. 이 사전에 올림말은 모두 15,924 낱말이다. 이 사전에 수록된 외래어투 용어의 순화 내용을 몇 단어만 간추려 본다.

가솔린(gasoline) → 휘발유
　　가터(garter) → 양말대님
　　개더스커트(gather skirt) → 주름치마
　　니힐리즘(nihilism) → 허무주의
　　넘버(number) → 번호, 홋수
　　덤핑(dumping) → 막팔기, 막넘김
　　다큐멘터리(documentary) → 기록 영화
　　레이디(lady) → 숙녀, 부인
　　로봇(robot) → 등신, 허수아비
　　마진(margin) → 값 차이

　이 시기는 사실상 외래어투 용어의 순화가 시작된 것으로 볼 수 있지만 역시 이때에도 일본어투 용어와 어려운 한자어 순화에 더 많은 비중을 두고 있었다.

2.3. 1970년부터 1989년까지

　한글 전용의 단계에 들어서는 시기이다. 정부는 한글 전용 5개년 계획을 앞당겨4) 1970년부터 정부의 문서뿐만 아니라 민원 서류도 한글 전용을 실시하고 언론 출판계에 대하여 한글 전용을 권장한다는 7개항의 지시를 실천하도록 내각에 내렸다. 언론에서도 동참을 하는데 서울신문이「우리말을 바로 찾아 바로 쓰자」는 주제 아래 1,641개의 낱말을 다듬었고, 경향신문이「국어 순화」(그 실태와 처방)를 특별 기획한 것도 이 무렵이다.

　대통령의 지시에 따라 국어 순화 운동은 새로운 방향 전환을 가져오게 된다. 문교부는 1976년 '국어 순화 운동 협의회'를 발족하여 본격적인 활동을 시작하였고, 민간에서도 국어 순화를 위한 협의회나 연구회가 여기저기에서 설립되었다. 국어 순화의 범위도 생활 용어, 언론 용어, 학술 용어, 법률 용어, 건축 용어, 스포츠

---

4) 대한민국 정부는 1968년에 한글 전용 5개년 계획을 의결할 때 1972년부터 정부의 문서뿐만 아니라 모든 민원 서류를 한글로 전용하도록 하던 것을 1970년부터 시행토록 하였다.

용어 등으로 점차 확대되었다. 국어 심의 기구로 '국어심의회'를 만들고 그 안에 '국어 순화 분과 위원회'를 신설하고, '국어 순화 자료'를 발간하기 시작하였다.『국어 순화 자료』(1977)를 중심으로 외래어투 용어의 순화 내용을 몇 단어만 간추려 본다.

드레스 살롱(dress salon) → 양장점
닉네임(nick name) → 별명
디스카운트(discount) → 에누리, 할인
라이벌(rival) → 경쟁자, 적수
로비(lobby) → 복도, 휴게실
밸런스(balance) → 균형, 조화
센스(sense) → 눈치, 분별(력)
스코어(score) → (득)점수, 기록
스폰서(sponsor) → 광고주, 후원자
슬리퍼(slipper) → 실내화

이 시기에 국어연구소 설립(1984년)으로 국어 순화 업무뿐만 아니라 국어 정책 전반에 대하여 본격적인 조사와 연구를 수행하는 계기가 마련되었다. 국어연구소는 한글 맞춤법, 표준어 규정, 외래어 표기법을 개정하도록 뒷받침을 하였고, 특히 서양 외래어투 용어의 순화에 많은 관심을 기울였다.

2.4. 1990년부터 현재까지

1990년에 문화부의 출범은 국어 정책에 있어서 새로운 변화를 몰고 왔다. 그동안 문교부에서 추진하던 국어 정책을 문화부로 이관하고, 정부 부처 안에 어문출판국(뒤에 문화정책국 → 문화예술국으로 변경)과 어문과(뒤에 국어정책과 → 국어민족문화과로 변경)를 설치하여 본격적인 국어 정책을 추진하였다.

또한 정부는 국어연구소를 확대 개편하여 1991년에 국립국어연구원을 만들어

국어를 과학적으로 조사 연구하게 하고 합리적인 어문 정책을 수립하는 한편, 국민의 올바른 언어생활을 계도하기 시작하였다.

국어 순화 사업이 여러 전문 분야에서 연이어 전개되는데 특히 서양 외래어투 용어 순화 사업으로 생활 외래어(751), 미술 용어(738), 전산기 용어(1,068), 패션 디자인 용어(1,471), 언론 외래어(387), 전기 전자 용어(353), 금융 경제 용어(159), 정보 통신 용어(31), 운동 경기 용어(1,496) 등이 심의되었고, 이를 공고하거나 자료집으로 발간하였다. 무려 40여 개 분야 25,000여 단어에 이르고 있다. '생활 외래어'의 순화 내용을 중심으로 몇 단어만 간추려 본다.

```
개런티(guarantee) → 출연료
리허설(rehearsal) → 예행 연습
멜로디(melody) → 가락
밸런스(balance) → 균형
세미나(seminar) → 연구회, 발표회, 토론회
다크호스(dark horse) → (뜻밖의) 변수, 복병
```

3. 국어 순화와 그 문제점

오늘날은 지구촌이 한 가족처럼 살아가기 때문에 어느 나라나 외국어와 외래어는 생겨나게 마련이고 이를 사용하지 않고 살아갈 수는 없다. 그러다 보니 날로 외국어와 외래어는 증가하게 되고 그에 따른 문제점은 오래 전부터 지적되어 왔다. 일본어를 거쳐 유입된 서구 외래어투 용어의 순화 내용을 일부만 간추려 본다.

```
빠꾸(← back) → 뒤로, 퇴짜
```

레지(← register) → (다방) 종업원
쇼바(← shock absorber) → 완충기
미싱(← machine) → 재봉틀
에키스(← 네 extract) → 진액
추리닝(← training) → 운동복

이런 일본식 외래어는 많이 줄어들었다고는 하지만 꾸준히 이어져 새로운 문화의 도입과 함께 '리모콘(←remote control), 히로뽕(←philopon), 고로케(←croquette), 가라오케(←orchestra)' 등이 새로 들어오기도 하였다.

대개의 경우 이런 일본식 외래어는 쉽게 사라질 수 있지만, 그 이면에는 또 다른 국어 순화 문제가 있다. 즉 우리말로 바꾸는 것이 아니라 해당 원어로 되돌아가는 것이다. 이런 용어를 몇 단어만 간추려 본다.

남바(← number) → 넘버
마후라(← muffler) → 머플러
맘모스(← mammoth) → 매머드
바란스(← balance) → 밸런스
부레키(← brake) → 브레이크
사라다(← salad) → 샐러드

들어온 일본식 외래어들 가운데 '다스, 골인, 오토바이, 뻰찌(→ 펜치)' 등은 좀처럼 고쳐지지 않고 굳어진 것도 있다. 이러한 현상은 우리말과 일본식 외래어와의 경쟁이 아니라 해당 원어와의 경쟁에서 밀린 결과가 된 것이다. 사실 이와 같이 중국의 한자어, 일본어에 이어 새로이 등장하는 서구의 외국어와 외래어는 오늘날의 국어생활에서 가장 큰 문제이다. 마치 고유어 '뫼, 가람'이 한자어 '산, 강'에 밀린 것처럼, 우리말이 서구 외국어에 쫓기는 경향을 찾아볼 수 있다. 이런 용어를 몇 개만 간추려 본다.

예절 → 에티켓(프 etiquette)   알몸 → 누드(nude)

뜬소문 → 루머(rumour) 사진기 → 카메라(camera)
열쇠 → 키(key) 허리띠 → 벨트(belt)
목도리 → 머플러(muffler)

외래어는 '잉크, 텔레비전, 라디오, 컴퓨터, 뉴스'처럼 새롭거나 특별한 의미를 담는 것이 많기 때문에 그대로 들어오는 경우가 대부분이다. 그러나 그런 과정에서도 우리말을 좀 더 잘 운용하면 얼마든지 가능한 경우도 있다. 가령 '뉴스'만 하더라도 '새소식'과 같은 우리말을 만들어 쓸 수도 있다.

국어 순화를 하면서도 문제가 되는 것은 현실성을 고려하지 않고 국어학자가 중심이 되어 용어를 새로 만드는 경우에 언중들은 이를 따르지 않는 경우도 있었다. 그러한 사례를 지난 1992년에 발표한 '전산기 용어'의 순화 내용에서 일부만 간추려 본다.

어셈블러(assembler) → 짜맞추개
소프트웨어(software) → 무른모
커서(cursor) → 깜박이, 반디
하드웨어(hardware) → 굳은모
마우스(mouse) → 다람쥐
스페이스바(space bar) → 사이띄우개
컴퓨터 프로그램(computer program) → 전산 풀그림

4. 북한의 말다듬기

북한의 말다듬기는 국가적 차원에서 매우 적극적으로 추진되었다. 북한은 1949년에 한자를 쓰지 않고 한글만 쓰기로 하면서 일찍부터 말다듬기에 나섰다. 이러한 어휘 정리는 꾸준히 이어져 오다가 1966년에 문화어가 성립하면서 많은

말들이 새로 이에 편입되었다. 북한은「다듬은 말」자료집 초고에서 약 5만여 개를 다듬었다고 하였는데, 1986년에 약 2만 5천 개 정도를 최종적으로 확정하였다고 하였다.5)

최근에 열린 한일 월드컵을 계기로, 연합뉴스와 중앙 일간지 등의 보도에 따르면 한국 대 이탈리아전을 중계한 북한 조선중앙방송 해설자는 머리받기(헤딩), 금골(골든골), 엄살동작(시뮬레이션 액션), 1단계 조연맹(조별 리그), 2단계(16강), 승자전(토너먼트), 11m벌차기(페널틱킥), 문지기(골키퍼), 중간지대(미드필드), 자기마당(홈그라운드) 등의 표현을 썼다. 몇 단어만 더 들어보면 다음과 같다.

> 손기척(노크), 마른빨래(드라이크리닝), 기다림칸(대합실), 달린옷(원피스), 찬단물(주스), 주머니종(호출기), 설기과자(카스테라), 안바다(내해)

이런 북한의 말다듬기를 두고 남북한 언어의 이질화라고 하며 걱정을 하는 사람이 많은데 부정적으로만 볼 이유가 없다. 북한에서 정리한 어휘들 가운데 많은 것은 '가찹다(가깝다), 게사니(거위), 남새(채소), 망탕(마구)' 등과 같이 방언을 되살려 쓴 것들이다(이들 방언을 되살려 쓴 것들이 약 4,000여 개에 이른다고 한다).

남북한이 같은 말로 순화한 것들도 있는데, 예를 들면 다음과 같다.

> 혼잣말(독백), 여러해살이(다년생), 알림판(게시판), 늘푸른나무(상록수), 찾아보기(색인), 문지기(골키퍼), 가슴둘레(흉위), 차림표(메뉴), 인쇄기(프린터), 승강기(에스컬레이터), 이어달리기(계주), 언덕(구릉), 빈속(공복), 임시다리(가교), 알뿌리(구근), 앨범(사진첩) 등

이렇게 남북한이 같은 말로 순화한 용어가 700여 단어에 이른다는 보고서가 있다. 이것은 남북한이 순화하고자 하는 목표가 다르지 않다는 것을 단적으로 보여 주는 한 부분이다.

그 밖에 맞춤법과 두음 법칙 적용 여부의 차이, 한자어의 독음의 차이 등 이형

---

5) 1992년에 발간된 「조선말대사전」에 반영된 '다듬은 말'은 1만 2천여 개 정도이다.

태를 고려해 본다면 그 숫자는 더 많을 것이다.

여성-녀성, 임시-림시, 깃발-기발, 헤엄-혜염, 눈썹-눈섭, 넋두리-넉두시 개전-개준(改悛), 갹출-거출(醵出), 왜곡-외곡(歪曲), 오류-오유(誤謬), 표지-표식(標識)

5. 남북한 정부 당국[6]의 노력

국어 순화 문제는 남북한이 관심을 갖고 추진하는 사업이다. 그동안 남북한 정책 당국은 국어 순화를 비롯하여 국어 정책에 대한 논의를 하기 위해 지난 1996년 8월에 중국 창춘(長春)에서 1차 모임을 가졌고, 2001년 12월에 중국 베이징(北京)에서 2차 모임을 가졌다. 또 2003년에 3차 모임을 중국 베이징에서 가졌다.

이런 모임이 열릴 때마다 느끼는 것은 남한에서 생각하고 있는 것보다 국어 순화나 민족어 통일에 대하여 북한 대표단이 더 열정적이라는 것을 알 수 있었다. 북한 대표단은 보통 10여 명 내외로 구성되었고 순수 학문보다는 응용 학문 분야의 학자들이 더 많이 포함되어 있다는 것도 시사하는 바가 매우 크다.

지난 1996년 장춘(長春) 회의에서는 남북의 국어학자는 어문 규정에서 일부분 차이는 있지만 더 이상의 어문 규정을 개정하지 말자고 하였고, 2001년 베이징(北京) 회의에서 지속적인 학술 교류와 자료 교환을 제안하여 남북한의 말뭉치와 국어사전 입력 자료를 상호 교환한 바가 있다. 또한 조선대백과사전(30권)을 북으로부터 구입하기도 하였다. 2003년 베이징(北京) 회의에서는 민족어의 통일을 위해 남북이 함께 방언 조사를 하기로 하고, 이에 대한 학술회의를 열었다.

---

[6] 구체적으로 남한은 문화체육관광부 소속 국립국어원이고, 북한은 사회과학원 소속 언어학연구소를 말한다. 현재 상황은 중간에 중국이 끼여 있다.

6. 남북한 순화 용어 통일 방안

　남북한이 공동으로 국어 순화를 추진하는 것은 국어 정책 분야에서 가장 접근이 용이한 분야이다. 이미 다듬어진 남한의 순화어와 북한의 다듬은 말을 재검토하여 서로 보완하는 작업이 필요하다. 서로 생경하게 만든 새말을 강요하지 말고 자연스러운 말 중에서 서로가 수용하는 마음만 있다면 쉽게 해결될 것이다.

　남북한이 공동으로 순화 용어를 만드는 일은 지극히 상식적인 차원에서 출발을 해야 한다. 정부 당국의 양해만 있다면 비정치적인 문제이므로 자유롭게 만날 수 있게 하는 일이 무엇보다도 우선적인 과제이다. 즉 남북한 공동으로 용어 순화를 위해서 비공식적인 협의 기구를 만들어 자주 만나는 모임을 갖고 그 이후에 '남북한 용어 순화 공동 위원회'(가칭)를 만들어 가는 방안을 생각해 볼 수 있다. 이를 위해 추진해야 할 과제를 몇 가지 제시하고자 한다.

　첫째, 남북한 학자들이 전공 영역별로 자유롭게 심의회나 협의회를 결성하여 토론하고 공동으로 학문적 결과물을 내는 것이 중요하다. 국어 정책의 문제를 다루기 위해 학자적인 관점이나 취향을 알고 서로 신뢰하는 일이 무엇보다도 중요하다. 인간적인 유대감을 가지고 국어 정책에 관한 공동의 이론을 도출하거나 참여한 학자가 개인별로 국어 정책에 관한 이론을 제시하는 것이 필요하다.

　둘째, 국어 순화 운동을 범민족적 차원에서 벌여야 한다. 남한의 국어 순화나 북한의 말다듬기는 본질적으로 다르지 않다. 어느 국가나 외국과 접촉이 잦으면 외래 문물이 들어오고 동시에 이를 가리키는 말도 따라 들어오게 마련이다. 그럴 경우에 그 나라 말로 바꿀 수도 있고 외국어를 그대로 쓸 수도 있을 것이다. 그런데 우리말은 나날이 그 순수성을 잃어 가고 있다. 특히 남한은 세계화의 물결을 타고 일상 회화에까지 영어를 섞어 쓰는 일이 늘어만 가고 있다. 이에 대하여 우려하는 목소리가 높아만 가고 있다.

　셋째, 상대편의 순화 용어를 적극적으로 수용하는 자세가 필요하다. 남북한 학자가 마주하고 앉아 이를 재검토하고 이들 가운데 현실성이 없는 용어를 과감히 빼는 것이 좋겠다. 남한의 순화 용어와 북한의 다듬은 말이 서로 같은 형태를 가지며 자연스러운 경우에는 이를 적극적으로 수용하는 태도가 필요하다. 우선 남한의 순화 용어와 북한의 다듬은 말 비교 사전을 만들어 이를 하나하나 정리해 가는 것이 바람직할 것이다.

  넷째, 쟁점이 될 순화 용어를 도출하고 이를 토론해 가는 방법도 필요하다. 남북한 학자들이 모여 공동으로 논의할 수 있는 쟁점을 찾아내고 좀 더 합리적인 결론에 도출하기 위한 토론을 벌이는 것이 필요하다. 가령 국어 순화 방법에서 문제되는 것이 무엇인가, 그러한 방법론이 옳은가, 구체적으로 어떤 어휘를 어떻게 순화할 것인가, 이렇게 순화했을 경우 언중들에게 받아들여질 수 있을 것인가 등의 문제가 토론되고 그 결과로 결론을 도출할 수 있을 것이다.

7. 결론

  지금까지 남북 순화 용어를 중심으로 통일 방안에 대하여 살펴보았다. 우리나라는 이 지구 상에 남아 있는 유일한 분단 국가로 알려져 있다. 언어의 공통성 면에서 당연히 통일 국가이어야 하는데 여러 요인들이 언어의 차이를 가져오도록 하였다. 그래서 많은 한국인은 언어의 이질화가 심각하다고 생각하고 있다.

  그러나 위에서 살펴본 바와 같이 그렇게 심각한 수준이 아니다. 정도의 차이는 있을지 모르지만 방언 정도의 차이를 두고 그렇게 말하는 것은 지나친 것이다. 물론 의도적으로 다듬은 말도 있지만 문장 속에서 충분히 이해가 되는 것들이다. 차분한 마음으로 하나하나 풀어간다면 이질화는 없다고 볼 수 있다.

  남북 언어 통일 문제는 우리 민족이 풀어야 할 이 시대의 과제 중의 하나일 것이다. 그동안의 남북한 교류가 없었기 때문에 이런 차이가 나타난 것이다. 자주 만난다면 충분히 방언의 차이는 극복할 수 있을 것이다. 누가 경상도 사람과 전라도 사람의 대화를 듣고 언어 이질화가 심각하다고 할 수 있을까?

  이제 남북 언어 문제를 논의하기 위한 물꼬는 트였다. 정부 당국에서 좀 더 적극적으로 교류를 할 수 있도록 도와주고 학자들의 학술 활동을 충분히 지원해 준다면 남북 언어 통일 문제는 다른 어떤 것보다 먼저 해결될 것이다.

참고 문헌

국립국어연구원(1991~2002), 『국어 순화 자료집』.
_____(2001), 『남북 언어 동질성 회복을 위하여』, 새국어생활.
국어순화추진회(1989), 『우리말 순화의 어제와 오늘』, 미래문화사.
국어학회(1993), 『세계의 언어 정책』, 태학사.
김민수(1997), 『김정일 시대의 북한언어』, 태학사.
문교부(1977), 『국어 순화 자료』.
문화관광부(1998), 『남북 언어 통일 방안 연구』, 연구 보고서.
_____(2002), 『남북한의 공동 순화 방안 연구』, 연구 보고서.
이응호(1975) 『개화기의 한글 운동사』, 성청사.
최용기(2003) 『남북한 국어 정책 변천사 연구』, 박이정.
한국교열기자회(1985), 『국어 순화의 이론과 실제』, 일지사.
허만길(1993) 『한국 현대 국어 정책 연구』. 국학자료원.

※ 국립국어원의 학술 세미나(2003. 10)에서 발표된 논문을 수정하여 보완한 것임.

제10장 남북한의 언어 차이와 동질성 회복 방안

1. 머리말

남북이 분단된 지 어언 반세기가 지났다. 남북은 그동안 정치, 경제, 사회, 문화 등 여러 분야에서 서로 다른 정책을 수립하여 이를 실행에 옮겼다. 그러면서도 언젠가는 통일이 되어 같은 정책을 펴게 되리라는 희망을 안고 살아가고 있다. 그 중에는 우리의 말과 글에 대한 정책도 포함되어 있다. 한민족은 우리의 말과 글이 이질화되지 않기를 바라고 있었는데 남북 분단 60여 년의 세월은 유감스럽게도 남북의 언어를 상당히 바꾸어 놓았다. 단적인 예로 지난 2000년 6월 15일에 북한 평양에서 남북 정상이 만나 나눈 대화 중에 나오는 "아침부터 일정이 너무 긴장되지 않습니까?"라는 표현이나 "너무나 바쁘게 해서 죄송합니다."라는 표현이 '아침부터 일정이 너무 빠듯하지 않습니까?'와 '너무나 어렵게 해서 죄송합니다.'라는 뜻이라면 남북의 언어 차이를 느낄 것이다.

우리말의 언어 차이라는 관점에서 남북이 헤어져 살아온 60여 년은 그렇게 긴 세월은 아니다. 그러나 남북의 언어는 서로 다른 사회 체제와 이념에 따른 언어 정책의 차이로 오늘날 매우 많이 달라졌다고 생각한다. 언어의 차이는 음운, 문법, 어휘 등 여러 부분에서 나타날 수 있지만, 어휘에서 많이 나타나 있다. 이 글은 남북의 언어 차이(특히, 어휘)를 살펴보고 동질화 방안은 무엇인지 알아보고자 한다.

2. 지역 방언과 남한의 표준어, 북한의 문화어

우리말은 대외적으로 하나의 말(한국어)이지만 대내적으로는 지역 방언(혹은 지역어)과 사회 체제 방언으로 나눌 수 있다. 다시 지역 방언은 동북(함경도, 양강도) 방언, 서북(평안도, 자강도) 방언, 중부(황해도, 경기도, 강원도, 충청도) 방언, 호남(전라도) 방언, 영남(경상도) 방언, 그리고 제주 방언으로 나누고, 사회 체제 방언은 남한의 표준어, 북한의 문화어, 기타 재외동포의 조선말(또는 고려말) 등으로 나눌 수 있다. 지역 방언이나 사회 체계 방언의 형성은 대체로 지역이나 사회 체제 사이의 언어 접촉이 잦지 못함으로써 각기 다른 발전의 방향으로 가기 때문에 이루어진 것이라고 말할 수 있다.

그러나 지역 방언을 자세히 들여다보면 같은 방언 안에서는 서로 의사소통하는 데에 큰 문제가 없더라도 방언 사이에는 의사소통에 문제가 있을 수 있다. 이를 해결하기 위하여 일정한 기준을 세워 인위적으로 정한 말이 소위 규범어이다. 이 규범어는 일반적으로 현재의 정치적 중심지에서 사용되는 말을 기준으로 정하고 있다. 이에 따라 남한에서는 서울말을 바탕으로 한 규범어를 '표준어'라고 하고, 북한에서는 평양말을 바탕으로 한 규범어를 '문화어'라고 한다. 이러한 맥락에서 보면 남한의 '표준어'와 북한의 '문화어'는 우리말의 또 다른 사회 체계 방언이라고 할 수 있다. 다시 말해서 남한의 '표준어'는 우리나라의 남부 방언이 되고, 북한의 '문화어'는 우리나라의 북부 방언이 될 뿐이다. 이 두 체제 방언도 실은 지역 방언의 형성과 마찬가지로 서로 간의 언어 접촉이 잦지 못함으로써 각기 다른 발전의 방향으로 가기 때문에 이루어진 것이라고 말할 수 있다.

여기에서는 사회 체제 방언인 '표준어'와 '문화어'의 형성 과정과 그 개념을 먼저 살펴보자 한다. 먼저, 남한의 '표준어'는 1912년에 조선총독부에서 발표한 '보통학교용 언문 철자법'에서 "경성어를 표준어로 함."이라 한 이래 1933년에 조선어학회에서 제정한 '한글 맞춤법 통일안'에서 "표준말은 대체로 현재 중류 사회에서 쓰는 서울말로 한다."라고 규정한 데서 비롯한다. 그 이후 1936년에 조선어학회에서 '사정한 조선어 표준말 모음'을 발표하였다. 이것이 우리나라 최초의 공식적인 표준어 모음집인데, 이 모음집은 1988년의 '표준어 규정'이 나올 때까지 50여 년 동안 표준어의 기준이 되었다.

현행 표준어 규정은 1988년에 정부에서 발표한 것으로 "표준어는 교양 있는 사람들이 두루 쓰는 현대 서울말로 정함을 원칙으로 한다."로 되어 있다. 그 뒤에 1990년 9월에는 국어연구소가 조사하여 사정한 '표준어 모음'을 문화부가 다시 발표하였다.

북한의 문화어는 정치 사회적인 이념의 변화에 따라 만들어낸 것이다. 그 운동의 출발은 김일성의 1964년 1월 3일과 1966년 5월 14일에 발표된 교시에서 비롯된다. 특히 1966년 교시에서 "평양말을 기준으로 하여 언어의 민족적 특성을 보존하고 발전시켜 나가도록 하여야 할 것"을 지시하고, "표준어는 서울말을 표준하는 것으로 그릇되게 이해할 수 있으므로 '문화어'라는 이름으로 고쳐 쓰는 것이 낫다."라고 지시하였다.

문화어에 대하여 '조선말대사전'(1992)은 "주권을 잡은 로동계급의 당의 령도 밑에 혁명의 수도를 중심지로 하고 수도의 말을 기본으로 하여 이루어지는, 로동계급의 지향과 생활감정에 맞게 혁명적으로 세련되고 아름답게 가꾸어진 언어. 사회주의민족어의 전형으로서 전체 인민이 규범으로 삼는 문화적인 언어. 우리의 문화어는 위대한 수령 김일성동지의 주체적인 언어사상과 당의 옳바른 언어정책에 의하여 공화국북반부에서 혁명의 수도 평양을 중심지로 하고 평양말을 기준으로 하여 우리 인민의 혁명적지향과 생활감정에 맞게 문화적으로 가꾸어진 조선 민족어의 본보기이다."라고 정의하고 있다.

이를 다시 정리해 보면 '표준어'와 '문화어'는 기준으로 삼은 지역과 사회적 체제가 다르다고 생각할 수 있다. 즉, 표준어는 지역적으로 '서울말'을 기준으로 하고 있고, 사회 체계에서는 '교양 있는 사람들이 두루 쓰는 현대 말'로 정하고 있다. 이에 비해 문화어는 지역적으로 '평양말'을 기준으로 하고 있고, 사회적 체계에서는 '로동계급의 지향과 생활 감정에 맞게 가꾸어진 언어'라고 볼 수 있다.

3. 남북의 어휘 차이

남북의 어휘가 서로 다른 까닭은 여러 가지가 있다. 첫째, 서로 다른 지역과 사회 체제를 중심으로 표준말을 정하였다. 즉, 서울말을 중심으로 한 표준어에서는 서북 방언에 불과하던 많은 어휘가 평양말을 중심으로 한 문화어에서는 규범어로 인정받게 되었다. 둘째, 남한에서는 일본어투나 서구 외래어를 우리말로 바꾸는 국어 순화를 하였고, 북한에서는 어려운 한자어나 외래어를 쓰지 않기 위해 말다듬기를 하였는데 이 과정에서 새로운 말들이 생겨나게 되었다. 셋째, 맞춤법이나 표준어 규정, 외래어 표기법 등 어문 규정이 다르다 보니 달라진 어휘가 생겨났다. 넷째, 다른 사회 체제 때문에 새로운 말들이 많이 생겨나게 되었다.

3.1. 형태가 다르고 뜻이 같은 말

남북의 어휘 간에 뜻은 같거나 비슷하지만, 형태가 다른 낱말들이 많이 있다. 이들을 몇 가지로 나누어 살펴보기로 한다.

(1) 북한의 문화어가 된 지역 방언 어휘

북한의 문화어 가운데에는 남한의 표준어 이전에 북한 지역의 방언에 해당하던 어휘 중에 적지 않은 수가 현재의 문화어에 포함됨으로써 남한의 표준어와 다른 어휘 부류를 형성했다. 이것은 북한이 고유어를 살려 쓰기 위해 일부러 평양을 중심으로 한 북부 지역(동북 방언, 서북 방언)에서 쓰이던 방언들 중에서 많은 어휘를 문화어로 올렸기 때문이다. 정확하지는 않지만 자료에 따르면 약 4,000여 개의 어휘들이 북부 방언에서 문화어가 되었다고 한다(* 괄호 안에 표시된 것이 남한의 표준어임.).

가시아버지(장인), 가찹다(가깝다), 강구다(기울이다), 강보리밥(꽁보리밥), 게사니(거위), 그쯘하다(잘 갖추어져 있다), 날래(빨리), 남새(채소), 내굴(연기), 눅다(값이 싸다), 닭알(달걀), 되우(몹시), 뚝쟁이(무뚝뚝한 사람), 락자없다(영락없다), 마사지다(부서지다), 망돌(맷돌), 망탕(마구), 무리(우박), 바라다니다(마구 돌아다니다), 바재이다(마음 졸이다), 방치돌(다듬잇돌), 번지다(거르다), 부루(상추), 상기(아직), 소래(대야), 숙보다(깔보다), 아츠럽다(거북하다), 여가리(가장자리), 여직(여태), 인차(곧), 자래우다(기르다), 정지(부엌), 터지다(대단히 많다), 피타다(피가 끓다), 하냥(줄곧), 허분하다(느슨하다)

(2) 남북 한자어의 독음법 차이

남북 맞춤법의 차이로 분류할 수도 있지만 한자어는 같고 단순히 한자어의 독음법만 다르기 때문에 별도로 분류하였다. 심지어 남한의 국어사전에서도 북한식 독음법을 그대로 표제어(올림말)로 올린 것이 있다(* 남한의 표준어 - 북한의 문화어).

개전-개준(改悛), 객담-각담(喀痰), 갹출-거출(醵出), 발췌-발취(拔萃), 사주-사촉(使嗾), 오류-오유(誤謬), 왜곡-외곡(歪曲), 준설-준첩(浚渫), 표지-표식(標識), 항문-홍문(肛門)

(3) 남북의 음운적 차이로 달라진 어휘

남북의 음운적 차이로 달라진 어휘도 있다. 여기에는 'ㅣ' 모음 역행과 순행 동화로 변음된 것, 모음이 교체된 것, 된소리와 예사소리로 변한 것, 음절이 축약된 것, 전설 모음화가 일어난 것 등을 찾아볼 수 있다(* 괄호 안에 표시된 것이 남한의 표준어임.).

거마리(거머리), 도드라기(두드러기), 무데기(무더기), 웅뎅이(웅덩이), 지푸라기(지푸라기), 헤염(헤엄), 논뚝(논둑), 원쑤(원수), 색갈(색깔), 손벽(손뼉), 잠간(잠깐), 드디여(드디어), 수집다(수줍다)

(4) 국어 순화와 말다듬기에 따른 차이

　국어 순화는 남한에서 광복 이후 추진한 국어 정화 운동으로 고운 말, 바른말, 쉬운 말을 가려 쓰자는 것이며, 국어 순화의 대상은 주로 일본어투, 서구의 외국어나 외래어, 어려운 한자어 등이다. 말다듬기는 북한에서 문화어 운동의 하나로 추진된 것으로 과거에 한자어로 된 공통 어휘였던 것이 고유어 또는 한자어로 바뀌면서 달라진 것이 대단히 많다(* 괄호 안에 표시된 것이 순화 대상 용어임).

〈국어 순화에 의한 차이〉
개최지 이점(홈 어드밴티지, home advantage), 거리팔기(가두판매, 街頭販賣), 길잡이(가이드, guide), 고치다(개조하다), 깔개(매트, mat), 다리맵시(각선미, 脚線美), 단체(그룹, group), 득점 뒤풀이(골 세리머니, goal ceremony), 막팔기(덤핑, dumping), 비탈(구배), 상여금(보너스, bonus), 싣다(게재하다), 실수(에러, error), 안내서(가이드북,guidebook), 안전요원(라이프 가드, life guard), 에누리(디스카운트, discount), 웃돈(가전, 價錢), 잦다(빈번하다), 일정표(스케줄, schedule), 지도력(리더십, leadership), 탈놀이(가면무도회, 假面舞蹈會), 테두리(아우트라인, outline), 갓길(노견, 路肩)

〈말다듬기에 의한 차이〉
가까운바다(근해), 가락지빵(도넛), 가루소젖(분유), 가슴띠(브래지어), 가짜죽음(가사), 곁바다(연해), 고루깎기(평삭), 교예(서커스), 기다림칸(대합실), 기름과자(캐러멜), 겨울림(공명), 꽃댕기(리본), 꽃 피는 때(개화기), 끌신(슬리퍼), 나븐옷(투피스), 나리옷(드레스), 납작못(압정), 넓은잎나무(활엽수), 단알약(당의정), 단얼음(빙수), 단졸임(잼), 달린옷(원피스), 동강치마(미니스커트), 마른물고기(건어), 무리등(샹들리에), 바깥힘(외력), 밥길(식도), 불견딜성(내화성), 불탈성(가연성), 설기과자(카스테라), 손기척(노크), 썩음막이약(방부제), 양복치마(스커트), 옷 벗는 칸(탈의실), 원주필(볼펜), 잔짐(소화물), 젖먹임칸(수유실), 찬물미역(냉수욕), 푸른차(녹차), 향참외(멜론), 혀이끼(설태)

　그런데 위와 같이 남한에서 순화한 말과 북한에서 다듬은 말 중에는 서로 다른 것도 많지만 같은 말도 상당히 많다. 지난 2002년에 국립국어원에서 발간한 '남북 언어 순화 자료집'에 따르면 남한 순화 용어 22,655 항목과 북한 다듬은 말 자료 38,307 항목을 비교한 결과 705 항목이 서로 같다고 하였다. 남한과 북한에서 같은 말로 고친 것은 다음과 같다(* 괄호 안에 표시된 것이 순화 대상 용어임).

가는붓(세필), 갈아타기(승환), 감추다(은닉하다), 갚다(상환하다), 검은숯(흑탄), 겉모양(외양), 겨를(여가), 겨울잠(동면), 구름무늬(괴운문), 그림자(음영), 기름(유지), 꼬리등(미등), 끌다(견인하다), 나무베기(벌목), 등면(배면), 물박이벽(지수벽), 바탕흙(태토), 부엌(주방), 부풀기(팽화), 비탈면(사면), 살다(서식하다), 살찌우기(비육), 소가죽(우피), 싣다(적재하다), 씨앗(종자), 알뿌리(구근), 어린모(유표), 어미돼지(모돈), 여러해살이(다년생),옮겨 심다(이식하다), 잔모래(세사), 잘못 적다(오기하다), 쥐약(살서제), 찾아보기(색인), 첫서리(초상), 칡뿌리(갈근), 팔다(판매하다), 혼잣말(독백), 홑눈(단안), 막팔기(덤핑), 사진첩(앨범), 속임동작(페인트모션), 승강기(에스컬레이터), 차림표(메뉴)

(5) 남북 어문 규정의 차이 때문에 달라진 어휘

맞춤법, 표준어 규정, 외래어 표기법 등 남북의 어문 규정의 차이로 달라진 말들도 상당히 많다. 가장 눈에 띄는 것은 두음 법칙에 의한 차이이다. 북한에서는 두음 법칙을 인정하지 않기 때문에 달라진 것들이다. 두음 법칙(머리소리 법칙)은 단어의 첫머리에 일부 소리가 발음되는 것을 꺼려 다른 소리로 발음되는 것을 말하는데, 'ㄹ'이 첫머리에 오지 못하고 'ㄴ'으로 바뀌거나 소리가 아예 없어지는 경우가 있다. 가령 'ㄴ'으로 바뀌는 경우는 '락원'(樂園)이 '낙원'으로 바뀌는 것처럼 '라, 로, 루, 르, 래, 뢰' 등이 '나, 노, 누, 느, 내, 뇌'로 바뀐다. 또 소리가 없어지는 경우는 '량심'(良心)이 '양심'으로 바뀌는 것처럼 '랴, 려, 례, 료, 류, 리'가 '야, 여, 예, 요, 유, 이'로 바뀐다.

남한의 '한글 맞춤법'은 위와 같이 두음 법칙에 따라 적도록 하였지만, 북한의 '조선말 규정집'은 한자말은 소리마디(음절)마다 해당 한자음으로 적도록 하고 있다. 따라서 남한에서 '낙원, 노동, 내일, 양심, 요소, 여성'으로 쓰고 발음하는 것을 북한에서는 '락원, 로동, 래일, 량심, 뇨소, 녀성'으로 적고 발음한다.

그 다음은 사이시옷에 의한 차이도 심각하다. 남한의 '한글 맞춤법'은 앞말이 모음으로 끝난 고유어 합성어에서 뒷말의 첫소리가 된소리로 나거나 'ㄴ, ㅁ' 앞에서 'ㄴ' 소리가 덧나는 경우에는 앞말의 받침으로 사이시옷을 적도록 하고 있다. 그러나 북한에서는 특별한 경우를 제외하고는 사이시옷을 적지 않는다. 따라서 남한에서 '나뭇가지, 바닷가, 아랫방, 전셋집, 아랫니, 냇물, 제삿날, 예삿일'로 적는 어휘들을 북한에서는 '나무가지, 바다가, 아래방, 전세집, 아래니, 내물, 제사날, 예사일'로 적는다. 그러나 이들은 적는 법만 다를 뿐 발음은 남북이 같다.

또한, 북한에서는 "어간의 모음이 'ㅣ, ㅐ, ㅔ, ㅚ, ㅟ, ㅢ'인 경우와 어간이 '하'인 경우에는 어미를 '여, 였'으로 적도록 하여 남한의 한글 맞춤법과 다르다. 그래서 기본형이 '기다, 개다, 베다, 되다, 희다, 하다'인 경우는 북한어에서 '기여, 기였다', '개여, 개였다', '베여, 베였다', '되여, 되였다', '희여, 희였다', '하여, 하였다'가 된다. 그러나 남한에서는 '하다'만을 불규칙 용언으로 보아 '하여, 하였다'와 같이 적고 나머지는 '기어, 기었다', '개어, 개었다'처럼 적는다.

외래어를 적는 방법도 남북이 서로 달라 표기와 발음에서 많은 차이가 있다. 남북이 분단되기 전에는 1940년대에 조선어학회에서 마련한 '외래어 표기법 통일안'을 모두 따라 썼다. 그러나 남북이 각각 다른 정부를 세운 뒤에는 언어 정책이 달라지고 주로 접하는 외국어도 달라져 외래어 표기법에 큰 차이가 생기게 되었다. 북한에서는 되도록 외래어를 쓰지 않도록 하고 있으나, 고유 명사를 포함하여 일부 외래어는 쓰지 않을 수 없다. 실제로 조사해 본 결과 북한에서도 상당히 많은 외래어를 쓰고 있다. 남북이 서로 다르게 표기하는 외래어는 다음과 같다(*괄호 안에 표시된 것이 남한의 외래어임).

그루빠(그룹), 까히라(카이로), 깜빠니야(캠페인), 네데를란드(네덜란드), 뉴안쓰(뉘앙스), 도마도(토마토), 두나이강(다뉴브강), 딸라(달러), 땅크(탱크), 뜨락또르(트랙터), 라지오(라디오), 로씨야(러시아), 마쟈르(헝가리), 메히꼬(멕시코), 미누스(마이너스), 벨지끄(벨기에), 뽈스까(폴란드), 스케트(스케이트), 슬로벤스꼬(슬로바키아), 싼빠울로(상파울루), 쏘세지(소시지), 아빠트(아파트), 에네르기(에너지), 와르샤와(바르샤바), 우라니윰(우라늄), 에짚트(이집트), 웰남(베트남), 텔레비죤(텔레비전), 테로(테러), 팔프(펄프), 핀세트(핀셋), 후라스코(플라스크), 흐르바쯔까(크로아티아)

외래어 표기법의 가장 큰 차이는 남한에서는 외래어를 표기할 때 'ㄲ, ㄸ, ㅃ, ㅆ, ㅉ' 등 된소리를 파열음 표기에 쓰지 않는데, 북한에서는 된소리를 쓴다는 것이다. 그 밖에 남한에서는 주로 접촉하는 외국어가 영어이므로 영어의 영향을 많이 받는데, 북한에서는 러시아어의 영향을 많이 받아 서로 다른 외래어가 생겨났다. 또 지명과 인명을 비롯한 고유 명사를 적을 때도 남한은 '이집트, 베트남'처럼 원음보다는 그 말을 전해 준 언어의 소리나 관용을 중시하는데, 북한은 '에짚트, 윁남'처럼 원음에 가깝게 적도록 하거나 받침에 'ㅍ, ㅌ' 등을 표기하는 것도 남한의 외래어 표기와 다른 점이다.

(6) 기타 북한의 관용 표현

남한에서는 쓰지 않는 관용 표현들이 북한어에는 매우 많이 있다. 아래 내용은 북한에서 주로 사용하는 관용 표현들이다(* 괄호 안에 표시된 것이 남한의 관용 표현임).

```
가리산을 못하다(갈팡질팡하다) : 어떻게 된 셈인지 가리산을 못하다가….
까박을 붙이다(트집을 잡다) : 쓸데없이 까박을 붙이다.
돈키가 높다(값이 비싸다, 빚이 많다) : 돈키가 높아서 우리 손에 넣기는 힘들다.
마련을 보다(끝장을 보다) : 무슨 마련을 보지 않으면 안 되였다.
면목이 서다(체면이 이루어지다) : 그것을 5·1절까지 만들어 놓아야 면목이 선다.
면목이 있다(낯이 있다) : 다소 면목이 있는 사람이다.
바람을 켜다(배를 차게 하여 배를 앓다) : 바람을 켜서 배가 아파서 병원에 갔다.
은을 내다(보람 있는 결과를 가져 오다) : 석탄 생산에서 은을 내는 새로운 발파법.
잔밥에 빠지다(어린아이 잔시중을 들다) : 잔밥에 빠져 직장을 그만두다.
케가 그르다(일이 되어 가는 형편이 그르다) : 케가 글러서 일이 재미없다.
```

새 말을 만들어 내는 방법('조어법'이라고 함)의 차이 때문에 낯설게 보이는 말들도 있다. 조어법의 경우 북한에서는 이미 있던 접사들의 기능이 확대되어 사용되거나 특히 보조 용언으로 사용되던 것들이 용언 파생의 새로운 어미처럼 사용되어 새로운 낱말을 많이 생성하고 있다. 예를 들어 북한에서는 남한과 달리 '-지다, -차다, -싸다'라는 접미사들이 매우 생산적이어서 '차례지다, 주렁지다,

영광차다, 자랑차다, 사내싸다, 어른싸다'와 같은 말들이 새롭게 만들어졌다. 또한, 동사의 사역형이나 피동형을 만드는 방법도 달라서 남한에서는 사용되지 않는 '-이우-'가 북한에서는 매우 많이 사용되고 있다. 따라서 북한에서는 '바래다주다'의 뜻으로 '바래우다', '놀라게 하다'의 뜻으로 '놀래우다', '자라게 하다'의 뜻으로 '자래우다', '빛내다'의 뜻으로 '빛내우다', '찔리다'의 뜻으로 '찔리우다', '가려지다'의 뜻으로 '가리우다'가 사용되고 있다. 이 밖에 남한에서는 잘 쓰이지 않는 말인 '저주롭다, 고르롭다, 명랑스럽다, 우연스럽다, 자랑겹다'처럼 '-스롭, -롭-, -겹-'이 결합하여 만들어진 어휘도 있다.

아예 용어 자체가 서로 다른 경우도 있다. 남한에서는 '양로원, 화장실'이라고 부르는 것을 북한에서는 '양생원, 위생실'이라고 부르고, 또한 '서로'라는 뜻의 한자어를 남한에서는 '상호(相互)', 북한에서는 '호상'이라고 다르게 부른다.

3.2. 형태는 같고 뜻이 다른 말

남북 사람이 서로 만나 대화를 할 때 의사소통에 가장 큰 문제가 되는 것이 바로 이 형태가 같고 뜻이 다른 말이다. 형태가 다르거나 서로 모르는 어휘일 경우에는 주의하여 그 단어의 뜻을 알려고 하겠지만 같은 경우에는 자기가 알고 있는 뜻으로 받아들이기가 쉽기 때문이다.

(1) 남북에서 전혀 다른 뜻이 있는 어휘

같은 단어인데도 남북에서 전혀 다른 뜻으로 쓰이는 말들이 있다. 예를 들어 '가치담배'라는 말의 뜻은 남한에서는 '낱담배'와 같은 말로 담뱃갑을 뜯어 낱개로 피우는 담배를 가리키는데, 북한에서는 종이로 만 담배(궐련)를 가리킨다. '빨치산'도 남한에서는 '게릴라'를 의미하나, 북한에서는 '혁명적 영웅'을 뜻한다. 또 '노작'(북한에서는 '로작'으로 표기)이라는 말도 남한에서는 힘들여 만든 작품을 뜻하는 말인데, 북한에서는 주로 김일성의 저작을 이를 때에 쓰는 말이 되었다. 그 밖에 '담보'라는 말도 남한에서는 '돈을 빌릴 때 맡기는 물건'인데,

북한에서는 '어떤 목적의 실현을 어김없도록 보장하는 것'이라는 뜻이고, '감투'라는 말도 남한에서는 '벼슬을 속되게 이르는 말'이나 북한에서는 '억울하게 뒤집어쓰는 책임이나 누명을 비겨 이르는 말'이 되었다.

(2) 남북에서 어감이 다른 어휘

기본적인 뜻은 같으나 남북에서 어감(말의 느낌)이 다른 말들도 있다. 이런 말들은 남북이 전혀 다른 뜻으로 쓰는 경우가 많이 있는데 남한에서 좋은 뜻이 북한에서는 부정적인 뜻으로, 남한에서 좋지 않은 뜻이 북한에서 긍정적인 뜻으로 쓰인다. 가령 남한에서 '부자'는 단지 '재물이 많아 살림이 넉넉한 사람'이라는 뜻으로 쓰이나, 북한에서는 '착취와 협잡으로 긁어모은 재산을 많이 가지고 호화롭게 진탕 치며 살아가는 자'라고 하여 매우 안 좋은 뜻으로 쓰인다. '신사'도 남한에서는 '사람됨이나 몸가짐이 점잖고 교양 있으며 예의바른 남자'를 가리키나, 북한에서는 '말쑥한 차림을 하고 점잖게 행동하면서 거드름을 피우는 남자'라고 하여 좋지 않은 뜻으로 쓰인다. '귀부인'도 남한에서는 '신분이 높은 여성'으로 풀이하고 있는데, 북한에서는 '특권층에 속하여 놀고먹는 여자'라고 전혀 다른 뜻으로 쓰인다. 반면에 '소행'이라는 말은 남한에서는 좋지 않은 행위에 쓰이나(소행이 괘씸하다), 북한에서는 좋은 뜻으로 쓰인다(소행을 높이 평가하시다). 또 '보채다'는 남한에서는 '성가시게 조른다'는 뜻인데, 북한에서는 '적극적으로 나서도록 자극한다'는 긍정적인 뜻으로 쓰인다.

(3) 남북에서 새로운 뜻이 더해진 어휘

남북 모두 기본적인 뜻은 같으나 특히 북한에서 새로운 뜻이 더해져서 차이가 나는 말들이 있다. '바쁘다'라는 말은 남한에서 '어떤 일을 하기에 시간이 모자라는 것'만 가리키는 데, 북한에서는 '무엇을 하기 매우 어렵거나 딱하다.'라는 뜻이 더 있다. '번거롭다'라는 말도 남한에서는 '일이 어수선하고 복잡하다'는 뜻만 있지만, 북한에서는 '생각이 어수선하다'는 뜻이 더 있다(차츰 머리가 번거로와지는…). 또한, 북한에서는 '총질'은 '눈총을 쏘는 것', '종자'(種子)는 '문예 작품의 사상적 알맹이', '해살'(남한의 표기는 '햇살'임)은 '인민에게 비추어 주는 희망과 행복의 빛살', '세포'는 '당원을 교양하고 단련하여 지도하는 기본 조직', '아저씨'는 '언니의 남편을 부르는 말'(형부)이라는 뜻이 덧붙여졌다.

(4) 남북에서 새로 생겨난 어휘

남북은 현재 자본주의와 사회주의라는 전혀 다른 사회 체제 속에서 생활하고 있다. 그러므로 이념(이데올로기)에 관계되는 말들은 당연히 서로 다르거나 같은 말이라고 하더라도 그 뜻이 달라질 수밖에 없을 것이다.

먼저, 남한의 표준어를 살펴보면 자본주의와 관련된 말들이 많이 생겨났다. 가령, '부동산 중개인, 주말 농장, 재테크, 맞벌이'와 같은 말은 북한에서는 쓰지 않는 말들이다. 어떤 경우에는 정치적인 이념이 달라 남북 분단 이전에는 아무런 문제도 없던 말이 변질하기도 하였다. 예를 들어 친한 벗을 가리키는 말인 '동무'나 뜻이 서로 같은 사람을 가리키는 '동지'는 이전에는 널리 쓰던 말이었다. 그런데 북한에서 정치적 이념을 같이하는 사람들끼리 서로 부르는 말로 쓰이자 남한에서는 이를 사회주의 언어라고 하여 회피하고 그 대신 한자어인 '친구'를 쓰게 되었다. 남한에서 광복 이후 생겨난 신어와 외래어를 살펴보면 다음과 같다.

다이어트 : 체중을 줄이기 위해 식사를 제한하는 일.
데이트 : 이성 간에 교제를 위하여 만나는 일 또는 그 약속.
러시아워 : 통근, 통학 등으로 교통이 몹시 혼잡한 시간.
레크리에이션 : 정신적, 육체적으로 힘을 북돋우기 위하여 오락이나 여가를 즐기는 일.
바코드 : 제조업자, 상품명 등의 정보를 나타내는 상품에 표시된 흑백의 줄무늬 기호.
베스트셀러 : 어떤 기간에 가장 많이 팔린 물건.
재수생 : 입학시험에 실패한 뒤 다음해를 대비하여 다시 공부하는 학생.
파출부 : 보수를 받고 출퇴근을 하며 가사를 돌보아 주는 여자.
카풀 : 방향이 같은 이웃끼리 승용차를 함께 타고 다니는 일.
효도 관광 : 자녀가 비용을 대어 부모님께 여행을 시켜 드리는 것.
새터민 : 새로운 터전에서 희망을 안고 살아가는 사람들. 이른바 '탈북자'의 다른 이름.

반면에 북한의 문화어를 살펴보면 사회주의 체제와 관련된 말들이 많이 생겨 났다. 사회주의 이념이나 생활을 나타내는 것들이 많이 있다.

가두녀성 : 직장이 없는 가정주부.
가을뻐꾸기소리 : 믿을 수 없는 헛소문.
금별메달 : 공화국 영웅 칭호를 받은 사람이나 대상에게 수여하는 오각별을 새겨 넣은 금메달.
꽝포쟁이 : 허풍이 많거나 거짓말을 잘하는 사람.
닭공장 : 닭을 공업적 방법으로 많이 키우는 기업소. 또는 그 건물.
뜨게부부 : 사실혼 부부. 정식으로 결혼하지 않고 어울려 사는 남녀.
만가동 : 계획이나 규정대로 완전히 다 가동하는 것.
밥공장 : 밥을 비롯한 여러 가지 주식물들을 만들어서 근로자에게 공급하는 공장.
선진분자 : 사업과 생활에서 앞서 나가는 사람.
평양속도 : 혁명의 수도 평양시를 건설하는 데서 창조된 사회주의 건설의 매우 빠른 속도.

4. 남북한의 언어 정책과 그 정책의 변이 과정

북한의 언어 정책은 폐쇄적이고 통제적이다. 이에 대해 남한의 언어 정책은 개방적이고 자유방임적이라고 할 수 있다. 이러한 사실은 다음에서 확인할 수 있다.

"모든 부문, 모든 단위들에서는 이번에 내보내는 다듬은 말을 집필활동과 교육사업, 국가문건들과 언어생활에 반드시 받아들여 쓰도록 할 것이다."(국가사정위원회, '다듬은말', 1987)

"바꾼 용어 중에는 약간 어색한 것도 있겠지만, 국어 순화 운동의 중요성에 비추어 많은 전문가와 관계 인사들이 성의를 나누어 심의 결정한 것이므로 각 기관과 단체, 그리고 모든 국민이 이를 아껴 활용해 주기 바라는 마음 간절하다."(문교부, 국어 순화 자료 1집, 1977)

북한의 언어 정책은 당 중심의 언어 정책으로 계획적이고 획일적이다. 북한의 모든 정책의 핵심을 이루는 것은 주체 사상이라고 할 수 있다. 이러한 주체 사상이 언어에 적용될 때 그것은 '주체적 언어 사상'이 된다. 이는 언어에 있어 '자주적 입장'과 '창조적 입장'을 살리고자 하는 것이다. 그리하여 사대주의적 요소를 척결하여 언어의 자주성을 살리고 인민 대중의 창조적 지혜를 발휘하여 민족어를 혁명 발전의 요구에 부응할 수 있게 발전시켜 나가고자 한다. 따라서 이는 민족어의 주체성을 올바로 세우고자 하는 것이라고 할 수 있다.

  따라서 북한의 언어 정책은 민족어 교육 정책이 중요한 부분을 차지한다. 북한에서는 인민들이 민족어 교육을 통해서 자기의 말과 글에 대한 체계적인 지식을 가지고, 그것을 혁명과 건설의 힘 있는 무기로 이용할 줄 알아야 혁명과 건설을 잘 밀고 나갈 수 있다고 본다. 그리하여 민족어 교육을 강화하는 것은 혁명과 건설의 주인인 사람들을 사회적 인간으로, 힘 있는 존재로 키우기 위하여 시행하여야 할 중요한 과업이 된다.

  북한에서는 인민들의 사회생활과 활동에서 언어생활 규범과 사회주의 언어생활 질서를 확립하지 않고서는 사람들의 의사수단이며 '혁명과 건설의 힘 있는 무기'인 언어가 제 구실을 할 수 없다고 본다. 따라서 북한은 사회주의적 생활양식에 맞는 규범을 세워야 사회의 언어 규범이 될 수 있으며 언어의 사회적 기능도 높일 수 있고 사회주의적 민족어 건설에 언어 규범이 올바로 이바지한다고 본다. 이러한 언어관을 가지고 북한은 '조선어철자법', '조선어문법', '문화어 발음법', '외래어 표기법' 등을 제정하였다.

  북한은 공산주의 혁명 사상을 인민들에게 널리 주입시키고 그들을 혁명 투쟁의 광장으로 내세우기 위해서 노동자 농민의 문맹 퇴치를 서둘렀다. 문맹 퇴치 운동은 1947년과 1948년 2차에 걸쳐 범국민 운동으로 전개되었으며 이는 한자 폐지 운동으로 이어졌다. 1960년대에는 말다듬기 운동을 전개하였다. 이는 한자 폐지의 부작용을 최소화하고 쉽고 자연스러우며 혁명적 기풍을 최대한 살릴 수 있는 언어를 쓰고자 한 일종의 언어 순화 운동이었다. 이러한 말다듬기의 기본 방침은 1964년과 1966년에 행해진 김일성의 두 교시 '조선어를 발전시키기 위한 몇 가지 문제'와 '조선어의 민족 특성을 옳게 살려나갈데 대하여'에 잘 나타나 있다. 이는 크게 한자 폐지-고유어 정리와 외래어 정리로 요약할 수 있는 것이다.

이러한 북한의 언어 정책에 대해서 남한의 언어 정책은 자유방임적이라고 할 수 있다. 남한에서는 언어를 사상과 감정을 전달하는 도구요, 수단이라 생각하고 있다. 따라서 언어 교육도 기능 교육과 태도 교육이 주류를 이룬다. 그렇기 때문에 남한의 언어 정책은 민주 시민으로서 효과적인 언어생활을 영위하도록 함에 초점이 놓인다. 언어의 기능을 투쟁이 아닌 협동의 수단으로 생각하는 언어관을 지니는 것이다.

그러면 이와 같이 다른 언어관을 가진 남북한의 언어 정책은 어떠하며 이로 말미암아 빚어지는 언어의 변이는 어떠한지 언어 규범을 중심으로 살펴보고자 한다.

4.1. 한글 맞춤법과 조선말 규범집

훈민정음이 반포된 뒤에 한글 표기법은 표음주의 쪽으로 기울어졌다. 1912년에 마련된 최초의 표기법인 조선총독부의 '보통학교용 언문 철자법'이나 1921년의 '보통학교용 언문 철자법 대요', 1930년의 '언문 철자법'이 다 이러한 경향의 철자법이다. 1933년에 조선어학회에서 제정한 '한글 맞춤법 통일안'은 이들과는 달리 형태주의적이었다. 이 '통일안'은 남북이 분단된 뒤에도 남북에서 다 같이 사용되었다. 그러던 것이 1954년 북한에서 '조선어 철자법'을 제정하여 공포함으로써 남북의 표기법이 달라졌다. 이로써 차이가 나게 된 남북한의 대표적인 것은 다음과 같다.

- 두음법칙 부정 : 락원, 량심, 로동
- 이긴 모음 'ㅣ ㅐ ㅔ ㅚ ㅟ ㅢ' 이래 모음을 '어, 였'으로 개정: 비여, 개여, 되였다. 쥐였다
- 중간 ㅎ의 거센소리 표기 허용 : 가타 부타
- 합성어에 사이시옷 대신 사이표 사용 : 기'발, 일'군

북한은 이어 1966년에 철자법을 다시 개정하였고 1987년에 재개정을 단행하였다. 1966년의 맞춤법에서는 중간 ㅎ을 배척하고 사이표를 삭제하였다. 1987년의 맞춤법은 말다듬기에 따라 용어를 많이 수정하였을 뿐이고 실제 규정은 별로 개정하지 않았다.

남한에서는 1988년에 '한글 맞춤법 통일안'을 개정하였는데 '한글 맞춤법'의 특징은 다음과 같다.

○ 한글 맞춤법 통일안의 불필요한 조항 삭제
○ 미비한 규정 보완
○ 지켜지지 않는 규정의 개정 및 현실화
○ 개정의 폭 극소화

이러한 남북한의 한글 맞춤법 개정으로 남북한의 표기법은 많은 차이를 드러내게 되었다.

4.2. 표준어와 문화어

표준어의 개념은 이미 앞에서 살펴보았듯이 1910년대에 도입되었다. 1912년 조선총독부에서 제정한 '보통학교용 언문 철자법'에서 최초로 '경성어를 표준으로 함'이라고 규정하였다. 그리고 1933년의 '한글 맞춤법 통일안'에서 '표준말은 대체로 현재 중류 사회에서 쓰는 서울말로 한다.'라고 기준을 상세화하였다. 지금은 1988년의 '표준어 규정'에 따라 '표준어는 교양 있는 사람들이 두루 쓰는 현대 서울말로 정함을 원칙으로 한다.'라고 보고 있다. 이러한 남한의 '표준어'에 대해 북한에서는 이를 '문화어'라고 한다.

문화어란 1966년 김일성의 '조선어의 민족적 특성을 옳게 살려나갈데 대하여'라는 교시에 따라 남한의 표준어와 대립하는 개념으로 사용하는 말이다. 문화어에 대한 김일성 교시는 아래와 같다.

> "우리는 혁명의 참모부가 있고 정치, 경제, 문화, 군사의 모든 방면에 걸치는 우리 혁명의 수도이며 요람지인 평양을 중심지로 하고 평양말을 기준으로 하여 언어의 민족적 특성을 보존하고 발전시켜 나가도록 하여야 하겠습니다.
> '표준어'라고 하면 마치 서울말을 표준 하는 것으로 그릇되게 이해될 수 있으므로 그대로 쓸 필요가 없습니다. 사회주의를 건설하고 있는 우리가 혁명의 수도인 평양말을 기준으로 하여 발전시킨 우리말을 '표준어'라고 하는 것보다 다른 이름으로 부르는 것이 옳습니다.
> '문화어'란 말도 그리 좋은 것은 못되지만 그래도 그렇게 고쳐쓰는 것이 낫습니다."

남북한은 이렇게 북한이 공용어의 기준을 바꿈으로 언어의 차이를 보이게 되었다. 북한에는 아직 남한의 '표준어 규정'과 같은 규범은 제정되어 있지 않다. 그러나 남한의 '표준 발음법'과 같은 '문화어 발음법'은 1966년의 '조선말 규범집' 이래 규범화하고 있다. 따라서 이는 남한의 '표준 발음법'이 1988년에 성문화되었으므로 남한에 비해 훨씬 일찍 제정된 것이다. 이러한 발음법에 따라 앞에서 본 바와 같이 남북한의 언어는 두음법칙, 음운첨가와 같은 차이를 보이게 되었다.

국어 순화에 의해서도 공용어의 차이가 빚어진다. 남한에서는 순화어의 사용을 권장하는 정도이나 북한에서는 다듬은 말을 국가에서 통일하도록 지도하며 원말을 쓰지 않도록 강요하기 때문이다. 남한의 국가적인 국어 순화 사업은 1948년 문교부 편수국 주관 아래 '우리말 도로 찾기'란 소책자를 간행하여 일본어의 잔재를 일소하고자 한 것이 최초라고 하겠다. 그 뒤는 이렇다 할 순화 정책이 펼쳐지지 않았다. 그러다가 1976년 문교부는 국어 순화 운동 협의회를 구성하여 본격적으로 순화 운동을 전개하였다. 이러한 사업은 오늘날도 '국어심의회'와 국립국어원이 담당하여 순화 사업을 벌이고 있고 '국어 순화 자료집'을 계속 발간하고 있다.

북한에서는 1964년 이래 말다듬기를 하여 1987년에 '다듬은 말' 2만 5천여 개를 선정하여 발표하였다. 북한의 말다듬기는 문맹 퇴치 운동에 이어 인이 정화 운동, 말다듬기 운동, 어휘 정리 사업, 문화어 운동으로 이어지는 것이다. 북한에서는 이러한 어휘 정리 사업을 민족의 순결성과 특성을 적극적으로 드러내기 위한 목적의식을 지닌 사업으로 규정하고 있다. 그리하여 다듬은 말을 당과 국가에서 지도하며 원말을 쓰지 않도록 하고 있다. 이로 말미암아 남북한의 어휘는 결과적으로 차이를 드러내게 되었다.

4.3. 외래어 표기

어떤 언어나 다른 민족과 문화에 접촉함으로써 외래어를 수용하게 된다. 이때 이들 외래어를 어떻게 표기하느냐 하는 것이 문제이다. '한글 맞춤법 통일안'(1933)에서는 새 문자나 부호를 쓰지 않고 표음주의를 취한다고 규정해 놓았다. 그 뒤 1940년 조선어학회의 '외래어 표기법 통일안'이 제정되었는데 이는 한글 맞춤법의 원칙에 따른 것이다. 그리고 표기는 국제 음성 기호(IPA)를 표준으로 하기로 하였다. 그 뒤 남한에서는 문교부의 '외래어 표기법'이 1948년에 제정되었다. 이는 1940년의 통일안과 달리 한글 이외에 부호를 사용하고 장음을 같은 모음으로 거듭 적는 방식을 취하였다. 그런데 이 표기법은 너무 전문적이고 복잡하였다. 그래서 1958년에 다시 '로마자의 한글화 표기법'이 확정 발표되었다. 이 표기법의 기본 원칙은 한글 정자법(正字法)에 따른 현용 24 자모만을 쓰고 외래어는 원칙적으로 1 음운 1 기호로 표기한다는 것이었다. 그 뒤 1986년에 이는 다시 개정되어 오늘날의 '외래어 표기법'이 되었다. 현행 표기법의 '표기 기본 원칙'은 다음과 같다.

제1항 외래어는 국어의 현용 24 자모만으로 적는다.
제2항 외래어의 1 음운은 원칙적으로 1 기호로 적는다.
제3항 받침에는 'ㄱ, ㄴ, ㄹ, ㅁ, ㅂ, ㅅ, ㅇ'만을 쓴다.
제4항 파열음 표기에는 된소리를 쓰지 않는 것을 원칙으로 한다.
제5항 이미 굳어진 외래어는 관용을 존중하되, 그 범위와 용례는 따로 정한다.

이에 대해 북한에서는 1956년에 '조선어 외래어 표기법'을 제정하였다. 여기서는 '동일한 개념을 나타내면서 그의 어음 구성이 류사한 외래어는 가급적 현대

로씨야의 어음론적 및 표기법적 특성에 의거 표기하기로 한다.'(제4항)라고 하여 러시아어에 의한 표기를 우선하였다. 제102항의 규정은 이것을 뒷받침하는 내용 중 하나이다.

> "로씨야어 이외의 외국어로부터 유래한 외래어로서 그 발음이 로씨야어와 비슷한 것은 가급적 로씨야어의 표기법에 따른다."

그리고 제14항에서는 'k, t, p'와 같은 무성파열음을 'ㅃ, ㄸ, ㄲ'으로 표기하도록 하였다. 1958년에는 이 외래어 표기법이 남한과 다름을 인식했음인지 수정한 '외래어 표기법'을 내어 놓았다. 이것은 표음주의적 표기에서 음소주의적 표기로 바뀐 것이었다. 이러한 규범은 1984년의 '고친 외래어 표기'에서 다시 원음을 중시하는 표기법으로 바뀌었다. 이는 김정일의 '외래어를 표기할 때에는 그것이 어느 나라의 말인가를 알아보고 그 나라 사람들이 발음하는 대로 표기하는 원칙을 세워야 합니다.'란 지적에 따른 것이다. 이러한 러시아어 위주의 표기에서 원음주의로 바뀜에 따라 남북한의 외래어 표기는 전에 비해 서로 가까워졌다고 할 수 있겠다. 그리고 이와는 달리 북한에서는 1969년에 외래어와 외국어를 구분 표기하기 위해 '외국말 적기법'이 별도로 제정되었고 이는 다시 수정되어 1985년 '외국말 적기법'으로 정착되었다.

4.4. 로마자 표기법

한글의 로마자 표기는 일찍이 서구인들에 의해 그 방안이 강구되기 시작하였다. 이들 방안 가운데 가장 주목을 받은 것이 1930년대의 매큔-라이샤워안(McCune-Reischauer System)이다. 조선어학회에서는 1941년에 '외래어 표기법 통일안'의 부록으로 '조선어음 나마자 표기법'을 내어 놓았다. 그리고 남한에서는 1948년 첫 번째 정부안의 결정을 보았는데 이것이 '한글을 로오마자로 적는 법'이다. 이는 음소 표기를 한 것으로, 조선어학회안과는 다른 것이었다. 여기서는 파열음 'ㄱ, ㅋ, ㄲ'의 경우 'k, kh, gg'로 표기하고 유성음은 'g', 받침은 초성과 마찬가지로 적기로 하였다. 이에 대해 1959년에 결정된 문교부의 '한글의 로마자 표기법'은 'g, k, gg'의 체계를 따른 것이었다. 그 뒤에 '국어의 로마자 표기법'이 1984년에 제정 고시되었다. 이는 종전에 형태주의에 입각한 표기의 비현실성을 극복하고 표음주의를 지향하고자 한 것으로 매큔-라이샤워안의 내용을 대부분 수정한 것이다. 그러나 이 표기법도 특수 부호(반달표, 어깻점) 때문에 불편하다는 행정개혁위원회의 지적이 있었고 유성음과 무성음의 구분이 너무 어렵다는 지적 때문에 2000년에 새로운 표기법을 개정 고시하였다. 이 표기법의 기본 원칙은 다음과 같다.

> 제1항 국어의 로마자 표기는 국어의 표준 발음법에 따라 적는 것을 원칙으로 한다.
> 제2항 로마자 이외의 부호는 되도록 사용하지 않는다.

이 표기법의 특징은 모음에서 '어, 의'를 'eo, eu'로 하였고 자음에서 'ㄱ, ㄷ, ㅂ, ㅈ'을 'g, d, b, j'로 적도록 한 것이다. 이와 함께 'ㅋ, ㅌ, ㅍ, ㅊ'를 'k, t, p, ch'로, 'ㄲ, ㄸ, ㅃ, ㅆ, ㅉ'을 'kk, tt, pp, ss, jj'로 적도록 하였다.

북한의 로마자 표기법은 1956년에 간행된 '조선어 외래어 표기법' 속에 들어 있다. 곧 '외국 자모에 의한 조선어 표기법'이 그것이다. 이는 다음과 같이 3장으로 되어 있다.

> 제1장 서론
> 제2장 로씨야어 자모에 의한 조선어 표기에 관한 일반적 규칙
> 제3장 로마 자모에 의한 조선어 표기에 관한 일반적 규칙

이 가운데 제3장이 로마자 표기법에 관한 것인데 이는 표음주의적인 표기를 하는 것으로, 남한의 1984년에 고시된 '국어의 로마자 표기법'과 비슷한 것이다. 이러한 것은 '조선어 표기법'의 제1장 서론의 내용이 이를 확인해 준다.

제1항 외국자모로써 조선어를 표기함에 있어서는 조선 음운을 충실히 반영시킴을 원칙으로 하되, 조선어 받침을 중심으로 하는 어음 교체 현상과 조선 어음의 결합적 변화만을 변화되는 대로 표기한다.
제3항 외국의 자모로써 조선어를 표기함에 있어서는 해당 외국어의 현행 자모 체계에 의거하며 새로운 자모, 새로운 보조적 기호를 사용하지 않는다.

이 표기법은 남한에서 고시한 1984년의 표기법과 유사하지만 2000년의 표기법과는 차이가 있다. 사선 앞의 표기가 북한의 것이고 뒤의 표기가 남한의 것이다.

ㅈ ts / j ,ㅊ tsh / ch,ㅉ tss / jj
ㅚ oi / oe,ㅐ ai / ae, ㅒ yai / yae

이와는 별도로 국제표준기구(ISO)의 '한글의 로마자 전자법 제정'을 위한 남북한의 통일안 마련 회의도 여러 번 있었는데 여기에는 별 이견이 없었다.

5. 남북 언어의 동질성 회복 방안

남북의 언어 문제에서 가장 쟁점으로 떠오르는 것은 언어에 대한 태도이다. 남한은 언어 속에 민족성이 깃들어 있다는 훔볼트(W.Humboldt)의 세계관 이론을 적용하여 언어가 문화를 창조하거나 언어가 사람을 결속시킨다는 생각을 하고 있는 반면에, 북한은 언어가 인간 교제의 중요한 수단이며 혁명과 건설의 중요한 도구로 생각하고 이를 발전시키는 것이 사회주의를 건설하는 길이라고 굳게 믿고 있다.

언어에 대한 태도가 근본적으로 다른 상황에서 남북 언어의 동질성 회복 방안은 구체적인 항목을 제시하는 것보다는 거시적인 안목에서 생각해 보는 것이 좋을 것이다. 몇 가지 대안을 제시하면 다음과 같다.

첫째, 남북 언어 통일을 위한 범민족 기구(가칭 '민족어 공동 연구소')를 두어야 할 것이다. 이 기구는 이념이나 체제를 생각하지 말고 오직 우리말의 특성만을 고려하여 언어 통일에 힘써야 할 것이다. 언어 통일을 위해 분과별 위원회를 조직하고 수시로 모임을 해야 하며 가장 합리적인 방안을 만들어 내야 할 것이다. 생각하기에 따라서 어려운 수도 있고 아주 쉽게 접근할 수도 있을 것이다. 가령, 맞춤법은 남북 모두 형태 음소적 원리를 따르고 있기 때문에 합의를 하는 데 큰 어려움이 없을 것이고 두음 법칙 적용 여부와 사이시옷 표기는 언중이 쓰기에 편리한 쪽으로 서로 양보하면 될 일이다. 어문 규범에서 문제가 되는 것은 어휘 부분인데 우선의 남한의 표준어와 북한의 문화어를 복수 표준어로 먼저 인정하고 천천히 바꿔 간다고 합의를 하면 될 일이다. 어차피 언어는 생명체와 같아서 널리 사용되는 말이 살아남는 것이기 때문이다. 외래어 표기법은 남북 모두 원지음 표기에 중점을 두고 있기 때문에 합의를 할 때에 한 발씩 양보를 하면 될 일이며 국어의 로마자 표기법은 다 같이 표음법을 바탕으로 하고 있기 때문에 그동안 의견 접근이 꽤 이루어진 규정이다.

둘째, 우리말 순화 운동을 범민족적으로 벌여야 할 것이다. 남한의 국어 순화 운동이나 북한의 말다듬기 운동이 본질적으로 다르지 않다. 어느 국가나 외국과 접촉이 잦으면 외래 문물이 들어오고 동시에 이를 가리키는 말이나 표현하는 말도 따라서 들어오게 마련이다. 그럴 경우 그 나라 말로 바꿀 수도 있고 외국어를 그대로 쓸 수도 있을 것이다. 그런 이유 때문인지 우리말은 날이 갈수록 점점 그 순수성을 잃어 가고 있다. 전통 사회에서는 중국의 영향으로 한자어가 많이 쓰이다가 광복 이후에는 남한은 영어가, 북한은 러시아어가 들어와 많이 쓰이고 있다. 특히 최근에 남한은 세계화의 물결을 타고 일상 언어에까지 영어를 섞어 쓰는 일이 늘어만 가고 있다. 북한은 이미 1960년대 후반부터 일기 시작한 문화어 운동을 계기로 하여 많은 한자어와 외래어를 우리 고유어로 다듬었다. 남한도 1970년대부터 정부 차원에서 국어 순화 운동을 적극적으로 추진하고 있다. 그 사이에 달라진 어휘도 많이 있지만 외국어나 외래어를 우리말로 바꾸려는 정신은 똑같다.

셋째, 언어 통일의 지름길은 국어 교육을 강화하는 일이다. 언어 속에는 그 나라의 문화와 민족성이 깃들어 있다고 하듯이, 우리가 한 민족임을 확인하는 가장 좋은 방안은 남북이 함께 우리말 교육을 강화하는 일이다. 북한은 동기야 어떻든 우리말을 충실하게 교육하고 발전시키는 데 더 많은 성과를 거두었으며 우리말이 발전한 언어라는 강한 자부심을 지니고 있다. 그런데 남한은 영어 공용어화나 초등학교 영어 조기 교육을 부르짖고 있는데 이것은 바람직한 태도가 아니다. 오히려 국어 교육을 강화해야 한다. 물론 영어가 국제 공용어임을 누구도 부인하지 않지만 모국어를 충실하게 가르치는 일이 우리에게는 더 시급한 일이다. 또한, 남북 언어 동질성을 회복하는 중요한 계기가 될 것이다.

넷째, 남북 공동의 통합 사전이 제작되어야 한다. 어휘 사정에 앞서 서로 상대방의 언어를 이해하도록 하여야 한다. 어휘 사정은 이론적으로는 쉬운 일이나 그 배후에는 몇 천만의 국민이 있기 때문에 그것은 쉬운 일이 아니다. 서로 상대방의 언어를 접하고 사용하는 가운데 적자생존의 원칙에 따라 살아남을 말은 살아남고 죽을 말은 죽게 하는 것이 바람직하다. 그 밖에 남북 공동의 지역어 조사, 남북 공동의 국어 교과서 편찬, 남북 공동의 컴퓨터 자판 통일 등 많은 것을 생각해 볼 수 있지만 우선 가능한 것부터 접근해 가는 것이 좋을 것이다.

6. 맺음말

지금까지 남북의 어휘 차이와 동질성 회복 방안에 대하여 살펴보았다. 주로 어휘에 한정한 것이지만, 상당한 차이가 있음을 알 수 있었다. 이러한 어휘 차이 중 일부는 남북 분단 전부터 있던 방언 차이라고 할 수도 있다. 그러나 우리가 이러한 어휘들을 심각한 문제로 여기는 것은 현재 이 말들이 단순히 한 지역의 방언으로 그치지 않고 교육, 언론, 출판물 등에 공식적으로 두루 쓰이는 규범어가 되었기 때문이다. 그뿐만 아니라 남북의 어휘가 따로 생겨나 우리말이 달라졌다는 것을 느끼게 하기 때문이다.

생각하기에 따라 남북의 어휘 차이가 생각보다 크지 않다고 말할 수도 있다.

언어가 문장이나 소리의 체계에서 큰 변화를 겪지 않고 어휘만 일부 변하였다면 그 언어가 크게 달라진 것은 아니라고 볼 수도 있기 때문이다. 그러나 적어도 어휘 면에서는 이미 남북의 동포들이 서로 말을 다르게 느끼고 있을 것이다. 그렇기 때문에 우리는 미리 대책을 마련해야 한다. 이것은 통일이 된 후에, 이미 문제가 드러난 다음에 할 일이 아니라 통일을 대비하여 지금부터 준비해야 할 과제이다.

참고 문헌

고영근(1994), 『통일 시대의 어문 문제』, 도서출판 길벗.
_____(1999), 『북한의 언어문화』, 서울대학교 출판부.
국립국어연구원(1992), 『북한의 언어 정책』, (주)정문사문화.
_____(1998), 외래어 사용 실태와 순화 방안, 『새국어생활』 제8권 제2호.
_____(1999), 『표준국어대사전』, 두산동아.
_____(2001), 남북 언어 동질성 회복을 위하여, 『새국어생활』 제11권 제1호.
김민수(1989), 『북한의 어학 혁명』, 도서출판 백의.
_____(1991), 『북한의 조선어 연구사』, 도서출판 녹진.
_____(1997), 『김정일 시대의 북한 언어』, 태학사.
남성우(1990), 『북한의 언어 생활』, 고려원.
문화관광부(1998), 『남북 언어 통일 방안 연구』, 연구 보고서.
박갑수(1999), 남북의 언어 차이와 그 통일 정책, 『박갑수 교수 정년 퇴임 기념 논문집』.
이승재(2002), 『남북 언어 순화 자료집』, 국립국어연구원.
이옥련(1997), 『남북 언어 연구』, 도서출판 박이정.
전수태·최호철(1989), 『남북 언어 비교』, 도서출판 녹진.
정희원(1999), 남북의 언어 차이, 『한국어 연수 교재』, 국립국어연구원.
조재수(1986), 『북한의 말과 글』, 한글학회.
최용기(2002), 광복 이후 외래어투 순화 실태와 문제점, 『남북 언어 동질성 회복을 위한 제1차 국제학술회의 논문집』, 국립국어연구원.

_____(2003), 『남북 국어 정책 변천사 연구』, 도서출판 박이정.

_____(2005), 남북의 어휘, 『한국어 연구』, 재미한인협의회.

_____(2005), 남북의 말과 글, 『영주어문』 제9집, 영주어문학회.

한글문화연대(2003), 『남북의 외래어 수용 태도와 통일 방안』, 한글문화토론회 자료집.

허철구(1993), 남북 국어 순화의 비교., 『말과 글』 제54호, 한국어문교열기자협회.

북한 국어사정위원회(1986), 『다듬은 말』, 과학백과사전출판사.

언어학연구소(1971), 『조선말규범집해설』, 사회과학원출판사.

_____(1992), 『조선말대사전』, 사회과학출판사.

※ 『국학 연구』(한국국학진흥원 논문집), 제10집(2007. 6.)에 실린 논문을 수정하여 보완한 것임.

제3부

한국어 교육 정책의 이해

제11장 | 한국의 언어 정책과 세종학당 운영

제12장 | 한국어 교육 정책의 현황과 과제

제13장 | 한국어 교육의 현황과 세종학당 운영 방향

제14장 | 한국어교원 자격 제도의 현황과 과제

제15장 | 다문화 사회의 한국어 교육 정책

제11장 한국의 언어 정책과 세종학당 운영

1. 서론

한 나라의 언어 정책은 그 민족을 결속시키는 데 있어서 중요한 요인이 될 수 있다. 그래서 서구의 여러 나라에서는 언어 정책을 체계적으로 수립하여 이를 실천에 옮기고 있다. 한국도 그동안 언어 정책에 대한 계획이 없었던 것은 아니지만 본 논문의 연구 대상은 주로 1945년 광복 이후의 현대 한국의 언어 정책이 될 것이다.

한국 역사에 있어서 광복은 정치, 경제, 사회, 문화, 교육 등 여러 분야에서 새로운 전환점이 되었음은 잘 알려진 사실이다. 한국의 언어 정책도 이를 수립하여 실천에 옮길 때에 광복은 새로운 전기가 되었음은 두말할 나위가 없다.

어느 나라에도 언어와 관련된 문제가 많이 있다. 다민족 국가는 어떤 언어를 나라의 공용어(公用語)로 채택할 것인가, 공용어로 채택되지 않은 언어를 어떻게 할 것인가 하는 문제가 심각하다. 한 나라 안에서도 표준어를 어떻게 제정하고 보급할 것인가, 국어의 문자 표기는 어떻게 할 것인가 하는 문제도 쉬운 일이 아니다. 한국도 외래어의 문제가 내부의 문제 못지않게 어려운 문제이며 외국과 빈번한 교류에서 한글을 로마자로 표기하는 문제도 쉬운 일이 아니다.

이러한 전반적인 언어 문제와 최근에 한국의 새로운 언어 정책으로 떠오르고 있는 외국인을 위한 언어 정책이 하나인 '세종학당'의 운영에 관한 내용을 살펴볼 것이다.

2. 한국의 언어 정책 추진 기관

한국의 언어 정책은 1989년까지 문교부(→ 교육과학기술부)에서 추진하다가 정부 조직법 개정(대통령령 12895호, 1990. 1. 3.)으로 1990년 1월에 문화부(→ 문화체육관광부)가 신설되면서 문교부에서 문화부로 그 업무가 이관되었다.

문화부는 어문출판국(→ 문화예술국)과 어문과(→ 국어정책과 → 국어민족문화과)를 설치하여 국어 정책을 추진하는 한편, 소속 기관으로 국어연구소를 확대 개편하여 국립국어연구원(→ 국립국어원)을 1991년 1월에 설립하였다. 그래서 한국의 국어 정책 추진 기관은 문화체육관광부와 소속 기관인 국립국어원이다.

문화체육관광부 국어민족문화과의 주요 업무는 국어 정책에 관한 종합 계획의 수립 조정 및 추진, 국어의 보존 발전에 관한 법령 및 제도의 정비, 한국학 및 한민족 문화 역사에 대한 기획 연구 및 확산, 민족문화의 전승 개발 및 보급에 관한 사항, 남북 문화 교류 및 협력 증진에 관한 사항, 어문 연구 관련 단체의 육성 지원 등 국어 정책에 관한 내용을 다루고 있다.

국립국어원은 대통령령 제13163호(1990. 11. 14.)에 따라 1991년 1월 23일에 설립된 문화부(→ 문화체육관광부) 직속 기관으로서 우리나라 어문 정책 전반에 관련된 연구를 주관하고 국어사전 편찬, 각종 어문 규정의 제정과 보급을 통하여 언어생활의 표준을 제공하고, 각종 어문 자료를 수집하여 국어 유산을 보존하고 연구하는 한편, 국어 발전의 토대를 마련하는 데에 설립 목적을 두고 있다. 1984년 5월 10일에 국민의 언어생활을 과학적으로 조사 연구하여 합리적인 어문 정책의 수립하고 국민의 올바른 언어생활 계도하려고 출발한 문교부의 학술원 부설 '국어연구소'를 확대 개편한 것이다. 1991년에 국립국어연구원으로 개원하였는데 그 뒤 2004년에 '국립국어원'으로 이름이 바뀌었고 1급(또는 학예연구관) 원장을 중심으로 기획관리과와 어문연구실, 공공언어지원단, 교육진흥부를 두고 전임 연구원과 행정 직원을 합한 인원은 48명이다.

국립국어원의 연구 성과는 원장이 문화체육관광부 장관에게 보고하고, 문화체육관광부 장관은 그 중에서 중요한 사항을 국무회의에 보고하거나 대통령께 직접 보고하고 있다.

3. 한국의 언어 정책

3.1. 어문 규정 정책

한국의 어문 규정은 한글 맞춤법, 표준어 규정, 외래어 표기법, 로마자 표기법 등 4대 규정이 있다. 한글 맞춤법은 우리말의 표기를 원활히 하기 위해 한글이란 문자 체계로서 우리말을 표기하는 규범을 가리킨다. 총칙과 본문으로 구성되어 있는데 총칙은 3항, 본문은 6장 57항과 부록(문장 부호) 구성되어 있다. 맞춤법의 내용은 표의주의를 기본으로 하고 소리 나는 결과를 표기에 반영한다는 표음주의를 밝힌 규정으로 맞춤법의 이상을 반영한 합리적 규정으로 평가되고 있다.

표준어 규정도 제1부 표준어 사정 원칙과 제2부 표준 발음법으로 구성되어 있다. 표준어 사정 원칙은 3장 25항이고, 표준 발음법은 7장 30항으로 되어 있다. 그러나 실제로 표준어가 반영된 것은 국어사전인데 가장 최근에 발간된 국어사전은 국립국어원이 발간한 『표준국어대사전』이다. 이 사전은 표제어 50만 단어를 수록하고 있다.

외래어 표기법은 1986년 아시안 게임과 1988년 올림픽 개최를 앞두고 인명, 지명 등의 외래어 표기법을 정비할 필요성이 생겼다. 이에 1986년에 발표된 외래어 표기법은 7개 언어(영어, 독일어, 프랑스어, 에스파냐어, 이탈리아어, 일본어, 중국어)만을 대상으로 하고 있다. 그 후에 국립국어원은 1991년에 동구권 언어(폴란드어, 체코어, 세르보크로아트어, 루마니아어, 헝가리어)를 대상으로, 1995년에 북구권 언어(스웨덴어, 노르웨이어, 덴마크어)를 대상으로 표기 일람표와 표기 세칙을 추가로 만들었고, 문화체육부(→ 문화체육관광부)가 이를 고시하였다.

국어의 로마자 표기는 한글을 모르는 외국인을 위해 한글을 국제 사회에서 널리 사용되는 로마자로 음역(音譯)하는 것을 뜻한다. 따라서 로마자 표기법은 일차적으로 한국인을 위해 만든 표기법이라기보다는 외국인을 위해 만든 표기법이라는 측면이 강하다. 이 표기 체계에는 전자법과 전사법이 있는데 전자법은 한글 표기를 위주로 적는 방법을 말하고 전사법은 한국어의 발음 위주로 적는 것을 말한다. 전자법은 한글 표기를 위주로 하였기 때문에 기계적으로 파악할 수 있지만 현실 발음과 다소 차이가 있다. 반면에 발음대로 적는 전사법은 한국인이 금방 알아들을 수는 있지만 그 표기가 국어의 어떤 단어를 표기한 것인지 단정할 수 없는 경우가 생길 수 있다. 가령, '학문'(學問)과 '항문'(肛門)은 모두 [항문]으로 발음되므로 'hangmun'으로 적으면 한글 원래 표기를 구별할 방도가 없다.

3.2. 국어 순화와 문자 정책

국어 순화는 국어에 있는 잡스러운 것을 없애고 순수성을 회복하는 것과 복잡한 것을 단순하게 한다는 것으로 이해된다. 한 마디로 고운 말, 바른말, 쉬운 말을 가려 쓰는 것을 말한다.

한국 정부는 광복이 되자 '국어 정화'에 대한 방침을 세우고 일상 언어생활에서 흔히 쓰는 일본말을 조사해서 모은 뒤에 그 말 대신에 쓸 만한 말을 찾아서 1948년에 '우리말 도로 찾기'라는 자료집(943 낱말)을 발간하였다. 그 후 한국 정부는 1970년부터 한글 전용 5개년 계획을 세워 한글 전용을 실천하도록 내각에 지시하였고 문교부는 본격적인 활동을 위해 1976년에 '국어 순화 운동 협의회'를 조직하였다. 국어 순화 정책은 1990년 문화부의 출범과 함께 더욱 활기를 띠기 시작하였다. 국어연구소를 확대 개편한 국립국어연구원(→ 국립국어원)은 매우 적극적으로 국어 순화를 추진하였다. 행정 용어, 생활 외래어, 일본어투 용어, 언론 외래어 등 41개 분야 20,530여 단어를 순화하였다. 특히 2003년에 국어 순화 자료집 합본을 발간하고 시디(CD)를 제작하였다. 최근에 국어 순화의 양상은 변형된 국어와 통신 언어의 순화로 이동하고 있다.

문자 정책은 한국의 언어 정책 가운데 가장 오랫동안 논란의 대상이 되어온 문제로 한글 전용과 국한문 혼용의 문제이다. 이 문제는 세종 대왕께서 한글을 창제하여 반포하던 때부터 태동이 되었다고 볼 수 있으나 오늘날과 같이 한글 전용과 국한문 혼용론이 대립한 시기는 고종 31년(1894) 11월 21일에 공포된 칙령 제1호 공문식(公文式) 제14조에서부터이다. 곧 "法律勅令 總以國文爲本 漢文附譯 或混用國漢文"이라고 한 것이 그것이다. 이 가운데 '국문'이란 한글을 가리키는데 한글은 이때부터 말 그대로 나라를 대표하는 글자(곧 나라글자)로서의 지위를 얻게 되었다.

광복 이후 문자 정책은 여러 차례 바뀌었지만 기본 골격은 한글 전용을 바탕으로 하면서 국한문을 혼용하는 쪽으로 추진하여 왔다. 한자를 폐지하고 한글만 쓰자는 운동은 광복과 함께 들판의 불길처럼 번져나갔다. 1948년의 '한글 전용법'(법률 제6호)은 이를 뒷받침해 주었고, 1958년의 '한글 전용 실천 요강'은 정부 기관뿐만 아니라 산하 단체도 이를 적용토록 하였다.

1970년대에 접어들면서 한국 정부는 어문 정책의 혁신에 눈을 뜨게 되었다. 알기 쉬운 표기 방법을 연구하라는 대통령의 지시에 따라 문교부는 국어심의회를 중심으로 맞춤법, 표준어, 외래어 및 로마자 표기법을 전면적으로 다시 검토하기 시작하였다.

한국의 문자 정책은 1984년을 계기로 하여 새로운 전기를 맞이하게 되었다. 문교부는 로마자 표기법을 고시하였고 학술원 임원회의에서 국어연구소 규정을 통과시켜 국어연구소를 정식으로 출범토록 하였다. 국어연구소는 비공식 기구로서 문교부의 어문 정책 사업을 위탁받아 연구하는 기능을 띠기는 하였지만 한국의 어문 정책을 어느 정도 바른 궤도로 올려놓을 수 있었다.

3.3. 남북 언어 통합 정책

남북 모두 연구 기관과 행정 기관이 분리되어 있으나 그 위상과 역사에는 차이가 있다. 행정 기관의 위상에서 남한의 국어민족문화과는 문화체육관광부에 속해 있는데 북한의 국어사정위원회는 내각 직속으로 되어 있으며 언어학연구소는 사회과학원 소속으로 되어 있다. 연구 기관의 역사에서 남한의 국립국어원은 겨우 20년 정도인데 북한의 언어학 연구소는 60년이 된다.

어문 규정은 크게 표준어와 표기법의 문제를 살펴볼 수 있는데, 먼저 표준어는 큰 차이를 보이지 않는다. 차이점이 있다면 한자어와 외래어에서보다는 고유어에서 더 많이 발견된다. 고유어에서의 차이는 새말을 만드는 경우와 방언이나 고어를 되살려 사용하는 과정에서 달라지는 경우가 있다. 그런데 표준어(북한은 '문화어')는 남북한이 각각 오랫동안 써 오던 말이므로 단번에 통일하는 문제는 쉽지 않다. 그래서 먼저 표준어 비교 사전을 만들고, 복수 표준어로 인정한 뒤 합의를 거쳐 단일 표준어로 만드는 방안이 필요하다. 남한과 북한에서 모두 인정하고 있는 복수 표준어 개념을 수용하여 폭넓게 적용한다면 남한이나 북한이나 구분하지 않고 어느 한쪽에서만이라도 표준어로 인정한 것들을 모두 받아들여 표준어로 삼으면 될 것이다.

표기법의 문제는 남북한이 형태주의 원리를 적용하고 있기 때문에 비교적 접근하기 쉬운 부문이다. 몇 가지 문제는 있는데 자모의 수와 이름, 사이시옷 표기, 한자어의 'ㄴ, ㄹ' 두음의 표기, 띄어쓰기와 문장부호 등이다. 그러나 이들은 해결할 수 있는 내용이므로 자세히 검토하여 대비해야 할 것이다.

국어 순화는 남북한이 각각 추진하고 있는 사업으로 가장 접근이 용이한 분야이다. 이미 다듬어진 남한의 순화어와 북한의 다듬은 말을 재검토하여 서로 보완하는 작업이 필요하다. 생경하게 만든 새말을 강요하지 말고 자연스러운 말 중에서 서로 수용하려는 마음만 있다면 쉽게 해결될 것이다. 남한의 순화어와 북한의 다듬은 말은 남북이 마주하고 앉아 재검토를 하여, 이들 가운데 현실성이 적은 말은 과감히 빼는 것이 좋겠다. 또한, 남한의 순화어와 북한의 다듬은 말이 서로 같은 형태를 가지며 자연스러운 경우에는 수용하는 것이 좋을 것이다.

국어사전 편찬은 남북한이 통일을 위한 사전 편찬을 준비해야 하는데, 이미 남한의 『표준국어대사전』과 북한의 『조선말대사전』이 발간되었으므로 이들을 중심으로 검토하는 작업이 필요하다. 그러나 이 사전은 단순히 남북한 언어만을 모으는 사전이 아니라, 합리적인 체계성을 갖춘 미래 지향적인 '한국어 종합 사전'이

되어야 한다. 현재 추진 중인 '겨레말큰사전' 편찬 사업이 이런 방식을 채택하고 있다.

3.4. 한국어 국외 보급 정책

한국의 국제적인 위상이 높아짐에 따라 국외에서 한국어에 대한 수요는 매년 급속도로 증가하고 있다. 예를 들면 중국에서는 한·중 국교 수립 이전에는 한국어 또는 한국학 관련 학과를 설치한 대학이 불과 4~5개에 지나지 않았으나 수교 후 3년째인 1997년에는 23개로 증가하였고 2000년에는 30여 개 대학에서 한국어 또는 한국학 관련 학과가 개설되었다.

한국어는 사용 인구수로 볼 때 세계 12위를 차지하는 주요 언어이며, 국외교포 700만 명이 사용하는 제1 언어이다. 또한, 57개국 677개 기관에서 한국어와 한국학 강좌를 개설하고 있다. 최근에는 한국의 경제 성장과 함께 미국의 '대학 입학 자격시험'(SATⅡ)에서 한국어가 채택된 것이나 호주에서 아시아 언어 중 우선순위 언어로 한국어가 채택된 것은 한국어의 국제적 지위 상승을 말해 주고 있다. 그러나 한국 정부는 이들을 잘 활용하지 못하고 있는 듯하고 주관 부처도 외교통상부(한국국제교류재단, 재외동포재단, 한국국제협력단), 교육과학기술부(국립국제진흥원, 한국연구재단, 한국교육과정평가원), 문화체육관광부(국립국어원, 한국어세계화재단) 등으로 나누어져 있다.

이런 사업 주관 기관에 대해 지적이 있게 되자 한국 정부에서는 1998년부터 국외 한국어 교육 종합 정보망을 구축하고 범정부적 차원에서 이를 지원하기로 하였다. 여기에는 '범용 한국어 교재 및 학습 사전 개발, 한국어 교사 연수 프로그램 개발, 인터넷을 통한 한국어 서비스 협력망 구축, 한국어 교육 민간단체 활동 지원, 사이버 한국어 학교 운영' 등이 포함되어 있다. 또한, 최근에는 국무총리실 주관으로 '한국어 국외보급 사업 협의회'라는 조정 협의체가 만들어져 업무 조정이 이루어지고 있다.

4. 세종학당의 설립과 운영

문화체육관광부와 국립국어원은 2007년 업무 보고를 하는 기자 간담회에서 한국어 교육의 진흥을 위해 전 세계에 이른바 '세종학당'이라는 한국어문화학교를 설립하여 운영하겠다고 발표를 하였다. 2007년부터 2011년까지 100개, 2016년까지 200개를 목표로 개설해 나갈 것이라고 하였다. 새 정부에 들어와서도 이 계획이 수정되어 2015년까지 500개를 개설하겠다고 발표하였다.

사실 이런 국가의 어문 정책을 자세히 밝히는 것은 매우 조심스러운 일이며 또한 신중해야 하기에 일부 빠진 부분도 있을 것이며 국가의 어문 정책을 수행하는 과정에서 수정이 불가피한 부분도 있을 것이다.

4.1. 세종학당의 명칭

세종학당의 설립 목적을 밝히기 전에 먼저 그 명칭을 대하여 말하고자 한다. 세종 대왕은 다 아는 바와 같이 조선 시대의 제4대 임금으로서 한국인이면 누구나 존경하고 닮고 싶은 인물로 손꼽고 있는 성군이다. 세종 대왕은 재임 중에 정치와 경제, 문화의 개혁을 주도하였고 백성에게는 선정을 베풀었으며 백성을 하늘(百姓卽天民)처럼 떠받들었으며 우리 민족의 고유 문자인 한글을 만드신 분이다. 바로 '세종'은 여기에서 따왔다.

또한, '학당'(學堂)은 서민과 양반을 구분하지 않은 한민족의 학습 기관인 '서당'(書堂)을 연상해서 따왔지만 한자어 '사숙'(私塾)과 고유어 '글방'과도 같은 뜻이며, 개화기에는 '학당'이라는 이름이 보편화된 명칭이다. 누구나 잘 알고 있는 '이화학당', '배재학당' 등의 '~ 학당'과 같은 의미이라고 할 수 있다.

이 '세종학당'이라는 명칭은 국립국어원에서 제안하여 문화체육관광부 세종학당 자문회의와 청와대에서 논의하였고 동 위원회에서 세종의 개혁 정신을 구체화하는 방안으로, 한국어 교육의 진흥을 위한 이름으로 적합하여 이를 채택하였다.

4.2. 세종학당의 설립 목적

그동안 한국어 교육은 교육과학기술부와 외교통상부에서 주관하는 한국학교·한국교육원, 한글학교 그리고 각 대학(국내외)의 한국학과나 한국어학과에서 이루어져 왔다. 좀 더 구체적으로 교육과학기술부는 정규 교육 차원에서 한국 국적을 가진 재외 국민을 대상으로 '한국학교'와 '한국교육원'에서 한국어를 가르쳤고, 외국의 한국학 연구자에게 외국 대학의 한국어학과에서 한국어를 가르치도록 하였다. 또한, 외교통상부는 재외동포와 국외 한국학 연구자를 대상으로 국제교류재단과 국제협력단, 재외동포재단에서 한국어 교육을 담당하였다. 아울러 비공식 기관인 '한글학교'에도 지원해 오고 있다.

두 부처(교육과학기술부, 외교통상부)는 그동안 한국어 교육을 위해서 그 나름대로 훌륭한 성과를 냈지만 21세기에 들어서면서 국외의 한국어 교육 환경이 급격하게 변하고 있음을 인식하지 못하고 있다. 국외의 언어 환경 변화에 대하여 정리해 보면 다음과 같다.

첫째, 전 세계가 국제화·정보화 사회를 지향하면서 다문화 사회로의 변화가 뚜렷해지고 말과 글이 이질적 문화권역 간의 문화 교류와 정보 소통의 핵심 요소로 등장하고 있다.

둘째, 21세기를 문화의 세기라고 하는데 서구 선진 각국은 '문화 강국'은 곧 '경제 강국'이라고 생각하고 국가 발전 전략으로 문화의 바탕인 자국의 언어를 전 세계에 보급함으로써 언어문화 권역의 확장을 꾀하고 이를 통해 시장 확대와 경제적 부가 가치를 창출하고 이를 극대화하려고 하고 있다.

셋째, 한국에서도 '90년대 후반부터 전통문화와 인간 중심의 가치 철학이 결합된 '한류' 문화의 확산으로 한국 문화와 한국어 문화 권역 확장의 최대 호기를 맞고 있다.

넷째, 중국의 동북 공정, 일본의 우경화 등 한국 주변 국가의 국가 팽창 전략에 대응하여 언어문화 권역 확장을 위한 거시적이고 세계주의 지향의 국가 언어 정책으로 전환할 필요가 있다.

이런 변화는 큰 흐름의 변화들이라고 한다면 한국어 교육에 대해서도 국외의 언어 환경 변화는 뚜렷이 나타나고 있다.

첫째, '한류' 문화의 영향과 '외국인 고용 허가제' 실시에 따라서 동북아시아 지역을 중심으로 아시아권 전역에서 한국어 학습 수요자가 폭증하고 있다. 특히, 2007년 3월부터 실시된 한국의 방문 취업제(조선족 대상, H-2)가 이를 더 부추기고 있다.

둘째, 외국인의 학습 수요층이 크게 변화하고 있다. 그동안 한국어 학습의 주요 대상은 외교관, 학자, 유학생, 재외동포 2세~3세 등이었으나, 이제는 현지의 일반 대중으로 저변 확대되고 있다.

한국어 학습 수요자 증가는 이것뿐이 아니다. 한국의 경제가 성장하고 기업의 국외 진출이 활발해짐에 따라 각국의 공무원, 취업을 희망하는 국내외 학습 수요자가 증폭하고 있다.

이렇게 국외의 언어 환경이 급속하게 변화하고 있는데도 한국 정부는 이에 대응하는 한국어 교육의 진흥 전략을 마련하지 못하고 제도권 안에서의 한국어 교육만을 강조해 왔다.

세종학당의 설립 목적은 바로 이런 변화를 능동적으로 수용하고 문화 상호주의 원칙에 따라 쌍방향 문화가 교류되도록 하는 데 그 목적이 있다. 그러기 위해서는 현지 문화와 접맥된 가운데 한국어 교육이 이루어져야 할 것이며 그 교육 대상은 현지민과 국외로 진출해 있는 한국 기업의 근로자와 한국 기업에 취업을 희망하는 현지민이 될 것이다.

세종학당의 설립 목표를 좀 더 구체적으로 살펴보면 다음과 같다.

첫째, 그동안 한국어 교육이 현지 지식인 중심의 교육이었다면 세종학당의 교육은 대중적 한국어 교육의 확산이다. 과거의 한국학 연구자 중심에서 탈피하여 현지 일반 국민을 대상으로 하는 한국어 교육의 확대라고 할 수 있다.

둘째, 문화 상호주의 원칙에 입각한 한류 문화의 확산과 한국 문화의 교류와 한국어 교육의 진흥이다. 과거 제국주의 국가들이 언어 식민지 정책으로 추진해 온 주입식 방식과는 다르게 쌍방향 문화의 교류 정책으로 전환해야 한다는 것이다.

셋째, 아시아적 문화 연대와 현지인 노동 인력의 고용 창출을 위한 한국 문화의 교류와 한국어 교육의 진흥이다. 21세기는 문화의 세기이며 언어는 문화의 바탕이 되므로 국가 발전의 동력으로서 그 가치를 발휘할 것이다. 한국어 교육의 진흥은 그런 의미에서 한국의 발전에 커다란 영향을 미칠 것이다.

4.3. 세종학당의 운영 계획

세종학당의 운영은 국외의 한국문화원과 연계하여 한국어학과가 개설된 현지 대학이나 한국학교, 한글학교 등이 될 것이며 기존 교육 기관의 시설을 이용하여 개방형 체제로 운용하게 될 것이다. 이에 대하여 일부에서는 기존의 한국어학과가 개설된 현지 대학은 한국 정부의 지원금이 넘쳐난다고 하는데 이런 대학을 피해서 지원하는 것이 좋겠다는 것이다. 그러나 이런 것을 전혀 검토하지 않은 것은 아니며 이런 것도 한국어 교육의 진흥 전략이라는 점도 충분히 고려되었다. 앞으로 추진 과정에서 문제가 있다면 이 점은 수정할 것이다. 세종학당의 운영 방식을 쉽게 말하면 우리나라의 각 대학에서 운영하는 사회교육원이나 평생교육원의 제도와 운영 방식이 될 것이다.

연간 운영비(교재 개발비, 강사료, 기자재 구입비, 시설비 등)는 한국 정부가 전액 국고로 지원하게 될 것이며 수강생은 본인의 교통비와 교재 구입비를 부담하게 될 것이나, 현지 사정에 따라 약간씩 달라질 수 있을 것이다.

학급 규모와 편성은 현지 형편이나 사정에 따라 달라질 것이지만 대체로 연간 1,000명 내외를 20여 명의 단위로 교육을 할 것이며 언제나 개방할 수 있는 현지 개방형 체제로 운용될 것이다.

한국어 학습 교재는 기존의 범용 교재를 그대로 사용하지 않고 현지에서 사용하는 한국어 학습 교재를 점검하여 이를 보완하여 당분간 사용할 것이며 앞으로 기능히디면 온라인 동영상 교육 자료(애니메이션 또는 강사 직접 출연)를 활용할 것이며 국내에서 개발한 자료를 현지인이 점검하는 교재가 될 것이다. 이미 중국 현지인을 위한 한국어 학습 교재는 동영상 형태로 개발되어 서비스 중이며, 일본 현지인을 위한 한국어 학습 교재도 동영상 형태로 개발 중이며 유비쿼터스 시대를 맞이하여 이른 바 '누리-세종학당' 형태로 추진할 것도 준비 중에 있다.

그동안 세종학당의 운영 실적은 2008년 12월을 기준으로 세종학당 개설을 위한 업무 협정을 체결한 곳은 18곳이며, 세종학당을 개원한 곳도 18곳이다.

2007년에 발표한 연차별 세종학당 개설 계획은 다음과 같다.

〈표 1〉 제1단계(2007년~2011년): 동북아시아 및 중앙아시아 지역(100개교)

지역＼연도별	2007년	2008년	2009년	2010년	2011년	계
몽골 지역	5개교	5개교	5개교	5개교	5개교	25개교
중국 지역	10개교	10개교	10개교	15개교	15개교	60개교
중앙아시아 지역	3개교	3개교	3개교	3개교	3개교	15개교
계	18개교	18개교	18개교	23개교	23개교	100개교

〈표 2〉 제2단계(2012년~2016년): 동남아시아 및 서남아시아 지역(100개교)

지역＼연도별	2012년	2013년	2014년	2015년	2016년	계
동남아시아 지역 (베트남, 타이, 인도네시아)	10개교	10개교	10개교	10개교	10개교	50개교
서남아시아 지역 (인도, 파키스탄, 네팔)	10개교	10개교	10개교	10개교	10개교	50개교
계	20개교	20개교	20개교	20개교	20개교	100개교

(*) 단, 1단계와 2단계 세종학당 개설 계획은 현지 상황과 사정에 따라 달라질 수 있음.
(*) 새 정부에서는 이 계획을 대폭 수정하여 전 세계에 500개교를 개설하기로 하였다.
　　ㅇ 1단계(2009년부터 2011년까지) 200개 ⎤
　　ㅇ 2단계(2012년부터 2013년까지) 160개 ⎬ 계 500개
　　ㅇ 3단계(2014년부터 2015년까지) 140개 ⎦

4.4. 세종학당의 기대 효과

세종학당의 설립은 영국의 브리티시 카운슬, 독일의 괴테 인스티투트, 프랑스의 알리앙스 프랑세스, 중국의 공자 학원, 일본의 일본어 교육 센터와 비슷한

기관으로, 우리나라에서 운영하고자 하는 한국어 교육 기관이다. 그러나 운영 방식에서 세종학당은 다른 나라와의 교육 기관과 그 성격이 다른데 그것은 일방적인 교육 방식이 아닌 문화 상호주의에 의한 쌍방향 교육 방식으로 운영한다는 점이다. 세종학당의 기대 효과를 좀 더 구체적으로 열거하면 다음과 같다.

첫째, 동북아 지역의 문화 연대를 통한 한국 문화 산업 시장의 확대를 꾀할 수 있을 것이다. 한국어가 현지민을 중심으로 저변 확대됨에 따라 한국의 게임 산업, 음반 산업, 영화 산업 등에서 엄청난 경제적 이익과 부가 가치가 창출될 것이다.

둘째, 동북아 지역의 노동 인력을 안정적으로 공급하고 문화 충격을 최소화할 수 있을 것이다. 한국어가 동북아 지역에 확산됨에 따라 제2차 산업의 노동 인력이 안정적으로 한국에 공급되고 이주 노동자의 한국어 구사 능력이 원활하게 되어 한국 사회에 적응이 빨라져 한국 사회의 경제적 이익이 발생하게 될 것이다.

셋째, 동북아시아 등 아시아 지역의 한류 문화가 지속적으로 확산되어 한국어 교육은 곧 한국의 국가 성장 동력으로서 전 세계에서 안정적인 자리를 확고하게 확보할 것이다.

한 마디로 이를 정리하면 세종학당의 기대 효과는 '저비용 고효율의 상승 효과'를 추구할 것이며 대한민국의 국가 발전 동력으로 크게 작용할 것이다.

5. 맺음말

한국의 국어 정책은 매우 다양하다. 그런데도 아직까지 종합적이고 체계적인 연구가 미흡한 실정이다. 이제 막 본 궤도에 오르기 위해 비상하고 있다고 볼 수 있다. 2005년에 국어 기본법이 공포되고 그 시행령이 제정됨에 따라 그 업무가 대폭 증가하고 있다. 국어 발전 기본 계획, 국어 책임관 지정, 전문 용어 표준화, 한국어 교육 활성화, 국어 상담소 지정 등 앞으로 국어 정책 추진 기관은 정부 예산을 증액하고 인력을 대폭 늘려야 할 것이다.

한국의 국어 정책은 앞으로 순수 학문적 연구뿐만 아니라 국민이 요구하는 응용 학문으로 발전해 나가야 할 것이다. 또, 과거의 표준어 정책만을 고집하지 말고 각 지방의 지역어 정책에도 관심을 두어야 할 것이다. 사라져가는 각 지역어를 보존하고 세계 각 곳에 남아 있는 한국어를 찾는 일에 힘을 모아야 할 것이다.

아울러 통일을 대비하여 남북 언어 통합 정책에도 관심을 두고 민족어 발전을 위한 남북 공동 위원회와 같은 조직을 구성해야 할 것이다. 그뿐만 아니라 최근 한류의 영향으로 수요가 급증하는 한국어 국외 보급에도 각별히 관심을 두어야 할 것이다. 한국어 교재 개발, 한국어 교육 문법서 발간, 한국어 교육 프로그램 개발 등도 남아 있는 숙제들이다.

또한, 세종학당의 설립 목적과 운영 계획에 대하여 살펴보았다. 세종학당이 추진하려는 한국어 교육의 방향은 어느 한 나라의 문화를 타국에 일방적으로 강요하는 방식이 아닌 문화 상호주의 원칙에서 쌍방향 문화 교류의 성격을 지니게 될 것이라고 하였다. 아시아 지역에 개설될 세종학당의 설립 목적은 아시아적 문화 연대와 현지인 노동 인력의 고용 창출을 위한 한국어 문화의 교류와 한국어 교육의 진흥이며 지식인 중심의 한국어 교육을 극복한 대중적 한국어 문화의 교육이 될 것이다.

※ 중국해양대학,『세종학당 개원 기념 학술회의』(2007. 12.)에서 발표된 논문을 수정하여 보완한 것임.

제12장 한국어 교육 정책의 현황과 과제

1. 서론

국내에서 60년, 국외에서 110여 년 동안 진행된 한국어 교육은 1990년 이후 급속하게 성장하며 놀라운 발전을 보이고 있는데, 이는 한국의 주변 환경적 요인과 한국어 교육계의 노력 덕분이라고 할 수 있다. 또한, 우리 정부의 한국어 교육 정책도 중요한 요인으로 손꼽을 수 있을 것이다.

여기서는 정부의 한국어 교육 정책과 학계의 한국어 교육을 국내와 국외로 나누어 살펴보고자 한다. 한국어 교육 정책에 앞서 국어 교육 정책에 대한 언급 하지 않을 수 없다. 2005년도 국어기본법과 동법 시행령의 시행과 함께 '국어'냐 '한국어'냐 등의 논란이 있었던 것처럼 '국어 교육'과 '한국어 교육'에 대한 구분을 분명히 하지 않고서는 '한국어 교육'도, '한국어 교육 정책'이라는 것도 명확히 할 수 없기 때문이다.

국어 교육 정책은 국어사용의 이해와 표현에 능숙할 수 있도록 기능을 향상시키는 성격을 지니고 바람직한 국어의 습득 및 표출을 조장하는 성격을 지닌다. 특히 국어과 교육은 모든 교육 활동의 도구 교과의 기능도 담당하고 있으므로 국어과 교육의 중요성은 매우 크다고 할 수 있다. 그동안 한국의 교육과정은 여러 번의 변천 과정을 거쳐 제7차 교육과정까지 나왔는데, 국어과 교육과정에서 현행 7차 교육과정이 6차와 달라진 점은 '화법' 과목의 교육과정에서 교수 학습 방법뿐만 아니라 교과서 개발의 심의의 기준을 추가한 것이다. 이는 교과서의 질적 향상을 위해 추가된 것이다. 이런 점에서도 국어 교육과 한국어 교육이 차이가 나게 되는데, 한국어는 교과서 개발에 대한 심의 기준은커녕 현재 표준화된 교육과정도 없는 실정이다. 여기서는 현재 국내와 국외에서의 한국어 교육에 대한 정책을 살펴보고 나아가 풀어나가야 할 과제에 대해서도 살펴보고자 한다.

2. 한국어 정책 사업 주관 부처 및 기관

한국어 정책 현황에 대해 알아보기 위해서는 우리 정부의 한국어 정책과 한국어 정책 주관 부처 및 유관 기관들에 대해 알아볼 필요가 있다. 현재 우리나라는 '국어'와 '한국어'의 정책 담당 부처가 분리되어 있지 않다. 그러므로 한국어에 대한 정책 기관에 대해 이야기하기 전에 국어 정책 기관에 대해서 언급하도록 하겠다.

예로부터 우리나라에는 국어 정책 담당 기관이 있었는데, 세종 때는 집현전, 개화기에는 국문연구소에서 담당했고, 정부 수립 후에 1989년까지는 문교부 편수국(編修局)에서 교육 기능과 연계하여 다뤄 오다가 1990년 정부 조직 개편으로 문화부의 '어문출판국 어문과'에서 담당을 하게 되어, 국어 정책이 교육 차원을 넘어 문화 정책의 일환으로 바뀌게 되었다. 이에 따라 '국어연구소'도 문화부(1990년 1월3일)로 이관되고 문화부 소속 기관인 '국립국어연구원'으로 확대 개편되었다. 그 후에 어문출판국 어문과는 1997년에 '문화정책국 국어정책과'로 변경되어 국어 정책의 수립과 집행 기능을 하게 되었고, 국립국어연구원은 정책 수립에 관한 기초 조사와 연구 등의 기능을 담당하게 되었다. 2004년도에는 문화관광부의 조직 개편으로 '국립국어연구원'이 '국립국어원'으로 개편되고, 국어정책과에서 담당하던 정책 수립 및 집행 기능 대부분도 이관되었다. '국어정책과'는 '국어민족문화과'로 바뀌었고 문화 정책이라는 큰 틀에서 국어 발전과 민족문화 진흥 등에 힘을 쏟게 되었고, 국립국어원은 새로운 개념의 언어 정책을 수립하고 집행하며 중요한 역할을 수행하게 되었다.[1]

우리나라는 110여 년의 해외 이주 역사에도 정부의 한국어 정책은 1970년대

---

1) 2004 문화정책백서 제3장 제2절

후반에야 시작되었고, 1977년 '재외국민의 교육에 관한 규정'을 제정하여 재외국민은 위한 교육 기관의 설치 및 운영에 있어서 우리 정부가 직접 나서거나 예산 지원을 할 수 있는 길을 열었다. 따라서 해외 한국학교, 한국교육원, 한글학교, 한국문화원(한국어 강좌) 등 교육 기관의 확충이 가능하게 되었다.

1990년에 정부 차원의 한국어 사업의 제도화 중 주목할 만한 일은 한국어 국외 보급 주무 부서를 '문교부'에서 '문화부'로 이관하고, 한국문화예술진흥법 시행령 중 국어심의회 조항 안에 한글(한국어)의 국외 보급을 명문화함으로써 한국어의 국외 보급 정책의 법적인 기반을 확립한 일이었다. 이에 따라 문화부는 한국어 교재를 개발하여 보급하기 시작했고 한글학회와 국립국어원, 한국어세계화재단을 통해 한국어 교육 진흥을 위한 정책을 실시했다. 아울러 해외 한국문화원에서도 한국어 강좌를 개설하여 교육을 담당하고 있다.

교육과학기술부도 서울대학교에 설치했던 '재외국민교육원'을 1991년 교육부 직속의 '국제교육진흥원'으로 개편하고 최근에는 '국립국제교육원'으로 다시 개편하여 재외국민에 대한 한국어 교육을 담당하기 시작했고, 전 세계에 '한국교육원'과 '한국학교'를 설립하여 한국어 교육을 담당하고 있다. 또한, 외교통상부도 1991년에 한국국제협력단과 한국국제교류재단을 설립하여 한국어 교육 관련 사업을 진행하고 있고, 1997년에는 재외동포재단을 설립하여 재외동포 자녀들의 한국어 교육을 담당하고 있다. 이렇게 여러 기관이 한국어 보급 사업에 참여하게 되는데, 각 부처의 한국어 교육 정책 사업에 대해 살펴보고자 한다.

2.1. 문화체육관광부

2.1.1. 문화정책국의 국어민족문화과

문화체육관광부의 문화정책국 국어민족문화과는 국어 정책에 관한 종합 계획의 수립과 조정 업무를 맡고 있고, 한국어 교육 정책과 관련하여 국외 한국어 보급 사업 협의회 운영과 관계 부처 협의, 한국어 교원 자격시험 관련 업무와 제도 개선 업무를 담당하고 있다. 다문화 사회의 정책 업무도 문화정책국 안에 다문화정책팀을 별도로 구성하여 운영하고 있으며, 이들은 한국어 교원 양성 프로그램과 다문화 가정의 한국어와 한국 문화 교육 지원 정책 업무를 담당하고 있다.

2.1.2. 국립국어원

국립국어원은 한국어 교육 정책의 전반적인 업무를 담당하며, 국내외의 한국어 학습이 원활하게 이루어지게 하기 위해 한국어 교사 교육, 한국어 학습용 교재와 자료의 개발 및 보급, 한국어 교원 자격 검정 시험의 실시, 한국어 학습자용 포털사이트 개발, 국외 세종학당 운영, 다문화 가정 한국어 교육 계획과 운영 그리고 국내외의 외국인을 위한 한국어 교육 등의 사업을 수행하고 있다.

2.1.3. 한국어세계화재단

한국어세계화재단은 국립국어원의 한국어 학습 사업을 위탁 시행하고 있는데 한국어 교재 개발 및 보급, 한국어 교재 분석과 연구 보고서 개발, 국제결혼 이주여성 교재 개발 및 교사 교육, 한국어 표준 교육과정 개발 등이 이에 해당한다. 또한, 한국어 교원 검정 시험 실시와 외국인 한국어 교사 연수 사업 등을 수행하고 있다. 2010년부터 이 재단은 세종학당 운영 업무를 위탁받아 수행하고 있다.

2.1.4. 한글학회

한글학회도 국립국어원의 한국어 학습 사업을 위탁 수행하고 있는데 국외 한국어 교사 초청 연수와 세종학당 운영에 관한 사업을 일부 수행하고 있다. 특히, 국외 한국어 교사 초청 연수 사업은 한글학교 한국어 교사와 외국인 한국어 교사로 나누어 운영하고 있다.

2.2. 외교통상부

2.2.1. 재외동포영사국의 재외동포정책과와 재외동포지원과

외교통상부의 재외동포영사국 재외동포정책과와 재외동포지원과는 700만 명의 재외동포 정책과 지원에 관한 전반 업무를 주로 다루지만, 재외동포의 한국어 교육 정책에 대해서도 일부 관여하고 있다. 특히, 한글학교를 지원하는 한국어 교육 진흥 정책을 펼치고 있다.

2.2.2. 재외동포재단

재외동포재단은 모국어 및 민족 교육 지원 사업, 재외동포 장학 사업, 재외동포 초청 교육 연수 사업, 영어권 재외동포 사이버 한국어 강좌(Teen Korean) 개발과 운영 등의 사업을 수행하고 있다.

2.2.3. 한국국제교류재단

한국국제교류재단은 한국과 외국 간의 각종 교류 사업을 통해 국제 사회에서 한국에 대한 올바른 인식과 이해를 도모하고 우호 친선을 증진하고 있다. 특히, 한국어 교육과 관련하여 해외 대학에 한국어 교수직 설치 지원 등의 해외 한국어 학습 기회 확대 사업, 외국의 한국 전공 대학원생 장학금 지급 등의 한국 관련 교육자 육성 사업과 한국어 교육 기반 구축 사업 등을 수행하고 있다.

2.2.4. 한국국제협력단

한국국제협력단에서는 한국 관련 업무 담당 공무원이나 한국어과 교수, 학생 등의 연수생 초청 사업과 한국어 교육 봉사단 파견 사업을 수행하고 있다. 주로 저개발 국가나 개발도상국에 대하여 단원을 파견하여 한국어 교육을 실시하고 있다.

2.3. 교육과학기술부

2.3.1. 국제협력국의 재외동포교육과

교육과학기술부의 재외동포교육과는 재외동포의 한국어 교육 전반을 지원하며 한국 교육원을 운영, 지원하고 있다. 특히, 미국 SAT Ⅱ 한국어 채택 관련 고교 한국어 강사 급여도 지원하며, 캐나다의 초·중등학교 한국어 교육과정 개발 등의 지원 사업을 수행하고 있다.

2.3.2. 국립국제교육원

국립국제교육원은 재외동포 교육 전문 기관으로 한국어 교육 정보 시스템(KOSNET) 운영 및 재외동포 교육용 교재 발간 등의 재외동포 교육 사업과 국내외 정부 초청 장학생 관리 등의 국제교류 협력 사업, 한국 유학 안내 시스템(Study Korea) 관리 등의 외국인 유학생 유치 사업을 수행하고 있다. 최근에 기관 명칭을 '국제교육진흥원'에서 '국립국제교육원'으로 변경하고, 주로 재외동포 자녀의 모국 방문 사업과 이들의 영어 자원 봉사 업무 위주로 사업 방향을 전환하였다.

2.3.3. 한국교육과정평가원

한국교육과정평가원은 외국 유학생의 한국어 능력 시험(TOPIK) 시행, 재외동포의 한국어 교육과정과 교재 개발, 보급 등의 사업을 하고 있다.

2.3.4. 한국학중앙연구원

한국학중앙연구원은 외국의 대학에 한국어 객원교수를 파견하거나 한국학 연구자를 초청하여 연수 사업을 수행하고 있다.

이를 정리하면 국외 한국어 진흥 사업은 문화체육관광부(국립국어원, 한국어세계화재단, 한글학회), 외교통상부(재외동포재단, 한국국제교류재단, 한국국제협력단), 교육과학기술부(국립국제교육원, 한국교육과정평가원, 한국학중안연구원) 등으로 나누어져 있다. 그 외에 한국학이나 한국어 연구 사업 지원 사업을 한국연구재단이 추진하고 있지만 엄밀하게 이곳은 한국어 진흥 사업을 하는 곳이라고 하기는 어려울 것이다.

이에 정부는 한국어 국외 보급 사업의 체계적이고 효율적인 추진을 위해 국무총리실(교육노동정책관실) 주관으로 관계 기관 협의를 거쳐 문화체육관광부, 교육과학기술부, 외교통상부 등 정부 부처와 각 기관으로 구성된 '한국어 국외 보급 사업 협의회'를 2005년 7월 1일부터 출범시켰다. 이 '협의회'는 문화체육관광부(국어민족문화과), 교육과학기술부(재외동포교육과), 외교통상부(재외동포정책과) 등 3개 부처와 국립국어원, 국립국제교육원, 한국교육과정평가원, 한국국제교류재단, 재외동포재단, 한국국제협력단, 한국학중앙연구원, 한국어세계화재단 등 8개 기관 단체로 구성되며, 문화체육관광부(국립국어원)가 동 협의회를 주관하게 되어 있다. 그동안 사업의 중복성, 효율성의 문제가 많이 지적되어 온 만큼 한국어 국외 보급 사업 협의회를 통해 한국어 국외 보급 사업을 체계화하고 효율성을 높이는 데에 노력하고 있다.

3. 국내의 한국어 교육 정책

여러 정책 주관 부서 및 기관이 있는 한국 내에서는 한국어 교육이 어떻게 이루어지고 있는가를 살펴보려면 우선 국내 한국어 교육 기관의 현황 및 교사와 학습자 현황을 살펴봐야 할 것이다.

3.1. 한국어 교육 기관

국내 대학 부설 한국어 교육 기관에서 한국어 교육을 실시하고 있는 곳은 90여 곳이고, 부설 교육 기관이 아닌 교무처, 개별 학과 등의 주관으로 한국어 교육을 실시하고 있는 대학의 수도 80곳이 넘는다(2009년 기준). 이들 대학에서의 한국어 교육의 성격을 둘로 나눌 수 있는데 하나는 한국어 전문 교육과정으로 입학에서 졸업까지 전 교육과정을 갖추고 다양한 프로그램을 개설하여 운영하는 경우이고, 다른 하나는 외국인 유학생의 대학 수학을 지원할 목적으로 개설(대학 정규 학점 부과)하는 과정이다.

이러한 대학 부설 교육 기관들의 명칭도 다양한데 어떤 곳은 한국어 교육을 전면에 내세우는가 하면 외국어 교육, 국제 교육, 평생 교육, 언어문화 교육 등으로 나타내기도 한다. 시간이 지날수록 점점 한국어 교육을 실시하는 대학 기관이 많아지고 있지만, 대학에서 한국어 교육 기관을 설립하는 데에는 정부의 특정한 규제가 없고 대학 자율에 맡기고 있는 실정이다. 일부 교육 기관은 외국인 학습자에게 교육비만 받고 비자를 발급 받을 수 있도록 해 준 뒤에, 학습자가 불법으로 취업을 하는 등의 이유로 학교에 나오지 않아도 출석을 한 것처럼 출석을 조작하기도 해 언론에서도 문제점을 보도된 바가 있다. 국·공립 대학교가 아닌 사립 대학교의 경우 특히 정부에서 사사건건 간섭할 수는 없지만 일정 부분까지는 규제를 하는 정책을 마련해야 할 것이다.

3.2. 한국어교원

2005년 1월 공포 후에 6개월이 지나서부터 시행된 '국어기본법'은 한국어 보급과 관련하여 의미가 있다고 할 수 있다. '국어기본법' 제19조 제2항에 의하면 문화체육관광부장관은 재외동포나 외국인을 대상으로 한국어를 가르치고자 하는 사람에게 자격을 부여할 수 있도록 규정하였다. '국어기본법' 제19조 제2항에 따른 '국어기본법 시행령' 제13조에서는 한국어교원의 자격을 1, 2, 3급으로 나누어 자격을 규정하고 있고 동법 시행령 제14조에서는 한국어 교육 능력 검정 시험 실시에 대해 규정하고 있다.

국어기본법 시행령의 '한국어교원 자격 취득에 필요한 영역별 필수 이수 학점 및 이수 시간' 부분은 한국어 교육 관련 교육과정에 미친 영향도 컸다. 대학과 대학원에서의 과목 명이 이 별표의 영역에 제시된 과목 명으로 바뀌기도 하고, 새로운 과목이 개설되기도 했다. 교사 양성 과정인데 예전에는 기관별로 시간이나 과목도 제각각이었다가 국어기본법의 시행 이후에는 전체 120시간이 정해져서 모두 통일하게 되었고, 영역별로 정해진 시간이 있으므로 그에 맞춰 과목 명도 비슷하게 개설이 되어 가는 것 같다. 물론 영역 내에서의 과목 구성은 기관 자율이긴 하지만 표준화된 양성 과정이 확립되었다고 볼 수 있다.

이제까지는 한국어교원는 제도화된 자격이 필요 없었다. 대부분의 대학 기관은 석사 학위 소지와 교사 양성 과정 이수 등을 자격 조건으로 했지만 전공에는 제한2)을 두지 않아 국어학이나 언어학, 기타 어학을 전공한 사람이 가르치거나 한국어 교육과 무관한 전공을 한 사람이 가르치는 일도 많았다. 이제 '국어기본법'에 따라 외국어로서의 한국어 교육을 전공한 사람에게 한국어 교원 2급의 자격을 취득할 수 있게 되었다. 물론, 한국어 교육 기관에서 반드시 한국어 교원 자격을 갖춘 사람을 강사로 채용하도록 의무화되어 있지는 않지만 앞으로는 이런 조항이 필요할 것이다. 2006년 6월부터 2009년 7월 현재 한국어교원 자격증 발급 숫자는 3,019명이었고 이중에 2급 발급자는 1,104명, 3급 발급자는 1,915명이며 1급 발급자는 아직 없다.

한국어교원 자격 제도에서는 교원 자격을 1, 2, 3급으로 나누기는 하였으나 자격을 획득하는 요건만 규정하고 있을 뿐, 급별 대우나 자격 획득 이후의 사항에

---

2) 이공계나 자연계열 등을 제외한 인문계열로 제한하는 경우도 있었다. 그리고 요즘에는 한국어 교육 전공을 조건으로 하는 곳도 나타나고 있다.

대한 규정은 없다.

또한 1, 2, 3급별 대우 등의 규정을 만든다고 하더라도 현재 10~20년이 넘는 한국어 교육 경력을 가진 한국어 교육자들 중 다수가 한국어교원 3급의 자격을 가지고 있고, 이제 막 대학원에서 한국어 교육을 전공하고 졸업했지만 2급인 것도 해결해야 할 문제일 것이다.

3.3. 한국어 학습자

한국에는 수많은 외국인 학습자들이 어학연수 및 대학 유학 등을 위해 들어와 공부하고 있다. 2007년 4월 1일을 기준으로 국내 외국인 유학생은 5만여 명에 달하고 있고, 그중에 중국 학습자가 68.3%를 차지하고 있다.

〈표 1〉 연도별 국내 외국인 유학생 현황 (2007.4.1. 기준)[3]

연도	2003	2004	2005	2006	2007
유학생수	12,314	16,832	22,526	32,557	49,270

※ '03년도까지는 전문대학, 4년제 대학, 대학원 대학에 재학 중인 외국인 유학생을 조사하였고, '04년도부터 전문대학, 4년제 대학, 대학원 대학, 원격 대학, 각종 학교에 재학 중인 외국인 유학생을 조사

〈표 2〉 유학 형태별 유학생수

유학 형태	2006년도	2007년도
자비 유학생	26,342	42,273
정부 초청 장학생	614	581
대학 초청 장학생	3,892	3,706
자국 정부 파견 장학생	465	511
기 타	1,244	2,199
합 계	32,557	49,270

---

3) 자료 출처: 교육과학기술부 교육 인적 자원 분야 재외동포교육과.

이러한 외국인 학습자들은 일정한 절차를 밟아서 한국에서 유학을 하게 되는데, 대학이나 대학원 등의 정규 과정의 경우 학습자가 기본적인 제출 서류와 함께 외국에서의 최소 수학 연한 이수와 재정 능력의 요건만 갖추면 각 대학에서 선발은 자율적으로 하고 있다. 입학 정원(입학 정원 2%로 제한되는 특례의 경우)과 비자 발급을 제외하고는 유학생 제한에 대한 정책은 특별히 마련되어 있지 않다.

한국에 있는 대학이나 대학원의 정규 과정에 외국인 특별 전형으로 입학하려면 최소 수학 연한을 이수해야 한다. 대학의 경우 12년 이상의 초중고 과정을 졸업해야 한다. 해당 국가의 학제가 달라서 11학년을 마치고 대학에 진학할 경우에는 대학 1학년 이상을 수료해야 한다. 다만, 국가 간 이동으로 인해 경우에 6개월까지는 이를 인정해 주고 있다.

4. 국외의 한국어 교육 정책

한국어 교육은 국내에서뿐만이 아니라 지금 세계 각지에서 행해지고 있다. 여러 나라의 대학에 한국학이나 한국어학, 또는 한국어 교육이 하나의 전공으로 개설되고 있고 대학원 박사 과정까지 개설하는 곳도 늘어나고 있다. 그리고 이런 대학 기관이 아니라 재외 동포를 위한 교육 기관에서도 한국어 교육이 이루어지고 있는데, 여러 나라에 있는 재외동포를 위한 재외동포 교육 기관으로는 한국학교와 한국교육원, 한글학교 등이 있다.

한국어 국외 보급 업무의 주관 부처는 외교통상부(재외동포재단, 한국국제교류재단, 한국국제협력단), 교육과학기술부(국립국제교육원, 한국연구재단, 한국교육과정평가원), 문화체육관광부(국립국어원, 한국어세계화재단, 한글학회) 등으로 나누어져 있다. 부처 특성에 맞게 한국어 국외 보급 업무를 담당하고 있으나 정부에서는 1998년부터 국외 한국어 교육 종합 정보망을 구축하고 범정부적 차원에서 이를 지원하고 있다. 여기에는 '범용 한국어 교재 및 학습 사전 개발,

한국어 교사 연수 프로그램 개발, 인터넷을 통한 한국어 서비스 협력망 구축, 한국어 교육 민간단체 활동 지원, 사이버 한국어 학교 운영' 등이 포함되어 있다.[4]

4.1. 해외 한국어 교육 기관과 교육 정책

세계 여러 나라에 있는 한국어 교육 기관에 대해 알아보고자 한다. 그리고 해외 한국어 교육 정책에 대해 살펴보기 전에 해외 한국어 교육의 현황에 대해 살펴볼 것이다. 한국어나 한국학을 전공으로 개설하고 있는 해외의 대학교 현황에 대해 살펴보고 다음으로 재외교육기관과 세종학당에 대해서도 살펴보고자 한다.

4.1.1 대학 및 대학원

해외 현지 대학의 자국인을 위한 외국어 교육 차원의 '한국어 전공 학과' 또는 '한국어 교양 강좌'는 2007년을 기준으로 60개국 661개 대학에 개설되어 있다.[5]

한국어 강좌가 개설된 해외의 대학 중에 일본은 2002년을 기준으로 대학에서 한국어 수업을 하고 있는 대학은 322개교이며 이는 일본 전체 대학의 46.9%에 달하고, 중국에서의 한국어 교육은 90년대 중한 수교를 계기로 급속도로 규모가 확대되고 있는데, 2006년 9월을 기준으로 57개 대학에 한국어학과가 개설되었으며 재학생 수는 만여 명, 교수 수는 358명에 달하고 있다. 한국어과 졸업생의 취직률은 100%이고 한국어과 졸업생은 3~4개의 회사의 취직자리를 고를 수 있고 월급도 3,000위안으로 괜찮은 편이다.[6]

---

4) 최용기(2003), 『남북한 국어 정책 변천사 연구』, p156.
5) 문화관광부・국립국어원(2007), 『세종학당 운영 길라잡이』, p6.
6) 김병운, 『중국 내 대학에서의 효율적인 교육과정과 교육자료 개발 방안』, 2006 범세계 한국어교육단체・지역 대표자 세미나 자료집.

미국에서는 120개의 정규 대학과 20여개의 고등학교에서 한국어를 가르치고 있고, SAT Ⅱ-Korean 응시자 수는 1997년 2,539명에서 2006년 3,888명으로 늘었다.

유럽 대학들의 한국어 강좌는 북미 지역 대학들에 비해 학생 수는 적지만 학생들이 거의 교포가 없는 유럽 지역 학생들이란 점에서 차이가 있다. 교육 내용에 있어서도 단독 학위 과정이 개설되어 있는 대학들에서는 상당히 깊이 있는 교육(한자 및 중세 한국어 교육)이 이뤄지고 1년 동안 한국 대학에서 교환 연수 과정을 밟게 하는 대학들도 많다. 그리고 많은 대학에 한국학 학사, 석사 및 박사 과정이 개설되어 있다. 연재훈(2006)은 현재 서유럽(러시아 및 CIS 제외)지역에는 대략 14개국 30여 개의 대학[7]에서 한국어를 가르치고 있다고 했고, 최정순(2005)은 유럽(러시아와 CIS 지역 제외) 전역 21개국 43개 대학에서 한국어 강좌를 개설하고 있다고 했다.[8]

영국에서 한국어가 영국 중등학교 졸업 자격시험에 해당하는 IGCSE(International General Certificate of Secondary Education)의 선택 과목으로 2006년부터 채택된 것은 영국에서 한국어를 모국어로 사용하는 중등학교 학생들의 수가 늘었다는 것을 반영한다. 그러나 아직은 모국어로서의 시험 과목으로만 채택된 것이고 외국어로서 한국어가 중등학교 시험 과목이 되기 위해서는 한국어의 위상과 수요가 더 높아져야 한다.

인도는 한국어 과정이 개설된 대학 교육 기관이 4개에 델리대학교의 한국어 과정 입학 지원자는 450명으로 지원자가 급증하고 있다(2006년 기준).

호주의 경우는 한국어 전공을 개설하고 있는 대학이 7개 있고 뉴질랜드에는 대학은 아니지만 전문 기술 학원 등에서 '직업적 한국어' 과정을 개설하고 있다.[9]

러시아는 1990년 대한민국과의 외교 관계 수립 후 한국어를 강의하는 대학교가 급속히 늘어나기 시작하였다. 러시아에 한국어를 강의하는 대학교가 40개나

---

[7] 연재훈, 『서유럽 한국어 교육의 특성과 발전 방안』, 2006 범세계 한국어교육단체·지역 대표자 세미나 자료집.
[8] 최정순, 『국외 한국어 보급과 정책의 현황과 과제』, 한 브랜드화 정책 포럼 자료집, 문화관광부.
[9] 신성철, 『대양주 한국어 교육의 재도약을 위한 총체적인 대안의 모색』, 2006 범세계 한국어 교육 단체·지역 대표자 세미나 자료집.

되고 그 수는 점점 늘고 있다. 국립 극동대학교의 경우 1980년대에 교수들의 헌신적인 노력으로 한국어 문학 강좌 개설을 이루어냈고, 그 후 한국과의 관계 증진으로 교재 연구 및 교수법 서적의 부족을 해결하게 되었고 한국의 여러 대학들과 인적 교류도 시작했다. 그러면서 1994년 한국어 문학 강좌가 한국학부로 되었고 1995년 동양학부 소속이었던 한국학부는 고합 그룹의 재정 지원으로 건물을 짓고 한국어문학과, 사학과, 경제학과를 갖춘 단과대 규모의 한국학 대학으로 변모하게 된다. 한국학 대학은 러시아 최초의 '한국학 연구 센터'를 갖추게 되었고 러시아에서 한국학 전문가를 양성하는 총 본산이 되었다.[10] 그러나 러시아 내의 한국어 강좌 신설 대학들에서는 자질이 높은 교원과 교육 자료들의 부족으로 인해 교육의 질을 향상시키는 데에 여러 난제들이 제기되고 있다.

이외에도 수많은 나라에서 한국어나 한국학을 대학이나 대학원에서 전공 과정으로 개설하고 있다. 앞으로 이러한 해외 대학들에서의 한국(어)학이나 한국어 교육이 더욱 발전하려면 해외에서의 한국어 교육에 합당하게 교육과정을 개설하고 교재를 개발하고, 현지 상황에 맞는 능력 시험을 만들어야 한다. 한국에서의 한국어 교육과 외국에서의 한국어 교육은 다르기 때문이다. 물론, 교육과정은 해외의 각 대학에서 현지에 맞게 정하는 것이지만, 한국에서 기준이 되는 해외에서의 한국어 또는 한국학 전공의 표준 교육과정을 제시할 수 있다면 그것을 참고로 하여 과목명 등에서의 통일성과 과정의 체계성을 갖추게 될 것이다.

이러한 정책의 일환으로 현지 한국어 강사들의 집중적인 육성과 교육을 들 수 있는데, 가까운 일본의 경우 일본국제교류기금(Japan Foundation)을 예로 들 수 있다. 일본국제교류기금 서울 문화 센터에서는 일 년에 두 번, 30시간 씩 집중 연수 과정을 저렴한 비용에 운영하고 있다. 또한, 사이트에서 '교사 살롱'을 운영하고 '교사 연수' 부분에서는 여러 유용한 자료집도 내려 받을 수 있도록 하고 있어 교사들에게 여러모로 지원을 하고 있다.

---

10) 카플란 타마라 Yu, 『러시아 내 효율적인 한국어 교재 개발과 교사 교육 방안의 모색』, 2006 범세계 한국어 교육 단체·지역 대표자 세미나 자료집.

4.1.2. 재외 교육 기관

재외 교육 기관이란 재외동포를 위한 교육 기관들을 말한다. 재외동포 교육은 구체적으로 재외동포[11]를 위하여 외국에 설립되어 있는 전일제 한국학교는 물론, 토요학교, 강습소, 계절제 학교, 재외동포를 위한 방송 통신 체제, 이중 언어 학급이나 민족 학급에 대한 지원 체제, 모국 수학, 귀국자 자녀를 위한 적응 교육 등을 다양하게 포함하며, 이 밖에도 재외동포 교육을 담당하는 교원들을 위한 연수나 교재 개발 등의 지원도 재외동포 교육과 관련된 중요한 교육 사업이라고 할 수 있다.

재외동포를 위한 재외 교육 기관에는 대표적으로 한국학교와 한국교육원, 한글학교가 있다. 한국학교는 전일제 정규 학교로 한국의 교육과정을 바탕으로 하여 현지 실정에 맞게 교육하고 한국교육원은 사회교육 기관으로 재외동포에게 한국 문화와 한국어 등을 교육한다. 한글학교는 동포들에게 한국 문화와 한국어를 가르치기 위한 정시제 주말 학교와 일시 체류자 자녀를 대상으로 본국 연계 차원에서 개설 운영되는 2종류로 구분된다.

전 세계에 한국학교는 14개국에 26개교(2007년 4월 1일 기준), 한국교육원은 14개국에 35개원(2007년 4월 1일 기준)[12], 한글학교는 2,072개교(2007년 기준)이다.

세계 각지의 한국학교와 한글학교 등의 현황은 다음과 같다. 그러나 정확한 통계 자료의 확보가 미흡해서인지 부처 간 통계가 일부 다르게 나타나기도 한다.

---

11) 재외동포 교육 활성화 방안 연구(교육과학기술부)에서는 '재외동포'에 대해 『외국에 거주하고 있는 우리 민족을 가리키는 용어로서 '재외동포'를 사용한다. 재외동포는 국적을 불문하고 외국에 거주하는 우리 민족을 모두 포함하는 용어이며, 일시 체류자, 영주권자, 시민권자, 이민 2세와 3세 등을 모두 포함한다. 재외동포는 크게 재외국민과 외국 국적동포로 나눌 수 있다. 재외국민은 재외동포 가운데 한국 국적을 보유한 자만을 의미한다. 외국 국적동포는 재외동포 중 재외국민을 제외한 한국인계를 총칭하는 개념으로 사용한다.』고 했다.

<표 3> 재외동포 교육 기관 현황(2007년 6월 기준)

지역별	한국학교			한국교육원			한글학교		
	학교 수	교원 수 (파견)	학생 수 (학급)	교육원	교원 수 (파견)	동포 수	학교 수	교원 수	학생 수
일본	4	158 (19)	1,725 (75)	14	22	638,546	55	179	2,883
아주	13	512 (29)	4,438 (210)	1	1	2,341,190	250	2,279	22,187
북미	—	—	—	7	8	2,327,619	1,056	9,327	59,474
중남미	3	102 (5)	697 (48)	3	3	105,643	79	641	4,561
구주13), CIS	1	8 (1)	120 (14)	10	12	652,131	616	1,748	38,550
아·중동	4	31 (4)	116 (25)	—	—	11,654	40	275	1,324
계	14개국 25개교	811 (58)	7,096 (372)	14개국 34개원	46	6,065,129	2,096	14,449	128,979

우리 정부는 1970년대부터 재외동포의 중요성을 인식하고 정책적 관심을 높이고 있다. 정부는 1997년 10월 재외동포재단법(법률 제 5313호)을 제정하여 체계적인 재외동포 지원 작업에 착수하였고, 이를 근거로 하여 재외동포 관련 사업을 통괄하고 정책 방향을 제시할 전담 기구로서 '재외동포재단'을 외교통상부 산하에 설립하였다. 또한, 1999년 9월에는 '재외동포의 출입국과 법적 지위에 관한 법률(법률 제 6015호, 약칭: 재외동포법)'을 제정, 재외동포를 국내법에 준하는 법적 지위와 권리를 보장받게 하여 금융, 부동산 등 경제 활동과 의료 보험, 연금 등 사회 복지 혜택도 국내인과 같이 누릴 수 있도록 길을 열어 놓았다.

재외동포를 지원하기 위한 노력은 교육 부문에서도 지속적으로 전개되어 왔다. 교육과학기술부는 재외교육관 및 교육원, 한국학교 신·증설과 재외동포를

---

13) 유럽은 미국이나 일본에 비해 이민의 역사가 오래되지 않아서 주말 한국학교의 교과 과정은 주로 한국 교과 과정을 따르고, 한국으로 돌아갈 주재원 자녀들을 위한 교육이 주를 이루고 있다.

위한 민족 교육 교재 개발 및 제공 등에 해마다 예산 배정을 늘이고 있다. 외교통상부 재외동포영사국의 『참여정부의 재외동포 정책 자료(2006)』에 의하면, 정부는 2005년 '재외동포 교육 강화 방안'을 발표하여 재외동포 기관 및 재정을 확충하고 재외국민의 교육 지원 등에 관한 법률 제정을 통해 재외동포 교육 지원의 법적 근거를 마련함으로써 재외동포 사회의 교육 수요에 대처하고 있다고 했다. 특히, 재외국민에 대한 교육 기회 확대를 위해 재외 한국학교 및 한국교육원 추가 설립을 추진하고 있으며, 2009년까지 재외 한국학교를 현재 25개교에서 30개교로, 한국교육원을 35개원에서 45개원으로 확대할 것을 발표하기도 하였다.

한국어 교육과 보급의 전반적인 문제이기도 한데, 재외동포 교육에 대한 정책을 문화체육관광부, 교육과학기술부, 외교통상부가 주관하다 보니 중복 사업이 생기고 효율성의 문제가 제기되어 왔다. 그래서 대통령 직속의 재외동포 정책에 대한 총괄 기관을 만들어야 한다는 주장이 제기되었고, 재외동포 정책을 전담하는 최고 기구가 될 '재외동포위원회'가 곧 신설될 계획이라고 발표를 한 바도 있다.

4.1.3. 세종학당의 운영 계획

문화체육관광부와 국립국어원은 외국인을 대상으로 한국어를 배우고자 하는 자에게 저렴한 비용으로 한국어를 배울 수 있는 프로그램을 개발하여 운영하고 있다. 이 프로그램은 한국교육원, 한글학교 등이 많지 않은 국가나 지역을 중심으로 이른바 '세종학당'을 개설하여 운영하는 것이다. 2008년 현재 6개국에 18개 세종학당을 개설하여 운영하고 있다. 세종학당은 재외 한국문화원을 거점으로 하여 한국어 강좌가 개설된 현지 대학 등 교육 기관의 시설을 임대하여 운영되고 필요한 경비와 강사비 등은 한국 정부(문화체육관광부 또는 국립국어원)에서 지원하며 현지 일반인이 저렴하게 한국어를 배울 수 있도록 하고 있다.

(1) 세종학당의 명칭

세종학당의 명칭은 다음과 같이 정하였다. '세종 대왕'은 다 아는 바와 같이 조선의 제4대 임금으로 정치와 경제, 문화의 개혁을 주도하였고 백성에게는 선정을 베풀었으며 백성을 하늘처럼 떠받들었으며 우리 민족의 고유 문자인 한글을 만드신 분이다. 앞부분의 '세종'은 여기에서 따왔다.

또한, 뒷부분의 '학당'(學堂)은 서민과 양반을 구분하지 않은 학습 기관인 '서당'(書堂)을 연상해서 따왔지만 한자어 '사숙'(私塾)과 고유어 '글방'과도 같은 뜻이며, 개화기에는 '학당'이라는 이름이 보편화된 명칭이다. 잘 알고 있는 '이화학당', '배재학당' 등의 '~ 학당'과 같은 의미이라고 할 수 있다.

이 '세종학당'이라는 명칭은 국립국어원에서 제안하였으며 세종학당 자문 회의의 논의를 거쳐 확정하였고, 한국어 교육의 진흥과 발전을 위한 이름으로 적합하여 이를 정부가 채택하였다.

(2) 세종학당의 설립 목적

한국어 교육은 그동안 교육과학기술부와 외교통상부에서 주관하는 한국학교·한국교육원, 한글학교 그리고 각 대학(국내외)의 한국학과나 한국어학과, 언어교육원, 국제교육원 등에서 이루어져 왔다. 교육과학기술부는 정규 교육 차원에서 한국 국적을 가진 재외 국민을 대상으로 '한국학교'와 '한국교육원'에서 한국어를 가르쳤고, 외국의 한국학 연구자에게 외국 대학의 한국어학과에서 한국어를 가르치도록 하였다. 또한, 외교통상부는 재외동포와 국외 한국학 연구자를 대상으로 재외동포재단과 한국국제교류재단, 한국국제협력단 등에서 한국어 교육을 담당하였다.

두 부처는 그동안 한국어 교육을 위해서 그 나름대로 훌륭한 성과를 많이 냈지만, 21세기에 들어서면서 국외의 한국어 교육 환경이 급격하게 변하고 있는 상황을 적극적으로 반영하지는 못하는 듯하다. 국외의 언어 환경 변화에 대하여 정리해 보면 다음과 같다.

첫째, 여러 나라가 국제화·정보화 사회를 지향하면서 다문화 사회로의 변화가 뚜렷해지고 말과 글이 이질적인 문화권역 간의 문화 교류와 정보 소통의 핵심 요소로 등장하고 있다.

둘째, 21세기를 문화의 세기라고 하는데 서구 선진 각국은 '문화 강국'은 곧 '경제 강국'이라고 생각하고 국가 발전 전략으로 문화의 바탕인 자국의 언어를 전 세계에 보급함으로써 언어문화 권역의 확장을 꾀하고 이를 통해 시장 확대와 경제적 부가 가치를 창출하고 이를 극대화하려고 하고 있다.

셋째, 한국에서도 '90년대 후반부터 전통문화와 인간 중심의 가치 철학이 결합된 '한류' 문화의 확산으로 한국 문화와 한국어 문화 권역 확장의 최대 호기를 맞고 있다.

이런 언어 환경의 변화는 한국어 교육에 대해서도 국외의 언어 환경 변화가 뚜렷이 나타나고 있다.

첫째, '한류' 문화의 영향과 '외국인 고용 허가제' 실시에 따라서 동북아시아 지역을 중심으로 아시아권 전역에서 한국어 학습 수요자가 폭발적으로 증가하고 있다.

둘째, 외국인의 학습 수요층이 크게 변화하고 있다. 그동안 한국어 학습의 주요 대상은 외교관, 학자, 유학생, 재외 동포 2세~3세 등이었으나 이제는 현지의 일반 대중으로 확대되고 있다.

한국어 학습 수요자 증가는 이것뿐이 아니다. 한국의 경제가 성장하고 기업의 국외 진출이 활발해짐에 따라 각국의 공무원, 취업을 희망하는 국내외 학습 수요자가 크게 증폭하고 있다.

이렇게 국외의 언어 환경이 급속하게 변화하고 있는데도 우리 정부는 아직 이에 대응하는 한국어 교육의 진흥 전략을 마련하지 못하고 제도권 안에서의 한국어 교육만을 강조해 왔다.

세종학당의 설립 목적은 바로 이런 변화를 능동적으로 수용하고 문화 상호주의 원칙에 따라 쌍방향 문화가 교류되도록 하는 데 그 목적이 있다. 세종학당의 설립 목표를 살펴보면 다음과 같다.

첫째, 그동안 한국어 교육이 현지 지식인 중심의 교육이었다면 세종학당의 교육은 대중적 한국어 교육의 확산이다. 한국학 연구자에서 일반인을 대상으로 하는 한국어 교육의 확대라고 할 수 있다.

둘째, 문화 상호주의 원칙에 입각한 한류 문화의 확산과 한국 문화의 교류와 한국어 교육의 진흥이다. 과거 제국주의의 국가들이 언어 식민지 정책으로 추진해 온 주입식 방식과는 다르게 쌍방향 문화의 교류 정책으로 전환해야 한다는 것이다.

셋째, 아시아적 문화 연대와 현지인 노동 인력의 고용 창출을 위한 한국 문화의 교류와 한국어 교육의 진흥이다. 21세기는 문화의 세기이며 언어는 문화의 바탕이 되므로 국가 발전의 동력으로서 그 가치를 발휘할 것이다. 한국어 교육의 진흥은 그런 의미에서 한국의 발전에 커다란 영향을 미칠 것이다.

(3) 세종학당의 운영

세종학당의 운영은 재외한국문화원과 한국교육원을 중심으로 한국어학과가 개설된 현지 대학이나 한국학교, 한글학교 등이 될 것이며 기존 교육 기관의 시설을 이용하여 개방형 체제로 운용하게 될 것이다. 이에 대하여 일부에서는 기존의 한국어학과가 개설된 현지 대학은 피해서 지원하는 것이 좋겠다는 의견이 있으나 이런 것을 전혀 검토하지 않은 것은 아니며 이런 것도 한국어 교육의 진흥 전략이라는 점도 고려되어야 할 것이다. 앞으로 추진 과정에서 이런 점은 수정이 될 것이다.

세종학당의 운영 방식은 우리나라의 각 대학에서 운영하는 사회 교육원이나 평생 교육원의 제도와 운영 방식과 비슷할 것이다. 다만, 차이가 있다면 점진적으로 오프라인 교육 방식에서 온라인 교육 방식으로 전환하는 방안이 검토될 것이다. 연간 운영비(강사료, 기자재 구입비, 시설비 등)는 한국 정부가 전액 국고로 지원하게 될 것이며 수강생은 본인의 교통비와 교재 구입비를 부담하게 될 것이나, 현지 사정에 따라 달라질 수도 있을 것이다.

한국어 학습 교재는 국립국어원이 만든 표준 한국어 교재를 사용토록 할 것이며 당분간 기존 교재를 병행 사용할 것이며 가능하다면 온라인 동영상 교육 자료(애니메이션 또는 강사 직접 출연)를 활용할 것이고 국내에서 개발한 자료를 현지인이 점검하는 교재가 될 것이다. 이미 중국 현지인을 위한 한국어 학습 교재는 동영상 형태로 개발되어 서비스 중이며, 일본 현지인을 위한 한국어 학습 교재도 동영상 형태로 개발 중이다.

세종학당의 원활한 학습을 돕기 위해 한국어 드라마 교재(SBS 온리유)를 DVD로 개발하였고, 한글날 특집 다큐멘터리(MBC 특집 방송)를 이용한 교재를 개발하였다. 또한, 초급 한국어 교재(말하기, 듣기, 읽기, 쓰기)를 5개 언어(중국어, 태국어, 베트남어, 필리핀어, 몽골어)로 총 20권을 2008년에 개발하였고 2009년에는 중급 한국어 교재도 개발하여 출판을 앞두고 있다. 아울러 해외 송출 방송사(YTN, 아리랑 방송)와 업무를 제휴하여 한국어 교육 프로그램도 방영할 계획도 준비하고 있다. 새 정부는 국외 한국어 보급 업무를 국정 과제로 채택하는 한편, 재외동포 교육도 원하는 곳은 '세종학당' 중심 체제로 개편하는 방안을 적극적으로 검토하고 있다.

(4) 세종학당의 기대 효과

　세종학당의 설립은 영국의 브리티시카운슬, 독일의 괴테인스티투트, 프랑스의 알리앙스프랑세스, 중국의 공자학원, 일본의 일본어교육센터와 비슷한 기관으로, 대한민국에서 운영하고자 하는 한국어 교육 기관이다. 그러나 운영 방식에서 세종학당은 다른 나라의 교육 기관과 그 성격이 다른데 그것은 일방적인 교육 방식이 아닌 문화 상호주의에 의한 쌍방향 교육 방식으로 운영한다는 점이다. 세종학당의 기대 효과를 구체적으로 열거하면 대략 다음과 같다.

　첫째, 동북아 지역의 문화 연대를 통한 한국 문화 산업 시장의 확대를 꾀할 수 있을 것이다. 한국어가 현지 국민을 중심으로 저변 확대됨에 따라 한국의 게임 산업, 음반 산업, 영화 산업 등에서 엄청난 경제적 이익과 부가 가치가 창출될 것이다.

　둘째, 동북아 지역의 노동 인력을 안정적으로 공급하고 문화 충격을 줄일 수 있을 것이다. 한국어가 동북아 지역에 확산됨에 따라 노동 인력이 안정적으로 한국에 공급되고 이주 노동자의 한국어 구사 능력이 원활하게 되어 한국 사회에 적응이 빨라져 한국 사회의 경제적 이익이 발생하게 될 것이다.

　셋째, 동북아시아 등 아시아 지역의 한류 문화가 지속적으로 확산되어 한국어 교육은 곧 우리나라 국가 성장의 동력으로서 전 세계에서 안정적인 자리를 확고하게 확보할 것이다.

4.2. 한국어 교사 양성

세계 각국에서 한국어를 가르치는 교사 중에는 국어학 또는 한국어 교육을 전공한 사람보다 비전문가들이 더 많아 한국어 교사 및 교수 양성이 시급한 실정이다. 여러 부처와 기관에서 한국어 전문가를 1~2주간 국외로 파견해 어문 규범이나 한국어 교수법 등을 교육하거나 해외 한국어 교사를 초청하여 교육과 강의 참관, 실습 등을 실시하여 현지 교사들에게 연수의 기회를 주고 있지만 한정된 인원에, 1~2주의 교육 기간은 턱없이 부족하다.

해외의 교사 교육을 위해 한국어 전문가를 파견하는 경우, 현지 교사들이 일정 경력 기간당 의무적으로 그 연수 과정에 참여하는 정책을 마련하여 특정 교사나 여건이 되는 지원자만 받는 교육이 아닌 모든 교사에게 기회가 주어지는 교육을 해 줄 수 있다면 좋을 것이다.

전 세계에서 한국어 교사 수요가 급증하고 있는 요즘 교사 교육 프로그램 개발과 도입으로 전문화된 교사를 양성하고 자격 인증 제도를 도입하는 것은 중요한 일이다. 교사 수가 부족한 지역의 한국어 교사들에게 한국어교원 자격 제도를 적용하기는 힘들므로 정기적인 한국어 교수법 등을 교육함으로써 양질의 교사를 유지해 나가는 수밖에 없을 것이다.

5. 한국어 세계화 정책

국외에서 한국어에 대한 수요는 매년 급속도로 증가하고 있다. 한국어는 세계 6,000여 개의 언어 중에서 사용 인구 수(모국어 화자 중심)에서 13위[14](2005년 기준)를 차지하고 있고 재외동포 7,044,716[15]명(2007년 5월 1일 기준)이 사용하고 있으며, 세계 57개국 677개(2007년 기준) 대학 수준의 기관에서 한국어와 한국학

---

14) Data source: Ethnologue: Languages of the World, 15th ed. (2005) & Wikipedia.org, 「Top 30 Languages by Number of Native Speakers」.

15) 자료출처: 외교통상부 재외동포현황 http://www.mofat.go.kr

강좌를 개설하고 있다.

한동안 외국에서의 한국어 교육은 일관성 없이 이루어져 오다가 1990년대에 들어와서야 한국어 세계화 정책이 본격적으로 추진되기 시작했다. 1991년 서울대학교 어학연구소와 함께한 언어권별 한국어 교재 개발을 시작으로 중국 동포 및 CIS 지역 동포 중심 한국어 교육 실시(1992), 한국어 교육용 프로그램의 개발(1995), 한국어세계화추진위원회 발족(1998), 한국어세계화재단의 설립(2001)으로 추진 정책은 이어졌다.

정부에서는 한국어 세계화의 적극적 추진을 위해 1998년 '한국어 세계화 보급 6개년 계획'을 수립하고 민·관 합동으로 '한국어세계화추진위원회(이하 한세추)'를 구성하여 운영하였다. '한세추'는 '교육 자료 분과, 교육 연수 분과, 기초연구 분과, 보급 지원 분과'의 4개 분과를 두고 있었고 '한국어세계화재단'은 2001년에 설립되어 '기초 교육 자료 분과, 교육 연수 분과, 보급 지원 분과'를 두고 있었다.

한국어세계화재단의 '기초 교육 자료 분과'에서는 범용 교재 및 기초 학습 사전을 개발하여 보급하는 것을 목표로 하였고, 이에 다양한 수요에 부응할 수 있는 범용 교재를 개발하여 보급하였다. '교육 연수 분과'는 표준화된 한국어 교사 양성 프로그램에 따른 전문화된 우수한 교사를 양성하고 이런 교사의 인증 및 보수 교육 체계를 확립하는 것을 목표로 하였으며, '보급 지원 분과'는 한국어 세계화를 위한 다양한 프로그램을 개발하고 구축하는 것을 목표로 하였다.[16]

2005년은 한국어 세계화와 보급에 있어서 의미가 있다고 할 수 있는데 바로 국어기본법과 시행령의 제정이다. 2005년 제정된 국어기본법과 시행령에는 한국어 해외 보급에 관한 규정이 포함되어 있다. 국어기본법 제2장 제6조에 의하면 문화체육관광부장관의 국어 발전 계획수립에 '국어의 국외 보급에 관한 사항'을 의무화하고 있다.

지금까지 한국어 세계화 정책에 대해 살펴보았는데, 1998년의 세종 계획과 같은 정부의 한국어 세계화 사업이 한국어 교육학계에 학문적 발전의 계기를 준 것은 두말할 나위도 없으나, 외국어로서의 한국어 교육을 위한 한국어 교육학의

---

16) 최용기(2003)

본격적 발전을 위해서는 표준 교육과정의 수립, 표준 한국어 문법 제정 등 해야 할 일들이 산적해 있다. 또한, 한국어 세계화 관련 기관들이 중복적으로 사업을 벌이는 것도 우선 통합해야 할 과제라고 할 수 있다.

6. 결론

한국어 교육은 그동안 큰 발전을 해 왔다. 한국어 교육의 성장이 있을 수 있었던 것은 여러 외부적인 요인들과 함께 한국어 교육자들의 헌신적인 노력, 한국어 교육 단체의 활발한 활동, 한국과 해외 각급 교육 기관·연구 기관의 교육적·학술적 지원, 한국 정부 특히 교육과학기술부, 문화체육관광부, 외교통상부와 산하 기관의 한국어 교육 정책과 프로그램 및 재정적 지원, 일부 해외 정부 당국의 외국어 교육 정책과 재정적 지원 덕이라고 할 수 있다. 이런 요인들로 인해 교과 과정이나 교수법의 개선, 능력 평가의 제도화, 교사 자격 제도의 도입 등 교육의 양과 질을 높이기 위한 다양한 노력과 활동이 성과를 거두어 온 것이다. 그러나 성과도 있었던 반면에 아직도 한국어 교육 정책에 있어서는 수정하고 보완하면서 개선해 나아가야 할 점들이 있다. 국어과 교육에서 올바른 방향 설정과 이에 따른 충실한 교과서 편찬과 현장 교육 활동이 중요하듯이 한국어 교육에서도 올바른 방향 설정과 이에 따른 양질의 교재와 전문화된 현장 교육 활동이 필요하다.

한국어 교육 정책에 있어서 몇 가지 과제에 대해 점검하고자 한다. 첫째, 올바른 방향 설정을 위해서는 외국어로서의 한국어 교육과정 구성을 위한 충실한 기초 연구가 필요하다고 생각한다. 주먹구구식이나 끼워 맞추기 식의 교육과정 개발이 아닌 학문적으로 탄탄한 분석을 토대로 설정한 방향에 따라 교육과정이나 교재가 개발이 되어야 할 것이다.

각 교육 기관은 축적된 자료와 풍부한 현장 경험을 바탕으로 하여 다양하고 충실한 프로그램을 운영하고 있기도 하지만 상당수 한국어 교육 기관들이 한국어 능력 시험을 기초로 한 교수요목에 맞춰 교재를 개발하거나 하고 있고 그에 따라 끼워 맞추기 식으로 교육과정을 개발하는 경우도 있어 문제가 되기도 한다.

둘째, 한국어 연구 개발 체제의 효율성 문제이다. 이미 여러 사람들이 지적해 온 것인데, 한국어 연구, 보급 기관을 범정부 차원에서 과감히 개선해야 한다. 국내의 한국어 보급 기관은 외교통상부, 교육과학기술부, 문화체육관광부와 각 대학의 한국어 교육 기관 등이다. 이들을 어느 한 부처로 통일하고 필요하다면 유관 부처는 협조를 하는 체재로 바꿔야 할 것이다. 여러 부처의 힘을 분산시키지 말고 집중해야 양질의 교재도 개발될 수 있을 것이다.

셋째, 한국어 학습 교재, 특히 범용 교재와 관련된 부분이다. 외국인을 위한 교재는 수백여 종이 있으나 표준적으로 사용할 수 있는 범용 교재와 기본 어휘를 바탕으로 하여 개발된 학습 사전이 없는 실정이다. 각 대학들이 교재를 개발하였지만 자기 학교의 프로그램에 맞게 편찬한 것이고 한국어의 특성을 고려한 범용성 있는 교재는 개발하지 않았다. 정부도 1991년부터 문화체육관광부가 서울대학교 어학연구소에 의뢰해 개발한 '한국어' 영어판, 중국어판, 일본어판, 러시아어판, 스페인어판, 프랑스어판, 에스파냐판을 발간 보급하고 있고, 2000년부터는 체계적인 교재 개발을 위해 한국어 초급(말·듣·읽·쓰), 교사용 지침서 및 워크북, 기초 어휘 빈도 사전, 한국어 문형 사전, 한국어 기초 학습 사전, 한국어 중급(1, 2)등 기본적인 범용 교재를 개발했다.

넷째, 한국어 교육 현장에서 실제 교육을 담당하는 교원이다. 앞에서 언급한 재정적인 측면과 또한 연결이 되는 부분이라고도 할 수 있다. 자질이 부족한 교사들의 교육과 교사 대우에 있어서 재정적 지원은 중요하고 이것이 뒷받침되어야 양질의 교사를 지속적으로 공급해 줄 수 있다. 해외에서, 특히 선진국이 아닌 곳에서도 자원 봉사로라도 한국어를 가르치려는 열정이 가득한 교사에게 능력이 안 되니 빠지라는 식으로 자격 요건만 따져 길을 막을 것이 아니라 충분한 교육과 재정적 뒷받침을 확보해 주어야 한다. '한국어 교원', '한국어 지도사' 등의 이름도 중요하시만 자격의 내용적인 면에서 내실을 기해야 할 것이다.

다섯째, 한국어 능력 시험과 관련한 사항이다. 한국어 능력 시험(TOPIK)을 부록으로 돌렸지만, 이것도 한국어 교육 정책의 중요한 부분이다. 한국어 능력 시험이 토플(TOEFL)이나 토익(TOEIC) 등의 시험처럼 공신력이 있고 전 세계적으로

치러지는 시험이 되려면, 세계에서 한국의 국제적 위상이 높아져야 함은 물론이고, 한국어 능력 시험의 결과에 따라 응시자에게 보장되는 무언가가 확실해야 한다. 즉, 한국어 능력 시험의 결과가 장학생 선발이나 기업 채용(고용 허가제 관련)과 연계돼야 한다는 것이다. 그렇게 함으로써 한국어 능력 시험의 유효성을 인정하고 외국인 학습자들에게 일정한 수준의 한국어 학습 수준을 요구할 수 있을 것이다. 가령, 국내외 한국 기업에 취업하고 싶을 때 한국어 능력 시험의 결과 성적을 제출하는 사람만 한국 기업에 입사 지원을 할 수 있도록 하는 자격을 주는 것은 어떨까? 물론 사원 채용은 대학에서의 학생 선발과 마찬가지로 그 회사 재량의 문제라서 강제적인 정책 마련은 힘들겠지만, 기업들에 권고나 제안 정도로 하고 우리 기업들이 인건비 등의 미시적 관점보다는 거시적 관점에서 입사 지원 시의 한국어 능력 시험 점수 제출을 필수 요건으로 해 준다면 한국이나 한국어의 위상을 높이는 데에 도움이 될 것이다.

정부의 예산이 한국어 보급 정책 사업에만 쓰이는 것은 아니지만 언어가 곧 국가의 경쟁력과 나아가 그 국가의 존망과도 연결이 된다는 점과 다른 국가의 자국어 보급 정책 관련 예산에 비해 우리가 많이 떨어진다는 점을 고려한다면 다시 한번 생각해 봐야 할 일이다. 왜 일본과 중국이 해외에서 자국 언어 교육을 그토록 공격적으로 하는지 우리에게 시사해 주는 바가 클 것이다.

재정적인 문제와 관련하여 연재훈(2006)은 '영어 교육세' 도입을 한국어 교육 발전 방안의 하나로 제안했는데, '영어 교육세'란 우리나라의 수많은 '영어 교육 업체'들이 한국어의 보급을 위해 세금을 내는 것을 의미하는 것으로 영어 교육에 투자된 금액을 한국어 교육에 재투자할 수 있도록 하는 방법이다. 영어뿐만 아니라 한국에는 수많은 외국어 교육업체가 있고, 세계 각국의 언어를 교육하고 있으므로 '외국어 교육세'라는 제도를 도입한다면 한국어 교육에 대한 재정적 지원을 정부나 학술 단체 등에만 의존하지 않아도 될 것이다.

한국어 국외 보급 사업은 정부의 노력만으로는 성공하기 어렵다. 정부의 정책만이 모든 것을 해결해 주지는 않는다는 것이다. 정부는 민간단체의 활동도 적극 지원하고 있는데 특히 한글학회와 한국어세계화재단은 한국어 보급에 이바지하고 있다. 앞으로의 외국어로서의 한국어 교육 사업은 정부와 학술 단체, 기업,

개개인까지 모두가 노력하고 지원하는 체계가 마련되어야 할 것이다.

참고 문헌

국립국어원, 『국어기본법과 그 시행령 국어발전기본계획(2007-2011)』, 서울 2006.
국립국어원, 『세종학당 운영길잡이』, 계문사, 서울 2007.
국립국어원, 『세종학당 설립 및 운영이 국가 경제에 미치는 효과 분석』, 대한인쇄사, 서울 2008.
국립국어원, 『세종학당 논총』, 글누림, 서울 2008.
국제한국어교육학회, 『한국어교육론 Vol 1, 2, 3』, 한국문화사, 서울 2005.
국제한국어교육학회, 『한국어 교육 제16권 2호』, 서울 2005.
문화관광부, 『한브랜드화 정책포럼 자료집·한국어』, 서울 2005.
문화관광부·국립국어원, 『세종학당 운영 길잡이』, 계문사, 서울 2007.
문화관광부·한국문화관광정책연구원, 『2004 문화정책백서』, 서울 2004.
외교통상부·재외동포영사국, 『참여정부의 재외동포정책』, 서울 2006.
이상규, 『세종학당 논총』, 「한국어 세계화 어디까지 왔나」, 글누림, 서울 2008.
최용기, 『남북한 국어 정책 변천사 연구』, 도서출판 박이정, 서울 2003.
　　　　『세종학당 논총』, 「한국어 교육의 현황과 세종학당 운영 방향」, 글누림, 서울 2008.

※ 인문과학연구(동덕여대 인문과학연구소 논문집), 제15집(2009. 2.)에 실린 논문을 수정하여 보완한 것임.

제13장 한국어 교육의 현황과 세종학당 운영 방향

1. 들어가기

최근에 국어국문학계와 한국어교육학계의 화두는 한국어 교육의 진흥과 한국어 문화권역의 확산이다. 이런 현상은 때늦은 감은 있지만 바람직한 일이며 이 분야 전공자들은 사명감 속에 해결해야 할 다양한 과제들을 생각해 볼 수 있을 것이다. 한 때는 '한국어의 세계화', '한국어의 국제화' 또는 '한국어의 국외 보급'과 같은 용어를 사용해 왔으나 이런 용어들이 지나치게 자국 중심의 일방적 용어일 뿐 아니라 언어 침략주의적 사고방식의 용어라는 지적이 제기되어 이를 신중하게 검토해야 할 필요성이 있을 것이다. 어쨌든 이러한 한국어 교육의 진흥과 한국어 문화권역의 확산 정책이 대외적으로는 탄탄한 이론의 토대 위에 서 있는 합리적인 정책인지, 한류 열풍의 호황 덕분에 경제 문화적으로 국가적 이익이 되는 것인지, 대내적으로는 영어 열풍에 따라 한국어가 위기에 처한 것인지 이를 점검해 보고자 한다.

돌이켜 보면 한국어 학습 열기는 88 서울올림픽의 성공적 개최, 공산권의 몰락과 개방화 속에 한국의 경제 성장이 주목받아 중국, 동남아, 동구권 나라들로부터 한국 배우기가 시작된 결과이다. 이것은 한국어가 배우기 쉽고 우수한 언어 때문이 아니고 국어학자들이 각고의 노력으로 만들어 놓은 기존의 규범 문법이 재미있고 배우기 쉬워서 나타난 결과도 아니다. 이것은 마치 광복이 어느 날 갑자기 우리에게 찾아왔듯이 한류와 한국어 인기가 어느 날 갑자기 우리에게 찾아온 측면이 강할 것이다. 물론, 모든 일에 우연이란 없다. 우연으로 보일 뿐 내면적 필연이 누적되어 모든 일이 벌어진다고 할 때 한국어 학습 열기는 한국의 산업화라는 내적 요인과 한국 문화 상품의 성공적 판매 전략, 공산권 몰락이라는 외적 요인이 어우러져 나타난 것임에는 틀림이 없다.

이것은 영어가 세계 공용어로 등장하게 된 것이 영어가 우수해서가 아니고 해양 국가로 영연방을 건설한 영국과 그들에게서 신앙의 자유를 찾아 신대륙을 찾아 건너간 미국의 강력한 국가 건설 덕분이라는 것과 비슷한 현상일 것이다. 즉, 언어는 철저히 언어 공동체인 의식의 결정체라는 점에서 언어 자체가 특별한 매력을 주는 것이라기보다는 철저히 언어 사용자인 공동체의 성공과 실패가 투영된 산물로 경제적 평가가 내려질 수밖에 없는 것이다. 다시 말해서 어떤 언어가 공용어로 등장할 수 있는 것은 그 언어 사용 민족이 자기들의 민족어를 강력하게 경제, 산업, 문화의 도구로 성공을 거두느냐의 여부에 달려 있는 것이다. 따라서 여기서는 한국어 교육의 진흥과 한국어 문화권역의 확대라는 명제를 두고 최근 정부에서 발표한 '세종학당'이 무엇인지, 한국어를 배우고 가르쳐야 할 우리의 자세는 무엇인지, 앞으로 한국어 교육의 과제는 무엇인지 이를 점검해 보고자 한다.

2. 한국어의 위상과 정신 문화사적 의미

2.1. 한국어의 사용 인구

크리스탈(D.Crystal, 1997)의 언어학 백과사전의 언어 통계는 한국어를 1990년대 남북 7천만으로 조사한 통계이지만 10위권으로 보고 있다.

〈세계 20대 언어〉
1. 중국어 2. 영어 3. 스페인어 4. 힌디어 5. 아랍어 6. 포르투갈어 7. 벵갈어 8. 러시아어 9. 일본어 10. 한국어 11. 독일어 12. 프랑스어 13. 자바어 14. 이탈리아어 15. 판잡어 16. 마리티어 17. 월남어 18. 텔루구어 19. 튀르크어 20. 타밀어

전 세계 6000여 언어 중에 한국어는 남한 4800만, 북한 2300만, 해외 700만 합계 7800만 명이 사용하며 비례적 인구 증가를 고려하더라도 한국어는 10위권의 대국 언어로 볼 수 있다. 한편, 2007년도 UN 세계 주요 언어 분포 및 응용력 조사 자료에 따르면 한국어는 세계 9위에 속한다는 보고도 있었고 유엔의 전문 기구인 세계지식재산권기구(WIPO)는 국제특허협력조약(PCT)에서 한국어를 9번째 국제 공개어로 채택하기도 하였다.

이들 언어는 문화사적으로 다음과 같은 특징이 있다.

(1) 국제어 또는 국제 외교어(공용어) : 영어, 프랑스어, 독일어, 스페인어, 러시아어
(2) 역사적인 문명어 : 중국어, 힌디어, 벵갈어, 아랍어, 이탈리아어, 튀르크어
(3) 근대 제국주의어 : 포르투갈어, 일본어
(4) 다민족어 : 자바어, 판잡어, 마라티어, 월남어, 텔루구어, 타밀어
(5) 신흥 대국어 : 한국어

2차 세계 대전 이후에 신흥 독립국으로서 산업화, 민주화를 이룬 대표적인 국가인 우리나라의 한국어는 사용 인구가 많아 신흥 대국어로 볼 수 있다. 또한, 위의 나라들이 대부분 전쟁을 일으킨 전력이 있는 전범 국가로 볼 수 있으나 한국은 남의 나라를 침략한 바 없는 약소국가이었고 전쟁의 상처가 가장 오래 남아 아직도 고통 중에 있으며 평화를 애호하는 민족으로서의 역할을 충분히 할 수 있을 것이다.

그렇다면, 신흥 대국 언어로서 한국어가 21세기 문명사에서 가지는 정신 문화사적 의미는 무엇인가 이를 잠시 언급해 볼 필요가 있다.

(1) 아시아의 공통점
  ① 아시아적 가치의 공유 : 이 지역은 전 세계 모든 정신문화(유교, 불교, 회교, 기독교 문화)의 발상 보존지이므로 고유한 아시아적 가치를 지녀 왔다. 지금도 '여가와 쾌락'을 추구하는 서구인들의 정신적 안식처는 동양의 종교임이 이를 증명해 주고 있다.

② 아시아적 경험의 공유 : 열강의 침략 대상으로 고난의 역사를 지내 왔고 그 후유증으로 저개발, 빈곤, 독재, 부패 등을 앓고 있다. 그러나 다양한 식민지 외래문화의 경험을 소유하고 있고 각종 문화와 이념 투쟁의 경험을 겪었으므로 제3의 길을 창출할 능력이 있다.

③ 아시아적 희망의 공유 : 21세기는 아시아 태평양 시대라고 하는데 긴 동면에 빠져 있던 아시아가 일어나고 있다. 일찍이 오스왈드 스펜글러(Oswald Spengler)가 '서구의 몰락'에서 서구의 몰락과 위기를 예언한 바 있듯이 영원한 로마도 영원한 미국도 있을 수 없을 것이다. 억압받아 왔던 아시아가 일어나고 있다. 일본, 한국의 발전에 이어 중국, 인도, 싱가포르가 일어나고 앞으로 아시아의 각국이 일어날 것이다. 아시아에는 풍부한 인적, 물적 자원이 있으므로 희망을 공유할 수 있다.

(2) 한국의 장점과 아시아의 협동

① 문화 측면 : 5000년 역사의 문화 민족이다. 한국의 10대 CI(한복, 한글, 김치와 불고기, 석굴암과 불국사, 태권도, 고려인삼, 탈춤, 종묘 제례악, 설악산, 세계적 예술인) 참조.

② 정신 측면 : 불교(삼국, 고려 시대), 유교(고려, 조선 시대), 기독교 문화의 내용을 모두 수용하여 국가 발전에 활용하였다. 종교 분쟁이 없으며 종교에 대하여 대단히 우호적이다.

③ 평화 측면: 중국의 패권주의, 일본의 군국주의 전통과 비교하여 한국은 다른 나라를 침략한 적이 없는 평화 민족으로 도덕적 정당성이 있으므로 아시아, 아프리카 등의 제3 세계의 통합에 긍정적이다.

④ 경제 측면: 대한민국 건국 세대, 산업화 세대의 경제 성장과 근대화 노력은 한국 경제 성장의 동력이 되었다. 중동 건설, 동남아 국가들과 경제 협력에 이바지하고 있다.

⑤ 정치 측면: 왕조 정치, 식민지, 남북 분단, 군사 정권 시대를 거쳐 민주화 성취를 최단 시간에 이룩하였다.

대략 이런 한국의 평화와 근면의 국민정신이 보여 주는 국력이 정신 문화사적 가치와 어울릴 수 있기에 아시아 국가들과 협력할 수 있고 한국 알기, 한국어 배우기의 학습 열기도 뜨거운 것이라 할 수 있다.

2.2. 한국인의 이민 분포

국제이주기구(IOM)가 2005년에 발표한 '세계이민백서 2005'에 따르면 전 세계 이미자의 20%인 3500만 명이 미국에 살고 있고 미국은 '이민 천국'이며 이민 송출국 1위는 중국으로 그간 3500만 명이 이민 길에 올랐는데 전 세계 화교는 5500만 명이라고 한다. 2000년 현재 세계 이민 인구는 1억 7500만 명으로 세계 인구 35명당 1명이 이민자이다.

이민 송출국은 중국에 이어 인도(2000만 명), 필리핀(700만 명)이 2,3위를 차지했다. 전 세계에 흩어져 있는 유대인이 900만 명이고 한인 동포는 600만 명이므로 우리나라가 중국, 인도, 필리핀에 이어 세계 5위 수준의 이민 국가로 볼 수 있다. 이미 개척 정신이 높은 진취적 국민성의 민족임을 보여 주어 이민자 총계로만 보면 세계화한 국가라고 볼 수 있다.

이민 수입국은 미국에 이어 러시아(1330만 명), 독일, 우크라이나, 프랑스, 인도, 캐나다, 사우디아라비아, 호주, 파키스탄 등이 상위 10국에 포함되어 있다.

한국은 지난 1980년대부터 노동력 부족 현상이 나타나 외국인 노동자가 크게 늘었고 2003년 말 현재 그 수는 38만 8816명이며 이들 중 35.5%가 불법 취업자로 추정된다고 하며 한국 내 외국인 노동자 중 5.2%만이 전문 기술자라고 한다.

2005년 1월 현재 해외에 거주하는 외국 국적 동포 및 재외 국민은 175개국 총 664만 명으로 추산되며 국가별 재외 동포수는 중국 244만, 미국 208만, 일본 90만, 독립국가연합 53만, 캐나다 20만, 호주 8만, 브라질 5만, 필리핀 4만 명 등으로 나타나고 있다.

특이한 점은 해외 이민의 분포가 4대 강국(미, 일, 중, 러)에 집중되어 있다는 점이다. 따라서 지정학적으로 매우 중요한 우리나라는 해외동포들을 한민족 연합 구성원의 일원으로 묶을 수 있는 역할을 할 수 있을 것이다.

2.3. 한국 내외국인의 교류 현황

법무부 출입국관리국에 따르면 2004년도 총출입국자는 29,609,460명으로 2003년 대비 24%가 증가하여 사상 최고를 기록하였다고 한다. 내국인 출국자는 9,139,314명으로 인구 5명당 1명꼴로 출국하고 있다. 외국인 입국자도 큰 폭으로 증가하였으나 입국 인원이 국민 출국자의 약 63%에 불과하다.

이러한 국내외 교류 속에 국내 방문 외국인의 한국어 학습은 비례하여 증가하고 있다. 주로 자원 봉사자들로 구성된 모임들에서 이루어지고 있다. 국내에 91일 이상 체류하는 외국인은 70만 명이라고 법무부는 밝히고 있으며, 불법 체류자도 10만 명 이상이고, 주로 산업 근로 현장에 종사하고 있다. 이들의 인권 보호와 노동력의 향상을 위해서도 한국어 교육은 절실히 필요하다.

3. 국내외 한국어 교육의 현황

한국어 교육은 제2언어로서의 한국어(Korean as a Second Language/약칭 KSL) 교육과 외국어로서의 한국어(Korean as a Foreign Language/약칭 KFL) 교육을 구분할 수 있다. 전자는 재외동포 지역에서 가정이나 교포 사회를 중심으로 나타나는 경우로 볼 수 있고, 후자는 학교의 외국어 학습 차원에서 나타나는 경우로 볼 수 있다. 전자는 재중, 재미, 재일 동포 사회처럼 한국어 공동체가 존재하지만 후자는 그런 공동체를 상정하지 않고 학습 시수에 따라 이루어지는 한국어 학습이다.

최근에는 한류의 확산과 외국인 고용 허가제 시행, 방문 취업에 따른 비자 발급제 시행, 해외 진출 한국 기업의 현지인 고용 등에 따른 아시아권 전역에서 한국어 학습 열기가 고조되고 있고 중국의 공자 학원, 일본의 국제 일본어 보급 센터, 인도의 간디아카데미, 독일의 괴테 인스티튜트, 영국의 브리티시 카운슬, 프랑스의 알리앙스 프랑세즈 등에 대응하여 한국어 문화권역 확대(일명 세종학당) 전략으로 한국어 교육이 필요하게 되었다.

3.1. 국외 한국어 교육의 현황

일반적으로 재외 국민에 대한 교육은 한국학교, 한글학교, 한국교육원을 중심으로 이루어지고 있으며, 외국인을 위한 한국어 교육은 주요 지역 대학에서 동아시아 학과의 한국어 전공으로 이루어지거나 교양 외국어 교육의 차원으로 이루어지기도 한다.

```
(*) 2003년 재외동포 교육기관 현황(조항록 2005)
한국학교 : 일본(학교 4, 교원 170, 학생 1682)
         아주(학교 12, 교원 496, 학생 3820)
         중남미(학교 3, 교원 99, 학생 657)
         구주, CIS(학교 1, 교원 17, 학생 70)
         아, 중동(학교 4, 교원 38, 학생 106)
계 (학교수 14개국 24개교, 교원수 807명, 학생수 6335명)

한국교육원 : 일본(교육원 14, 교원 22, 동포 638546)
           아주(교육원 1, 교원 1, 동포 2341190)
           북미(교육원 7, 교원 8, 동포 2327619)
           중남미(교육원 3, 교원 3, 동포 105643)
           구주, CIS(교육원 10, 교원 12, 동포 652131)
계 (교육원수 14개국 35개원, 교원수 46명, 동포수 6065129명)

한글학교 : 일본(학교 57, 교원 155, 학생 2536)
         아주(학교 133, 교원 1323, 학생 11754)
         북미(학교 1096, 교원 8891, 학생 63554)
```

중남미(학교 52, 교원 363, 학생 3169)
구주, CIS(학교 625, 교원 1511, 학생 32981)
아, 중동(학교 31, 교원 202, 학생 969)
계(학교수 96개국 1963개교, 교원수 12243명, 학생수 113994명)

(*) 국가별 한국어학과, 한국학 전공 강좌 개설 대학 : 60개국 661개 대학(서아정 2005)
동북아(중, 일, 몽골, 대만, 홍콩) : 5개국 384개 대학
유럽 : 12개국 37개 대학
북미 : 2개국 131개 대학
대양주 : 2개국 8개 대학
동유럽/CIS : 14개국 54개 대학
아프리카, 중동 : 8개국 10개 대학
동서남아 : 9개국 31개 대학
중남미 : 3개국 3개 대학

(*) 국가별 고등학교 이하
미국 : 2004년 39개 중고등학교 3800명 수강
일본 : 2000년 163개 고등학교 4587명 수강
중국 : 조선족 초중고 1200여 곳, 2003년부터 상해지역 고교 한국어 강좌 운영
중앙아시아 : 고려인 중심 중고교에서 한국어강좌 운영(타슈켄트 시 60개/교사 150명)
호주 : 63개교 2000여 명 수강

3.2. 국내 한국어 교육의 현황

한국어 교육의 역사는 개화기로 올라갈 수 있으나 1959년 창설된 연세대 한국어학당이나 1969년에 창설된 서울대 어학연구소 등에서 한국어 교육이 시작되었다고 할 수 있다. 그러나 실제로 국내에서의 한국어 교육이 본격화되기 시작한 것은 서울 올림픽 전후라고 할 수 있다. 1986년에 고려대, 1988년에 이화여대,

1990년에 서강대 등에서 한국어 강좌가 개설되기에 이르고 앞 다투어 전국의 지방 대학에도 한국어 강좌가 개설되고 있다. 또한, 한국어 교사 양성 과정도 학위나 비학위 과정으로 나타나고 있다. 과거에는 선교사, 주한 외교관, 군인, 기업인, 교환 학생을 중심으로 이루어졌으나 이제는 그 동기가 다양하다.

최근에는 국내 기업의 취업 노동자와 결혼 이주 여성 등을 대상으로 사회 교육원과 평생 학습관, 지방 자치 단체를 중심으로 활발하게 한국어 교육이 이루어지고 있다.

이상으로 보면 한국어 교육의 두 축은 (1) 동포 한국어 교육 (2) 외국인을 위한 한국어 교육이 기본임을 알 수 있고, 이 두 축을 중심으로 각각에 고유한 교육 목적과 목표를 설정하고 조화롭게 발전할 수 있도록 환경을 조성하는 것이 과제라고 할 수 있다.

그동안 국내외 한국어 교육의 과제와 방향에 대하여 다양한 문제 제기가 있어 왔는데 몇몇 한국어 교육자와 전문가의 의견은 다음과 같다.

(*) 손호민(2005)의 견해: 국제 경쟁력 증진, 한민족 공동체 형성 등 제시
(1) 해외 대학에서 상급, 최상급의 한국어를 광범위하게 도입하고 초중고 대학을 통하여 초급으로부터 최상급까지의 한국어 교육을 자연스럽게 연결하게 한다.
(2) 학생의 다양한 한국어 습득 목적을 충족시키기 위하여 교육을 다양화한다. 교육과정, 교재, 교수, 평가 등 전반에 걸쳐 학생 중심의 교육을 지향한다.
(3) 더 적극적이고 체계적인 문화 교육을 한다.
(4) 대표적인 해외 대학에 한국어와 한국어 교육에 대한 학사, 석사, 박사, 교사 자격증 제도를 도입하고 일선 교사, 한국어학자, 한국어 교육학자를 지속적으로 육성 배출시킨다.
(5) 한인 동포 후세를 한국어-현지어의 이중 언어인, 이중 문화인으로 육성하고 시민과 민족의 이중적 정체성을 배양한다.

(*) 신현숙(2005)의 견해: 정부와 민간 차원의 발전 방향 제시
(1) 정부가 한국어 교육을 바라보는 관점을 정리해야 한다. 문화관광부는 국외 보급을 중심으로 내세우고 교육부는 국제 교류 또는 재외동포 모국어 교육을 중심으로 내세워 한국어 교육을 담당하는 교사에 대한 자격 인증과 지위도 일반적인 제도와

다르게 제도화하기도 하였다. 한국어 교육은 범정부 차원에서 접근하여 목표부터 하나하나 정립해 나가야 한다.
(2) 한국어 교육의 목표가 정부 차원에서 정립이 된다면 이를 구현할 수 있는 표준 교육과정과 이를 담아낸 표준화 교재가 개발 보급되어야 한다.
(3) 현재의 주변 환경에 대한 면밀한 분석을 바탕으로 하여 한국어 교육의 발전 정책을 수립하여야 한다. 중국의 경제 성장에 따른 중국인 학습자의 증가, 한류 열풍과 한국어 학습 동기의 강화, 외국인 고용 허가제의 시행이 실질적으로 한국어 교육 발전으로 이어지기 위해서는 적극적이고 능동적인 정책의 개발이 필요하다.

(*) 유석훈(2005)의 견해: 한국어 교육의 방향 제시
(1) 학제적 연구와 교류가 활발해져야 한다.
(2) 열린 한국어 교육이 활성화해야 한다.
(3) 내용 중심의 한국어 교육, 과제 중심의 한국어 교육과 같은 내용과 과제에 기반을 두고 학문, 직업 등의 특수 목적에 부응할 수 있는 한국어 교육이 이루어져야 한다.
(4) 한류가 경쟁력을 유지하기 위해 그 중심에 한국어 교육이 자리 잡도록 해야 한다.
(5) 한국어만이 아니고 한국 문화 전반에서 전문가의 지속적 양성이 이루어져야 한다.
(6) 이중 언어 한국어 교육 전문가의 양성이 이루어져야 한다.

(*) 서아정(2004)의 견해: 한국어 교육 지원 사업의 방향 제시
(1) 비학문적 측면에서의 환경 조성으로 한국어 수요를 꾸준히 창출하고 유지하는 노력이 필요하다. 한국, 한국인, 한국 문화에 대한 관심과 호감을 불러일으킬 수 있는 현실적, 문화적 동기 부여가 필요하며 우수 학생에 대한 장학금 제공, 한국 방문 및 연수 기회 제공에서부터 태권도, 대중 예술 보급, 국제 스포츠 행사를 통한 한국 사회의 매력 표출, 경제 발전을 통한 취업 기회 증대, 국제 사회에서 한국의 비중 확대에 이르기까지 광범위한 영역에 걸치는 노력이 필요하다. 정부와 민간, 국제교류재단 등이 연합하여 장기적 안목에서 공동 노력을 기울여야 한다.
(2) 외국어로서의 한국어 학습을 가능하면 쉽게 만들기 위한 학문적인 노력이 필요하다. 다양한 모국어와 문화적 배경을 가진 학습자들을 대상으로 한국어를 효율적으로 교육하기 위한 꾸준한 연구, 집적된 연구 결과를 토대로 한 다양한 교재 개발, 교사 양성이 꾸준히 이루어져야 한다.
(3) 국제교류재단의 한국어 해외 보급 사업과 관련하여 한국어 학습 기회 확대, 교원

양성, 교육 기반 확충이라는 3대의 기조를 유지하면서 효과적인 지원 사업을 제시하고 있다.
- 해외 각급학교 한국어 교원 현업 교육 강화
- 언어권별 한국어 교수법 연구 지원 확대
- 언어권별, 지역별 교재 현지화 지원 확대
- 고등학교 이하 교육 기관 교원 양성 체제 구축
- 국내 한국어 연수 기회 확대 및 연수 환경 개선
- 정규 교육 기관 외의 일반인들을 위한 한국어 학습 수요 수용

이상을 종합하여 정리하면 한국어 교육의 외적 조건과 내적 조건으로 구분해 볼 수 있다.

(1) 한국어 교육의 진흥을 위한 외적 조건과 과제
    - 선진 한국의 실현: 국가 경쟁력 강화, 한국 국가 이미지 향상
    - 선진 한국 문화의 발현: 현대와 세계화 조류에 맞추는 한국 문화의 재탐구와 재창조
    - 언어 정책 요인: 국어 정책, 한국어 정책, 외국어 정책
      언어 제국주의가 아닌 문화 간 의사소통 교육 차원의 정책
      국제 이해 교육 강화: 국제 간 문화 교류에 대한 바른 태도
      폐쇄적 민족주의, 문화 제국주의 --> 언어문화 교육(국제 이해 교육) 강화
(2) 한국어 교육의 진흥을 위한 내적 조건과 과제
    - 표준 교육과정, 교재 개발, 교수 학습 방법 개선, 평가 방법 개선의 4대 영역별 과제
    - 한국학과 한국어 교육의 상관성 정립
    - 한국어 교사 양성, 한국어 교육 기관 정책 마련

이런 외적 조건은 한국어 교육의 진흥에 기여하는 요인과 국가 동력으로 작용할 것이다. 내적 조건은 국내의 국어 정책과 외국어 정책이 모두 관여하는 요인들이다. 적어도 한국어 교육에서는 국민 누구나 예비 한국어 교사를 키울 각오로 국제화 시대에 국어 문화 교육을 해야 한다. 또한, 국어에 대한 기본적 이해를

갖추도록 하여 장차 한국어 교육 상황에 직면할 때 활용할 수 있도록 하여야 한다.

4. 국내외 한국어 교육의 진흥을 위한 조건과 과제

4.1. 한국어 교육의 진흥을 위한 외적 조건

4.1.1. 국가 선진화: 국가 경제력, 국가 경쟁력의 선진화

현재 한국의 국가 경쟁력은 중상위권이므로 선진화를 위해 정치, 경제 양측이 협력해야 한다. 우리나라는 국토 면적(109위), 인구(25위) 등 절대 규모에서는 뒤지는 편이나 경제 규모를 대변하는 GDP 규모(7930억 달러)는 세계 10위에 올라 있다. 또한, 무역 규모는 수출액과 교역 규모(5000억 달러)에서 세계 12위에 올라 있다. 교역에서 중계 무역을 제외하면 우리나라는 세계 9위에 올라 있다.

스위스 국제경영개발원(IMD)이 발표한 '세계 경쟁력 연감 2004'에 따르면 전체 60개의 평가 대상 국가 가운데 우리나라는 종합 경쟁력이 35위, 과학 경쟁력이 19위, 기술 경쟁력이 8위였다. 그런데 2005년도에는 종합 경쟁력이 29위로 평가되었다.

4.1.2. 국가 도덕성

국가의 부패가 낮고 공직자의 부패도가 낮으며 투명도가 높은 나라가 청렴한 국가이다. 국제투명성위원회가 2005년에 발표한 세계 159개국의 부패지수를 살펴보면 한국은 헝가리, 이탈리아와 함께 40위에 속한다. 이 순위는 1인당 국민소득과 거의 비례 관계이다. 아시아 국가 중에서 40위 이상으로 올라 있는 나라는 싱가포르, 홍콩, 일본, 대만, 말레이시아이다.

한 마디로 한국어 교육의 진흥을 위한 외적 요소는 한국과 한국 문화권역의 확대이다. 한국과 한국 문화권역의 확대 없이는 한국어 교육의 진흥은 기대하기 어렵다. 한국의 발전과 세계화를 통해 한국 문화와 한국인이 매력적임을 다른 나라 사람들이 인정해야 한국어 교육도 진흥되고 확대되는 것이다. 아무리 한국어 교재가 우수하더라도 한국의 국가 신용도가 낮고 국가 신뢰도, 인지도가 낮다면 한국어를 배울 까닭이 없을 것이다. 따라서 한국어 교육의 경쟁력은 한국의 국력과 비례하는 것이다.

4.2. 한국어 교육의 진흥을 위한 내적 조건

한국어 교육의 진흥을 위한 내적 조건과 과제는 한국어 교육 관련 사항으로 정책 기관, 교육과정 개발, 교재, 평가 도구, 교수 학습 분야에 대한 연구와 프로그램 개발, 각종 자료 개발을 들 수 있다.

4.2.1. 정책 기관의 역할 분담

현재 한국어 교육 업무 수행 기관 및 소속 교육 기관은 다음과 같이 분산되어 있어 비효율적인 점이 있다.

① 교육과학기술부 : 국제협력국 소속의 재외동포교육과
   국립국제교육원
   한국교육원(Korean Center, 주요 동포 지역에 설립한 한국어 교육 기관)
   한국연구재단(한국학 교수 파견 사업)
   한국교육과정평가원(한국어 교육 교재 개발 사업 및 한국어 능력 시험 주관)
   한국학중앙연구원(한국학 학술 대회, 초청 연수)
② 문화체육관광부 : 문화예술국 국어민족문화과
   국립국어원(한국어 교원 자격증 발급, 초청 파견 연수, 한국어문화학교 운영)
   한국어세계화재단(한국어 교재 개발 보급, 초청 연수, 한국어 교육 능력 시험

주관)
한글학회(한국어 교사 초청 연수)
③ 외교통상부 : 재외동포재단(Teen Korean 학습 프로그램 개발)
한국국제교류재단(한국학 교류, 한국어 교육 사업 지원)
한국국제협력단(한국어 교육자 파견)
④ 노동부: 한국어 능력 시험(고용 허가제)
⑤ 지식경제부 : 한국정보진흥원(IT 청년 봉사단 파견 사업)

과거에 이들 기관의 한국어 교육 정책이 중복 투자가 많아 국무총리실 주관으로 '한국어 국외보급사업협의회'라는 조정 협의체가 만들어졌고 이를 뒷받침하는 운영 규정도 2005년에 만들어져 부처 간 업무 조정이 이루어지게 되었다. 여기에 참여한 부처는 국무조정실, 교육부, 외교부, 문화부 4개 부처와 한국연구재단, 국립국제교육원, 한국교육과정평가원, 국립국어원, 한국어세계화재단, 국제교류재단, 재외동포재단, 한국학중앙연구원 등 8개 사업 기관이다.

그러나 기구가 다양하게 존재하는 만큼 중복 사업이 우려되므로 기관별 세부 특성화에 따른 통합 조정이 최선의 해결책일 것이다. 적어도 교육부와 문화부를 중심으로 한 동포 한국어 교육 지원 전문 사업 기관과 외교통상부를 중심으로 한 외국인 한국어 교육 전문가 지원 사업 기관이라는 2대 축을 중심으로 재편해야 할 것이다.

동포 한국어 교육 지원 사업은 한국어 교육의 기본 축이 해외 한국인의 정체성을 찾아주도록 한국어 교육과 한국 문화 교육을 지원하여 이들이 주재국에서 소수 민족의 차별을 받지 않고 정체성을 살려 생존하고 모국과의 네트워크를 구축하여 모국과 주재국 모두의 발전에도 기여하고 바람직한 이중 언어인으로 성장하게 하는 것이다. 외국의 한국어 교육 지원 사업은 외국인을 위한 한국어 교육을 가리키는 것이다. 이것도 개발도상국에 대해서는 언어 제국주의로 가지 않도록 상호 교류 차원에서 추진해야 할 것이다.

특히, 동포 교육의 중요성은 폐쇄적 민족주의 차원이 아니라 개방적 민족주의의 전형으로 추진해야 할 것이다. 그런 점에서 중국 화교나 유대인들의 민족주의를 비교하고 미합중국과 같은 다민족 국가의 민족 융화주의 정책을 비교 연구하여 좋은 점을 본받아야 할 것이다.

4.2.2. 한국어 교육과정의 표준화와 다양화

전 세계 한국어 교육 기관에서 이루어지고 있는 한국어 교육의 양상은 매우 다양하다. 가정에서 비계획적으로 무의식적으로 벌어지고 있는 교육에서부터 의도적, 체계적으로 이루어지고 있는 학교 교육과정의 양상은 다양하다.

> ① 학습자 언어권별 교육과정 : 영어권, 일어권, 중국어권, 남아시아권, 러시아 중앙아시아권, 유럽어권, 남미권 등
> ② 동포 국적별 교육과정 : 재외 국적 동포(이민) 자녀 가정교육, 한국적 유학, 주재원 자녀 가정교육, 새터민 및 자녀 가정교육 등
> ③ 정규 초중등 교육과정 : 외국 초중고 한국어 교육과정(일, 중, 미 등 동포 지역, 호주의 외국어 프로그램), 귀국자 자녀 국내 적응 교육과정, 귀순자 자녀 한국 적응 교육과정
> ④ 정규 고등교육 교육과정 : 외국 대학 한국어 전공 교육과정, 교양 한국어 교육과정
> ⑤ 특별 교육과정 : 주말 한글학교 교육과정, 주재원 자녀 교육과정
> ⑥ 특수 목적 교육과정 : 일반 교육과정(생활 한국어 교육), 특수 목적 교육과정(학문, 직업, 근로자 교육 등)
> ⑦ 기관별 교육과정 : 국립국제교육원, 한국교육원, 사설 한국어 교육 기관
> ⑧ 국내외 한국어 교사 양성 교육과정 : 국내외 대학 학위과정, 대학 부설 양성 과정 등

이런 다양한 학습자와 교사 교육과정을 생각할 때 자국어 교육의 국어 교육과정과 비교할 때 한국어 교육과정은 매우 복잡하고 다양하다. 이러한 교육과정은 요구 분석, 상황 분석, 교육 목적과 목표 분석, 교육 내용 구성, 교재 개발, 교수 학습 방법 제시, 교육 평가 방안 제시 등을 포함하여 이를 문서화해야 한다.

(*) 민현식(2003)의 한국어 표준 교육과정
(1) 교육과정의 편성과 운영
　① 교육 이념과 목적 : 기관의 교육 이념, 교육과정이 추구하는 목적 기술
　② 등급별 일반 교육 목표 : 등급별로 중점 지도 목표를 개관 기술
　③ 교육과정별 편제와 배당 시간 : 등급별, 교과목별 편제와 배당 시간을 기술
　④ 학습자 상황 : 학습자의 요구와 특성을 기술
(2) 교육과정의 내용
　① 교육 내용 : 6대 영역(1~6급별로 위계화한 6대 영역 기술)
　　- 선수 시간 : 사전 선행 학습 조건 기술
　　- 주제 영역 : 학습 목표 관련 훈련 주제들을 기술
　　- 상황 영역 : 학습 목표 관련 훈련 상황들을 기술
　　- 담화 영역 : 위 주제, 상황을 병행하여 고려한 '듣기, 읽기, 말하기, 쓰기' 영역별 교육 목표와 교육 내용을 기술
　　- 문법 영역 : 문장과 표현, 어휘, 발음, 표기 영역별 교육 목표와 교육 내용을 기술
　　- 문화 영역 : 문학을 포함하여 문화 전반의 교육 목표와 교육 내용을 기술
　② 교수 학습법 : 3대 영역별로 표준 교수 학습법 제시
　③ 교재 : 3대 영역별로 교보재 개발 및 활용 방법 제시
　④ 평가 : 3대 영역별로 평가 유형, 평가 영역, 평가 방법 제시

4.3. 한국어 교재 개발의 개선

　한국어 교재는 근대 계몽기부터 여러 나라의 외국인이 외국어로 된 문법, 회화서 형식의 교재를 많이 개발하였다. 그 후 국내외에서도 언어 교육 기관이나 대학 중심의 교재를 개발하기 시작하였고 재외동포를 위한 교재도 개발도 활발하게 이루어졌다. 또한, 과제 중심 교육에 대한 연구가 시작되면서 교재 개발에 적용될 수 있는 이론적 바탕을 마련하였다. 1988년부터는 그 이전의 교재와는 다른 과제 중심, 기능 통합형 교재를 비롯하여 다양한 학습자를 위한 다양한 교

재가 개발되었다. 아울러, 한국 문화에 대한 중요성이 강조되어 문화 소개나 문화 교육이 교육 현장과 교재에 반영되었고 다양한 온라인 교재나 멀티미디어 교재 개발도 지속적으로 이루어지고 있다.

(*) 손호민(2004)의 한국어 교육 자료 개발의 방향
(1) 한국어 교육 자료 개발의 다양화
(2) 초중고 대학의 한국어 교육과정을 체계적으로 연결시키는 교육 자료 개발
(3) 한국어를 다른 학과목과 연계시키는 교육 자료 개발
(4) 한국의 문화와 사회를 최대한으로 반영하는 교육 자료 개발
(5) 학습자의 모국어와의 언어적 차이점, 모국 문화와의 문화적 차이점을 잘 반영시키는 교육 자료 개발
(6) 의사소통 능력의 효율적 습득을 위한 참신한 이론과 실제, 교수법, 교재 개발 방법론, 능력 평가법 등이 충분히 반영된 교육 자료 개발
(7) 한국어를 하나의 학문 분야로 발전시키기 위한 교육 자료 개발

(*) 김중섭(2005)의 한국어 교재 개발의 문제점
(1) 개발되고 있는 교재의 등급이 초급, 중급에 편중되어 있다. 이를 중급, 고급 학습자를 위한 다양한 한국어 교재의 개발이 절실하다.
(2) 기능별 교재의 부족이다. 실제 의사소통은 네 가지 언어 기능이 통합적으로 이루어지고 있으며 이에 따라 국내 한국어 교육 기관의 교육과정과 교수요목이 통합적으로 설정되어 있고, 학교 기관의 교재들 역시 언어의 네 가지 기능과 문화, 그리고 주제와 기능 등이 통합된 것으로 개발되어 출판되고 있으나 오히려 읽기 교재, 듣기 교재, 쓰기 교재, 문법 교재 등 영역별 전문 교재 또는 참고서에 대한 요구가 늘어나고 있다.
(3) 보조 자료 개발의 부족이다. 국내 한국어 학습자들의 학습 동기와 목적이 취업, 진학 등의 뚜렷한 양상을 나타내면서 교육 현장 밖에서 학습 자료에 대한 요구도 높아지고 있다. 주 교재 개발과 함께 연습 교재(워크북), 나아가 한국어 문화 항목이 반영된 부교재 개발이 활발하게 이루어져야 할 것이다.

4.4. 교수 학습의 개선

교수 학습은 일방적으로 어느 한 가지를 교사나 학습자에게 강요할 수 없다. 매체가 발달한 선진국과 매체 활용이 어려운 개도국들을 생각할 때 학습자 언어권에 따른 교수 학습법을 발전시켜야 한다. 매체가 부족한 곳이나 실용 언어 교육을 강조하여 번역 실습 강의를 많이 개설하는 사회주의 국가들의 경우는 문법 번역식 교수 학습이 여전히 중요할 수 있다. 무엇보다도 학습자 동기를 고려한 의사소통식, 과제 중심 교수법의 장점을 종합하여 개선된 교재들을 만들고 이런 매체 활용 교수법을 사용할 수 있어야 한다.

특히, 전 세계 곳곳에서 이루어지는 한국어 교재 및 교안의 개발 노력은 물론 교수 학습법의 경험들이 사장되지 않도록 전 세계 모든 한국어 교재와 교안, 교수 학습법들을 모아 '교재 은행'을 인터넷상에서 구축하고 누구나 활용될 수 있도록 할 필요가 있다. 인터넷 시설이 취약한 개도국에는 학습용 시디를 제작하여 제공하는 것이 좋을 것이다. 아울러 훌륭한 교사는 자기 수업을 공개하고 남의 수업을 참관하여 자기 학습법 증진에 노력하는 모습을 보이고 자기 발전을 도모해야 한다.

5. 세종학당의 설립과 운영 규정

당초 '세종학당'은 국외 한국어 교육의 진흥과 보급을 위해 전 세계에 한국어 문화학교를 설립하여 운영하겠다고 발표하였다. 2007년부터 시작하여 2011년까지 100개(1단계), 2016년까지 200개(2단계)를 목표로 개설해 나갈 것이라고 하였다. 그러나 이 계획은 새 정부에 들어와서 1단계(2009년부터 2011년까지) 200개, 2단계(2012년부터 2013년까지) 160개, 3단계(2014년부터 2015년까지) 140개 모두 500개를 개설해 나가겠다고 수정되었다.

사실 이런 국가의 어문 정책을 자세히 밝히는 것은 매우 조심스러운 일이며 또한 신중해야 하기에 일부 빠진 부분도 있을 것이며 국가의 어문 정책을 수행하는 과정에서 다소 수정해야 하는 부분도 있을 것이다.

5.1. 세종학당의 운영 계획

세종학당의 운영은 기본적으로 국외의 한국문화원과 연계하여 한국어학과가 개설된 현지 대학이나 한국학교, 한글학교 등이 될 것이며 기존 교육 기관의 시설을 이용하여 개방형 체제로 운용하게 될 것이다. 이에 대하여 일부에서는 기존의 한국어학과가 개설된 현지 대학은 피해서 지원하는 것이 좋겠다는 것이다. 그러나 이런 것을 전혀 검토하지 않은 것은 아니며 이런 것도 한국어 교육의 진흥 전략이라는 점도 충분히 고려되었다. 세종학당의 운영 계획과 의의를 살펴보면 다음과 같이 될 것이다.

첫째, 한국어의 국외 보급이라는 측면에서 구체적인 사업 추진 목표를 설정하였다는 점이다. 가령, 연간 운영비(교재 개발비, 강사료, 기자재 구입비, 시설비 등)는 한국 정부가 전액 국고로 지원하게 될 것이며 수강생은 본인의 교통비와 교재 구입비를 부담하게 될 것이나, 현지 사정에 따라 약간씩 달라질 수 있을 것을 제시하고 있다.

둘째, 한국어 진흥 사업의 추진 전략과 계획이라는 측면에서 중장기적 관점을 제시하였다는 점이다. 외국어로서의 한국어 교육 수요 증가에 따른 공급의 확충이라는 점에서 중장기 사업 계획을 설정하고 단계별로 이를 추진할 것을 발표하였다. 비록 새 정부에 들어와서 계획이 약간 수정되기는 하였지만 큰 틀을 유지하면서 이를 확대 발전시키도록 하였다.

셋째, 구체적인 사업 내용에 있어 현지인 중심의, 대중적 쌍방향의 한국어와 한국 문화를 교육하는 방향은 현대의 시대적 흐름을 정확히 반영하는 것으로 해석할 수 있다. 지금까지의 한국어 교육은 대학 교육 또는 재외동포 교육 기관이 중심이 되었고 일방적인 한국어 문법과 교수법이 주류를 이루고 있었다. 세종학당의 운영 계획은 유학생은 물론이고 외국인 노동자나 한국 관광객을 비롯하여

'한류'에 기반을 두고 한국 문화나 한국 드라마를 좋아하는 외국인에게 다가갈 것이다. 한마디로 '낮은 곳으로의 확산'을 추구하는 한국어 진흥 정책이라고 할 수 있다.

5.2. 세종학당 설립의 기대 효과

세종학당의 설립은 영국의 브리티시 카운슬, 독일의 괴테 인스티투트, 프랑스의 알리앙스 프랑세스, 중국의 공자 학원, 일본의 일본어 교육 센터와 비슷한 기관으로, 우리나라에서 운영하고자 하는 한국어 교육 기관이다. 그러나 운영 방식에서 세종학당은 다른 나라와의 교육 기관과 그 성격이 다른데 그것은 일방적인 교육 방식이 아닌 문화 상호주의에 의한 쌍방향 교육 방식으로 운영한다는 점이다. 세종학당의 기대 효과를 좀 더 구체적으로 열거하면 다음과 같다.

첫째, 거시적인 측면에서의 기대 효과로 한국의 국가 이미지와 위상을 높이고 문화 강국으로서의 역할을 강화할 수 있을 것이다. 또한, 그동안 저평가된 아시아적 가치와 한국 문화의 품격을 상승시키는 계기가 마련될 것이며 국가 성장의 동력으로서 한국어 교육이 전 세계에 확고한 자리를 확보하게 될 것이다. 아울러 동북아 지역의 문화 연대를 통한 한국 문화 산업 시장의 확대를 꾀할 수 있을 것이며 한국어가 현지인을 중심으로 저변 확대됨에 따라 한국의 게임 산업, 음반 산업, 영화 산업 등에서 엄청난 경제적 이익과 부가 가치가 창출될 것이다.

둘째, 미시적인 측면에서의 기대 효과로 한국어 교육의 패러다임의 변화가 생겨나고 다양한 학습 수요자가 늘어나게 될 것이다. 물론 이에 따른 일자리 창출은 국내외를 막론하고 증가하게 될 것이고 정규 대학 교육과 비정규 양성과정도 늘어나게 될 것이다. 이에 따라 이주 노동자의 한국어 구사 능력이 구사 능력이 원활하게 되어 한국 사회에 적응이 빨라져 한국 사회의 경제적 이익이 발생하게 될 것이다.

5.3. 세종학당 운영 규정

세종학당 설립과 운영 규정은 문화체육관광부 장관의 발표(훈령) 즉시로 운영된다. 그 규정은 다음과 같다. 이 규정은 시행 과정에서 수정될 수도 있다.

제1장 총칙

제1조(목적) 이 규정은 국내외 세종학당의 설치와 운영에 필요한 사항을 정함을 목적으로 한다.

제2조(정의) 이 규정에서 사용하는 용어의 정의는 다음 각 호와 같다.
1. "세종학당"이라 함은 외국어 또는 제2언어로서 한국어를 배우고자 하는 자를 대상으로 한국어와 한국 문화를 교육하기 위해 '세종학당' 명칭 사용을 허가받은 교육 기관 또는 교육 프로그램을 말한다.
2. "누리 세종학당"이라 함은 세종학당 운영자, 한국어 학습자와 교원을 위한 원격 교육 시스템과 한국어 교육 관련 통합 정보를 제공하는 누리집(www.sejonghankdang.org)을 말한다.
3. "세종학당 본부"라 함은 문화체육관광부로부터 세종학당 사업을 위임을 받아 세종학당의 설립과 운영을 총괄적으로 지원하고 관리하는 중추적 기관을 말한다.

제3조(적용범위) 세종학당의 설립과 운영에 관하여는 이 규정이 정하는 바에 의한다.

제2장 설립

제4조(설립 목적) 세종학당의 설립목적은 다음 각호와 같다.
1. 문화상호주의에 입각한 문화 교류 활성화
2. 외국어 또는 제2언어로서 한국어를 배우고자 하는 자를 대상으로 하는 실용 한국어 교육

제5조(세종학당 유형) ①세종학당은 설립의 방식과 주체에 따라, 정부가 설립·운영 예산을 지원하는 세종학당(S)과 민간이 설립·운영하는 곳으로서 정부의 인증을 받은 세종학당(S´)으로 구분한다.

②세종학당 본부는 동일 국가 내 운영되는 세종학당이 다수인 경우 거점 세종학당을 지정하여 세종학당 본부의 권한과 책임을 일부 위임할 수 있다.

제6조(설립 조건) ①세종학당은 한국어와 한국 문화를 배우려는 수요가 있고, 한국어교원 확보가 가능한 지역에 위치하고 교육에 필요한 사용 공간을 갖추고 있어야 한다. 세종학당 설립을 위한 구체적인 시설 기준은 '세종학당 운영 길잡이'에 따로 정한다.

②세종학당 설립 신청이 가능한 한국어교육기관의 범위는 '세종학당 운영 길잡이'에 따로 정한다.

제7조(설립 절차) 세종학당은 유형에 따라 운영예산 지원 또는 명칭 사용 승인의 절차를 거쳐 설립되며, 유형별 구체적인 설립 절차는 '세종학당 운영 길잡이'에 따로 정한다.

제8조(설립 취소) ①세종학당은 다음 각 호의 이유로 설립이 취소될 수 있으며, 설립 취소 시 예산 등의 지원과 세종학당 명칭 사용이 제한된다.
1. 최초 허가 시보다 교육 환경 및 교육의 수준이 현저하게 떨어진 경우
2. 사회적 물의를 일으킨 경우
3. 수업 운영이 불가능하거나 교육 환경 제공이 어려운 경우
4. 규정에 의한 시정 또는 보완 요청을 이행하지 아니 한 경우
5. 승인되지 않는 방법으로 세종학당 명칭을 사용한 경우
6. 기타 취소 사유에 준하는 중대한 결함이 있는 경우

제3장 운영

제9조(제공 서비스) 세종학당에서 제공하는 서비스는 다음과 같다.
1. 표준적·실용적인 한국어 교육과 한국 문화의 교육
2. 한국어와 한국 문화 관련 자료실 운영 및 정보 제공
3. 한국어와 한국문화 관련 전시, 공연 및 각종 경연대회

제10조(운영책임자) ①세종학당에는 운영책임자인 세종학당장을 두어 세종학당 운영 전반에 대해 책임을 지도록 하며, 운영책임자는 '세종학당 운영 길잡이'에서 정한 준수 사항을 지켜야 한다.

②운영책임자는 대학의 학장급, 대학 부설 연구소 소장급, 한글학교의 교장급, 공무원 혹은 국가로부터 기관장 역할을 위임 받은 자 등으로 하되, 운영책임자가 갖추어야 할 조건은 '세종학당 운영 길잡이'에 구체적으로 규정한다.

제11조(교원) ①세종학당은 한국어교원자격증 소지자를 우선 채용하여야 하며, 개원 후 1년 이내에 한국어교원자격증 소지자 1인 이상을 두어야 한다. 세종학당 교원의 자격기준은 '세종학당 운영 길잡이'에 구체적으로 규정한다.
② 교원은 다음 각호의 의무를 준수한다.
   1. 세종학당 운영 규정을 준수하고, 운영 책임자의 지도에 충실히 따른다.
   2. 세종학당 소재국의 법률을 준수하고 현지의 문화를 존중한다.
   3. 한국어 및 한국문화 진흥을 위해 사업을 발굴하고 적극적으로 수행한다.
   4. 세종학당 본부의 재교육에 적극적으로 임한다.
③교원의 임금은 '세종학당 운영 길잡이'에 규정된 것을 따르되, 기준을 반영하기 어려운 경우 세종학당 본부와 협의한다.
④세종학당은 학기말에 교원 평가를 시행하되, 평가 결과를 재임용과 재교육 등에 반영하여야 한다.
⑤세종학당은 교원에게 세종학당의 명함과 신분증을 지원할 수 있다.

제12조(운영 요원) ①세종학당에는 교육시설 관리·학사관리·행정 업무를 담당하는 운영요원을 상근으로 두되, 현지어와 한국어에 능통한 사람으로 한다.
②운영요원의 임금은 '세종학당 운영 길잡이'의 기준표를 참고하되, 예산 범위 내에서 정하고 이러한 적용이 어려운 경우 세종학당 본부와 협의한다.

제13조(지원 범위) ①문화체육관광부는 세종학당의 운영을 위해 예산을 지원할 수 있으며, 연간 지원 범위는 '세종학당 운영 길잡이'에 구체적으로 규정한다.
②세종학당 본부는 세종학당 현판, 교육자료 등 물품 지원 계획을 수립하여 세종학당에 지원하여야 한다.

제14조(운영 기간) ①운영예산이 지원되는 세종학당은 사업의 평가와 정산에 필요한 기간 확보를 위해 사업 기간을 10개월로 하되, 사업 목표 달성을 위한 1년 단위의 장소 및 인력 계약은 기간 내 이루어진 것으로 인정한다.
②세종학당의 사업 기간은 현지 사정을 고려하여 두 가지 유형(3월~12월/9월~다음해 6월)으로 구분한다.

제15조(수강료) ①세종학당은 교재 등 실비 외에 수강료를 부과하고자 하는 경우에는 사회적 물의를 일으키지 않은 범위에서 수강료 책정 계획을 수립하고, 세종학당 본부와 협의한다.
②세종학당은 수강료의 입출 내역을 별도로 관리하며 그 결과를 세종학당 사업 정산 시에 보조금 지출 내역과 함께 세종학당 본부에 제출한다.

③운영 예산이 지원되는 세종학당이 수강료를 받는 경우 당해 사업기간 내 세종학당 운영을 위해 전액 사용하되, 수강료의 지출 분야는 강사료, 장학제도, 세종학당 기자재 구입, 기타 세종학당 운영에 필요한 최소한의 직접 경비로 제한된다.

제16조(교육과정) ①세종학당은 세종학당 본부에서 제공하는 교육모형에 따른 정규과정을 개설해야 하고, 현지 수요에 따라 특별과정을 둘 수 있다.

②세종학당은 한국어를 배우고자 하는 현지 일반인을 대상으로 하며, 수강 자격에 성별·학력·직업의 제한을 두지 않는다.

③정규과정에는 초급1, 초급2, 중급1, 중급2의 4개 교과과정을 10개월 과정으로 운영하는 것을 원칙으로 하되, 현지 사정에 따라 본부와 협의하여 달리 정할 수 있다.

④특별과정에는 고급과정, 한국어교원 교육과정, 공공기관 종사자 과정, 재외동포 모국어 교육과정, 외국인 근로자 과정, 국제결혼 이주 예정자 및 결혼 이민자 과정 등을 둘 수 있다.

제17조(교재) ①정규과정은 세종학당 본부에서 보급하는 교재를 우선적으로 사용하여야 하며, 현지에서 개발한 교재 등을 보조적으로 사용할 수 있다.

②정규과정 교재의 발행 기관은 세종학당 본부에서 정하되, 특별과정의 교재 발행 여부는 관련 기관과 협조하여 정하여야 한다.

③보조금의 예산 및 관리에 관한 법률 및 그 시행령에 따라, 보조금으로 개발된 세종학당 교재의 저작권은 개발 보조금을 지급한 기관이 소유한다.

제18조(학사 관리) ①세종학당은 수강자 모집을 위해 교육 일정을 안내 책자와 누리 세종학당을 통해 홍보하며, 개강 1주일 전까지 수강 지원 마감을 원칙으로 한다. 단, 수강생 수가 정원 미달 시 개강 전까지 수강신청을 받을 수 있다.

②배치 평가를 통해 반 편성을 하되, 각 과정의 수강 정원은 현지 사정에 맞게 분반하여 구성한다. 단, 각 과정의 등록생이 5명 미만일 경우 폐강한다.

③운영 요원은 개강 3일 전까지 해당 과목을 안내하는 자료, 수강자 별 이력카드, 출석부를 준비하여야 한다.

④세종학당은 현지 사정에 따라 개강 행사를 실시할 수 있다.

⑤세종학당 개별 과정별 총 수업시간은 40시간에 미달하지 않는 것을 원칙으로 하되, 본부와 협의를 통해 수업시간을 조정할 수 있다.

⑥각 과정의 종료 시 수료증을 발급·수여하고, 성적 우수자를 표창하여야 하며, 현지 사정에 따라 수료 행사를 실시할 수 있다.

제19조(장학 제도) ①세종학당은 학습 동기 부여를 위해 장학금 제도를 운영할 수

있으며, 세종학당 본부의 학습자 초청 교육이 있을 경우 성적 우수자에 대해서 우선권을 부여한다.

②세종학당은 수료자의 학사 정보(성명, 성적, 분반, 직업, 주소, 전화번호, 전자우편 등의 연락처)를 관리하여야 하며, 수료자의 추후 지원을 위한 계획을 수립, 추진하여야 한다.

제3장 평가

제20조(보고 의무) 운영책임자는 세종학당의 운영 및 강의 실태 등에 대한 결과를 매년 세종학당 본부에 보고하여야 하며, 금월 추진 실적과 다음달 계획에 대하여 월별보고를 해야 한다. 이에 대해서는 '세종학당 운영 길잡이'에 구체적으로 규정한다.

제21조(피평가 의무) 세종학당은 기관의 교육 수준을 검토하기 위한 세종학당 본부의 자료 제출 요구와 평가에 적극적으로 협조하여야 하며, 세종학당 본부는 평가 일정과 평가 항목을 최소한 평가 일주일 전에 통보해야 한다.

제22조(세부사항) 이 규정의 운영에 관하여 필요한 세부사항은 '세종학당 운영 길잡이'에 따로 정할 수 있다.

부 칙

①(시행일) 이 규정은 발령한 날부터 시행한다.

6. 한국어 교육학의 학문적 정체성

한국어의 세계화가 이루어지려면 한국어 교육학이 정립되어야 한다. 그러나 한국어 교육학은 88 올림픽 이래로 발전되어 와서 그 역사가 매우 짧아 한국어 교육학의 학문적 성격과 구조에 대해서는 명확히 정립된 것이 없다. 이는 국어 교육의 경우에도 사정이 비슷하여 학문적 정체성 규명이 필요하다. 이러한 정체성이 규명되어야 교사 양성이 이루어지고 그러한 교사 양성, 임용, 연수 단계에 따라 한국어 교육학이 적용될 수 있어 더욱 발전하게 되며 학습자도 체계적 교육과정에 따라 재미있고 효율적인 한국어 학습을 할 수 있게 된다.

지난 2005년에 국어기본법이 제정되어 한국어 교원을 양성하고 인증하게 되어 있는데 이에 따라 한국어 교원 양성도 일정한 표준 교육과정을 요구하게 되었다. 다음은 국어기본법에서 전문 교사 양성을 명시하고 그러한 교사 양성에 필요한 교육과정의 내용을 시행령에 밝힌 것이다.

아래 도표는 한국어 교원에게 요구하는 교육 내용이므로 이는 한국어 교육학이라는 학문의 정체성을 어느 정도 규명하는 단도서 된다. 전문가들이 말하는 한국어 교육학의 학문적 체계를 살펴본다.

(*) 백봉자(2001)에서는 교육과정을 일반교사 양성과정, 전문교사 양성과정, 국외교사 연수과정으로 나누고 표준 교과과정을 (1) 국어학 (2) 언어학 (3) 교육학 (4) 한국어교수법 (5) 한국학의 5대 영역으로 나누었다. 이 분류는 말하기, 듣기, 읽기, 쓰기의 영역을 교육학 속에 넣은 것이 특징이다.

(*) 박영순(2001)에서는 언어 내적 분야와 언어 외적 분야로 분류하고 있다.
(1) 언어 내적 분야
　① 언어 기능 교육 : 말하기, 듣기, 읽기, 쓰기
　② 문법 교육 : 음운론, 형태론, 통사론, 의미론, 한국어사
　③ 문화교육 : 한국인의 가치관과 전통, 한국의 예술, 한국의 문화재, 한국의 생활
　　　풍습, 한국 문학
(2) 언어 외적 분야
　① 교육 분야 : 교육과정론, 교육방법론, 교육평가론, 교재론, 교사론
　② 학습자 연령 및 학력별 : 초중고, 대학, 일반인별
　③ 학습자 성격별 : 외국인, 재외동포
　④ 언어 능력별 : 초급, 중급, 고급, 원어민급
　⑤ 지역별 : 영어권, 중어권, 일어권, 노어권 등

(*) 민현식(2005)에서는 한국어학, 한국어교과론, 한국어 교육과정론으로 분류하고 있다.
(1) 한국어학 : 이론언어학(음운론, 어휘론, 문장론 등), 응용언어학(언어 습득, 사회언어학 등)
(2) 한국어교과론 : 기능교육(말하기), 문법교육(발음교육), 문화교육(한국어문화)
(3) 한국어 교육과정론 : 교육 기본 영역, 교육 정책 영역, 실습 영역

〈표 3〉 한국어교원 자격 취득에 필요한 영역별 필수이수학점 및 이수시간(제13조제1항 관련)

번호	영역	과목 예시	대학의 영역별 필수이수학점		대학원의 영역별 필수이수학점	한국어 교원 양성과정 필수이수시간
			주전공 또는 복수전공	부전공		
1.	한국어학	국어학개론, 한국어음운론, 한국어문법론, 한국어어휘론, 한국어의미론, 한국어화용론(話用論), 한국어사, 한국어문규범 등	6학점	3학점	3~4 학점	30시간
2.	일반언어학 및 응용언어학	응용언어학, 언어학개론, 대조언어학, 사회언어학, 심리언어학, 외국어습득론 등	6학점	3학점		12시간
3.	외국어로서의 한국어 교육론	한국어교육개론, 한국어교육과정론, 한국어평가론, 언어교수이론, 한국어표현교육법(말하기, 쓰기), 한국어이해교육법(듣기, 읽기), 한국어발음교육론, 한국어문법교육론, 한국어어휘교육론, 한국어 교재론, 한국문화교육론,	24학점	9학점	9~10 학점	46시간

3.		한국어한자교육론, 한국어교육정책론, 한국어번역론 등				
4.	한국 문화	한국민속학, 한국의 현대문화, 한국의 전통문화, 한국문학개론, 전통문화현장실습, 한국현대문화비평, 현대한국사회, 한국문학의 이해 등	6학점	3학점	2~3학점	12시간
5.	한국어 교육 실습	강의 참관, 모의 수업, 강의 실습 등	3학점	3학점	2~3학점	20시간
	합 계		45학점	21학점	18학점	120시간

7. 바람직한 한국어 교사상

한국어 교육에서 교사만큼 중요한 것은 없다. 모든 여건이 미비하더라도 유능한 교사가 있다면 그 모든 상황적 제약이 극복될 수 있기 때문이다. 또한, 외국인 학습자에게 한국어를 가르치는 교사는 그들이 알게 되는 한국과 한국인에 대한 정보의 원천으로 절대적인 영향을 주는 대상으로서, 한국인의 표본이자 한국을 바라보는 잣대가 되어 한국과 한국인을 대표할 수도 있기 때문이다.

한국어 교사가 갖추어야 할 자질을 교육자, 학자 또는 연구자, 교사의 태도로 나누어 살펴본다.

(1) 교육자로서의 자질
  ① 인격자(Personality) : 풍부한 교양, 인간 존중, 제자 사랑, 윤리 준수 등
  ② 전문성(Professionalism) : 전문 지식, 방법, 이해, 전달 능력 등
  ③ 지도력(Leadership) : 구성원 존중, 전체 의사 조율, 학습 목표 달성 유도 등

④ 한국어 능력 시범자 : 말하기, 듣기, 읽기, 쓰기의 권위자
⑤ 학습자의 상대자 : 대화, 연습, 조력, 조언, 조율, 격려 등

(2) 학자로의 자질
① 한국어 전문가 : 한국어에 대한 이해, 한국어 연구의 소양 등
② 전문적인 언어학자 : 언어에 대한 전반적인 이해, 언어의 본질 등
③ 대조 언어학자 : 한국어와 학습자 모어 간의 지식 등
④ 외국어 전문가 : 외국어 실력 등
⑤ 문화 전달자 : 한국의 전통문화, 역사, 정치, 경제, 사회 전반에 대한 이해 등
⑥ 한국어 교육 전문가 : 한국어 교육의 전문 연구인 등

(3) 교사의 태도
① 문화 상호주의 : 타문화에 대한 열린 자세 등
② 가치 중립의 자세 : 학습자의 국적, 인종, 종교 등
③ 학습자에 대한 지속적인 관심과 애정 필요
④ 학습자에 대한 보편적 자세 : 특정 학생 편애는 금물
⑤ 한국어 교육의 첨병 : 한국, 한국어, 한국 문화에 대한 긍정적 사고 등
⑥ 자기 계발 : 다양한 시도 등
⑦ 학습자의 조력자 : 인내심 발휘 등
⑧ 교사로서의 소명 의식 : 평생 직업 등

8. 맺음말

지금까지 한국어 교육의 현황과 세종학당 운영 방향을 다루어 보았다. 한국어 교육의 진흥을 위한 외적 조건과 내적 조건을 언급하고 이러한 조건들이 곧 개선

해야 할 과제라고 보았다. 외적 조건으로는 국가 경쟁력을 강화하고 선진 문화 국가로 발전해야 한다. 이를 위해 타문화를 창조적으로 수용하는 열린 문화의 정신이 필요하며 타민족에 대한 우월주의나 비하주의를 청산하고 국제 간 문화 이해를 위해 '문화 간 의사소통' 교육이 필요하다고 하였다.

내적 조건으로 한국어 정책 기관들이 기관 조정 협의회를 통해 업무 조정이 필요하다고 하였다. 교육 내용 문제로는 교육과정의 표준화와 다양화가 필요하고 한국어 교육용 문법의 기술, 각종 문법 용어의 통일, 교재 개발 시 문화 교육의 연계, 교수 학습 방법의 개선 등을 주장하였다.

또한, 세종학당의 설립 목적과 운영 계획에 대하여 살펴보았다. 세종학당이 추진하려는 한국어 교육의 방향은 어느 한 나라의 문화를 타국에 일방적으로 강요하는 방식이 아닌 문화 상호주의 원칙에서 쌍방향 문화 교류의 성격을 지니게 될 것이라고 하였다. 아시아 지역에 개설될 세종학당의 설립 목적은 아시아적 문화 연대와 현지인 노동 인력의 고용 창출을 위한 한국어 문화의 교류와 한국어 교육의 진흥이며 지식인 중심의 한국어 교육을 극복한 대중적 한국어 문화의 교육이 될 것이라고 하였다.

아울러 한국어 교사가 갖추어야 할 바람직한 교사상에 대해서도 살펴보았다. 교사가 되는 길은 소명의식이 없이는 갈 수 없는 길이라고 하였다. 특히, 한국어 교사는 한국을 대표하는 한국인이라는 긍지와 자부심이 반드시 필요하다고 하였다.

이제 21세기 아시아 태평양 시대를 맞이하여 한국어는 대국 언어로서의 역할을 톡톡히 할 때가 되었다. 이러한 시대에 한국어 연구자와 교사들이 한국어 교육의 문제점을 파악하고 한국어의 연구, 한국어 교육용 자료의 개발 등에 힘쓰며 한국어 교육학의 학문적 체계 확립에 힘쓴다면 한국어 교육은 틀림없이 21세기에 주목받는 학문 분야가 될 것이다.

참고 문헌

김중섭(2006), 한국어 교육의 정체성과 교사로서의 자질에 대하여, 제1회 전국 한국어 교육 전공 석사 논문 발표 자료집, 선문대학교 한국어교육원.
민현식(2005), 한국어교사론, 한국어교육 16-1, 국제한국어교육학회.
_____(2005), 한국어 세계화의 과제, 한겨레말글연구소 창립 기념 학술 발표회, 한겨레말글연구소.
박영순(2001), 외국어로서의 한국어교육론, 월인.
백봉자(2001), 교재와 교수법을 통해 본 한국어 교육의 역사와 과제, 외국어로서의 한국어 교육 25, 연세대학교 한국어학당.
서아정(2004), 해외 각급학교별 KFL 교육 현황, 국제한국언어문화학회 제1차 국제학술대회논문집.
신현숙(2005), 교육 정책의 과제와 발전 방안, 한국어교육론 1, 한국문화사
손호민(2005), 한국어 교육의 발전 방향, 한국어교육론 1, 한국문화사
유석훈(2005), 한국어 교육의 발전 방향, 한국어교육론 1, 한국문화사
조항록(2005), 한국어교육정책론, 한국어교육론 1. 한국문화사
최용기(2007), 한국어 교육의 진흥을 위한 비전, 한국문법교육학회 제6회 전국학술대회 자료집, 한국문법교육학회.
_____(2007), 한국어 교육의 현황과 세종학당 운영 방향. 국회 토론회 발표 자료집.

※『세종학당 논총』, 글누림(2008. 7.)에 실린 논문을 수정하여 보완한 것임.

제14장 한국어교원 자격 제도의 현황과 과제

1. 머리말

한국어교원 자격 제도는 '국어기본법'과 '국어기본법 시행령'이 시행된 이후 본격화되었으며, 그 이후 한국어 교육과 관련된 언어 환경은 크게 변화하였다. 이를 몇 개로 요약하면 다음과 같다.

첫째, 한국어교원 양성 과정이 지속적으로 증가하였다. '국어기본법' 시행 이후 한국어교원 양성 과정은 2005년 당시 학부 9개, 대학원(교육대학원 포함) 14개, 대학 부설 단기 양성 기관이 28개 정도였는데 2008년 10월 현재, 학부와 대학원(교육대학원 포함)이 37개(대학 17개, 대학원 20개)로, (대학 부설) 단기 양성 기관은 상당한 정도(100여 개로 추정)로 증가하였다.

둘째, 한국어 학습자가 증가하였다. 이것은 두 가지로 분류할 수 있다. 첫 번째는 국제결혼이주여성과 이주노동자의 증가로 인한 외국인의 국내 유입이다. 2005년 국내 체류 외국인은 631,136명이었는데, 2008년 5월 144만여 명이다. 2005년 이후 증가율을 살펴보면 매년 20% 내외로 외국인이 증가하고 있다. 두 번째는 외국에서 한국어 학습 수요의 증대이다. 외국에서 한국어 교육의 수요는 고용허가제에 따른 노동자의 시험 준비, 현지 한국 기업과 관광객을 위한 수요, 대학의 정규 과정의 한국어와 한국학 관련 학과의 증설, 한류에 따른 학습 수요 등으로 나눠 볼 수 있다.

셋째, 한국어 교육 수준 향상을 위한 정부의 노력이 지속되고 있다. 이것의 대표적인 사례가 세종학당의 설립과 운영이다. 세종학당은 현지 일반 대중을 대상으로 하는, 사회 교육원 형태의 한국어와 한국 문화 확산의 교두보로서 국외에서 한국어를 배우고자 하는 외국인과 재외동포를 위한 개방형 한국어 문화학교이다. 1단계(2007년~2011년)에 60개교(계획 수정), 2단계(2012년~2016년)에 100개교 설립을 목표로 하고 있다. 새 정부에서도 '한국어의 세계화'를 국정 과제로 채택하고, 국가경쟁력강화위원회와 국가브랜드위원회의 '세종 사업'과 '누리-세종학당' 사업도 진행 중이다.

이 같은 세 가지 언어 환경의 변화와 함께 한국어교원 자격 제도를 개선하기 위한 방법들이 논의되고 있다. 한국어 교육의 수준 향상, 자격증을 소지한 인력의 수급 문제, 교육 주체(교원)의 자격 부여 논의 등이 검토되고 있는 것은 바람직한 일이다.

2. 한국어교원의 자격

2.1. 국어기본법상의 한국어교원 자격

우리의 말과 글에 대한 법령이 존재하지 않아 국어 정책의 실효성을 확보하기 곤란한 경우가 많았다. 이 같은 문제를 해결하고자 '국어기본법'과 '국어기본법 시행령'을 제정 시행하고 있다. 총 5장 27조와 부칙으로 구성된 '국어기본법' 중에 한국어교원과 관련된 조항은 제19조이다.

'국어기본법' 제19조 2항은 한국어교원의 의미를 최초로 명문화한 것이다. (한)국어를 내국인이 아니라 재외동포나 외국인을 대상으로 가르치는 자를 이른바 '한국어교원'이라고 하는데, 이에 대한 구체적인 사항은 '국어기본법 시행령' 제13조 등에 나타나 있다.

이어 '국어기본법 시행령'에서 한국어교원 자격과 관련된 내용을 조별로 정리하면 제13조에서는 한국어교원의 개념, 교원 자격 취득 방법, 승급 요건 등이, 제14조에서는 한국어교육능력검정시험에 대한 사항이 제시되어 있다. 또한, 부칙에서는 시행령 시행 이전의 교육 경력자, 한국어 관련 학과 대학(원) 입학자,

양성과정 이수자들의 한국어교원 취득 방법이 수록되어 있다.

2.2. 한국어교원의 개념

2.1.1. 한국어교원의 정의

(1) 한국어

'국어기본법 시행령' 제13조 1항에서는 한국어교원을 재외동포나 외국인을 대상으로 국어를 가르치는 자라고 규정하고 있다. 여기서 중요한 것은 '누구에게 무엇을 가르치는 사람'이 한국어교원인가 하는 점이다. '무엇을' 가르치는지는 '국어'라고 되어 있다. '국어'는 동법 제3조의 정의에 따르면 "대한민국 공용어로서의 한국어를 말한다." 따라서 국어와 한국어는 같은 것을 의미한다. 그런데 "국어를 가르치는 자"를 '한국어교원'이라고 국어와 한국어를 구분한 것은 '누구에게' 가르치는 데서 찾을 수 있다. 가르치는 대상이 '재외동포나 외국인'이기 때문에 국어 교원이라고 하지 않고 한국어교원이라고 한 것이다. 이는 '국어기본법 시행령' 제13조 한국이교원 지격 부여의 조건에서 전공을 '외국어로서의 한국어 교육'이라고 한 데서도 확인할 수 있다.

재외동포란 '국어기본법' 제19조 1항에서는 '재외동포의 출입국과 법적 지위에 관한 법률'에 의한다고 되어 있다. 이에 따르면 재외동포는 재외 국민(한국 국적자)과 외국 국적 동포(외국 국적자)로 구분된다. 재외 국민은 한국 국적의 소지자이면서 외국에서 영주권을 취득하거나 영주할 목적으로 거주하는 자이며, 외국 국적 동포는 외국 국적자로서 한국 국적을 보유하였거나, 보유한 자의 직계 비속을 의미한다. 그런데 재외동포 가운데 한국 국적자(재외 국민)의 모국어는 한국어일 가능성이 높지만, 외국 국적자(외국 국적 동포)의 모국어는 한국어가 아닐 가능성도 있다. 따라서 한국어를 가르치는 대상은 외국인과 외국 국적 동포일 가능성이 높다.

(2) 교원

교원은 일반적으로 교사를 지칭하는데 '초·중등교육법'에 따르면 교장, 교감, 교사로 구분된다. 따라서 교원은 대체로 실제 수업을 진행하는 교사와, 교장(감)을 가리킨다. 교사는 정교사(1급, 2급), 준교사, 전문상담교사(1급, 2급), 사서교사(1급, 2급), 실기교사, 보건교사(1급, 2급), 영양교사(1급, 2급)로 나뉘는데, 이들은 소정의 자격기준에 해당하는 자로서 교육과학기술부장관이 검정·수여하는 자격증을 받는다. 교사 자격증 부여는 '교원자격검정령'에 나와 있는데, 부여의 주체는 교육과학기술부장관이다. 한편, 교원 자격증 부여는 무시험과 유시험으로 나뉜다. 사범대학이나 교육대학 졸업자 가운데 전공 50학점 이상, 교직 22학점 이상을 이수하고, 졸업 평점이 75%에 이상이면 무시험으로 정교사 2급 자격증을 부여받게 된다. 한국어교원은 초·중등학교나 유치원 교사와는 달리 문화체육관광부장관이 자격증을 부여하므로 일반 교원 자격과는 차별성을 지닌다.

(3) 한국어교원

한국어교원은 외국인과 재외동포에게 대한민국의 공용어인 국어를 가르칠 수 있는 자격을 문화체육관광부장관으로부터 부여받은 사람이다. 한국어라고 표현한 것은 외국인과 교포를 대상으로 한다는 점이다. 교사라 칭하지 않고 교원이라고 한 것은 초·중등학교의 교사 자격증은 교육과학기술부장관이 부여하는 데 한국어교원 자격증은 문화체육관광부장관이 부여하기 때문이다.

2.1.2. 한국어교원 자격의 취득

한국어교원은 1급, 2급, 3급으로 나뉘는데, 대학원 박사 과정을 졸업하더라도 1급이 될 수 없다. 곧, 한국어교원 자격 취득자는 2급이나 3급에서 시작하게 된다.

(1) 한국어교원 3급

한국어교원 3급 취득은 두 가지 방식으로 이루어진다.

첫째, 대학에서 외국어로서의 한국어 교육을 다섯 가지 영역별-① 한국어학 ② 일반언어학 및 응용언어학 ③ 외국어로서의 한국어 교육론 ④ 한국문화 ⑤ 한국어 교육 실습-로 최소 학점을 이수하고 총 21학점을 취득한 자에게 자격을 부여하는 것이다.

둘째, 한국어교원 양성과정의 다섯 가지 영역의 필수 이수시간을 이수하고 이수시간이 120시간을 넘은 자들이 한국어교육능력검정시험을 합격하는 경우이다. 한국어교육능력검정시험의 필기시험은 절대 평가로 배점이 다른 네 가지 영역-① 한국어학(90점) ② 일반언어학 및 응용언어학(30점) ③ 외국어로서의 한국어 교육론(150점) ④ 한국문화(30점)-에서 평균 60% 이상, 영역별 40% 이상의 점수를 취득해야 하며 필기시험 합격자는 면접을 통해 최종 합격과 불합격이 가려진다.

(2) 한국어교원 2급

한국어교원 2급 취득은 대학과 대학원을 통한 방법과 3급에서 승급하는 방법이 있다.

첫째, 승급이 아닌 2급 취득은 대학이나 대학원에서 외국어로서 한국어 교육을 영역별(부전공 영역과 같음)로 이수하고, 대학에서는 총 45학점, 대학원에서는 18학점 이상을 취득한 자에게 무시험으로 자격을 부여하는 방식이다.

둘째, 승급 방식은 3급에서 2급이 되는 것으로 대학 및 대학 부설기관에서 외국어로서의 한국어 교육 경력이 승급의 조건이다. 3급 가운데 부전공자는 한국어 교육 경력이 3년, 양성기관 출신자는 한국어 교육 경력이 5년이 되어야 2급으로 승급할 수 있다.

(3) 한국어교원 1급

한국어교원 1급은 2급 교원 중 한국어 교육 경력이 5년 이상인 경우 승급이 가능하다.

(4) 한국어교원 자격 취득 과정의 특징

한국어교원 자격 취득에서 주목할 특징을 요약하면 다음과 같다.

첫째, 자격 취득이 시험을 치르는 경우와 그렇지 않은 경우로 나누어진다. 곧, 3급 자격 취득에서 대학교 부전공자는 무시험이지만 양성 기관 이수자는 한국어교육능력검정시험을 치러야 한다.

둘째, 양성 기관의 경우에는 입학 시, 명목상의 학력 제한이 없다.

셋째, 승급 조건인 한국어 교육 경력을 인정받을 수 있는 기관이 외국어로서의 한국어를 가르치는 국내외의 대학과 대학 부설기관으로 한정된다.

넷째, 국어기본법 시행령의 시행일(2005.7. 28.) 이전, 자격 규정에 대한 경과 규정을 두고 있다.

다섯째, 무시험이라 하더라도 한국어교원자격심사위원회에서 자격 검증에 대한 최종 심사를 하며, 자격증 부여의 주체는 문화체육관광부장관이다.

3. 한국어 교육과 한국어교원 제도의 현황

한국어교원 자격 제도는 한국어 교육의 현실이란 토대를 중심으로 논의할 수밖에 없다. 그런데 한국어 교육 현황에 대한 정확한 자료는 아직 정확하지 않다.

3.1. 한국어교원 양성 기관

한국어교원 자격증을 취득하기 위한 방법은 두 가지이다. 하나는 정규 과정(대학교, 대학원)에서 외국어로서의 한국어 교육을 (부)전공하는 방법이고, 다른 하나는 비정규 과정에서 한국어 교육능력검정시험을 볼 수 있는 자격을 얻기 위해 120시간의 수업을 이수하는 방안이다.

3.1.1. 대학(원) 과정

정규 한국어교원 양성은 2008년 10월 현재 17개의 대학, 20개의 대학원(교육대학원 포함)에서 '외국어로서의 한국어 교육' 과정이 운영되고 있다. 하지만 이들 대학(원)의 교원, 학생 수 등에 대한 구체적인 정보를 파악하지 못하고 있다.

3.1.2. 단기 양성 과정

단기 양성 과정은 대학 부설 기관을 중심으로 이루어지고 있었다. 대략 100개의 대학에서 부설 언어교육원, 평생교육원 형태로 비정규 과정을 운영하고 있는 것은 확인할 수 있었다. 단기 양성 과정은 한국어교육능력검정시험을 위한 120시간 수업만을 수료하는 조건을 제시하고 있기 때문에 자체적인 연결망조차 갖추고 있지 못한 형편이다.

3.2. 한국어 교육 정책 부처와 기관

3.2.1. 한국어 교육 정책 부처 : 국외

우리나라 정부에서 관여하는 외국에서의 한국어 교육 정책 부처는 문화체육관광부, 외교통상부, 그리고 교육과학기술부에서 진행하고 있다. 부처별 법적 근거, 정책 대상, 교육 기관, 교원, 교재 개발, 한국어 시험 등의 여부를 정리하면 아래와 같다.

〈표 1〉 부처별 국외 한국어 보급 사업 지원 현황

구분	문화체육관광부	외교통상부	교육과학기술부
법적 근거	국어기본법	재외동포재단법	재외 국민의 교육 지원 등에 관한 법률
정책 대상	외국인, 재외동포	재외동포	재외동포

교육 기관	세종학당, 한국문화원	한글학교(교회 등에 운영, 민간 자생 설립)	한국교육원 한국학교(정규 교육기관)
교원 / 양성 파견	한국어교원 자격 부여	한국어 교수 파견 한국어 봉사단원 파견	한국학 교수 파견
교원 / 재교육	세종학당 교원 재교육 국외 한국어 교사 연수	한글학교 교사 재교육	
교재 개발	한국어 표준 교육과정, 표준 교재 개발·보급 학습 사전 등 개발	국외 대학용 교재개발·보급	재외동포용 교재 개발 보급
인터넷 사이트	인터넷 교육 사이트 운영 http://www.glokorean.org 통합사이트(U-세종) 구축 중	인터넷 교육 사이트 운영 (http://study.korean.net)	인터넷 교육 사이트 운영 (http://ww.kosnet.go.kr)
한국어 시험	한국어교육능력검정시험(산업인력관리공단 위탁)		한국어능력시험(TOPIK)
기타	한국어 교육 실태 조사 학술대회 등 개최 지원	한국어 교수직 설치 및 교원 고용 지원 학술대회 등 지원	국외 초·중등학교 한국어 채택 지원 한국학 학술대회 개최
지원 기관	국립국어원 재외 한국문화원 한국어세계화재단 한글학회	한국국제교류재단 한국국제협력단 재외동포재단	국립국제교육원 한국교육과정평가원 한국학중앙연구원

(1) 문화체육관광부

문화체육관광부와 국립국어원에서는 재외동포와 외국인을 대상으로, 2007년부터 설립된 세종학당을 중심으로 한국어 교육을 진행하고 있다. 2009년 4월 현재, 몽골 2개 대학, 중국 11개 대학, 키르기스스탄 1개, 미국에 1개, 러시아 1개, 영국에 1개 등 총 17개 세종학당이 개설되어 운영되고 있으며, 총 124명의 한국어

교원이 4,320명의 한국어 학습자에게 한국어 교육을 진행하고 있다. 한편, 세종학당이 설립되기 이전부터 한국문화원에서는 한국어 교육 강좌를 개설하여 현지인을 대상으로 한국어 교육을 실시하고 있다.

(2) 외교통상부

외교통상부와 관련된 한국어 교육 기관은 한글학교이다. 한글학교는 대표적인 비정규 교육 기관인데, 2008년 8월 114개국에서 2,096개 한글학교가 운영 중이다. 한글학교 교사는 14,449명, 학습자는 128,979명이다.

(3) 교육과학기술부

교육과학기술부에서는 한국교육원과 한국학교를 통해 한국어 교육을 진행하고 있다. 한국교육원은 34개, 한국학교는 일본과 북미 등에 27개가 있다. 한국학교는 국내의 정규 교육과정에 해당한다. 한편, 한국학과가 개설된 대학 및 기관은 54개국 682개 기관이고, 해외 초·중등학교에 한국어가 개설된 곳은 15개국 628개교다(2008년 1월). 이 가운데 몇몇 대학에는 한국에서 직접 한국학과 한국어교원을 파견하고 있는데, 주요 파견 기관은 한국국제교류재단과 한국국제협력단, 한국학중앙연구원으로 2007년에는 약 77명에서 109명을 파견하였다.

3.2.2. 한국어 교육 정책 부처 : 국내

(1) 정부 부처별 한국어 교육 정책

각 부처에서는 관련 법령에 따라 정책 대상에 대한 한국어 교육을 실시하고 있다. 문화체육관광부는 '국어기본법', 여성가족부는 '다문화가족지원법', 법무부에서는 '재한외국인처우기본법', 노동부에서는 '외국인근로자의 고용 등에 관한 법률'에 따라 한국어 교육을 시행하고 있다.

① 문화체육관광부

문화체육관광부에는 문화여가정책과와 국어민족문화과가 한국어 교육 전반을 다루고 있다. 문화여가정책과에서는 다문화 사회 문화 환경 조성, 이민자 문화 활동 지원, 다문화 사회 이해 증진 홍보 등을 담당하며, 국어민족문화과는 국어 정책에 관한 종합 계획의 수립·조정과 추진, 국어의 보존·발전에 관한 법령과 제도 정비를 추진하고 있다.

한국어 교육은 문화체육관광부와 국립국어원이 맡고 있다. 국내외 한국어 교육 진흥을 위해, 문화체육관광부와 국립국어원은 2006년부터 국어문화원을 16개 설립·운영하고 있으며, 지역 문화원과 연계하여 한국어 교육을 실시하고 있고 한국어 수요에 맞춰 전문성을 갖춘 한국어교원을 배출하기 위해 한국어교원 자격 심사 등 한국어 교육 관련 업무를 진행하고 있다.

② 여성가족부

여성가족부의 한국어 교육은 '중앙건강가정지원센터'에서 관리하는 '다문화가족지원센터'를 중심으로 이루어지고 있다. 다문화가족지원센터에서는 결혼 이민자들의 한국 사회 적응을 돕고, 안정적인 정착을 위한 공통 사업으로 한국어 교육을 진행하고 있다.

여성가족부의 한국어 교육은 여러 가지 방식으로 진행된다. 전국 80여 개 다문화가족지원센터를 통해 초·중·고급 언어별·수준별로 세분화된 교육 프로그램인 집합 교육을 실시하고 있으며, 다문화가족지원센터의 한국어 강사는 주로 대학 어학원 또는 관련 기관에서 '외국인을 위한 한국어 강사 교육'을 받은 수료자, 국어 교사 자격증 소지자, 결혼 이민자를 위한 한국어 교육을 수행해 본 경험이 있는 자원 봉사자들에 의해 이루어진다.

③ 법무부

법무부는 직접적으로 한국어 관련 교육을 실행하지는 않는다. 다만, 귀화 필기시험을 대체하기 위한 사회 통합 프로그램을 2009년부터 시행하고 있다. 2009년부터 귀화 신청 결혼이민자의 경우, 귀화 필기시험과 사회 통합 프로그램 이수제도 가운데서 하나를 선택할 수 있고, 2010년부터는 모든 귀화 신청 대상자에게 사회 통합 프로그램 이수제로 일원화할 계획을 세우고 있다.

사회 통합 프로그램은 한국어와 우리 사회 이해 과목을 일정 기간 동안 이수하게 하는 제도로 운영 기관은 심사를 거쳐 법무부장관이 지정하게 된다. 지정된 기관은 사회 통합 프로그램 이수제도 각 프로그램을 운영하고, 사회 통합과 다문화 이해를 위한 각종 행사를 주관할 수 있다. 여기에서 한국어 교육을 담당할 한국어 강사는 해당 운영 기관의 기존 한국어 강사에 대한 기본 자격 및 경력 등을 고려하여 허용한다. 2007년 법무부 조사에 따르면, 기관·지자체 등 247개 기관에서 1,014개 사회 통합 프로그램을 시행 중인데, 한국어 교육이 51.8%를 차지하고 있다.

④ 교육과학기술부

교육과학기술부가 주관하는 한국어 교육은 '중앙다문화교육센터'와 전국의 각 시·도 교육청을 통해 수행되고 있다. 중앙다문화교육센터는 교육과정에 다문화 교육을 결합하기 위하여 교사 연수에 사용되는 교재 개발과 교육 연수를 주로 담당하고, 각 시·도 교육청은 다문화 가정 자녀 교육 지원 사업을 벌이고 있다. 시·도 교육청이 실시하는 다문화 관련 지원 사업은 2006년과 2007년 모두 한국어 교육의 비중이 가장 높았으며, 교육의 대상과 내용은 초중고 재학 중인 다문화 가정 2세에 대하여 방과 후 한국어 학습이다.

(2) 대학 부설 기관

대학 부설 기관은 한국어 교육에 대한 전공 지식을 가진 자 또는 어문 관련 전공자들이 대학 내 교환 학생과 유학 준비생 등에게 한국어를 가르치는 경우가 대부분이다. 따라서 외국인 성인 학생들을 대상으로 이루어지며, 이들이 이곳에서 교육을 받을 경우, 다른 민간단체 또는 복지시설보다 한국어에 관한 전문 지식을 접할 기회가 많다.

(3) 정규 학교 교육 : 특별 학교

정규 학교 교육의 한국어 교육 대상자는 다문화 가정 자녀들 또는 외국에서 거주하다 온 한국인의 귀국 자녀들이다. 주로 초중학교에서 이루어지고 있으며, 이들을 가르치는 교원은 대부분 교육과학기술부에서 발급하는 정규 교사 자격증을 소지하고 있다. 다문화 가정 자녀를 위한 한국어 수업을 실시하고 있는 학교(5곳)와 국내 귀국 자녀들을 위한 한국어 수업을 실시하고 있는 특별 학교(10곳)가 있다.

3.3. 한국어교원 자격증 발급 현황

국어기본법이 시행된 이후 2006년부터 2009년 7월 현재 한국어교원 자격증 발급 숫자는 총 3,019명(2급 1,104명, 3급 1,915명)이다. 이를 연도별로 나누어 살펴보면 2006년 868명(2급 269명, 3급 599명), 2007년 639명(2급 185명, 3급 454명), 2008년 842명(2급 341명, 3급 501명), 2009년 664명(2급 309명, 3급 361명)이다. 이들은 주로 2급과 3급 자격증 취득자이며 1급은 아직까지 한 명도 없다. 왜냐하면 2급 자격증 발급 이후 경력 5년이 지나지 안 하였기 때문이다.

4. 한국어교원 자격 제도의 과제

한국어교원 자격 제도 개선에 대한 논의는 활발하게 진행되지 않고 있는 듯하다. '국어기본법'과 '국어기본법 시행령' 개정을 염두에 두고 있기 때문이라 생각한다. 그동안 논의되고 있는 '새로운 자격 제도 신설'과 '한국어교원 양성 과정 인증제'를 중심으로 과제를 정리하면 다음과 같다.

4.1. 새로운 자격 제도 신설

4.1.1. 한국어 교육의 전문성

현재 한국어교원은 1급, 2급, 3급으로 구분된다. 이 같은 구분은 국내의 다른 자격 제도와 비교하면 커다란 차이를 찾아보기 힘들다. 다만, 준학예사, 준사서, 준교사와 같은 자격증에서 보듯이 준(準)에 해당하는 자격증이 존재하지 않는다. 준(準)에 해당하는 자격증을 부여하는 직종은 일반적으로 그렇지 않은 직종에 비하여 전문성을 요구하고 있다. 따라서 한국어교원 자격 부여에서 정(正)이 아닌 준교원(準敎員)을 설정해야 할지가 하나의 과제가 될 수 있다.

  현재 한국어교원의 자격을 획득하는 방법 가운데 학사 학위 이상의 전공자는 최소한 2급 자격증을 취득하고 있기 때문에 '전문성'을 갖추었다고 볼 수 있다. 문제는 3급 자격 취득에 있는데, 한국어 교육 전공자와 달리 120시간의 단기 양성 과정은 전공과 학력에 제한이 없다. 학력과 전공에 대한 제한이 없는 것은 다른 자격증 취득과 관련하여 큰 문제는 없다고 판단된다. 하지만 단기 양성 과정이 전문성 있는 한국어교원을 배출하고 있는지에 대해서는 논란이 있다.

4.1.2. 교원 수급의 현실성

  한국어 교육 수요자의 측면에서 한국어교원 자격 제도를 살펴볼 수 있다. 외국어로서 한국어 교육의 수요자는 이주민, 이주민 자녀, 한국 진입을 준비하는 외국인, 한국어에 관심이 있는 외국인, 재외동포, 한국 유학(준비)생, 외국어로서의 한국어 전공자 등으로 나누어 볼 수 있다.

  이들의 교육 장소는 국·내외에 걸쳐 있다. 이 중에 교육 장소의 구분이 확실한 것은 이주민과 이주민 자녀, 한국 유학생밖에 없다. 이들은 국내에서 한국어 교육을 받는다. 반면에, 외국인(한국 진입 준비, 한국어 학습자, 한국 유학 준비생)과 재외동포 등은 대체로 외국에서 한국어 교육을 받지만 국내에서도 교육을 받을 수 있다. 다양한 기관에서 한국어를 배우고자 하는 이들의 목적은, 결혼 이주자와 이주 노동자들은 한국 생활에 적응을 위해서, 다문화 가정의 자녀는 한국인의 삶을 위해서, 그리고 해외 거주 교포들은 모국어를 배우기 위해서, 외국인(외국 거주)들은 한국 입국을 위한 시험과 향후 한국 생활 적응을 위해서이다. 이 중에 한국어를 가르치는 사람-한국어교원 자격증이 있든, 없든-에 대한 수요가 가장 많은 곳은 국내 이주민을 위한 기관과 비학문적 목적으로 한국어를 가르치는 해외 기관이다. 이주민을 위한 기관과 해외 교육기관에서의 한국어 교육은 유학생 또는 외국어로서의 한국어 전공자를 대상으로 하는 교육과 다르다.

이주민지원센터와 해외 한국어 교육 기관에서 한국어교원의 전문성이 높으면 좋을 것이다. 하지만 모든 이주민지원센터와 해외 한국어 교육기관이 전문성을 지닌 한국어교원만으로 구성될 수는 없다. 왜냐하면 한국어 교육 기관이 한국어교원에게 제공하는 조건을 고려할 때, 이주민지원센터나 해외 한국어 교육 기관이 한국어교원만으로는 운영될 수 없다는 점이다. 이주민지원센터와 해외 한국어 교육 기관에서는 한국어교원 자격증 소지자가 아니라 자원 봉사자들이 주로 교육을 담당하고 있다. 자원 봉사자들은 한국어 교육에 대한 능력, 열정을 지니고 있지만, 검증 받은 것은 아니다. 따라서 이들의 전문성을 높일 수 있는 방법을 고려해 보아야 할 시점이다.

4.2. 단기 양성 과정의 대표성

국내 자격증 제도는 유시험, 무시험, 양자 병존의 형태가 존재한다. 한국어교원 자격은 '외국어로서의 한국어 교육' (부)전공자에게는 무시험 제도가, 단기 양성 과정의 경우에는 유시험 제도가 시행되고 있다. 대표적인 유시험 자격증인 준학예사와 무시험 자격증인 사서의 경우와 비교하면, 한국어교원 시험 제도의 특성을 잘 이해할 수 있다. 준학예사의 경우에는 대학에서 관련 분야 전공을 이수하였을지라도 반드시 시험을 치러야 한다. 반면에 준사서는 전문대학, 정사서 2급은 대학에서 관련 전공을 이수할 경우 무시험으로 자격을 취득할 수 있다. 또한, 사서의 경우에는 지정 기관에서 소정의 교육을 이수할 경우에도 시험과 관계없이 자격을 취득할 수 있다.

한국어교원은 현재 대학 (부)전공자에게는 무시험을, 단기 양성 과정 이수자는 시험을 보고 있기 때문에 합리적인 측면이 있다. 다만, 단기 양성 과정의 편차가 없다면 필수 이수과목 120시간을 이수하면 한국어교육능력검정시험의 자격 부여는 합리적이다. 그런데 단기 양성 과정의 개설과 운영에 대한 어떠한 조건도 없는 상황임을 고려하면, 이를 재고할 필요성이 제기된다.

이것은 이른바 '양성 기관 인증제'라고 할 만하다. 영국의 경우, 두 기관에서 외국어로서의 자국어 교사 양성 과정을 인증하고 있다. 우리도 단기 양성 과정에 대한 인증까지는 아닐지라도 실태조사를 통해, 교육의 질을 측정하고 양질의 교육을 위해 노력을 할 필요가 있다. 그리고 조건이 주어진다면 인증제를 도입하여, 단기 양성 과정 간의 객관적인 차이를 드러내고 양질의 교육 기관에는 이점(利點)을 주는 방법을 생각해 볼 필요가 있다. 여기에는 여러 가지 방안이 제시될 수 있다. 문제는 평가, 나아가 인증을 위한 주체가 '누가' 되어야 하는 점이다. 가령, 대학교육협의회에서 대학 평가를 하는 것처럼 단기 양성 과정 협의체에서 이 같은 역할을 담당할 수도 있을 것이고, 별도의 인증 주체를 지정하는 방식도 있을 것으로 보인다.

5. 한국어교원 자격 제도의 개선 방향

5.1. 한국어 교육 자원 봉사자의 전문성 제고

현행 한국어교원 3급보다 하위의 직급을 둘 것인지의 문제이다. 이것은 두 가지 차원에서 접근할 수 있다. 하나는 현실성의 문제이고 다른 하나는 전문성의 문제이다.

5.1.1. 한국어 교육 관련 새로운 자격의 필요성

(1) 국내
국내에서 한국어 교육의 가장 많은 수요는 이주민이다. 이것은 불충분한 통계이지만 국내 한국어 교육 기관의 수에서 잘 드러난다. 대학 부설 한국어 교육 기관이 약 100여 개라면, 한국어 교육을 실시하는 이주민 지원 기관은 200여 개 정도이다. 대학 부설 한국어 교육 기관의 교육 대상자가 유학(준비)생, 교환 학생 등인데 반하여, 이주민 지원 기관의 교육 대상자는 이주노동자와 국제결혼이주자들이다.

이주민 대상 교육 기관의 한국어 교육은 자원 봉사 형태로 이루어지고 있는 것이 현실이다. 한국어교원 자격증 소지 여부는 아무리 높게 잡아도 40%를 넘지 못할 것으로 추정된다. 이주민에 대한 한국어 교육 수준의 향상을 위해서는 이주민 지원 기관의 한국어 교육 환경 개선과 함께 강사 (재)교육의 필요성이 제기된다. 하지만 자원 봉사자들을 대상으로 시간과 비용이 수반되는 (재)교육을 강제할 방법이 현실적으로는 없다. 따라서 이들에게 일정한 자격을 부여하는 방식을 통해, (재)교육을 독려할 수는 있을 것이다.

(2) 국외

외국에서 한국어 교육의 수요자는 한국어 전공 학생, 교포, 한국 이주 희망자, 그리고 한국어 관심자 등이다. 이 가운데 외국 대학의 한국어 관련 학과에서 전문적인 교육과 국내 정규학교 과정으로 인정되는 한국학교를 제외하면, 대체로 교육을 담당하는 주체는 자원 봉사자들이다. 이들은 거의 한국어교원 자격증을 지니고 있지 않지만 한국어교원 또는 새로운 자격증 취득을 희망하고 있다. 외국에서 활동 중인 한국어 강사들이 일주일에 5시간 이하의 시간을 투입하고 있음에도 한국어 교육 관련 자격 취득을 희망하는 것은 전문성 획득에 대한 욕구뿐 아니라 자격증 자체에 대한 욕구가 있는 것으로 파악된다. 결국, 국내에서와 마찬가지로 국외에서 활동 중인 자원 봉사자들에게도 자격 부여를 검토할 필요가 있다.

5.1.2. 한국어 교육 관련 새로운 자격의 부여

한국어 교육의 전문성 확보를 위한 가장 이상적인 방법은 자원 봉사자들이 한국어교원 자격증을 취득하는 것이다. 그러나 3급 자격을 취득하기 위해서는 대학에서 부전공을 하거나 단기 양성과정(120시간)을 이수한 후 한국어교육능력 검정시험에 합격하여야 한다. 그러나 자원 봉사자들이 3급 자격을 취득하는 것은 물리적으로 어렵다. 따라서 현행 한국어교원보다는 자격 취득이 쉬운 전문성을 확보하는 방법을 강구해 볼 수 있다.

국내 문화 관련 자격증이 있는 학예사와 사서 자격에 준(準)학예사와 준(準)사서가 있음을 고려해 보면, 한국어교원에 준(準)하는 자격의 부여를 검토할 수 있다. 준학예사는 학력과 관계없이 준학예사 시험에 합격한 자이며, 준사서는 전문대학 관련 학과 졸업자, 전문대학 졸업 후 지정교육 기관 이수자, 대학 관련 학과 부전공자이다. 준학예사는 시험을 통과하여야 하며, 준사서는 무시험이되 (전문)대학 이상의 학력을 요구한다. 준학예사와 준사서 자격 취득에서 확인할 수 있는 점은 준자격이라고 할지라도 요구하는 사항이 많다는 데 있다.

한국어 교육 관련 새로운 자격 취득 요건이 현재의 한국어교원 3급보다 수월해야 함은 주지의 사실이다. 현재의 한국어교원 3급 취득 방법은 대학에서 부전공과 단기 양성 기관의 120시간 수업 이수 이후 시험 합격이다. 하지만 정규 과정에서 준(準) 자격증을 부여하는 것은 바람직하지 않다. 따라서 새로운 자격의 취득은 비정규 교육과정, 곧 단기 양성과정 120시간 이수 후 시험 합격에 따른 자격 부여와 연관된다. 현실적으로 새로운 자격 부여는 두 가지 정도로 생각해 볼 수 있다. 하나는 현재의 120시간을 이수하면 시험을 보지 않는 방법이고, 다른 하나는 현재의 120시간보다 이수 시간 수를 줄이는 방법이다. 전자(前者)의 방법은 현재의 한국어교육능력검정시험의 합격률이 30% 정도인 점을 감안하며 검토할 만하다. 후자(後者)의 방법은 단기 양성과정의 120시간을 몇 시간으로 줄일 것인지, 관련 시험을 치러야 하는지의 여부가 관건이 될 수 있다.

현재의 단기 양성과정 120시간을 유지하면서 무시험으로 자격을 부여하는 방법, 그리고 120시간의 이수 시간 수를 줄이는 방법 가운데 어떤 것이 더욱 합리적일까? 이것의 기준은 두 가지로 설정 가능하다. 하나는 한국어 교육 관련 새로운 자격의 수급(需給) 문제이다. 또 다른 하나는 이 같은 자격을 취득할 경우, 승급이 가능한지의 문제이다.

한국어교원과 구분되는 한국어 교육 관련 자격을 원하는 사람은 한국어교원이 되고자 할까? 그리고 이 같은 새로운 자격 취득자의 수요처는 한국어교원 수요처와 유사할까? 수요의 측면에서 보면, 대학교 부설 한국어 교육 기관처럼 공식화·체계화된 기관에서는 한국어교원 자격을 요구하겠지만, 이주민지원센터와 한글학교 같은 비공식화·비체계화된 기관에서는 반드시 한국어교원 자격을 요구하지는 않을 것이다. 따라서 한국어교원이 아니라 한국어 교육 관련 새로운 자격증 소지자가 필요한 곳은 비정규 기관으로 추정된다. 결국, 한국어 교육의 수급에서 새로운 자격증 소지자가 위치할 수 있는 곳은 국내외에서 자원 봉사자들이 한국어 교육을 담당하고 있는 곳이다.

그렇다면 한국어 관련 새로운 자격증 소지자의 승급은 가능하도록 해야 하는가? 수급의 문제에서 새로운 자격증 소지자의 수요와 공급이 만나는 지점은 자원 봉사자들이다. 자원 봉사자들에게 한국어 교육은 직업이 아니라 말 그대로 봉사 행위이다. 따라서 굳이 승급이 중요할 것으로 보이지는 않는다. 이 같은 두 가지 기준을 고려할 때, 새로운 자격증 소지자는 한국어교원과는 다른 특성을 지닌다. '자원 봉사'라는 측면이 강하기 때문이다. 하지만 현행 120시간 단기 양성 기관을 이수하려는 사람들은 '한국어교원 3급'을 취득하려는 사람들이기 때문에 이들에게 시험을 면제하는 방식으로 새로운 자격을 부여하는 것은 바람직하지 않다.

자원 봉사자들을 새로운 자격증 소지자로 양성하고자 하는 이유는 전문성 향상을 위해서이다. 전문성 향상을 위해서는 시험 제도를 통해 전문성을 가려내는 방법이 고려될 수 있다. 하지만 주된 대상이 자원 봉사자라고 한다면 시험 제도는 적절한 방법이 아니다. 따라서 일정 시간의 수업을 이수하면 새로운 자격을 부여받을 수 있도록 하는 것이 현실적이다. 일정 시간은 현재 한국어교원 3급의 필수 이수시간보다 적어야 한다.

그렇다면 한국어 관련 새로운 자격자 양성 수업을 담당하는 주체는 누가 되어야 하는가? 주체는 현행 한국어교원 양성 과정이 모두 해당될 수 있다. 다만, 고려할 점은 국립국어원과 국어문화원이 주관하는 교육이 필요하다는 것이다. 이유는 두 가지이다. 첫 번째는 이들 기관의 전문성이 매우 높다는 데 있다. 두 번째는 이들 기관에서 담당해야 무료(無料) 또는 실비(實費)로도 교육이 가능하기 때문이다. 현재 한국어교원 단기 양성 과정이 수없이 생겨나고 있지만, 이들이 구체적으로 어떻게 교육을 실시하고 있는지는 알 수 없다. 일각에서는 한국어교원 양성 과정이 수익 사업이라는 비판이 제기되기도 한다. 이 같은 상황에서 자원 봉사자들의 전문성 향상을 위한 새로운 자격 제도까지 유료(有料) 과정으로만 운영하는 것은 바람직하지 않다.

한편, 소정의 교육을 이수한 후에는 별도의 시험 같은 절차 없이 자격을 부여하는 것이 바람직하다. 이것은 두 가지 점에서 그렇다. 첫 번째는 새로운 자격증 소지자는 경력을 쌓는다고 하여도 승급을 통해 한국어교원 3급이 되는 것이 아니기 때문이다. 두 번째는 자원 봉사자들에게 시험까지 치르게 하는 것은 적절하지 않기 때문이다.

한국어 교육 관련 새로운 자격을 가칭 '한국어 교육 자원 봉사자'라고 칭할 수 있다. 그러나 국가에서 자원 봉사자에게 자격증을 부여하는 경우는 없다. '자원봉사활동 기본법'에 따르면, 자원 봉사활동은 대가없는 자발적 활동을 의미하기 때문이다. 따라서 '한국어 교육 자원 봉사자'란 이름 대신에 '한국어 교육 봉사자' 정도의 이름을 붙일 수 있을 것이다. 실제 '건강가정지원법'과 '노인복지법'에서는 이와 유사한 법률적인 명칭이 있다. '건강가정지원법'에서는 '가정봉사원', '노인복지법'에서는 '지역봉사지도원'의 업무와 역할을 소개하고 있다. '한국어 교육 봉사자' 제도의 도입은 충분히 검토하고, 시도할 만한 일이다. 그런데 현실적으로 문제가 있다.

첫 번째는 실질적인 측면이다. '자원 봉사' 정도의 업무를 담당하는 데 자격증이 필요한지에 대해서는 다른 주장이 제기될 수 있다. (자원) 봉사자에 대해서 자격을 부여하는 경우가 매우 적은 것은 이를 반증한다. (자원) 봉사를 하는 데 국가에서 자격을 부여하는 것이, 자격증을 받는 사람들에게는 심리적·실제적인 측면에서 만족감을 줄 수는 있지만, 적절하지 않다는 비판에서 벗어나기는 어렵다.

두 번째는 법리적인 문제인데 이것은 다시 두 가지로 나눠 볼 수 있다.

첫째, 교육 대상의 중복성과 차별성의 문제다. '국어기본법' 제19조에서 "문화체육관광부장관은 재외동포나 외국인을 대상으로 국어를 가르치고자 하는 자에게 자격을 부여할 수 있다"고 되어 있다. '한국어교원 1급, 2급, 3급'이 분명히 외국인과 교포에게 (한)국어를 가르치는 사람이듯이, 현행 '국어기본법'에 따르면 '한국어 교육 봉사자' 역시 외국인과 교포들에게 (한)국어를 가르치는 사람이다. 교육의 대상이 동일한데, '한국어 교육 봉사자'란 새로운 자격을 부여하는 것은 법률적으로 적합하지 않다.

그런데 이 같은 교육 대상의 중복성은 명목상으로 그렇지만 현실에서는 반드시 그렇지 않다. 교육 대상의 중복성을 무시하고, '한국어 교육 봉사자' 자격을 부여한다고 가정해 볼 수 있다. 그런데 이들(한국어 교육 봉사자)과 한국어교원이 외국인과 교포만을 대상으로 (한)국어를 가르치지는 않는다. 가령, 다문화가정지원센터에서 한국어 교육을 실시할 경우에 수강자 중에 한국인도 포함될 수 있다. 결혼 이주자는 한국 국적자와 비국적자로 나누어진다. 한국 국적자와 결혼을 하였으나 한국 국적을 취득하지 못하였으면 외국인이고, 국적을 취득하였다면 한국인이다. 한국 국적의 국제결혼이주자에게 (한)국어를 가르치는 것은 '국어기본법' 제19조와 '국어기본법 시행령' 제13조에 따르면 한국어교원, 또는 '한국어 교육 봉사자'의 행위가 아니다. 왜냐하면 법령에서는 분명히 (한)국어 교육의 대상자를 재외동포와 외국인으로 한정하고 있기 때문이다.

한편, 이 경우에는 외국에서 동포나 외국인을 대상으로 한국어를 가르치는 자원 봉사자들은 어떻게 해야 할지 문제가 발생한다. '한국어 교육 봉사자'가 주로 한국인을 대상으로 교육한다면, 외국에서 한국어 교육을 담당하는 이들은 '한국어 교육 봉사자' 자격을 취득하기 어렵기 때문이다. 외국에서 한국어 교육을 담당하는, 상당한 전문성을 지닌 이들에게는 현실적으로 '한국어교원' 자격증 취득할 수 있는 별도의 기회를 마련하는 것이 필요하다.

둘째, 법령 집행의 문제다. 자원 봉사자의 (재)교육을 통한 전문성 향상을 위해서는 앞서 살펴본 대로, 국립국어원이나 국어문화원의 역할이 매우 중요하다. 그러나 현재의 법률 체계에서는 이러한 기관들에서 (재)교육을 실시할 근거가, 그리고 재정 투입의 근거가 마련되어 있지 않다. 결국, '국어기본법'의 개정이 이루어지지 않으면 새로운 자격 제도의 도입이 현실적으로 어렵다.

한국어 교육에 힘쓰는 자원 봉사자들의 전문성 확보를 위해, 새로운 자격을 부여하는 일은 충분히 검토할 만한 일이다.

5.2. 한국어 교육 기관 인증제도의 도입

한국어 교육 기관 인증은 두 가지로 나눠볼 수 있다. 하나는 한국어교원 양성 과정에 대한 인증이고, 다른 하나는 한국어 교육 기관에 대한 인증이다. 첫 번째는 한국어교원 양성 과정의 질적 수준 제고를 위한 것이고, 두 번째는 한국어 교육의 수준 향상을 위한 것이다. 현재 한국어교원 양성 과정이든, 한국어 교육 기관이든지 간에 인증제도는 없다. 이것은 한국어 교육이 체계적으로 이루어지지 못하고 있음을 보여주는 결과이다. 한국어 교육의 중요성을 감안하면 한국어 교육 시스템에 대한 검증과 함께, 인증제를 도입할 필요가 있다.

5.2.1. 인증제도의 필요성

(1) 한국어교원 양성 과정

한국어교원이 되기 위해서는 대학(원)에서 '외국어로서의 한국어'를 (부)전공하는 방법과 단기 양성 과정(120시간) 이수 후 한국어교육능력검정시험을 치르는 방법 두 가지가 있다. 첫 번째 방법은 정규 교육과정이기 때문에 새롭게 인증할 필요성은 제기되지 않는다. 대학(원)의 교과과정과 자체의 교육과정이 이미 정부 부처와 협의 또는 승인되었기 때문이다. 문제는 단기 양성 과정을 어떻게 인식해야 하는가이다.

현재 한국어교원 단기 양성 과정은 대학교 부설 외국어 센터 등에서 경쟁적으로 신설하고 있지만 총수(總數)조차 파악하지 못하고 있다. 과목별 최소 이수시간과 총 120시간 교과과정만 개설이 된다면 누구라도 이 같은 교원 양성 기관을 설립·운영할 수 있다. 물론, 이것은 120시간을 이수한다고 해서 한국어교원이 되는 것이 아니라, 이수 후 별도의 시험을 치르기 때문에, 공공 영역에서는 특별히 기관 운영에 개입할 필요를 느끼지 못한 것으로 이해할 수 있다. 하지만 한국어 교육의 중요성을 감안해 보면, 양성 기관이 어떻게 운영되고 있는지에 대해서는 파악해야 한다.

이 같은 조사가 잘 진행된다면 한국어교원 양성 과정에 대한 정리가 가능하다. 또한, 단순한 실태 파악을 넘어서 기관 운영의 최소 기준을 설정할 수 있고, 한국어교원 양성 기관에 대한 인증제를 검토할 수 있다.

(2) 한국어 교육과정

한국어 교육 기관에 대해서는, 아직까지 몇 곳에서 어떻게 교육을 진행하고 있는지에 대한 공식·비공식 통계가 없다. 따라서 국내외 한국어 교육의 진행 사항에 대한 전반적인 파악이 필요하다. 수요자 입장에서는 한국어 교육이 어떻게 이루어지고 있는지를 알아야 자신에게 적합한 교육기관을 선택할 수 있다. 이 같은 조사를 기반으로 한국어 교육과정별 정보를 공유하고 나아가 이를 토대로 교육과정에 대한 인증제를 검토할 수 있다.

영국문화원과 영어 교육 인증기관(English UK)의 교육 기관 품질 인증(Accreditation UK Scheme), 캐나다 영어 교육 인증협회(LATIE), 호주 영어 교육 관리 기관(NEAS)의 교육 기관 인증제도는 외국어로서의 자국어 교육 수준 향상에 기여하고 있을 뿐만 아니라 수강자들의 교육 기관 선택 시 도움을 주고 있다. 한국어 교육과정에 대한 조사와 이를 바탕으로 한 인증제도를 검토할 시점이다.

5.2.2. 기관 인증제도 실시

한국어교원 양성 기관에 대한 인증제도는 대학(원) 관련 학과가 아니라 교원 단기 양성 과정에 한정된다. 대학(원) 관련 학과는 교육과학기술부에서 학과 개설을 인정받았기 때문에 별도의 인증 과정이 필요하지 않기 때문이다.

기관 인증을 위해서는 여러 가지 고려할 사항이 많다. 교원 영역(전임 교원 수, 전체 교원 수, 전문성, 재교육), 교과과정 및 운영(수강료 비중, 자체 발전 계획, 의사소통 체계), 교육 환경 및 자료(교재, 자료의 양과 내용, 공간, 실습 공간), 학생 등록률, 학생들의 자격 취득률 등을 판단하여야 한다. 물론, 이 가운데서도 가장 중요한 기준은 교원의 전문성이다. 현재 교원 양성 기관의 총수(總數)조차 파악하지 못한 점을 고려하면, 실태 조사가 선행되어야 한다. 실태 조사는 교원 양성과정협의회 같은 기구가 있다면, 이러한 협의체를 기반으로 전체 모수(母數)를 파악한 후 전수 조사를 실시하여야 한다. 협의체가 없는 경우에는 협의체를 구성하도록 독려하거나 인증기관에서 실태 조사를 진행하여야 한다.

그런데 현행 '국어기본법'에는 교원 양성 기관과 교육 경력 기관에 대한 인증과 관련된 조항이 없다. 따라서 '국어기본법 시행령'에서 제도적으로 인증 관련 조항을 삽입할 수 없다. 인증제를 실시하려면 '국어기본법' 자체의 개정이 필요하다. 인증제도 자체는 필요하지만, 실태 파악과 법률 개정이 필요한 바 이를 위한 준비 기간을 가져야 하는 것이다.

6. 마무리

지금까지 한국어교원 자격 제도와 관련하여 한국어교원 자격 제도의 현황, 자격 제도와 관련된 쟁점들, 국내외 한국어 교육 현황과 과제, 개선 방안 등을 살펴보았다. 이 같은 한계점을 적시하고 이를 해결할 수 있는 방법을 제시하면 다음과 같다.

첫째, '한국어교원'의 범주 획정이 매우 어렵다. '국어기본법' 제19조와 '국어기본법 시행령' 제13조가 지니고 있는 모호함 때문이다. 법령에 따르면 (한)국어를 가르치는 대상은 외국인과 재외동포이다. 따라서 다문화 가족의 구성원 중 한국 국적을 취득한 결혼 이민자와 다문화 가족의 자녀를 대상으로 한 국어 교육은 한국어교원의 행위가 아니다. 법령에서는 (한)국어 교육의 대상을 지칭하고 있을 뿐 (한)국어 교육을 정확히 규정하고 있지 않다. 그렇기 때문에 한국 국적을 취득한 결혼 이민자와 다문화 가족의 자녀들을 대상으로 한 언어 교육도 (한)국어 교육이라고 할 수는 있다. 그러나 그들을 대상으로 교육을 하는 사람은 한국어교원이 될 수 없다. 따라서 한국어교원의 개념을 "외국인, 재외동포, 다문화 가족을 대상으로 국어를 가르치는 자"로 확장해야 한다. 이것은 '국어기본법' 제

19조 제1항에서 국어를 배우고자 하는 대상에 '다문화 가족'을 포함시켜야 한다.

둘째, '국어기본법'과 관련된 법령 체계가 다른 자격 제도를 포괄하는 법령과는 상당한 차이가 있다. '국어기본법'에서는 '한국어교원'이란 명칭을 사용하지 않고 있을 뿐 아니라 자격 부여를 대통령령으로 정한다고 하고 있다. 다른 법령의 각종 자격 제도에서는 시행령이 아니라 법률 자체에 행위자에 대한 언급이 있다. 가령, '유아교육법'은 교직원의 구분, 교직원의 임무, 교원의 자격을 제시한다. '초·중등교육법'은 교직원을, '박물관 및 미술관 진흥법'은 학예사를, '도서관법'은 사서직원을 언급하고 있고 각각의 법률이나 시행령에서 자격 기준을 제시하고 있다. 그리고 자격 부여의 구체적인 방법과 내용은 대체로 시행령에 따른다고 되어 있다. 그러나 '국어기본법'에서는 행위자와 자격을 규정하지 않고, 시행령에서 행위자에게 '한국어교원'이란 명칭을 부여하고 있다. 이 같은 법령 체계는 다른 법령에 비하여 '국어기본법 시행령'이 훨씬 많은 정보를 제공해야 함을 의미한다.

한편, '국어기본법'은 시행령만 있을 뿐 시행 규칙이 없다. 다른 자격 제도에서는 시행 규칙에서 상당한 정도의 규정을 내리고 있다. 가령, '박물관 및 미술관 진흥법 시행규칙'에서는 박물관·미술관 학예사 운영위원회의 구성 및 운영을, '도서관법 시행규칙'에서는 사서 자격증 교부에 관한 사항을 규정하고 있다. 현행 '국어기본법 시행령'에서는 "한국어교원자격심사위원회를 두되, 그 구성과 운영에 관하여는 문화체육관광부장관이 고시한다."라고 되어 있고, 구체적인 사안은 '문화관광부 고시' 제2005-23(한국어교원 자격증 신청 및 발급 규정 고시)에 실려 있다. 그런데 이 같은 조항은 한국어교원 자격심사를 받으려는 자의 직업선택 자유의 측면에서 중요한 사안이기 때문에, '국어기본법 시행규칙'을 제정하여 규정하는 것이 바람직하다.

셋째, '국어기본법' 제19조 제1항의 내용인 '국어의 보급'을 활성화 할 수 있는 법률적인 뒷받침이 필요하다. 곧, 교육과정과 교재 개발, 전문가 양성을 위한 법률적·제도적 방안이 마련되어야 한다. 한국어교원 자격 제도 개선의 궁극적인 목적은 한국어 교육의 발전이다. 그런데 (한)국어 교육이 발전하기 위해서는 교원 자격 제도 개선 못지않게, 국내외 교과과정의 표준화, 교재의 표준화, 한국어

교원 관리 체계 형성, 한국어 교육 기관의 특성화 등이 필요하다. 그런데 이러한 사항은 '국어기본법' 제19조 제1항에 선언적으로 제시되어 있을 뿐이다. 그리고 현실에서는 국내외의 한국어 교육을 여러 부처에서 제각기 실시하고 있다. 따라서 (한)국어의 보급과 (한)국어 교육의 발전을 위해서는 '국어기본법'의 위상을 재정립하여 한다. 적어도 (한)국어의 보급과 교육을 관장할 수 있는 법률적인 체계가 마련되어야 한다는 것이다.

넷째, 한국어 교육 수준 향상을 위해서는 교원 양성 기관과 한국어 교육 기관에 대한 인증제도가 필요하다. 그렇기 위해서는 '국어기본법'에서 기관 인증과 관련된 항목이 포함되어야 한다. 본문에서 인증제도의 필요성에 대해서는 충분히 언급했기 때문에 구체적으로 언급하지는 않는다. 다만, 인증제도가 한국어 교육의 수준 향상을 위한 계기가 될 수 있음은 분명하다는 사실을 다시 한 번 강조한다.

참고 문헌

국립국어원(2008), 한국어교원 자격 제도 개선 방안 연구, 정책 보고서.
김선정(2008), "여성 결혼 이민자를 위한 한국어 교육," 「새국어생활」, 제18권 제1호
김중섭(2008), 한국어 교육의 이해, 한국문화사.
문화관광부·국립국어원(2007), 「세종학당 운영길잡이」.
민현식 외(2000), 「한국어 교사 자격제도 인증제도 시행을 위한 기초적 연구」, 문화체육부·한국어세계화추진위원회.
박갑수(2007), "재외동포 한국어 교육의 오늘과 내일," 「이중언어학」(이중언어학회), 제33호.
박동호(2006), "한국어교원 자격제도의 의의," 「새국어생활」(국립국어원), 제16권 제1호.
송향근(2007), 「한국어교원 수급 방안」, 국립국어원.
이미혜(2008), "사회 통합을 위한 세종학당의 역할", 국립국어원, 글누림.
이병규(2008), "국외 한국어 교육 정책 현황 및 추진 방향", 국립국어원, 글누림.

이상규(2008), "세종학당 : 다중의 시대, 언어 소통 기획," 문화체육관광부·국립국어원 (2008), 「국외 한국어 교육 어떻게 발전시킬 것인가?」.

이중언어학회 집담회(2007), "이주외국인을 위한 한국어 교육의 과제와 발전 방향," 창립25주년 국제학술대회 발표집 「이중언어학」, 제33호.

정순훈(2008), 「한국어교원 수급 계획 수립을 위한 기초조사」, 국립국어원·한국어세계화재단.

조항록(2008), "다문화 사회에서의 한국어 교육 방안," 「새국어생활」(국립국어원), 제18권 제1호.

최용기(2008), "한국어 교육의 현황과 세종학당 운영 방향", 국립국어원, 글누림.

＿＿＿(2009). "한국어 교육 정책의 현황과 과제", 동덕여대 인문과학연구소.

최정순(2005), "한국어교사 양성의 현황과 과제," 「인문논총」(건양대학교 인문사회연구소), 제10호.

※ 국제한국어교육학회 제19차 국제학술회의(2009. 8.)에서 발표된 논문을 수정하여 보완한 것임.

제15장 다문화 사회의 한국어 교육 정책

1. 머리말

언론에 나오는 말 가운데 '국경 없는 사회' 또는 '지구촌'이라는 말이 전혀 낯설지 않다. 한국이 수출입액을 합한 무역 규모가 세계 13번째 교역국이라는 통계도, 인터넷 회선망과 가입 인구 비율이 세계 최고 수준이라는 말도 이상하지 않다. 수많은 한국 사람들이 다른 나라로 진출하여 활동하고 있고, 외국인들이 우리나라로 들어오고 있다.

국제 이주 기구(IOM)가 2005년에 발표한 '세계 이민 백서 2005'에 따르면 전 세계 이민자의 20%인 3,500만 명이 미국에 살고 있고, 이민 송출국 1위는 중국으로 그간 3,500만 명이 이민 길에 올랐는데 전 세계 화교는 5,500만 명이라고 한다. 2005년 현재 세계 이민 인구는 1억 7500만 명으로 세계 인구 35명당 1명이 이민자라고 한다.

이민 송출국은 중국에 이어 인도(2,000만 명), 필리핀(750만 명)이 2위, 3위를 차지했다. 전 세계에 흩어져 있는 유대인이 900만 명이지만 이들을 이민자라고 할 수 없으므로 순위에서 제외하면, 한인 동포는 700만 명이므로 우리나라가 중국, 인도, 필리핀에 이어 세계 4위 수준의 이민 국가로 볼 수 있다. 이민 수입국은 미국에 이어 러시아(1,330만 명), 독일, 우크라이나, 프랑스, 인도, 캐나다, 사우디아라비아, 호주, 파키스탄 등이 상위 10국에 포함되어 있다.

한국은 1980년대부터 노동력 부족 현상이 나타나 외국인 노동자가 크게 늘었고 2007년 말에 그 수는 48만여 명이며, 국내 거주 혼인 이민자 수는 21만여 명이고 외국인 유학생은 3만여 명에 이른다고 한다. 법무부는 2007년 8월에 단기 체류자 28만여 명과 장기 체류자 72만여 명을 합하여 국내 체류 외국인 수가 100만 명을 돌파하였다고 발표하였다.

국외에 거주하는 외국 국적 동포 및 재외 국민은 2005년 1월 현재 175개국 총 706만 명으로 추산되며 국가별 재외 동포 수는 중국 244만, 미국 208만, 일본 90만, 독립국가연합 53만, 캐나다 20만, 호주 8만, 브라질 5만, 필리핀 4만 명 등으로 나타난다고 한다.

한편, 한국어의 학습 열기는 88서울올림픽의 성공적 개최, 공산권의 몰락과 개방화 속에 한국의 경제 성장이 주목받아 중국, 동남아, 동구권 나라로부터 한국 배우기가 시작된 결과로 볼 수 있다. 이것은 한국어가 배우기 쉬운 언어 때문이 아니고, 한류와 한국어 인기가 우리에게 찾아온 측면이 강한 것이다. 물론, 이것은 우연으로 보일 뿐 내면적 필연이 누적되어 모든 일이 벌어진다고 할 때 한국어 학습 열기는 한국의 산업화라는 내적 요인과 한국 문화 상품의 성공적 판매 전략, 공산권 몰락이라는 외적 요인이 어우러져 나타난 것이다.

이것은 영어가 세계 공용어로 등장하게 된 것이 영어가 우수해서가 아니고 해양 국가로 영연방을 건설한 영국과 신앙의 자유를 찾아 신대륙을 찾아 건너간 미국의 강력한 국가 건설이라는 것과 비슷한 현상일 것이다. 즉, 언어는 사용자인 공동체의 성공과 실패가 투영된 산물로 경제적 평가가 내려질 수밖에 없는 것인데 어떤 언어가 공용어로 등장할 수 있는 것은 그 언어 사용 민족이 자기들의 민족어를 강력하게 경제, 산업, 문화의 도구로 성공을 거두느냐의 여부에 달려 있는 것이다.

이 글은 다문화 사회의 한국어 교육 정책의 이해와 진흥이라는 명제를 두고, 최근 우리나라 정부 부처에서 진행하고 있는 다문화 사회의 한국어 교육 정책 추진 계획과 실적, 개선 방안 등을 알아보고자 한다. 특히, 교육과학기술부, 문화체육관광부, 여성가족부 등에서 추진하는 것이 그 대상이며 법무부, 농림수산식품부, 노동부 등도 다문화 관련 정책 업무를 추진하지만 한국어 교육 정책 업무와는 무관하므로 제외하였음을 밝힌다.

2. 다문화 사회의 한국어 교육 환경 변화

2.1. 다문화 가정의 재학생 수 급증

최근 수년간 국제결혼 이주 여성과 외국인 이주 노동자, 유학생 등의 유입이 급증함에 따라 우리 사회 구성원의 언어와 문화적 배경이 다양하게 변하고 있다. 이들은 우리 사회의 새로운 구성원이 될 뿐만 아니라 새로운 가정을 이루기도 하는데 이들을 흔히 '다문화 가정'이라고 부르고 있다(일부에서는 '코시안' 또는 '온누리안'이라고 부르기도 하지만, 이 글에서는 '다문화 가정'으로 부르고자 한다). 일반적으로 다문화 가정은 우리와 다른 민족과 문화적 배경을 가진 사람들로 구성된 가정을 통칭하며, 이른바'국제결혼 가정', '외국인 근로자 가정' 및 '새터민(북한 이탈 주민) 가정'을 포괄하고 있지만 이 글(교재)에서는 특수 목적상의 기술 내용 때문에 새터민의 한국어 교육 정책은 제외하였음을 밝힌다.

〈표 1〉 국제결혼 건수 증가 추이

구 분	2001	2002	2003	2004	2005	2006	2007
총 결혼 건수(건)	320,063	306,573	304,932	310,944	316,375	332,752	345,600
외 국인과의 결혼(건)	15,234	15,913	25,658	35,447	43,121	39,690	38,491
전년 대비 증가율(%)		4.5	61.2	38.1	21.6	△8	△3
한국 남자+외국 여자(건)	10,006	11,017	19,214	25,594	31,180	30,208	29,140
외국인과 결혼 대비 구성 비율(%)	65.6	69.2	74.8	72.2	72.3	76.1	75.7

출처 : 통계청

〈표 2〉 외국인 근로자 숫자 증가 추이

구 분	2000	2001	2002	2003	2004	2005	2006
장기 체류 등록 외국인(명)	210,249	229,648	252,457	437,954	468,875	485,144	631,219
남자(명)	122,749	130,397	141,344	258,987	278,275	283,936	370,320
여자(명)	87,500	99,251	111,113	178,967	190,600	201,208	260,899
비전문 취업	–	–	–	159,755	158,749	59,473	42,737
산업 연수	104,847	100,344	96,857	95,676	66,147	55,154	59,806
연수 취업	2,068	9,684	18,609	28,761	54,440	60,337	69,595
기타*	14,923	17,898	21,285	20,527	17,964	19,859	23,637

* 기타 : 교수·연구, 회화 지도, 예술·흥행, 특정 직업 등   출처 : 통계청

위의 통계 내용을 자세히 분석해 보면 국제결혼 건수는 2001년에는 15,234건(4.8%)에서 2007년에 38,491건(11.1%)으로 2배 이상 증가하였으며, 외국인 이주 노동자는 2000년에 21만 명이 2006년에 63만 명으로 3배 이상 증가하였음을 알 수 있다. 그뿐만 아니라 국내 거주 외국인 수는 2007년 8월에 단기 체류자 28만 명과 장기 체류자 72만 명을 합하여 국내 체류 외국인 수가 100만 명을 넘었다. 특히, 이주민 1세대의 정착 기간이 경과함에 따라 국내에서 출생하여 취학 중인 2세 자녀들의 수도 동시에 급증하는 추세이다.

〈표 3〉 국제결혼 가정 초·중·고 재학생 수('08.4. 기준)

연도	초등학교		중학교		고등학교		계	
	인원	증감(%)	인원	증감(%)	인원	증감(%)	인원	증감(%)
2005	5,332	–	583	–	206	–	6,121	–
2006	6,795	27.4	924	58.5	279	35.4	7,998	30.6
2007	11,444	68.4	1,588	71.9	413	48.0	13,445	68.1
2008	15,804	38.1	2,213	38.9	761	84.0	18,778	39.6

출처 : 교육과학기술부

- 학교별 비율 : 초등학교(84.2%), 중학교(11.7%), 고등학교(4%)
- 지역별 비율 : 경기(20.7%), 서울(12%), 전남(10%), 경남(8.2%), 충남(7.9%)
- 국적별(부모) 비율 : 일본(41.0%), 중국(22.3%), 필리핀(14.3%)
* 모(母)가 외국인인 경우가 90.2%(16,037명)로 대부분을 차지함.

〈표 4〉 외국인 근로자 가정 초·중·고 재학생 수('08.4. 기준)

연도	초등학교		중학교		고등학교		계	
	인원	증감(%)	인원	증감(%)	인원	증감(%)	인원	증감(%)
2005	995	-	352	-	227	-	1,574	-
2006	1,115	12.0	215	△39.0	61	△73.1	1,391	△11.6
2007	755	△32.3	391	81.9	63	3.3	1,209	△13.0
2008	981	29.9	314	△19.7	107	69.8	1,402	15.9

출처 : 교육과학기술부

- 학교별 비율 : 초등학교(70.0%), 중학교(22.4%), 고등학교(7.6%) 순
- 지역별 비율 : 서울(38.2%), 경기(30.6%), 전북(8.0%), 경남(7.7%) 순
- 국적별(부모) 비율 : 몽골(26.2%), 일본(22.0%), 중국(20.3%) 순

이들 취학 중인 2세 자녀의 통계를 분석해 보면, 국제결혼 가정의 자녀는 초중고에 재학 중인 학생수가 18,778명('08.4.)으로 '07년 대비 약 40% 증가하였고, 외국인 근로자 가정의 자녀는 초중고에 재학 중인 학생 수가 1,402명('08.4.)으로 '07년 대비 16% 증가하였다. 위의 통계에서 볼 수 있는 특기 사항으로 일본 등 생활이 비교적 안정된 국가 출신 외국인 가정 자녀들은 정규 입학이 많은데 비해서 상대적으로 인도네시아 등 신분과 경제적으로 불안한 저개발국 출신 자녀의 입학은 저조하다는 것이다.

다만, 몽골 출신 근로자의 경우에 한국 정착 후 자녀들을 데리고 오는 사례가 많았다.

(*) 국내 체류 외국인(천 명) : 중국(562), 한국계 중국인(377), 미국(119), 베트남(78), 필리핀(51), 태국(47), 일본(36), 몽골(35) 등의 순('08.5.)으로 나타나, 국내 재학 중인 외국인 자녀 부모의 국적 순위와 차이가 있음.
현재 법무부에 등록된 외국인 자녀 중 취학 연령대(만7세~18세)는 17,287명('06.4.)으로 추산되나, 외국인 근로자의 경우 생활 여건이 열악한 미등록 체류 신분이 다수를 차지하고 있다.
(*) 일부에서는 외국인 학교 재학생(7,800여 명)과 일반 초중고 재학생(1,391명)을 제외한 약 8,000여 명가량이 학교 밖에 방치되어 있다고 추정하고 있음.

따라서, 국제결혼 이민자와 외국인 근로자 이민자 등 다문화 가정 재학생 수는 2만여 명으로, 현재 비율이 초등학교(0.46%), 중학교(0.12%), 고등학교(0.05%) 등 총 학생 수 대비 0.26% 수준이나, 향후 이들 비율이 가파르게 증가할 것으로 예상된다.

〈표 5〉 총 학생 수 대비 다문화 가정의 재학생 수

연도	초등학교		중학교		고등학교		계	
	인원(명)	비율(%)	인원(명)	비율(%)	인원(명)	비율(%)	인원(명)	비율(%)
2006	7,910	0.20	1,139	0.05	340	0.20	9,389	0.12
2007	12,199	0.32	1,979	0.10	476	0.03	14,654	0.19
2008	16,785	0.46	2,519	0.12	867	0.05	20,171	0.26

2.2. 다문화 가정의 자녀 학교생활

국제결혼 이민자의 자녀는 유아기에 한국어가 미숙한 어머니와 함께 생활하여 한국어 습득에 어려움을 겪어 언어 발달의 장애를 가져 올 뿐만 아니라, 한국 문화의 부적응 등으로 학교 수업의 낮은 이해도와 지나친 소극성 또는 폭력성 등으로 정서장애를 보이는 경우가 다수 존재한다. 특히, 일상적인 의사소통에는 큰 무리가 없으나, 독해와 어휘력, 작문 능력이 현저히 저조한 것으로 조사되었다.

좀 더 구체적으로 외국인 이주 노동자의 자녀는 학교 교육을 받을 기회가 부족하여 언어 학습 장애, 정체성 및 대인 관계 형성 과정에서 문제가 발생할 가능성이 매우 높으며 자녀들이 학교에 가고 사회에 진출할 때는 정서적으로 민감한 시기이므로 심리적 위축감을 초래하여 무단결석과 가출, 폭력 등의 사례가 빈번히 일어나고 교육 기회의 불평등에 따른 소외 계층 형성으로 심각한 사회 문제화가 우려된다.

따라서, 언어소통의 문제와 문화적 차이, 경제 수준의 차이 때문에 불편을 겪거나 이혼하는 경우가 빈번하고, 자녀 교육 등 생활 전반의 각종 정보로부터 소외되어 사회적인 문제로 발전할 가능성이 매우 높다.

(*) 국제결혼 가정의 이혼 건수(건) : ('03)2,164 → ('06)6,280 → ('07)8,828로 연간 41% 대의 가파른 증가율을 보임.
(*) 반면, 전체 이혼 건수(천 건) : ('03)167 → ('06)125 → ('07)124(전년 대비 0.4% 감소)로 점차 감소 추세를 보임.

이들 다문화 가정의 부부간 대화 언어는 주로 한국어이나, 중국 동포 이외에 일본, 베트남 등 출신 여성의 한국어 구사 능력은 현저히 낮고, 문화적 차이로 인해 시부모 등과 심각한 갈등을 겪고 있다.

아울러 부모의 낮은 사회 경제적 지위와 언어·문화·교육 방식의 차이 등으로 인해 여성 결혼 이민자의 자녀들도 학교 교육과 가정교육에서 2차적인 부정적 파급 효과를 느끼고 있다. 실제로 자녀의 알림장과 일기장, 숙제 내용 등을 보아도 부모가 내용을 이해하지 못해 자녀의 준비물을 챙기지 못하는 경우가 많고, 오히려 부모들을 위해 자녀들이 한국어 통역을 하는 경우가 많은 실정이다.

3. 다문화 사회의 한국어 교육 정책 현황

3.1. 다문화 가정의 자녀 학교생활 지원

3.1.1. 추진 계획

교육과학기술부는 '다문화 가정 자녀 교육 지원 대책'('06.5.)과 구체적인 계획을 담은 2007년 다문화 가정 자녀 교육 지원 계획'('07.5.)을 발표하였는데, 그 내용은 다음과 같다.

첫째, 언어 장애와 문화 장벽을 쉽게 넘을 수 있도록 한국어와 한국 문화를 조기에 습득하여 학교 교육에 적응하고, 사회생활에서 소외감과 이질감을 느끼지 않도록 하는 데 있다.

둘째, 사회적 귀속감과 다문화 사회의 감수성을 증대하기 위해 한국 사회를 구성하는 일원으로서의 자아 정체감(Identity)을 확립하고, 다문화에 대한 일반인의 이해 확대를 통해 문화적 편견을 극복하는 데 있다.

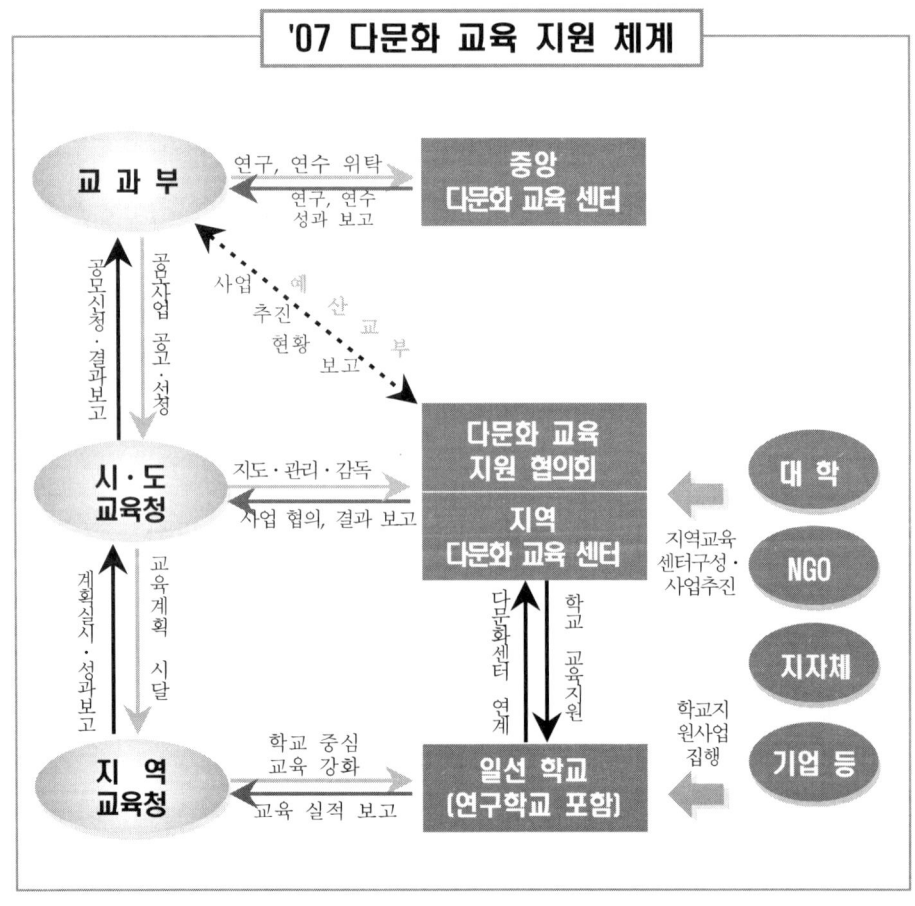

⟨표 6⟩ 다문화 가정의 자녀 교육 지원 과제

정책 과제	세부 과제
학교를 중심으로 한 학교 교육력 제고	① 취학률 제고 정책
	② 교육 프로그램 자료 개발
	③ 담당 교사 연수 활성화
	④ 학생별 통합형 교육 지원
다문화 이해 교육 강화	① 타 문화 이해·존중, 편견 극복·관용 등 교육과정 개편
	② 다문화에 대한 다각적 연구·교육
	③ 언론 홍보 및 대국민 홍보 강화

이것을 실천하기 위해 중앙 정부와 각 시도 간의 인력과 프로그램의 연계 체제를 확립하고 컨소시엄 형태 등을 통해 지역 사회 내 다문화 교육의 지원 주체 간 협력 체제를 활성화하는 한편, 중앙 정부와 각 시도 다문화 교육 센터의 지정과 설치를 통해 정책 방향을 연구하도록 하고 있다. 또한, 다문화 이해 교재와 프로그램을 개발하여 보급하도록 하고 담당 교원을 양성하고 연수, 정책 연구학교의 운영을 활성화하도록 하였다. 즉, 추진 주체별로 다각적인 협력 체계를 구축하고 교재와 프로그램 연구의 전문성을 제고하고 있다.

3.1.2. 추진 실적

첫째, 그동안의 실적으로 '중앙 다문화 교육 센터'를 통한 관련 교재와 프로그램 개발을 하였는데, 다문화 교육 관련연구 전문 기관인 서울 대학교 '다문화 교육 연구 센터'를 '중앙 다문화 교육 센터'로 지정('07.6)하였고, 교육 교재 개발과 교사 연수 프로그램을 개발하고, 정책 방향 연구 등을 추진하였다.

또한, 다문화 가정 자녀용 다국 언어 한국어 학습 교재를 개발하고, 각국의 언어·역사·문화(베트남, 중국, 몽골, 필리핀, 우즈베크) 관련 교사용 참고 자료 등을 연구하여 개발하였다.

아울러 다문화 교육 담당 핵심 교원의 양성 프로그램을 개발하여 이를 시범적으로 연수를 실시하였고, 다문화 교육을 위한 네트워크 기반을 구축하였으며 사이버 상담실 운영과 다문화 교육의 이해를 위한 교양 교재도 저술하였다.

둘째, '방과 후 학교' 등 지역 특성에 맞는 지원 사업을 추진하였는데, 시·도 교육청에서 실시하는 다문화 가정 자녀 교육 관련 사업은 '한국어 학습'이 제일 비중이 높았고 다음으로 한국 문화 체험, 국제 이해 교육, 생활 지원 및 상담 등의 비중이 높았다.

〈표 7〉 '06-'07년도 시도 교육청 지원 사업 내용별 분류 (단위 : 건(%))

구분	한국어 관련	교과 학습 지원	한국 문화 체험	국제 이해 교육	생활 지원 및 상담	기관 운영	자료 발간	교사 지원	교육 지원	사업 수 총계
2006	28 (24.3)	7 (6.1)	25 (21.7)	14 (12.2)	8 (7.0)	3 (2.6)	12 (10.4)	0 (0.0)	18 (15.7)	115 (100)
2007	33 (21.9)	17 (11.3)	20 (13.2)	28 (18.5)	17 (11.3)	9 (6.0)	11 (7.3)	1 (0.7)	15 (9.9)	151 (100)

출처 : 시도 교육청 지원 다문화 사업(2005~2007) 현황 자료(교과부)

특히, 외국인 근로자 자녀를 위해 '방과 후 한국어(KSL : Korean as a Second Language)반' 운영하였다.

〈표 8〉 '07년 다문화 가정의 학생 대상 '방과 후 학교' 지원 실적

구 분	초	중	고	계
개설 강좌수	1,986	286	36	2,308
지원 학생수	5,345	479	100	5,924

출처 : 시도 교육청 취합 자료('07.1.~12.)

* 경기도 교육청의 경우 '06.3월부터 전국 처음으로 2개 학교에서 외국인 근로자 자녀를 위한 2개의 특별 학급을 운영 중이며, 안산 원일초교는 6개국 15명, 시흥 시화초교는 3개국 24명(몽골 출신 대부분) 구성, '국어 교육반'(초·중급 과정)과 '특기 적성반'(테니스, 문화 체험) 운영 중이다.

셋째, 학교와 일선 현장에서 다문화 교육 방안 연구와 지원을 추진하였는데, 각급 교육청, 대학, 지자체, 엔지오(NGO) 등이 참여하는 '시도 다문화 교육 센터'(14개)를 지정 운영('07.7.~'08.2.)하였으며, 시도 센터별로 '다문화 가정 자녀 교육 지원 공모 사업'을 통해 지역 특성에 맞는 프로그램(64개)을 마련해 시행하고 있다.

* 개별 교육을 위한 멘토링 양성 교육(부산대 평생 교육원), 다문화 이해 교육 프로그램(한국 이주 노동자 인권 센터), 다문화 가정 취학 전 자녀 교육 지원 (다문화 가정 사랑회) 등이 있음.

아울러 다문화 가정 자녀의 학습 결손 및 정체성 혼란 방지 교육 모델 개발 등을 위해 정책 연구학교를 지정하여 연구 과제(12개)를 수행하고 있다.

* 함께 만드는 어울림 세상(서울 경동초교), 월별 다문화의 날 운영(부산 주감초교), 다문화 가정 학부모와의 연계 교육을 통한 이중 언어 사용 활성화 (경기 미원초교) 등

3.2. 다문화 가정의 부모 교육 지원

3.2.1. '다문화 가족 지원 센터'를 통한 부모 교육 지원

(1) 추진 계획

여성가족부는 '여성 결혼 이민자 가족 사회 통합 지원 대책'을 수립('06.4)하였다. 12개 부처 합동(제74회 국정 과제 회의 보고 시, 빈부 격차 차별 시정 위원회 주관)으로 '여성 결혼 이민자의 사회 통합과 열린 다문화 사회 실현'(비전)과 '차별과 복지 사각 지대 해소'(기본 방향) 하에 7개 과제를 추진토록 하였다.

〈표 9〉 국제결혼 이민자 가족 사회 통합 지원 대책 세부 정책 과제

구 분	내 용
정책과제	① 탈법적인 결혼 중개 방지 및 당사자 보호
	② 안정적인 체류 지원
	③ 조기 적응 및 정착 지원
	④ 아동의 학교생활 적응 지원
	⑤ 안정적인 생활환경 조성
	⑥ 사회적 인식 개선 및 업무 책임자 교육
	⑦ 추진 체계 구축

(2) 추진 실적

그동안 추진 실적으로 국제결혼 이민자 가족의 사회와 문화적 적응을 위해 지원하였고 사회 통합 분위기 확산을 위해서 '다문화 가족 지원 센터'를 지정하여 운영하였는데, 한국 사회에서 안정적인 조기 정착을 위한 한국어 교육, 가족 내 역할과 이해력을 향상시키는 가족 통합 교육, 문화적 차이 극복을 위한 한국 문화 이해 교육, 가족생활 상담, 정보화 교육 등을 실시하였다.

* 다문화 가족 지원 센터 현황(개소) : ('06)21 → ('07)38 → ('08)80 개소
  다문화 가족 지원 센터 설치 근거 : 「다문화가족지원법」제정 ('08.3월 제정, 9월 시행)
* 다문화가족지원법 제12조 : 여성가족부장관은 다문화 가족 지원 정책의 시행을 위하여 필요한 경우에는 다문화 가족 지원에 필요한 전문 인력과 시설을 갖춘 법인이나 단체를 다문화 가족지원 센터로 지정할 수 있다.

아울러 사업 추진 체계 확립과 연계를 통한 집행 시스템 확보를 위해 주관 부처→중앙 센터→거점 센터→지역 센터→지자체 등으로 계층화된 역할 분담 및 연계 체제를 확립하였다.

① 주관 부처(여성가족부) : 지역 센터 선정 및 국고 보조금 지원
② 중앙 센터(중앙 건강 가정 지원 센터) : 지역 센터의 관리 기관 (운영 설명서

개발·보급, 사업 평가·지원 및 실적 관리)
③ 거점 센터(5개) : 관리 지역 내 지역 센터 중에서 운영 경험이 풍부하고 교육 시설 여건이 우수한 센터를 선정(한글 교육 및 아동 양육 지원 등 방문 교육 지도사 양성 등)
④ 지역 센터(결혼 이민자 가족 지원 센터, 80개) : 지역 특성을 고려한 한국어·한국 문화 교육, 아동 양육 지원 등 서비스 제공
⑤ 지자체(시도, 시군구) : 지역 센터 운영 및 지방 보조금 지원

또한, 2007년 '다문화 가족 지원 센터' 전체 이용 목표(217천 명) 대비 달성 실적은 256천 명으로 118%를 달성하였다.

〈표 10〉 사업별 추진 목표 대비 달성도 (2007. 12. 31, 연인원)

사업명	목표 인원(명)	실적 인원(명)	달성도(%)
한국어 교육	123,305	143,029	116.0
가족 통합 교육	14,314	18,099	126.4
문화 정서 지원 사업	17,918	24,404	136.1
역량 강화 지원 사업	16,837	20,151	119.7
다문화 인식 개선 사업	12,299	17,109	139.1
자녀 지원 사업	25,760	25,716	99.8
찾아가는 서비스	6,590	7,614	113.8
전 체	217,023	256,122	118.0

■ 국제결혼 이민자 가족 지원 사업 추진 체계 ■

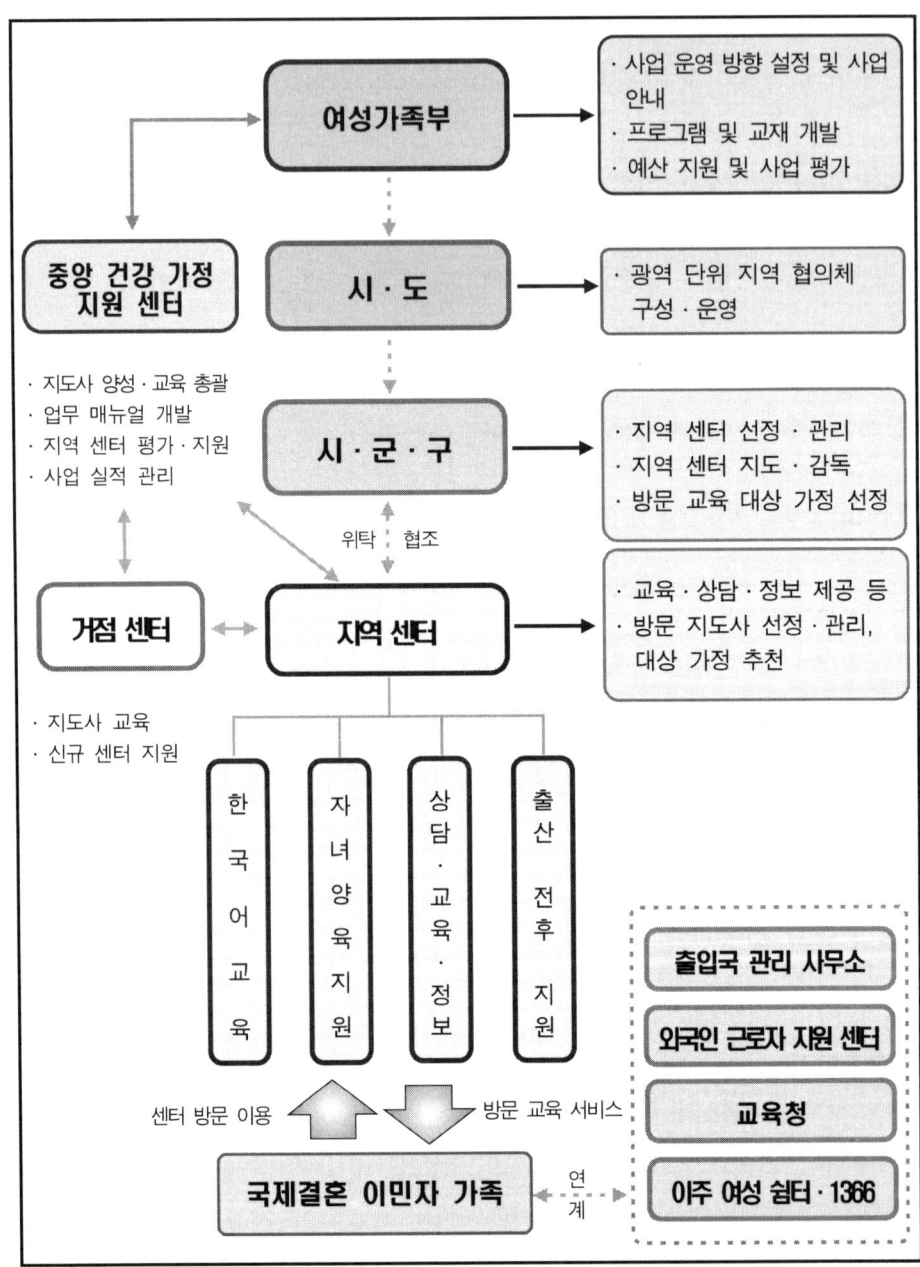

3.2.2. 한국어·한국 문화 예술 교육과 이해 제고 사업

(1) 추진 계획

문화체육관광부는 '여성 결혼 이민자 가족 사회 통합 지원 대책' 수립에 참여하였는데, 12개 부처 합동 대책 회의에서 '이민자의 한국어 능력 향상 지원', '지역 사회의 다문화 친화적인 분위기 조성' 등 2개 정책 과제를 제시하였다.

이 과제는 교육과학기술부와 공동으로 전문화된 프로그램을 개발하고, 한국어·한국 문화 적응 교실 운영, 방문 교육 시범 실시, 연극과 무용 등 문화 예술 교육 지원 프로그램 개발 및 시범 사업 시행 등 가족 공동체 문화 형성과 지역 사회 적응 방안을 포함하고 있다.

(2) 추진 실적

그간의 추진 실적은 지역의 다문화 환경을 고려한 문화 예술 교육 프로그램의 운영 지원으로, '다문화 가족 지원 센터'와 협력하여 지역에 적합한 교육을 시범 운영하고 연극·무용·영화 제작, 다문화 강사 양성 등 교육 모델을 개발하였으며 '이주 노동자 문화 예술 교육 프로그램'을 개발·운영('06)을 연구하였다. 또한, 다문화 사회의 문화 정책 세미나, '다름과 차이에서 공통성 찾기'('07) 등 다문화 이해 교육 아카데미를 실시하였다.

아울러, '방과 후 학교'를 활용한 '문화 예술 교육 선도학교' 지원 사업으로, 일반인·다문화 학생 간 소통의 계기를 마련하기 위해 지정 학교에 대해 전문 단체와 연계하여 문화 예술 교육 프로그램 운영을 지원 (한국문화예술교육진흥원 주관)하였다.

* 다문화 이해도를 높이는 미디어 교육(천안 부성초교 등 16개교), 지구촌 민속박물관 견학 등 다문화 체험 프로그램(인천 성리중교 등 8개교)을 마련하여 실시함. 그뿐만 아니라 국립국어원이 국어문화원(16개소)과 지방문화원(46개소)을 연계하여 한국어와 한국 문화 이해 교육('08.4월 이후)을 실시하고 있다.
  - 국립국어원 : 교원 관리 총괄, 표준화된 교과과정과 교재 개발
  - 국어문화원 : 강사 양성 및 연수, 강사 관리
  - 지방문화원 : 이주민 교육과 이주민 참여 프로그램 운영

〈표 11〉 지방 문화원의 다문화 가정 지원 참여 프로그램 내용

프로그램 유형		프로그램 명	문화원수
공공성	공공/설치/봉사	우리 마을 설화 벽화	1
		독거노인 집 꾸미기 작전	0
		수기 요법	2
예술 문화 (공연 체험)	연극/공연	우리 동네 연극배우	1
	영화/상영	지구 딸들의 지구 삶 이야기	2
	문화재 전승/공연	지역 문화재 전승 공연	10
생활 문화	동화 구연	나는 우리 집 스토리텔러	1
	노래 교실	노래로 배우는 코리안	6
	생활 문화	음식 모녀	7
	전통 놀이 체험	놀이야? 예술이야?	1
생산 판매	생활 창작/ 생산 판매	자연이랑 생활이랑, 그리고 예술이랑	5
	전수/생산 판매	지역 특산품 전수	3
전통 문화 탐방		전통 문화 탐방 생태 체험 지역 문화 재탐방	4
자체 개발 프로그램		도예 전통 황토방 건립 종이 예술 체험	3

출처 : 전국문화원연합회(2007)

4. 다문화 사회의 한국어 교육 정책 개선 방안

4.1. 다문화 가정의 자녀 학교생활 지원

교육과학기술부가 추진하는 다문화 가정의 자녀 학교생활 지원 정책 개선 방안은 다음과 같다.

첫째, 자녀 교육의 지원 정책 수요 증가에 대한 사전 분석에 근거하여 종합적인 대응 정책을 수립하여야 한다. 즉, 국제결혼 이주 여성, 외국인 이주 근로자 유입 증가 추세, 자녀 학교 교육 성취도에 대한 주기적 평가 결과, 기존 프로그램의 효과성 등을 면밀히 분석하여 시기별 역점 시책 등 단계적인 연차 계획을 마련하고 정책 재원을 확보해야 한다. 구체적으로 다문화 가정 자녀 교육 지원 관련 내용 공모, 정책 연구학교 연구 등 프로그램 개발 사업을 부처 차원의 장단기 전략 계획을 마련하여 중복 방지 등 효율적으로 추진해야 한다.

둘째, 공교육의 틀과 연계한 자녀 교육의 지원 대책 추진 체계를 확립하여야 한다. 정부 부처 간의 협조를 얻어 자녀 교육의 지원 사업과 관련하여 중장기적으로는 부처 전문성을 최대한 살려 정책 내용과 역할을 명확히 분담하여야 한다 (부처별 업무).

① 교육과학기술부 : 자녀의 학교 교육·학습 지원(학교 정규 과정 내, 유치원 포함)
② 여성가족부 : 취학 전 아동의 보육 및 원활한 정규 과정 진입을 위한 사전 준비 지원
③ 문화체육관광부 : 자녀의 문화·예술·체육 교육 지원(한국어 교재 및 문화 교육 콘텐츠 개발 등 협조)

* 다만, 단기적으로 증가하는 교육 수요 충족 및 접근 편의성 확보를 위해 기존의 각 부처 소관제반 교육 인프라(다문화 교육 센터, 각급 학교, 다문화 가족 지원 센터 및 복지관, 지역 아동 센터 등 아동 청소년 시설, 지역 문화원 등)를 당분간 현행대로 활용하되, 부처 간 연계 협의를 통해 제공되는 유사 서비스 간 콘텐츠와 질을 표준화함.
* 다문화 가족 지원 센터의 사례를 참고하여 중앙 부처와 지자체(시·도 교육청 포함) 간 또는 지자체 내 다문화 가정 자녀 교육 지원 연계 체제를 적절히 확립할 필요가 있음.

또한, '학교 정규과정의 정상적 이수'를 위한 사전 준비를 목표로 관련 부처 간 협의를 거쳐 다문화 가정 부모 교육과 어린이집·유치원 자녀 교육 등을 통해 '취학 전 한국어 기초 학습'이 달성되도록 추진해야 하며, 다문화 가정 영유아의

사회·정서 발달 증진을 위한 보육 지원 프로그램 및 다문화 관련 보육 교사 교육 프로그램을 개발하여 보급해야 한다.

* 헤드 스타트(Head Start, '64년 시작된 미국의 '취학 전 빈곤 아동 교육 프로그램') : 빈곤 아동이 일반 아동에 비해 학습·신체 능력이 뒤처지는 점을 보상키 위해 취학 전에 학교 교육에 필수적인 기본 소양과 인지 능력을 향상시키는 프로그램

아울러 각급 학교 내에 다문화 가정 학생 전담 교사를 지정하여 운영하고, 대학생 멘토 등 자원 봉사자 활용 활성화 방안도 논의하여 검토해야 한다.

셋째, 맞춤형 자녀 교육 지원과 한국어 교육을 다양화해야 한다. 즉, 다문화 가정 자녀의 지역별, 발달 단계별, 학년별 특성에 따른 맞춤형 교육 지원 체제를 구축하고, '수준별 학습 도우미 제도'를 도입하여 사회 적응성을 제고해야 한다. 구체적으로 단기 문화 체험과 캠프 등 일회성 프로그램을 지양하고, 언어와 문화 적응 및 학업 성취도 향상을 위한 프로그램 등 영속성을 강화해야 한다.

또한, '방과 후 나머지 공부'라는 부정적 인식을 없애고, 한국어 교육의 효과성 제고를 위해 다문화 가정의 '밀집 지역' 등 학생 수가 충분한 경우에는 정규 학급을 통한 지원 외에도 다문화 가정 학생을 위한 특별 학급 등을 설치하여 운영하는 방안을 검토해야 한다.

* 현재 '외국인 근로자 자녀 특별 학급(안산 원일초교, 시흥 시화초교)'의 경우 다문화 가정 자녀를 대상으로 일반 수업 시간에 한국어 교육 등을 실시하고 있음.

아울러 국제결혼 이주 여성 중심의 한국어 교육과 병행하여 자녀 교육의 지원 강화를 위한 전담 인력 과 예산 확보에도 노력하여 중장기적 사업 계획을 수립해야 한다.

* 자녀의 언어 발달과 문화 적응에 영향을 미치는 다문화 가정의 부모 교육과 자녀 학교 교육 연계

4.2. 다문화 가정의 부모 교육 지원

여성가족부와 문화체육관광부가 추진하는 다문화 가정의 부모 교육 지원 정책의 개선 방안은 다음과 같다.

첫째, 수요자별 정책 내용을 명확하게 하고 유사 중복 사업을 조정해야 한다. 즉, 부모 교육 지원관련하여 중·장기적으로는 부처 전문성을 최대한 살려 정책 내용과 역할을 명확히 해야 한다.(부처별 업무)

① 여성가족부 : 부모 사회 통합·적응 상담·교육, 다문화 가족 지원 센터 등 부모 교육 전달 체계 운영·관리(시설, 피교육자 등록, 강사 및 교육 일정 관리), 사회 복지 차원의국민 이해 제고 활동 등

② 문화체육관광부 : 부모 문화 예술 교육, 한국어·문화 교육 콘텐츠 개발·보급(표준 및 교육 수준별 교재 개발, 강사 전문성 제고 교육 등을 통한 교육 내용 및 질 제고), 문화 다양성 차원의 국민 이해 제고 활동 등

③ 교육과학기술부 : 방과 후 학교, 다문화 교육 센터 등과 연계한 부모의 재학생 자녀(유치원 포함) 학습 지도 능력 함양 프로그램 개발·운영 지원, 교직원 대상 이해제고 활동 등

- 다만, 단기적으로는 증가하는 교육 수요 충족 및 접근 편의성 확보를 위해 기존의 각 부처 소관 제반 교육 인프라(다문화 교육 센터 및 각급 학교, 다문화 가족 지원 센터 및 복지관, 지역 아동 센터 등 아동 청소년 시설, 지역 문화원 등)를 당분간 활용하되, 부처 간 연계 협의를 통해 제공되는 유사 서비스 간 콘텐츠와 질을 표준화해야 함.
- 상기한 중장기 개편 방향에 맞추어 2010년 상반기까지 이행이 차질 없이 완료될 수 있도록 부처별·부처 간에 주기적 점검 및 협의·조정이 필요함.

*교육 대상 수준별 교육 내용을 차별화 : "교회에서 기초적 한국어 수업을 받고 요리·의복 등 한국 생활에 필요한 문화에 대해 알게 되었으나, 교육청에서 받고 있는 한국어 강습에는 고급 수준 강좌가 없어 한국어 수업에 애로 사항이 있음."(필리핀 여성, 39세, 10년 거주)

또한, 장기적으로는 언어 등 단순 정착 지원을 넘어 법·제도, 취업 능력제고 등의 교육으로 확대할 필요가 있다.

둘째, '다문화 가족 지원 센터' 운영의 내실화가 필요하다. 방문 교육 서비스 예산 지원을 지역 센터별로 수요 실적에 따라 차등화함으로써 사업의 효율성을 제고하고 집합 교육 예산을 단계적으로 현실화해야 한다.

* 접근성, 대상자 규모, 프로그램 내용 등 지역 특성에 따라 집합·방문 교육 간에 효율성을 비교하여, 필요 시 양 사업의 비중을 탄력적으로 조정하여 운영 가능토록 하는 방안을 검토할 필요가 있음.

셋째, 다문화 가정에 대한 정부의 적극적인 정책을 펼치고 국민 인식 변화를 유도하는 토대를 마련해야 한다. 다문화 가정을 한국어·문화 교육 등을 통한 국내 정착 및 동화를 위한 소극적 지원 대상자로만 간주할 것이 아니라, 출신지의 모국어·문화를 활용하여 우리 사회에 기여할 수 있도록 적극적 기회를 제공해야 한다.

* 미국, 독일 등 선진국의 경우, '이중 언어반(Bilingual Class)' 운영 등을 통해 초기 정착 지원은 물론 출신 국가의 언어와 문화를 존중하고 가르침으로써 다문화 가정 내의 세대 간 통합 및 청소년 부적응을 예방하고 있음.
  - 일정 자격(능력)을 갖춘 결혼 이민자의 '다문화 가족 지원 센터'나 '방과 후 학교' 강사 또는 지원 인력으로 활용하는 방안을 적극 검토하고 이를 확대하여 추진해야 함.

또한, 지역 도서관, 엔지오(NGO), 종교 단체, 결혼 이민자 가족 지원 센터 등 민·관 지역 네트워크를 강화하고, 이들을 자원 봉사자를 활용하여 다문화 가정과 일반 국민 간 융화 및 상호 교류를 제고하여 사회적 갈등을 극복해야 한다.

* 일본 아이치현 니시오 시 사례 연구 : 다민족화 진전에 따른 사회적 갈등의 효과적 극복을 위한 성공 요인은 지역 리더의 존재와 활성화된 네트워크(야마코토 카오리, 2007)가 있었기 때문임.
· 호주 뉴사우스웨일즈(NSW) 주립 도서관 : 제2언어로서의 영어(ESL) 교재를 포함한 40개 이상의 언어로 된 책을 수집·제공하고, 정부는 다문화 도서관 서비스를 위한 예산을 책정함.

아울러 단순한 외국 문화 체험 중심의 일회성 단기 프로그램을 지양하고, 지속적으로 적용 가능한 다문화 이해 프로그램을 개발하고 운영을 강화해야 한다.
- 일반 학부모 대상 다문화 이해 증진 프로그램과 교사의 다문화 사회 인식 함양을 위한 연수 확대
* 부처별로 문화 다양성, 가족 복지, 교직원 적응성(aptitude) 등 콘텐츠를 특성화하여 국민 이해 증진 활동을 전개할 필요가 있음.

5. 다문화 사회의 한국어 교육 정책 향후 계획

5.1. 다문화 가정의 자녀 학교생활 지원

개선 과제	개선 조치 사항	조치 기한	주관 부처	협조 부처
공교육의 틀과 연계한 자녀 교육 지원 대책 추진 체계 확립	○ 교육 수요 증가에 따른 학교 교육 지원 수요 분석 및 단계적 대책 마련	'08.하반기	교육과학기술부	여성가족부, 문화체육관광부, 각 지자체, 시도 교육청
	○ 자녀 교육 지원 관련 유사·중복 사업에 대한 부처 간 협의·조정 및 연계 강화 * 외국인 정책 위원회에 기 구성된 관련 분과 및 TF를 활용, 부처 간에 주기적인 협의를 통해 구체적 이행 계획을 세워 추진	'10.상반기 (단기적으로 현행 교육 인프라를 활용하되, 중장기적 관점에서는 부처 전문성에 따라 역할을 재정립)	교육과학기술부	여성가족부, 문화체육관광부, 농림수산식품부, 법무부, 국무총리실, 지자체, 시도 교육청
	○ 취학 전 아동 한국어 기초 학습내실화 방안 마련 및 보육 지원 강화	'09.상반기	교육과학기술부, 여성가족부	문화체육관광부, 지자체, 시도 교육청
	○ 학교별 다문화 가정 자녀 전담 교사 지정	'09.상반기	교육과학기술부	지자체 시도 교육청

개선 과제	개선 조치 사항	조치 기한	주관 부처	협조 부처
맞춤형 자녀 교육 지원 및 한국어 교육 다양화	○방과 후 학교 및 지역 아동 센터 방과 후 프로그램 등을 통한 자녀 한국어 교육 등 내실화 방안 마련	'08.하반기 (지역 아동 센터 방과 후 프로그램 관련, '09.상반기)	교육과학 기술부, 여성가족부	문화체육관광부, 농림수산식품부, 지자체, 시도교육청
	○다문화 가정 밀집 지역 특별 학급 확산 필요성 논의·검토	'08.하반기	교육과학 기술부	

5.2. 다문화 가정의 부모 교육 지원

개선 과제	개선 조치 사항	조치 기한	주관 부처	협조 부처
수요자별 정책 내용 명확화 및 유사·중복 사업 조정	○부모 교육 지원 관련 유사·중복 사업에 대한 부처 간 협의·조정 및 연계 강화 * 외국인 정책 위원회에 기구성된 관련 분과와 TF를 활용, 부처 간에 주기적인 회의를 통해 구체적 이행 계획을 세워 추진	'10.상반기 (단기적으로 현행 교육 인프라를 활용하되, 중장기적 관점에서는 부처 전문성에 따라 역할을 재정립)	여성가족부	교육과학기술부, 문화체육관광부, 농림수산식품부, 법무부, 국무총리실, 지자체, 시도 교육청
	○취업 능력 제고를 위한 법과 제도 등 사회 적응 교육 수요 충족 방안 수립	'09.상반기	여성가족부	문화체육관광부, 법무부, 노동부, 지자체,
	○자녀 학습 지도 능력 함양을 위한 부모 교육 수요 충족 방안 수립	'09.상반기	교육과학 기술부, 여성가족부	문화체육관광부, 지자체, 시도 교육청
다문화 가족 지원 센터 운영의 내실화	○방문 교육 서비스 예산 지원을 지역 센터별로 수요·실적 등에 따라 차등화 및 집합 교육 예산을 단계적으로 현실화 -지역 특성별로 집합·방문 교육 간 효율성 비교에	'09.상반기	여성가족부	지자체

	따라 양 사업의 비중을 탄력적 조정·운영 방안 검토		
다문화 가정에 대한 적극적 정책 관점 확산 및 국민인식 변화를 위한 토대 강화	○다문화 가정 자녀를 국가의 미래 인적 자원으로 양성·활용하는 등 적극적 정책 관점 강화 방안 검토	'09.상반기	교육과학기술부	보건복지가족부, 문화체육관광부, 농림수산식품부, 지자체, 시도교육청
	○다문화 가정 교육 지원 등을 위한 민·관 지역 네트워크 연계 강화 방안립	'09.상반기	여성가족부	교육과학기술부, 문화체육관광부, 농림수산식품부, 지자체, 시도교육청
	○일반인 및 교직원 대상 다문화 이해 증진 및 인식 함양 활동 강화	'09.상반기 (계속)	문화체육관광부, 여성가족부, 교육과학기술부	농림수산식품부, 지자체, 시도교육청

6. 맺음말

우리나라가 다문화 사회에 진입하고 있는가의 여부는 관점에 따라 달라질 수도 있다. 그러나 2007년 현재 약 100만 명이 넘는 외국인이 국내에 체류하고 있다면 분명히 우리 사회가 다문화 사회를 위해 무엇인가를 준비해야 할 시점인 것은 틀림이 없을 것이다.

국내 외국인 근로자 63만여 명, 국제결혼 이주 여성 4만여 명, 외국인 유학생 3만여 명 등이 장기 체류자이고, 단기 체류자도 28만여 명에 이른다고 하니, 넓은 의미에서 우리 사회가 다문화 상태에 놓여 있다고 할 수 있다. 특별히 다문화 가정의 자녀가 재학 중이거나 취학 대상자도 3만여 명에 이르고 있으니 이들이 새로운 문화를 형성하거나 다문화 가정을 이루고 있다고 할 수 있다.

이러한 다문화 가정은 전반적으로 경제적인 생활은 물론 일상생활이나 교육 등에서 모두 어려운 상황이며, 그 핵심에는 의사소통의 문제가 자리 잡고 있다. 특히, 외국인 근로자 자녀와 국제결혼 이주 여성 자녀들의 취학 문제는 우리 사회의 새로운 과제로 떠오르고 있다.

다문화 가정과 관련될 수 있는 한국어 교육 정책은 정부 부처 중 교육과학기술부, 문화체육관광부, 여성가족부 등을 중심으로 이루어지고 있지만 그 성과는 아직 빈약한 상황이라고 할 수 있다. 다문화 가정의 자녀 학교생활은 교육과학기술부가 지원하고 있지만 수요 증가에 따른 종합적인 대응책이 부족하며, 특히 한국어 교육을 초등학교 교사나 중등학교 국어 교사들에게만 맡김으로써 모국어 화자와 외국인 화자 사이의 갈등을 해결하지 못하고 있는 형편이다. 또한, 다문화 가정의 부모 교육도 여성가족부와 문화체육관광부가 지원하고 있지만 부처의 전문성을 충분히 살리지 못하는 부분이 남아 있으며, 한국어와 한국 문화를 담은 교재와 교육 자료를 개발하여 보급하고 있지만 수정 보완해야 할 부분도 많이 남아 있다.

다문화 가정과 그 자녀들에 대한 한국어와 한국 문화 교육은 상당한 재원과 투자가 필요한 부분이기 때문에 당장은 여러 가지 부담이 따를 수 있지만, 장기적으로 한국에 대한 이미지 제고와 홍보 효과, 한국 문화에 대한 교육과 홍보 효과, 한국의 국제 신인도 제고, 한국의 국제적 인적 자원 양성 효과를 가져 올 수 있다. 그러나 무엇보다도 중요한 것은 그들이 우리 사회를 더욱 건강하게 이끌어 가는 데 중요한 역할을 수행할 것이라는 점이다.

다문화 사회에서 한국어 교육의 핵심은 상호 수용과 존중이라고 할 수 있다. 우리가 조금 더 경제적으로 잘 산다고 해서 이들의 언어와 문화까지 무시해서는 안 될 것이다. 항상 교육은 학습자의 입장에 서서 그들이 필요한 것이 무엇인지 생각해 보는 것이 필요할 것이다.

다문화 가정의 한국어 교육도 어려운 한국어 문법만을 강요할 것이 아니라 문화 상호주의 원칙에 따라 상대방의 언어도 교육하는 것이 필요하고 상대방의 문화와 역사 등을 통해서 자연스럽게 한국어와 한국 문화를 익힐 수 있도록 배려하는 것이 좋을 것이다.

※ 『한국어 교육의 이해』(한국문화사. 2009. 12)에 실린 논문을 수정하여 보완한 것임.

제 4 부

국어 정책과 실용 언어 연구

제16장 | 광고 언어의 조사 연구(고유어, 한자어)

제17장 | 광고 언어의 조사 연구(외래어)

제18장 | 국어 교과서 문장 실태 연구

제19장 | 청소년 언어폭력 실태와 추방 대책

제20장 | 건재 정인승 선생의 국어 사랑 정신

제21장 | 공직자의 언어생활

제22장 | 교과서 문장론

제16장 **광고 언어 조사 연구***

―고유어와 한자어를 중심으로―

1. 머리말

우리의 언어 생활은 주위 환경의 영향을 크게 받는다. 주위의 언어 환경이 올바르고 정확하면 그 속에서 사는 사람 역시 쾌적한 언어 환경 속에서 살 수 있으며, 주위의 언어 환경이 바람직하지 않게 주어진다면 그 속에서 사는 사람도 열악한 언어 환경을 감수하며 살아가야 할 것이다. 그러므로 언어 환경이 잘 조성되어 있을 경우 우리는 서로 간의 의사 소통을 즐겁게 영위해 나갈 수 있다.

일상 생활의 언어 환경 가운데 우리에게 가장 많은 영향력을 행사하는 것은 대중 매체라고 할 수 있다. 그렇다면 신문이나 방송을 통해 전달되는 내용의 언어적인 측면을 순화할 때 그 파급 효과는 매우 클 것이다. 그러나 대중 매체의 언어를 모두 한 자리에서 다루기는 어렵다. 특별히 광고 언어를 선택한 것은 광고는 한 시대의 문화를 반영하기 때문이다.

광고는 '설득'을 통해 구매욕을 증진시키는 것을 목적으로 한다. 여기서 설득은 여러 방법에 의해 이루어지지만 주로 말(또는 글)에 의존하게 된다. 그러므로 전달 효과를 증대시키기 위해서는 정확한 표현을 하여야 한다. 그런데 광고 속의 언어에 초점을 맞추어 보면 우리는 때로 광고를 구성하는 주요 성분인 언어적 표현 속에서 드물지 않게 오류를 발견하곤 한다. 하찮아 보이는 표기 하나의 그릇된 사용이 광고 문장 전체를 일그러뜨리고 더 나아가서는 광고가 전달하고자 하는 정보 내용을 불투명하게 만들어 정보에 대한 신뢰성을 떨어뜨리고 마는 결과를 가져오는 것이다.

---

* 이 글은 『이런 말 실수 저런 글 실수』(1998, 문화관광부)의 일부를 발췌하여 수정한 것이다.

이러한 이유 때문에 방송위원회 등 각 위원회의 심의 규정에는 광고 언어에 대한 바람직한 방향을 제시하고 있다. 그 내용을 살펴보기로 한다.

방송위원회(제89조)
① 광고는 우리말의 표준어를 사용하는 것을 원칙으로 하며, 한글 맞춤법 및 외래어 표기법을 준수하여야 한다.
② 광고는 바른 언어 생활을 해치는 비속어·은어·조어를 사용하여서는 아니 된다.
③ 광고는 불필요한 외국어를 사용하거나 외국어 및 외국인 어투를 남용하여서는 아니 된다.

종합유선방송위원회(제57조)
① 광고 방송은 표준말과 표준 발음을 사용하는 것을 원칙으로 하며, 우리말에 대한 존엄성을 해치지 않도록 하여야 한다. 특히 어린이나 청소년을 대상으로 하는 광고 방송은 그릇된 어법이나 표준어가 아닌 발음을 사용하여서는 아니 된다.
② 광고 방송은 국민의 바른 언어 생활을 해치는 다음의 표현을 하여서는 아니 된다.
  1. 비속어·은어·저속한 조어의 사용
  2. 불필요한 사투리나 외국어의 사용 및 외래어의 남용 (다만, 외국어 방송 채널의 경우에는 외국어 사용 가능)
  3. 외국인 어투의 남용
  4. 난해한 전문 용어의 사용
  5. 기타 광고 방송에 부적당한 언어의 사용
③ 광고 방송은 그 화면에 상품명, 기업명, 기업 표어를 외국어로 표기할 때에는 전체적인 균형을 맞추어 한글로 병기하여야 한다. (다만, 외국어 방송 채널의 경우에는 예외로 함)

한국공연예술진흥협의회(제5조)
① 광고 언어는 우리말의 표준어를 사용하는 것을 원칙으로 하며 한글 맞춤법과 외래어 표기법을 준수하여야 한다.
② 올바른 언어 생활을 해치는 비속어·비어 등의 표현을 하여서는 아니 되며 불필요한 외국어를 사용하거나 외국어 등을 남용하여서는 아니 된다.
③ 기타 광고로서 부적당한 언어를 사용하여서는 아니 된다.

④ 기업명 또는 상품명을 외국어로 표현할 경우에는 전체적으로 균형이 맞게 한글을 병기하여야 한다.

한국광고자율심의기구(제18조)
① 광고는 표준어를 사용하는 것을 원칙으로 하며, 우리말에 대한 존엄성을 해치지 않도록 하여야 한다.
② 광고는 바른 언어 생활을 해치는 다음의 표현을 하여서는 아니 된다.
　1. 비속어, 은어 등의 사용
　2. 불필요한 외국어의 사용 및 외국어의 남용
　3. 기타 광고에 부적당한 언어의 사용

이 글에서는 주로 광고 언어의 고유어와 한자어만을 그 대상으로 하였다. 광고 언어의 외래어 표기와 문장 표현은 다음 기회로 미루었다. 이 글에서 다루는 광고 언어는 신문과 방송 광고에 나타나는 것들을 대상으로 하였고, 용례는 다음의 자료에서 뽑았다.

1. 주식회사 오토오, 이달의 한국 신작 CF 모음집 CF BANK1998. 2~7. 통권66~71호.
2. 애드 브레인 98-2, 98-3, 98-4, 98-5, 98-6, 98-7, 주식회사 OTTO 출판부.

그리고 용례를 제시하는 방법은 다음과 같다.

신문 잡지의 경우 : #고쳐야 할 말(대안)「상품명; 회사」
방송의 경우 : #고쳐야 할 말(대안)「상품명; 회사, 970931」

용례에서는 고쳐야 할 표현 앞에 '#'를 표시하고 괄호 안에 대안을 제시하였다. 어문 규정과 관련된 경우는 '대안'을 따라야 하지만 그렇지 않은 표현의 경우는 '대안'을 참고로 하면 될 것이다. 고쳐야 할 말과 '대안'은 진하게 처리하여서 눈에 띄게 하였다. 방송의 경우 회사명 뒤의 숫자는 최초 방송 날짜이다. 또한 텔레비전의 경우 맞춤법이나 띄어쓰기는 화면에 실현된 예만을 대상으로 하였다.

2. 광고 언어의 고유어와 한자어

고유어와 한자어는 표준어를 사용하되 한글 맞춤법에 맞게 적어야 한다. 여기서는 이러한 원칙에 어긋나는 예들을 살펴보기로 한다.

2.1. 어휘 표현

2.1.1. 비속한 표현(아이 찝찝해! → 아이 찝찔해!)

광고의 언어에서 비속한 어휘는 그다지 많이 발견되지 않는다. 이는 광고 문안을 작성하는 사람들이 언어 사용의 선도적 역할을 한다는 인식을 하고 있기 때문이라고 하겠다. 다음과 같은 몇 예가 해당 자료에서 발견되기는 하는데 적절한 단어로 고쳐 써야 한다. 여기에 제시한 대안은 굳이 그렇게 쓰자는 것이 아니라 하나의 안으로만 제시한 어휘이다.

> 국물이 #끝내줘요(아주 얼큰해요). 「생생우동; 농심, 980410」
> 재미도 실속도 #빵빵한(가득한) 유니텔 「유니원98; 삼성SDS」
> #왕액션(멋진 액션) 쥬쥬(주주) 제품의 행사 「쥬쥬스타스타축제; 영실업, 980114」
> 해상도도 #죽여주더군(대단하더군). 「HP레이저젯; 한국휴렛팩커드」
> 여름 #짱(최고)! 아이비클럽 「아이비클럽」
> 아이 #찝찝해(찝찔해)! 「보솜이; 대한펄프, 980302」

'끝내주다'나 '죽여주다'는 아주 멋있고 좋은 경우에 많이 사용하는 표현이지만 광고가 언어를 선도한다는 생각을 할 때 사용하지 않아야 한다. '빵빵하다'는 무엇인가 빈 공간을 가득 채웠을 경우에 사용하는 경우가 많은데, 이 어휘 역시 순화하여 사용하여야 한다. '왕액션'의 경우 '왕'은 '왕개미'처럼 크다는 의미를 위해 붙는 접미사인데 여기서는 '멋지다'라는 의미를 가지고 있다. 심지어 '왕회장, 왕세일, 왕따(집단 따돌림)' 등의 용어를 남발하고 있어, 매우 심각한 일이다. 이러한 '왕'의 사용은 잘못된 것이므로 피해야 한다. '짱' 역시 피해야 할 표현임은 당연하다. '찝찝하다'는 '꺼림하다, 께름하다' 또는 '찜찔하다'로 바꾸어 써야 할 잘못된 말이다.

2.1.2. 비표준어(니들 먼저 가→너희들 먼저 가)

비표준어도 그리 많은 편은 아니다. 해당 자료에서 뽑은 몇 예를 보기로 한다.

그게 저 #니들(너희, 너희들) 먼저 가. 「휘닉스파크; 보광, 971219」
#에숭이(애송이) 놈들 악의 힘이다. 에이! 「천하무적슈라트; 월드컵, 971224」
나는 #이쁜(예쁜) 여자한테 먹힐거야(먹힐 거야). 「죠리퐁(조리퐁)와글와글; 크라운제과, 980406」

'너'에 대한 '니'는 표준어에서 인정되지 않으므로 광고에서는 사용하지 않는 편이 낫다. '에숭이'는 '애송이'와의 모음조화 관계에 있는 '애숭이'를 생각하여 표기한 것으로 보인다. 그러나 '애숭이' 자체가 비표준어이다. '표준어 사정 원칙 제8항에 의하면, "양성 모음이 음성 모음으로 바뀌어 굳어진 다음 단어는 음성 모음 형태를 표준어로 삼는다."라고 하고 '깡충깡충, －둥이, 발가숭이, 보퉁이, 봉죽, 뻗정다리, 아서, 아서라, 오뚝이, 주추'를 제시하고 있다. 그리고 "다만, 어원 의식이 강하게 작용하는 다음 단어에서는 양성 모음 형태를 그대로 표준어로 삼는다."라고 하며 '부조, 사돈, 삼촌'을 제시하였다. '애송이'에 대해서는 '애숭이'라는 어형을 인정한 예가 없고 이 또한 방언형이므로 '애송이'라는 어형을 취하여야 한다. 또한 '이쁘다'의 표준어는 '예쁘다'이다.

2.1.3. 잘못 쓰이는 단어(아가의 건강→아기의 건강)

간혹 단어의 의미를 몰라 생기는 오류가 발견된다. 광고 문안을 작성할 때는 사전의 의미와 용법을 다시 한 번 확인하는 작업이 필요하다.

> #아가에겐(아기에겐) 모유가 좋습니다.「퓨어스톤유축기; (주)다봉산업, 980104」
> 촬영을 #항공에서(공중에서, 하늘에서) 해라.「가자주류백화점; 가자」

자료에 보이는 '아가'라는 단어의 사용은 문제가 있다. '아가'는 '아기야'의 준말 또는 어린이들이 쓰는 말이므로 여기서는 부적절하다고 하겠다. '아기'를 조금 더 부드럽고 친근감 있게 부르려는 의도였던 것 같으나 '아가의'라고 하면 '아기야의'가 되거나 말하는 사람이 어린 아이가 되므로 부적절하다. 또한 '항공'의 의미는 '항공기로 공중을 날아다님'이므로 이 문장에서는 사용할 수 없다. 공중이나 하늘 등 적절한 어휘로 바꾸어야 한다.

2.1.4. 잘못된 활용(벌은 이익 → 번 이익)

용언 특히 'ㄹ'로 끝나는 용언의 활용형은 틀리기 쉽다.

> 꽉꽉 꽃게랑 꽉꽉꽉꽉 꽃게를 #물을까(물까).「꽃게랑; 빙그레, 980527」
> 세계 60개국에서 #벌은(번) 이익을 고객분들께 환원해드리고자「로만손시계; 로만손」

'물다, 벌다'와 같이 'ㄹ'로 끝나는 어간에 어미 '-은/ㄴ'을 붙이면 '문, 번'이 된다. 또 어미 '-을/ㄹ'을 붙이면 '물, 벌'이 된다. 그러나 이 어형은 구어에서는 '물은, 물을, 벌은, 벌을'처럼 변하는 경향이 있다. 그렇지만 표준어에서는 어간의 마지막 자음 'ㄹ'이 '-은/ㄴ, -을/ㄹ' 앞에서 떨어지는 현상만 인정하고 있으므로 '물을, 벌은'과 같은 표현은 지양하여야 한다. 물론 '다르-'와 같은 어간은 'ㄴ'이나 'ㄹ'이 붙으면 '다른, 다를'이 되고 '묻-'과 같은 어간은 '물은, 물을'이 되지만 이들은 순수하게 'ㄹ'로 끝나는 어간이 아니므로 문제될 것이 없다.
이것 외에도 다음과 같이 어미를 잘못 사용한 오류가 발견된다.

아니야. 벼락 맞은 #거래니까(거라니까). 「벼락맞은꿈틀이; 오리온, 980609」
어우 #차거(차가워). 「주물러; 롯데제과, 980421」

'벼락 맞은 거래니까'의 경우는 '벼락 맞은 거래'라는 인용문 형식에 이끌린 잘못이며, '차갑다'는 어미 '-어'가 연결되면 '차가워'로 발음되는 것이 옳다. 물론 구어에서는 '차갑다, 뜨겁다'에 대해 '차거, 뜨거'와 같은 발화가 나타나지만 이는 잘못 만들어진 어형이다.

2.1.5. 고쳐 쓰면 좋을 단어(大바겐 → 할인 판매)

순화해서 사용할 단어들이 간혹 발견된다. 순화해서 사용할 수 있는 경우는 순화하고 의미가 불투명한 경우는 다른 표현으로 바꾸어야 할 것이다.

롯데 셔츠 남방 #大바겐(할인 판매) 「롯데 셔츠 남방; 롯데백화점」
공룡왕국은 건전지를 사용하는 #작동완구입니다.(건전지를 사용하여 작동하는 완구입니다.) 「공룡왕국; 다이아블럭, 971215」
끝이 톡 튀어나온 3단계 #칫솔모(솔의 끝이 톡 튀어나온 3단계 칫솔) 「리치엑세스; 존슨앤존슨, 971218」
#휴대폰용(휴대 전화용) 이중 안테나로 통화 잡음을 싹! 「삼성와이드폰; 삼성전자」

행사 제목에서 '大'와 '바겐'만 연결한 것은 물론 '大 바겐 세일'을 줄이는 과정에서 생긴 현상인데 고쳐 써야 한다. 여기서 '바겐 세일'은 '싸게 팔기'나 '할인 판매'로 순화하면 더 좋을 것이다. '작동완구'는 의미상 부적절하다. 이런 경우에는 문안 전체를 바꾸는 편이 낫다. '칫솔모'는 '칫솔'과 '모'를 연결 시켜 합성어를 만들었는데 '모'의 의미상 어울리지 않는다. 위에서 제시한 예처럼 적절하게 바꾸어야 한다. '휴대폰'은 1995년 7월 14일 정부언론외래어심의공동위원회의 심의에서 '휴대 전화'로 순화하기로 결정한 단어이다. '휴대폰'은 매우 일반적인 어휘로 굳어져 가고 있지만 '휴대 전화'로 바꾸어도 전혀 인위적인 느낌이 들지 않으므로 고쳐 쓰는 데 문제가 없다.

2.1.6. 어려운 단어(고지를 → 못 쓰는 종이를)

광고의 문안은 그 뜻이 소비자에게 정확하게 전달되어야 한다. 그러나 어려운 한자어를 사용하는 경우가 있다.

> 삼풍제지는 자원절약과(자원 절약과) 재활용 촉진을 위해 #고지를(못 쓰는 종이를) 재생해서 종이를 만들고 있습니다. 「삼풍제지; 삼풍제지」
> 같은 #월령인데도(개월 수인데도) 내 아기가 더 건강하고 빠르다면 참 행복하죠 「스텝엄선; 남양유업, 971212」

일반적인 현상은 아니지만 '고지(故紙)'나 '월령(月齡)' 등 어려운 한자어가 간혹 발견되기도 한다. 뜻을 정확하게 전달하기 위해서는 좀 더 쉬운 표현을 찾아야 할 것이다.

2.2. 맞춤법

2.2.1. 두음 법칙(년간 380만원 → 연간 380만 원)

'년(年)'의 경우는 그것이 두음 법칙의 영향을 받을 수도 있고 그렇지 않을 수도 있어서 틀리기 쉽다.

> 그린월드 사용으로 #년간(연간) 380만 원 이상 절약 「그린월드; 국제정밀(주)」

한글 맞춤법의 제3장 소리에 관한 것, 제5절 두음 법칙, 제10항에는 다음과 같이 제시되어 있다.

제10항 한자음 '녀, 뇨, 뉴, 니'가 단어 첫머리에 올 적에는 두음 법칙에 따라 '여, 요, 유, 이'로 적는다.(ㄱ을 취하고, ㄴ을 버림.)
ㄱ 여자 연세 요소 유대 이토 익명
ㄴ 녀자 년세 뇨소 뉴대 니토 닉명
다만, 다음과 같은 의존 명사에서는 '냐, 녀'를 인정한다.
냥(兩) 냥쭝(兩-) 년(年)(몇 년)

의존 명사인 '년(年)'은 항상 다른 말의 뒤에 붙으므로 두음 법칙의 적용 대상이 아니다. 반면 '연 3회'나 '연간'처럼 '한 해(동안)'란 뜻을 나타내는 경우에는 단어의 첫머리에 오므로 두음 법칙의 적용을 받아 '연'으로 표기되는 것이다.

2.2.2. 모음 'ㅣ'의 영향을 받은 모음 변화
(보십시오 → 보십시오, 말이예요 → 말이에요)

모음 'ㅣ'의 영향을 받은 모음 발음의 변화 때문에 표기에 혼동을 일으키는 경우가 있다.

1원이라도 아껴서 #구입하십시요(구입하십시오)! 「돌침대; 동천산업」
미래의 세계를 상상해 #보십시요(보십시오). 「NEC; NEC」

이 경우에는 한글 맞춤법 제4장 형태에 관한 것, 제2절 어간과 어미 제15항의 '붙임2'의 제시를 따라야 한다.

[붙임2] 종결형에서 사용되는 어미 '-오'는 '요'로 소리나는 경우가 있더라도 그 원형을 밝혀 '오'로 적는다.(ㄱ을 취하고, ㄴ을 버림)
ㄱ 이것은 책이오. 이리로 오시오. 이것은 책이 아니오.
ㄴ 이것은 책이요. 이리로 오시요. 이것은 책이 아니요.

그러나 "이것은 책이요, 저것은 붓이요, 또 저것은 먹이다."와 같이 연결형에서 사용되는 '이요'는 '이요'로 적는다. 이 경우는 '이고'로 바뀔 수 있다고 이해하면 편리하다. 이렇게 앞의 'ㅣ'의 영향으로 뒤에 오는 모음 'ㅗ, ㅏ, ㅓ' 등이 'ㅛ, ㅑ, ㅕ'로 발음되는 현상은 한글 맞춤법에서는 표기에 반영하지 않는다. 다음의 '-이예요'도 '-이에요'의 '에'가 앞의 모음 '이'의 영향을 받아 '예'로 발음된 것이므로 표기에 반영하지 않고 '-이에요'로 써야 한다.

아빠, 저건 제일- 빨리 가란 #뜻이예요(뜻이에요)?「손해보험협회; 손해보험협회」
결혼예물시계(결혼 예물 시계) #말이예요(말이에요).「로만손시계; 로만손」

그런데 '-이에요'는 모음 뒤에서 '-예요'로 축약되기 때문에 혼동을 자주 일으킨다. 이 경우는 '이'와 '에'가 축약되었으므로 '예요'로 적기 때문이다. 정리하자면 모음 뒤에서는 '나예요'처럼 '-예요'를 쓰고 자음 뒤에서는 '집이에요'처럼 '-이에요'를 쓰면 된다.

기지국이 #몇개에요(몇 개예요)?「011; SK텔레콤」

다음도 발음의 변화를 따른 표기를 하지 않으므로 '아침이었을까'로 표기해야 한다.

촬영시간은 #아침이였을까(아침이었을까)?「미래파」

2.2.3. 표기의 구별(유지하므로써 → 유지함으로써)

한글 맞춤법 제6장 그 밖의 것, 제57항에는 발음은 동일하지만 의미가 다르기 때문에 표기를 달리해야 하는 예들을 실어 놓았다. 다음도 그러한 예에 해당한다.

합리적인 가격대를 계속 #유지하므로써(유지함으로써) 함께 고통을 분담하겠습니다.「스프리스; (주)금화스포츠」

'하므로'는 동사 어간 '하-'에 까닭을 나타내는 연결어미 '-므로'가 붙은 어형으로 '하기 때문에'란 뜻을 나타내고, '함으로'는 '하다'의 명사형 '함'에 조사 '-으로(써)'가 붙은 어형으로 '하는 것으로(써)'라는 뜻을 나타낸다. 각각의 용례를 보이면 다음과 같다.

> 그는 훌륭한 학자이므로 많은 사람들에게 존경을 받는다.
> 그는 열심히 공부함으로(써) 부모님의 은혜에 보답한다.

여기서도 '유지하기 때문에'보다는 '유지하는 것으로'의 의미에 해당하므로 '유지함으로'로 써야 한다.

2.2.4. 'ㄹ' 뒤의 된소리(드릴께요 → 드릴게요, 놀랄꺼야 → 놀랄 거야)

어미의 경우 'ㄹ' 뒤에서 된소리로 발음되는 것은 규칙성이 있어서 된소리로 적지 않는다. 맞춤법 제6장의 제53항에서는 다음과 같은 어미를 예삿소리로 적도록 규정하였다.

> -(으)러거나, -(으)ㄹ걸, -(으)ㄹ게, -(으)ㄹ세, -(으)ㄹ세라, -(으)ㄹ수록, -(으)ㄹ시, -(으)ㄹ지, -(으)ㄹ지니라, -(으)ㄹ지라도, -(으)ㄹ지어다, -(으)ㄹ지언정, -(으)ㄹ진대, -(으)ㄹ진저, -올시다

그러나 의문형의 경우는 된소리로 표기하는 방식이 너무 익어서 'ㄹ' 뒤에서도 된소리로 표기한다.

> -(으)ㄹ까?, -(으)ㄹ꼬?

이러한 규정에 근거하여 다음의 예들은 고쳐 써야 한다.

> 당신의 힘이 #되어드릴께요(되어 드릴게요). 「태평양생명; 태평양생명」
> 신세계야! 헌옷 #줄께(줄게) #새옷(새 옷) 다오! 「신세계벼룩시장전; 신세계백화점

그리고 다음의 경우는 '-(으)ㄹ거야'라는 어미가 존재하지 않기 때문에 띄어쓰기도 이루어져야 한다. 여기서의 '거'는 의존 명사이다.

> 일단 써보면 깜짝 #놀랄꺼야(놀랄 거야). 「마일디펜; 모닝글로리」

2.2.5. 사이시옷을 잘못 적은 예(한햇동안→한 해 동안)

사이시옷은 합성어의 경우 적게 되어 있다. 그러므로 다음의 경우에는 적을 수 없다.

> #한햇동안(한 해 동안) 성원해 주신 여러분께 진심으로 감사드립니다. 「016; 한국통신프리텔」

'한해' 역시 '한 해'로 적어야 하지만 '동안'도 별도의 명사이므로 띄어서 써야 한다. 이 경우 합성어로 처리할 수 없으므로 사이시옷을 적을 수 없다.

2.2.6. 부사를 만드는 '-이'(깊숙히→깊숙이)

부사를 만드는 접미사가 '-이'인지 '-히'인지 구분하기 어려운 경우가 있다. 다음도 그러한 예이다.

> 피부 #깊숙히(깊숙이) 작용하여 더욱 하얗게 합니다. 「참존 화이트존; 참존」
> 무좀 알고 치료합시다. #깊숙히(깊숙이) 침투하는지 간에 독성은 없는지. 「로푸록스; 한독약품, 980403」

이 어휘와 관련이 있는 규정인 한글 맞춤법 제6장 그 밖의 것, 제51항에는 다음과 같이 되어 있다.

부사의 끝 음절이 분명히 '이'로만 나는 것은 '-이'로 적고, '히'로만 나거나 '이'나 '히'로 나는 것은 '-히'로 적는다.
1. '이'로만 나는 것
가붓이, 깨끗이, 나붓이, 느긋이, 둥긋이, 따뜻이, 반듯이, 버젓이, 산뜻이, 의젓이, 가까이, 고이, 날카로이, 대수로이, 번거로이, 많이, 적이, 헛되이, 겹겹이, 번번이, 일일이, 집집이, 틈틈이
2. '히'로만 나는 것
극히, 급히, 딱히, 속히, 작히, 족히, 특히, 엄격히, 정확히
3. '이, 히'로 나는 것
솔직히, 가만히, 간편히, 나른히, 무단히, 각별히, 소홀히, 쓸쓸히, 정결히, 과감히, 꼼꼼히, 심히, 열심히, 급급히, 답답히, 섭섭히, 공평히, 능히, 당당히, 분명히, 상당히, 조용히, 간소히, 고요히, 도저히

문제는 발음을 하는 사람의 습관에 따라 '이'로도, '히'로도 발음될 수 있다는 데 있다. 여기에서 '-하다'가 붙는 어근 뒤에서는 '히'로 적는다는 규칙을 세우면 '깊숙히'는 올바른 어형이라고도 할 수 있다. 그러나 이 어휘의 경우는 사전에서 일관되게 '깊숙이'로 처리하고 있다. 이러한 문제는 어휘별로 따로 검토될 성질의 것이므로 사전의 처리를 따라야 한다.

2.2.7. 모음조화(가까와 → 가까워, 새로워졌습니다 → 새로워졌습니다)

국어는 모음조화를 가지고 있는 언어이다. 그러나 이러한 전제에 너무 충실하다 보면 현실과는 어긋나는 어형을 만들어 내는 경우가 있다. 다음이 그러한 예이다.

가깝다! #가까와(가까워). 「포카리 스웨트; 동아오츠카, 동아일보980716」
기능성 세정제로 더욱 #새로와졌습니다(새로워졌습니다)! 「피비원; 파이씨스」

한글 맞춤법 제4장 형태에 관한 것, 제2절 어간과 어미, 제18항을 보면 용언들은

어미가 바뀔 경우, 그 어간이나 어미가 원칙에서 벗어나면 벗어나는 대로 적는다고 되어 있다. 그래서 어간 끝 'ㅂ'이 어미 '어' 앞에서 'ㅜ'로 바뀔 적에도 소리 나는 대로 적는 것이다.

> 깁다/기워, 가깝다/가까워, 괴롭다/괴로워

대개의 경우 이렇게 음성모음으로 실현되지만 다음의 경우만은 양성모음으로 실현된다.

> 돕다/도와/도와서, 곱다/고와/고와서

2.2.8. 의도적 표기 오류(누에띠네 → 눈에 띄네, 마니커 → 많이 커)

의도적으로 맞춤법에 위배되는 방향을 지향하는 경우가 있다. 제품 명칭의 맞춤법을 일부러 파괴시키는 방법이다. 제품명은 실제로는 '광고의 언어'라는 대상에는 포함되지 않으나 심각한 상황이므로 몇 예를 들어 본다.

> #누네띠네(눈에 띄네) 「삼립식품」
> #마쪼니(맛 좋으니) 「한국야쿠르트」
> #마니커(많이 커) 「대상」

이러한 예들은 전략적 오기라고 할 만한 것들인데 등록되는 상표이지만 될 수 있으면 피하는 편이 좋으리라고 본다.

2.3. 띄어쓰기

2.3.1. 잘못 띄어서 쓴 예

2.3.1.1. 조사의 띄어쓰기(외화낭비입니다 → 외화 낭비입니다,
           부유함 보다는 → 부유함보다는)

　독립성이 없이 다른 단어 뒤에서 종속적인 관계로 존재하는 '-이다'는 조사와 동일하므로 그 앞의 요소에 붙여 써야 한다. 그러나 다음과 같이 띄어 쓰는 경우가 많은데 '-이다'가 동사나 형용사처럼 활용을 하기 때문에 그러한 현상이 일어나는 것으로 보인다.

> 모든 것을 보여줄 #것 입니다(것입니다). 「DVCPRO; Panasonic」
> 게임도 역시 #세진 입니다(세진입니다). 「세진 특별 게임 기획전; 세진컴퓨터랜드」

　또한 조사 가운데 '-보다'나 '-부터'와 같이 문법적인 의미 이상의 의미를 갖는 조사들을 띄어 쓰는 경우가 많은데 이들은 분명히 조사이므로 붙여 써야 한다.

> 나 하나의 #부유함 보다는(부유함보다는) 부강한 국가의 국민으로 살고 싶습니다! 「모주; 모주」

2.3.1.2. 보조 용언에 이끌린 띄어쓰기
           (일어 섰습니다 → 일어섰습니다, 만들어 집니다 → 만들어집니다)

　사전에 한 단어로 실려 있는데도 잘못 띄어 쓰는 용례로 다음과 같은 것들도 있다.

> 분당에서 10분만 #내려 오십시오(내려오십시오). 「동보레이크타운; 동보건설주식회사」
> 신세화가 다시 #일어 섰습니다(일어섰습니다). 「신세화백화점; 신세화백화점」

　"내려오다, 일어서다" 등은 사전에 하나의 단어로 실려 있다. 이 경우 '오다, 서다'가 별도의 단어로 존재하고 그 앞의 요소가 어미 '-어'이므로 보조 용언의

구성으로 파악된 것이다. 이 경우는 두 개의 용언이 어울려 하나의 용언이 되었으므로 붙여 써야 한다.

보조 용언의 경우는 '꺼져 가다'처럼 띄어 쓰는 것이 원칙이나 '꺼져가다'처럼 붙여 쓸 수 있다. 그러나 피동의 의미를 가지는 '지다'는 항상 그 앞의 어미 형태 '어/아'에 붙여서 쓰도록 되어 있다. 그러므로 다음의 것들은 붙여 써야 한다.

> 놀라울 정도로 #가벼워 진다(가벼워진다). 「두앤비 허리피어; 두앤비」
> 돌침대는 기술이 아니라 지극한 정성과 장인정신으로 #만들어 집니다(만들어집니다). 「천수온돌침대; 천수온돌침대」

2.3.1.3. 접미사 '-하다'와 '-되다' (가입 하세요→가입하세요)

다음의 경우는 한 단어이므로 붙여 써야 하는데 용언 '하다'의 영향으로 띄어 쓴 예이다.

> 지금 #가입 하세요(가입하세요). 「채널아이; LG인터넷, 980307」
> 좋은 재료만을 #사용 합니다(사용합니다). 「늘푸른농장; (주)P&S농산, 980113」
> 다시 #시작 합시다.(시작합시다). 「가자주류백화점; 가자」

"가입하다, 사용하다, 시작하다" 등은 사전을 찾아보면 표제어로 실려 있으므로 한 단어이다. 한 단어라면 붙여서 쓰는 것이 당연하다고 하겠다. '가입, 사용, 시작'이 명사이고 '하다'라는 용언이 따로 있으므로 띄어 쓴 것으로 보인다.

'-하다'와 유사하게 다음의 경우도 '-되다'가 접미사로 사용된 예이므로 '보장되다'는 붙여 써야 한다. 이러한 예들은 결국 사전을 참조해야 할 것이다.

> 성공이 #보장 됩니다(보장됩니다). 「경산 삼주봉황타운; 삼주건설」

2.3.2. 잘못 붙여서 쓴 예

2.3.2.1. '못'과 '안'

'못'은 부사이므로 뒤에 오는 용언 등과 띄어 써야 한다. 그러나 자주 틀리는 이유는 붙여 쓸 경우가 있는 '못하다'의 영향인 것으로 파악된다. 음치는 "노래를 못한다."라고 해야 하며 다른 사람이 노래를 해야 하는 경우는 "노래를 못 한다."고 해야 한다.

즉 다음과 같은 경우에는 '못하다'가 의미의 변화를 겪은 형용사이므로 '못'이 '하다'와 붙어 있는 하나의 단어이다.

> 나보다 못하다. 못해도 두 달은 되었을 것이다. 색이 그리 곱지 못하다.
> 배가 고프다 못하여 보지 못하였다.

그러나 "나는 이 일 못 해."의 경우는 '못'을 띄어 쓴다. 다음의 예들도 물론 '못'이 부사로 하나의 단어의 지위를 가지고 있기 때문이므로 띄어 써야 한다. 그러나 성질이 악한 경우의 '못되다'는 한 단어이므로 붙여 써야 한다.

> 와-아 이젠 정말 #못당하겠는걸(못 당하겠는걸).
> 「디즈니 베이비즈; 디즈니 베이비즈」
> 내일은 이가격으로(이 가격으로) #못드립니다(못 드립니다).
> 「월요일 특별장;롯데백화점」

'안'은 부사 '아니'의 준말이므로 그 다음에 오는 요소와 띄어 써야 한다.

> 이래도 #안끓겨(안 끓겨)? 「마이트로; 마이크로」
> 올해는 나도 #안담근다(안 담근다)! 「동원양반김치; 동원산업(주)」

그러나 섭섭하거나 가엾어 마음이 언짢다는 뜻을 가진 '안되다'는 하나의 단어이므로 '안'을 띄어 쓰지 않는다.

2.3.2.2. 의존 명사(모든것 → 모든 것, 할수있습니다 → 할 수 있습니다)

한글 맞춤법 제42항에는 의존 명사는 다음과 같이 띄어 쓴다고 되어 있다.

> 아는 것이 힘이다.　　　　　나도 할 수 있다.
> 먹을 만큼 먹어라.　　　　　아는 이를 만났다.
> 내가 뜻한 바를 알겠다.　　　그가 떠난 지가 오래다.

의존 명사는 의미적 독립성은 없으나 다른 단어 뒤에 의존하여 명사적 기능을 담당하므로 하나의 단어로 다루어진다. 그러나 이에 어긋나는 예들이 많이 발견된다. 우선 '것'의 예를 보기로 한다.

> #모든것을(모든 것을) 인하된 가격으로 만나십시오. 「FBC스키축제; FBC」
> #안한 것(안 한 것) 같으면서, 눈에는 전혀 띄지 않으면서 「노브라; 비비안」

이러한 '것'은 일상 회화체에서는 '거'로 사용된다.

> 화려한 시계를 갖고 #싶은거(싶은 거) 있죠? 「로만손시계; 로만손」
> #참을걸(참을 걸) 참아야지! 「지르텍; 한국유씨비제약」

마지막 예인 '참을 걸'은 "참을 것을 참아야지!"에 해당하지만 '-을걸'이 하나의 어미인 경우가 있어서 주의를 해야 한다. 다음과 같이 지나간 일을 후회하거나 추측을 나타낼 때는 '-을걸'은 하나의 어미이므로 붙여서 쓴다.

> 내가 참을걸. 지금쯤 집에 도착했을걸.

다음의 '게' 역시 '거'와 주격 조사 '이'가 결합하여 줄어든 형태이므로 띄어 써야 한다.

사실입니까? 맥반석 돌침대보료가 #69만원이라는게(69만 원이라는 게)?
「맥반석 돌침대; 한국MSP」

의존 명사 '수'도 띄어서 써야 한다.

넉넉하게 #고르실수(고르실 수) 있습니다. 「모피 세일; 대동모피」

열거의 의미를 갖는 '등'도 의존 명사이므로 띄어서 쓴다.

#운전등(운전 등) 앉아서 근무하는 작업자에게서는 「싸라뇨; 순천당제약」

이러한 '등'의 띄어쓰기에 영향을 주는 요소는 접미사 '들'이다. '남자들, 학생들'처럼 하나의 단어에 결합하여 복수를 나타내는 경우는 접미사로 다루어 붙여서 쓰지만 '쌀, 보리, 콩, 조, 기장 들을 오곡이라고 한다.'와 같이 두 개 이상의 사물을 열거하는 구조에서 '그런 따위'란 뜻을 나타내는 경우는 의존 명사이므로 띄어 써야 한다.

다음도 의존 명사를 띄어서 써야 하나 붙여 쓴 경우들이다.

하늘은 스스로 #돕는자를(돕는 자를) 돕는다. 「농협; 농협진천군지부」

2.3.2.3. 단위를 나타내는 의존 명사(한번 → 한 번, 한해동안 → 한 해 동안)

한글 맞춤법 제43항에 보면 단위를 나타내는 명사는 띄어 쓴다고 되어 있다. 그 예는 다음과 같다. 그러나 지면의 제약에 의해서인지 단순한 편의인지 단위 명사를 붙여서 쓰는 예가 매우 많이 발견된다.

'번'이 차례나 일의 횟수를 나타내는 의존 명사일 경우에는 '한 번, 두 번'처럼 띄어서 써야 한다. 다음은 그러한 띄어쓰기를 잘 지킨 예이다.

어머니, 한 번만 더 생각해 보세요! 「웅진씽크빅; 웅진출판주식회사」

그러나 많은 경우 단위 명사를 붙여 쓰고 있다.

#다시한번(다시 한 번) 목화침대의 돌풍을 보여 드리겠습니다. 「목화침대; 목화침대」
하루 #두번만(두 번만) 드시면 됩니다. 「중외리비도; 중외제약」
#열번(열 번) 쓰러져도, 백번(백 번) 쓰러져도 다시 일어서는 나라 「한솔; 한솔」

그러나 '한번 해 보다. 한번 엎지른 물은 다시 주워 담지 못한다. 한번 쥐면 펼 줄 모른다.' 등과 같이 '일단' 정도의 의미로 쓰이는 경우는 '한번'이 하나의 단어이므로 붙여서 쓴다. "노래 한번 잘한다."도 붙여서 쓴다. 그래서 다음은 붙여 쓴 예이다.

기분 한번 바꿔봐? 「써제스트; 쌍방울」

다음의 '개, 벌' 등도 띄어서 써야 하는 단위 명사이다.

기지국이 #몇개에요(몇 개예요)? 「011; SK텔레콤」
#열벌보다(열 벌보다) 귀한 #한벌(한 벌) 「카디날; 제일모직」

그리고 다음의 '해' 역시 시간 단위를 나타내는 의존 명사이므로 띄어 써야 한다.

작년 #한해(한 해) 양주 수입액은 5억 달러. 「백세주; 국순당」

기타 다음과 같이 단위를 나타내는 의존 명사도 띄어 써야 함은 당연하다.

새봄, #한걸음(한 걸음) 앞서 가세요 「롯데 새봄, 새출발 축하상품전; 롯데백화점」
#한방울이(한 방울이) 어디야 콜드쥬스인데! 「클드; 롯데칠성음료(주)」

2.3.2.4. 동일한 형태의 띄어쓰기
(선택된만큼→선택된 만큼, 믿을만한→믿을 만한)

경우에 따라서는 조사 또는 보조 용언과 어미의 형태가 동일하여 띄어쓰기를 잘못하는 경우가 있다. 다음이 그러한 경우인데 이것은 어미의 일부이므로 그 앞의 말에 붙여 써야 한다.

더 힘차게 일하여 집안을 #일으키 듯이(일으키듯이)…「가자주류백화점; 가자」

'듯'의 경우 용언 어간에 붙으면 어미이므로 붙여 써야 한다. 여기서 '일으키-'가 어간이므로 '듯'은 그 앞에 붙여 써야 한다. 그러나 다음의 예에 보이는 '듯'은 보조 용언의 일부이므로 띄어 쓰는 것이 원칙이다. 단, '되어 가는 듯하다'와 같이 보조 용언이 거듭되는 경우는 '되어가는 듯하다'처럼 앞의 보조 용언만 붙여 쓸 수 있다.

듯 하다: 비가 올 듯하다. 비가 올듯하다.
듯 싶다: 올 듯싶다. 올듯싶다.

이렇게 의미나 문법적 지위가 다른데도 형태가 동일해서 띄어쓰기에 혼동을 주는 경우가 많다. 그러한 예들 가운데 '만큼, 만, 지'를 보기로 한다.

'여자도 남자만큼 일한다. 키가 전봇대만큼 크다.'처럼 체언 뒤에 붙어서 '그런 정도로'라는 뜻을 나타내는 경우는 조사이므로 붙여 쓰지만 '볼 만큼 보았다. 애쓴 만큼 먹는다.'와 같이 용언의 관형사형 뒤에서 '그런 정도로' 또는 '실컷'이란 뜻을 나타내는 경우는 의존 명사이므로 띄어 쓴다. 이와 마찬가지로 아래 예에서도 '가치만큼'은 붙여 쓴 것이 맞고 '선택된만큼'은 띄어 쓴 것이 맞는다.

그시절의(그 시절의) 가치만큼 가득 담았습니다!「미도파 신년 대바겐; 미도파」
#선택된만큼(선택된 만큼) 책임지겠습니다.「컴마을; 두고정보통신」

'만'도 문법적 성질에 따라 띄어쓰기 방법이 달라지는 경우이다. '하나만 알고 둘은 모른다. 이것은 그것만 못하다.'처럼 체언에 붙어서 '한정' 또는 '비교'의 뜻을 나타내는 경우는 조사이므로 붙여 쓰지만 '떠난 지 사흘 만에 돌아왔다. 온 지 1년 만에 떠나갔다.'와 같이 경과한 시간을 나타내는 경우는 의존 명사이므로 띄어 쓴다. 그러므로 다음의 '만'은 띄어쓰기를 해야 한다.

출시된지(출시된 지) #2개월만에(2개월 만에) 4만대 판매「체인지업; 삼보컴퓨터」

그런데 '만'은 보조 용언에서도 '-을 만하다'처럼 실현되기 때문에 혼동될 수 있다. 한글 맞춤법 제47항에는 보조 용언은 띄어 씀을 원칙으로 하되, 경우에 따라 붙여 씀도 허용한다고 되어 있다. 즉 '그 일은 할 만하다'를 원칙으로 하고, '그 일은 할만하다.'를 허용하는 것이다.

그래도 #믿을만한(믿을 만한) 학습지가 있어 참 다행입니다.「A+블루;중앙교육진흥연구소」
#알만한(알 만한) 분들은 다 아시는 이 시원함!「엘마겔; 유한양행」

그리고 다음의 '만'은 조사이므로 '만'을 그 앞의 명사적인 요소에 붙여 쓰는 것이다.

#불안하기만한(불안하기만 한) IMF시대 우리아기(우리 아기) 먹는건(먹는 건) 괜찮을까?「아기사랑; 남양유업」

'지'도 '-은지'처럼 어미의 일부로 쓰이는 경우와 의존 명사로 쓰이는 경우가 있다. '집이 큰지 작은지 모르겠다.'처럼 쓰이는 '지'는 어미의 일부이므로 붙여 쓰지만 '그가 떠난 지 보름이 지났다. 그를 만난 지 한 달이 지났다.'와 같이 용언의 관형사형 뒤에서 경과한 시간을 나타내는 경우는 의존 명사이므로 띄어 쓴다. 다음의 '지'는 띄어 써야 하는 것이다.

#출시된지(출시된 지) 2개월만에(2개월 만에) 4만대 판매「체인지업; 삼보컴퓨터」

또한 '거리'는 의존 명사인 경우와 접미사인 경우가 있어 띄어쓰기에 혼동을 주기도 한다. '반찬거리, 국거리, 놀림거리, 걱정거리, 웃음거리, 관심거리' 등과 같이 명사 뒤에서는 접미사이므로 붙여 써야 하고 다음과 같이 용언의 활용형 뒤에서는 의존 명사이므로 띄어 써야 한다.

우리 #마실거리를(마실 거리를) 위하여「가야; 범양식품, 980411」

'데'가 들어 있을 경우에는 의존 명사일 수도 있고 '-는데'와 같은 어미의 일부일 수도 있다. 이 가운데 의존 명사일 경우는 띄어 써야 한다. 보통 "물은 높은 데에서 낮은 데로 흐른다."처럼 용언의 관형사형 어미 다음에 와서 '곳이나 장소'를 이르지만 "일이 이렇게 된 데에는 너에게도 책임이 있다"처럼 '경우나 처지'를 뜻하기도 한다. 또한 "노래 부르는 데도 소질이 있다"의 경우처럼 '일'이나 '것'을 뜻하기도 한다.

밑지면서 #장사하는데도(장사하는 데도) 한계가 있기에「보디가드; 좋은 사람들」
우리경제를 #살리는데(살리는 데) 작은 힘이 되고 있습니다.「신도리코 복사기; 신도리코」

'뿐'도 조사일 경우와 의존 명사일 경우가 있으므로 띄어쓰기를 구별해야 한다.

우리 몸이 원하는 건 #포카리스웨트 뿐(포카리스웨트뿐)!「포카리 스웨트; 동아오츠카」
기회는 #이번 뿐입니다(이번뿐입니다).「미래타운; 대한부동산신탁」

위의 경우는 조사이므로 다음의 '뿐'처럼 붙여 써야 옳다.

그뿐인줄(그뿐인 줄) 알아?「HP레이저젯; 한국휴렛팩커드」

그러나 '먹을 뿐이다.'와 같은 경우는 용언의 활용형 다음에 사용되는 예인데 '뿐'이 의존명사이므로 띄어 쓰는 것이다.

2.3.2.4. 관형사의 띄어쓰기(새신부→새 신부, 그시절→그 시절)

관형사의 경우는 그 다음의 명사와 밀접한 관련을 맺고 있기 때문에 발음을 할 때 한 덩어리를 이루기 쉽다. 그 결과 띄어쓰기를 해야 하는데도 붙여 쓰는 경우가 많이 생기는 것이다. 대표적인 관형사인 '이, 그, 저'는 띄어 써야 하는데 발음을 할 경우 그 다음의 말과 붙기 때문에 띄어쓰기를 무시한 예가 보인다.

#그시절의(그 시절의) 가치만큼 가득 담았습니다!「미도파 신년 대바겐; 미도파」
#이나라(이 나라) 천만 계약자의「삼성생명; 삼성생명」
자동차를 #이땅의(이 땅의) 문화로 만들겠다는 약속「삼성자동차; 삼성자동차」
내일은 #이가격으로(이 가격으로) 못드립니다(못 드립니다).「월요일 특별장; 롯데백화점」

다음은 관형사 '새(新)'를 잘못 붙여 쓴 예들이다.

알뜰한 #새신부(새 신부) 역할 자신있어요(자신 있어요)!「'98혼수대전; 신세계백화점」
신세계야! 헌옷 (줄께)줄게 #새옷(새 옷) 다오!「신세계벼룩시장전; 신세계백화점」

이렇게 '새'를 붙여 쓰는 데는 어느 정도 이유가 있다. '새달, 새댁, 새봄, 새색시, 새서방, 새싹, 새아기, 새해' 등 '새'가 뒤에 오는 말과 붙어서 굳어진 예가 있기 때문이다. 그러나 '새 신부, 새 옷, 새 차, 새 출발'은 굳어진 단어로 볼 수 없으므로 붙여 쓸 이유가 없다.

다음의 수를 나타내는 관형사 '한, 두'나 '모든, 어느' 등도 하나의 단어이므로 띄어 써야 한다. 그리고 '어느 때'의 경우는 함께 발화되는 예가 빈번하지만 '때'는 분명히 명사이므로 띄어 써야 한다.

#두딸이(두 딸이) 나란히 외고, 연세대 합격「엠씨스퀘어; 엠씨스퀘어」
그 #어느때보다도(어느 때보다도) 하나된(하나로 뭉친) 힘이 필요합니다「세계경영; 대우, 980107」

다음은 관형사는 아니지만 용언이 관형형으로 실현된 것이다. 이 경우도 관형사와 마찬가지의 띄어쓰기 회피가 보인다. 우선 명사 '때' 앞에 용언의 관형형이 올 경우와 '이러하다'의 관형형 '이러한'의 준말인 '이런'이 사용될 경우 띄어쓰기가 제대로 되지 않는 경향이 발견된다.

안경테를 #고를땐(고를 땐), 1년후의(1년 후의) 인상을 생각하세요「서전안경테; 서전」
내 아이의 숨결을 #느낄때(느낄 때)…「베이비또; (주)삼경베이비또, 980103」
지금까지 #이런곳은(이런 곳은) 없었다!「목동 아울렛; 삼미모피」

다음의 예들도 용언의 관형형과 그 뒤의 명사 사이에 띄어쓰기가 이루어지지 않은 것들인데 '바쁜아침'을 제외하면 명사의 경우 단음절이 주류를 이룬다는 특징이 발견된다.

오늘은 #기쁜날(기쁜 날), 새롭게 시작합시다!「롯데백화점; 롯데백화점」
#노란약(노란 약) 트라스트로 관절에 청춘을!「트라스트; SK그룹」
#바쁜아침(바쁜 아침), 포스트로 해결하세요!「포스트 아몬드 후레이크; 동서식품」

물론 한글 맞춤법 제5장 띄어쓰기의 제1절 제46항에는 다음과 같이 되어 있다.

> 단음절로 된 단어가 연이어 나타날 적에는 붙여 쓸 수 있다.
> 그때 그곳, 좀더 큰것, 이말 저말, 한잎 두잎

그러나 이 규정은 예에 나온 '난후, 쐰뒤, 큰병' 등에는 해당하지 않는다. 단음절 단어가 여럿 이어지는 경우라고 할 수 없기 때문이다.

2.3.2.5. 부사의 띄어쓰기(더이상→더 이상)

부사의 경우에도 관형사와 마찬가지로 그 다음의 요소와 붙어서 발음되기 쉬운 성질의 것들이 있다.

> #더이상(더 이상) 뻴게(뺄 게) 없다! 「뱅뱅 겨울 신상품; 뱅뱅」
> #따로사지(따로 사지) 마십시오! 휠라에서 사은품으로 드리겠습니다. 「휠라; 휠라」
> #새로나온(새로 나온) 삼성화재 암보험으로 미래를 준비했거든요. 「암보험; 삼성화재」

'더이상, 따로사다, 새로나오다' 등은 실제로 붙여서 발음을 해야 자연스럽다. 그러나 그러한 현상이 띄어쓰기의 기준은 아니므로 부사를 띄어 써야 할 것이다. 다음의 '지금'은 위의 부사들과는 달리 그 뒤의 요소와 떨어져서 발음되는데도 띄어쓰기를 하지 않았다. 띄어쓰기 자체에 신경을 쓰지 않은 단순한 실수로 보인다.

> #지금이순간에도(지금 이 순간에도) 건실하게 성장하고 있습니다. 「태창금속공업주식회사; 태창금속공업주식회사」

2.3.2.6. 명사구의 띄어쓰기(한 해동안→한 해 동안, 김치맛→김치 맛)

단어는 독립적인 말의 단위이므로 띄어 써야 한다. 한글 맞춤법 제2항에도 다음과 같이 되어 있다.

> 제1장 총칙 제2항: 문장의 각 단어는 띄어 씀을 원칙으로 한다.

그러나 지면의 제약 때문인지 광고에서는 이 부분의 띄어쓰기는 거의 무시되고 있다. 여기서는 그러한 지면의 사정을 인정하지만 원칙에 따라서 고쳐 써야 할 부분을 제시한다. 다음의 자료는 명사와 명사가 결합한 유형이다.

#경제위기를(경제 위기를) 이겨냅시다.「경제위기를이겨냅시다; 공보처, 980108」
#서울거주자도(서울 거주자도) 가능합니다.「경향그린아파트; 경향건설, 971219」
화진은 피라미드나 다단계가 아니고 #정통방문판매 입니다(정통 방문 판매입니다).「화진그룹; 화진그룹」

'경제'와 '위기'가 붙거나 '서울'과 '거주자', '우리'와 '경제'가 붙어서 하나의 새로운 의미를 만들지도 않는다. '정통방문판매 입니다'의 경우는 '정통방문판매'를 하나의 전문 용어처럼 인식하고 붙여쓴 것으로 보인다.

다음의 예들도 앞의 명사가 뒤의 명사를 꾸미고 있으며 뒤의 명사가 단음절로 이루어져 있다는 특징이 있다.

우리는 반드시 위기를 기회로 만드는 슬기로움을 #세계속에서(세계 속에서) 이룩하게 될 것입니다.「대한제지; 대한제지」
#한국술의(한국 술의) 자존심을 지켜갑니다.「진로; (주)진로」

그리고 다음의 광고에서는 '바지앞'을 하나의 전문 용어인 양 다루고 있다.

모든 인간은 #바지앞에(바지 앞에) 평등하다.「sixty; B.M. JEAN」

여기서 문제로 제기될 수 있는 부분은 다음과 같은 한글 맞춤법의 규정이다.

제50항: 전문 용어는 단어별로 띄어 씀을 원칙으로 하되, 붙여 쓸 수 있다. (ㄱ을 원칙으로 하고, ㄴ을 허용함.)
ㄱ   ㄴ
만성 골수성 백혈병   만성골수성백혈병
중거리 탄도 유도탄   중거리탄도유도탄

이러한 전문 용어의 띄어쓰기를 고려하여 다음의 것들은 전문 용어의 틀에 집어넣는다고 하더라도 앞에서 본 명사구들을 모두 그렇게 볼 수는 없다.

'천방지축 덩크슛' 구매고객에게 #다연발구슬로봇을(다연발 구슬 로봇을) 드려요 「천방지축덩크슛; 대양고무(주)」
휴대폰용 #이중안테나로(이중 안테나로) 통화잡음을 싹! 「삼성와이드폰; 삼성전자」

또한 '문장'의 각 단어는 띄어 써야 한다고 되어 있으므로 문장보다 작은 단위의 광고 문안인 다음의 것들은 띄어쓰기 규정에 예외가 된다고 주장을 할 수도 있다.

앙팡 97소비자 축제 #소비자만족(소비자 만족) 대상 수상 「앙팡; 서울우유, 971215」
#전국대학교(전국 대학교) 중 최초로 대학헌장 제정 「중앙대학교; 중앙대학교」

물론 이 광고 문안들은 완전한 문장은 아니지만 그 자체로 완성도가 있다. 그러나 실제로 문장과 그렇지 않은 것을 구분하여 띄어쓰기를 회피했다면 해당 광고의 다른 문안들에도 그러한 띄어쓰기의 회피가 나타나야 할텐데 사정이 그렇지가 않다. 한 마디로 명사구의 띄어쓰기 회피는 무분별하게 붙여서 쓴 결과라고 하겠다.

2.3.2.7. 관용적인 표현의 띄어쓰기
(전통있는 → 전통이 있는, 요즘들어 → 요즘 들어)

항상 특정 표현이 붙어 다니기 때문에 붙여서 쓴 예들이 발견된다.

금강제화 상품권은 가장#전통있는(전통이 있는) 선물입니다.「금강제화상품권;금강제화」
#요즘들어(요즘 들어) 피부가 부쩍 나빠진 것 같지 않으세요? 「아이오페; 태평양」

'전통 있는, 요즘 들어' 등은 입에 배어 있는 표현이어서 하나의 단위로 취급되기 쉬우나 띄어 써야 한다. '전통 있는'과 같은 구성으로는 다음과 같은 예들이 더 있는데 당연히 띄어 써야 한다.

#색있는(색이 있는) 변신 「첼라헤어칼라; 차밍코리아, 980201」
#이름표있는(이름표 있는) 정직한 콩나물 「이름있는콩나물; 대한두채협회, 980302」

또한 다음의 예들 역시 관용적으로 많이 쓰이기 때문에 발음 단위가 하나로 이루어져 있다. 그러나 표기를 할 경우에는 띄어서 써야 한다.

엄마! #학교다녀 오겠습니다(학교 다녀오겠습니다)! 「르까프 스쿨백; 르까프」
#그때가선(그때 가선) 후회해도 소용없다. 동맥경화! 「가자주류백화점; 가자」

2.3.2.8. 통사 구조의 합성어 취급
　　　(특별공개합니다 → 특별히 공개합니다, 하나된 → 하나가 된)

원래 통사적인 구조로 표현해야 하는데 잘못하여 단어처럼 줄어는 경우들이 있다. 한자어 '특별'이 다른 명사 앞에 붙을 경우와 '하나'와 '되다'를 연결시킬 경우가 대표적이다.

#특별할인된(특별 할인이 된/특별히 할인이 된) 가격으로 장만하실 수 있습니다. 「뉴쏘나타III; 현대자동차」
#하나된 힘으로(하나로 뭉친 힘으로, 하나가 된 힘으로, 하나로 뭉쳐) 자랑스런 '한강의 기적'을 다시 한번(한 번) 이루어야 할 때입니다. 「다시 뛰자, 코리아; 공익광고협의회」

'특별할인'의 경우 전문 용어도 아니고 '특별'이 접두사도 아니므로 붙여 쓸 수 없다. 물론 '특별세, 특별학급, 특별활동' 등 사전에서 하나의 단어로 굳은 것으로 취급하는 경우도 있지만 여기서 보인 예들은 그러한 경우에 해당하지 않는다.

만약 '특별할인'이 하나의 단어로 굳어서 사전에 실리는 일이 있더라도 거기에 '되다'가 붙은 어형까지 굳었다고 할 수는 없을 것이다. '하나되다'도 많이 사용되는 표현이기는 하지만 사전을 기준으로 볼 때 단어로 취급할 수 없다. 물론 조사가 들어가거나 긴 표현으로 바꾸면 광고 문안의 긴장성이 약화된다. 그럴 경우에는 적어도 띄어쓰기를 하여 '하나 된 느낌' 정도로 표현해야 할 것이다.

다음처럼 명사에 '받다'가 결합되는 표현도 합성어처럼 취급되는 일이 많은데 분명한 구이므로 띄어서 써야 한다.

언제나 #사랑받는다는(사랑을 받는다는) 사실을 잊지마세요(잊지 마세요). 「가그린; 동아제약」
#특허받은(특허를 받은) 기술로 만든 레티놀 「쑤엥 비딸 레티놀; 유니코스」

다음은 '하기 전, 하기 위해, 하기 쉽다, 하지 말다, 하지 않는다' 등의 예인데 항상 같이 실현되는 유형이라서, 붙여서 썼을 가능성이 있다. 그러나 '-기'와 '-지' 뒤에 다른 요소가 올 경우는 띄어서 써야 한다. 조금만 주의를 기울이면 될 성질의 것이라고 하겠다.

#따기전에(따기 전에) 따져보십시오. 「하이트; 조선맥주, 980307」
경제를 #살리기위해(살리기 위해) 「안전지대; 선정인터네셔널」

다음의 '-에 따라' 역시 붙어서 다니는 어휘들인데 띄어쓰기가 어렵지는 않은 예이다.

체력 및 #성별에따라(성별에 따라) 운동량을 조절하는 강력한 런닝머신 탄생! 「전자동런닝머신; 한일스포츠」

3. 광고 언어의 실태와 분석

광고 표현에서 오류의 발견이 가장 쉽고 그만큼 고치기도 쉬운 부분은 고유어와 한자어의 어휘 영역이다. 그러므로 조금만 신경을 쓴다면 개선 효과가 눈에 띄게 나타날 수 있을 것이다.

고유어와 한자어 어휘 차원의 오류는 크게 세 가지로 나눌 수 있다. 단어의 표현과 맞춤법 그리고 띄어쓰기이다. 이들 가운데 단어의 표현은 예상보다는 잘못된 예가 많지 않다. 그것은 광고 문안을 작성하는 당사자가 그만큼 언어의 선도적 역할에 관심을 기울이고 있다는 증거이기도 하다. 그러나 간혹 비속한 표현이나 어휘의 의미를 정확하게 몰라서 틀리는 예들이 발견된다.

가장 많은 오류를 보이는 부분은 띄어쓰기이다. 띄어쓰기는 잘못 제시되어도 잘 발견되지 않기 때문에 일반인들은 의식하지 않고 넘어갈 수 있는 영역이다. 그래서인지 띄어쓰기의 오류가 가장 많이 발견된다. 한정된 광고 지면 구성 때문에 일어나는 현상인 경우가 많겠지만 띄어쓰기 자체에 대한 이해 부족으로 인해 생기는 오류도 있다. 띄어쓰기를 잘못 하는 유형은 두 가지인데, 띄어서 쓰면 안될 경우 띄어 쓰는 예와 띄어서 써야 하는 경우 붙여서 쓰는 예이다. 예를 들어 '외화낭비 입니다'처럼 조사를 띄어서 쓴다든지 '일어 섰습니다'나 '가입 하세요'처럼 하나의 단위를 띄어서 쓴 것은 띄어쓰기 자체에는 신경을 썼으나 띄어쓰기의 원칙을 분명히 알지 못해 나타난 오류이다. 반면에 띄어서 써야 할 경우 붙여 쓴 예들 가운데는 의존 명사나 부사, 관형사를 붙여 쓰는 경우가 많이 발견된다. 발음을 할 때 하나의 단위로 발음되기 쉽기 때문에 일어나는 오류라고 하겠으나 단어 단위로 띄어서 쓰는 것이 규범이므로 주의를 기울일 필요가 있을 것이다. 그 외에 많이 발견되는 띄어쓰기의 오류는 문장 차원으로 표현해야 할 것을 단어로 표현하다가 생기는 오류이다. 광고 언어를 간결하게 만들려는 노력에서 나타나는 현상인데 결국 국어를 오용시키는 결과를 만들어 내므로 가능하면 피해야 한다.

맞춤법과 관련하여서는 어법을 따르지 않고 발음을 따르는 표기가 발견된다.

예를 들어 '보십시오'를 '보십시요'로 표기한다든지 'ㄹ' 뒤의 된소리를 '드릴께요'처럼 직접 표기한다든지 하는 경우가 있다. 이는 수정되기 쉬운 예들이지만 의도적으로 잘못된 어형을 제시하는 경우가 있다. '누네띠네'나 '마니커'와 같은 예가 여기에 속하는데 잘못된 어형을 의도적으로 제시하는 별도의 이유가 있기는 하겠지만 여기서는 그것에 대해서도 역시 수정 방안을 제시하였다.

다음과 같이 표준어가 아닌 구어체 표기도 문제로 다룰 수 있으나 여기서는 그러한 표현에 대해서는 언급하지 않았다. 이러한 일상 회화체의 표현은 광고의 특성상 문안 작성에 강한 의도가 들어 있기 때문이다.

프림은 #빼구(빼고) 설탕은 조금만 「카페오; 웅진식품」
#나두(나도) 괜찮은 #선물이라구(선물이라고) 봐! 「대우코러스; 대우통신」

또한 광고의 발음 문제도 여기서는 다루지 않았다. 광고가 만들어지는 과정에서 성우의 몫으로 보았기 때문이다. 고유어와 한자어의 어휘 사용이나 규범의 관점에서 볼 때 매체에 따른 잘못의 차이는 발견되지 않는다. 그리고 광고 상품 종류에 따라서 눈에 띄게 차이가 나는 점도 없다. 그래서 매체에 따른 분류라든지 상품 종류에 따른 분류는 제시하지 않는다.

4. 결론

광고는 한 시대의 사회와 문화를 단적으로 반영하고 있다. 특히 광고에 나타나는 언어는 그 나라 국민의 언어 사용 수준을 측정하는 기준이 될 수도 있다. 올바른 광고 언어의 사용이야말로 그 나라 국어가 얼마나 건강한가를 보여주는 좋은 본보기가 될 것이다. 그러한 관점에서 볼 때, 광고 문안을 작성하는 사람들이 이 사회의 언어에 대해 가지고 있는 책무는 막중하다고 하겠다.

여기서는 앞에서 다룬 실태 파악을 바탕으로, 광고 문안을 만들 때 주의할 점을 제시하기로 한다. 우선 어휘 사용과 관련하여서는 다음의 사항을 유념하고 광고 문안을 만들어야 한다.

- 특정 지역인들만을 위한 광고가 아니므로 표준어를 사용한다.
- 광고 문안은 언어 생활을 선도하므로 비속한 어휘나 은어를 사용하지 않는다.
- 새로운 단어를 만들 경우는 국어의 어법에 맞아야 한다.
- 광고의 대상이 특정 지식층이 아니므로 어려운 단어를 사용하지 않는다.
- 광고 문안을 작성할 때 사전을 통해 그 의미를 다시 한 번 확인한다.
- 용언의 활용형의 정확한 용법을 익힌다, 특히 'ㄹ' 말음 용언을 주의한다.

맞춤법 및 띄어쓰기와 관련하여서는 다음의 사항을 주의해야 한다.

- 표준어형을 익힌다.
- 맞춤법을 의도적으로 파괴하지 않는다.
- 모음 'ㅣ'의 영향을 받는 발음을 표기에 그대로 적용하지 않아야 한다.
- 두음법칙을 지킨다.
- '하므로'와 '함으로'처럼 발음은 같지만 표기에 따라 의미가 달라지는 것들을 구별한다.
- 'ㄹ' 뒤의 된소리는 의문형의 경우에만 표기에 반영한다.
- 사이시옷을 남용하지 않는다.
- 모음조화를 너무 의식하지 않는다.
- 띄어쓰기는 단어 단위로 하므로 사전을 참조하여 표제어로 실린 것인지 확인한다.
- 조사는 붙여서 쓰고 의존 명사는 띄어서 쓴다.
- 의존 명사와 어미가 혼동되는 경우는 사전을 참조한다.

띄어쓰기의 경우 광고 지면의 제약에 의해 그대로 따르기 힘든 경우가 있을 것이다. 여기서는 그러한 요소까지 고려하지는 않았다. 일단 원칙을 제시하는 것이 목적이기 때문이다. 그 원칙을 '따를 것인가' 아니면 '따르지 않을 것인가' 하는 문제는 광고 문안을 작성하는 당사자가 결정할 몫이라고 하겠다.

지금까지 고유어와 한자어의 오류를 검토해 본 결과 어휘 자체의 경우는 국어 사전을 참조하면 쉽게 해결될 수 있는 성질의 것이므로 큰 문제가 있다고 할 수는 없다. 문제는 맞춤법과 표기법에서 발견되는데 맞춤법의 경우는 '이'모음에 의해 동화된 발음의 표기나 'ㄹ' 뒤의 경음 표기 등이 눈에 띄고, 띄어쓰기의 경우는 '-이다'를 붙여서 쓰거나 발음이 나는 대로 붙여서 쓰려는 경향이 유독 많았다. 이렇게 어느 정도의 유형이 밝혀졌으므로 언어 규범을 존중하려는 노력을 조금 더 기울인다면 광고 언어에서 국어 어휘는 조만간 크게 문제삼지 않을 수준이 될 것이다.

※ 『한말연구』(한말연구학회 학술지), 제5호(1999. 6.)에 실린 논문을 수정하여 보완한 것임.

제17장 광고 언어 조사 연구*

―외래어 표기를 중심으로―

1. 머리말

우리의 언어 생활은 주위 환경의 영향을 많이 받는다. 주위의 언어 환경이 올바르고 정확하면 그 속에서 사는 사람 역시 쾌적한 언어 환경 속에서 살 수 있으며, 주위의 언어 환경이 바람직하지 않게 주어진다면 그 속에서 사는 사람도 열악한 언어 환경을 감수하며 살아가야 할 것이다.

일상 생활의 언어 환경 가운데 우리에게 가장 많은 영향력을 행사하는 것은 대중 매체라고 할 수 있다. 그렇다면 신문이나 방송을 통해 전달되는 내용의 언어적인 측면을 순화할 때 그 파급 효과는 매우 클 것이다. 그러나 대중 매체의 언어를 모두 한 자리에서 다루기는 어렵다. 특별히 이 글에서는 광고 언어를 선택하였는데, 그것은 광고는 한 시대의 문화를 반영하기 때문이다.

광고는 '설득'을 통해 구매욕을 증진시키는 것을 목적으로 한다. 여기서 설득은 여러 방법에 의해 이루어지지만 주로 말(또는 글)에 의존하게 된다. 그러므로 전달 효과를 증대시키기 위해서는 정확한 표현을 하여야 한다. 그런데 광고 속의 언어에 초점을 맞추어 보면 우리는 때로 광고를 구성하는 주요 성분인 언어적 표현 속에서 드물지 않게 오류를 발견하곤 한다. 하찮아 보이는 표기 하나의 그릇된 사용이 광고 문장 전체를 일그러뜨리고 더 나아가서는 광고가 전달하고자 하는 정보 내용을 불투명하게 만들어 정보에 대한 신뢰성을 떨어뜨리고 마는 결과를 가져오는 것이다.

이러한 이유 때문에 방송위원회 등 각 위원회의 심의 규정에는 광고 언어에

---

* 이 글은 「이런 말 실수 저런 글 실수」(1998, 문화관광부)의 일부를 발췌하여 수정한 것이다.

대한 바람직한 방향을 제시하고 있다.

방송위원회(제89조)
① 광고는 우리말의 표준어를 사용하는 것을 원칙으로 하며, 한글 맞춤법 및 외래어 표기법을 준수하여야 한다.
② 광고는 바른 언어 생활을 해치는 비속어·은어·조어를 사용하여서는 아니 된다.
③ 광고는 불필요한 외국어를 사용하거나 외국어 및 외국인 어투를 남용하여서는 아니 된다.

종합유선방송위원회(제57조)
① 광고 방송은 표준말과 표준 발음을 사용하는 것을 원칙으로 하며, 우리말에 대한 존엄성을 해치지 않도록 하여야 한다. 특히 어린이나 청소년을 대상으로 하는 광고 방송은 그릇된 어법이나 표준어가 아닌 발음을 사용하여서는 아니 된다.
② 광고 방송은 국민의 바른 언어 생활을 해치는 다음의 표현을 하여서는 아니 된다.
  1. 비속어·은어·저속한 조어의 사용
  2. 불필요한 사투리나 외국어의 사용 및 외래어의 남용 (다만, 외국어 방송 채널의 경우에는 외국어 사용 가능)
  3. 외국인 어투의 남용
  4. 난해한 전문 용어의 사용
  5. 기타 광고 방송에 부적당한 언어의 사용
③ 광고 방송은 그 화면에 상품명, 기업명, 기업 표어를 외국어로 표기할 때에는 전체적인 균형을 맞추어 한글로 병기하여야 한다. (다만, 외국어 방송 채널의 경우에는 예외로 함)

한국공연예술진흥협의회(제5조)
① 광고 언어는 우리말의 표준어를 사용하는 것을 원칙으로 하며 한글 맞춤법과 외래어 표기법을 준수하여야 한다.
② 올바른 언어 생활을 해치는 비속어·비어 등의 표현을 하여서는 아니 되며 불필요한 외국어를 사용하거나 외국어 등을 남용하여서는 아니 된다.
③ 기타 광고로서 부적당한 언어를 사용하여서는 아니 된다.
④ 기업명 또는 상품명을 외국어로 표현할 경우에는 전체적으로 균형이 맞게 한글을 병기하여야 한다.

> **한국광고자율심의기구(제18조)**
> ① 광고는 표준어를 사용하는 것을 원칙으로 하며, 우리말에 대한 존엄성을 해치지 않도록 하여야 한다.
> ② 광고는 바른 언어 생활을 해치는 다음의 표현을 하여서는 아니 된다.
>   1. 비속어, 은어 등의 사용
>   2. 불필요한 외국어의 사용 및 외국어의 남용
>   3. 기타 광고에 부적당한 언어의 사용

이 글에서는 주로 광고 언어의 외래어 표기를 그 대상으로 하였다. 광고 언어의 고유어와 한자어, 문장 표현은 다음 기회로 미룬다. 이 글에서 다루는 광고 언어는 신문과 방송 광고에 나타나는 것들을 대상으로 하였고, 용례는 다음의 자료에서 뽑았다.

> 1. 주식회사 오토오, 이달의 한국 신작 CF 모음집 CF BANK1998. 2~7. 통권66~71호.
> 2. 애드 브레인 98-2, 98-3, 98-4, 98-5, 98-6, 98-7, 주식회사 OTTO 출판부.

그리고 용례를 제시하는 방법은 다음과 같다.

> 신문 잡지의 경우 : #고쳐야 할 말(대안)「상품명; 회사」
> 방송의 경우 : #고쳐야 할 말(대안)「상품명; 회사, 970931」

용례에서는 고쳐야 할 표현 앞에 '#'를 표시하고 괄호 안에 대안을 제시하였다. 어문 규정과 관련된 경우는 '대안'을 따라야 하지만 그렇지 않은 표현의 경우는 '대안'을 참고로 하면 될 것이다. 고쳐야 할 말과 '대안'은 진하게 처리하여서 눈에 띄게 하였다. 방송의 경우 회사명 뒤의 숫자는 최초 방송 날짜이다. 또한 텔레비전의 경우 맞춤법이나 띄어쓰기는 화면에 실현된 예만을 대상으로 하였다.

2. 광고와 외래어 표기

광고에서 잘못된 외래어 표기를 자주 보이는 상품에 부도난 회사의 상품이 많다는 사실은 우리에게 말·글의 정확한 사용과 전달 효과가 밀접한 관련을 가지고 있음을 알려 준다. 우리에게 익숙하지 못한 외래어로 광고를 작성할 경우 전달 효과를 증대시키기 위해서는 말(또는 글)을 정확하게 사용하는 일이 매우 중요한 것이다.

우리의 말글 생활에서 대응하는 우리말이 없어 불가피하게 외래어를 써야 할 경우를 제외한다면, 외래어 또는 외국어의 사용은 '자기 과시'를 특징으로 한다. 그렇지만 이들은 정보를 전달하는 데에는 그다지 효율적이지 못하다. 그리하여 지나치게 외래어 또는 외국어를 사용한 광고는 그 전달하고자 하는 바가 무엇인지를 알기 어렵게 할 뿐 아니라 다음에서 보듯이 심지어 전달하고자 하는 내용이 사실인지조차 의심스럽게 한다.

> EnC ninesix newyork이 만든 BOYMEET GIRL은 순수한 우리 브랜드입니다.
> 「BOYMEET GIRL; EnC ninesix newyork」

우리의 상품 광고에서 외래어 및 외국어의 사용이 두드러진 곳은 화장품을 비롯한 여성 용품, 휴대 전화, 컴퓨터 및 그 관련 용품, 골프 용품, 승용차 등에 대한 광고에서이다. 특히 잡지의 여성 의류 광고에서는 심지어 한글을 찾아보기조차 힘들다. 이들 상품에 대한 광고에서 외래어 또는 외국어가 빈번하게 사용된다는 것은 이들 상품을 쓰는 구매자의 의도와 관련되어 있다. 즉 이들 상품의 구입 및 사용의 목적이 실용적인 데에 있다기보다는 자기를 과시하려는 데에 있기 때문에 이러한 상품에 대한 광고에서 '자기 과시'를 특징으로 하는 외래어나 외국어가 두드러지게 사용된다는 것이다. 외래어나 외국어가 압도적으로 많은 우리의 상품 이름들 가운데 일상적으로 사용되는 전자 제품에 유달리 우리말로 된 것들이 많다는 사실이 무엇을 의미해 주는지 생각해 볼 필요가 있다.

광고 문안에 나타난 외래어 표기를 살펴보는 것을 목적으로 하는 경우에는(외래어 표기법은 앞으로 새로 들어올 말들을 적을 수 있게도 해 주어야 하므로 이 글에서는 아직 외래어 단계에 이르지 못한 말들도 포함시켜 다룬다.) 상품 이름과 관련된 외래어 표기는 논의에서 가급적 제외하기로 한다. 광고 문안과 달리 상품 이름에 대해서는 여러 가지 이유로 다른 각도에서 접근해야 할 것으로 보이기 때문이다. 하지만 특수한 경우에 한하여 상품 이름에 나타난 외래어 표기를 포함하기도 하였다.

그리고 광고 문안에 나타난 잘못된 외래어 표기와 그에 대한 올바른 표기를 모두 명시해 준다(띄어쓰기를 잘못한 것은 논의하지 않음에 따라 광고 문안에서 잘못 띄어 쓴 것은 모두 수정해 주었다). 아울러 제시된 외래어에 대하여 원어는 물론 가능하다면 순화어까지도 밝혀 준다. 이때의 올바른 외래어 표기란 현행 외래어 표기법을 따른 표기를 가리키며 순화어란 문화관광부와 국립국어연구원에서 발간하고 있는 『국어 순화 자료집』(1991~1997년)이나 『외래어 표기 용례집』(1993~1998년)에 제안되어 있는 것을 가리킨다. 광고 문안을 작성하는 이들에게 도움이 될 수 있기를 바라는 뜻에서 이를 모두 한 자리에 밝혀 둔다.

광고 문안에 나타난 외래어 중에 잘못 표기된 외래어에 대해서는 유형별로 나누어 살펴본다. 따라서 잘못 표기된 부분이 여러 군데 있는 외래어의 경우에는 해당 유형 각각에서 중복되어 나타날 수 있다. 이는 잘못 표기된 외래어가 여럿 결합되어 있는 복합어 또는 단어 연쇄의 경우에도 마찬가지이다(이 경우에는 본문에, 해당하는 단어에 대해서만 설명이 베풀어져 있다). 또한 이해의 편의를 위해 잘못 표기된 외래어의 앞 뒤 문맥을 가능한 한 제시해 주는데 그러한 경우에 중점이 되는 외래어 이외의 잘못된 외래어 표기에 대해서는 '현업 빽(백) #땐써 (댄서, dancer, 무용수)'에서처럼 괄호 속에 올바른 외래어 표기를 명시해 둔다.

또한 '잠바(=점퍼, jumper)'처럼 현행 외래어 표기법 규정에 맞지 않는 것이 있다. 이들은 굳어진 외래어로 판단하여 따로 표기를 정한 것들이다. 이미 굳어진 외래어는 규정에 구애받지 않고 관용대로 표기해 주는 것이 바람직하기 때문이다.이러한 예에 대해서는 『국어 순화 자료집』이나 『외래어 표기 용례집』을 참조하여야 한다(국립국어연구원 발간 『표준국어대사전』을 참조할 수도 있다). 이미 굳어진 외래어에 대해서는 별도의 사정 작업을 통해 『국어 순화 자료집』이나

『외래어 표기 용례집』에 실어 주고 있기 때문이다.

3. 외래어 표기의 기본 원칙

외래어는 국어의 현용 24자모만으로 적는다(제1장 제1항). 이는 외래어를 표기하기 위해 한글 24자모 이외의 특별한 글자나 기호를 만들어 쓰지 않는다는 것이다. 새로운 글자나 기호는 그것을 익히는 데에만도 매우 큰 부담을 준다.

외래어의 한 소리는 원칙적으로 한 기호로 적는다(제1장 제2항). 이는 불가피한 경우를 제외하고는 동일한 소리를, 그것이 나타나는 위치에 따라 기호를 달리하여 적지 않는다는 것이다. 원어(原語)의 어떤 소리가 경우에 따라 달리 표기되는 일이 흔하다면 이를 익히는 데에 많은 노력이 필요해진다.

3.1. 맛사지(massage) → 마사지

외래어를 적을 때에는 발음을 고려하여 적어 준다. 단, 우리가 단어의 중간 즉 어중(語中)의 된소리(ㄲ, ㄸ, ㅃ, ㅆ, ㅉ)나 거센소리(ㅊ, ㅋ, ㅌ, ㅍ)를 발음할 경우에는 그 앞에 'ㄷ'('ㄸ, ㅆ, ㅉ, ㅊ, ㅌ'을 발음할 때), 'ㅂ'('ㅃ, ㅍ'을 발음할 때), 'ㄱ'('ㄲ, ㅋ'을 발음할 때)이 덧나는 듯한 느낌을 받는데 이를 표기에 반영해서는 안 된다. 특히 된소리나 거센소리를 가진 외래어가 원어에서 이들 소리에 대해 두 글자로 표기되어 있을 때에 이를 두 개의 한글 자모로 적는 경우가 흔하다.

#맛사지(마사지, **massage**, 안마)「대원 온수세정기; 대원 크린센스, 980324」,
자동 #밋션(미션, **transmission**)「모터스랜드;주은 부동산신탁」
#브롯찌(브로치, **brooch**)「그랜드백화점」
#뺏지(배지, **badge**)「라피도」,「스티커천국; 한국 상사」

종이 생산 과정에서 나오는 #슬럿지(슬러지, **sludge**, 찌꺼기)「한솔」

'맛사지(마사지)'와 '밋션(미션)'은 어중의 [s]를, '브롯찌(브로치)'는 [tʃ]를, '뺏지(배지)'와 '슬럿지(슬러지)'는 [dʒ]를 두 개의 한글 자음 글자로 적어 올바르지 못한 표기가 된 것이다.

#돕바(토퍼, **topper**)「아식스 스포츠; 아식스」,「롯데백화점」
#밧데리(배터리, **battery**, 전지)「모토로라 디지털폰; SK 텔레콤」
광산 채취에서 #컷팅(커팅, **cutting**)까지「아하바 다이아몬드」
개인별 #락카(라커, **locker**)「동아레이크빌 플러스; 두보 주식회사」

마찬가지로 '돕바(토퍼)'는 어중의 [p]를, '밧데리(배터리)', '컷팅(커팅)'은 [t]를, '락카(라커)'는 어중의 [k]를 두 개의 한글 자음 글자로 적은 것이다. 이들은 모두 하나의 자음으로 발음되는 것이므로 하나의 자음 글자로 적어야 올바른 표기가 된다.

3.2. 퍼머(permanent) → 파마

아직 완전히 굳어지지 않은 외래어는 원어를 고려하여 적어 주지만 이미 굳어진 외래어는 관용을 존중하여 적는다. 다만 그 범위와 용례는 따로 정한다(제1장 제5항).

#카페트(카펫, **carpet**, 양탄자)「대우백화점」
남성들의 #스테미너(스태미나, **stamina**, 정력) 증강「미래타운; 대한 부동산신탁」
잦은 #퍼머(파마, **permanent**)「그로비스; 경인 제약」
#류마티즘(류머티즘, **rheumatism**) 치료제「케토톱; 태평양 제약」
RS/6000의 #테크놀러지(테크놀로지, **technology**, 과학기술)「딥블루; IBM」

원어를 고려하면 '카펫'은 '카핏'으로, '스태미나'는 '스태미너'로, '파마'는 '퍼머넌트'로 적으며 '류머티즘'은 '류머티즘'으로, '테크놀로지'는 '테크놀러지'로 적어야 한다. 하지만 이들은 이미 굳어진 외래어로 판단되므로 규정에 구애받지 않고 관용대로 적어 주어야 올바른 표기가 된다.

#메머드(매머드, **mammoth**, 대규모)급 전시장 「세이프코스트」
#힙(히프, **hip**, 엉덩이) 라인(선) 「비너스 힙업거들; 비너스」

외래어에서 [θ]는 모음 앞에서는 'ㅅ'로, 자음 앞이나 어말에서는 '스'로 적어 주므로 어말에 [θ]가 나타난 '매머드'는 '매머스'로 적어 주어야 한다. 또한 짧은 단모음(單母音) 다음의 어말 무성 파열음([p], [t], [k])은 받침으로 적는다는 규정(제3장 제1절 제1항)에 따르면 짧은 모음 [i] 다음에 어말 무성 파열음 [p]가 나타난 '히프'는 '힙'으로 적어야 한다. 하지만 이들도 이미 굳어진 외래어로 판단하여 관용에 따라 '매머드', '히프'로 표기해 주는 것이다.

3.3. 굳모닝(good morning) → 굿모닝

MBC #굳모닝(굿모닝, **good morning**) 코리아 뉴스 「워터크리너; 청화」
#테잎(테이프, **tape**) 「아이찜; 가나안」, 「BBC 뉴 잉글리쉬 코스; 부산 외국어주식회사」

외래어의 받침에는 'ㄱ, ㄴ, ㄹ, ㅁ, ㅂ, ㅅ, ㅇ'의 7자음만을 써야 한다(제1장 제3항). 이는 받침에서 'ㄱ, ㄴ, ㄷ, ㄹ, ㅁ, ㅂ, ㅇ'의 7자음만 발음된다는 국어의 발음 규칙을 따른 것이다(받침에서 'ㄷ'으로 발음되는 경우에는 'ㅅ'으로 적어 준다). '굳모닝(굿모닝)'과 '테잎(테이프)'은 위에 제시한 7자음 이외의 자음을 받침에 사용하였으므로 외래어 표기법에 어긋난 것이다. 물론 '테잎(테이프)'은, 원어에서 단어의 끝 즉 어말(語末)의 무성 파열음([p]) 앞에 오는 모음이 중모음([ei])

일 때에는 무성 파열음([k], [t], [p])에 '으'를 붙여 적는다는 규정(제3장 제1절 제1항)에 따라 '테이프'로 적어야 한다.

3.4. 빽 땐써(back dancer) → 백 댄서

거실 #까운(가운, gown) 「대구백화점」
현업 #빽 땐써(백 댄서, back dancer) 「292513storm; 태승 트레이딩」
#뻿지(배지, badge) 「스티커천국; 한국 상사」, 태극 #뻿지(배지, badge) 「라피도」

외래어의 파열음([k], [g], [t], [d], [p], [b])을 표기할 때에는 된소리(ㄲ, ㄸ, ㅃ)를 쓰지 않는 것을 원칙으로 한다(제1장 제4항). 이에 따르면 '까운(가운)'과 '빽 땐써(백 댄서)'와 '뻿지(배지)'는 파열음 표기에 된소리를 썼기 때문에 외래어 표기법을 어긴 것이다.

4. 발음에 따른 외래어의 표기

외래어를 적을 때에 이미 굳어진 외래어로 정한 것이 아닌 경우에는 원어의 발음을 고려하여 적는다.

#플랭카드(플래카드, placard, 현수막) 「신도리코 칼라캡 1000; 영진 물산」
#알미늄(알루미늄, aluminium) 「아키텍스; 홍성 산업」

'플랭카드(플래카드)'나 '알미늄(알루미늄)'은 이미 굳어진 외래어로 정해진 것이 아니므로 원어의 발음을 고려하여 적어 주어야 한다.

4.1. 모음

외래어의 모음을 적을 때에는 원어의 발음을 고려하여 적는다. 그리하여 원어의 모음 [i]는 '이'로, [y]는 '위'로, [e]와 [ɛ]는 '에'로, [ø]나 [œ]는 '외'로, [æ]는 '애'로, [a]와 [ɑ]는 '아'로, [ʌ]나 [ə]는 '어'로, [ɔ]나 [o]는 '오'로, [u]는 '우'로 적어 주는 것이다.

4.1.1. 레포트(report) → 리포트

#레포트(리포트, **report**, 보고서)「신도리코 칼라캡 1000; 영진 물산」
#세멘트(시멘트, **cement**, 양회) 독성 중화「황토고을 구들매트」
#세큐리티(시큐리티, **security**) 시스템(체계)「범아」
#메세지(메시지, **message**, 전갈)「스티커천국; 한국 상사」
#스텐레스(스테인리스, **stainless**) 쌍기어「생항균녹즙기; 금우」
#엘레베이터(엘리베이터, **elevator**, 승강기)「칼라 액정 모니터; 진영 콘텍」
새로운 #초코렛(초콜릿, **chocolate**)「샤샤; 롯데 제과, 980222」

'레포트(리포트)', '세멘트(시멘트)', '세큐리티(시큐리티)'는 원어에서 단어의 첫 음절 모음이 [i]로 발음되므로, '메세지(메시지)', '스텐레스(스테인리스)', '엘레베이터(엘리베이터)', '초코렛(초콜릿)'은 단어의 둘째 음절이나 셋째 음절의 모음이 [i]로 발음되므로 '이'로 적어야 한다.

4.1.2. 부페(buffet) → 뷔페

#부페(뷔페, **buffet**)「시티코아 명품관; 롯데 건설」
움직이는 #쥬라기(쥐라기, **Jura**기) 공룡「다이아블럭; 공룡 왕국, 971215」

'부페(뷔페)'와 '쥬라기(쥐라기)'는 프랑스어에서 유래한 외래어인데 첫 음절의 발음이 [y]이므로 '위'로 적어 준다.

4.1.3. 액스트라(extra) → 엑스트라

#액스트라(엑스트라, **extra**)가 수두룩「292513storm; 태승 트레이딩」

원어에서 [e] 또는 [ɛ]로 발음 나는 것은 '에'로 적는다. '액스트라(엑스트라)'는 첫 음절의 모음이 [e]로 발음되므로 '에'로 적어 주어야 한다.

4.1.4. 샷시(sash) → 새시

#밧데리(배터리, **battery**, 전지)「모토로라 디지털폰; SK 텔레콤」
하이(고급) #샷시(새시, **sash**, 문틀)「태평아파트; 태평 주택」
각종 #악세사리(액세서리, **accessory**, 장신구)「미켈란젤로; 세우 실업」
#쟈켓(재킷, **jacket**, 웃옷)「나산」,「그랜드백화점」,「뉴코아백화점」
#카랏트(캐럿, **carat**)「아하바 다이아몬드」
#판넬(패널, **panel**)「그린판넬; 동영 종합건설」
#다이나믹(다이내믹, **dynamic**, 역동적인) 세단「볼보」
뉴욕의 #맨하탄(맨해튼, **manhattan**) 호텔「미래파; 아모레」
#슬라브(슬래브, **slab**, 평판)「한화 콘판넬; 한화 종합화학」
#아답터(어댑터, **adapter/-tor**, 접합기) 전문 생산업체「고운소리」
편지의 #클라이막스(클라이맥스, **climax**, 절정)「미래파; 아모레」

원어에서 [æ]로 발음 나는 것은 '애'로 적는다. 따라서 '밧데리(배터리)', '샷시(새시)', '악세사리(액세서리)', '쟈켓(재킷)', '카랏트(캐럿)', '판넬(패널)'은 첫 음절의 모음이 [æ]로 나므로 '애'로 적어 주어야 한다. 또한 '다이나믹(다이내믹)', '맨하탄(맨해튼)', '슬라브(슬래브)', '아답터(어댑터)', '클라이막스(클라이맥스)'

에서처럼 첫째 음절이 아니더라도 모음의 발음이 [æ]로 나는 경우에는 '애'로 적어 주어야 외래어 표기법에 어긋나지 않는다.

> #메머드(매머드, **mammoth**, 대규모)급 전시장 「세이프코스트」
> #훼밀리(패밀리, **family**, 가족) 타운 「고려 산업개발」
> #스케너(스캐너, **scanner**, 주사기) 「갑일 컴퓨터」
> 남성들의 #스테미너(스태미나, **stamina**, 정력) 증강 「미래타운; 대한 부동산신탁」
> 특수 #스텐드(스탠드, **stand**, 책상등) 「만능요리기 탈렌트」
> #프렌차이즈(프랜차이즈, **franchise**, 지역할당형) 학원 「마인드맵 스쿨; 브레인파워」

위에 제시한 예는 원어의 [æ]를 '에'로 잘못 표기한 것이다. '메머드(매머드)', '훼밀리(패밀리)'는 첫 음절의 모음이 [æ]로 발음되며 '스케너(스캐너)', '스테미너(스태미나)', '스텐드(스탠드)', '프렌차이즈(프랜차이즈)'는 둘째 음절의 모음이 [æ]로 발음되므로 해당 음절의 모음을 '애'로 적어 주어야 올바른 표기가 된다.

4.1.5. 세미너(seminar) → 세미나

> #세미너(세미나, **seminar**, 연구발표회) 「대경 바스컴」
> #커트리지(카트리지, **cartridge**) 「롯데 캐논」

'세미너(세미나)'는 셋째 음절의 모음이, '커트리지(카트리지)'는 첫 음절의 모음이 원어에서 [ɑ]로 발음되므로 '아'로 적는다. 원어에서 해당 음절의 모음이 [a]로 발음되는 경우에도 '아'로 적어 준다.

4.1.6. 카바(cover) → 커버

외래어에서 해당하는 음절의 모음이 [ʌ]나 [ə]로 발음 나는 것은 '어'로 적어 주어야 한다. 다음에 제시하는 예들은 원어에서 [ʌ]나 [ə]로 발음되는 것을 '아',

'오', '에', '우', '여'로 잘못 적은 것이다.

#아답터(어댑터, **adapter/-tor**, 접합기) 전문 생산업체 「고운소리」
변기 #카바(커버, **cover**)「대구백화점」
#카플링(커플링, **coupling**) 밴드 「파형강관; 서해 금속산업」
#라스베가스(라스베이거스, **Las Vegas**) 쇼 「호텔롯데 부산」
개인별 #락카(라커, **locker**) 「동아레이크빌 플러스; 두보 주식회사」
#류마티즘(류머티즘, **rheumatism**) 치료제 「케토톱; 태평양 제약」
#쉐타(스웨터, **sweater**) 「과천 뉴코아백화점」
#오리지날(오리지널, **original**, 원본) 팝송 CD 「갤러리 안경」
#크리스탈(크리스털, **crystal**, 수정) 「좋은가구들」
포토포토 #페스티발(페스티벌, **festival**, 축제) 「마이레이저; 삼성」
#화이바(파이버, **fiber**, 섬유) 음료 「해조미인; 동원 산업」

위의 예들은 원어의 [ə]나 [ʌ]를 '아'로 적은 것이다. '아답터(어댑터)', '카바(커버), '카플링(커플링)'는 단어의 첫 음절에서, '라스베가스(라스베이거스)', '락카(라커)', '류마티즘(류머티즘)', '쉐타(스웨터)', '오리지날(오리지널)', '크리스탈(크리스털)', '토탈(토털)', '페스티발(페스티벌)', '화이바(파이버)'는 단어의 첫 음절이 아닌 음절에서 해당하는 음절의 모음이 [ə]나 [ʌ]로 발음 나므로 '어'로 적어야 올바른 표기가 된다.

#리모콘(리모컨, **remote control**, 원격 조정기) 「매직토크; 웅진」
마릴린(**Marilyn**) #몬로(먼로, **Monroe**) 로봇 「서울랜드」
달러를 버는 #에어콘(에어컨, **air conditioner**) 「캐리어에어콘; 대우 캐리어」
엄마 나 #참피온(챔피언, **champion**) 먹었어. 「또 하나의 가족; 삼성 전자, 980301」
#콤프레셔(컴프레서, **compressor**, 압축기)의 효율성 「위니아; 만도 기계」
#판넬(패널, **panel**) 「그린판넬; 동영 종합건설」, 「아카텍스; 홍성 산업」
국제비만학회 학술 #심포지움(심포지엄, **symposium**, 집단 토론 회의) 「백앤백 다이어트; 종근당 건강」

위의 예들은 원어의 [ə]를 '오'와 '에' 그리고 '우' 또는 '여'로 잘못 적은 것이다.

'몬로(먼로)', '콤프레셔(컴프레서)'는 첫 음절의 모음이, '리모콘(리모컨)', '에어콘(에어컨)', '참피온(챔피언)'은 셋째 음절의 모음이 [ə]로 발음되므로 '어'로 적어 주어야 한다. 또한 '판넬(패널)'은 둘째 음절의 모음을 '에'로, '심포지움(심포지엄)'는 넷째 음절의 모음을 '우'나 '여'로 적은 것인데 이들 모두 해당 음절의 모음이 [ə]로 발음되므로 '어'로 적어야 외래어 표기법에 어긋나지 않는다.

4.1.7. 바디(body) → 보디

#바디 라인(보디 라인, **body line**, 체형) 「노라인 팬티; 샤빌」
#박서(복서, **boxer**, 권투선수) 런닝(러닝) 「대백프라자」
#가죽 쇼파(가죽 소파, 가죽 **sofa**) 「홍송 가구」
미니 #컴퍼넌트(컴포넌트, **component**) 「아하프리; LG 전자, 971222」

원어의 모음이 [ɔ]나 [o]로 발음 나는 경우에는 '오'로 적어 준다. '바디(보디)', '박서(복서)'는 원어에서 단어의 첫 음절 모음이 [ɔ]로 발음되므로 '오'로 적어 주어야 한다. 한편 '쇼파(소파)'의 첫 음절이나 '컴퍼넌트(컴포넌트)'의 둘째 음절은 모두 원어에서 [ou]로 발음이 나므로 '오'로 적어야 올바른 표기가 된다. 이는 영어의 중모음([ai], [au], [ei], [ɔi], [ou], [auə])을 적을 때 각 단모음의 음가를 살려서 적되 [ou]에 한하여 '오우'가 아니라 '오'로 표기해 준다는 규정(제3장 제1절 제8항)을 따른 것이다.

4.2. 자음

외래어의 자음을 적을 때에도 원어의 발음을 고려하여 적는다. 그러나 나타나는 위치에 관계없이 언제나 동일하게 표기해 주는 모음의 경우와 달리 자음의 경우에는 해당 자음이 나타나는 위치에 따라 다음과 같이 표기가 달라지기도 한다.

[p]는 '프'(모음 앞)과 'ㅂ' 또는 '프'(자음 앞이나 어말)로, [b]는 'ㅂ'(모음 앞)과 '브'(자음 앞이나 어말)로 적는다. [t]는 'ㅌ'(모음 앞)과 'ㅅ' 또는 '트'(자음 앞이나 어말)로, [d]는 'ㄷ'(모음 앞)과 '드'(자음 앞이나 어말)로 적는다. [k]는 'ㅋ'(모음 앞)과 'ㄱ' 또는 '크'(자음 앞이나 어말)로, [g]는 'ㄱ'(모음 앞)과 '그'(자음 앞이나 어말)로 적는다.

[f]는 'ㅍ'(모음 앞)과 '프'(자음 앞이나 어말)로, [v]는 'ㅂ'(모음 앞)과 '브'(자음 앞이나 어말)로 적는다. [θ]는 'ㅅ'(모음 앞)과 '스'(자음 앞이나 어말)로, [ð]는 'ㄷ'(모음 앞)과 '드'(자음 앞이나 어말)로 적는다. [s]는 'ㅅ'(모음 앞)과 '스'(자음 앞이나 어말)로, [z]는 'ㅈ'(모음 앞)과 '즈'(자음 앞이나 어말)로 적는다. [ʃ]는 '시'(모음 앞)와 '슈' 또는 '시'(자음 앞이나 어말)로, [ʒ]는 'ㅈ'(모음 앞)과 '지'(자음 앞이나 어말)로 적는다.

[ts]는 'ㅊ'(모음 앞)과 '츠'(자음 앞이나 어말)로, [dz]는 'ㅈ'(모음 앞)과 '즈'(자음 앞이나 어말)로 적는다. [tʃ]는 'ㅊ'(모음 앞)과 '치'(자음 앞이나 어말)로, [dʒ]는 'ㅈ'(모음 앞)과 '지'(자음 앞이나 어말)로 적는다.

[m]은 'ㅁ'으로, [n]은 'ㄴ'으로, [ɲ]는 '니'(모음 앞)와 '뉴'(자음 앞이나 어말)로, [ŋ]은 'ㅇ'으로 적는다. [r]은 '르'(모음 앞)과 '르'(자음 앞이나 어말)로, [l]은 'ㄹ' 또는 'ㄹㄹ'(모음 앞)과 'ㄹ'(자음 앞이나 어말)로 적는다.

[h]는 'ㅎ'(모음 앞)과 '흐'(자음 앞이나 어말)로, [ç]는 'ㅎ'(모음 앞)과 '히'(자음 앞이나 어말)로, [x]는 'ㅎ'(모음 앞)과 '흐'(자음 앞이나 어말)로 적는다.

4.2.1. 돕바(topper) → 토퍼

#농구 돕바(농구 토퍼, 농구 topper) 「아식스 스포츠」
#빤스(팬티, panties) 「써제스트; 쌍방울」

원어의 [p]는 모음 앞에서는 'ㅍ'으로, 자음 앞이나 어말에서는 'ㅂ' 또는 '프'로 적는다. 따라서 '돕바(토퍼)', '빤스(팬티)'는 [p]가 모음 앞에 나타났으므로 'ㅍ'으로 적어야 한다.

4.2.2. 뺏지(badge) → 배지

#빠나나(바나나, **banana**) 「써제스트; 쌍방울」
현업 #빽 땐써(백 댄서, **back dancer**) 「292513storm; 태승 트레이딩」
#뺏지(배지, **badge**) 「스티커천국; 한국 상사」

원어의 [b]는 모음 앞에서는 'ㅂ'으로, 자음 앞이나 어말에서는 '브'로 적는다. '빠나나(바나나)', '빽 땐써(백 댄서)', '뺏지(배지)'는 원어에서 [b]가 모음 앞에 나타난 것이므로 'ㅂ'으로 적어 주어야 한다.

4.2.3. 밧데리(battery) → 배터리

#돕바(토퍼, **topper**) 「롯데백화점」, 「아식스 스포츠」
#밧데리(배터리, **battery**, 전지) 「모토로라 디지털폰; SK 텔레콤」

원어의 [t]는 모음 앞에서는 'ㅌ'으로 적는다. '돕바(토퍼)', '밧데리(배터리)'는 원어의 [t]를 'ㄷ'으로 적은 것인데 [t]가 모음 앞에 왔으므로 'ㅌ'으로 적어 주어야 한다. [t]가 자음 앞이나 어말에 왔을 경우에는 'ㅅ' 또는 '트'로 적는다.

4.2.4. 땐써(dancer) → 댄서

현업 빽(백) #땐써(댄서, **dancer**, 무용수) 「292513storm; 태승 트레이딩」
#떠불(더블, **double**, 곱) 「황토고을 구들매트」

[d]는 모음 앞에서는 'ㄷ'으로, 자음 앞이나 어말에서는 '드'로 적어 주는데 '땐써(댄서)', '떠불(더블)'은 원어에서 [d]가 모음 앞에 나타난 것이므로 'ㄷ'으로 적어 주어야 올바른 표기가 된다.

4.2.5. 가디간(cardigan) → 카디건

#가디간(카디건, **cardigan**) 「롯데백화점」
#골덴 카페트(코르덴 카펫, **corded velveteen carpet**, 코르덴 양탄자) 「대우백화점」
#자가드(자카드, **jacquard**) 외피 원단 「황토 온돌매트; 장수」

원어의 자음 [k]는 모음 앞에서는 'ㅋ'으로, 자음 앞이나 어말에서는 'ㄱ' 또는 '크'로 적는다. '가디간(카디건)', '가디건(카디건)', '골덴(코르덴)', '자가드(자카드)'는 [k]가 모음 앞에 나타난 것이므로 'ㅋ'으로 적어야 한다.

4.2.6. 까운(gown) → 가운

거실 #까운(가운, **gown**) 「대구백화점」

[g]는 모음 앞에서는 'ㄱ'으로, 자음 앞이나 어말에서는 '그'로 적는다. 이때 파열음([k], [g], [t], [d], [p], [b])을 표기할 적에 된소리(ㄲ, ㄸ, ㅃ)를 쓰지 않는다는 규정(제1장 제4항)에 따라 'ㄲ' 또는 'ㄲ'로 적어서는 안 된다. '까운(가운)'은 원어에서 [g]가 모음 앞에 나타났으므로 'ㄱ'으로 적어 주어야 한다.

4.2.7. 화운데이션(foundation) → 파운데이션

원어에서 [f]가 모음 앞에 올 때에는 'ㅍ'으로 적어 주며 자음 앞이나 어말에 올 때에는 '프'로 적어 준다.

#화운데이션(파운데이션, **foundation**) 란제리 「샤빌; 쌍방울, 980316」
#훼밀리(패밀리, **family**, 가족) 타운 「고려 산업개발」
#휀시(팬시, **fancy**, 선물) 전문 매장 「대구백화점」
#휠터(필터, **filter**, 여과기) 기능 「맞드림; 해피라인」

'화운데이션(파운데이션)', '화이바(파이버)', '화이팅(파이팅)', '훼밀리(패밀리)', '휀시(팬시)', '휠터(필터)'는 원어에서 [f]가 모음 앞에 온 것이므로 '프'으로 적어 준다.

빨간 #마후라(머플러, **muffler**, 목도리) 「써제스트; 쌍방울」
#후라보노이드(플라보노이드, **flavonoid**) 성분 「후라보노; 롯데」
#후라이팬(프라이팬, **fly pan**, 튀김판) 「전자랜드 21」
#후렌치 후라이(프렌치 프라이, **French fry**) 「해피밀; 맥도날드, 980301」

'마후라(머플러)', '후라보노이드(플라보노이드)', '후라이팬(프라이팬)', '후렌치 후라이(프렌치 프라이)', '후리 스타일(프리 스타일)'은 원어에서 [f]가 자음 앞에 나타났으므로 '프'로 적어 준다.

4.2.8. 쓰리피스(three-piece) → 스리피스

자음 [θ]는 자음 앞이나 어말에 오는 경우에는 '스'로, 모음 앞에 오는 경우에는 'ㅅ'으로 적는다.

#쓰리 버튼(스리 버튼, **three button**) 정장 「신세계백화점」
#쓰리피스(스리피스, **three-piece**) 「나산」

'쓰리버튼(스리버튼)', '쓰리인원(스리인원)', '쓰리피스(스리피스)'는 원어에서

[θ]가 자음 앞에 나타났으므로 '스'로 적어 준다.

> 용용이 #바쓰(바스, **bath**)로 부드러운 피부를 「혼자서도 잘해요; LG 생활건강」
> #메머드(매머드, **mammoth**, 대규모)급 전시장 「세이프코스트」 매머스

또한 '바쓰(바스)'의 [θ]도 '스'로 적어 주는데, 이는 이 단어에서 [θ]가 어말 위치에 나타났기 때문이다. 하지만 '메머드(매머드)'는 [θ]가 어말 위치에 나타났음에도 불구하고 '매머스'로 적어 주지 않는다. 이는 '매머드'를 우리말에서 이미 굳어진 외래어로 판단한 데에 기인한다. 이미 굳어진 외래어는 관용을 존중한다는 규정(제1장 제5항)을 따른 것이다.

4.2.9. 미씨(missy) → 미시

> #미씨(미시, **missy**) 캐쥬얼(캐주얼) 「세원백화점」
> 게스 #베이직(베이식, **basic**) 데님 「게스; 일경 물산, 980104」
> #싸롱(살롱, **salon**) 「롯데백화점 부산점」
> 기능 #쌕(색, **sack**) 「메트로미도파」
> #썬글라스(선글라스, **sunglass**, 색안경) 「롯데백화점」
> #쏘세지(소시지, **sausage**) 「생각하는 피자; 재능교육」
> #플라즈마(플라스마, **plasma**) 비젼(비전) 「신도리코」

원어의 자음 [s]는 모음 앞에서는 'ㅅ'으로, 자음 앞이나 어말에서는 '스'로 적는다. '미씨(미시)', '베이직(베이식)', '싸롱(살롱)', '쌕(색)', '썬글라스(선글라스)', '쏘세지(소시지)'는 원어에서 [s]가 모음 앞에 나타난 것이므로 'ㅅ'으로, '플라즈마(플라스마)는 [s]가 자음 앞에 나타난 것이므로 '스'로 적는다.

4.2.10. 째즈(jazz) → 재즈

#째즈(재즈, **jazz**) 「대동백화점」

원어의 자음 [ʤ]는 모음 앞에서는 'ㅈ'으로, 자음 앞이나 어말에서는 '지'로 적는다. '째즈(재즈)'는 원어에서 [ʤ]가 모음 앞에 온 것이므로 'ㅈ'으로 적어 주어야 한다.

4.2.11. 골덴(corded) → 코르덴

#골덴(코르덴, **corded velveteen**) 바지 「태화백화점」
맥반석 #몰타르(모르타르, **mortar**, 회반죽) 시공 「동성 아파트; 동성 종합건설」
맥반석 #콜탈(콜타르, **coaltar**) 바닥 시공 「동성 종합건설, 980226」
#알러지(알레르기, **allergie**, 거부 반응)성 피부염 「쎄레스톤지; 유한 양행」

원어의 [r]은 모음 앞에서는 'ㄹ'로, 자음 앞이나 어말에서는 '르'로 적는다. '골덴(코르덴)' '몰타르(모르타르)', '콜탈(콜타르)'은 원어에서 [r]이 자음 앞 또는 어말에 나타난 것이므로 '르'로 적어 주어야 한다. '알러지(알레르기)'는 독일어에서 유래한 외래어이므로 독일어의 발음을 따라 자음 앞에 나타난 [r]을 '르'로 적어 준다.

4.2.12. 프라그(plaque) → 플라크

[l]이 모음 앞에 올 경우에는 'ㄹㄹ'로 적어 준다. 그러나 이때에도 [l]을 앞서는 소리가 비음([m], [n])일 경우에는 [l]을 'ㄹ'로 적어 주어야 한다(제3장 제1절 제6항).

#샹드리에(샹들리에, **chandelier**) 「벽산아파트; 벽산 건설」
#샹제리제(샹젤리제, **Champs-Élysées**) 향수 「현대백화점」
탁월한 #프라그(플라크, **plaque**, 치석) 제거 효과 「오랄-B 울트라 전동 칫솔; 브라운」
환상 설경 관광 #곤도라(곤돌라, **gondola**) 「무주 리조트」

'샹드리에(샹들리에)', '샹제리제(샹젤리제)', '프라그(플라크)'는 프랑스어에서 유래한 외래어이므로 프랑스어의 발음을 따르는데 [l]이 모음 앞에 나타난 것이지만 비음 뒤에 나타난 것은 아니므로 이를 'ㄹㄹ'로 적어 주는 것이다. 이탈리아어에서 유래한 '곤도라(곤돌라)'의 경우도 마찬가지이다.

#폭스바겐(폴크스바겐, **Volkswagen**) 「아토스; 현대 자동차」

한편 [l]이 자음 앞이나 어말에 올 경우에는 'ㄹ'로 적는데 독일어에서 유래한 '폭스바겐(폴크스바겐)'은 독일어의 발음을 따라 자음 앞에 온 [l]을 'ㄹ'로 적어 준다.

5. 영어에서 유래한 외래어의 표기

5.1. 무성 파열음([p], [t], [k])의 표기

5.1.1. 카페트(carpet) → 카펫

#카랏트(캐럿, **carat**) 「아하바 다이아몬드」
#카페트(카펫, **carpet**, 양탄자) 「대우백화점」
골덴(코르덴) #카페트(카펫, **carpet**, 양탄자) 「대우백화점」
#힙(히프, **hip**, 엉덩이) 라인(선) 「비너스 힙업거들; 비너스」

짧은 모음 다음의 어말 무성 파열음([p], [t], [k])은 받침으로 적는나(세3장 세1절 제1항). '카랏트(캐럿)'와 '카페트(카펫)'는 원어에서 단어의 끝 즉 어말의 무성 파열음 [t]가 짧은 모음 다음에 나타나므로 받침으로 적어야 한다. 이는 [p]와 [k]에 대해서도 마찬가지인데 '힙(히프)'은 어말의 무성 파열음 [p]가 짧은 모음 다음에 나타났음에도 불구하고 받침으로 적지 않는다. 이는 '히프'를 이미 굳어진 외래어로 판단하여 이미 굳어진 외래어는 관용을 존중한다는 규정(제1장 제1항)을 따랐기 때문이다. 한편, 짧은 모음과 유음·비음([l], [r], [m], [n]) 이외의 자음 사이에 오는 무성 파열음([p], [t], [k])도 받침으로 적는다.

5.1.2. 테잎(tape) → 테이프

짧은 단모음(單母音)이 아닌 모음이 앞에 오는 경우나 유음·비음([l], [r], [m], [n]) 등의 자음이 뒤에 따르는 경우, 이때의 어말과 자음 앞의 무성 파열음([p], [t], [k])은 '으'를 붙여 적는다(제3장 제1절 제1항).

> #비디오테잎(비디오테이프, **videotape**) 「BBC 뉴 잉글리쉬 코스; 부산 외국어주식회사」
> 입체 콤비 베이스 #케잌(케이크, **cake**) 「과일나라; 동양 화장품」
> 삼성 #네트웍(네트워크, **network**, 통신망) 전략점 「삼성 전자」

'케잌(케이크)', '비디오테잎(비디오테이프)'은 원어에서 어말의 무성 파열음([k], [p]) 앞에 오는 모음이 단모음이 아니라 중모음([ei])이며, '네트웍(네트워크)'은 어말의 무성 파열음([k]) 앞에 오는 모음이 짧은 모음이 아니라 장모음([ə:])이므로 '으'를 붙여 적어야 한다.

> 뉴욕의 #맨하탄(맨해튼, **manhattan**) 호텔 「미래파; 아모레」
> #욕실 커텐(욕실 커튼, 욕실 **curtain**, 욕실 휘장) 「대구백화점」

'맨하탄(맨해튼)'과 '커텐(커튼)'은 무성 파열음([t])이 비음([n]) 앞에 나타난 것이므로 '으'를 붙여 적어 준다.

5.2. 유성 파열음([b], [d], [g])의 표기

> 만화 #카다록(카탈로그, catalog, 상품 목록) 「292513storm; 태승 트레이딩」
> #피라밋(피라미드, pyramid) 판매 「남양 알로에」
> #샌달(샌들, sandal) 「프로스펙스」

어말과 모든 자음 앞에 오는 유성 파열음은 '으'를 붙여 적는다(제3장 제1절 제2항). '카다록(카탈로그)'과 '피라밋(피라미드)'은 유성 파열음([g], [d])이 어말에, '샌달(샌들)'은 원어에서 어떠한 모음의 개재도 없이 유성 파열음([b], [d])이 자음([l]) 앞에 나타난 것이므로 '으'를 붙여 적어 준다.

5.3. 마찰음([s], [z], [f], [v], [θ], [ð], [ʃ], [ʒ])의 표기

5.3.1. 비지니스(business) → 비즈니스

> #플라즈마(플라스마, **plasma**) 비젼(비전) 「신도리코」
> 소규모 #비지니스(비즈니스, **business**, 사업) 시장 「마이레이저; 삼성」

어말 또는 자음 앞의 유성 마찰음([s], [z], [f], [v], [θ], [ð])은 '으'를 붙여 적는다(제3장 제1절 제3항). '플라즈마(플라스마)'는 원어에서 마찰음([s])이 자음([m]) 앞에 나타났으므로 '으'를 붙여 적어야 한다. 또한 '비지니스(비즈니스)'의 둘째 음절은 표기상으로 '지'로 적어야 할 듯하지만 원어에서 둘째 음절의 마찰음([z])과 셋째 음절의 자음([n]) 사이에 어떠한 모음도 발음되지 않아 마찰음([z])이 자음([n]) 앞에 나타난 것이므로 '으'를 붙여 적어야 한다.

5.3.2. 샤도우 브러쉬(shadow brush) → 섀도 브러시

어말의 [ʃ]는 '시'로 적고, 자음 앞의 [ʃ]는 '슈'로, 모음 앞의 [ʃ]는 뒤따르는 모음에 따라 '샤', '섀', '셔', '셰', '쇼', '슈', '시'로 적는다(제3장 제1절 제3항).

> 샤도우(섀도) #브러쉬(브러시) 「가든백화점」
> 런던의 #브리티쉬(브리티시, British) 호텔 「미래파; 아모레」
> #프레쉬맨(프레시맨, freshman, 신입생) 「에버랜드」

'브러쉬(브러시)', '브리티쉬(브리티시)', '프레쉬맨(프레시맨)'은 원어에서 [ʃ]가 어말에 나타난 것이므로 '시'로 적어 주어야 한다.

> #멤버쉽(멤버십, membership, 회원) 카드 「라피도」
> #샤도우 브러쉬(섀도 브러시, shadow brush) 「가든백화점」
> #샤벳(셔벗, sherbet) 화장수 「라네즈 샤벳 리프레셔; 아모레」
> 초강성 #샤시(섀시, chassis, 차대) 「갤로퍼/싼타모; 현대 자동차」

'멤버쉽(멤버십)', '샤도우(섀도)', '샤벳(셔벗)', '샤시(섀시)'는 원어에서 [ʃ]가 모음 앞에 나타난 것이므로 뒤따르는 모음에 따라 '시', '섀', '셔'로 적어야 올바른 표기가 된다.

5.3.3. 레져(leisure) → 레저

> 한국 #레져 스포츠(레저 스포츠, leisure sports) 「만어 산장」
> 대형 #멀티비젼(멀티비전, multivision) 「가든백화점」
> #비젼(비전, vision, 전망) 슬로건 「부일 이동통신」
> 칼라(컬러) #TV(텔레비전, television) 「동아아파트; 동아 건설」
> #플레져(플레저, pleasure) 향수 「현대백화점」

어말 또는 자음 앞의 [ʒ]는 '지'로 적고, 모음 앞의 [ʒ]는 'ㅈ'으로 적어 준다(제3장 제1절 제3항). 따라서 '레져(레저)', '멀티비젼(멀티비전)', '비젼(비전)', 'TV

(텔레비전)', '플레져(플레저)'는 [ʒ]가 모음 앞에 나타난 것이므로 'ㅈ'으로 적어 주어야 한다. 또한 이 자음 뒤의 'ㅑ, ㅕ, ㅛ, ㅠ' 등의 이중 모음은 'ㅏ, ㅓ, ㅗ, ㅜ' 등의 단모음으로 적는다.

5.4. 파찰음([ʦ], [dz], [ʧ], [ʤ])의 표기

5.4.1. 브롯지(brooch) → 브로치

#부쓰(부츠, boots, 목긴구두) 「미스트랄」
#Y샤쓰(와이셔츠, white shirts) 「나산」
#브롯지(브로치, brooch) 「대구백화점」
종이 생산 과정에서 나오는 #슬럿지(슬러지, sludge, 찌꺼기) 「한솔」

어말 또는 자음 앞의 [ʦ], [dz]는 '츠', '즈'로 적고, [ʧ], [ʤ]는 '치', '지'로 적는다(제3장 제1절 제4항). '부쓰(부츠)'와 '샤쓰(셔츠)'는 원어에서 파찰음인 [ʦ]가 어말에 나타났으므로 '츠'로 적어야 하고 '브롯지(브로치)'는 파찰음인 [ʧ], [ʤ]가 어말에 나타났으므로 '치', '지'로 적어야 한다.

#돈까스(돈가쓰, 豚カツ, 포크 커틀릿, pork cutlet, 돼지고기 튀김) 「리코 튀김기」

'돈까스(돈가쓰)'는 일본어에서 유래한 외래어인데 다른 경우와 달리 일본어에서 유래한 외래어의 경우에는 어말 또는 자음 앞의 [ʦ]를 '쓰'로 적어 준다.

5.4.2. 벤쳐(venture) → 벤처

모음 앞의 [ʧ], [ʤ]는 'ㅊ', 'ㅈ'로 적는다(제3장 제1절 제4항).

> #경품 챤스(경품 찬스, 경품 chance, 경품 기회)「레츠미 화당」
> #벤쳐(벤처, venture, 모험) 제품「한국 EMI 침장」
> #캐리커쳐(캐리커처, caricature, 풍자화)「에버랜드」
> 고화질 사진 #캡쳐(캡처, capture, 갈무리)「visible office; darim system」

'벤쳐(벤처)', '챤스(찬스)', '캐리커쳐(캐리커처)', '캡쳐(캡처)'는 원어에서 [tʃ]가 모음 앞에 나타난 것이므로 'ㅊ'으로 적어 주어야 한다. 이 경우 모음은 단모음으로 적는다.

> #과일 쥬스(과일 주스, 과일 juice)「만능요리기 탈렌트」
> #관리 스케쥴(관리 스케줄, 관리 schedule, 관리 일정)「씨티 보청기」
> #영 캐쥬얼(영 캐주얼, young casual)「가든백화점」
> #인텔리젼트(인텔리전트, intelligent) 오퍼레이션용「UPS; 태진 전기」
> #쟈카드(자카드, jacquard)「아카디안 황토 온돌매트; 아카디안」
> 필립스 #죠단(조든, jordan)「죠단; 필립스」
> #쥬니어(주니어, junior, 청소년) 가구「아낌없이 주는 나무」

'스케쥴(스케줄)', '인텔리젼트(인텔리전트)', '쟈카드(자카드)', '죠단(조든)', '쥬니어(주니어)', '쥬스(주스)', '캐쥬얼(캐주얼)'은 [dʒ]가 모음 앞에 나타난 것이므로 'ㅈ'으로 적어 주며 모음은 단모음으로 적는다.

5.5. 유음([l])의 표기

어말 또는 자음 앞의 [l]은 받침으로 적는다. 어중의 [l]이 모음 앞에 오거나, 모음이 따르지 않는 비음([m], [n]) 앞에 올 때에는 'ㄹㄹ'로 적는다. 다만, 비음([m], [n]) 뒤의 [l]은 모음 앞에 오더라도 'ㄹ'로 적는다(제3장 제1절 제6항).

다음은 어중의 [l]이 모음 앞에 오거나, 모음이 따르지 않는 비음([m], [n]) 앞에 왔음에도 불구하고 'ㄹㄹ'로 적지 않은 예들이다.

화이바(파이버) #그라스(글라스, **glass**, 유리) 「골드 황토방; 온누리」
#브라우스(블라우스, **blouse**) 「나산」, 「그랜드백화점」
#초음파 크리닝(초음파 클리닝, 초음파 **cleaning**, 초음파 세탁) 「씨티 보청기」
#크레오파트라(클레오파트라, **Cleopatra**) 6인 식탁 「홍송 가구」
안에는 고급 #프라스틱(플라스틱, **plastic**) 「발코니 홈샤시; 한화 종합화학」
코오롱 세이브 #프라자(플라자, **plaza**, 상가) 「코오롱모드」
#후라보노이드(플라보노이드, **flavonoid**) 성분 「후라보노; 롯데」

위에 제시한 예는 원어에서 단어의 첫 음절에 [l]이 출현한 경우이다. '그라스(글라스)', '브라우스(블라우스)', '크레오파트라(클레오파트라)', '크리닝(클리닝)', '프라스틱(플라스틱)', '프라자(플라자)', '후라보노이드(플라보노이드)'는 어중의 [l]이 모음 앞에 온 것이므로 'ㄹㄹ'로 적어 주어야 한다.

#바니라(바닐라, **vanilla**) 「부라보콘, 해태 제과, 980401」
#아나로그(아날로그, **analogue**, 연속형) 휴대폰(휴대전화) 「모토로라」
#알카리성(알칼리성, **alkali**性) 「가자 주류백화점」
새로운 #초코렛(초콜릿, **chocolate**) 「샤샤; 롯데 제과, 980222」
#화이바그라스(파이버글라스, **fiberglass**, 섬유 유리) 「골드 황토방; 온누리」

위에 제시한 예는 원어에서 둘째 음절에 [l]이 출현한 경우이다. '바니라(바닐라)', '아나로그(아날로그)', '알카리성(알칼리성)', '초코렛(초콜릿)', '화이바그라스(파이버글라스)'는 어중의 [l]이 모음 앞에 온 것이므로 'ㄹㄹ'로 적어 주어야 한다.

5.6. 장모음의 표기

#튜울립(튤립, **tulip**) 「좋은가구들」

장모음(長母音)의 장음은 따로 표기하지 않는다(제3장 제1절 제7항). '튜울립(튤립)'은 원어에서 [tju:lip]으로 발음되어 첫 음절의 모음이 장음으로 나타나지만 장음을 표기해 주지 않는다.

5.7. 중모음([ai], [au], [ei], [ɔi], [ou], [auə])의 표기

중모음 [ai], [au], [ei], [ɔi]는 각 단모음의 음가를 살려 '아이', '아우', '에이', '오이'로 적고 [ou]는 '오'로, [auə]는 '아워'로 적는다(제3장 제1절 제8항).

#가스 오븐 렌지(가스 오븐 레인지, **gas oven range**) 「삼성 한국형아파트; 삼성 물산」
#레크레이션(레크리에이션, **recreation**, 오락) 「서울랜드」
#스텐레스(스테인리스, **stainless**) 쌍기어 「생활균녹즙기; 금우」
#오븐 렌지(오븐 레인지, **oven range**) 「대백 프라자」

'레크레이션(레크리에이션)', '렌지(레인지)', '스텐레스(스테인리스)'는 원어에서 둘 이상의 단모음이 연속된 중모음 [ei]가 나타나므로 그 단모음들 즉 [e]와 [i]의 음가를 살려 '에이'로 적어 주어야 한다.

#가죽 쇼파(가죽 소파, 가죽 **sofa**) 「홍송 가구」
#로울러 스케이트(롤러 스케이트, **roller skate**) 「레츠미 화당」
#스노우 보드(스노 보드, **snow board**) 「미스트랄」
잠망경 #스트로우(스트로, **straw**, 빨대) 「카페라떼; 매일 유업」
#아이 섀도우(아이 섀도, **eye shadow**, 눈 화장) 「롯데백화점」
#옐로우(옐로, **yellow**, 노란색) 카드 「치토스; 오리온」
미니 #컴퍼넌트(컴포넌트, **component**) 「아하 프리; LG 전자, 971222」
#고급 타올(고급 타월, 고급 **towel**, 고급 수건) 「신세계백화점」

그런데 다른 중모음과 달리 [ou]는 '오'로, [auə]는 '아워'로 적어 주어야 하므로 '로울러(롤러)', '섀도우(섀도)', '쇼파(소파)', '스노우 보드(스노 보드)', '스트로우

(스트로)', '아이 섀도우(아이 섀도)', '옐로우(옐로)', '컴퍼넌트(컴포넌트)'는 '오'로, '타올(타월)'은 '아워'로 적어 주는 것이다.

5.8. 반모음([w], [j])의 표기

5.8.1. 쉐타(sweater) → 스웨터

반모음 [w]는 뒤따르는 모음에 따라 [wə], [wɔ], [wou]는 '워'로, [wa]는 '와'로, [wæ]는 '왜'로, [we]는 '웨'로, [wi]는 '위'로, [wu]는 '우'로 적는다. 그런데 자음 뒤에 [w]가 올 경우에는 두 음절로 갈라 적는 것이 원칙이다(제3장 제1절 제9항). 단, 자음 뒤에 [w]가 올 경우에도 [gw], [hw], [kw]에 한하여 한 음절로 붙여 적어 준다.

#쉐타(스웨터, sweater) 「과천 뉴코아백화점」

'쉐타(스웨터)'는 원어에서 [w]가 자음([s]) 뒤에 나타난 것이므로 두 음절로 갈라 적어 주어야 한다.

5.8.2. 로얄티(royalty) → 로열티

반모음 [j]는 뒤따르는 모음과 합쳐 '야', '얘', '여', '예', '요', '유', '이'로 적는다. 다만, [d], [l], [n] 다음에 [jə]가 올 때에는 각각 '디어', '리어', '니어'로 적는다 (제3장 제1절 제9항).

#로얄티(로열티, royalty, 사용료)가 없는 순수 국산 브랜드(상표) 「보솜이; 대한펄프」
#샤벳(셔벗, sherbet) 화장수 「라네즈 샤벳 리프레셔; 아모레」
#볼륨감(볼륨감, volume감, 용량감) 「디오네; 우아미 가구」

> #수퍼마켓(슈퍼마켓, **supermarket**, 대형잡화점) 「LG 메크로시티; LG 건설」
> 바디(보디) #쉬트(슈트, **suit**) 「세원백화점」
> 멕켄리 파워 #티타니움(티타늄, **titanium**) 우드 「멕켄리; 코텍」

반모음 [j]는 뒤따르는 모음과 합쳐 적어야 하므로, '로얄티(로열티)', '샤벳(셔벗)'은 '여'로, '볼룸(볼륨)', '수퍼마켓(슈퍼마켓)', '쉬트(슈트)', '티타니움(티타늄)'은 '유'로 적어 주어야 한다.

5.9. 복합어의 표기

5.9.1. 아울렛(outlet) → 아웃렛

따로 설 수 있는 말의 합성으로 이루어진 복합어는 그것을 구성하고 있는 말이 단독으로 쓰일 때의 표기대로 적는다(제3장 제1절 제10항).

> #아울렛(아웃렛, **outlet**, 복합 상가) 매장 「시티코아 명품관; 롯데 건설」
> 목동 #아울렛(아웃렛, **outlet**, 복합 상가) 오픈(개업) 「재클라인; 삼미 모피」
> #프레쉬맨(프레시맨, **freshman**, 신입생) 「에버랜드」

'아울렛(아웃렛)'은 '아웃(out)'과 '렛(let)'의 합성으로 이루어진 복합어이므로 그것을 구성하고 있는 말이 단독으로 쓰일 때의 표기대로 적어 주어야 한다. 복합어의 발음과 관련을 지어 적어서는 안 된다. '프레쉬맨(프레시맨)'은 '프레시(fresh)'와 '맨(man)'의 합성으로 이루어진 복합어이므로 그것을 구성하고 있는 말이 단독으로 쓰일 때의 표기대로 적어 주어야 한다. 자음 앞의 [ʃ]는 '슈'로 적는다는 규정(제3장 제1절 제3항)에 따라서는 안 된다.

5.9.2. 라스베가스(las vegas) → 라스베이거스

원어에서 띄어 쓴 말은 띄어 쓴 대로 한글 표기를 하되 붙여 쓸 수도 있다(제3장 제1절 제10항).

#라스베가스(라스베이거스, **Las Vegas**) 쇼 「호텔롯데 부산」

'라스베가스(라스베이거스)'는 원어에서 띄어 쓴 대로 띄어 쓸 수도 있지만 붙여서 쓰는 것도 가능하다.

6. 광고 문안 작성 시 주의할 점

광고는 한 시대의 사회와 문화를 단적으로 반영하고 있다. 특히 광고에 나타나는 언어는 그 나라 국민의 언어 사용 수준을 측정하는 기준이 될 수도 있다. 올바른 광고 언어의 사용이야말로 그 나라 국어가 얼마나 건강한가를 보여주는 좋은 본보기가 될 것이다. 그러한 관점에서 볼 때, 광고 문안을 작성하는 사람들이 이 사회의 언어에 대해 가지고 있는 책무는 막중하다고 하겠다.

광고 문안의 작성은 상품에 대한 구매 욕구의 증진을 목적으로 하므로 그 목적에 충실하기만 하다면 외래어 표기법 등의 어문 규정에 얽매이지 않아도 된다고 하는 이도 있다. 하지만 어문 규정이란, 의사 전달을 위한 수단인 말과 글이 제 목적을 효율적으로 수행할 수 있게 하기 위해 정한 것이므로 말과 글을 사용해 구매자를 설득하는 광고에서도 이를 따르는 것이 효과적이다. 광고 문안을 작성할 때 현행 외래어 표기법을 지켜 표기해 주어야 하는 이유가 바로 여기에 있다. 외래어를 표기할 때 주의해야 할 점을, 흔히 틀리는 유형을 중심으로 정리하면 다음과 같다.

1. 외래어를 적을 때에는, 따로 정한 외래어가 아니라면 원어의 발음을 고려하여 적어 준다.

2. '맛사지(마사지)' 등에서처럼 원어에서 하나의 소리로 발음 나는 것을 두 개의 한글 자모로 표기하지 않는다.
3. 외래어의 받침에는 'ㄱ, ㄴ, ㄹ, ㅁ, ㅂ, ㅅ, ㅇ' 7개의 자음 글자만을 쓴다.
4. '껌(gum)' 등에서처럼 따로 정한 외래어일 경우를 제외하고는 외래어의 파열음을 된소리(ㄲ, ㄸ, ㅃ)로 적지 않는다. 일본어와 중국어에서 유래한 외래어를 제외하면 마찰음이나 파찰음도 된소리(ㅆ, ㅉ)로 적지 않는다.
5. 외래어의 모음을 적을 때 '샤시(새시)' 등에서처럼 [æ]로 발음 나는 경우에는 '애'로, '카바(커버)' 등에서처럼 [ʌ](또는 [ə])로 발음 나는 경우에는 '어'로, '바디(보디)' 등에서처럼 [ɔ](또는 [o])로 발음 나는 경우에는 '오'로 적어 준다.
6. 외래어의 모음을 적을 때 원어에서 모음이 길게 소리 나더라도 이를 표기에 반영해 주지 않는다.
7. 외래어의 중모음을 적을 때에는 각 단모음의 음가를 살려서 적되 '로울러(롤러), 타월(타월)' 등에서 보듯이 [ou]와 [auə]만은 각각, '오우'나 '아우어'로 적지 않고 '오'나 '아워'로 적어 준다.
8. 외래어의 자음을 적을 때 [f]로 발음 나는 경우에는 '화운데이션(파운데이션)' 등에서처럼 'ㅍ'(또는 '프')으로, [s]로 발음 나는 경우에는 '미씨(미시)' 등에서처럼 'ㅅ'(또는 '스')으로, [l]로 발음 나는 경우에는 특별한 이유가 없는 한 '프라그(플라크)' 등에서처럼 'ㄹㄹ'로 적어 준다.
9. 현행 외래어 표기법에 따르면 어떠한 경우에도 'ㅈ, ㅊ, ㅉ'과 '야, 여, 요, 유, 예, 애'가 결합된 표기를 쓰지 않는다. '레져(레저), 벤쳐(벤처)' 등에서 보듯이 'ㅈ, ㅊ, ㅉ' 뒤에서는 '야, 여, 요, 유, 예, 애'를 각각 '아, 어, 오, 우, 에, 애'로 적어 주어야 올바른 표기가 된다.

광고 문안을 작성하는 이들은 단순히 상품 판매원에 머무는 사람들이 아니라 사회 의식의 변혁을 주도하는 계층에 속하는 문화인이다. 즉 우리 문화의 발전에 책임을 져야 하는 계층이라는 것이다. 따라서 광고 문안을 작성하는 이들은 외래 문화를 무작정 선호하는 상품 구매자의 의식을 변화시키려는 의지를 가지고 있어야 한다. 여기에 광고 문안에서 외래어·외국어의 사용을 줄이고 순화어의 사용을 권장하는 이유가 있다.

물론 광고 문안은 어문 규정을 준수해야 하는 것 이외에도 거짓을 담고 있거나 기만적인 표현, 과장된 표현, 선정적인 표현, 외래 지향적인 표현, 과소비를 조장하는 표현, 배타적인 표현, 국민정서에 배치되는 표현 등을 해서는 안 된다. 또한 권위주의적인 단어나 극단적인 단어를 사용하는 것도 가능하면 피하는 편이 좋다. 허위 기만의 표현은 윤리 도덕의 차원 이전에 법으로도 금하고 있는 부분이며, 선정적인 표현은 외설적인 광고 표현이 많이 나타난다. 외래 지향적인 표현은 외국산으로 오인하게 하거나 외래 지향적 성향을 드러내는 광고이다. 이런 광고는 은연중에 주체성을 잃게 하고, 국민들에게 열등 의식이나 패배 의식을 심어 줄 수도 있다. 과소비 조장 표현은 소비 문화가 점차 고급화하면서 상류 사회를 지향하거나 보다 호화롭고 사치스러운 물품을 구매하도록 부추기고, 계층간의 갈등과 국민간의 위화감을 조성하게 하기도 한다. 배타적 표현은 광고의 공정성과 진실성을 지키지 않고, 자기 회사의 제품만을 많이 판매하겠다는 생각에 경쟁 상품을 비방하고 배척하며 중상하는 광고이다. 이러한 광고 표현은 당연히 피해야 한다.

  광고는 소비자가 상품을 구매하여 생활을 윤택하게 가꾸도록 이끄는 역할을 한다. 그 과정에서 소비자의 정신적인 생활과 언어 문화까지 고려한 광고야말로 좋은 광고일 것이다. 광고 분야의 전문가들이 광고 문안을 작성하는 경우 그 언어 자체에 조금만 더 주의를 기울인다면 우리의 언어 환경에는 커다란 변화가 올 것이다.

※ 『겨레어문학』(겨레어문학회 학술지), 제25집(2000. 9.)에 실린 논문을 수정하여 보완한 것임.

제18장 국어 교과서 문장 실태 연구

1. 서론

국어 교과서의 문장은 학생과 교사에게 언제나 바른 문장의 모범으로 인식되어 학생이 글을 배우고 쓰는 데에 실질적인 지침 구실을 한다. 따라서 국어 교과서의 문장이 얼마나 잘 되어 있느냐는 국민의 바른 글쓰기에 적지 않은 영향을 미친다고 할 수 있다. 국어 교과서의 문장이 바르고 모범적이라면 우리 국민은 학교 교육만 잘 받아도 무엇이 바른 문장인지 분별할 줄 아는 능력을 갖출 수 있기 때문이다.

이 글은 국어 교과서에 있는 문장을 중심으로 어문 규정을 잘 지키지 않은 문장과 부정확한 단어를 사용한 문장, 국어 문장으로서 부적절한 표현 등을 살펴본 것이다. 글쓰기와 관련된 국어 교과서는 초등학교의 '쓰기'(국정), 중학교의 '생활 국어'(국정), 고등학교의 '작문'(검정) 과목이 있다. 그러나 이 글은 '국어 교과서의 문장 실태 연구'라는 제목 아래 교육과학기술에서 펴낸 현행 국어 교과서(제7차 교육과정) 전체를 연구 대상으로 살펴본 것이다.

2. 각 분야별 문장 오류 유형 분석

2.1. 어문 규정을 지키지 않은 표기

국어 교과서에서 어문 규정을 지키지 않은 표기는 생각했던 것만큼 그렇게 많지 않았다. 여러 단계를 거치면서 상당히 많은 부분이 걸러졌을 것이라는 생각이 든다. 그런데도 잘못된 표기가 나타난다. 이를 몇 가지의 유형별로 나누어 살펴보기로 한다.

2.1.1. 한글 맞춤법과 표준어 규정에 어긋난 표기

2.1.1.1. 사이시옷의 표기

한글 맞춤법에서 가장 적용하기 힘든 조항 중의 하나이다. 아래 예시는 국어 교과서에서 반복적으로 실수를 하는 대표적인 사례이다.

1) 노래말(→노랫말)[초등 읽기 1-1, 36], 치마 자락(→치맛자락)[중학 국어 2-1, 161], 뫼골(→묏골)[고등 국어 상, 210]
2) 바윗덩어리(→바위 덩어리)[초등 읽기 4-2, 115], 하룻동안(→하루 동안)[중학 생활 국어 2-2, 25]

1)은 사이시옷이 들어가야 옳고, 2)는 사이시옷이 들어가지 않아야 옳다. 합성어를 인정하는 기준은 국어학자, 국어사전에 따라 다를 수 있지만 국립국어연구원의 '표준국어대사전'을 따르면 그렇다는 것이다. 사이시옷의 표기에 대해서도 국어학자마다 서로 의견이 다를 있을 수 있지만 한글 맞춤법 제30항의 규정에 따라 1)은 사이시옷이 들어가야 옳고, 2)는 합성어 구성이 아니고 통사 구성이므로 들어가지 않아야 옳다.

2.1.1.2. 비표준어

비표준어의 사용은 맞춤법의 오류보다 빈도가 높은 편이다. 그러면서도 맞춤법에 비하여 더 민감한 문제를 안고 있다.

> 3) 엉치(→엉덩이)[초등 읽기 5-1, 32], 야멸찬(→야멸친) 표정[중학 국어 2-1, 149], 말예요(→말이에요)[고등 국어 하, 131]
> 4) 푸르름(→푸름)[초등 말하기·듣기·쓰기 5-2, 137], 설레임(→설렘)[중학 국어 2-2, 47], 쌉싸름한(→쌉싸래한)[고등 국어 상, 68]

3)은 문학 작품에 나온 비표준어이다. '엉치'는 '엉덩이'의 방언이고, '야멸찬'도 비표준어의 어형으로 '야멸친'을 잘못 쓴 것이다. '-예요'도 앞말이 자음으로 끝나는 말 뒤에서는 '-이에요'의 형태가 되어야 한다. 4)의 '푸르름, 설레임'은 '푸르다, 설레다'가 기본형이므로 '-르-' 또는 '-이-'가 들어갈 필요가 없다. '쌉싸름하다'는 표준어 '쌉싸래하다'보다 더 익숙한 어형이지만 표준어에서는 인정하지 않고 있다.

2.1.2. 띄어쓰기 규정에 어긋난 표기

국어 어문 규정에서 띄어쓰기가 매우 불완전하고 복잡한 문제여서 국어 교과서의 여러 곳에서 띄어쓰기의 오류가 발견된다. 국어사전에서도 이에 대한 표제어가 엇갈려 그 판단이 쉽지 않다.

2.1.2.1. 합성어의 띄어쓰기

합성어와 관련된 띄어쓰기는 아주 난해한 부분에 속한다. 흔히 국어학에서 합성어는 두 개 이상의 자립적인 단어가 결합하여 한 단어로 굳어진 것을 말하며, 합성어의 대표적인 특징으로 의미의 특수화를 제시하고 있다.

> 5) 소아 마비(→소아마비)[초등 읽기 3-1, 107], 틀 니(→틀니)[중학 국어 1-1, 36], 대한 민국(→대한민국)[고등 문법, 46]
> 6) 아기나무(→아기 나무)[초등 쓰기 1-1, 33], 콘크리트더미(→콘크리트 더미)[중학 국어 2-1, 162], 표현과 이해요소(→이해 요소)[고등 국어 상, 218]

5)는 합성어이므로 붙여 써야 하고, 6)은 합성어가 아닌 통사 구성이므로 띄어 써야 한다. 5)의 '소아 마비'는 특수화된 단어이므로, '틀 니'는 음운 변동(ㄴ 첨가)이 일어났으므로 합성어이다. '대한 민국'은 한 나라의 국명이므로 특수화된 단어이다. 6)은 '아기+X'의 유형으로, 초등학교의 교과서에서 이 유형이 많이 나오는데 동물의 가족 관계 등을 표현하는 '어미 (닭), 아기 (오리)' 등이 합성어를 이루는 것이 아니므로 띄어 써야 한다. '아기나무, 콘크리트더미'도 합성어가 아니므로 '아기 나무, 콘크리트 더미'처럼 띄어 써야 한다. '표현과 이해요소'는 '이해요소'를 한 단어로 보기도 어렵지만 통사 구성이 '[표현과 이해]+요소'라는 점을 생각하면 띄어 써야 한다. 합성 명사와 관련하여 통사 구성인지 합성어인지 분간하기 어려운 경우가 훨씬 더 많다.

7) 국어 사전(→ 국어사전)[초등 읽기 4-1, 63], 공중 전화(→ 공중전화)[중학 생활 국어2-2, 144], 등장 인물(→ 등장인물)[고등 국어 하, 145]
8) 비닐 하우스(→ 비닐하우스)[초등 읽기 4-2, 133], 백발 백중(→ 백발백중)[중학 국어1-2, 73], 동빙 한설(→ 동빙한설)[고등 국어 상, 292]

7)은 의미의 특수화가 일어난 것이므로 붙여 쓴다. 그러나 이들이 통사 구성인지 합성어인지 판단하기는 쉬운 일이 아니다. 8)은 외래어와 한자성어이므로 한 단어로 취급하여 붙여 써야 한다. 외래어는 원래 외국어에 기원을 두고 있지만 우리말처럼 쓰이고 있으므로 그 전체가 한 단어이다. 한자성어인 '백발백중'도 역시 '백발'과 '백중'이 각각 단어로 쓰인 것이 아니고 그들이 결합함으로써 특수한 의미를 갖는다는 점에서 합성어이다.

9) 올러 대다(→ 올러대다)[초등 읽기 5-1, 13], 그만 둔다(→ 그만둔다)[중학 국어 2-2, 238], 덧 쐬우는(→ 덧쐬우는)[고등 국어 상, 92]
10) 부정타지(→ 부정 타지)[초등 읽기 4-2, 137], 시치미떼머(→ 시치미 떼머)[중학 국어1-1, 177], 어거지쓰고(→ 어거지 쓰고)[고등 국어 상, 88]

9)는 통사 구성이 아니라 합성 동사이고, 10)은 합성 동사나 관용구처럼 보이지

만 국어사전에 등재되지 않은 단어들이다. 국어사전을 기준으로 한다면 위의 예시는 띄어쓰기를 잘못한 것들이다. 9)의 '을러 대다'는 '위협적인 언동으로 남을 억누르다'의 뜻으로 쓰인 합성 동사이므로 붙여 써야 하고, '그만 두다'는 '하던 일을 그치다'의 의미로 쓰인 합성 동사이므로붙여 써야 한다. '덧 쐬우다'도 '덧-'이 접두사로 쓰인 파생어이므로 붙여 써야 한다. 10)은 모두 통사 구성이므로 띄어 써야 한다.

2.1.2.2. 관형사, 의존 명사, 접미사, 보조 용언의 띄어쓰기

이들을 명쾌하게 구분하여 띄어쓰기를 잘하기는 쉬운 일이 아니다. 관형사와 의존 명사는 띄어 쓰고 접두사와 접미사를 붙여 쓰는 것은 누구나 다 아는 일이지만 문장 속에서 이들을 구분하는 일은 매우 어렵다.

11) 갓스물에(→갓 스물에)[초등 읽기 6-1, 37], 전세계(→전 세계)[고등 국어 상, 294]
12) 지구상에서(→지구 상에서)[초등 읽기 6-2, 99], 중학생이 된만큼(→된 만큼)[중학 국어 1-1, 51], 열시입니다(→열 시입니다)[고등 문법, 220]
13) 부탁 드립니다(→부탁드립니다)[초등 읽기 5-2, 168], 20여 년 간(→20여 년간)[중학 국어 2-1, 70], 계속 할(→계속할)[중학 국어 2-2, 226]
14) 살려달라고(→살려 달라고)[중학 국어 1-1, 208], 가보았다(→가 보았다)[중학 생활국어 2-1, 142], 내려주었다(→내려 주었다)[중학 국어 2-2, 87]

11)은 관형사와 명사의 구성이므로 관형사를 띄어 써야 하고, 12)는 명사와 의존 명사의 구성이므로 의존 명사를 띄어 써야 한다. 13)은 접미사이므로 붙여 써야 하고, 14)은 본용언과 보조 용언 구성이므로 원칙적으로 보조 용언을 띄어 써야 한다.

2.1.3. 외래어 표기 규정에 어긋난 표기

외래어는 국어 교과서에서 많이 쓰이지 않는 편이다. 일부 잘못된 예들이 있는데 외래어 표기법에 따라 적어야 한다.

15) 맥베드(→ 맥베스)[중학 국어 2-2, 45], 세익스피어(→ 셰익스피어)[중학 국어 2-2, 45]

위의 15)는 Macbeth의 어말 자음 [θ]는 '스'로 적어야 하므로 '맥베스'가 바른 표기이다. Shakespeare의 어두 발음은 [ʃe-]인데, [ʃ]가 구개음이므로 이를 반영하여 '셰익스피어'로 적어야 한다. 외래어 표기는 외국어의 발음을 그대로 옮기는 것이 아니고 외국어의 발음을 국제 음성 기호(IPA)와 한글 대조표에 따라 적어야 한다.

2.1.4. 잘못 사용된 단어

국어 교과서에서 단어의 의미를 정확히 몰라 잘못 쓴 사례들도 있다. 이런 사례는 의외로 많이 나타나는데 대부분 몰라서 한 실수이므로 반드시 바로잡아야 한다.

16) 식생활 습관은 하루빨리 극복되어야(→ 버려야)[중학 국어 1-2, 26], 그리고는(→ 그리고는)[중학 국어 2-1, 234], 노력이 굉장히(→ 매우) 필요하다고[고등 국어 상, 69]
17) 아우라지강(→ 아우라지)[초등 읽기 3-2, 23], 탈무드의 우화(→ 예화)[중학 국어 1-1,104], 별(*)표{→ 별표(*)}를 하여[고등 문법, 86]

16)은 상황에 맞지 않는 단어를 쓴 경우이다. '극복'은 '악조건이나 고생 따위를 이겨 내는 것'이므로 '극복되다'라는 표현은 부적설하고 '버려야' 정도가 좋을 것이다. 접속 부사 '그리고' 뒤에는 보조사 '은/는'이나 '도'가 올 수 없다. '굉장히'는 아주 많이 남용되는 단어 가운데 하나인데 적절한 상황에서만 사용하는 것이 바람직하다. 17)의 '아우라지'는 '두 갈래 이상의 물이 한데 모이는 물목'을

뜻하며, 한자어의 결합으로 '합수(合水)+목'이라고도 한다. '아우라지강'은 '아우라지'가 강과 관련된다는 점에서 그렇게 쓴 것 같은데 '아우라지강'은 '역전앞, 처갓집'처럼 이상한 표현이다. '우화'는 이솝의 이야기처럼 동식물 등을 의인화한 이야기이므로 탈무드의 경우에는 맞지 않다. '우화'를 '예화'로 바꾸는 것이 좋을 것이다. '*'의 명칭이 '별'이 아니라 '별표'이므로 '별표(*)'와 같이 표기해야 한다.

2.2. 문장 성분 간의 호응이 깨진 문장

2.2.1. 주어와 서술어의 호응

문장 성분 간의 호응이 깨진 문장은 두 성분 사이의 호응 여부가 중요한 판단 기준이 된다. 문장 성분 간의 호응이란 기본적으로 문장의 기본 구조와 깊은 관련이 있다. 주어와 서술어의 호응은 국어 문장으로서 갖추어야 할 가장 기본적인 요소이기 때문이다.

> 1) <u>소년의 마음은</u> 실망에서 단숨에 기쁨으로 <u>뛰어올랐다</u>.(→ 소년의 마음은 단숨에 실망에서 기쁨으로 <u>바뀌었다</u>.)[초등 읽기 5-1, 104]
> 2) <u>그 날은</u> 프랑스어의 마지막 <u>수업이었다</u>.(→ 그 날은 프랑스어의 마지막 수업이 있었다.)[중학 국어 2-1, 10]

위의 문장은 주어와 서술어의 호응에 문제가 있다. 1)의 문장은 서술어 '뛰어오르다'의 주어가 '마음'이기 때문에 '마음'이 뛰어오르는 주체가 될 수 없으므로 부자연스럽다. 2)의 문장은 서술어 '수업이다'와 주어 '그 날'이 호응되지 않아 부자연스럽다.

2.2.2. 목적어와 서술어의 호응

목적어와 서술어의 호응을 지키지 않아 부자연스러운 경우도 있다. 이 경우 표면상 목적어가 생략된 경우와 목적어가 있어도 서술어와 호응을 이루지 못한 경우가 있다.

3) <u>그림을</u> 멋있게 <u>보이려면</u> 검푸른 초록 나무는 꼭 있어야 됩니다.(→ <u>그림이</u> 멋있게 보이려면 검푸른 초록 나무는 꼭 있어야 됩니다.)[초등 읽기 5-1, 117]
4) 스스로 <u>상황을</u> 판단하며 <u>조절하여</u> 효율적으로 말하는 태도와 방법에 대하여 알아본다.(→ 스스로 상황을 판단하여 효율적으로 말하는 태도와 방법에 대하여 알아본다.)[고등 국어 하, 104]

3)의 문장은 서술어 '보이다'가 '그림을'을 목적어로 선택하고 있는데 '보이다'는 '보다'의 피동사이므로 '그림을'을 '그림이'로 바꿔야 자연스럽다. 4)의 문장은 서술어 '조절하다'의 목적어가 무엇인지 알 수 없다. '조절하다'를 삭제하는 것이 자연스럽다.

2.2.3. 부사어와 서술어의 호응

국어 교과서에서 부사어와 서술어의 호응이 이루어지지 않는 문장도 있다. 대부분 의미적 호응이 이루어지지 않고 있다.

5) 나는 그날, <u>전혀</u>(→아주/매우) <u>새로운</u> 성질의 반장을 만나게 된 것이었다.[초등 읽기 5-1, 12]
6) '아아욱!' <u>커다랗게</u> <u>하품이었다.</u>(→ 하품을 하였다.)[중학 국어 1-2, 198]

5)의 문장은 '전혀'가 서술어 '새롭다'를 꾸미고 있는데, '전혀'는 부정을 뜻하는 서술어와 함께 쓰여 '도무지, 아주, 완전히'의 뜻을 나타내고 있으므로 이 문장에서는 어울릴 수 없다. 6)의 문장은 부사어 '커다랗게'가 '하품이다'를 수식할 수 없는데 이를 수식하고 있다. 부사어 '커다랗게'가 수식하도록 하려면 '하품이었다'를 '하품을 하였다'로 바꾸어야 한다.

2.2.4. 문장 성분의 누락

국어 교과서에서 문장 성분을 누락시킴으로써 모호한 문장이 된 경우도 상당히 있다. 문장 성분이 누락되었기 때문에 독자에게 오해의 소지를 남긴다는 점에서 주의가 필요하다.

> 7) 호랑이가 <u>장구 소리에</u> <u>춤추는 것을</u> 보고(→ 호랑이가 장구 소리에 <u>맞추어</u> 춤추는 것을 보고)[중학 국어 1-1, 19]
> 8) 16세 이하의 어린 나이에 담배를 피우기 시작하면 폐암 사망률이 무려 27배나 된다고 한다. (→16세 이하의 어린 나이에 담배를 피우기 시작하면 폐암 사망률이 <u>담배를 피우지 않는 사람과 비교해</u> 무려 27배나 된다고 한다.)[중학 국어 2-1, 60]

7)의 문장은 '맞추어'라는 서술어가 누락되어 이상한 표현이 되었고, 8)의 문장은 비교의 대상이 되는 어구가 제시되지 않아서 이해하는 데에 곤혹스럽다.

2.2.5. 나열과 접속 관계의 오류

단어와 단어, 구절과 구절의 나열이나 접속 관계의 오류는 글쓰기에서 흔히 발생하는 유형에 속한다. 기본적으로 동일한 자격을 가진 어구나 어절이 나열되거나 접속되어야 하는데 그와 같은 기본 원리가 지켜지지 않아 문장의 균형이 깨지는 경우가 적지 않다.

> 9) 엄청나게 많은 학생 수와 오래 전통이 있으며(→<u>학생 수가 엄청나게 많고</u>, 오랜 전통이 있으며[초등 읽기 5-1, 14]
> 10) 고래 보호와 고래 종류는 별로 상관이 없잖아?(→<u>고래를 보호하는 것</u>과 고래의 종류는 별로 상관이 없잖아?)[중학 생활 국어 1-1, 102]

위의 문장은 나열과 접속 관계의 오류를 보인 것들이다. 9)의 문장은 '학생 수'와 '전통'이 서술어 '있다'에 걸려 있다. 이 문장은 '학생 수가 많다'와 '오랜 전통이 있다'로 나누어야 자연스럽다. 10)의 문장은 '고래 보호'와 '고래 종류'는 서로 다른 항목인데도 무리하게 접속 조사 '-와'로 연결되어 있다.

2.2.6. 조사의 오류

조사의 오류는 국어 교과서 문장에서 가장 빈번히 나타나고 있다. 주격 조사, 목적격 조사, 공동격 조사, 관형격 조사, 처격 조사, 인용격 조사, 보조사의 오류와 조사의 누락 등에 두루 나타나고 있다.

11) 일찍 일어나는 새가 벌레도 먼저 잡는다.(→일찍 일어나는 새가 벌레를 먼저 잡는 다.)[중학 생활 국어 1-1, 96]
12) 그런 내 마음과는 아랑곳없이 할아버지는……(→그런 내 마음은 아랑곳없이 할아버지는……)[고등 국어 상, 304]

11)의 문장은 전후 문맥에 같은 내용이 제시되지 않았는데 단독으로 보조사 '-도'가 쓰였다. 이 문장은 정상적인 목적격 조사 '-를'을 사용하는 것이 바람직하다. 12)의 문장은 서술어 '아랑곳없이'가 공동격 조사 '-과'와 호응하지 않는다. 이 문장은 문장 성분 사이의 호응 문제로 볼 수도 있지만 조사 사용의 오류로 처리하는 것이 바람직하다.

2.2.7. 어미의 오류

우리말은 교착어의 특징이 있으므로 용언 어간은 어미와 결합을 해야만 발화에서 실현이 된다. 국어 교과서의 문장에서 어미의 오류도 빈번히 나타나고 있다.

13) 모두가 어렵고 가난했던 시절이었습니다.(→모두가 어렵고 가난한 시절이었습니다.) [중학 국어 1-1, 23]
14) 나란하게 쓰면(→나란히 쓰면)[고등 국어 하, 46]

13)은 관형형 어미에 들어 있는 선어말 어미의 형태 '-았'이 오류이다. 이 형태가 여기에 들어가면 완료상(完了相)을 표현하게 되어 문맥에 맞지 않게 된다. 14)의 문장은 '나란히'라는 부사가 있으므로 굳이 부사형을 쓸 필요가 없다.

2.2.8. 피동사와 사동사의 오류

피동사와 관련된 오류 유형은 피동사의 남용과 이중 피동 형태의 오용 현상이 주로 많고, 사동사와 관련된 오류 유형은 사역의 의미가 없는 문맥에서 동사를 만드는 접미사 '-하다'가 나타날 자리에 '-시키다'가 나타나는 예시가 대부분을 차지하고 있다.

15) 닫혀진 약국(→ 닫힌 약국)[중학 국어 1-2, 36]
16) 어린이들이 작동시켜도(→ 작동해도) 안전합니다.[중학 생활 국어 2-2, 127]

15)의 문장은 피동사를 만드는 접미사 '-이, 히, 리, 기'와 통사적 피동 구조 '-어지-'가 중복된 이중 피동 형태를 보여 주고 있다. 16)의 문장은 사동사와 관련이 있는 문장으로 접미사 '-하다'가 나타날 자리에 '-시키다'가 쓰였다. 이 접미사 '-시키다'는 원래 '누가 누구에게 무슨 일을 하게 하다'가 성립하는 문장에서 사용되어야 하는데 그와 같은 문장이 아닌데도 사용되고 있다.

2.2.9. 외국어 번역투 문장

외국어 번역투와 관련된 오류의 유형은 영어 번역투와 한문 번역투로 구분해 볼 수 있다. 영어 번역투의 문장은 영어 구문 구조가 현대의 우리말 구문에 영향을 미친 경우이고, 한문 번역투의 문장은 한문 원전에 토를 달면서 읽고 의미를 새기던 구결 확정 작업의 전통이 남아서 현대의 우리말 구문에까지 영향을 미친 것으로 볼 수 있다.

> 17) 사랑하는 처자를 가진 가장은 부지런할 수밖에 없다.(→사랑하는 처자가 있는 가장은 부지런할 수밖에 없다.)[고등 국어 상, 84]
> 18) 메시지와 함께 소리로 인해 고통받는 내 심정을(→메시지와 함께 소리로 고통받는내 심정을)[중학 국어 2-1, 27]

17)의 문장은 영어의 구문 구조로, 소유 구문을 나타내는 동사 'have'의 흔적이 드러나 있다. 18)의 문장은 한문 구문에 사용되는 문장으로 한자 '인(因)'의 영향으로 볼 수 있다.

2.3. 문장 간의 응결성과 응집성이 깨진 문장

2.3.1. 부적절한 접속 관계

문장과 문장의 접속 방법은 접속사를 이용한 것과 접속 어미를 사용하는 것 두 가지가 있다. 국어 교과서에서 부적절하게 문장이 접속되어 문법적으로 어색한 경우가 있다.

> 1) 이야기 장면이 주어지면 언어 표현 중에서 일정한 성분을 생략할 수 있다. 그러나 (→생략) 실제 이야기에서는 장면에 따라 어떤 성분이라도 생략될 수 있다.[고등 문법, 234]
> 2) 어린이 교통 사고를 막기 위해서는, 어린이 교통 사고의 원인을 정확하게 파악하고, 평소에 조심하도록 주의해야 한다.(→어린이 교통 사고를 막기 위해서는, 어린이 교통사고의 원인을 정확하게 파악하여 그 대책을 마련해야 하며, 어린이들에게도 늘 주의하도록 일러주어야 한다.[초등 읽기 5-2, 151]

1)의 문장은 접속 부사 '그러나'가 들어갈 필요가 없는데 들어갔다. 접속 부사 '그러나'는 앞뒤 문장의 의미 관계가 상반될 때에 쓰이므로, 위와 같이 앞뒤 문장이 서로 상반되지 않을 때는 쓰지 않는 것이 자연스럽다. 2)의 문장은 접속 어미

'-고'에 연결된 두 문장이 문법적으로나 의미적으로 대등하지 않아 자연스럽지 못하다. 문장의 설명 내용은 어린이의 교통사고를 막기 위한 방안으로 어린이 교통사고의 원인을 정확하게 파악하는 것과 평소에 조심하도록 주의하는 것을 제시하고 있다. 그런데 교통사고의 원인을 파악하는 주체는 어린이가 아니라 대책을 수립하는 기관이며, 이에 비해 평소에 조심해야 하는 주체는 어린이다.

2.3.2. 부적절한 대용어

국어 교과서 문장에서 대용어를 잘못 사용하여 부적절한 문장이 된 경우가 있다. 대용어는 어떤 대상을 대신한다는 본래의 기능이 있는데 앞뒤 문장의 관계를 살펴가며 적절한 대용어를 사용해야만 한다.

> 3) 소년은 대답하였다. "그럼 우리 같이 갑시다. 나는 무지개를 꼭 잡고야 말겠소." 여기서(→이렇게) 서로 뜻이 맞은 두 소년은 만족해하는 소년을 남겨 두고, 찬란한 무지개를 잡으러 길을 떠났다.[초등 읽기 5-1, 106]
> 4) 특히 문학 작품을 읽을 때에는 읽는 즐거움과 보람을 알고 이를(→독서를) 생활화하은 태도를 기르도록 한다.[고등 국어 상, 10]

3)의 문장은 가리키는 대상이 불분명하다. 즉 '여기'가 가리키는 곳이 어디인지 분명하지 않다. 4)의 문장은 '이를 생활화하는 태도를 기르도록 한다'에서 무엇을 생활화하는 것인지 구체적인 것이 드러나지 않았다. 앞뒤의 내용으로 보아 '독서'를 생활화하는 것 정도로 수정하는 것이 자연스러운 문장이다.

2.3.3. 지나친 생략

문장 속에서 생략은 화자와 청자가 서로 공유하고 있는 정보를 문장 속에 나타내지 않는 현상을 말한다. 일반적으로 생략된 부분은 복원할 수 있으며 생략했을 때나 복원했을 때에 모두 문장의 의미가 변하지 않는다. 만약 어떤 성분을 생략했을 때 의미가 달라진다면 그 성분을 생략하지 말아야 한다.

5) 동행하던 소년은 <u>이렇게 한숨을 쉬었다.</u> "정신차려요. 여기까지 와서 쓰러지다니……(→ 동행하던 소년은 이렇게 <u>말하며</u> 한숨을 쉬었다. "정신차려요. 여기까지 와서 쓰러지다니 ……)[초등 읽기 5-1, 108]
6) '선생님, 죄송합니다. 제가 소심해서 …….'라고 <u>뒤통수를</u> 긁어 봐. 장내에는 가벼운 웃음이 일겠지.(→ '선생님, 죄송합니다. 제가 소심해서 …….'라고 <u>말하면서</u> 뒤통수를 긁어 봐. 장내에는 가벼운 웃음이 일겠지.)[중학 국어 2-1, 77]

　5)의 문장은 발화 동사인 '말하다'가 누락되어 부자연스러운 문장이 되었다. 앞 문장과 뒤의 문장이 '한숨을 쉬다'라는 서술구에 의해 연결될 수 없는데도 연결이 되어 있다. 6)의 문장도 '말하다'가 누락되어 부자연스럽다. 즉 "선생님, 죄송합니다. 제가 소심해서 ……"는 발화 내용이므로 뒤의 문장 "뒤통수를 긁어 봐."와 바로 연결될 수 없다.

2.3.4. 부적절한 경어법 사용

　우리말은 경어법이 매우 발달된 언어에 속한다. 국어 교과서에서 높임 표현을 잘못하여 문법적으로 어색한 경우가 있다.

7) "왕자님이 무사히 <u>돌아오시게</u>(→ <u>돌아오게</u>) 하겠나이다."[초등 읽기 5-1, 49]
8) "힘들긴요. 청소까지 다 해 놓고 <u>출근하느라고</u>(→ <u>출근하시느라고</u>) 엄마께서 더 힘드셨잖아요?"[초등 읽기 5-1, 89]

　7)의 문장은 압존법과 관련이 있는데 대화에 등장하는 주체인 '왕자'는 신하의 처지에서는 존대해야 할 대상이지만, 말을 듣는 '임금'의 처지를 고려하면 존대하지 말아야 할 대상이다. 즉 '돌아오다'의 주체는 왕자이고 들을이는 임금이므로 주체를 높이지 않고 들을이를 높이는 표현으로 바꾸어야 한다. 8)의 문장은 어머니와 딸 사이에 오고 가는 대화의 일부인데, 딸의 처지에서 보면 어머니는

존대해야 할 대상이다. 따라서 주체를 존대하는 어미 '-시-'를 사용하여 '출근하다'를 '출근하시다'로 바꾸어야 한다.

2.3.5. 동어 반복 및 동의 반복

국어 교과서에서 같은 말을 되풀이하거나 특별한 이유 없이 유사한 의미를 되풀이하는 경우가 있다. 부적절한 어휘 사용과도 관련이 있는데 이들은 모두 응결성과 응집성을 떨어뜨리는 결과를 초래한다.

> 9) 예를 들면, 사람의 '눈'과 하늘에서 내리는 '눈'을 들 수 있습니다.(→예를 들면, 사람의 '눈'과 하늘에서 내리는 '눈'이 그렇습니다.)[초등 읽기 3-1, 6]
> 10) 병원비 대신에 병원에서 잡일을 하는 것으로 대신할 수 없겠느냐는 환자들의 제안에 (→병원비를 병원에서 잡일을 하는 것으로 대신할 수 없겠느냐는 환자들의 제안에)[중학 국어 1-1, 143]

위의 문장은 동어 반복 및 동의 반복을 하였기 때문에 국어 교과서 문장으로서 적절하지 못하다. 9)의 문장은 '들다'가, 10)의 문장은 '대신'이 반복적으로 나타나고 있다.

2.3.6. 부적절한 비교와 비유

국어 교과서에서 두 대상을 비교하여 글로 나타낼 때 비교의 대상이 분명하지 않거나 정확한 비교 표현을 사용하지 않은 경우가 있고, 또 비유 표현이 앞뒤 문맥에 어울리지 않아 글의 논리적인 연결이 어색한 경우도 있다.

> 11) 직지는 독일의 구텐베르크보다 70여 년이나 앞선 것으로, 현존하는 세계 최고의 금 속 활자본입니다.(→직지는, 독일의 구텐베르크 금속 활자로 인쇄한 활자본보다 70여 년이나 앞선 것으로, 지금까지 전해지고 있는 것 가운데 세계에서 가장

오래 된 금 속 활자본입니다.)[초등 읽기 5-2, 67]
12) 쫄쫄쫄 떨어지던 수돗물이 <u>울음을 그친 아기처럼</u> 뚝 그쳤으니까.(→ 쫄쫄쫄 떨어지던 수돗물이, <u>아이가 울음을 그치듯이</u>, 뚝 그쳤으니까)[초등 읽기 5-2, 204]

11)은 비교 표현에 문제가 있는데 '구텐베르크'는 사람 이름이고 '직지'는 활자본의 이름이다. 따라서 '직지'와 '구텐베르크'는 직접 비교할 수 있는 대상이 아니다. 12)는 비유 표현에 문제가 있는데 '쫄쫄쫄 떨어지던 수돗물'을 '울음을 그친 아이'에 비유한 것이 잘못이다. 즉 '울음을 그친 아이'가 아니라 '아이가 울음을 그치는 것'에 비유하여야 바른 표현이 된다.

2.3.7. 부적절한 제시문

국어 교과서에서 부적절한 보기나 설명이 들어 있는 경우가 있다. 아무리 문법적인 문장이라고 할지라도 이런 경우는 문장 표현으로서 부적절하다.

13) 낱말 가운데는 '<u>국어</u>'나 '<u>읽기</u>'와 같이 모양이 바뀌지 않는 낱말이 있습니다.[초등 읽기 4-2, 74]
14) 외래어는 상당히 우리말처럼 느껴져 다른 나라에서 온 말이라는 것을 쉽게 느낄 수 없는 말이다. '신문, 교실'과 같은 한자어나 '빵, 담배'와 같은 말이 그 예이다. 외국어 는 '댄스, 레스토랑'과 같이 다른 나라에서 온 말이라는 것을 금방 알 수 있는 말이 다.[중학 생활 국어 1-1, 80]

13)의 문장은 모양이 바뀌지 않는 낱말로 '국어'와 '읽기'를 제시하였는데 교과서 이름으로 '읽기'는 명사이지만 '그는 책을 읽기를 좋아한다'에서 '읽기'는 동사의 명사형이므로 적절한 보기가 아니다. 14)의 문장은 외래어와 외국어의 개념 설명과 보기가 부적절하다. 일반적으로 외래어는 외국어였던 것이 우리말의 자격을 얻어 우리말로 쓰이고 있어 국어사전에 표제어로 실리는 경우를 말하고, 외국어는 우리말의 자격을 얻지 못하여 국어사전에 실리지 못하는 경우를 말한다.

위에서 외국어라고 제시한 '댄스, 레스토랑'은 국어사전에 표제어로 올라 있다.

3. 문장 오류의 원인 분석

국어 교과서에서 어문 규정을 잘 지키지 못하는 이유는 ① 집필자나 심의자가 오래된 관행에 따라 표기하려는 심리가 작용했거나 ② 교과서 간(초·중·고 또는 제6차·제7차 교과서)의 일관성을 유지하기 위해 의도적으로 표기했거나 ③ 어문 규정이 바뀌었는데 이를 몰라서 틀린 경우일 것이다. ④ 또 다른 이유는 국어 교과서가 개발 중에 있는데 국어사전이 중간에 발간되어 미처 반영하지 못하는 경우도 있을 수 있다. 제7차 교육과정에 따라 개발된 국어 교과서에서 어문 규정을 지키지 못한 것은 ④의 경우가 상당히 많다. 실제로 국어 교과서 집필자나 심의자의 의견에 따르면 이들은 표준국어대사전보다 교과서 집필의 지침이 되는 '편수 자료'를 더 많이 참고하였다고 한다.

3.1. 띄어쓰기 오류가 많은 이유

국어 교과서에서 띄어쓰기의 오류는 매우 심각하다. 몇 해 전(2002년)에 교열기자 중심으로 운영되고 있는 한국어문교열기자협회에서 발표한 '중학교 국어 교과서 오류 실태 분석' 보고서에 따르면 오류 건수 793건 중 띄어쓰기가 526건으로 약 70%를 차지하고 있다고 한다. 이것은 띄어쓰기 규정 자체의 문제와도 무관할 수 없다. 띄어쓰기의 원칙과 허용 조항 중에서 원칙을 적용하는 국어 교과서의 띄어쓰기는 국어사전의 띄어쓰기와도 상당한 차이가 있다. 구체적인 사례를 국어 교과서에 나온 합성어를 중심으로 살펴보면 다음과 같다.

1) 사과꽃[초등 읽기 3-1, 122], 새신부[초등 읽기 5-2, 13],
   친척집[중학 국어 2-1, 189], 갈비집[중학 국어 2-2, 120]

위의 예시는 국어사전에 등재되지 않은 명사류이다. 국어사전에 등재되지 않았다는 것은 곧 이들이 한 단어가 아니라는 의미로 해석된다. 그런데 국어 교과서에서는 이들을 한 단어처럼 생각하고 이들을 붙여 쓰고 있다. 그러면 국어 교과서는 국어사전을 따라 띄어쓰기를 해야 하므로 결국 국어 교과서에 나온 이들의 띄어쓰기는 오류로 볼 수밖에 없다.

그러나 그러기에는 망설여진다. 국어사전에 등재된 '자연환경, 의사소통, 언어생활'에 비하여 이들의 내적 구성이 오히려 더 긴밀해 보이기 때문이다. 이들이 국어사전에 등재되지 않은 까닭은 다른 원인이 있을 듯하다. 가령 ① 어휘 수집 과정에서의 누락 ② 사전 편찬자의 독자적인 판단 ③ 합성어를 국어사전에 모두 수록하는 것이 불가능함 등이 있을 수 있다. 이 가운데 명확히 어디에 해당한다고 볼 수는 없지만 문제가 되는 것만은 틀림이 없다. 이들을 국어사전에 등재된 것과 대비를 하면 다음과 같다.

2) 사과꽃 : 장미꽃, 새신부 : 새신랑, 친척집 : 외갓집, 갈비집 : 국숫집,

2)의 오른쪽은 국어사전에 등재된 합성어이고 왼쪽은 국어 교과서에서 합성어로 생각하고 붙여 쓴 것들이다. 사실 국어사전에 오른 표제어와 국어 교과서에 실린 예시들은 통사적 구조나 의미상 특수성에서 별 다른 차이를 찾기 어렵다. 장미나무에 피는 꽃을 '장미꽃'으로 적고, 사과나무에 피는 꽃을 '사과 꽃'으로 적어야 할 까닭이 없다. '새신랑'은 국어사전에 올리고 '새신부'는 올리지 못할 이유가 없다. '외갓집'이 합성어라면 '친척집'도 충분히 합성어일 가능성이 있다. 여기에는 두 성분 사이에 연접이 없고 의미상의 특수성도 있기 때문에 한 단어로 취급하는 것이 오히려 더 자연스럽다.

> 3) 역할극[초등 읽기 2-2, 59], 하늘길[중학 국어 2-1, 251],
>   도움글[중학 국어 2-2, 149], 색벽돌[중학 국어 2-2, 200]

  3)은 비교적 근래에 생기고 아직 그 쓰임이 제한적이어서 국어사전에 등재되어 있지 않지만 합성어로 보아야 할 단어들이다. 사전에 없다고 하여 단어가 아니라는 논리는 성립될 수 없다. '대화극, 독백극'은 국어사전에 올라 있으므로 붙여 쓰고 '역할극'은 국어사전에 없음으로 '역할 극'처럼 띄어 써야 한다는 주장은 설득력이 없다. '하늘길'을 '죽음으로 가는 길'이라는 특수한 의미로 쓸 수 있을 것이다. '도움글'이 교과서 편집 형식의 한 부분을 가리키는 의미의 신조어라고 하여 합성어가 될 수 없는 것은 아니다. '색별돌'도 통사 구성으로 보기 어렵기 때문에 합성어가 될 수도 있을 것이다.

3.2. 비표준어가 많은 이유

  국어 교과서에서 방언을 사용하거나 작가가 의도적으로 변형한 단어를 사용하는 경우가 상당히 많다. 이들은 대부분 문학 작품에 나타나고 있는데 국어사전에 등재되지 않았거나 등재되어 있어도 비표준어로 처리하고 있는 단어들이다. 방언을 사용하거나 작가의 의도적인 변형이라고 할지라도 문학 작품이라는 특수한 상황에서 표준어 사용만을 고집할 것인지는 여전히 논란의 대상이 될 수 있다.

> 4) 꺼부꺼뷔[초등 읽기 3-2, 43], 내음새(→냄새)[중학 국어 1-1, 57], 날라리(→태평소)
>   [중학 국어 2-1, 153], 뒤안(→뒤꼍)[중학 생활 국어 2-1, 129], 마실(→마을)[중학 국어 2-2, 137]
> 5) 노오란(→노란)[초등 읽기 3-2, 41], 나뷔일(→나빌)[중학 국어 2-2, 139]

  4)는 방언이고, 예시 5)는 작가가 의도적으로 변형한 단어들이다. 괄호 속에 제시한 말이 표준어이지만 작가는 방언을 사용하여 작품의 표현적 효과를 살릴

수 있었다. 가령 4)에서 황순원은 '소나기'에서 '냄새'보다는 '내음새'를 사용하였고, 윤흥길은 단편 '기억 속의 들꽃'에서 '태평소'보다는 '날라리'를 선택하였고, 최명희는 '혼불'에서 '마을'보다는 '마실'을 선택하였다. 이러한 방언의 선택은 작가가 표준어를 몰라서라기보다는 향토색 짙은 방언을 사용하여 동의어의 어감을 살린 것으로 해석할 수도 있다. '꺼부꺼부, 뒤안'은 시의 한 구절로서 표준어형을 강요하기 어려울 것이다. '꺼부꺼부'는 동시에서 아기의 자는 모습을 형상화한 것이고 '뒤안'은 시의 맛을 살려 '뒤꼍'으로 표현한 것인데 시인의 창작적 표현을 존중해야 할 것이다. 5)의 '노오란, 나뉘일'은 문법적으로 잘못된 어형들이다. '노오란, 나뉘일'은 어간이 '노랗-, 나뉘-'이므로 '노오란, 나뉘일'처럼 활용할 수 없을 것이다. 그러나 작가가 표현적 효과를 위하여 의도적으로 사용하였다면 어쩔 수 없을 것이다. 특별히 문학 작품에서는 표준어 사용만을 고집할 필요가 없을 것이다. 문학 작품은 그 당시의 시대적 상황이나 지역 방언을 반영함으로써 작품의 특징을 더 부각할 수 있기 때문이다.

3.3. 교과서 개발 기관과 개발자의 잦은 교체

국어 교과서에서 어문 규정을 잘 지키지 못하는 이유 중의 하나로 교과서의 개발 기관과 개발자의 잦은 교체를 생각해 볼 수 있다. 실제로 제7차 교육과정에 따라 국어 교과서가 개발되는 동안 개발 기관이 여러 번 교체되었고 실무자는 수없이 많이 바뀌었다. 제7차 초등학교 국어 교과서 개발 기관은 한국교육과정평가원이고, 중학교 국어 교과서 개발 기관은 고려대학교와 한국교원대학교이며 고등학교 국어 교과서 개발 기관은 서울대학교이다. 당연히 개발 기관에 따라, 실무자에 따라 집필 지침이나 방향이 달라질 수밖에 없을 것이다. 더구나 개발 기간이 길지 않고(3년 정도), 적은 예산(검정 교과서 개발 예산의 5분의 1 정도)으로 오십여 권의 국어 교과서를 편찬해야 하는 이들 기관은 모든 일이 순조롭게 진행될 수 없다. 그러다 보니 실무자들은 1~2년 안에 교체가 되는 일이 부지기수이다.

실제로 제7차 교육과정에 따라 초등학교 국어 교과서 개발의 경우 개발 기간 3년 동안 10여 명이 교체되고, 중학교와 고등학교 국어 교과서 개발의 경우 개발 책임자가 바뀌는 사례도 있었다. 더구나 1년에 개발해야 할 국어 교과서가 초등학교는 12권(지도서를 포함하면 16권), 중학교는 4권(지도서를 포함하면 6권), 고등학교 2권(지도서를 포함하면 4권)이라면 국어 교과서를 개발하겠다고 선뜻 나서는 기관이 거의 없을 것이다. 결국 교육과학기술부는 국가 기관이나 정부 출연 기관에 부탁을 하여 개발할 수밖에 없는 처지이다 보니 개발 기관의 잦은 교체만큼이나 어문 규정의 실수도 많이 나타나고 있다.

4. 문장의 오류를 줄이기 위한 대책

국어 교과서에서 문장 오류를 줄이기 위한 대책을 여러 가지로 생각해 볼 수 있다. 우선 정부 부처의 교과서 정책적인 측면과 교육을 통한 국민의 글쓰기 능력 향상 측면을 고려해 볼 수 있을 것이다.

4.1. 교과서 정책적인 측면

우리나라의 교육 정책은 정권이 바뀔 때마다, 책임자가 바뀔 때마다 국어 교과서 정책이 바뀐다면 큰 문제가 아닐 수 없다. 교육은 백년지계(百年之計)라는 말이 있듯이 한 번 계획된 교육 정책은 가능한 한 바뀌지 말아야 한다. 물론 교육 계획을 세울 때에는 신중을 기해서 세워야 하겠지만 교과서 정책도 되도록 바뀌지 않는 것이 좋을 것이다.

여기서는 교과서 문장의 오류를 줄이기 위한 대책과 관련하여 교과서 정책적인 측면에 대하여 살펴보고자 한다.

첫째, 문장 오류를 줄이기 위해 시급한 것은 전문 인력을 확충하는 방안이다.

현재 교육과학기술부에는 1~2명의 국어 편수관이 있는데 이들이 검수를 해야 할 국어 교과서가 100여 종(국정 도서, 검정 도서, 인정 도서 포함)이 넘는다고 하니, 아예 내용 검토는 불가능한 일일 것이다. 이 정도라면 교과서 검수는 형식적일 수밖에 없을 것이다. 당장 전문 편찬 인력을 확충하지 않는다면 문장 오류는 계속해서 발견될 것이다.

둘째, 국어 교과서 편찬 예산을 증액해야 한다. 현재 국정 국어 교과서 편찬 예산은 검정 국어 교과서 편찬의 5분의 1 수준에 불과하다. 따라서 문장 오류를 확인할 예산은 전혀 없는 것이다. 이 정도의 예산이라면 차라리 국어 관련 모든 교과를 검인정 제도로 바꾸거나 자유 발행 제도를 검토해 보는 것이 좋을 듯하다.

셋째, 국어 교과서 개발 기간을 늘려야 한다. 내년에 배울 국어 교과서를 올해 개발하는 방식으로 추진해서는 곤란하다. 최소한 2~3년, 길게는 5년 이상 기간을 두고 정말 훌륭한 국어 교과서를 개발할 수 있는 기간을 보장해 주어야 한다. 이에 따라 개발자에게는 특별한 보상도 뒤따라야 할 것이다.

넷째, 사전 또는 사후 국어 교과서 검증을 위한 대책이 마련되어야 한다. 실험본 국어 교과서를 만들어 보급하기 전에 국립국어원 등 전문 기관의 사전 검토를 받거나 교육과학기술부 내에 전문 위원회를 조직하여 검증을 받을 수 있도록 할 수 있을 것이다.

4.2. 국민의 글쓰기 능력 향상 측면

동서양을 막론하고 중세 이전의 시절에는 글쓰기 능력은 지극히 일부 지식인들에게만 요구되는 능력이었다. 전체 인구에서 볼 때, 수준이 보장된 문장을 작성해 낼 줄 아는 지식인의 비율은 그리 높지 않았으며 소수의 지식인만이 그런 능력을 갖추고 있었다. 현대로 들어오면서 사회 전체에서 지식인이 차지하는 비율은 과거에 비하여 대폭 늘어났지만 지식인에게 일정한 수준의 문장 생산 능력을 요구하는 상황은 옛날과 달라진 것이 없다.

오늘날 거의 모든 대학에서 문장 능력을 훈련하기 위한 교육을 다양하게 운용하고 있는 것도 지식인의 문장 작성 능력을 중시하는 풍토에 기인한 것이며, 이러한 상황은 앞으로도 크게 달라지지 않을 것이다.

이러한 측면에서 볼 때 문장을 바르고 정확하게 생산해 낼 줄 아는 능력을 다지기 위하여 전문적인 훈련을 할 필요가 있고 교육이나 상담을 하는 기구가 필요할 것이다. 가령 각 대학에 '문장 상담소' 같은 기구를 설치하여 학생들이 작성한 보고서나 논문, 학위 논문 등을 전문적으로 상담해 주고 지도해 준다면 이는 대학생들의 글쓰기 능력을 향상시켜 줄 수 있을 것이다. 이렇게 대학생들의 글쓰기 능력이 어느 정도 향상이 된다면 점증적으로 고등학교, 중학교 또는 각 정부 부처나 직장 등으로 확대해 갈 수 있을 것이다. 결국에는 전 국민의 글쓰기 능력이 현저하게 개선되고 향상될 수 있을 것이다.

5. 맺음말

국어 교과서의 문장은 모든 문장의 모범이 되어야 한다. 그래서 교과서의 문장을 작성한 사람은 다른 글에 비해 좋은 글, 바른 글을 쓰려는 노력을 더 많이 기울여야 한다. 또 여러 사람의 윤문 과정을 거쳐 아름다운 문장으로 다듬어야 한다.

이런 교과서의 문장을 개선하기 위해서는 우선 글을 쓰는 개인의 노력이 각별히 필요할 것이다. 또 교과서에 실리는 글일 때에는 그 중요성을 생각하여 더욱 세심한 주의가 필요하다. 그리고 문장의 오류 유형이나 바른 문장에 대한 연구가 끊임없이 있어야 한다. 같은 잘못이 반복되는 것은 잘못된 까닭을 명쾌하게 설명해 주지 않았기 때문이다. 잘못된 문장이 있을 때에 그 까닭을 명쾌하게 설명할 수 있어야 하며 나아가 어떻게 쓰는 것이 바른 문장을 쓰는 것인지에 대한 연구가 계속 쌓여 가야 할 것이다.

한 나라가 얼마나 문화 선진국인가를 알아보는 문화의 척도를 국민의 글쓰기 능력에 두어 이를 평가해야 한다고 주장하는 국어학자가 있다. 모든 국민이 높은 글쓰기 수준을 갖추었다면 그 나라는 결코 후진국일 수 없다는 것이다. 그렇다면 글쓰기 수준을 평가하는 기준은 무엇이 될까? 바로 그 나라의 국어 교과서 문장이 될 것이다. 국어 교과서의 문장은 바로 우리 국민의 글쓰기 모습을 그대로 말해 주기 때문이다. 국어 교과서의 문장은 대부분 지식인들의 손으로 쓰였을 뿐만 아니라 여러 사람의 손을 거치면서 다듬어진 결과인 것이다. 그런데도 오류가 지적된다면 일차적인 책임은 집필자에게 있을 것이고, 또한 편수 관계자나 출판 관계자에게도 일부분 그 책임이 있을 것이다.

이러한 국어 교과서의 현실을 개선하기 위해서 국어 교과서의 문장을 작성하는 집필자는 다른 글에 비해 좋은 글, 바른 글을 써야겠다는 노력을 더 많이 기울여야 한다. 이 과정에서 국어사전을 참고해야 하는 것은 필수적이고 어문 규정을 철저히 익혀 정확한 글을 써야 할 것이다. 또한 집필자는 완성된 글을 집필자 자신이 여러 번 검토를 하여 수정을 해야 하겠지만 남에게 보여 주는 것을 결코 두려워하지 말아야 한다. 언젠가는 모든 사람에게 공개되는 것이 교과서의 문장이므로 출판되기 전에 반드시 사전 검증을 받는 것이 좋을 것이다.

그리고 편수 관계자나 출판 관계자는 그러한 노력을 도와줄 수 있도록 충분한 연구와 제도를 마련해 주어야 한다. 지금 우리 국어 교과서 문장의 상황은 한 번 지적되는 내용이 반복하여 지적되는 경우가 많다. 이러한 상황은 어떤 잘못된 문장이 있을 때에 왜 그 문장이 잘못된 문장인지 명쾌하게 설명해 주지 못하기 때문이며 어떻게 쓰는 것이 바른 문장인지 충분한 연구가 없었기 때문이다. 좋은 국어 교과서는 이러한 노력의 결과로 만들어지는 것이다.

참고 문헌

국립국어연구원(1993), 국어사전에서의 합성어 처리에 관한 연구, 연구 보고서.
_____(2002), 한글 맞춤법, 표준어 규정 해설집 발간을 위한 기초 연구.
_____(2003), 국어 교과서의 문장 실태 연구, 연구 보고서.

고영근 외(2002), 문법과 텍스트, 서울대학교 출판부.
김정우(2003), 국어 교과서의 표현 적격성 실태 분석, 국립국어연구원.
김창섭(1996), 국어의 단어 형성과 단어 구조 연구, 태학사.
남기심(2001), 현대 국어 통사론, 태학사.
송철의(1992), 국어의 파생어 형성 연구, 태학사.
이석규(2003), 텍스트 분석의 실제, 도서출판 역락.
이병규(2003), 국어 교과서의 응결성과 응집성에 대한 실태 분석, 국립국어연구원.
이은희(2000), 텍스트 언어학과 국어 교육, 서울대학교 출판부.
이익섭(2001), 띄어쓰기의 현황과 전망, 새국어생활 제12권 제1호.
이현우(1999), 교과서의 문장 실태, 새국어생활 제9권 제4호.
임홍빈(1981), 사이시옷 문제의 해결을 위하여, 국어학 10.
최용기(2000), 교과용 도서의 문장 어떻게 쓸 것인가, 한국교육과정평가원.
_____(2001), 2종 교과용 도서의 글쓰기 사례 분석, 한국교육과정평가원.
_____(2001), 교과서 문장의 문제점과 개선 방안, 교과서 연구 36호, 한국교과서연구재단.
_____(2003), 국어 교과서의 문장 실태 개관, 국립국어연구원.
_____(2004), 교과용 도서의 표현과 표기 사례, 교과서 편수 자료, 교육인적자원부.
허철구(1999), 한국인의 글쓰기에 나타나는 단어와 문장의 오류, 새국어생활 제9권 제4호.
_____(2003), 국어 교과서의 표기와 단어 사용 실태 분석, 국립국어연구원.

분석 자료

교육인적자원부(2002), '듣기·말하기' 교과서 1~3학년.
_____(2002), '듣기·말하기·쓰기' 교과서 4~6학년.
_____(2002), '쓰기' 교과서 1~3학년.
_____(2002), '읽기' 교과서 1~6학년.
_____(2002), '중학 국어' 교과서 1~2학년.
_____(2002), '중학 생활 국어' 교과서 1~2학년.
_____(2002), '고등 국어' (상, 하) 교과서.
_____(2002), '문법' 교과서.

※ 한글학회, 558돌 한글날 기념 전국 국어학 학술대회(2004. 10.)에서 발표된 논문을 수정하여 보완한 것임.

제19장 청소년 언어폭력 실태와 추방 대책

―학교, 직장, 가정생활을 중심으로―

1. 머리말

우리말에 "말만 잘하면 천 냥 빚도 갚는다."라는 속담이 있습니다. 이 속담의 의미는 '말을 잘하는 사람은 처세에 유리하다.'라는 것이며 또한, 말은 '일상생활에 큰 영향을 끼치는 것이니 말을 할 때는 애써 조심하라.'라는 뜻입니다.

사람은 하루의 대부분을 말을 하면서 보냅니다. 학교에서나 직장, 가정에서나 할 것 없이 말로써 문제를 만들기도 하고 그것을 해결하기도 합니다. 또, 남과 말을 주고받으면서 주어진 일이나 하고자 하는 일을 해결해 나가며 얼굴을 붉혔던 사람과 화해를 하기도 하고 새로운 사람을 사귀기도 합니다. 따라서 학교생활, 직장생활, 가정생활 어디에서나 다른 사람과의 원만한 관계 유지를 위해서 내가 말을 할 때에는 조심해서 말을 해야 하고 남의 얘기도 잘 들어 정확하게 이해하고 다른 사람이 오해하지 않도록 하는 것이 매우 중요합니다.

어떤 태도로 어떤 말을 사용하는지 다른 사람의 말을 어떤 태도로 듣는지를 보고 그 사람의 됨됨이를 평가하기도 합니다. 말은 사람의 됨됨이 즉, 개인의 사고방식을 보여 주고 나아가 한 사회의 삶의 모습을 보여 주기도 합니다. 그래서 우리의 옛 선현들은 어법과 언어 예절을 철저히 가르쳤고 항상 말을 할 때에는 조심하라고 경고하기도 하였습니다.

그런데 요즘의 언어생활은 어떻습니까? 청소년들의 말에 온갖 비속어와 욕설들이 섞여서 나오고 어법에 맞지 않는 말들이 수없이 쏟아져 나오고 있습니다. 지하철, 버스, 공원, 학교 등을 구별하지 않고 주위 사람은 아랑곳없이 큰 소리로 떠들고 듣기에도 민망한 온갖 욕설과 음담패설을 주고받는 청소년들을 쉽게 볼 수 있습니다. 이런 모습은 청소년뿐만 아니라 성인들에게서도 쉽게 찾아볼 수 있습니다. 학교, 직장이나 가정에서도 이런 언어폭력 때문에 피해가 자주 발생하여 이제는 사회적인 문제로 발전하기도 합니다.

 이 발표문은 이런 언어폭력의 유형과 실태를 살펴보고, 그 영향 때문에 어떤 현상이 나타나는지, 그에 대한 대책은 무엇인지를 알아보고자 합니다. 특히, 청소년 언어폭력을 중심으로 이를 살펴보고자 합니다.

2. 청소년 언어폭력의 유형과 그 실태

 먼저, 언어폭력이 무엇인지 그 정의부터 살펴보고자 합니다. 국립국어원의 '표준국어대사전'에는 '언어폭력'에 대하여 다음과 같이 설명하고 있습니다.

> 언어폭력(言語暴力): 말로써 온갖 음담패설을 늘어놓거나 욕설, 협박 따위를 하는 일.
> (예: 언어폭력에 시달리다. 언어폭력이 난무하다.)
> (*) 폭력: 남을 거칠고 사납게 제압할 때에 쓰는, 주먹이나 발 또는 몽둥이 따위의 수단이나 힘. 넓은 뜻으로는 무기로 억누르는 힘을 이르기도 함.

 위의 뜻풀이만 보면 언어폭력의 범위는 '음담패설이나 욕설, 협박 따위를 하는 일' 정도에 머물고 있지만, 실제로 사회적인 문제가 되는 것은 '성차별 언어 사용, 비속어 사용, 폭언이나 극단적인 언어 사용, 인격 모독의 말 사용이나 글을 쓰는 일' 따위가 더 있습니다.

 누구나 알고 있듯이 언어는 인간 상호 간의 의사를 전달하는 기능을 갖고 있습니다. 언어를 통하여 인간은 서로 생각을 나눌 수 있고 문화를 발전시켜 나갈 수도 있습니다. 이처럼 언어는 인간의 삶에 대단히 중요하고 값진 존재이지만 인간은 이런 언어 사용 능력을 보편적인 것으로 생각하여 인간이 먹고 자고 숨쉬는 것처럼 당연한 것으로 여기고 있습니다.

그래서 그 누구도 언어의 기능에 '폭력'이라는 용어를 포함하려 하지는 않았습니다. 언어학자 제프리 리치(geoffrey leech)는 언어의 기능을 다섯 가지로 분류하였습니다. 정보 기능, 표현 기능, 지시 기능, 미적 기능, 친교 기능이 그것입니다. 그 어디에서도 '폭력'이라는 용어가 들어갈 곳이 없습니다.

그런데 현대 사회가 복잡해지고 다양화되면서 언어의 기능에 또 다른 기능이 추가되었을 것입니다. 거기에는 '언어폭력'의 기능도 포함될 것입니다. 사람에 따라서는 '비속어', '은어', '유행어'도 언어폭력의 일종으로 보아야 한다고 하는데 이들 언어는 대부분 그 시대의 사회 변화를 반영하는 수준에서 머물고 있을 뿐이지 더 이상의 개인 심리 변화가 없기 때문에 '언어폭력'의 범주에 넣는 것은 생각해 볼 여지가 있습니다.

결국, 현대 언어에서 '언어폭력'이란 '말로써 온갖 음담패설을 늘어놓거나 상스러운 욕설, 성차별 언어 사용, 폭언이나 극단적인 언어 사용, 인격 모독 발언, 협박 따위를 하는 일이나 비방의 글을 쓰는 일'이 모두 포함될 것입니다. 또한, 거기에는 이런 말을 하거나 들었을 때에 개인의 심적인 변화가 반드시 뒤따라야 한다고 생각합니다.

그렇다면, 언어폭력의 유형에는 어떤 것들이 있는지 이를 살펴보겠습니다. 대략, 욕설, 비방, 도배, 성차별이나 성희롱(음담패설) 언어 사용, 유언비어 유포, 폭언이나 극단적인 언어 사용 따위가 있을 것입니다.

1) 욕설: 자기가 싫어하는 사람이나 자기의 생각과 다른 사람을 대상으로 하여 발생합니다. 흥분이나 감정에 들떠서 자기도 모르게 욕설을 하기도 하고 고의로 욕설을 하기도 합니다. 최근에는 사이버 공간이나 통신 매체에서도 매우 다양하게 나타나기도 합니다. 욕설의 유형에는 무의식중 발생하는 욕설, 고의를 가지고 발설하는 욕설, 재미로 하는 욕설 따위가 있습니다.
2) 비방: 상대방의 약점을 들추어내거나 헐뜯는 행위를 말합니다. 특히 정치인들이나 언예인들이 상대방의 약점을 들추어내 말하거나 전자 게시판에 올리는 일이 비일비재합니다. 비방은 인터넷이 상용화되면서 점점 더 심해지고 있고 상대방의 명예를 훼손하는 일이 자주 발생하여 사회적인 문제가 되고 있습니다.
3) 도배: 도배는 대화방이나 전자 게시판을 혼자 독점하는 것을 말합니다. 전자 게시

판에 같은 내용의 글을 연속해서 올리거나 아주 큰 글자 또는 그림으로 제목을 달아서 인터넷 창이 늦게 뜨도록 만들거나 다른 제목의 글들을 보는 데 방해하는 행위 따위를 말합니다. 또, 인터넷 창에서도 같은 말을 여러 번 반복하는 행위, 다른 사람의 대화를 경청하지 않고 의미 없는 혼잣말만 계속하는 행위도 여기에 해당합니다.

4) 성희롱(음담패설): 성에 대하여 노골적으로 표현하여 상대방에게 불쾌감이나 수치심을 주는 행위입니다. 최근에는 전자우편이나 대화방을 통해서 상대방에게 성적 수치심이나 모멸감을 느끼게 하는 행위, 전자우편이나 휴대 전화의 문자 메시지로 성적인 내용을 계속 요구하는 행위, 특정인에 대한 성적 내용을 허위로 조작하여 널리 퍼뜨리는 행위 따위가 있습니다. 특히, 여성을 성적으로 대상화하고 남성의 폭력적 성 인식을 드러내는 경우가 많으며 음란하고 상스러운 욕설은 심한 경우에 정신적인 피해까지 입힐 수 있어 사회적인 문제로 발전하여 매우 심각합니다.

5) 유언비어: 유언비어란 사실이 아닌 내용을 고의로 조작하거나 그것을 인터넷상에 퍼뜨려서 상대방에게 정신적인 피해를 주는 행위를 말합니다. 비록 자기가 조작하지는 않은 거짓 정보를 고의로 유포하거나 고의는 아니더라도 사실 관계를 확인하지 않은 정보를 인터넷상에 유포하는 행위일지라도 유언비어 유포에 해당한다는 것을 알아야 할 것입니다.

6) 폭언이나 극단적인 언어: 폭언은 난폭하게 하는 말입니다. 폭언이나 극단적인 말은 상대방에게 심한 충격을 가져다줄 수 있습니다. 심지어 폭언 때문에 잘 다니던 회사를 그만 두거나 극단적인 언어 때문에 죽음을 선택하는 경우도 있다는 사실을 알아야 할 것입니다.

이런 언어폭력의 유형을 중심으로 그 실태를 살펴보겠습니다. 언어폭력은 사이버 공간뿐만 아니라 실제 생활에까지 부정적인 영향을 줍니다. 언어폭력으로 피해를 본 사람은 실제 생활에 제대로 적응하지 못하고 공동체 내에서 '집단 따돌림(왕따)'을 당하거나 사람들 사이에서 소외되는 일이 있어 낙오자가 되기도 합니다. 결국에는 언어폭력 때문에 사람의 생명까지 잃게 되는 경우가 있다는 것도 명심해야 하겠습니다.

다음은 언어폭력의 사례를 청소년의 대화와 학교, 직장, 가정의 언어생활 등을 중심으로 살펴본 것입니다. 또한, 언어폭력의 통계 자료를 살펴본 것입니다.

(사례 1) 상대방의 외모에 대한 언어폭력(청소년의 대화 중)
"흥, 너처럼 혼자 잘난 체하는 애들이 꼭 있더라. 정말 xx가 없어. 그래 너 잘 났다."
"니 얼굴이 얼굴이냐! 제발 좀 고쳐라. 한 100억은 나오겠지."
"xxx은 얼굴을 10번 수술해도 마찬가지래! 견적이 안 나온대."
"얼굴도 못생긴 게 공부도 못해! 왕따시켜야 돼."

(사례 2) 과도한 욕설(청소년의 대화 중)
"야, 이 싸가지 없는 xx 야."
"젊은 놈이 먹고 할 일이 없어서 젊은 여자 등쳐 먹느냐?"
"너 xxx 알바지. xxx 야."

(사례 3) 청소년이 자주 쓰는 욕설, 비속어, 은어
"제기랄 붕신"(←병신), "궤쉐이"(←개새끼), "존나"(←매우)
"뚜껑 열리다"(←열받다), 뻥치다/뻥까다(←거짓말하다), 쌩까다(←모른 척하다)
"깔따구"(←남자 친구), 담탱이(←담임선생), 쌔끈하다(←멋지다)

(사례 4) 교육 중 욕설 표현(학교 수업 중)
한 교육 사이트의 인터넷 동영상 강의에는 'xx 년', 'x 새끼' 등의 욕설이 심심찮게 등장한다. 국사 과목 수업에서 일본인은 '쪽바리 x'으로 지칭되고 역사적 사건 중 한국에 불리했던 사건은 '지랄', '조져버렸다.' 등으로 표현됨.

(사례 5) 적나라한 언어폭력(피시 통신)
"너는 xx다."
"더러운 x."
몇 년 전 피시 통신을 하던 여고생이 스스로 목숨을 끊었다. x 양은 전자 게시판을 통해 알게 된 남자 대학생과 만나 사귀다가 이 사실이 회원들 사이에서 퍼지면서 적나라한 표현과 함께 x 양을 욕하는 말을 듣게 되자 심하게 고민하다 끝내 목을 매 자살한 것이다.

(사례 6) 직장에서의 언어폭력(신문 기사 중)
ㅎ사 국내 영업팀 ㄱ팀장의 별명은 '싸이코'입니다. 주특기는 '팀원들 자존심 긁기'. 팀원들이 업무 보고를 할 때에 자신이 이해가 안 되거나 말이 안 된다고 생각하면 곧바로 "지랄하네."가 튀어나옵니다. 또 "산골 구석에 있는 대학을 나와서 일도 못한다."라며 면박을 주기 일쑤고 얼굴색이 검은 편인 여자 직원에게는 "얼굴이 못생겼다."라며 비웃습니다. 직원 ㅂ씨는 "팀장이 한마디씩 할 때마다 밥맛이 떨어지고 일할 맛도 사라진다."라며 "항의해도 그때뿐이어서 회사를 옮기는 것을 고민 중이다."라고 털어놓았습니다.

(사례 7) 일상 대화에서의 성차별 대화(부부간의 대화 중)
남편: 날씨 좋은데 산에 가자.
아내: 오늘 할 일 많아요.
남편: 꼭 오늘 해야만 돼?
아내: 애들이나 데리고 가요. 이불 홑청 다 뜯어 놓았는데 ……
남편: 나 혼자 어떻게 애 둘씩 데리고 가니? 다른 여자들은 어디 가자면 좋아한다는데. 넌 왜 그러니? 남편이고 애들이고 간에 모두 귀찮아 죽겠지?
아내: 그럼 산에 갔다 와서 자기가 홑청 빨아 줄 거야?
남편: 너 미쳤니?
아내: 빨래 좀 해주면 미친 거야?
남편: 도대체 넌 무슨 낙으로 사니? 집안일 외에 취미 좀 가질 수 없니?
아내: 그래서, 자기한테 집안일 해 달라고 조른 적 있어? 해본 적은 있고?
남편: 다른 집 여자들은 혼자서 잘만 하더라.
아내: 당연하지. 마지못해 하고 있다고 소리치지는 않으니까.
남편: 그래도 너처럼 불만 많은 여잔 없을 거다.
아내: 파출부 쓰면서 자기 하고 싶은 일 하는데 집안일에 불만이 있을라고.
남편: 넌 그런 여자밖에 안 보이니?
아내: 그러는 자긴 왜 그런 여자들은 안 보이지?
남편: 넌 남편이 도둑질이라도 해 오면 신명 날 여자야.
아내: 그러는 자기는 내가 손이 터지든 빈혈로 쓰러지든 그저 쓸고 닦고 아끼고 아껴야만 신명날 남자 아냐? 그래도 반질반질한 손 가진 여자 보면 아내가 한심스럽겠지?

남편: 시끄러워? 앞으로 어딜 가자고 해봐라.
아내: 누굴 위해 가는 건데?
아이들: 아빠, 빨리 산에 가자.
남편: 엄마 때문에 안 가. 아빤 잠을 잘 거니까 엄마하고 가 봐.

(사례 8) 사이버상의 언어폭력(문자 메시지)
"당신 마누라가 oo 지역 출신 남자랑 놀러다니네요."
"당신 마누라 단속 잘하세요."
"남자가 한둘이 아니네요."
이런 문자가 오는 날이면 남편은 만취 상태로 들어와 아내를 마구 폭행합니다.

(통계 자료 1) 국립국어원의 청소년 언어 실태 조사 보고서
 지난 2005년 5월 23일 국립국어원이 조사하여 발표한 "우리나라 고등학생들의 언어생활"에서 고등학생들 대부분(76.4%)이 친구들과 대화할 때에 욕설을 사용하고 있으며 남학생과 여학생 간의 차이는 없는 것으로 나타났습니다. 그렇지만, 정작 신세대는 욕설이나 비속어를 쓰는 것에 대하여 별로 죄책감을 느끼지 않고 있다고 합니다. 오히려 욕을 사용하지 않으면 자기네들 사이에서 왕따를 당하거나 무시당할 수 있기 때문에 의도적으로 욕을 사용한다고 합니다.
 한편, 최근에 발표한 국립국어원의 우리나라 국민의 언어 의식 조사에서도 욕설이나 비속어를 사용하는 국민이 50.5%가 된다고 나타났고, 이 중에 20대는 무려 62.3%가 욕설이나 비속어를 사용한다고 나타났습니다. 또, 욕설이나 비속어를 사용하는 이유는 '기분 나쁜 것을 표현하기 위해서'(55.6%)와 '친근감을 주기 때문에'(27.3%)라고 하였으며, 특히 20대는 '친근감을 주기 때문에'라는 응답이 35.2%나 되었습니다.

(통계 자료 2) 직장 내 언어폭력 통계
 취업 사이트 ooo(ooojob.co.kr)이 직장 내 언어폭력 실태를 조사한 내용을 살펴보면 직장인들이 직장 상사의 언어폭력에 시달리는 것으로 조사됐습니다. 직장인 621명을 대상으로 직장 내 언어폭력 실태를 조사한 결과를 보면, 76.8%가 직장 상사에게서 언어폭력을 당한 것으로 나타났습니다. 언어폭력의 가장 흔한 유형은 '업무와 무관하게 인격 모독이나 상대방을 비하하는 내용'이 23.3%로 가장 많았습니다. 이어 '비꼬거나 조롱하는 말'이 12.3%로 뒤를 이었습니다. '욕설(10.5%)'과 '상대방의 약점이나

신체 결함을 비웃는 말'(6.1%)도 곧잘 던지는 것으로 조사됐습니다. 언어폭력을 당한 직장인의 56%는 '업무 의욕이 사라진다.'라고 답해, 언어폭력이 업무 효율을 떨어뜨리거나 퇴사를 부추기는 요인이 되는 것으로 조사됐습니다. 언어폭력으로 인한 신체적 증상으로 '만성 피로'(34.8%)를 꼽는 직장인이 가장 많았고 '두통'(24.5%)과 '소화 불량'(19.5%), '수면 장애'(13.4%) 등을 호소하는 직장인들도 많았습니다. 이들 직장인의 대부분은 술(40.4%)과 담배(29.6%)로 스트레스를 푸는 것으로 조사됐습니다.

3. 청소년 언어폭력의 영향

이처럼 언어폭력이 자주 발생하면 그에 따른 부작용도 그만큼 커집니다. 지금 우리 사회의 언어폭력은 이제 위험 수위에 다가서고 있습니다. 이런 언어폭력 때문에 생기는 부정적인 영향도 매우 심각한데 여기에는 어떤 것들이 있는지 살펴보겠습니다.

3.1. 공동체 사회의 붕괴

민주 국가는 공동체 사회입니다. 공동체 사회에서의 대화는 건강한 사회를 만들어가는 매우 중요한 매개 요소입니다. 대화의 기본 기능 중의 하나가 바로 의사소통입니다. 만약 의사소통이 안 된다면 공동체 사회는 형성될 수 없습니다. 언어폭력은 공동체 사회를 무너뜨리는 심각한 원인이 됩니다. 공동체 사회가 무너지면 건강한 민주 사회가 형성될 수 없습니다. 언어폭력이 없는 사회가 아름답고 건강한 사회입니다. 특히, 청소년의 언어는 그 사회의 거울과도 같습니다. 건강한 언어, 건강한 청소년이 밝은 사회를 만들어 갈 것입니다.

3.2. 피해자의 명예훼손

　언어폭력의 피해자는 이에 대하여 법적 대응을 할 것입니다. 위의 사례에서도 보았듯이 언어폭력의 피해자는 결코 참지만은 않을 것입니다. 언어폭력 때문에 가정 파탄을 가져오기도 하고 잘 다니던 회사를 그만 두기도 하고 심지어 어떤 청소년은 자살을 하기도 합니다.
　가해자도 언어폭력에 대하여 마음이 편치 않을 것입니다. 항상 상대방의 눈치를 보아야 하고 상대방의 반응에 대하여 민감하게 대응할 것입니다. 그렇다면, 아예 처음부터 언어폭력을 사용하지 않는 것이 좋을 것입니다.

3.3. 사생활 침해

　언어폭력은 남의 사생활을 침해하는 몹시 나쁜 행동입니다. 사실도 확인하지 않고 근거도 없는 이야기를 마구 퍼뜨린다면 이는 명백한 범죄 행위입니다. 개인적인 사생활은 어디에서도 명백히 보호받아야 합니다. 입장을 바꿔서 내 사생활을 누가 엿본다면 이를 좋아할 사람은 아무도 없을 것입니다. 내 사생활이 중요하다면 남의 사생활도 그만큼 중요한 것입니다.
　언어폭력으로 남을 괴롭히는 행위는 교양 있는 사람이 취할 태도가 아닙니다. 더구나 남의 사생활을 엿보는 행위는 정상적인 사람이 취할 수 있는 행위가 아닙니다. 특히, 미래의 주인인 청소년이 이런 범죄를 저지른다면 앞으로 살아가는 데 수없이 후회를 할 것입니다.

3.4. 피해자와 가해자 사이의 언어 동등권 실현이 불가능

　언어폭력은 피해자와 가해자 사이를 매우 불편하게 합니다. 언어폭력을 사용한다면 언어 동등권 실현이 매우 어렵게 됩니다. 언어 동등권은 언어를 동등하게 사용할 권리를 말하는데 언어폭력 때문에 이런 동등한 권리가 무너질 수도 있습니다. 마치 가해자는 강자가 되는 것처럼 보이고 피해자는 약자가 되는 것처럼 보이기도 할 것입니다. 이것은 바람직한 언어생활을 가로막는 사회의 큰 장애 요인일 뿐이지 결코 강자나 약자가 될 수 없습니다.

언어폭력이 없는 사회가 언어 동등권을 실현하는 이상적인 사회입니다. 바른 언어를 사용하는 것은 누구에게나 동등해야 한다고 생각합니다. 언어폭력 때문에 언어 동등권이 실현되지 않는다면 결코 아름다운 사회라고 말할 수 없을 것입니다. 우리의 청소년들은 언어 장애 때문에 불평등한 사회를 살아갈 까닭이 없습니다.

4. 청소년 언어폭력에 대한 추방 대책

언어폭력은 우리 사회에서 반드시 추방되어야 할 것입니다. 언어폭력이 없는 사회가 명랑하고 밝은 사회입니다. 이에 대한 대응 방법과 대책에는 어떤 것이 있는지 이를 자세히 살펴보겠습니다. 또한, 청소년의 올바른 대화 예절에는 어떤 방법이 있는지도 살펴보겠습니다.

4.1. 청소년 언어폭력에 대한 대응 방법

4.1.1. 가해자가 되지 않기 위한 행동

o 개인의 편견을 바꾸어야 합니다.

① 욕을 하다고 스트레스가 결코 해소되지 않습니다.
많은 청소년이 화가 나면 상대방에게 욕을 하는 것으로 스트레스를 푸는 것으

로 조사된 바가 있습니다. 그러나 욕을 한다고 해서 모든 감정이 풀리는 것이 아니라 상대방과 계속 욕설을 주고받게 되고 끝내 싸움이 되어서 스트레스가 해소되기보다 오히려 가중되는 원인이 될 수 있습니다.

② 욕설을 하면 내가 강한 것처럼 보인다는 생각은 잘못입니다.

욕설을 하는 이유 중 하나가 욕설을 섞어서 말을 하면 자기가 강한 것처럼 보이고 또 이 때문에 자기가 분위기를 주도할 수 있다는 대답을 많이 합니다. 그러나 욕설은 남들에게 교양이 없는 사람이나 힘만 앞세우는 무식한 사람으로 보이게 합니다. 따라서 욕설을 하는 것은 자신을 높이 드러내는 행위가 아니라 오히려 자신을 낮추게 하는 결과를 가져온다는 점을 모두가 알아야 합니다.

③ 욕설은 친근감의 표현이며 욕설을 해야 더 정답게 느껴진다는 생각도 잘못입니다.

청소년들 상당수가 욕설이 친근감의 표현이며 욕설을 해야만 정겹게 느껴진다고 생각하고 있습니다. 그러나 욕설은 사람에 따라 매우 다르게 받아들이며 같은 사람이라도 기분에 따라서 긍정적으로 받아들이기도 하고 부정적으로 받아들이기도 합니다. 따라서 같은 사람과 같은 욕설이라 할지라도 때로는 상대방의 감정을 상하게 하며, 그 결과 서로 감정이 생길 수도 있습니다.

④ 남들도 다 욕을 하므로 나도 욕을 해야만 한다는 생각도 잘못입니다.

남들도 다 한다는 생각은 지극히 잘못된 생각입니다. 인터넷 공간에는 타인을 존중하고 인터넷 예절을 잘 지키는 사람들도 또한 매우 많습니다. 따라서 다른 사람들이 욕을 한다고 자신도 욕을 하는 행위는 절대로 옳지 않습니다. 다른 사람이 잘못된 길을 간다고 해서 자기도 그 길을 따라가서는 안 됩니다. 자신이 먼저 옳은 길을 향해서 나갈 때 잘못된 길을 가던 다른 사람도 올바른 방향으로 돌아올 수 있음을 알아야 합니다.

○ 언어폭력에 반응하지 않습니다.

언어폭력은 상당수가 서로 오해나 실수를 가볍게 넘기지 못하고 되받아치는 경우에 자주 일어납니다. 따라서 상대방의 욕설이나 말에 민감하게 반응하지 않는 것도 언어폭력의 가해자가 되는 것을 막는 지혜이며 언어폭력의 피해자가 되는 것도 막을 수 있습니다.

4.1.2 피해자가 되지 않기 위한 행동

○ 장난이라도 시작하지 않습니다.

청소년 언어폭력은 장난으로 시작되는 경우가 많습니다. 처음에는 가벼운 농담으로 시작하지만, 농담이 점점 심해지면서 언어폭력으로 발전하게 되고 급기야 싸움으로까지 이어지는 것입니다. 따라서, 농담이라도 다른 사람이 듣기에 거북할 수 있다면 절대로 시작하지 않아야 합니다.

○ 성적인 제의는 단호하게 거부합니다.

전자 게시판이나 대화방, 쪽지, 전자우편 등을 통해서 다양한 방법으로 성적인 제안이 들어옵니다. 성적인 제안이나 유혹에 처음엔 호기심 때문에 쉽게 응하게 되지만 나중에는 실제 만남으로까지 이어져 사회 문제로 발전하는 경우도 흔합니다. 따라서 성적인 농담이나 제안은 처음부터 단호하게 거부해야 합니다.

○ 신고 센터에 신고를 합니다.

언어폭력이 심할 경우에는 꼭 자기가 아니더라도 다른 사람에게 피해를 줄 수 있으므로 반드시 청소년위원회나 정보통신윤리위원회 등의 관련 기관에 신고를 해야 합니다. 피해 사실을 정확하게 알린 다음에 증거를 확보해야 하는데 전자 게시판이나 쪽지, 전자우편 등의 내용을 복사해 두는 방법을 이용합니다. 대부분의 피해자가 부끄러워하여 신고를 하지 않는 경우가 많은데 창피하게 생각하지 말고 당당하게 대응할 필요가 있습니다.

4.2. 청소년 언어폭력에 대한 대책

4.2.1. 사회 문화적인 분위기를 개선해야 합니다.

언어폭력은 명백한 죄입니다. 특히 청소년기는 자아 정체성을 확립해 나가는 시기입니다. 이 시기에 청소년을 둘러싸고 있는 주변의 문화에 따라 청소년들의 정신적 정체성도 학습하고 청소년들의 가치관이나 행동들도 실생활로 이어지는 것입니다. 따라서 청소년 시기에 그들이 보고 듣는 사회 전반적인 문화들을 개선하지 않고는 청소년들의 언어폭력 문제들을 해결할 수 없습니다.

요즘 청소년들이 많이 접하는 텔레비전 드라마나 코미디, 그리고 뮤직 비디오 같은 대중 매체를 보면 욕설과 폭력이 난무하는 잔인한 모습들을 자주 보여 줍니다. 이런 장면들을 여러 번 반복해서 보는 청소년들이 폭력을 휘두르고 욕설을 자주 하는 것은 어쩌면 당연한 일입니다. 그러므로 청소년들의 언어문화를 바꾸기 위해서는 사회적인 분위기와 문화 자체가 개선되어야만 그 결실을 거둘 수 있습니다.

4.2.2. 개인의 노력이 필요합니다.

사이버 공간의 주인은 결국 사이버 공간에 참여하는 사람입니다. 따라서 선생님이나 기성세대의 노력도 중요하지만 이런 노력은 한계가 있으므로 교육을 통해서 청소년들에게 언어 예절을 지켜나가도록 지도하고, 또한 그들이 스스로 언어 예절 지킴이가 될 수 있도록 도와주어야 합니다.

기성세대는 사이버 공간의 질서에 대하여 교육하고 법과 제도를 정비함으로써 청소년들의 문화를 변화시킬 수 있습니다. 그러나 그 공간에 참여하는 당사자들이 관심이 없거나 동기가 유발되지 않는다면 그 공간은 폭력과 욕설이 난무하는 곳으로 변질할 수밖에 없습니다.

청소년들의 문화는 청소년늘이 만들어가야 합니다. 기성세대는 청소년 스스로 예절을 지키는 문화를 만들어 갈 수 있도록 동기를 부여하는 역할을 해 주어야 합니다.

4.3. 청소년의 올바른 대화 예절

4.3.1. 말을 하는 예절

① 대화 상대에 따라 말씨를 결정합니다.
② 감정을 평온하게 갖고 표정을 부드럽게 합니다.
③ 자세를 바르게 하고 공손하고 성실하게 하여 의젓함을 지닙니다.
④ 대화 장소의 환경과 상대의 성격, 수준을 참작하여 화제를 고릅니다.
⑤ 조용한 어조, 분명한 발음, 맑고 밝은 음성, 적당한 속도로 말합니다.
⑥ 듣는 사람의 표정과 눈을 주시해 반응을 살핍니다.
⑦ 상대가 질문하면 자상하게 설명하고 의견을 말하면 성의 있게 듣습니다.
⑧ 표정과 눈으로도 말하는 진지함을 잃지 않습니다.
⑨ 남의 이야기 중에 끼어들지 않습니다.
⑩ 화제가 이어지도록 간결하게 요점을 말해 중언부언하지 않습니다.
⑪ 말의 시작은 양해를 얻어서 하고 끝맺음은 요령 있게 합니다.

4.3.2. 말을 듣는 예절

① 말을 귀로만 듣지 말고 표정, 눈빛, 몸으로도 듣는다는 자세가 필요합니다.
② 바르고 공손한 자세와 평온한 표정으로 듣습니다.
③ 상대가 알아차리도록 은근하면서도 확실한 반응을 보입니다.
④ 말허리를 꺾으면서 끼어들지 말고 의문이 있으면 말이 끝난 뒤에 묻습니다.
⑤ 질문하거나 다른 의견을 말할 때에는 정중하게 말하는 사람의 양해를 구합니다.
⑥ 몸을 흔들거나 발로 엉뚱한 장난을 치지 말고 열심히 듣습니다.
⑦ 말을 듣는 중에 의문 나는 점은 적습니다.
⑧ 대화 중에 자리를 뜰 때에는 양해를 구하고 다른 사람에게 방해되지 않게 합니다.

5. 맺음말

요즘 텔레비전의 연예 오락 프로그램에는 비속어나 외래어가 넘쳐나고 있습니다. 비속어를 사용하는 사람은 듣는 사람에게 품위 없고 천박한 사람으로 보이게 되며, 한편으로는 불쾌감을 주기도 합니다. 이해하기 쉬운 고유어나 귀에 익은 한자어 대신에 외래어와 외국어를 함부로 사용하는 경우도 무척 많습니다. '너무 오버(over)하지 마!', '저지 페이퍼(judge paper)를 모으고 있습니다.', '와이프(wife)에게 미안하다.', '인포메이션(information)이 부족하다.' 등이 그런 예들입니다. 더욱 심한 현상은 혼종어(混種語)를 마구 사용하는 것입니다. '롱다리(long 다리), 썰렁맨(썰렁man), 야한 걸(야한 girl), 예쁜 걸(예쁜 girl), 야한 밤(夜한 밤), 왔다리 갔다리, 개폼, 반짝 퀴즈' 같은 괴이한 말들을 함부로 쓰고 있습니다.

더욱이 언어 예절에 관한 문제가 매우 심각한 상태입니다. 대중을 상대로 하는 방송이므로 노인과 어린이들이 모두 시청하고 있는데 이 점을 망각하고 선정적이고 상대의 인격과 품위를 손상시키거나 멸시하고 불쾌감을 주는 표현을 아무렇지도 않게 합니다. '누워 봐. 아이들은 아직 초저녁인데.', '너는 내 여자니까.', '무식한 놈이 힘이 세.', '월세 사는 주제에 무슨 돈?' 등 이런 표현은 우리의 언어생활을 저급하고 매우 거칠게 합니다.

과거의 아날로그 시대에서는 대자보라는 매체가 수행하는 역할을 이제는 인터넷 게시판이 충실히 수행하고 있습니다. 그 기능은 점점 심화하여 가고 있으며, 날로 그 중요성이 더해지고 있습니다. 인터넷의 요체는 한마디로 개인과 개인이 대량으로 연결되어 있다는 것입니다. 익명의 개인들이 표현의 제약을 거의 받지 않고 의사소통을 수행하고 있습니다. 이러한 새로운 의사소통 방식에는 필연적으로 새로운 의사소통 예절이 필요합니다. 따라서 이 새로운 의사소통을 위한 부드럽고 예절 바른 문장 쓰기와 논리적 설명을 부가하는 방법에 대한 교육이 무엇보다도 절실합니다.

익명을 무기로 청소년 언어폭력이 난무하고 비논리적 문장으로 앵무새처럼 자신의 주장을 되뇌기만 하는 게시판 글들을 자주 볼 수 있습니다. 이것은 마치

양 치는 소년의 우화와 같습니다. 양 치는 소년 우화에서 중요한 것은 거짓이 계속해서 유포된다면 어떤 결과를 얻게 되는가에 대한 교훈입니다. 인터넷 게시판에 떠도는 익명의 언어유희의 폭력은 진실성이라고 하는 것이 무엇인가를 생각하게 합니다. 장터의 민주주의가 진실을 담보할 수 없듯이, 언어 예절 없는 인터넷은 사회의 새로운 불안을 잉태하고 있습니다. 과연 이를 제어할 만한 힘을 아날로그 세대는 갖고 있는 것일까? 새로운 세대는 새로운 매체를 이미 부여받고 왕성한 의사소통을 이미 시작하고 있습니다. 새 세대들의 이러한 왕성한 의사소통 속에서 기왕에 통용된 언어 예절이 강조되기가 수월하지 않은 것도 사실입니다.

그러나 이를 그냥 두고 방관만 하다가는 전체의 언어 예절이 심각한 위기를 가져올지도 모릅니다. 일상적인 언어생활에서 비속한 말을 입에 달고 사람들은 공식적인 자리에서 점잖은 발언하기가 쉽지 않을 것입니다. 마찬가지로 난무하는 언어폭력에 익숙한 청소년들은 정규적인 글쓰기가 힘에 겨울 것입니다. 더 심각한 문제는 정상적인 어투로 글을 쓰려는 청소년들이 이러한 세력들에게 강압되어 그들의 의사소통 공간이 본의 아니게 좁아질 위험마저 있다는 것입니다. 이를 방지하려면 무엇보다 실명의 글쓰기 공간이 확산하여야 한다고 봅니다. 인터넷이 익명의 무대이기 때문에 아무런 말이나 여과 없이 행할 수 있다는 자신감은 자신의 인격을 파탄하는 행위이기 때문에 교육 현장에서 언어 예절에 대한 교육이 먼저 강화될 필요가 있습니다.

결론적으로 청소년의 언어폭력을 추방하는 길은 먼저 내 주변의 언어 환경에 유해 요소는 없는지 이를 살펴보고 청소년 스스로 해결하는 힘을 길러야 하며, 학교와 가정에서는 건전한 언어문화를 만들어 가도록 이를 도와주어야 할 것입니다. 또한, 직장에서도 청소년 스스로 언어 예절을 지키는 문화를 만들어 가도록 서로 협조해야 할 것입니다.

※ 청소년보호위원회, 『청소년 언어 폭력 추방 심포지엄』(2005. 10.)의 발표 논문을 수정하여 보완한 것임.

제20장 건재 정인승 선생의 국어 사랑 정신

1. 머리말

1997년은 건재 정인승 선생님께서 나신 지 백돌이 되는 해이며, 지난 1996년 10월은 건재 선생님께서 이달의 문화 인물로 선정되기도 한 달이다. 이 글을 쓰게 된 동기도 필자가 우리나라의 어문 정책을 담당할 때 당시 문화부(현, 문화체육관광부)에서는 1990년 7월부터 한국인의 재발견 운동의 하나로 이달의 문화 인물을 선정하여 발표하게 되었는데, 매년 10월의 문화 인물은 국어학자가 선정되도록 많은 노력을 기울였던 점과 건재 선생님의 국어 사랑 정신이 필자에게 많은 교훈을 주었기 때문이다.

이 글에서는 선생님의 생애나 학문적인 조명보다는 주로 어문 정책과 관련되는 부분과 국어 사랑 정신의 일부를 소개하고자 한다. 사실 한평생을 국어만을 연구하고 교육하신 분이시기에 혹시라도 잘못 기록되는 부분은 없을까 걱정을 하며 매우 조심스럽게 이 글을 쓴다.

개인적인 생각으로는 그 당시 선생님께서 직접 어문 정책을 조금이라도 담당하셨더라면 오늘날의 어문 정책 방향은 상당히 달라졌으리라는 아쉬움을 갖게 한다. 그러나 선생님께서는 선친께서 말씀하신 "공부는 하되, 왜놈 밑에서 벼슬을 하지 말라"는 약속을 끝까지 지키기 위해서 벼슬을 하지 않았던 것 같다.

비록 건재 선생님께서는 벼슬을 하지 않았지만, 국어 운동과 교육을 통하여 우리말과 우리글을 닦는 일에 한평생 열과 성을 다바쳐 헌신하셨다. 당시 사정으로 보아 연희전문학교(현, 연세대학교)를 졸업한 인재라면 선생님처럼 고생하지 않고 평생 동안을 편하게 살 수도 있었을 텐데, 선생님의 지난날은 마치 우리 한글이 걸어온 발자취만큼 사납고 험난한 가시 밭길의 연속이었다. 그러나 선생님은 한번도 자신이 선택한 국어 사랑의 길을 후회한 적이 없다고 국어 운동 50년사에서 회고하고 있다.

건재 선생님께서 국어를 연구하고 교육하게 된 직접적인 동기는 아마도 어릴 적 할머니께서 병환으로 누워 계실 때, 심심하니까 국문 소설을 읽어 달라고 하셨는데 그때의 책들이 철자나 받침이 제대로 되어 있지 않아 매우 애를 먹었다고 회상하면서 국문을 연구해야겠다고 마음 먹었는데 아마도 그때부터 인연을 갖게 되었지 않았나 하고 말씀하셨다.

언제나 선생님께서 갖고 계신 국어에 대한 생각은 오직 민족을 생각하는 것과 조금도 다를 것이 없었는데, 말과 글을 그대로 지니고 지켜가는 민족은 비록 남의 민족 밑에서 노예 생활을 하고 있을지라도 언제가는 독립이 되어 제나라를 세울 수가 있고, 말과 글을 잃게 되면 그 나라 그 민족은 영영 사라지고 만다는 것을 굳은 신념으로 믿고 계셨다.

특히, 문화 민족으로서 긍지를 살리고 궁극적으로 우리 민족이 살아남기 위해서 우리말과 우리글을 살려야 하고 그러기 위해서 사전의 편찬 사업이 무엇보다도 중요하다고 뼈아프게 느끼셨다고 한다. 더구나 일제가 우리말과 우리글을 말살해 버리기 전에 반드시 이루어내야 할 무엇보다도 급한 사업이라고 항상 말씀하셨다.

이 글에서는 이런 선생님의 국어 사랑에 대한 모든 생각을 말할 수 없고 주로 국어 어문 규정 연구와 사전 편찬에 대한 생각, 그리고 한글 기계화에 대한 선생님의 생각을 정리하여 이를 교훈으로 삼고자 한다.

2. 국어 어문 규정에 대한 생각

건재 선생님께서 국어 어문 규정을 연구하게 된 일은 조선어학회(현, 한글학회)에서 '큰 사전' 편찬 일을 보기 시작한 것과 무관할 수 없다. 이때는 1936년

4월 1일이며, 조선어학회가 '큰 사전' 편찬에 착수하게 되고, 이해 한글날에 '사정한 조선어 표준말 모음'을 처음으로 발표하는 매우 뜻깊은 해이기도 하다.

비록 선생님은 사전 편찬에 착수한 4월부터 꼬박 반 년 동안 이 표준어 사정에 매달렸지 만 누구보다도 열심히 이 일을 위해 최선을 다했다. 다행히 '한글 맞춤법 통일안'은 1933년에 만들어져 있어, 신문들이 이를 잘 따르고 있다고 하셨는데 '표준말'은 각 지방에 따라 말이 달라 어떤 것을 표준말로 정할 것인가 많은 고민을 하셨다.

그래서 우선 표준어의 대원칙으로 "첫째 현재에, 둘째 중류 사회에서, 셋째 서울말로 표준말을 삼는다"는 대원칙을 세운 뒤 표준어 사정 위원 73명을 뽑았다. 이 73명 중 37명은 서울 토막이이거나 서울을 중심으로 한 경기도 사람들로 했고, 나머지 36명은 서울 이외 전국 13도의 인구 비례에 따라 대표를 뽑았다.

회의 때에는 한 개의 낱말을 처리함에 있어서 조금이라도 미상한 점이 있을 때에는 그것을 보류하여, 추후에 조사한 후 서면으로 일일이 물어서 처리하였고, 전문어의 경우에는 현장에 나가 직접 조사하여 처리하였다. 또한 이때에도 더욱 신중하게 처리하기 위하여 널리 의견을 물었고 각 기관에 서신을 보내 비평을 구하였다.

여기서 표준어 결정의 문제를 좀 더 구체적으로 알아보기 위해서 당시 선생님께서 상세하게 기록한 자료를 살펴보면 다음과 같다.

첫째, 서울을 중심으로 한 중류 사회에서 현재 사용하고 있는 말을 대체로 표준으로 하여 될 수 있는 대로 규범 있게 쓰이는 편리한 것을 취한 것이다. 그 이유는 서울은 우리 문화의 중심지가 되어, 그 말의 통용 범위가 다른 지방 말보다 비교적 보편성이 많은 것이 큰 이유의 하나요, 또 그 어음(語音)이 비교적 정확 명료하고 그 어규(語規)가 비교적 정연한 점이 많으므로, 말의 품위로나 교육상 편의로나 다른 어느 지방 말보다도 가장 합리성을 많이 가진 것이 또한 큰 이유의 하나이다.

둘째, 그러면 서울 중류 사회의 현용어로서 만일 불완전 또는 불비(不備)한 곳이 있는 때는 어떠한 방법으로 그에 해당한 표준어를 보충할 것이냐가 문제이다.

　현재의 우리말에는 모자라는 곳이 매우 많으며, 이미 조선어화한 한문어 가령 '영웅, 천하, 신문, 기차' 같은 말들은 그대로 우리말로 삼아 표준어 보충에 사용하고라도, 오히려 모자라는 말들은 무슨 방법으로든지 보충하여야 되겠으니, 이에는 마땅히 우리 여러 지방의 좋은 말들을 널리 조사 검색(檢索)하여 서울말의 모자란 곳을 적극적으로 보충 사용할 것은 물론이요, 옛날 각 시대의 용어들을 또한 충분히 탐사(探査) 연구하여 적당히 부활 사용하는 것이 당연할 것이다.

　셋째, 우리 생활의 시대적 진보를 따라 종래에 없던 신사물(新事物)이 나날이 늘어 가므로 그에 따르는 언어도 자연히 늘어가지 아니할 수 없으므로 이에는 부득이 새 술어(述語)를 지어낼 필요가 생기는 것이다. '양잿물, 목돌이, 팔둑시계, 얼음뜸질' 등이 그 예이며, 혹 전연 신기한 외래 사물에 따라서는 부득이 외래어 그대로를 귀화(歸化) 사용할 수밖에 없는 경우도 종종 있는 것이니, '라디오, 피아노, 남포, 사이다' 같은 말들이 그 예이다. 이때에 새 술어나 외래어 등을 채용함에 있어서는 특히 신중한 연구와 방법으로써 하지 아니하면 안 될 것은 물론이다.

　이러한 건재 선생님의 표준어에 대한 생각은 국민 언어 생활을 통일하기 위해서 서로 대립되는 말이 있을 때는 한 단어를 다듬어 세우고, 어려운 말은 쉽게 고쳐서 표준어로 삼아야 한다는 표준어의 중요성을 일찍부터 깨달았던 것으로 설명할 수 있다.

　이렇게 해서 만들어진 것이 '조선어 표준말 모음'인데, 그해(1936년) 한글날에 공표를 했다. 여기에는 예를 들어 접미사(接尾詞)로 '떨어뜨리다, 떨어트리다, 떨어떠리다, 떨어터리다' 등 여러 가지로 쓰이는 것 중 '떨어뜨리다'를 표준말로 한다고 정하는 원칙 등을 세웠고, 약 1만여 어휘(모두 9,547개 : 표준어 6,231개, 약어 134개, 비표준어 3,082개, 한자어 100개)에 대해 표준말과 사투리를 구별해서 예시를 했다.

사실 표준어의 중요성을 오늘날 생각하면 이는 매우 중요한 국가 어문 정책이 아닐 수 없다. 한 시대, 한 나라 말이 지역에 따라 계층에 따라 발음, 어형, 의미가 여러 가지로 나타나게 되면 한 가지 말을 쓰는 사람들 사이에서 의사 소통에 적지 않은 불편과 혼란이 뒤따를 것이다. 그뿐만 아니라 교육용 교과서, 신문, 잡지 등은 두말할 것도 없고, 방송을 내보낼 때에는 어떤 발음과 어형을 기준으로 써야 할지 큰 어려움을 겪게 될 것이다. 그래서 표준어는 우리나라뿐만 아니라 다른 나라에서도 국가 언어 정책의 중요한 요소로 다루고 있다.

여기서 표준어의 기능을 정리하면 대략 세 가지로 요약할 수 있다.

첫째, 표준어는 모든 국민의 언어 생활을 통일시켜 누구와도 의사소통이 잘 되도록 하는 데 있다. 국민 각자가 서로 다른 지역 방언이나 특수어를 함부로 쓴다면 한 나라에 사는 사람끼리도 상대방의 말을 제대로 알아듣기 어려울 것이다. 따라서 표준어는 모든 사람들의 의사소통을 원활히 하는 길잡이 구실뿐만 아니라 한 나라의 국민을 하나로 묶어 주는 통일(統一)의 기능을 하고 있다.

둘째, 표준어는 국민의 언어 생활을 세련되고 우아하게 이끌어 준다. 사실 표준어를 사용하는 사람은 사회적으로 품위가 있어 보이며, 교육적으로도 교양을 갖춘 사람으로 보인다.

이를 교양(敎養)의 기능이라고 하기도 하는데, 표준어가 학교 교육을 통하여 보급된다는 점을 생각 하면 쉽게 짐작할 수 있을 것이다.

셋째, 표준어는 준법 정신을 길러 주는 구실을 한다. 많은 사람들이 우리말을 쓰면서도 거기에 일정한 규칙이 있다는 사실을 모르거나 무시하는 경우가 많다. 그러나 우리 국민이면 표준어 규정도 법령(국가에서 고시한 사항)이므로 꼭 지켜야 할 의무가 있다. 비록 사소한 규정이라도 정하여 그것을 지키게 함으로써 어느 사이에 준법 정신을 길러 준다는 것이다. 여러 나라에서 표준어를 정하여 쓰는 큰 까닭은 바로 표준어가 준거(準據)의 기능을 하기 때문이다.

다시 말해서 표준어는 단순히 언어 사용에만 국한되는 것이 아니라 국민 전체의 단합과 그 나라 국민의 교양과 지위를 높여 주는 매우 중요한 요소라고 말할 수 있다.

이처럼 건재 선생님의 표준어에 대한 생각은 표준어는 단순히 언어 생활의 편리만을 위한 것이라는 차원을 넘어서, 국가와 민족을 함께 생각하는 굳은 신념이 항상 있었기 때문이다.

표준어 문제와 아울러 어문 규정의 연구에 있어 극히 중대한 문제는 철자법 통일의 문제를 말씀하셨다. 더구나 우리글에 있어서는 종래의 철자 방식이 각양각색이어서 매우 문란(紊亂)하여, 통일이 어려울 뿐만 아니라 문화의 보급 발전에 큰 장애(障碍)가 되었으므로 이의 정리와 통일은 우리 전체 국민이 절실히 느끼어 온 문제로 생각하셨던 것이다.

그런데 이 문제는 이미 조선어학회에서 지대한 노력과 지귀(至貴)한 노력을 경주하여 온 결정(結晶)으로 우리 문화사에 있어서 특기할 대사업의 하나인 '한글 맞춤법 통일안'을 사회에 내놓게 됨으로써 이 문제의 커다란 일단의 귀결을 보게 된 것은 우리가 다 잘 아는 일이라고 말씀하시면서, 다만 그 안(案)의 골자를 다시 한번 상기하건대 "표준말은 그 소리대로 적되, 어법에 맞도록 함으로써 원칙을 삼는다" 하고 이 문제를 정리하셨다.

여기서 강조하신 부분을 검토하여 보면, 다음과 같이 정리할 수 있다.

첫째, 표준어를 맞춤법 규정의 대상으로 삼는다는 뜻이 있고,

둘째, 표준어로 인정하여 선택한 말은, 그 발음대로 충실히 적어야 한다는 뜻이며,

셋째, 표준어를 발음대로 기록한 철자라도, 문법에 맞도록 한다는 원칙을 붙인 것이다.

표준어를 소리대로 적는다는 것은 표준어의 발음 형태대로 적는다는 뜻이다. 맞춤법이란 주로 음소 문자(音素文字)의 표기 방식을 나타내는 말인데, 한글은 표음 문자(表音文字)이며 음소 문자(音素文字)이다. 따라서 자음과 모음의 결합 형식에 의하여 표준어를 소리대로 표기하는 것이 근본 원칙이다.

그런데 표준어를 소리대로 적는다는 원칙만을 적용하기 어려운 경우도 있다. 예컨대 '꽃[化]'이란 단어는 그 발음 형태가 몇 가지로 나타난다.

(1) [꼬치] - 꽃이[꼬치], 꽃을[꼬츨], 꽃에[꼬체]
(2) [꼰] - 꽃나무[꼰나무], 꽃놀이[꼰노리], 꽃망울[꼰망울]
(3) [꼳] - 꽃과 [꼳꽈], 꽃다발[꼳따발], 꽃밭[꼳빧]

이것을 소리대로 적는다면, 그 뜻이 얼른 파악되지 않고, 따라서 독서의 능률이 크게 떨어질 것이다. 그래서 어법에 맞도록 한다는 원칙을 생각한 것이다. 어법(語法)이란 언어 조직의 법칙이며, 언어 운용의 법칙이라고 풀이할 수 있다. 어법에 맞도록 한다는 것은, 결국 뜻을 파악하기 쉽도록 하기 위해서 각 형태소의 본 모양을 밝히어 적는다는 말이다. 형태소는 단어의 기초 단위가 되는 요소로 실질 형태소와 형식 형태소로 구분할 수 있다. 대부분의 명사, 동사, 형용사 따위가 실질 형태에 해당하고, 접사(接辭), 어미, 조사 따위는 형식 형태소에 해당한다. 주로 형식 형태소는 실질 형태소에 결합하여 보조적 의미를 덧붙이거나 문법적 관계를 표시하는 요소가 되기 때문에 맞춤법에서는 각 형태소가 지닌 뜻이 분명히 드러나도록 하기 위해서, 그 본 모양을 밝히어 적어야 한다.

그러나 이 원칙도 모든 언어 형식에 모두 적용될 수 없는 것이어서, 형식 형태소의 경우는 변이 형태(變異形態)를 인정하여 소리 나는 대로 적을 수 있도록 한 것이다. 이것은 음운 형태가 현저하게 다른 것은 한 가지 형태로 통일할 수 없기 때문이다.

3. 사전 편찬에 대한 생각

건재 선생님의 국어 어문 규정에 대한 생각은 '큰 사전' 편찬 사업에도 그대로 적용하여 사전 편찬의 중요한 문제로 늘 함께 생각하셨다. 사전 편찬과 관련한 건재 선생님의 전반적인 생각을 정리하면 다음과 같다. 이것은 건재 선생님의 생각이기도하지만, 오늘날 사전 편찬 기관이나 출판사에서 사전 편찬의 중요한 지침이 되고 있어, 이를 소개하면 다음과 같다.

3.1. 기초 공사(基礎工事)의 네 가지 문제

(1) 어재(語材) 수집에 관한 문제

어재라 함은 우리의 모든 생활에 관한 천종(千種) 만류(萬類)의 사물의 명칭으로부터 그 사물들에 관한 또한 천종 만류의 동작, 상태와 우리의 생각이 표시될 수 있는 일체의 말과 소리들을 총칭함이니, 그 수(數)가 실로 무한할 것이다. 그러나 이 무한한 말과 소리를 유한한 범위 안에 망라(網羅) 해설하여 누구에게든지 그 소요하는 어재에 대한 지식을 주게 되는 것이 곧 사전의 사명이다.

사전은 그 용도와 목적을 따라 어재 수집의 범위가 각각 국한되는 것이 보통이니, 각종 전문어 사전, 고어 사전, 신어 사전, 표준어 사전, 방언 사전, 어원 사전, 외래어 사전 등이 그 예이다.

그러면 지금 편찬하는 사전은 어떠한 범위까지의 어재를 수용할 것인가 하면, 대체로 아래와 같은 범위를 목표로 하는 것이다.

> 가. 일반 상용어는 전 영역에 한하여 어떠한 말이든지 빠짐없이 총망라할 것.
> 나. 상용어 밖에 전문 용어 곧, 천문, 지리, 동물, 식물, 광물, 이학, 화학 등으로부터 법률, 정치, 종교, 철학, 문예, 농업, 상업, 공업 등 인문 과학의 각 부문을 통하여 특수하게 사용하는 술어들까지도 우리의 보통 생활에 흔히 관계되는 범위까지는 될 수 있는 대로 빼지 않고 수용할 것.
> 다. 고어라도 문학상, 사학상, 또는 언어학 자체로 보아 필요가 있을 만한 것은 사정이 허락하는 데까지 수록할 것.
> 라. 각 지방에서 널리 사용하는 지방어는 그 분포 범위라든지, 어법적 근거 등으로 보아 상당한 가치가 있는 것은 수록할 것.
> 마. 외래어에 있어서는 고래(古來)로 수입 동화된 것이나, 현대에 새로 유입 통용되는

> 것이나를 물론하고 일일이 그 동화(同化)의 정도와 채용(採用)의 필요성 여하 등
> 을 조사 검토하여 보아서 현대 생활상 부득이 써야 할 것에 한하여 수용할 것.

(2) 표준어 사정에 관한 문제
 앞의 국어 어문 규정 연구에서 다룬 내용을 참고

(3) 철자법 통일에 관한 문제
 앞의 국어 어문 규정 연구에서 다룬 내용을 참고

(4) 어사(語辭)의 분류에 관한 문제
 언어를 조직하는 모든 어재를 각종 단어로 분석하는 문제이니, 이는 언어 교육에 있어서만 필요한 것이 아니라, 우선 사전에 어재를 기입함에 있어서 어디만큼을 잘라서 한 개 말로 삼아 적으며, 어디까지를 붙여서 한 개 말로 적을 것인가가 당장 선결을 요하는 문제의 하나이다. 이 문제에 관한 것으로 다음과 같은 몇 가지를 들 수 있다.

가. 품사의 분류
 품사 분류의 전반 목적이 여기에만 있는 것이 아니지만, 어사 분류를 정확히 하는 데는 반드시 품사 분류를 먼저 정확하게 하여야 함.

나. 복합어의 통칙(通則) 성립
 이 복합어 처리 방법 여하에 따라서는 같은 재료의 사전이라도 몇 배나 복잡할 수도 있고, 몇 배나 간명(簡明)할 수도 있음.

다. 용언의 활용법 확정
 우리말의 용언에는 불규칙으로 활용히는 것이 자못 많으나, 그런 것들 중에는 또한 개별의 작은 규칙들을 끼리끼리 이루어 있는 것은 실로 우연한 바가 아니니, 동사의 자동사, 피동, 사역 등 변환(變換)의 활용에 이르러는 '이, 히, 리, 기, 구,

추' 등 어미의 붙는 법이 자못 복잡 불일(不一)한 바가 많으니, 이의 정돈, 확정은 또한 어려운 문제의 하나임.

라. 두미사(頭尾辭) 및 토의 유별(類別) 정돈
　문법의 영역에 속한 것으로, 문법상의 분류에 따라 사전에서의 처리가 결정됨.

3.2. 실무 공사(實務工事)의 세 가지 문제

(1) 어의(語意) 주석에 관한 문제
　사전의 모든 문제 중에 가장 중요한 실질적 사명이 주석(註釋)에 있는 것은 두말할 것이 없다. 주석은 잘못하면 도리어 사회에 해독을 끼치게 되는 것이기 때문에, 주석의 모든 조건에는 무엇을 물론하고 '엄정(嚴正) 정확(精確)'이 그 일관한 주지(主旨)가 되어야 하나니, 그 요항의 대강을 말하면 아래와 같다.

> 가. 어사(語辭)의 형태를 적확(的確)히 명시할 것.
> 나. 어의(語意)의 설명을 정확하게 할 것.
> 다. 필요에 의하여는 삽도(揷圖)나 표식(表式) 같은 것을 표시할 것.

(2) 어사(語辭) 배열에 관한 문제
　어사의 배열은 찾아보기에 가장 편리하도록 하여야 되는 것이니, 이것은 실용상의 극히 긴요한 사항이 된다. 만일 배열 안배(按配)의 방법이 그 적당을 얻지 못할 것 같으면, 아무리 내용에 만금(萬金)의 가치를 담고 있다고 할지라도, 그 목적을 달할 수 없는 유감천만의 일로 되고 만다. 그 배열 순서의 가능한 방법은 아래와 같은 몇 가지가 있다.

가. 어원(語源) 주중(注重)의 배열법
　이 방법은 한 어원에 관련된 여러 어사들을 그 첫 음절이 같은 것끼리 한 떼로 모아 벌림을 주지(主旨)로 하는 방법이니, 가령 '손(手)'이란 말에 관련된 '손발,

손잡이, 손톱' 들을 한 떼로 모아 놓고, '손(客)'이란 말에 관련된 '손님, 손치다' 들을 한 떼로 모아 놓은 것이니, 이 방법의 장점은 일개어(一個語)를 찾아봄으로 말미암아 그 말과 관련되는 수개어(數個語)를 동시에 참고하기 쉽게 된 점인데, 그 반면에 단점이 여간 많지 아니하니, 첫째 뜻 모르는 글자를 어느 뜻의 말과 한 떼가 되어 있는지 어떻게 분간하여 손쉽게 찾을 것이며, 둘째 뜻 아는 말을 찾는다고 할지라도, 그 말이 떼를 이루어 있는지, 그런 것까지 다 알기 전에는 또 한 손쉽게 찾아내기가 어려울 것이며, 셋째 어의(語義)의 관련은 반드시 첫 음절의 동일함에 한(限)한 것이 아니니, 중간 음절이나 끝 음절로 어의 관련이 되는 것도 있고, 음이 전연 다르고 어의와 관련이 밀접한 것도 많다. 따라서 첫 음절의 같은 말만으로 어원(語源) 관련을 다 표시할 수 없다.

나. 자형(字形) 주중(注重)의 배열법

　자형의 같음을 따라 순차로 인접 배열함을 주지로 하는 방법이니, 가령 '가'로 시작된 말은, 그런 것끼리 '각'으로 시작된 말, '간'으로 시작된 말, 각각 끼리대로 배열하는 것이다. 이 방법의 장점은 같은 자형은 같은 자형끼리 한결같이 나란히 벌려 있으므로 찾고자 하는 자형과 유사한 자형들이 나오기까지 수십 어(語) 혹은 몇 단(段) 몇 쪽이라도 빨리 훑어 내려 갈 수가 있는 편의를 가진 것이니, 이 편의는 실로 사전의 지귀지대(至貴至大)한 장점이 틀림 없다. 그러나 우리 글의 자형이 어떤 말은 여러 가지로 써 오던 터이므로 사전을 찾는 이가 그 사전에 쓰이는 자형을 모를 때는 적지 않은 곤란을 당하게 되는 일이 있으니, 이 점에 충분한 고려를 하지 않으면 안 될 것이다.

다. 자음(子音) 본위(本位)의 배열법

　이것은 24개의 자모를 일정한 순서를 정하여 놓고 로마자 사전들의 배열 방식과 같이 하는 것이니, 자형을 관계하지 않고 어음(語音)을 따라 찾아보도록 하는 방법이므로 음만 정확히 알 것 같으면 그 음이 적혀 있을 자리에 가서 찾으면 나오게 되는 확실한 방법이다.

(3) 편찬의 체재(體裁)에 관한 문제

이것은 모든 실질적 문제 밖에 순전히 외형에 속한 여러 가지 사항을 이름인데, 이 또한 사전의 실용상 가치를 많이 좌우하는 것이라, 결코 경시(輕視)할 문제가 아니니, 이는 대개 다음과 같다.

> 가. 기재(記載) 방식에 관한 것.
> 나. 자체(字體)와 부호(符號)에 관한 것.
> 다. 목차와 범례에 관한 것.
> 라. 최종으로는 인쇄 공사에 관한 것.

위와 같은 건재 선생님의 사전 편찬에 대한 생각은 오늘날도 많은 사전 편찬자나 기관들이 그대로 적용하여 사전 편찬의 지침으로 삼고 있다. 건재 선생님이 주관한 '큰 사전'도 1947년 한글날에 제1권을 낸 후, 1957년 한글날에 전 6권을 모두 펴냈으니, 실로 건재 선생님께서 조선어학회에 몸담아 사전 편찬을 시작한 이래 21년간의 인고에 따른 결정이었다.

4. 한글 기계화에 대한 생각

건재 선생님이 광복 이후 오직 관심을 갖은 일은 우리말을 갈고 닦아 민족 정신을 북돋우는 국어 운동에 대한 일념뿐이었다. 우선 당장 필요한 것은 국어 교과서의 편찬인데, 이미 교과서의 원고가 다되어 인쇄에 부치려고 하는 판에 하루는 미군정청의 문교부장인 '앤더슨' 소장이 조선어학회 사무실에 찾아왔다. 건재 선생님은 이 일이 민족 교육을 위한 일이고, 관공서의 도움을 얻으면 일이 한결 수월해질 것으로 생각하여 원고를 모두 넘겨 주었다. '앤더슨' 문교부장은 뛸 듯이 기뻐하며 원고를 받아다가 교재를 편찬한 후 학회의 관계자들을 초청하여 국어 교재 수여식을 크게 열었다고 하셨다.

그런데 건재 선생님은 교과서를 만드는 과정에서 '앤더슨' 문교부장에게서 잊을 수 없는 말을 들었다고 하셨는데, 그는 미국에 있을 때 "조선에 한글이라는 문자가 있는데, 이것은 영어나 일본어나 한자보다도 우수한 세계적으로 가장 잘 된 문자라고 들었다. 그러나 문자가 이처럼 우수하면 문화도 앞서서 발달되어야 할 터인데 자꾸 퇴보만 하다가 일본의 식민지 생활까지 하지 않았느냐, 그 이유가 무엇일까 하고 의문을 풀지 못했는데 이제야 그 이유를 알게 되었다"고 말하였는데, 그 이유는 한글의 인쇄에 있어서 불합리성을 지적했다고 한다.

"인쇄라는 것이 책을 빨리 만들자는 것인데 문선(文選)을 하는데 보니까 한글은 원고 한 조각을 가지고 문선공들이 온 인쇄소를 뒤지며 여행을 하고 다니니 어떻게 조선의 문화 발전이 되겠느냐" 하고 반문하였다고 한다.

오늘날 이 말을 들었다면 충분히 답변할 수 있는 별 것이 아닌 사항이지만, 당시의 건재 선생님은 깊은 생각에 잠겼다. '아무리 훌륭한 보검(寶劍)이라 해도 자랑만하고 갈고 닦지 않으면 녹이 슬 것은 정한 이치가 아니겠는가?' 케케묵어 녹슨 보검의 꼴이 바로 한글이라는 생각이 들었다고 회고하셨다.

그 후 건재 선생님은 '한글 기계화'에 대한 생각으로 매우 많은 고민을 하셨다. 여기서 건재 선생님이 발표하지 않은 '한글의 기계화'에 대한 글을 정리하여 소개하면 다음과 같다.

우리나라는 현재 모든 면으로 소위 후진국임이 사실이다. 우리는 선진국들을 따라 가려고 애쓰고 있음도 사실이다. 그런데 선진국들은 현재의 위치에 가만히 머물러 있지 않고 자꾸자꾸 더 앞으로 나아가려고 애쓰고 있음도 사실이다. 그러면 우리가 언제이고 그들과 어깨를 나란히 할 수 있는 위치까지 쫓아가는 속도는 그들이 앞으로 더 나아가는 속도보다 얼마든지 더 능률적인 빠른 속도로 쫓아가지 않으면 안 될 것이 분명하다.

현대 문명은 과학 문명인데, 문자 사용이 불합리하여서는 과학의 교육에 장애를 가져올 것이며, 문자 사용이 비능률적이어서는 과학의 진전(進展)에 속도를 기할 수 없다. 여기서 현재 우리의 문자 사용하는 실정과 이웃 나라들의 그것과 대강을 살펴봄으로써 그것이 문화발전에 어떠한 결과를 가져오고 있는가를 알아보고자 한다.

첫째, 현재 세계에서 가장 고도의 문화를 누리고 있는 구미 제국은 대개 수십 자에 불과한 표음 문자인 로마자(羅馬字)를 사용하는데, 그 문자로 언어를 표기함에 있어 간혹 동자 이음(同字 異音)의 경우가 약간 있기는 하되, 그 문자를 사용하는 방법에 있어 많은 장점을 가지고 있으니 아래와 같다.

(1) 어형(語形)의 고정(固定)으로써 어음(語音)과 어의(語意)가 동시에 표시되게 되어서 독해에 매우 쉽고 빠르며,
(2) 문자가 음소 단위로 되어 그 결합 분리가 자유 자재일 뿐만 아니라, 그 철자 방식이 좌에서 우로 일렬 연결로 되어 인쇄의 조직이나 타자기 사용 등 기계화에 지극히 간편하게 되어 있다.

그러기에 그런 장점을 이용하여 각종 인쇄술의 발달 보급은 물론이요, 수시로 실용되는 공·사 문서, 통신 보도, 각종 타이프라이터, 모노타이프, 텔렉스 등의 사용으로써 신속 정확하게 용무를 처리하게 되니까, 문화의 발달이 가속도로 증대해 가고 있는 것이다.

둘째, 표의 문자인 한자를 사용하는 중국을 보면 한자는 원래 자형의 고정으로써 시각상 직접 표의(表意)가 됨이 장점이지만, 결점을 너무 많이 가지고 있으니 다음과 같다.

(1) 자수(字數)가 본질적으로 무한정하게 많아질 수밖에 없고,
(2) 표의가 주장(主張)이기 때문에 자음(字音)이 일정하지 않고,
(3) 한 글자가 여러 뜻으로 번져 쓰게 된 것이 많고,
(4) 동음 이자(異字)와 동자 이음(異音)이 많으며,
(5) 특히 현대 실용에는 인쇄, 타자기 등의 기계화에 표음 문자를 추종(追從)할 수가 없고,
(6) 문자의 검색(檢索)이나 사물의 분류(分類) 등에 불편이 막심(莫甚)함.

따라서 이러한 문자로는 도저히 국민 교육이 보급되지 못하고 과학 발달이 용이하지 못하기 때문에 1912년부터 자국의 고유 문자인 한자를 폐지하고 표음

문자로 국자(國字)를 정하기 위하여 연구한 결과, 소위 주음 자모(注音 字母) 40여 자를 창안하여 국민에게 점진적으로 학습케 하면서 여러 차례 개량(改良)도 하였다.

이들은 어떻게 해서라도 문자의 기계화를 이룩하기 위하여 일찍부터 인쇄 공정에 최대의 노력을 기울여 그 문자로서 많은 효과를 거두었고, 타자기의 이용에도 남다른 연구와 기교(技巧)로써 실용적 효과를 많이 보았다.

셋째, 일본이 사용하고 있는 표음 문자의 일종인 가나(假名) 문자는 본디 한자의 차용으로 된 것이로되, 한자와 같은 표의의 소용(所用)이 아님은 물론이고, 음소 단위로 분리 결합할 수 있는 구미(歐美)의 로마자(羅馬字)나 우리의 한글과 같은 음소 문자도 아닌, 음절(音節) 단위의 문자인 까닭에 다음과 같은 결점이 있다.

(1) 표음 문자이면서도 어음(語音)의 과학적 분절이 불가능하고,
(2) 자수(字數)가 원래 50개로 한정된 것이어서 최소의 부호를 사용한대도 제한된 음절수밖에 표시할 수 없으며,
(3) 자형(字形)이 한자의 약체(略體)이어서 원래 한자와 혼용되기 쉬울 뿐 아니라,
(4) 제한된 적은 음수(音數)로써 무제한 많은 한자음을 표시하려니까 동음이의어(同音異義語)가 너무나 많아서 한자 없이는 독해하기가 지극히 곤란하며,
(5) 인쇄 타자기 등 시대의 기계화에서 지극히 로마자의 속도를 따를 수가 없음.

그러기에 일본도 명치 유신(明治維新) 전후의 서양 문화와의 접촉 이래로 지식층에서는 국가 부흥의 근본 문제로 국자(國字) 개량론이 제창되어 몇 차례 문자의 연구가 있었다.

이와 같이 국자(國字) 문제로 일본도 중국에 못지 않게 곤란을 겪었고, 자국(自國)의 불완전한 결함을 보충하는 의미로 한자를 당분간 최소한도로 사용할 수밖에 없었다. 이와 함께 기계화를 게을리해서는 안 되겠으므로, 구미(歐美) 문자의 기계화 방안들이 실현되는 데로 재빨리 모방 실시하여 인쇄의 각종 기술은 물론이요, 순 일문 타자기, 일·한문 병용 타자기, 모노타이프, 텔레타이프, 텔렉스

등 모든 기계화 작업에 있어 항상 동양에서는 선진적 위치를 걷고 있는 실정이다.

이제 우리의 경우를 돌아보건대, 먼 옛날에는 모든 면에서 일본의 선진국이었고, 어느 면에서는 중국을 능가하기도 하였으며, 특히 문자면에서는 세계에 으뜸가는 문자인 한글을 가졌으니, 만일 우리가 이 문자의 유효한 사용을 힘써 꾀하였더라면 우리의 문화가 세계에 으뜸되게 발전될 수가 있었을 것이다. 그러나 불행히도 한자에 지나친 중독으로 말미암아 선진국을 무조건 숭배하고 후진국을 멸시하게 되어, 자아의 인식에는 너무나 등한하여 자국 문자의 가치 판단이나 그 문자의 효과적인 사용에 대한 의식적인 관심이 별로 없었던 탓으로 한글은 그 존재조차 희박해졌고, 그만 못한 문자를 가진 이웃 나라들에게 선수를 빼앗겼을 뿐만 아니라, 그들이 착착 실현하고 있는 과학 발달의 찬란한 성과에 대해서도 오직 남의 집일로만 보고 있다가 어느덧 새 문화의 조류에 휩쓸리어 나라꼴이 다 기울어지게 된 때에야 뒤늦게나마 그들을 따라가 보려고 허둥지둥 헤매기 시작하였다. 그러나 우리의 노력은 헛된 꿈은 아니었다. 우리에게는 다시 일어설 희망이 있었으니, 우리는 한글이라는 유리한 무기를 가졌기 때문이다. 낡고 무거운 한자의 굴레를 벗어버리고 과학적이며, 실용적인 한글로 새로운 무장을 갖추어 새 출발을 할 움직임이 일어났으니, 갑오경장 전후로부터 순 한글의 신문·잡지·서적들을 만들어내는 한편, 국어 국문의 연구·정리와 통일·보급에 힘을 기울여 왔다.

그 노력의 첫 단계로서 우선 재래식 철자법에 수정 정리를 더한 철자법의 통일 사정이 우선 성공적으로 실천되어 왔고, 동시에 표준어로의 국어 통일 작업도 매우 순조롭게 진행되고 있다. 이와 동시에 우리 문자의 기계화 작업도 차차 실현되고 있다.

그런데, 오늘의 우리 문화 발전을 최대 한도로 추진해야 함은 우리의 역사적 중대 과업인 동시에, 시대적 최대 요청이다. 이 과업을 성취하기 위하여는, 한글의 현재 사용법에서 한걸음 더 나아가 한글에 로마자식 사용법을 채용함과 동시에, 가장 능률적인 기계화가 촉진되어야 하겠다. 이렇게 함으로써 한글의 독해력이 훨씬 더 빠르게 되고, 그 이용도가 훨씬 더 높아져서 우리 문화의 향상 발전이 뜻대로 될 것을 확신한다.

이러한 건재 선생님의 한글 기계화에 대한 생각을 오늘날 살펴보면 몇 십 년 앞을 내다본 매우 진보적인 사고였다. 물론 그 당시에는 이해하기 어려운 부분도 있었을 것이다. 그러나 지금은 세계 곳곳 문자의 과학화·정보화를 주장하지 않는 나라가 없다. 특히 컴퓨터의 상용화는 과거 인쇄 기술과는 비교가 안 될 정도로 빠르게 발전하고 있기 때문에 만약 여기서까지 우리가 뒤진다면 영영 우리는 선진국을 따라 잡을 수 없을 것이다.

그래서 우리 정부도 한글의 기계화를 중요한 어문 정책으로 다루고 있고, 세부 사항으로 컴퓨터 한글 코드의 개선, 한글 자판의 개선, 한글 소프트웨어 개발, 한글 서체 및 폰트의 개발 등 실로 그 사용이 무궁무진한 한글의 실용화에 초점을 맞추어 어문 정책을 추진하고 있다. 그동안 우리 정부가 추진한 한글의 기계화와 정보화 사업을 정리하면 다음과 같다.

4.1. 컴퓨터 한글 코드 개선

컴퓨터에서 한글을 올바르게 구현하고 이를 쉽게 사용할 수 있도록 하는 것이야말로 '제2의 한글 창제'라는 취지 아래 가장 중점을 두고 컴퓨터 한글 코드를 개선하였다. 컴퓨터 한글 코드는 1987년 완성형을 표준으로 하였으나, 안 나오는 글자가 많아 자연의 소리와 모양, 느낌 등을 자유롭게 표현할 수 없어 한글 표기에 많은 제약을 초래하였다. 또한 한글은 음소문자이면서 모아쓰기 방식을 채택하고 있는데, 완성형 코드에서는 음소가 분리 되지 않아 한글의 특성을 모두 살릴 수 없으므로 한글 교정 프로그램이나 음성 인식, 그리고 인공 지능 분야에서의 활용이 어렵다는 비판이 있었다.

이 문제를 해결하기 위하여 정부에서는 전문 기관과 함께 2년 동안 조사와 연구를 한 결과, 개인용 컴퓨터의 내부 처리용 코드를 조합형으로 새롭게 표준화할 것을 골자로 하는 개선안을 마련, 공업 표준화 주관 부처인 공업진흥청(현, 기술표준원)에 제안하여 1992년에 이를 국내 표준으로 확정하게 되었다.

이와 관련하여 국제 표준을 정하는 문제도 국제표준화기구(ISO)를 중심으로 세계의 주요 문자 표준화와 함께 진행하고 있다. 당초 국내 표준안을 그대로 국제 표준에까지 제출하려던 것을 최근 들어 한글의 특성을 살릴 수 있는 낱자 조합 방식도 살리고 이제까지 발견된 옛글자와 구결도 모두 표현하는 방안을 연구하여 국제표준화기구에 제출하였다.

또한, 한자 표준 코드의 경우도 7,485자를 표현할 수 있었으나 인쇄·출판, 도서관 자료망 구축, 고전 자료 활용을 위해서 16,000자 정도가 필요하다는 공감대가 형성되어 이를 연구·조사 중이며, 국제 표준안에 빠져 있는 필요한 한자를 추가하는 작업을 하고 있다.

4.2. 한글 자판의 개선

컴퓨터 한글 자판은 1982년 2벌식이 KS로 제정되었고, 1985년부터 정부 기관에서 2벌식을 구매·사용하고 있으나, 일부 학계나 전문가들은 3벌식이 한글의 구성 원리에 알맞기 때문에 개선되어야 한다고 주장하고 있다. 3벌식이 2벌식과 비교하여 우수한 점은 오타율이 적고, 타자의 속도가 빠르다는 논리를 내세우고 있다.

이에 따라서 문화체육관광부는 지난 1991년부터 한글 자판에 대한 연구를 시작, 3벌식이 2벌식보다 손가락별 부담률, 한 손가락 연속 치기율, 왼손·오른손 부담 배분율 등에서 우수하나, 손가락 이동 거리면에서는 뒤진다는 결론을 얻었다. 다만, 어느 자판이 우수한지는 후속 연구를 계속 추진하고 있으므로, 그 결과를 토대로 전문 연구 기관이나 전문가의 의견을 수렴하여 개선안을 마련해 나갈 계획이다.

또한 남북한 자판 통일 문제도 대두하고 있는데, 북한은 지난 1990년 1월 국제표준화기구 국제전자위원회, 합동기술위원회 등에 단독으로 컴퓨터 자판 국제 표준안을 제출함에 따라 우리도 민간에서 이에 대한 모임이 결성되어 활동 중이며, 정부 차원에서도 전문가의 연구 용역 사업을 추진하는 등 이에 능동적으로 대처하여 나갈 계획이다.

4.3. 어문 소프트웨어 개발

컴퓨터의 대중화 추세에 따라서 컴퓨터를 이용한 한글 사용을 쉽고 바르게 사용하기 위한 컴퓨터 프로그램의 개발이 절실히 필요하게 되었다. 그래서 문서 작성시 발생하는 맞춤법의 잘못을 지적하고 고칠 수 있는 한글 교정 프로그램(Speller)을 개발, 1992년에 이를 공개하고 보급하였다. 이것은 현재 '아래아 한글'에서 실현되고 있다.

또한 한글과 한자, 옛글자를 모두 사용하는 환경에서 순차 배열(Sorting)을 할 수 있도록 한글·한자 통합 정렬 프로그램을 개발하여 1992년에 함께 공개하고 보급하였다. 이 밖에도 국민들이 컴퓨터를 이용하여 한글을 사용하는 데 도움을 줄 수 있는 여러 가지 프로그램을 개발하고 있으며, 프로그램의 기초 자료를 이 분야의 연구진에게 공개하여 민간 부문의 연구에도 도움을 주고 있다.

4.4. 한글 글자체 글자본과 폰트의 개발

한글 글자체는 우리 민족 문화의 척도로서 컴퓨터가 대중화되고 점차 전자 출판이 일반화되면서 민족 정서에 맞는 아름답고 다양한 글자체 개발이 절실히 요청되고 있다. 그러나 한글 글자체의 인식 결여와 인쇄·출판계의 영세성 등으로 그동안 한글 글자체의 대부분을 외국(주로 일본)에 의존하고 있는 실정이었다.

이러한 현실을 정부가 주도적으로 개선하고자 한글 글자체 개발을 장기 정책 과제로 선정하고 1991년부터 실무 추진을 위하여 '글자체 개발 운영 위원회'을 구성하여 운영하는 한편, 주요 한글 글자체의 개발을 시작하였다. 현재 개발된 글자체는 주로 가로쓰기에 적합한 한글 전용 글자체와 최근의 인쇄 기술에 부응하는 전자 출판에 적합한 글자체 등이다. 그 결과로 1991년에 바탕체('명조체'를 순화한 용어), 1992년에 돋움체('고딕체'를 순화한 용어), 1993년에 제목체, 1994년에 쓰기체, 훈민정음체, 1995년에 궁체를 개발하였고, 그 이후에도 외래어 표기체를 비롯하여 아름답고 다양한 글자체를 계속해서 개발할 계획으로 추진 중이다.

 그뿐만 아니라 정부 차원의 글자체 개발과 병행하여 민간 부문에서도 아름답고 다양한 한글 글자체 개발을 촉진하기 위하여 지난 1992년부터 '한글 글자체 공모전'을 개최하여 대단한 성과를 올린 바 있으며, 계속하여 정부의 후원으로 정례화하여 매년 개최하고 있다.

4.5. 국어 정보 데이터베이스 구축

 고도의 정보화 사회에서 국제 경쟁력을 갖기 위해서는 모든 사람이 우리말과 우리글로 컴퓨터와 자유롭고 쉽게 대화할 수 있어야 한다. 이를 위해서 정부는 우리말 컴퓨터 개발을 위한 주요 기술의 기반 과제인 국어 정보 데이터베이스 구축과 형태소 해석기, 구문 해석기 개발을 추진하고 있다.

 또한 국어 정보 데이터베이스 구축은 기계 번역, 자연어 인식, 전자 사전 개발 등 국어 정보 처리를 위한 각종 기술 개발을 전제로 하고 있다. 따라서 국어 정보 처리를 위하여 정부에서는 1994년부터 충남 대덕 연구 단지에 '국어 공학 센터'를 설립하고, 매년 80억 원씩 10년 동안 800억 원의 예산을 투자하여 기초 연구와 기술 개발을 병행하여 추진하였다.

 아울러 국어 정보화 종합 계획인 '21세기 세종 계획'을 1998년부터 2007년까지 10년 동안 추진하였다.

 위와 같은 사업 추진은 일찍이 건재 선생님의 한글 기계화에 대한 생각에서 찾아볼 수 있으며, 우리 정부가 조금 일찍 받아 들여 추진하였더라면 한글 발전은 물론 우리의 문화 수준을 상당히 높여 놓았을 것이다. 이제 한글의 기계화는 문자의 변화뿐만 아니라, 인쇄·출판계에 커다란 변화를 가져왔고 각종 디자인, 예술 분야까지 시시각각으로 새로운 변화를 예고하고 있다. 우리가 조금만 한눈을 팔면 한글의 기계화, 정보화 분야는 몇 십 년 뒤질 수 있다는 생각으로 항상 긴장하고 이 분야에 더욱 적극적으로 투자를 하여야 할 것이다.

5. 마무리

건재 선생님의 국어 사랑 정신은 "말은 그 겨레의 정기와 정신을 지켜 주는 그릇이며, 겨레 정신은 그 겨레의 부(富)다. 일제 시대에 일본 사람들은 우리 겨레를 말살하기 위해서 우리말을 쓰지 못하게 했다. 우리 겨레를 지켜야 한다는 일념으로 우리말 연구에 몰두하게 되었다"라고 한 부분에 잘 나타나 있다.

실로 건재 선생님은 국어의 연구와 운동을 통하여 국어 사랑의 길을 수많은 제자에게 가르쳐 주셨고, 국민들에게는 국어 사랑이 나라 사랑의 길임을 몸소 실천하여 보이셨다. 고창 고보 시절에는 틈만 있으면 우리 국어와 역사를 가르쳤고, 조선 사람이 조선말을 모르면 개, 돼지 같다고 호통을 치셨다고 한다. 그뿐만 아니라 10여 종의 문법서를 발간하여 국어 교사들이 사용할 수 있도록 하였고, 어디에서나 강의를 요청하면 마다하지 않고 출강을 하였으니 대학에만도 10여 곳이나 출강하셨다.

건재 선생님은 국어 사랑 정신은 말로만 하는 것이 아니므로, 국어 생활의 궁금증을 풀어 주는 '물음과 대답'을 통하여 국어에 관심을 갖게 하고, 스스로 조선 사람이라는 긍지를 심어주는 것이라고 생각하였다. 실로 건재 선생님은 온 국민에게 겨레의 말과 글을 지키도록 인도한 선각자요, 애국자요, 큰 스승이라고 하겠다.

참고 문헌

국립국어연구원(1996), '건재 정인승 선생의 학문과 인간', 새국어생활(제6권 제3호).
문화부(1992), '우리나라 어문 정책', 문화 가족(제6호).
연세대학교(1979), 연세춘추(1979. 5. 7.).
정인승(1977), 국어 운동 50년(제1240호 ~ 제1333호), 전북일보(1977).
_____(1936), '사전 편찬에 관한 전반적 문제', 한글(제4권 제7호).

_____(연도 미정), 한글의 기계화(미발표).
정재도(1996), 정인승('96. 10월의 문화 인물).
조오현(1994), '국어학사의 재조명', 정인승(주시경 학보 13).
최용기(1996), '한글과 국어 정책', 국어문화학교 교재(국어반), 국립국어연구원.
_____(1996), '표준어 규정 해설', 국어문화학교 교재(국어반), 국립국어연구원.
한글학회(1971), 한글학회 50년사.
_____(1986), '건재 정인승 선생 해적이', 한글 191호 (건재 정인승 선생 구순 기념 특집).

※ 『한말연구』(한말연구학회 논문집), 제3호(1997. 6.)에 실린 논문을 수정하여 보완한 것임.

제21장 공직자의 언어생활

1. 머리말

언어는 우리의 생각과 느낌을 서로 주고받기 위한 의사소통의 도구이다. 효과적인 도구는 모두에게 공통적이고 사용하기에 편리해야 한다. 언어 역시 사회 구성원 모두에게 공통적이고 쉽게 이해되는 것이 가장 바람직하다.

특히, 공직자의 언어는 공직자 상호간에 소통이 되고 국민과 직접 소통이 된다는 점을 고려하여 품위 있고 정제된 언어를 사용해야 하며 국어 문법과 언어 규범에 맞는 문장을 쓰는 것이 필요하다.

품위 있고 정제된 언어라고 하는 것은 표준어와 순화된 용어를 말하는 것으로, 이것은 공직자 개인의 품격을 말하는 것이며 그 교양 정도를 가늠하는 척도가 되기도 한다.

국어 문법과 언어 규범에 맞는 문장은 글쓰기의 기본이 되는 조건으로 바른 문장이 갖추어야 할 조건은 다음과 같다. 첫째는 어문 규범에 맞게 써야 한다. 둘째는 문법 구조에 어긋나지 않는 문법적인 문장이어야 한다. 셋째는 의미를 충실하게 전달할 수 있도록 구성이 조직적으로 짜여 있어야 한다.

이 글은 지면 관계상 공문서와 교과서 문장을 중심으로 한글 맞춤법 등 어문 규정을 지키지 않은 부분과 국어 문법을 잘 지키지 않은 부분으로 나누어 이를 살펴보고, 국어 순화와 이상한 표현 일부도 살펴보고자 한다.

('*' 표시는 잘못된 표기이거나 비표준어 표시임.)

2. 공문서와 교과서 문장의 표기와 표현 실태

2.1. 한글 맞춤법과 띄어쓰기 규정에 어긋난 표기

한글 맞춤법의 원리는 '한글 맞춤법' 총칙 제1항에 나타나 있다. "한글 맞춤법은 표준어를 소리대로 적되, 어법에 맞도록 함을 원칙으로 한다."라고 되어 있다. 이것은 한글 맞춤법의 표기 대상이 표준어임을 밝히고 있다.

그런데 표준어를 적는 방식에는 두 가지가 있을 수 있다. 하나는 들리는 대로 적는 것이요, 또 하나는 들리는 소리와는 다소 멀어지더라도 의미가 잘 드러나도록 적는 것이다. 표면적으로 보면 이 두 방식이 상충되는 듯하나, 한글 맞춤법은 이 두 가지 방식을 적절히 조화시키고 있다.

예컨대 '붙이다(우표를 ~)'와 '부치다(힘이 ~)'에서 전자는 동사 어간 '붙-'과 의미상의 연관성이 뚜렷하여 '붙이-'처럼 적어 줄 때에 그 뜻을 파악하기 쉬운 이점이 있으므로 소리와 달리 '붙이다'로 적고, 후자는 전자와 달리 굳이 소리와 달리 적을 뚜렷한 이유가 없으므로 원칙인 '소리대로'의 원리에 따라 '부치다'로 적는 것이다.

띄어쓰기의 원리는 "문장의 각 단어는 띄어 씀을 원칙으로 한다."라고 되어 있다. 이것은 첫째로 문장의 각 단어는 구분 지어 표기한다는 것을 의미한다. 즉 띄어쓰기의 기본 단위는 단어이다. 그러나 서로 다른 단어가 결합하여 새로운 단어가 될 수도 있으므로 어떤 말이 한 단어인지 그렇지 않은지의 판단이 쉽지 않다. 따라서 어떤 말이 한 단어인지 아닌지는 국어사전을 찾아보는 것이 제일 좋다. 둘째로 실사(實辭)가 잘 드러나도록 띄어 쓴다는 것을 의미한다. 문장의 의미는 주로 실사에 의해 전달되므로 실사를 중심으로 띄어쓰기를 하면 의미 전달이 더욱 쉽다(즉, 조사는 단어이나 실사가 아니므로 앞말에 붙여 쓴다).

(1) ㄱ. 자릿수/*자리수, 날갯짓/*날개짓
ㄴ. 머리말/*머릿말, 인사말/*인삿말

ㄷ. 초점/*촛점, 개수/*갯수
ㄹ. 시곗바늘/*시계바늘, 비눗방울/*비누방울

사이시옷 표기는 틀리기 쉽다. (1 ㄱ)의 '자릿수/*자리수', '날갯짓/*날갠짓'은 표준 발음이 [자리쑤/자릳쑤], [날개찓/날갣찓]이므로 '자릿수', '날갯짓'처럼 적어야 한다. (1 ㄴ)의 '머리말/*머릿말', '인사말/*인삿말'은 표준 발음이 [머리말], [인사말]이므로 '머리말', '인사말'처럼 적어야 한다. (1 ㄷ)의 '초점/*촛점', '개수/*갯수'는 두 음절로 된 한자어이므로 '초점', '개수'처럼 적어야 한다. 두 음절로 된 한자어의 경우는 '곳간'(庫間), '셋방'(貰房), '숫자'(數字), '찻간'(車間), '툇간'(退間), '횟수'(回數)에만 사이시옷을 받치어 적도록 되어 있다. (1 ㄹ)의 '시곗바늘/*시계바늘', '비눗방울/*비누방울'은 합성어이므로 '시곗바늘', '비눗방울'처럼 적어야 한다.

(2) ㄱ. 박동률/*박동율, 마진율/*마진률
ㄴ. 과인산/*과린산, 미사여구/*미사려구
ㄷ. 미립자/*미입자, 파렴치/*파염치
ㄹ. 입력란/*입력난, 어린이난/*어린이란

두음 법칙의 적용 여부도 쉽지 않다. (1 ㄱ)의 '박동률/*박동율', '마진율/*마진률'은 모음이나 'ㄴ' 받침 뒤에 이어지는 '렬', '률'은 '열', '율'로 적도록 되어 있으므로 '박동률', '마진율'처럼 적어야 한다. (2 ㄴ)의 '과인산/*과린산', '미사여구/*미사려구'는 독립성이 있는 단어에 접두사처럼 쓰이는 한자어 형태소가 결합하여 된 단어나 두 개 단어가 결합하여 된 합성어의 경우 뒤의 단어에는 두음 법칙이 적용되므로 '과인산', '미사여구'처럼 적어야 한다. (2 ㄷ)의 '미립자/*미입자', '파렴치/*파염치'는 언중(言衆)들의 발음 습관이 본음의 형태로 굳어져 있는 것으로 예외에 속하므로 '미립자', '파렴치'처럼 적어야 한다. (2 ㄹ)의 '입력란/*입력난', '어린이난/*어린이란'은 '란(欄)'이 한 음절로 된 한자어 형태소로서, 한자어 뒤에 결합할 때는 본음대로 적고 고유어나 외래어 뒤에 결합하는 경우에는 두음 법칙을 적용하므로 '입력란', '어린이난'처럼 적어야 한다.

(3) ㄱ. 왜냐하면/*왜냐 하면, 오랫동안/*오랫 동안
　　ㄴ. 태산만 하다/*태산만하다, 믿을 만하다/*믿을만하다
　　ㄷ. 좀 더/*좀더, 또 다른/*또다른, 색 다른/*색다른
　　ㄹ. 셀로판테이프/*셀로판 테이프, 홈페이지/*홈 페이지

　(3 ㄱ)의 '왜냐하면/*왜냐 하면', '오랫동안/*오랫 동안'은 부사어로 우리말 속에서 이미 굳어진 한 단어이므로 띄어 쓸 이유가 없다. (3 ㄴ)의 '태산만 하다/*태산만하다', '믿을 만하다/*믿을만하다'는 '만하다'를 접미사처럼 생각하여 붙여 쓰는 경우가 있는데 이것은 잘못이다. '태산만 못하다'를 생각해 보면 접미사가 될 수 없음을 알 수 있다. 따라서 '태산만 하다', '믿을 만하다'처럼 적어야 한다. (3 ㄷ)의 '좀 더/*좀더', '또 다른/*또다른', '색 다른/*색다른'은 한 단어가 아니므로 모두 띄어 써야 한다. (3 ㄹ)의 외래어는 우리말 속에서 한 단어처럼 사용되므로 모두 붙여 써야 한다.

(4) ㄱ. 오는지 가는지/*오는 지 가는 지, 떠난 지 3년/*떠난지 3년
　　ㄴ. 이자는커녕/*이자는 커녕, "알았다"라고/*"알았다" 라고
　　ㄷ. 제2 차 세계 대전/*제 2차 세계 대전, 전 세계/*전세계
　　ㄹ. 역사상/*역사 상, 인솔 하에/*인솔하에
　　ㅁ. 화재 시/*화재시, 수업 중/ *수업중, 사제간/*사제 간
　　ㅂ. 안되다/안 되다, 못하다/못 하다

　의존 명사, 조사, 어미의 띄어쓰기는 간단하지가 않다. (4 ㄱ)의 '오는지 가는지/*오는 지 가는 지'는 '-ㄴ지'가 어미이므로 '오는지 가는지'처럼 적어야 하고, '떠난 지 3년/*떠난지 3년'은 '지'가 '경과한 시간'을 의미하는 의존 명사이므로 '떠난 지 3년'처럼 적어야 한다. (4 ㄴ)의 '이자는커녕/*이자는 커녕', "알았다"라고/*"알았다" 라고'는 '-커녕', '-라고'가 조사이므로 '이자는커녕', "알았다"라고'처럼 적어야 한다. (4 ㄷ)의 '제2 차 세계 대전/*제 2차 세계 대전'은 '제(第)-'가 한자어 수사에 붙어 차례를 나타내는 접두사이므로 '제2 차 세계 대전'처럼

적어야 하고, '제2차 세계 대전'도 허용하고 있다. '전 세계/*전세계'는 '전(全)'이 관형사이므로 '전 세계'처럼 적어야 한다. (4 ㄹ)의 '역사상/*역사 상', '인솔 하에/*인솔하에'는 '상(上)'이 접미사이므로 '역사상'처럼 적어야 하고, '하(下)'는 의존 명사이므로 '인솔 하에'처럼 적어야 한다. (4 ㅁ)의 '화재 시/*화재시', '수업 중/ *수업중', '사제간/*사제 간'은 의존 명사와 접미사로 구분되므로 '화재 시', '수업 중', '상호간'처럼 적어야 한다. (4 ㅂ)의 '안되다/안 되다', '못하다/못 하다'는 부정문으로 쓰인 경우는 띄어 쓰고, 형용사로 쓰여 '마음이 아프다' 또는 '일정한 수준에 못 미치다'의 의미인 경우는 붙여 쓴다.

2.2. 표준어 규정에 어긋난 표기

표준어는 "교양 있는 사람들이 두루 쓰는 현대 서울말로 정함을 원칙으로 한다."라고 되어 있다. 이 규정에는 네 가지 조건이 포함되어 있다. 첫째로 '교양이 있는 사람의 말'이어야 하고, 둘째로 '두루 쓰는 말'이어야 하며, 셋째로 '현대에 사용하는 말'이어야 하고, 넷째로 '서울말'이어야 한다는 것을 의미한다.

이 네 가지 조건이 모두 중요하지만, 두 번째 조건인 '두루 쓰는 말'은 사소한 것 같으면서도 아주 중요하다. 어느 것이 보편적이고 일반적인 어형(語形)인지를 결정하는 일이 어렵기 때문이다. 또한 이 조건은 다른 세 가지 조건에 두루 적용되는 상위의 조건이다. 다른 세 가지 조건은 사회적 조건, 시대적 조건, 지역적 조건을 나타내고 있다.

공문서나 교과서 문장 중에서 표준어 규정에 어긋난 표기를 살펴본다.

(5) ㄱ. 냄비/*남비, 사글세/*삭월세
ㄴ. 무씨/*무우씨, 생쥐/*새앙쥐
ㄷ. 설레다/*설레이다, 삼가다/*삼가하다, 치르다/*치루다
ㄹ. 위쪽/*윗쪽, 수캉아지/*숫강아지
ㅁ. 빌리다/빌다, 벌이다/벌리다, 부딪치다/부딪히다

표준어인지 아닌지 판단은 그렇게 어렵지 않다. 만약 알쏭달쏭하여 쉽게 판단하기 어렵다면 국어사전을 찾아보면 해결된다. (5 ㄱ)의 '냄비/*남비', '사글세/*삭월세'는 언중들이 어원(語源)을 의식하지 않고 있는 단어이므로 널리 사용되는 '냄비', '사글세'를 표준어로 정하였다. (5 ㄴ)의 '무씨/*무우씨', '생쥐/*생앙쥐'는 준말을 표준어로 삼은 경우로 '무씨', '생쥐'를 표준어로 정하였다. (5 ㄷ)의 '설레다/*설레이다', '삼가다/*삼가하다'는 국어사전에 '설레이다', '삼가하다', '치루다'라는 단어가 없으므로 '설레다', '삼가다', '치르다'처럼 적어야 한다. 흔히 활용 어미도 '설레이는(→설레는) 마음', '삼가하여(→삼가) 주시기 바람', '시험을 치루었다(→치렀다)'로 잘못 표기하는 경우가 많다. (5 ㄹ)의 '위쪽/*윗쪽', '수캉아지/*숫강아지'는 된소리나 거센소리 앞에서 '위-', '수-'로 적어야 하므로 '위쪽', '수캉아지'처럼 적어야 한다. (5 ㅁ)의 '빌리다/빌다', '벌이다/벌리다', '부딪치다/부딪히다'는 모두 구별해서 적어야 하는 단어이므로 국어사전을 찾아서 구별해야 한다.

2.3. 외래어 표기법과 국어의 로마자 표기법에 어긋난 표기

외래어 표기법은 외국어로부터 들여와 국어에 동화되어 쓰이던 말을 국어의 특성에 따라 적는 방법을 말하고, 국어의 로마자 표기법은 우리말을 로마자로 적는 방법을 말한다. 외래어는 두 가지 특징이 있는데 하나는 국어에 본래부터 있던 어휘가 아니라 외국어에서 들여온 말이라는 것이고, 다른 하나는 이제 국어 생활 속에 쓰이면서 우리말이 되었다는 것이다. 국어의 로마자 표기법은 국어의 발음을 로마자로 표기하는 표음법을 원칙으로 하고 있고, 특수한 전문 분야는 별도의 로마자 표기법을 사용토록 하였다.

국어 표기를 살펴볼 때 상당히 많은 오류가 지적된 부분이 외래어 표기이다. 이것은 외래어를 외국어처럼 생각하여 발음 기호를 한글로 옮겨 적었기 때문이다. 그러나 이것은 잘못이다. 발음 기호를 국제 음성 기호(IPA)에 맞춰 한글로 옮겨 적어야 하고, 또 각 언어별 표기 세칙에 맞춰 적어야 한다. 새 로마자 표기법은 지난 2000년 7월 7일에 개정되었으므로, 이를 따로 익힐 필요가 있다.

(6) ㄱ. 프라이팬/*후라이팬, 퓨즈/*휴즈, 팸플릿/*팜플렛,
 ㄴ. 펜치/*뻰지, 모차르트/*모짜르트, 도쿄/*도꾜, 교토/*교또
 ㄷ. 로봇/*로보트, 카펫/*카페트, 가톨릭/*카톨릭, 웹/*웨브,
 ㄹ. 주스/*쥬스, 찬스/*챤스, 텔레비전/*텔레비젼, 벤처/*벤쳐
 ㅁ. 아나운서/*어나운서, 콜롬비아/*콜럼비아, 난센스/*넌센스
 ㅂ. 이토 히로부미/*이등박문(伊藤博文), 장쩌민/*강택민(江澤民)
 ㅅ. Busan/*Pusan, Daegu/*Taegu, Bulguksa/*Pulguk temple

외래어를 표기할 때 외래어 표기법대로 적지 않고, 외국어 본래 발음대로 적거나 외국어 사전에 나와 있는 대로 표기하면 맞지 않다. 그런데 외래어 표기법을 익히는 일은 매우 어렵기 때문에 국어사전을 찾아보는 방법이 제일 좋다. (6 ㄱ)의 '프라이팬/*후라이팬', '퓨즈/*휴즈'는 [f]음을 'ㅍ', '프'로 적도록 규정하고 있으므로 '프라이팬', '퓨즈'처럼 적어야 한다. '팸플릿/*팜플렛', '플래카드/*플랑카드'는 국제 음성 기호(IPA)에 맞추어 적도록 규정하고 있으므로 '팸플릿', '플래카드'처럼 적어야 한다. (6 ㄴ)의 '펜치/*뻰지', '모차르트/*모짜르트', '도쿄/*도꾜', '교토/*교또'는 외래어 표기법에서 된소리를 쓰지 않는 것을 원칙으로 하고 있기 때문에 '펜치', '모차르트', '도쿄', '교토'처럼 적어야 한다. (6 ㄷ)의 '로봇/*로보트', '카펫/*카페트'는 짧은 모음 다음에 오는 어말(語末) 무성 파열음이므로 '로봇', '카펫'처럼 적어야 한다. '가톨릭/*카톨릭', '웹/*웨브'는 관용에 따라 '가톨릭', '웹'처럼 적어야 한다. (6 ㄹ)의 '주스/*쥬스', '찬스/*챤스', '텔레비전/*텔레비젼', '벤처/*벤쳐'는 외래어 표기법에서 이중 모음을 쓰지 않는 것을 원칙으로 하고 있기 때문에 '주스', '찬스', '텔레비전', '벤처'처럼 적어야 한다. (6 ㅁ)의 '아나운서/*어나운서', '콜롬비아/*콜럼비아', '난센스/*넌센스'는 관용에 따라 '아나운서', '콜롬비아', '난센스'처럼 적어야 한다. (6 ㅂ)의 '이토 히로부미/*이등박문(伊藤博文)', '장쩌민/*강택민'은 중국이나 일본의 인명, 지명에 대하여 우리 한자음으로 적는 것이 관행처럼 되어 왔으나 이는 잘못이다. 일본의 인명, 지명은 일본어의 발음대로 적어야 하고, 중국의 지명은 중국어 발음대로 적어야 한다.

그러나 중국의 역사 지명으로 현재 쓰이지 않는 지명이라면 우리 한자음대로 적어야 한다. 중국의 인명은 고대인과 현대인을 구분하여 고대인은 우리 한자음으로 적어야 하고, 현대인은 중국어 발음에 맞추어 적어야 한다. 고대인과 현대인의 구분은 신해혁명(1911년)을 기준으로 한다. 따라서 '이토 히로부미', '장쩌민'처럼 적어야 한다. (6 ㅅ)의 로마자 표기는 개정된 국어의 로마자 표기법에 따라 'Busan', 'Daegu', 'Bulguksa'처럼 적어야 한다.

2.4. 국어 문법에 어긋난 표기

국어 문법에 맞게 글을 쓴다는 것은 단어(조어법 포함), 품사, 조사나 어미 등을 잘 알고 표기한다는 것을 말하며, 넓은 의미에서는 국어 표현을 잘해야 한다는 뜻을 포함하고 있다.

> (7) ㄱ. 알맞은/*알맞는, 걸맞은/*걸맞는, 알아맞히다/*알아맞추다
> ㄴ. 그뿐만 아니라/*뿐만 아니라, 그러고는/*그리고는, 그러고 나서/*그리고 나서
> ㄷ. 알아냄으로써/*알아내므로서, 미래에 대한 의지/*미래에의 의지
> ㄹ. 담가도/*담궈도, 잠갔다/*잠궜다
> ㅁ. 나누어지다/*나뉘어지다, 바꾸어지다/*바뀌어지다, 읽히다/*읽혀지다
> ㅂ. 둔치/*고수부지, 상표/*라벨, 생활 한복/*개량 한복

국어 문법에 맞게 글을 쓰는 일은 쉬운 일이 아니다. (7 ㄱ)의 '알맞은/*알맞는', 걸맞은/*걸맞는'은 동사와 형용사의 활용 때문에 표기가 달라진 경우이다. '맞다'는 동사이므로 '맞는', '맞은'이 모두 가능하지만 '알맞다', '걸맞다'는 형용사이므로 '알맞은', '걸맞은'만 가능하다. '알아맞히다/*알아맞추다'는 '맞히다'의 뜻이 '적중하다'이고, '맞추다'의 뜻이 '견주어 보다'이므로 '알아맞히다'만 가능하다. (7 ㄴ)의 '그뿐만 아니라/*뿐만 아니라'는 '뿐만 아니라'를 접속어처럼 생각하는 경우가 있는데 이것은 잘못이다. '뿐'은 의존 명사나 조사로만 쓰이므로 '그뿐만 아니라'처럼 적어야 한다. 또한 '갈 뿐만 아니라 오기도 한다.'라는 문장 구성

도 가능하다. '그러고는/*그리고는', '그러고 나서/*그리고 나서'는 '그리고'가 접속어이므로 '그리고는', '그리고 나서'와 같은 구성이 불가능하다. 따라서 '그러고는', '그러고 나서'처럼 적어야 한다. (7 ㄷ)의 '알아냄으로써/*알아내므로서'는 '-으로(써)'가 조사이므로 명사나 명사형 뒤에만 올 수 있고, '-므로'는 어미이므로 어간 뒤에만 올 수 있다. '-므로'와 '-서'는 함께 어울릴 수 없기 때문에 '알아냄으로써'처럼 적거나 '알아냄으로', '알아내므로'와 같은 구성도 가능하다. '미래에 대한 의지/*미래에의 의지'는 '-에의'라는 조사가 우리말에서는 부자연스럽기 때문에 '미래에 대한 의지'처럼 적어야 한다. (7 ㄹ)의 '담가도/*담궈도', '잠갔다/*잠궜다'는 기본형이 '담그다', '잠그다'이므로 어미 활용을 하면 '담가도', '잠갔다'처럼 바뀐다. (7 ㅁ)의 '나누어지다/*나뉘어지다', '바꾸어지다/*바뀌어지다', '읽히다/*읽혀지다'는 이중 피동 형태이므로 우리말에서 부자연스럽기 때문에 '나누어지다', '바꾸어지다', '읽히다'처럼 적어야 한다. (7 ㅂ)의 '둔치/*고수부지', '상표/*라벨', '생활 한복/*개량 한복'은 용어 선택의 문제이지만, 이미 순화된 용어가 있으므로 '둔치', '상표', '생활 한복'처럼 적어야 한다.

2.5. 국어 문법에 어긋난 표현

바른 문장이란 문법에 맞고 의미의 전달이 분명하고 논리적인 문장을 말한다. 바른 문장이 갖춰야 할 조건은 '① 문법적인 문장이어야 한다. ② 논리적으로 의미 전달이 분명해야 한다. ③ 의미에 맞는 단어를 선택해야 한다. ④ 어문 규범에 맞아야 한다.' 등이다.

(예1) 의사는 내가 심한 폐결핵을 앓고 있어 매우 위독할 뿐 아니라, 감방 동료들에게도 전염될 위험이 있다고 진단을 내렸다는 것이다.
(예2) 그래서 이 물을 오랫동안 마셨던 사람들이 암을 일으키게 된 것이라.

(예1)의 문장은 앞뒤의 주어가 서로 다른데도 뒷부분의 주어가 없다. '폐결핵을 앓아 위독하다'의 주어는 '내가'이지만, '전염될 위험이 있다'의 주어는 '내 병'

(폐결핵)이다. '폐결핵'이 '전염될 위험이 있다'는 것이지, 주어인 '내가' 전염될 위험이 있다는 것은 아니다. (예2)의 문장은 주어와 서술어가 호응하지 않는 문장이다. 의미상으로 볼 때 '사람들이 암을 일으키는' 것이 아니라 '사람들이 암에 걸리는' 것이라고 해야 자연스러운 문장이 된다.

> (예3) 구성원들은 소외 의식을 느끼지 않고 자기가 속한 집단의 문제 해결과 한번 결정한 것을 실천하기 위해 적극적으로 나설 수 있을 것이다.
> (예4) 주변 나라들과 상호 방위 조약이나 집단 안전 보장 기구를 만들었으며

(예3)의 문장은 대등한 내용이 연결되는 'A와 B'나 'A-고 B'와 같은 구성에서는 구성 요소인 A와 B의 형식이 대등해야 하는데 명사구와 동사구를 연결하고 있다. 앞부분의 '문제 해결'과 뒷부분의 '한번 결정한 것'은 대등하지 않다. 그래서 앞부분의 '문제 해결과'를 '문제를 해결하고'로 바꿔 양쪽의 형식을 일치시켜야 자연스러운 문장이 된다. (예4)의 문장은 명사구와 명사구의 연결이므로 '상호 방위 조약'은 '만들다'의 목적어가 될 수 없으므로 '상호 방위 조약이나'를 '상호 방위 조약을 맺거나'로 바꿔야 한다.

> (예5) 대한민국은 인간의 존엄성을 바탕으로 한 자유와 평등이 보장되는 민주주의를 이념으로 삼고 있다.
> (예6) 부적절한 학생 행동을 예방하기 위한 방안을 알아본다.

(예5)의 문장은 '인간의 존엄성을 바탕으로 한'이 '자유와 평등'을 수식하는 것은 이상하다. 뒤에 나오는 '민주주의'를 수식하는 것이 적절하다. 따라서 밑줄 친 부분 다음에 반점(쉼표)을 넣어야 한다. (예6)의 문장은 수식어와 피수식어 관계가 어색하다. '학생의 부적절한 행동'으로 바꿔야 한다.

> (예7) 일본과 우리나라와는 예부터 오랫동안 긴밀한 관계를 맺고 있으며
> (예8) 한글 소설로는 홍길동전, 구운몽, 춘향전 등이 대표적인 작품으로, 이들 작품은 오늘날까지도 널리 읽혀지고 있다.

(예7)의 문장은 '우리나라와는'에서 조사 '와'를 빼야 한다. (예8)의 문장은 '작품으로'와 '읽혀지고 있다'가 어울리지 않는다. '작품으로'는 조사 '으로'를 '인데'로 고쳐야 하고, '읽혀지고'는 이중 피동 형태이므로 '읽히고'로 고쳐야 자연스러운 문장이 된다. 이중 피동 형태의 서술어로 흔히 '나뉘어지다, 되여지다, 바뀌어지다'와 같은 단어가 쓰이는데 쓰지 말아야 할 표현이다.

(예9) 생태계를 파괴하지 않으면서 농산물을 재배하는 것이다.
(예10) 개인이나 가계에 따라 가지고 있는 생산 요소가 틀리기 때문이다.

(예9)의 문장은 '농산물을 재배하는 것'이라고 하였는데, '농산물'은 재배하는 것이 아니라 재배하여 얻은 결과물이므로 '농작물'로 바꿔야 한다. (예10)의 문장은 '생산 요소'가 '틀리는' 것이 아니고 '다른' 것이라고 해야 한다.

(예11) 산업의 발달은 더 많은 에너지를 필요로 한다.
(예12) 16세기 말에 조선에서 일어난 임진왜란에의 출병으로 명의 국력은…

(예11)의 문장은 '…을(를) 필요로 한다.'라는 영어 번역투 서술형을 썼다. 영어 단어 'need'의 타동사적 용법 때문이다. '…이/가 필요하다'로 고쳐야 우리말답다. (예12)의 문장은 조사 '~에의'가 외국어 번역투 문장이다. 밑줄 친 부분을 '임진왜란에 출병하여'로 바꿔야 자연스러운 문장이 된다.

(예13) 사고 원인 파악과 재발 방지 대책을 조속히 마련하여
(예14) 중앙공무원교육원 교육12130－632(2004. 6. 3.)의 관련입니다.

(예13)의 문장은 '원인 파악'과 '재발 방지 대책'이 대등한 관계를 이루지 못한다. 앞부분은 명사구이고 뒷부분은 명사절이므로 앞부분을 '원인을 파악하고'로 고쳐야 대등한 관계를 이루어 자연스러운 문장이 된다. (예14)의 문장은 '관련이다'가 서술어이므로 수식 관계가 어색하다. 따라서 '관련된 문서입니다'나 '관련된 내용입니다'로 바꿔야 자연스러운 문장이 된다.

(예15) 비가 가장 많이 내린 곳은 전라남도 장흥에서 547mm입니다.
(예16) 초등학생 100명에게 가장 좋아하는 방송 프로그램을 조사하였습니다.

(예15)의 문장은 주어와 서술어 관계가 어색하다. 이 문장의 주어는 '비가 내린 곳'이고 서술어는 '547mm입니다'이므로 어울릴 수가 없다. 따라서 이 문장은 두 개의 문장으로 나눠 앞 문장의 서술어는 '장흥이다'로 고치고, 뒤 문장의 주어는 '강수량'을 살려 전체 문장을 '~ 장흥인데, 강수량은 547mm입니다'로 바꿔야 한다. (예16)의 문장도 주어와 서술어가 어울리지 않는다. 즉 '100명에게'와 '조사하다'는 서로 어울릴 수 없다. '100명을 대상으로'로 수정하거나 '조사하다'를 '물어보다'로 바꾸는 것이 자연스러운 문장이 된다.

(예17) 국민 여러분의 건강과 쾌적한 여행 환경을 조성하기 위하여
(예18) 최근에는 공장의 종류와 위치 결정에 국가 정책의 영향도 크다.

(예17)의 문장은 목적어와 서술어가 어울리지 않는다. 이 문장의 서술어는 '조성하다'인데 '쾌적한 여행 환경'은 조성할 수 있지만 '건강'은 조성할 성질이 아니다. 따라서 이 문장은 '건강'에 대한 서술어 '지키다'가 있어야 자연스러운 문장이 된다. (예18)의 문장은 '공장의 종류와 위치 결정에'에 걸리는 서술어가 없고 '영향도 크다'의 주어가 없다. 따라서 뒷부분의 '국가 정책의'를 '국가 정책이 미치는'으로 고쳐야 자연스러운 문장이 된다.

(예19) 병원비 대신에 병원에서 잡일을 하는 것으로 대신할 수 없겠느냐.
(예20) 쫄쫄쫄 떨어지던 수돗물이 울음을 그친 아기처럼 뚝 그쳤으니까.

(예19)의 문장은 '대신'이라는 말이 반복되어 있어 어색하다. 따라서 앞부분의 '대신'을 빼고 '병원비'를 '병원비를'로 고쳐야 자연스러운 문장이 된다. (예20)의 문장은 '떨어지는 수돗물이 그치는 것'을 '울음을 그친 아이'에 비유한 것인데, 비유가 적절하지 못하다. 따라서 뒷부분을 '울던 아기가 울음을 그치듯이'로 고

쳐야 자연스러운 문장이 된다.

2.6. 국어 순화

국어 순화는 우리말의 자존심을 살리는 일이다. 우리말 속에 일본어투 용어, 서구 외래어가 뒤섞여 그 순수성이 희박해지고 있다. 국어 순화를 통하여 우리말의 정체성을 되찾아야 한다.

```
<행정 용어 순화>
가처분(假處分) → 임시 처분
고수부지(高水敷地) → 둔치, 둔치 마당
나시(袖無, そでなし) → 민소매, 맨팔(옷)
노하우(know-how) → 비법, 비결, 기술
뉴스레터(newsletter) → 소식지, 회보
로드맵(roadmap) → (단계별) 이행안, (정책) 계획안
로비(lobby) → 막후교섭, 휴게실, 복도
리더십(leadership) → 지도력, 통솔력
마스터플랜(master plan) → 종합 계획, 기본 계획
매뉴얼(manual) → 설명서, 지도서
수순(手順) → 순서, 절차
시건(施鍵)장치 → 잠금장치
시너지(synergy) 효과 → 상승효과
어젠더(agenda) → 의제, 안건
업데이트(update) → 수정 자료, 갱신
엑기스(←extract) → 진액(津液)
인센티브(incentive) → 성과급, 유인책
인프라(infra) → 기반 시설, 기간 시설
촉수엄금(觸手嚴禁) → 손대지 마시오.
태스크포스(task force) → 기획단, 전략팀
```

<금융 용어 순화>
로스컷(loss cut) → 손절매
리딩뱅크(leading bank) → 선도은행
모기지론(mortgage loan) → (장기) 주택 담보 대출
방카쉬랑스(bancassurance) → 은행 보험 상품
배드뱅크(bad bank) → 부실 채권 전담 은행, 신용 회복 은행
아웃소싱(outsourcing) → 외주(外注), 외부 용역

2.7. 잘못되거나 이상한 표현(사례)

쓰레기 분리 수거 → 재활용품 분류 배출
요금소 → 요금 계산소
자녀 안심하고 학교 보내기 → 안심하고 자녀 학교 보내기
전쟁 기념관 → 전쟁 박물관
절대 감속 → 감속 운행, 천천히
촬영 단속 지역 → 과속 금지 구역, 단속 지역
피로 회복 → 원기 회복, 피로 해소

3. 맺음말

한 나라가 얼마나 문화 선진국인가를 알아보는 문화 수준의 척도를 그 나라 국민들의 말하기와 글쓰기 능력에 두고 이를 평가해야 한다는 주장이 나오고 있다. 모든 국민이 높은 수준의 말하기와 글쓰기 능력을 갖추었다면 그 나라는 분명히 문화 선진국임이 틀림없다는 것이다. 말하기와 글쓰기 수준을 평가하는 기준은 그 나라 공직자의 공문서나 교과서 문장이 될 것이다. 공문서나 교과서의

문장은 바로 그 나라 국민의 글쓰기 모습을 그대로 보여 주기 때문이다.

공직자의 공문서나 교과서의 문장을 살펴보면 여러 사람의 손을 거치면서 다듬어진 결과인데도 많은 오류가 지적되고 있다. 이런 것을 알고 있다면 이런 것을 개선하기 위해 우리는 많은 노력을 해야 한다.

이를 개선하기 위해서는 우선 공직자는 바른 말과 고운 말을 사용해야 하며, 공문서는 다른 글에 비해 좋은 글, 바른 글을 써야겠다는 노력을 더 많이 기울여야 한다. 이 과정에서 국어사전을 참고해야 하는 것은 필수적이다. 국어사전은 국어 어문 규정은 물론, 바른 문장 쓰기의 기초 지식까지 제공해 준다. 또한, 자신이 여러 번 검토를 했다고 하지만 남에게 보여 주는 것을 결코 두려워하지 말아야 한다. 결국 모든 사람에게 공개되는 것이 공직자의 공문서나 교과서 문장이므로 사전 검증을 받는 것이 좋을 것이다.

※ 국회 사무처, 「국어 과정」(2008. 12.) 강의 원고를 수정하여 보완한 것임.

제22장 교과서 문장론

1. 머리말

'교과서 문장론'이라는 특별한 장르가 있는 것은 아니다. 일반적인 문장과 구별하여 교과용 도서에서 사용되는 문장이므로 그렇게 구별해 본 것이다. 특별히 교과서 문장은 주된 독자가 교사와 학생이라는 점이 일반적인 문장의 독자와 차이가 있다. 그런데 우리는 교과서 문장이라면 마치 모든 문장의 모범으로 생각하고 있고 그 영향력은 대단하다고 생각하고 있다. 그것은 그만큼 교과서 문장을 신뢰하고 믿고 있기 때문이다.

그러나 우리나라의 교과서 문장이 과연 그렇게 신뢰하고 믿음을 주고 있는지는 종종 의문스러울 때가 많다. 이 글은 주로 교과서를 집필하는 사람과 교과서 업무에 종사하는 사람에게 도움을 주고자 쓴 것이다. 글 싣는 순서는 교과서 문장의 구비 조건, 교과서 문장의 진술 과정, 교과서 문장의 교열과 교정, 교과서 문장의 분석과 심사 등으로 되어 있다.

2. 문장의 구비 조건

좋은 글의 구비 요건을 말할 때면 송나라의 유명한 문장가 구양수(歐陽修)의 말을 인용한다. 이른바 '삼다설'(三多說)인데, '간다'(看多), '상량다'(商量多), '주다'(做多)를 이르는 말이다. 즉, 남이 쓴 좋은 글을 찾아서 널리 읽고(간다), 폭넓고 깊은 사색을 하면서(상량다), 많이 써 보는 것(주다) 가운데 자연히 훌륭한 글을 쓸 수 있다는 것이다. 이 말이 비록 고전적인 발언일지라도 오늘날의 글쓰기에 적용해도 좋을 듯하다.

이런 점을 감안한다면 교과서 문장이 갖추어야 할 조건은 다음과 같다.

첫째, 교과서 문장은 내용이 충실해야 한다. 부질없이 길기만 하고 담긴 내용이 알차지 못하고 공허하거나 무의미한 것은 좋은 글이라고 할 수 없다. 내용이 충실한 글을 쓰려면 글의 과제에 대하여 아는 것이 많아야 한다.

둘째, 교과서 문장은 국어 표기나 표현이 정확해야 한다. 정확한 글이란 정서법, 띄어쓰기, 문장 부호 등을 포함한 어문 규정과 국어 문법에 정확히 맞게 쓴 글을 말한다. 어문 규정을 잘 지키는 것은 글쓰기의 기본적인 자세이다.

셋째, 교과서 문장은 표현 내용이 정직해야 한다. 자기가 독창적으로 쓴 글인가, 남이 쓴 글의 일부를 따왔는가, 어떤 개념을 인용했는가를 분명히 밝혀야 한다. 글을 쓸 때에 글쓴이는 출처를 밝혀야 한다. 정직한 문장이란 글쓴이가 현장의 실태나 설문의 내용을 정확하게 기술해야 하는데 자신의 의도에 부합하도록 왜곡, 조작하는 일이 있어서는 안 된다.

넷째, 교과서 문장은 성실한 내용을 담아내야 한다. 글쓰기에 성실한 사람은 일정한 과제에 대하여 자기가 실제로 보고 생각하는 것을 정리하여 쓰려고 한다. 이와 반대로 글쓰기에 성실하지 못한 사람은 설익은 문장으로 자신을 과시하려고 허세를 부리려고 한다.

다섯째, 교과서 문장은 내용이 분명하고 명료해야 한다. 무엇을 쓰고 있는가를 분명히 알 수 있도록 쓴 글이라야 잘 쓴 글이라고 할 수 있다. 말할 것이 없거나 다루는 문제에 대한 관찰력이 없고 부정직한 내용 때문에 흐려져 있을 경우에도 글의 내용이 명료성을 잃게 되는 것이다.

여섯째, 교과서 문장은 형식과 내용 모두 일관성이 있어야 한다. 일관성이 있는 문장은 글의 시점, 난해도, 어소, 문제, 내용 등이 일률석이어야 한나는 것을 뜻한다. 특별한 경우가 아니라면 가능한 한 문장의 중간에서 내용을 바꿀 필요가 없다.

일곱째, 교과서 문장은 내용의 독창성이 있어야 한다. 글은 특정한 개인이 쓰지만 그 개인의 경험과 지식, 상상력이 그의 인성에 작용하여 표현되는 언어 능력의 창조적인 행위이다. 그래서 글의 독창성이란 '개성'과도 통하는 것이다.

여덟째, 교과서 문장은 내용의 타당성이 있어야 한다. 내용의 타당성과 관련된 것은 ① 시점 ② 독자 ③ 목적 등을 고려해야 한다. 먼저 '시점'은 작중 화자의 인칭을 기준으로 하는데, 특히 '소설, 담화문, 논설문' 등에서 시점은 그 무엇보다도 중요하다. 그 다음으로 '독자'에 대한 것은 이 글을 누가 읽게 될 것인가? 물론 교과서는 교사와 학생이 읽는다는 것이 전제되어 있지만 글쓴이는 항상 독자를 고려해서 글을 써야 한다. 목적의 타당성은 서술 양상에 따라 다르다. 설명하는 글은 철저히 객관적으로 사물의 '무엇'이나 '어떠함'을 알리는 것이 목적이고, 논증의 글은 지적이면서 강한 의지가 내포되어야 한다.

교과서 문장은 위와 같은 일반적인 글쓰기의 구비 조건 외에도 교과서만이 지니는 특수한 조건도 있다. 공통적으로 제시할 수 있는 것이 교육 법령의 준수, 교육과정의 구현, 교육의 중립성 유지, 교과 교육 내용의 적정화, 교과 내용의 범위와 수준, 교과 내용의 선정 및 조직, 학습자 중심의 목표 진술, 수준별 교과서 개발, 교과서 간의 관련성, 저작권 법령의 준수, 범 교과 학습의 반영 등이 더 있다.

3. 교과서 문장의 진술 과정

일반적인 문장의 글쓰기와 교과서의 진술 과정은 차이가 있다. 먼저 일반적인 문장의 글쓰기 진술 과정을 살펴보면 처음과 끝, 문장 쓰기, 단락 쓰기, 단어의 선택, 문체의 선택, 수사법의 이해와 활용 등을 열거할 수 있다. 물론 이것도 글의 종류에 따라 동일하지 않기 때문에 여기서는 공통적인 내용만을 살펴볼 것이다. 또한 교과서의 진술 과정도 각 교과목별, 학년별로 동일하지 않으므로 공통 요소인 기본 전제와 진술 체제만을 살펴볼 것이다. 그 기준은 제7차 교육과정과 '국어'(예시) 과목이 될 것이다.

3.1. 일반적인 문장의 글쓰기 과정

3.1.1. 처음과 끝

글은 처음 한 단어에서 시작하여 마지막 한 단어로 끝이 난다고 한다. 이 단어의 배열과 구문의 전개에는 일정한 질서와 규범이 있다는 것이다. 이러한 질서와 규범은 모두 동일할 수가 없다. 글의 창조적 측면을 고려하면 소재·제재·주제, 초고, 첫머리(서두), 마무리, 제목, 낯섦과 의사 진술(擬似陳述), 퇴고 등을 언급할 수 있다.

첫째, 글의 소재는 글의 으뜸이 되는 재료로서, 글쓴이의 안목에 비친 대상. 자연물, 사회 환경, 인물의 행동, 감정, 관념 등을 말하며 제재는 예술 작품, 학술 연구 따위의 바탕이 되는 재료와 제목 등을 말한다. 또 주제는 제재에 의미를 부여하거나 가치 평가를 내려 글의 동기 및 통일적 기본 이념으로 삼는 것. 핵심이 되는 의미 또는 중심 사상을 말한다.

둘째, 글의 초고로 완결을 보는 사람과 몇 번이고 퇴고하고서야 만족하는 사람이 있다. 구상에서 초고까지의 절차는 ① 잠재된 자기다운 관점(소재, 제재 등)을 선별하여 최종적으로 마음속에 떠올리고, ② 요점이 될 만한 사항들을 메모하고, ③ 메모된 것들 중 가장 핵심적인 것 하나를 확정하고, ④ 요점이 될 사항들의 서술 순서를 정하고 부분과 전체의 유기적 관계를 표시하고, ⑤ 개요 곧 대강의 요점을 적고, ⑥ 개요에 따라 화제와 상세화로 나누어 단락을 구분하는 것이다.

셋째, 글의 첫머리는 바람직한 경우와 그렇지 못한 경우로 나눌 수 있는데 바람직한 경우는 ① 사실의 어떠함을 직접 진술 ② 과제에 대한 간략한 소개 ③ 솔직히 자기 고백적으로 진술 ④ 의문형의 적절한 제시나 열거 ⑤ 짧고 참신한 관련성이 있는 어구나 사항의 인용 ⑥ 과제와 관련 있는 주의 환기 등이 있고, 그렇지 못한 경우는 ① 상식에 불과한 인생론을 과장하여 꺼내 놓음 ② 주어진 과제에 대하여 불평하는 내용 ③ 개인적인 변명을 늘어놓음 ④ 사전적 정의를 인용하는 내용 등이 있다.

넷째, 글의 마무리는 요약·전망, 일반적 진술, 여운, 절정의 방법을 따른다.

요약·전망은 본론의 내용을 요약하면서 빠진 것을 보충하는 것으로 논문, 비평문, 논설문, 설명문에 적합한 마무리 방법이다. 일반적 진술은 추상적이고 일반적인 진술로 마무리하는 글로 수필에서 이런 방법을 쓴다. 여운은 일반적 진술이나 요약적 제시가 없이도 분위기로써 그런 것을 다 이루어진 것으로 보는 글에서 여운을 남기며 끝맺는 것을 볼 수 있다. 절정은 드문 예이지만 글의 절정에서 끝내고 마무리 지어 결말의 처리는 읽는 이의 상상에 맡기는 경우이다.

다섯째, 글의 제목은 이해하기 쉽도록 선명한 것이 좋고 분위기, 어조 등을 암시하는 것이 좋다. 그러나 지나치게 명료하고 신비롭거나 현학적이면 읽는 이를 당혹시킬 수도 있다.

여섯째, 낯섦과 의사 진술(擬似陳述)은 글쓰기가 새로운 것의 창조라는 점에서 매우 중요하다. 물론 제재, 주제, 제목, 구성 표현이 모두 참신하고 낯설어야 함은 두말할 필요가 없다. 사람은 항상 똑같은 것에서 싫증을 느끼기 때문에 새로운 것의 창조에 호기심을 갖게 마련이다.

일곱째, 퇴고에는 부가의 원칙, 삭제의 원칙, 구조의 원칙 등 일반 원칙이 있다. 부가의 원칙은 모자라거나 빠뜨린 것을 찾아서 보충해 넣는 것을 말하고, 삭제의 원칙은 불필요하거나 지나치게 복잡한 말을 깎아 없애는 것을 말하고, 구조의 원칙은 문장의 전개 방식을 효과적으로 재배열하는 것을 말한다.

3.1.2. 문장 쓰기

3.1.2.1. 문장의 원리

글쓰기에서 완결성을 향한 생각의 최소 단위는 문장이다. 문법에 맞는 문장을 완전하게 쓰는 것이야말로 글쓰기의 첫걸음이라고 할 수 있다. 문장의 원리는 정확성, 경제성, 다양성, 강조성, 균형과 병렬, 동어 반복 회피 등을 열거할 수 있다.

첫째, 문장은 문법에 맞도록 써야 한다. 글 속에 비문(非文) 곧 문법에 맞지 않는 문장이 들어 있으면 글 전체의 뜻이 훼손된다. 문법에 맞는 정확한 글을 쓰려면 조사, 어미, 시제, 서술어 등의 형태와 구실에 대하여 유의해야 하고 성분끼리 자연스럽게 호응을 이루도록 해야 문장의 뜻이 분명해진다.

둘째, 문장은 필요한 낱말을 상황에 맞게 쓰되 필요한 만큼만 나타내야 한다. 똑같은 생각을 말만 바꾸어 반복하는 것, 대등 동의어를 사용하는 것, 실용성이 없는 낱말을 사용하는 것, 말을 에둘러 우회하는 것, 과중한 구문 등은 삼가야 한다.

셋째, 문장을 단조롭게 하는 것도 피해야 한다. 뜻은 같거나 비슷하더라도 다양한 문장을 써서 효과를 달리할 수 있다. 다양한 문장이 읽는 이에게 감명을 주는 것이다.

넷째, 문장을 강조하는 방법으로 분리, 어순 도치, 반복, 병치 등이 있다. 먼저 분리는 강조하고 싶은 부분을 문장의 첫머리에 분리시켜 서술하는 방법이고, 어순 도치는 성분의 순서를 바꾸었을 때 문장의 뜻이 강조되는 방법이다. 또 반복은 어떤 부분을 중복하면 뜻이 강조되는 것이고, 병치는 대등한 단어나 구, 절 등을 나란히 서술하여 강조하는 방법이다.

다섯째, 문장 속에서 열거나 비교, 대조하는 단어, 구, 문장이 둘 이상 있을 때에 이들은 균형을 이루어야 한다. 균형을 잃은 문장은 결코 좋은 문장이 될 수 없다.

여섯째, 반복을 피할 수 없거나 뜻을 강조하여 쓸 때가 아니고는 같은 글 속에서 같은 단어나 구절이나 어미, 조사 등을 되풀이하여 사용하지 않는 것이 글쓰기의 기본 상식이다. 반복할 필요가 없는 말은 같거나 비슷한 뜻을 지닌 다른 말로 바꾸어 쓰거나 지시어 또는 접속어를 써서 반복을 피해야 한다.

3.1.2.2. 문장의 길이

문장의 길이는 알맞아야 한다. 문장이 너무 길어서는 개념이나 느낌의 핵심이 파악되지 않는다. 문장이 너무 길어 일어나는 문제점으로는 난해성과 비논리성이 지적된다.

한 문장의 단어 수효를 알맞게 제시하기를 어렵지만 이해의 정도를 측정한 연구도 있다. (8단어 이하인 문장은 이해하기가 매우 쉬움, 11단어는 꽤 쉬움,

14단어는 쉬움, 17단어는 보통, 21단어는 어려움, 25단어는 꽤 어려움, 29단어 이상은 매우 어려움). 또 우리나라 신문 기사 문장의 길이는 대개 62자, 논문은 51자, 소설은 31자라는 보고도 있다. 이러한 것을 추정해 본다면 우리 문장의 표준 길이는 50자 안팎으로 보는 것이 좋을 것이다.

긴 문장을 피하는 방법으로 50자 이내의 길이, 1문장 1개념, 단순한 문장 구조 등을 제시할 수 있을 것이다. 한 문장은 한 개념이나 한 사실만 담는 글이 좋다. 한 문장에 여러 가지 개념이나 사실이 담겨 있다면 뜻이 불분명해지고 읽는 이를 복잡하게 할 수 있다.

3.1.2.3. 난해성과 비논리성

문장을 난해하게 하거나 비논리적으로 만드는 것은 여러 가지 요인이 있다. 먼저 문장을 난해하게 하는 까닭으로 성분의 생략, 성분의 호응, 긴 문장, 부적절한 어순, 균형 잃은 병렬문, 수식 구조의 교체, 모호한 구문, 부적절한 조사나 어미 사용 등이 있고, 비논리적인 문장으로는 부적절한 접속 관계, 성분 간의 부적절한 호응, 지나친 성분의 생략 등이 있다.

좀 더 구체적으로 살펴보면 글쓰기에서 꼭 있어야 할 성분을 생략하면 뜻이 불명확하고 난해한 문장이 되기 쉽다. 또 긴 문장에서 성분 간의 호응이 안 되어 문장의 뜻이 제대로 파악되지 않는 경우도 있으며 부적절한 어순 때문에 문장의 뜻이 달라지는 경우도 있다. 병렬문에서는 열거되는 단어, 구, 문장은 동질적이고 대등한 것이어야 하는데 그렇지 못하여 난해한 경우가 있고, 수식어와 피수식어의 순서가 교체되어 난해한 문장이 되기도 한다. 아울러 비슷한 말을 중언부언하거나 구문이 잘못되면 문장의 뜻이 모호해지기도 하며 부적절한 조사나 어미를 사용하여 문장의 뜻이 잘 전달되지 않거나 오해를 빚는 경우도 있다.

비논리적인 문장은 쓰는 사람의 사고가 통일되어 있지 않거나 표현력이 부족할 때에 생겨난다. 부적절한 접속 관계는 문장 내부의 단어, 어절, 구와 이은 문장들이 자연스럽지 못한 경우를 말하며 성분 간의 부적절한 호응이나 성분의 생략은 문장의 논리를 깨뜨리는 원인이 되기도 한다.

3.1.3. 단락 쓰기

단락의 구성은 단락의 원리, 단락의 접속, 화제의 전개라는 세 관점에서 설명될 수 있다. 단락의 원리는 단락의 내부 또는 단락 상호간의 정적인 질서를 세운 이론이고 단락의 접속과 화제의 전개는 단락 상호간의 동적인 접속 관계, 부분과 전체의 유기적 관계 또는 총체적인 논의를 하는 부분이다.

단락은 문장이 모인 것이고 담화의 단위가 된다. 흔히 교육부의 표준 용어로는 '문단'이라는 용어를 쓰기도 한다. 단락의 원리는 통일성, 일관성, 완결성, 강조성을 말한다.

첫째, 통일성이란 한 단락 안에서 다루어지는 화제는 하나여야 한다는 것이다. 만약 둘 이상의 화제를 대등하게 다룰 수밖에 없는 경우라면 그 자체도 통일된 인상을 주는 것이어야 할 것임은 물론이다.

둘째, 일관성은 단락을 이루는 여러 문장들이 긴밀한 결합력을 보이는 기본 성질을 뜻한다. 단락 내부의 여러 문장들은 한 단락을 지배하는 일관된 질서와 그에 맞는 논리성에 따른 유기적 관련성이 있는 구조라야 하기 때문이다. 다시 말하면 한 단락은 문장의 무의미한 집합이 아니라 문장의 일관성이 있는 집합이어야 한다.

셋째, 단락은 주제 또는 중심 사상을 담는 부분과 이를 뒷받침해 주는 내용을 담는 부분으로써 완결된다. 이 같은 두 부분의 요지를 각각 한 개의 문장으로 나타낼 때에 이를 주제문과 뒷받침 문장이라고 한다. 뒷받침 문장은 주제문의 내용을 뒷받침하기 위한 근거가 되는 이유 제시, 예증, 인용, 경험 소개, 상세화 등을 담아야 한다.

넷째, 글에서 두드러지게 내용을 중요시하여 진술하는 것을 강조성이라고 한다. 문장에서 어느 부분이 강조되었는지 알지 못하도록 쓴 글은 전달 면에서 실패한 글일 수밖에 없다. 강조된 부분이 모든 글의 회제 또는 중심 사상이냐 하면 반드시 그렇지는 않다.

3.1.4. 단어의 선택

완결된 하나의 글은 단어 하나하나의 결정체라고 표현할 수 있다. 이상적인 수준의 글은 덧붙여도 솎아 내어도 안 되는 단어들이 모인 것이다. 이처럼 중요성이 강조되는 단어의 선택은 글 쓰는 이의 타고난 역량과 '문장 수련'이라는 노력이 결합할 때에 바람직한 상태에 이르는 것이다.

단어는 흔히 지시적 의미와 함축적 의미로 나눌 수 있는데, 지시적 의미는 사전적 의미와 문맥 의미로 다시 구분된다. 운문은 지시적 의미와 함축적 의미가 형성하는 적절한 긴장을 동반해야 하며 산문은 함축적 의미를 될 수 있는 한 잘게 부수고 풀어 놓아야 하고 언어의 비연속성을 실재의 물리적 연속성으로 환원시키려는 노력을 기울여야 한다.

단어의 종류에는 공식어와 속어, 일반어와 특수어, 구체어와 추상어, 고유어와 차용어 등 여러 종류가 있다. 이들을 잘 선택해서 적절하게 활용해야 좋은 글이 된다. 공식어는 '품위 있는 언어생활'에 적합한 말이고 속어는 창작문 등에 잘 활용하면 효과가 있다. 구체어는 일정한 대상이나 행동을 지시하는 단어이고 추상어는 일정한 대상에 대한 연상이나 성격을 나타내는 말이다. 고유어는 토박이 말을 가리키고 차용어는 한자어나 외국어, 외래어를 가리키는 말이다.

좋은 글을 쓰려면 어휘력이 풍부해야 한다. 어휘력이 풍부한 사람의 글은 내용이 알차고 충실하다. 적절하게 어휘를 부려 쓰는 사람이 좋은 글을 쓸 수 있다는 것을 명심해야 한다.

3.1.5. 문체의 선택

글의 효과는 문체가 결정한다고 한다. 어떤 상황에서 어떤 말을 택하여 어떤 체재로 쓸 것인가의 문제는 글쓴이의 역량에 달려 있다. 문체란 글의 체재나 양식, 곧 글의 맵시나 됨됨이를 뜻한다. 문체의 종류는 간결체, 만연체, 강건체, 우유체, 건조체, 화려체로 구분한다.

그러나 문체는 이와 같은 기계적인 6분법의 기준에 따라서만 구분될 수 없고 또 같은 문장이나 글 속에서도 이런 요소가 다양하게 뒤섞일 수 있으므로 이런 전통적인 구분법이 반드시 꼭 맞는 것은 아니지만 특별한 내용 분류 방법이 없으므로 이들의 특징을 살펴보면, 강건체는 문장이 씩씩하고 굳센 문체로 논설문이나 연설문의 문체에 어울리고 우유체는 온화하고 부드러운 문체로 수필에 알맞다. 간결체는 요령 있고 간결한 압축적인 문체로 단편 소설에 알맞고 만연체는 세세한 감흥까지 다루어 주로 중편이나 장편 소설에 잘 어울린다. 화려체는 온갖 미사여구를 동원하여 아름답게 꾸민 문체로 여성적인 글에 잘 어울리고 건조체는 뜻의 전달에만 치중한 논문, 기사문의 문체에 알맞다.

문체를 분류하는 다른 형식의 방법으로 구어체와 문어체, 국한문체 및 번역체, 경어체·비어체·평어체 등으로 구분할 수도 있다. 구어체는 회화체 문장을 말하며 문어체는 일정한 양식과 품위나 격식을 차린, 틀에 맞는 문체이다. 국한문체는 우리말과 한문이 섞여 있는 문장이고 번역체는 외국의 글을 우리말과 우리글로 옮긴 문체로 역어체라고도 한다. 경어체·비어체·평어체는 경어법과 관련된 것으로 경어체는 높임말로 쓴 문체를 말하고 비어체는 낮춤말로 쓴 문체를 말하고 평어체는 일상 쓰는 문체를 말한다.

문체의 선택은 자신의 개성에 맞게 선택하는 것이 바람직하지만 대개는 다음과 같은 기준이 있다. ① 자신의 개성에 맞는 문체를 선택한다. ② 자신이 쓰고 싶은 글의 내용을 확정한 다음에 알맞은 문체를 선택한다. ③ 시간·장소·상황·글의 과제·독자와 자신이 쓰려는 글의 목적에 부합되는 문체를 선택한다. 물론 이러한 기준이 모든 문장에 반드시 맞는 것은 아니므로 문체의 묘기가 글의 내용, 경제성 등을 압도해서는 안 될 것이다.

3.2. 교과서 문장의 진술 과정(예시)

3.2.1. 진술을 위한 기본 전제

첫째, 제7차 교육과정의 가장 큰 특징은 수준별 교육과정의 편성과 운영이다. 물론 수준별 교육과정을 운영하는 교과가 한정되어 있기는 하지만 기본 교과(국어, 수학, 사회, 과학, 영어)는 모두 이에 해당한다. 교육부 지침에 따르면 국어과의 경우는 심화 보충형 수준별 교육과정으로 되어 있어야 하며 기본 학습 능력에 대응하여 심화 학습 또는 보충 학습이 이루어질 수 있도록 편성할 것을 요구하고 있다.

둘째, 수준에 따른 개별화 수업이 가능하도록 교과서가 진술되어야 한다. 여기에서 수준은 학습 시작 단계에서 학생들의 성취 수준일 수도 있고, 단위 학습을 마친 뒤에 학생이 성취한 수준일 수도 있다. 국어과의 경우는 후자가 더 효율적이므로 개별화 수업이 가능하도록 교과서는 진술되어야 한다.

셋째, 학습 능력에 따른 차별화된 내용이 진술되어야 한다. 여기에서 학습 능력은 학생들이 학습할 시점에서 지닌 능력 수준을 말하며 이에 적합한 교육 내용을 제공한다는 것이다.

3.2.2. 진술 외형 체제

제7차 교육과정이 수준별 교육과정을 편성 운영해야 한다는 점에서 교과서의 진술 외형 체제는 대체로 성격, 목표, 내용, 방법, 평가 등으로 구분해 볼 수 있을 것이다. 여기에서 수준별(학년별) 교육 내용은 기본 교육 내용에 대한 수준별 학습 활동의 사례를 제시하여 교사가 교수 학습 계획을 수립하는 데 참고하도록 진술되어야 한다.

첫째, 성격과 목표는 역동적인 교육 현상을 수용하여 실질적으로 수행이 가능한 수준별 교육 목표의 진술이 이루어져야 한다. 여기에서 주목되는 것은 역동적 교육 현상으로 통합하는 방법의 제시와 수행 가능한 수준별 교육 목표의 제시에 대한 요구일 것이다.

둘째, 교육 내용은 전통적인 방식(국어의 경우 말하기, 듣기, 읽기, 쓰기, 언어, 문학)의 영역 구분이 수준별 교육과정 구성에 적합하도록 통합하는 방법을 강구하고 진술 방식도 이에 맞도록 적정한 내용이 진술되어야 한다.

셋째, 교수 학습 방법은 교육 내용이 체계적이고 효율적으로 교수 학습 방법이 이루어질 것을 요구하고 있다. 특히, 학습 과제 해결을 위한 기본 절차, 동기 유발, 학습 내용 개관, 학습 목표의 구체화, 활동의 구체적 내용 등에 관한 사항을 포함하도록 진술되어야 한다.

넷째, 평가 체제 및 방법은 인지적 학습과 정의적 학습에 대한 평가가 균형 있게 이루어지도록 하고, 평가 목표와 내용, 강조점 등을 일관성 있게 제시되도록 진술되어야 한다. 평가 결과를 수준별 교육과정의 지향점인 개별화 수업을 위한 기초 자료로 활용하도록 하는 지침, 전체적으로 교육의 한 과정으로 평가를 계획하고 실천하는 데 도움이 되는 지침을 개발하여 제시하도록 진술되어야 한다.

3.2.3. 교과별 내용 진술

3.2.3.1. 교과별 내용의 선정과 조직

교과별 내용의 선정과 조직은 동일하지 않지만 기본적으로 포함하여야 할 사항이 있다. 먼저 내용의 선정과 관련해서 ① 국어 과목의 교육과정에 제시된 성격과 목표, 국어 교육의 취지를 충실히 드러낼 수 있는 내용을 선정해야 한다. ② 학생의 욕구를 충족시킬 수 있도록 가능한 한 재미있고 감동적이며, 학생들에게 교훈적인 것을 고려하여 경험적, 실천적인 현상에 기반을 둔 내용을 선정해야 한다. ③ 지식 이해와 국어사용 및 실천에 균형을 이루고 어느 특정한 분야에 편중되지 않도록 내용을 균형 있게 선정한다. ④ 우리 문화의 정체성을 이해하고 지식·정보 사회에 필요한 가치관 형성과 창조력을 신장하며 국어 매체 환경에 적응력을 제고할 수 있는 내용을 선정해야 한다.

내용의 조직과 관련해서 ① 단위 배당 기준에 알맞은 분량을 선정하여 창의적으로 조직해야 한다. ② 국어 과목의 모든 영역과의 연계성을 고려하고 실용성과 교양성이 드러나 실질적으로 심화 선택 과목과의 교량적 학습이 이루어지도록 내용을 조직해야 한다. ③ 국어 과목의 특성을 살려 학습의 효율성을 높이고 지식의 제공은 가급적 최소화하며 예시 자료 및 실천 과제 해결에 중점을 두어 쉽고 재미있게 체계적으로 학습할 수 있도록 조직해야 한다. ④ 지식, 규범, 사회와 문화, 예술 창조, 이념 창조의 차원 등 국어 층위가 밀접한 상관성을 유지하도록 내용과 단원을 조직해야 한다. ⑤ 학생 중심의 학습이 이루어지도록 교수·학습 과정이 드러나게 내용을 조직해야 한다.

3.2.3.2. 단원의 구성 체제

학생이 국어사용의 실천적 능력을 효율적으로 신장하고 자기 주도로 학습할 수 있도록 몇 가지 원칙을 만들어 창의적으로 구성해야 한다. ① 단원은 대단원과 소단원으로 구분하는 것을 원칙으로 하되, 단위 배당 기준과 내용을 고려하여 단원의 수와 배열을 신축적으로 고려하여 구성해야 한다. ② 대단원은 단원의 안내, 소단원, 단원의 마무리 등 세 부분으로 나누는 것을 원칙으로 하되 국어교육이 효과적으로 달성될 수 있도록 학습 목표나 내용의 특성에 따라 다양한 체제로 구성해야 한다. ③ 단원의 안내에서는 단원의 개요, 학습 목표 제시, 선수 학습 확인 등으로 구성해야 한다. ④ 소단원에서는 학습의 목표, 방법 및 절차 등 소단원의 체제를 고려하여 제재를 복수 이상으로 제시하고 교수·학습이 일관되게 전개되도록 해야 한다. ⑤ 단원의 마무리에서는 학습한 원리의 일반화와 실생활에서의 적용 가능성을 높일 수 있도록 보충·심화 자료 등을 제시하며 평가 활동이 효과적으로 이루어질 수 있도록 창의적으로 구성해야 한다.

3.2.3.3. 교과 내용의 수준과 범위

국민 공통 기본 교육과정 국어 교과목의 학습 성과를 바탕으로 하여 국어사용의 실천적 능력을 실질적으로 신장시키는 내용으로 작성되어야 한다. 또 국어사용의 일반적인 소양과 일상생활에서 국어 문화를 창조하는 능력을 기를 수 있도록 하되 다음 사항을 고려하여 작성되어야 한다. ① 국어와 우리의 삶 영역에서는 국어와 우리의 삶에 대한 본질적인 국면을 제시하고 언어적 실천으로 승화할 수 있는 삶의 방식에 중점을 두어야 한다. ② 국어 생활의 실천 영역에서는 국어 규범, 다양한 국어 문화 등을 이해하고 국어의 심미적 창조와 향유를 통해 구체적인 국어 경험과 실천에 중점을 두어야 한다. ③ 국어 생활과 국어 정신 영역에서는 올바른 국어사용을 통하여 민족의 정체성을 확립하고 우리말과 나라 사랑의 정신을 함양하는 데 중점을 두어야 한다.

3.2.3.4. 진술 방법 및 지면 구성

진술 방법 및 지면 구성에 대하여는 대체로 다음 사항을 지켜야 한다. ① 교육의 내용과 대상에 대한 설명이 정확하고 편견이 없어야 하며, 학습 용어 사용에 일관성이 있어야 한다. ② 학습 목표, 학습 안내, 학습 활동 등의 제시나 설명은 간결하고 구체적이며 통일성 있게 진술해야 한다. ③ 학습의 효과와 심미적 측면을 고려하여 활자의 크기와 배치, 삽화·사진의 크기와 위치 등을 다양하게 하여 지면을 구성해야 한다. ④ 지면을 효율적으로 활용하여 핵심어, 난해어, 구절 풀이 등을 제시하는 '중요 어구', 학습 자료, 참고 내용, 심화 학습 등의 내용을 진술하는 '참고'란을 두어야 한다. ⑤ 도표나 도식 등의 색상이나 모양은 학습 효과를 고려하고 국어 교과의 특색을 살려 시각적으로 돋보이게 하여야 한다. ⑥ 타 교과목의 영역에 속하거나 중복되는 내용은 해당 교과목의 설명과 어긋남이 없어야 한다.

4. 교과서 문장의 교열과 교정

교과서 문장은 우리 모두에게 있어 언제나 옳은 문장이고 가장 모범적인 문장이라고 인정되어 왔다. 그래서 배우는 학생이나 가르치는 교사는 물론 온 국민이 교과서 문장을 가장 잘 되고 모범적인 문장이라고 생각하고 이를 본받고 있다. 특히 '국어' 교과서 문장은 실질적인 글쓰기 지침서의 구실을 하고 있는 것이다.

그런데 국어 교과서 문장도 자세히 살펴보면 잘못된 표기나 표현이 수없이 많이 나타나 있다. 여기에 예시된 잘못된 표기나 표현은 주로 국어 교과서에 나타난 것들이다. 다만, 여기에서는 오류의 유형으로만 예시되었음을 밝힌다.

4.1. 교과서 문장의 표기 오류

4.1.1. 한글 맞춤법과 표준어 규정에 어긋난 표기

4.1.1.1. 사이시옷의 오류

한글 맞춤법에서 가장 적용하기 힘든 조항 중의 하나이다. 아래의 예시는 교과서 문장에서 반복적으로 실수하는 대표적인 사례이다.

> (1) 노래말(→노랫말)[초등 읽기], 치마 자락(→치맛자락)[중학 국어], 뫼골(→묏골)[고등 국어]
> (2) 바윗덩어리(→바위 덩어리)[초등 읽기], 하룻동안(→하루 동안)[중학 생활 국어]

합성어를 인정하는 기준은 국어학자, 국어사전에 따라 다를 수 있지만 국립국어원의 '표준국어대사전'을 따르면 그렇다는 것이다. 사이시옷의 표기에 대해서도 국어학자마다 서로 의견이 다를 있을 수 있지만 한글 맞춤법 제30항의 규정에 따라 (1)의 낱말은 사이시옷이 들어가야 옳고, (2)의 낱말은 합성어 구성이 아니고 통사 구성이므로 들어가지 않아야 옳다.

4.1.1.2. 비표준어

비표준어의 사용은 맞춤법의 오류보다 빈도가 높은 편이다. 그러면서도 맞춤법에 비하여 더 민감한 문제를 안고 있다.

(3) 엉치(→엉덩이)[초등 읽기], 야멸찬(→야멸친) 표정[중학 국어], 말예요(→말이에요)[고등 국어]

(4) 푸르름(→푸름)[초등 말하기], 설레임(→설렘)[중학 국어], 쌉싸름한(→쌉싸래한)[고등 국어]

(3)의 낱말은 문학 작품에 나온 비표준어이다. '엉치'는 '엉덩이'의 방언이고, '야멸찬'도 비표준어의 어형으로 '야멸친'을 잘못 쓴 것이다. '-예요'도 앞말이 자음으로 끝나는 말 뒤에서는 '-이에요'의 형태가 되어야 한다. (4)의 낱말 '푸르름, 설레임'은 '푸르다, 설레다'가 기본형이므로 '-르-' 또는 '-이-'가 들어갈 필요가 없다. '쌉싸름하다'는 표준어 '쌉싸래하다'보다 더 익숙한 어형이지만 표준어에서는 인정하지 않고 있다.

4.1.1.3. 띄어쓰기의 오류

한글 맞춤법에서 띄어쓰기가 매우 불완전하고 복잡한 문제여서 교과서 문장 여러 곳에서 띄어쓰기의 오류가 자주 발견된다. 국어사전에서도 이에 대한 표제어가 엇갈려 그 판단이 쉽지 않다.

4.1.1.3.1. 합성어의 띄어쓰기 오류

합성어와 관련된 띄어쓰기는 아주 난해한 부분에 속한다. 국어학에서 합성어는 두 개 이상의 자립적인 단어가 결합하여 한 단어로 굳어진 것을 말하며, 합성어의 대표적인 특징으로 의미의 특수화를 말하고 있다.

(5) 소아 마비(→소아마비)[초등 읽기], 틀 니(→틀니)[중학 국어], 대한 민국(→대한민국)[고등 문법]

(6) 아기나무(→아기 나무)[초등 쓰기], 콘크리트더미(→콘크리트 더미)[중학 국어], 표현과 이해요소(→이해 요소)[고등 국어]

(5)의 '소아 마비'는 특수화된 단어이므로, '틀 니'는 음운 변동(ㄴ 첨가)이 일어

났으므로 합성어이다. '대한 민국'은 한 나라의 국명이므로 특수화된 단어이다. (6)의 낱말은 '아기+X'의 유형으로, 초등학교의 교과서에서 이 유형이 많이 나오는데 동물의 가족 관계 등을 표현하는 '어미 (닭), 아기 (오리)' 등이 합성어를 이루는 것이 아니므로 띄어 써야 한다. '아기나무, 콘크리트더미'도 합성어가 아니므로 '아기 나무, 콘크리트 더미'처럼 띄어 써야 한다. '표현과 이해요소'는 '이해요소'를 한 단어로 보기도 어렵지만 통사 구성이 '[표현과 이해]+요소'라는 점을 생각하면 띄어 써야 한다. 합성 명사와 관련하여 통사 구성인지 합성어인지 분간하기 어려운 경우가 훨씬 더 많다.

(7) 국어 사전(→ 국어사전)[초등 읽기], 공중 전화(→ 공중전화)[중학 생활 국어], 등장 인물(→ 등장인물)[고등 국어]
(8) 비닐 하우스(→ 비닐하우스)[초등 읽기], 백발 백중(→ 백발백중)[중학 국어], 동빙 한설(→ 동빙한설)[고등 국어]

(7)의 낱말은 의미의 특수화가 일어난 것이므로 붙여 쓴다. 그러나 이들이 통사 구성인지 합성어인지 판단하기는 쉬운 일이 아니다. (8)의 낱말은 외래어와 한자성어이므로 한 단어로 취급하여 붙여 써야 한다. 외래어는 원래 외국어에 기원을 두고 있지만 우리말처럼 쓰이고 있으므로 그 전체가 한 낱말이다. 한자성어인 '백발백중'도 역시 '백발'과 '백중'이 각각 낱말로 쓰인 것이 아니고 그들이 결합함으로써 특수한 의미를 갖는다는 점에서 합성어이다.

(9) 을러 대다(→ 을러대다)[초등 읽기], 그만 둔다(→ 그만둔다)[중학 국어], 덧 씌우는(→ 덧씌우는)[고등 국어]
(10) 부정타지(→ 부정 타지)[초등 읽기], 시치미떼며(→ 시치미 떼며)[중학 국어], 어거지쓰고(→ 어거지 쓰고)[고등 국어]

(9)의 낱말 '을러 대다'는 '위협적인 언동으로 남을 억누르다'의 뜻으로 쓰인 합성 동사이므로 붙여 써야 하고, '그만 두다'는 '하던 일을 그치다'의 의미로 쓰인 합성 동사이므로 붙여 써야 한다. '덧 씌우다'도 '덧–'이 접두사로 쓰인

파생어이므로 붙여 써야 한다. (10)의 낱말은 모두 통사 구성이므로 띄어 써야 한다.

4.1.1.3.2. 관형사, 의존 명사, 접미사, 보조 용언의 띄어쓰기 오류

이들을 명쾌하게 구분하여 띄어쓰기를 잘하기는 쉬운 일이 아니다. 관형사와 의존 명사는 띄어 쓰고 접두사와 접미사를 붙여 쓰는 것은 누구나 다 아는 일이지만 문장 속에서 이들을 구분하는 일은 매우 어렵다.

(11) 갓스물에(→갓 스물에)[초등 읽기], 전세계(→전 세계)[고등 국어]
(12) 지구상에서(→지구 상에서)[초등 읽기], 중학생이 된만큼(→된 만큼)[중학 국어], 열시입니다(→열 시입니다)[고등 문법]
(13) 부탁 드립니다(→부탁드립니다)[초등 읽기], 20여 년 간(→20여 년간)[중학 국어], 계속 할(→계속할)[중학 생활 국어]
(14) 살려달라고(→살려 달라고)[중학 국어], 내려주었다(→내려 주었다)[중학 국어], 가보았다(→가 보았다)[중학 생활 국어]

(11)의 낱말은 관형사와 명사의 구성이므로 관형사를 띄어 써야 하고, (12)의 낱말은 명사와 의존 명사의 구성이므로 의존 명사를 띄어 써야 한다. (13)의 낱말은 접미사이므로 붙여 써야 하고, (14)의 낱말은 본용언과 보조 용언 구성이므로 원칙적으로 보조 용언을 띄어 써야 한다.

4.1.2. 외래어 표기 규정에 어긋난 표기

외래어는 교과용 도서의 문장에서 많이 쓰이지 않는 편이다. 일부 잘못된 예들이 있는데 외래어 표기법에 따라 적어야 한다.

(15) 맥베드(→맥베스), 세익스피어(→셰익스피어)[중학 국어]

(15)의 낱말 'Macbeth'는 어말 자음 [θ]를 '스'로 적어야 하므로 '맥베스'가 바

른 표기이다. 'Shakespeare'의 어두 발음은 [ʃe-]인데, [ʃ]가 구개음이므로 이를 반영하여 '셰익스피어'로 적어야 한다. 외래어 표기는 외국어의 발음을 그대로 옮기는 것이 아니고 외국어의 발음을 국제 음성 기호(IPA)와 한글 대조표에 따라 적어야 한다.

4.1.3. 잘못 사용된 단어

교과용 도서에서 단어의 의미를 정확히 몰라 잘못 쓴 사례들도 있다. 이런 사례는 의외로 많이 나타나는데 대부분 몰라서 한 실수이므로 반드시 바로잡아야 한다.

(16) 하루빨리 극복되어야(→ 버려야)[중학 국어], 그리고는(→ 그러고는)[중학 국어], 노력이 굉장히(→ 매우) 필요하다고[고등 국어]
(17) 아우라지강(→ 아우라지)[초등 국어], 탈무드의 우화(→ 예화)[중학 국어], 별(*)표 {→ 별표(*)}를 하여[고등 문법]

(16)의 문장은 상황에 맞지 않는 단어를 쓴 경우이다. '극복'은 '악조건이나 고생 따위를 이겨 내는 것'이므로 '극복되다'라는 표현은 부적절하고 '버려야' 정도가 좋을 것이다. 접속 부사 '그리고' 뒤에는 보조사 '은/는'이나 '도'가 올 수 없다. '굉장히'는 아주 많이 남용되는 단어 가운데 하나인데 적절한 상황에서만 사용하는 것이 바람직하다. (17)의 낱말 '아우라지'는 '두 갈래 이상의 물이 한데 모이는 물목'을 뜻하며, 한자어의 결합으로 '합수(合水)+목'이라고도 한다. '아우라지강'은 '아우라지'가 강과 관련된다는 점에서 그렇게 쓴 것 같은데 '아우라지강'은 '역전앞, 처갓집'처럼 이상한 표현이다. '우화'는 이솝의 이야기처럼 동식물 등을 의인화한 이야기이므로 탈무드의 경우에는 맞지 않다. '우화'를 '예화'로 바꾸는 것이 좋을 것이다. '*'의 명칭이 '별'이 아니라 '별표'이므로 '별표(*)'와 같이 표기해야 한다.

4.2. 교과서 문장의 표현 오류

4.2.1. 문장 성분 간의 호응이 깨진 문장

4.2.1.1. 주어와 서술어의 호응

문장 성분 간의 호응이란 기본적으로 문장의 기본 구조와 깊은 관련이 있으며 문장 성분 간의 호응이 깨진 문장은 두 성분 사이의 호응 여부가 중요한 판단 기준이 된다. 주어와 서술어의 호응은 국어 문장으로서 갖추어야 할 가장 기본적인 요소이기 때문이다.

> (1) 소년의 마음은 실망에서 단숨에 기쁨으로 뛰어올랐다.(→소년의 마음은 단숨에 실망에서 기쁨으로 바뀌었다.)[초등 읽기]
> (2) 그 날은 프랑스어의 마지막 수업이었다.(→그 날은 프랑스어의 마지막 수업이 있었다.)[중학 국어]

위의 문장은 주어와 서술어의 호응에 문제가 있다. (1)의 문장은 서술어 '뛰어오르다'의 주어가 '마음'이기 때문에 '마음'이 뛰어오르는 주체가 될 수 없으므로 부자연스럽다. (2)의 문장은 서술어 '수업이다'와 주어 '그 날'이 호응되지 않아 부자연스럽다.

4.2.1.2. 목적어와 서술어의 호응

목적어와 서술어의 호응을 지키지 않아 부자연스러운 경우도 있다. 이 경우 표면상 목적어가 생략된 경우와 목적어가 있어도 서술어와 호응을 이루지 못한 경우가 있다.

> (3) 그림을 멋있게 보이려면 검푸른 초록 나무는 꼭 있어야 됩니다.(→그림이 멋있게 보이려면 검푸른 초록 나무는 꼭 있어야 됩니다.)[초등 읽기]

(4) 스스로 <u>상황</u>을 판단하며 <u>조절하여</u> 효율적으로 말하는 태도와 방법에 대하여 알아 본 다.(→스스로 상황을 판단하여 효율적으로 말하는 태도와 방법에 대하여 알아 본다.) [고등 국어]

(3)의 문장은 서술어 '보이다'가 '그림을'을 목적어로 선택하고 있는데 '보이다'는 '보다'의 피동사이므로 '그림을'을 '그림이'로 바꿔야 자연스럽다. (4)의 문장은 서술어 '조절하다'의 목적어가 무엇인지 알 수 없다. '조절하다'를 삭제하는 것이 자연스럽다.

4.2.1.3. 부사어와 서술어의 호응

교과용 도서의 문장에서 부사어와 서술어의 호응이 이루어지지 않는 문장도 있다. 대부분 의미적 호응이 이루어지지 않고 있다.

(5) 나는 그날, <u>전혀</u>(→<u>아주/매우</u>) 새로운 성질의 반장을 만나게 된 것이었다.[초등 읽기]
(6) '아이우!' <u>커다랗게 하품이었다.</u>(→<u>하품을 하였다.</u>)[중학 국어]

(5)의 문장은 '전혀'가 서술어 '새롭다'를 꾸미고 있는데, '전혀'는 부정을 뜻하는 서술어와 함께 쓰여 '도무지, 아주, 완전히'의 뜻을 나타내고 있으므로 이 문장에서는 어울릴 수 없다. (6)의 문장은 부사어 '커다랗게'가 '하품이다'를 수식할 수 없는데 이를 수식하고 있다. 부사어 '커다랗게'가 수식하도록 하려면 '하품이었다'를 '하품을 하였다'로 바꾸어야 한다.

4.2.1.4. 문장 성분의 누락

교과서에서 문장 성분을 누락시킴으로써 모호한 문장이 된 경우도 상당히 있다. 문장 성분이 누락되었기 때문에 독자에게 오해의 소지를 남긴다는 점에서

주의가 필요하다.

> (7) 호랑이가 <u>장구 소리에</u> <u>춤추는 것을</u> 보고(→ 호랑이가 장구 소리에 <u>맞추어</u> 춤추는 것을 보고)[중학 국어]
> (8) 16세 이하의 어린 나이에 담배를 피우기 시작하면 폐암 사망률이 무려 27배나 된다고 한다. (→ 16세 이하의 어린 나이에 담배를 피우기 시작하면 폐암 사망률이 <u>담배를 피우지 않는 사람과 비교해</u> 무려 27배나 된다고 한다.)[중학 국어]

(7)의 문장은 '맞추어'라는 서술어가 누락되어 이상한 표현이 되었고, (8)의 문장은 비교의 대상이 되는 어구가 제시되지 않아서 이해하는 데에 곤혹스럽다.

4.2.1.5. 나열과 접속 관계의 오류

단어와 단어, 구절과 구절의 나열이나 접속 관계의 오류는 글쓰기에서 흔히 발생하는 유형에 속한다. 기본적으로 동일한 자격을 가진 어구나 어절이 나열되거나 접속되어야 하는데 그와 같은 기본 원리가 지켜지지 않아 문장의 균형이 깨지는 경우가 적지 않다.

> (9) 엄청나게 많은 학생 수와 오래 전통이 있으며(→ <u>학생 수가 엄청나게 많고</u>, 오랜 전통이 있으며[초등 읽기]
> (10) 고래 보호와 고래 종류는 별로 상관이 없잖아?(→ <u>고래를 보호하는 것</u>과 고래의 종류는 별로 상관이 없잖아?)[중학 생활 국어]

(9)의 문장은 '학생 수'와 '전통'이 서술어 '있다'에 걸려 있다. 이 문장은 '학생 수가 많다'와 '오랜 전통이 있다'로 나누어야 자연스럽다. (10)의 문장은 '고래 보호'와 '고래 종류'는 서로 다른 항목인데도 무리하게 접속 조사 '-와'로 연결되어 있다.

4.2.1.6. 조사의 오류

조사의 오류도 교과서 문장에서 빈번히 나타나고 있다. 주격 조사, 목적격 조사, 공동격 조사, 관형격 조사, 처격 조사, 인용격 조사, 보조사의 오류와 조사의 누락 등이 두루 나타나고 있다.

> (11) 일찍 일어나는 새가 벌레도 먼저 잡는다.(→일찍 일어나는 새가 벌레를 먼저 잡는다.)[중학 생활 국어]
> (12) 그런 내 마음과는 아랑곳없이 할아버지는……(→그런 내 마음은 아랑곳없이 할아버지는……)[고등 국어]

(11)의 문장은 전후 문맥에 같은 내용이 제시되지 않았는데 단독으로 보조사 '-도'가 쓰였다. 이 문장은 정상적인 목적격 조사 '-를'을 사용하는 것이 바람직하다. (12)의 문장은 서술어 '아랑곳없이'가 공동격 조사 '-과'와 호응하지 않는다. 이 문장은 문장 성분 사이의 호응 문제로 볼 수도 있지만 조사 사용의 오류로 처리하는 것이 바람직하다.

4.2.1.7. 어미의 오류

우리말은 교착어의 특징이 있으므로 용언 어간은 어미와 결합을 해야만 발화에서 실현이 된다. 교과서 문장에서 어미의 오류도 빈번히 나타나고 있다.

> (13) 모두가 어렵고 가난했던 시절이었습니다.(→모두가 어렵고 가난한 시절이었습니다.)[중학 국어]
> (14) 나란하게 쓰면(→나란히 쓰면)[고등 국어]

(13)은 관형형 어미에 들어 있는 선어말 어미의 형태 '-았'이 오류이다. 이 형태가 여기에 들어가면 완료상(完了相)을 표현하게 되어 문맥에 맞지 않게 된다. (14)의 문장은 '나란히'라는 부사가 있으므로 굳이 부사형을 쓸 필요가 없다.

4.2.1.8. 피동사와 사동사의 오류

피동사와 관련된 오류 유형은 피동사의 남용과 이중 피동 형태의 오용 현상이 주로 많고, 사동사와 관련된 오류 유형은 사역의 의미가 없는 문맥에서 동사를 만드는 접미사 '-하다'가 나타날 자리에 '-시키다'가 나타나는 예시가 대부분을 차지하고 있다.

> (15) 닫혀진 약국(→ 닫힌 약국)[중학 국어]
> (16) 어린이들이 작동시켜도(→ 작동해도) 안전합니다.[중학 생활 국어]

(15)의 문장은 피동사를 만드는 접미사 '-이, 히, 리, 기'와 통사적 피동 구조 '-어지-'가 중복된 이중 피동 형태를 보여 주고 있다. (16)의 문장은 사동사와 관련이 있는 문장으로 접미사 '-하다'가 나타날 자리에 '-시키다'가 쓰였다. 이 접미사 '-시키다'는 원래 '누가 누구에게 무슨 일을 하게 하다'가 성립하는 문장에서 사용되어야 하는데 그와 같은 문장이 아닌데도 사용되고 있다.

4.2.1.9. 외국어 번역투 문장

외국어 번역투와 관련된 오류의 유형은 영어 번역투와 한문 번역투로 구분해 볼 수 있다. 영어 번역투의 문장은 영어 구문 구조가 현대의 우리말 구문에 영향을 미친 경우이고, 한문 번역투의 문장은 한문 원전에 토를 달면서 읽고 의미를 새기던 구결 확정 작업의 전통이 남아서 현대의 우리말 구문에까지 영향을 미친 것으로 볼 수 있다.

> (17) 사랑하는 처자를 가진 가장은 부지런할 수밖에 없다.(→ 사랑하는 처자가 있는 가장은 부지런할 수밖에 없다.)[고등 국어]
> (18) 메시지와 함께 소리로 인해 고통 받는 내 심정을(→ 메시지와 함께 소리로 고통 받는 내 심정을)[중학 국어]

(17)의 문장은 영어의 구문 구조로, 소유 구문을 나타내는 동사 'have'의 흔적이 드러나 있다. (18)의 문장은 한문 구문에 사용되는 문장으로 한자 '인(因)'의 영향으로 볼 수 있다.

4.2.2. 문장 간의 응결성과 응집성이 깨진 문장

4.2.2.1. 부적절한 접속 관계

문장과 문장의 접속 방법은 접속사를 이용한 것과 접속 어미를 사용하는 것 두 가지가 있다. 교과용 도서에서 부적절하게 문장이 접속되어 문법적으로 어색한 경우가 있다.

> (1) 이야기 장면이 주어지면 언어 표현 중에서 일정한 성분을 생략할 수 있다. 그러나(→생략) 실제 이야기에서는 장면에 따라 어떤 성분이라도 생략될 수 있다.[고등 문법]
> (2) 어린이 교통사고를 막기 위해서는, 어린이 교통사고의 원인을 정확하게 파악하고, 평소에 조심하도록 주의해야 한다.(→ 어린이 교통사고를 막기 위해서는, 어린이 교통사고의 원인을 정확하게 파악하여 그 대책을 마련해야 하며, 어린이들에게도 늘 주의 하도록 일러주어야 한다.[초등 읽기]

(1)의 문장은 접속 부사 '그러나'가 들어갈 필요가 없는데 들어갔다. 접속 부사 '그러나'는 앞뒤 문장의 의미 관계가 상반될 때에 쓰이므로, 위와 같이 앞뒤 문장이 서로 상반되지 않을 때는 쓰지 않는 것이 자연스럽다. (2)의 문장은 접속 어미 '-고'에 연결된 두 문장이 문법적으로나 의미적으로 대등하지 않아 자연스럽지 못하다. 문장의 설명 내용은 어린이의 교통사고를 막기 위한 방안으로 어린이 교통사고의 원인을 정확하게 파악하는 것과 평소에 조심하도록 주의하는 것을 제시하고 있다. 그런데 교통사고의 원인을 파악하는 주체는 어린이가 아니라 대책을 수립하는 기관이며, 이에 비해 평소에 조심해야 하는 주체는 어린이다.

4.2.2.2. 부적절한 대용어

교과서 문장에서 대용어를 잘못 사용하여 부적절한 문장이 된 경우가 있다. 대용어는 어떤 대상을 대신한다는 본래의 기능이 있는데 앞뒤 문장의 관계를 살펴가며 적절한 대용어를 사용해야만 한다.

(3) 소년은 대답하였다. "그럼 우리 같이 갑시다. 나는 무지개를 꼭 잡고야 말겠소." 여기서(→이렇게) 서로 뜻이 맞은 두 소년은 만족해하는 소년을 남겨 두고, 찬란한 무지개를 잡으러 길을 떠났다.[초등 읽기]
(4) 특히 문학 작품을 읽을 때에는 읽는 즐거움과 보람을 알고 이를(→독서를) 생활화 하 는 태도를 기르도록 한다.[고등 국어]

(3)의 문장은 가리키는 대상이 불분명하다. 즉 '여기'가 가리키는 곳이 어디인지 분명하지 않다. (4)의 문장은 '이를 생활화하는 태도를 기르도록 한다.'에서 무엇을 생활화하는 것인지 구체적인 것이 드러나지 않았다. 앞뒤의 내용으로 보아 '독서'를 생활화하는 것 정도로 수정하는 것이 자연스러운 문장이다.

4.2.2.3. 지나친 생략

문장 속에서 생략은 화자와 청자가 서로 공유하고 있는 정보를 문장 속에 나타내지 않는 현상을 말한다. 일반적으로 생략된 부분은 복원할 수 있으며 생략했을 때나 복원했을 때에 모두 문장의 의미가 변하지 않는다. 만약 어떤 성분을 생략했을 때 의미가 달라진다면 그 성분을 생략하지 말아야 한다.

(5) 동행하던 소년은 이렇게 한숨을 쉬었다. "정신 차려요. 여기까지 와서 쓰러지다니……(→동행하던 소년은 이렇게 말하며 한숨을 쉬었다. "정신 차려요. 여기까지 와서 쓰러지다니 ……)[초등 읽기]
(6) '선생님, 죄송합니다. 제가 소심해서……'라고 뒤통수를 긁어 봐. 장내에는 가벼운 웃음이 일겠지.(→'선생님, 죄송합니다. 제가 소심해서 ……'라고 말하면서 뒤통수를 긁어 봐. 장내에는 가벼운 웃음이 일겠지.)[중학 국어]

(5)의 문장은 발화 동사인 '말하다'가 누락되어 부자연스러운 문장이 되었다. 앞 문장과 뒤의 문장이 '한숨을 쉬다'라는 서술구에 의해 연결될 수 없는데도 연결이 되어 있다. (6)의 문장도 '말하다'가 누락되어 부자연스럽다. 즉 "선생님, 죄송합니다. 제가 소심해서……"는 발화 내용이므로 뒤의 문장 "뒤통수를 긁어 봐."와 바로 연결될 수 없다.

4.2.2.4. 부적절한 경어법 사용

우리말은 경어법이 매우 발달된 언어에 속한다. 교과용 도서의 문장에서 높임 표현을 잘못하여 문법적으로 어색한 경우가 있다.

> (7) "왕자님이 무사히 돌아오시게(→돌아오게) 하겠나이다."[초등 읽기]
> (8) "힘들긴요. 청소까지 다 해 놓고 출근하느라고(→출근하시느라고) 엄마께서 더 힘드셨잖아요?"[초등 읽기]

(7)의 문장은 압존법과 관련이 있는데 대화에 등장하는 주체인 '왕자'는 신하의 처지에서는 존대해야 할 대상이지만, 말을 듣는 '임금'의 처지를 고려하면 존대하지 말아야 할 대상이다. 즉 '돌아오다'의 주체는 왕자이고 들을이는 임금이므로 주체를 높이지 않고 들을이를 높이는 표현으로 바꾸어야 한다. (8)의 문장은 어머니와 딸 사이에 오고 가는 대화의 일부인데, 딸의 처지에서 보면 어머니는 존대해야 할 대상이다. 따라서 주체를 존대하는 어미 '-시-'를 사용하여 '출근하다'를 '출근하시다'로 바꾸어야 한다.

4.2.2.5. 동어 반복 및 동의 반복

교과서 문장에서 같은 말을 되풀이하거나 특별한 이유 없이 유사한 의미를 되풀이하는 경우가 있다. 부적절한 어휘 사용과도 관련이 있는데 이들은 모두 응결성과 응집성을 떨어뜨리는 결과를 초래한다.

> (9) 예를 들면, 사람의 '눈'과 하늘에서 내리는 '눈'을 들 수 있습니다.(→예를 들면, 사람의 '눈'과 하늘에서 내리는 '눈'이 그렇습니다.)[초등 읽기]
> (10) 병원비 대신에 병원에서 잡일을 하는 것으로 대신할 수 없겠느냐는 환자들의 제안에(→병원비를 병원에서 잡일을 하는 것으로 대신할 수 없겠느냐는 환자들의 제안에)[중학 국어]

위의 문장은 동어 반복 및 동의 반복을 하였기 때문에 교과용 도서의 문장으로서 적절하지 못하다. (9)의 문장은 '들다'가, (10)의 문장은 '대신'이 반복적으로 나타나고 있다.

4.2.2.6. 부적절한 비교와 비유

교과서 문장에서 두 대상을 비교하여 글로 나타낼 때 비교의 대상이 분명하지 않거나 정확한 비교 표현을 사용하지 않은 경우가 있고, 또 비유 표현이 앞뒤 문맥에 어울리지 않아 글의 논리적인 연결이 어색한 경우도 있다.

> (11) 직지는 독일의 구텐베르크보다 70여 년이나 앞선 것으로, 현존하는 세계 최고의 금속 활자본입니다.(→직지는, 독일의 구텐베르크 금속 활자로 인쇄한 활자본보다 70여년이나 앞선 것으로, 지금까지 전해지고 있는 것 가운데 세계에서 가장 오래 된 금속 활자본입니다.)[초등 읽기]
> (12) 쫄쫄쫄 떨어지던 수돗물이 울음을 그친 아기처럼 뚝 그쳤으니까.(→쫄쫄쫄 떨어지던 수돗물이, 아이가 울음을 그치듯이, 뚝 그쳤으니까)[초등 읽기]

(11)은 비교 표현에 문제가 있는데 '구텐베르크'는 사람 이름이고 '직지'는 활자본의 이름이다. 따라서 '직지'와 '구텐베르크'는 직접 비교할 수 있는 대상이 아니다. (12)는 비유 표현에 문제가 있는데 '쫄쫄쫄 떨어지던 수돗물'을 '울음을 그친 아이'에 비유한 것이 잘못이다. 즉 '울음을 그친 아이'가 아니라 '아이가 울음을 그치는 것'에 비유하여야 바른 표현이 된다.

4.2.2.7. 부적절한 제시문

교과서 문장에서 부적절한 보기나 설명이 들어 있는 경우가 있다. 아무리 문법적인 문장이라고 할지라도 이런 경우는 문장 표현으로서 부적절하다.

> (13) 낱말 가운데는 '국어'나 '읽기'와 같이 모양이 바뀌지 않는 낱말이 있습니다.[초등 읽기]
> (14) 외래어는 상당히 우리말처럼 느껴져 다른 나라에서 온 말이라는 것을 쉽게 느낄 수없는 말이다. '신문, 교실'과 같은 한자어나 '빵, 담배'와 같은 말이 그 예이다. 외국어는 '댄스, 레스토랑'과 같이 다른 나라에서 온 말이라는 것을 금방 알 수 있는 말이다.[중학 생활 국어]

(13)의 문장은 모양이 바뀌지 않는 낱말로 '국어'와 '읽기'를 제시하였는데 교과서 이름으로 '읽기'는 명사이지만 '그는 책을 읽기를 좋아한다.'에서 '읽기'는 동사의 명사형이므로 적절한 보기가 아니다. (14)의 문장은 외래어와 외국어의 개념 설명과 보기가 부적절하다. 일반적으로 외래어는 외국어였던 것이 우리말의 자격을 얻어 우리말로 쓰이고 있어 국어사전에 표제어로 실리는 경우를 말하고, 외국어는 우리말의 자격을 얻지 못하여 국어사전에 실리지 못하는 경우를 말한다. 위에서 외국어라고 제시한 '댄스, 레스토랑'은 국어사전에 표제어로 올라 있다.

5. 교과서 문장의 분석 및 심사

교과서 문장의 분석은 심의나 검정을 위한 평가 측면에서 검토해 보고자 한다. 사실 문장을 분석하는 일은 아무나 할 수 있는 쉬운 일이 아니다. 더구나 교과서 문장을 분석하는 일은 더욱 더 그렇다. 그래서 여기서는 교과서 문장의 오류를 줄이는 방안과 교과서를 심의할 때에 문장의 심사 원칙 및 심사 방법 등에 대하여 살펴본다.

5.1. 문장 차원의 오류

교과서에서 문장 차원의 오류는 개인의 글쓰기 능력이나 습관과 관련이 있다고 생각한다. 문장을 잘 써내는 능력은 그 사람이 얼마나 많은 전문 지식을 가지고 있느냐 하는 문제와 관계가 없기 때문이다. 가령 대학에서 전공 분야의 학업을 심도 있게 수행했다고 해서 문장력도 저절로 향상되는 것은 아닐 것이다. 물론 전공에 따라 독서를 많이 해야 하는 인문 사회 계열 같은 분야라면 학문을 수행하는 과정에서 수준 높은 글쓰기 능력도 저절로 형성되는 경우가 있다. 그래서 인문 사회 계열의 학자 중에는 명문장가(名文章家)도 많다. 그렇지만 국어학이나 국문학을 전공하는 학자라고 하더라도 악문(惡文)을 써 놓고서 자신의 글이 어디가 잘못되었는지 스스로 판단하지 못하는 사람도 많다. 마찬가지로 자연 과학을 전공한 학자라고 하더라도 평소 개인적으로 독서를 많이 한 사람은 수준 높은 글쓰기 능력을 갖추고 있을 수도 있다. 이처럼 글쓰기 능력은 개인의 독서 경향이나 독서량, 특히 이 방면에 대한 관심도에 따라 다르게 형성이 된다. 그러나 글쓰기와 관련이 없거나 먼 분야에 종사하는 사람일 경우 글쓰기 능력은 저절로 확보되지 않는다.

교과서 문장을 대상으로 하여 오류 실태를 분석해 보면 대체로 조사와 어미 활용, 피동과 사동 표현 등에 집중되어 있다. 이것은 교과서 문장에서 발견되는 오류가 문장 성분 사이의 호응이나 접속, 수식 등 문장의 구조와 관련된 거시적 차원의 오류라기보다는 곡용과 활용, 피동사와 사동사의 생성 등 단어의 문법적 용법과 관련된 미시적 차원의 오류와 더 많이 관련되어 있다. 이들은 교과서 편찬자나 개발자의 노력 여하에 따라 충분히 개선될 수 있는 사항이다. 좀 더 구체적으로 분석해 보면 다음과 같다.

문장의 구조와 관련된 오류의 유형은 문장 성분 간의 호응 문제, 나열 및 접속 관계, 수식 관계 등과 관련된 것들이다. 문장 성분 간의 호응 문제에서는 주어와 서술어의 호응, 목적어와 서술어의 호응, 부사어와 서술어의 호응이 이루어지지 않은 용례가 발견이 되었으나 우려할 정도의 수준은 아니라고 생각한다. 나열 및 접속 관계의 오류는 동등한 자격의 어구를 접속하지 않은 데서 비롯된 오류가 대부분이고 수식 관계의 오류는 무리한 명사화에서 비롯된 용례가 대부분이었다.

단어의 문법적 용법과 관련된 오류의 유형은 대용어 문제, 잉여성 문제, 조사와 어미의 문제, 피동과 사동의 문제, 외국어 번역투 문제 등과 관련된 것들이다. 이 가운데서 오류가 집중적으로 발견된 영역은 조사와 어미, 피동과 사동, 외국어 번역투 등이었다. 대용어 문제는 대명사의 용법이 잘못된 경우가 오류의 주된 원인이었고 대명사화가 필수적인 문법 절차가 아닌 국어의 특성에서 비롯된 현상이다. 잉여적 표현 문제에서는 주어와 서술어에 동일한 단어가 중복되는 현상이 나타났다. 조사의 용법에서는 적절한 격 배당이 주된 문제의 핵심이었고 어미의 용법에서는 특히 관형절의 시제 표시에서 오류가 나타났다. 피동 표현에서는 피동의 남용 현상과 이중 피동 현상이 발견되었는데 이중 피동은 쓰지 말아야 할 표현이다. 사동 표현에서는 동사화 접미사 '-시키다'의 남용이 지적되었는데 이는 '-시키다'의 영역 확장에서 비롯된 것으로 이해된다. 사역의 의미가 없고 동사화 접미사 '-하다'와 결합한 형태가 이미 존재하는 단어라면 이런 단어는 사용하지 말아야 한다. 특기할 사항은 외국어 번역투 문장이 상당히 많이 발견되었다는 사실이다. 특히 영어 번역투로 볼 수 있는 용례가 다수 발견되었는데 영어의 소유 구문, 접속 구문, 전치사와 결합된 구문, 수동 구문 등의 흔적이 엿보이는 용례가 발견되었다. 이들은 영어의 패권주의가 위세를 떨치고 있는 이 시점에서 영어 구문의 무비판적, 무의식적 수용은 앞으로 우리가 각별한 경계심을 가지고 관찰해야 할 과제라고 생각한다.

5.2. 교과서 문장의 오류를 줄이기 위한 대책

교과서 문장의 오류를 줄이기 위한 대책을 여러 가지로 생각해 볼 수 있다.

우선 정부 부처의 교과서 정책 측면과 교육을 통한 국민의 글쓰기 능력 향상 측면을 고려해 볼 수 있을 것이다.

5.2.1. 정부 정책의 측면

우리나라의 교육 정책이 정권이 바뀔 때마다 책임자가 바뀔 때마다 교과서 정책이 바뀐다면 큰 문제가 아닐 수 없다. 교육은 백년지계(百年之計)라는 말이 있듯이 한 번 계획된 교육 정책은 가능한 한 바꾸지 말아야 한다. 물론 교육 계획을 세울 때에는 신중을 기해서 세워야 하겠지만 교과서 정책도 되도록 바꾸지 않는 것이 좋을 것이다.

여기서는 교과서 문장의 오류를 줄이기 위한 대책과 관련하여 교과서 정책의 측면에 대하여 살펴보고자 한다.

첫째, 교과서 문장의 오류를 줄이기 위해 시급한 것은 전문 인력을 확충하는 방안이다. 현재 교육부에는 각 과목당 1~2명의 편수관이 있는데 이들이 검수를 해야 할 교과서가 수백여 종(국정 도서, 검정 도서, 인정 도서 포함)이 넘는다고 하니, 아예 내용 검토는 불가능한 일일 것이다. 이 정도라면 교과서 검수는 형식적일 수밖에 없을 것이다. 당장 전문 편찬 인력을 확충하지 않는다면 교과서 문장의 오류는 계속해서 나타날 것이다.

둘째, 교과서의 편찬 지원액을 증액해야 한다. 현재 각 교과별 교과서 편찬 지원액은 차이가 있지만 편찬 총액의 5분의 1 수준에 불과하다. 물론 대형 출판사는 상황이 조금 낫겠지만 영세 출판사는 너무나 적은 예산이므로 교과서 문장의 오류를 확인할 예산은 전혀 없는 것이다. 이 정도의 예산이라면 차라리 교과서를 모두 자유 발행 제도로 전환하는 것을 검토해 보는 것이 좋을 듯하다.

셋째, 교과서 개발 기간을 늘려야 한다. 내년에 배울 교과서를 올해 개발하는 방식으로 추진해서는 곤란하다. 최소한 2·3년, 길게는 5년 이상 시간을 두고 정말 훌륭한 교과용 도서를 개발할 수 있는 기간을 확보해 주어야 한다. 또한 이것은 정부가 교과 과정 개발 기간을 법률로 명시하는 일이며, 상당 기간 동안은 교과서 정책을 바꾸지 않겠다는 정부의 교육 정책 의지와도 관련이 있을 것이다.

넷째, 사전 또는 사후 교과서의 검증을 위한 대책이 마련되어야 한다. 실험본 교과서를 국립국어원 등 전문 기관의 사전 검토를 받거나 교육부 내에 전문 위원회를 조직하여 검증을 받을 수 있도록 조치하여야 할 것이다.

다섯째, 편수 자료를 제때에 발간해야 한다. 편수 자료는 교과서를 편찬하고 사용하는 과정에 참여하는 구성원이 반드시 알아야 할 사안을 설명하는 안내서와 같은 기능을 한다.

5.2.2. 국민의 글쓰기 능력 측면

동서양을 막론하고 중세 이전의 시절에는 글쓰기 능력은 일부 지식인들에게만 요구되는 능력이었다. 전체 인구에서 볼 때, 수준이 보장된 문장을 작성해 낼 줄 아는 지식인의 비율은 그리 높지 않았으며 소수의 지식인만이 그런 능력을 갖추고 있었다. 현대로 들어오면서 사회 전체에서 지식인이 차지하는 비율은 과거에 비하여 대폭 늘어났지만 지식인에게 일정한 수준의 문장 생산 능력을 요구하는 상황은 옛날과 달라진 것이 없다.

오늘날 거의 모든 대학에서 문장 능력을 훈련하기 위한 교육을 다양하게 운용하고 있는 것도 지식인의 문장 작성 능력을 중시하는 풍토에 기인한 것이며, 이러한 상황은 앞으로도 크게 달라지지 않을 것이다.

이러한 측면에서 볼 때 문장을 바르고 정확하게 생산해 낼 줄 아는 능력을 다지기 위하여 전문적인 훈련을 할 필요가 있고 교육이나 상담을 하는 기구가 필요할 것이다. 가령 각 대학에 '문장 상담소' 같은 기구를 설치하여 학생들이 작성한 보고서나 논문, 학위 논문 등을 전문적으로 상담해 주고 지도해 준다면 이는 대학생들의 글쓰기 능력을 향상시켜 줄 수 있을 것이다. 이렇게 대학생들의 글쓰기 능력이 어느 정도 향상이 된다면 점증적으로 고등학교, 중학교 또는 각 정부 부처나 직장 등으로 확대해 갈 수 있을 것이다. 결국에는 전 국민의 글쓰기 능력이 현저하게 개선되고 향상될 수 있을 것이다.

한 나라가 얼마나 문화 선진국인가를 알아보는 문화의 척도를 국민의 글쓰기

능력에 두어 이를 평가해야 한다고 주장이 나오고 있다. 모든 국민이 높은 글쓰기 수준을 갖추었다면 그 나라는 결코 후진국일 수 없다는 것이다. 그렇다면 글쓰기 수준을 평가하는 기준은 무엇이 될까? 바로 그 나라의 교과서 문장이 될 것이다. 교과서 문장은 바로 우리 국민의 글쓰기 모습을 그대로 말해 주기 때문이다. 교과서 문장은 대부분 지식인들의 손으로 쓰였을 뿐만 아니라 여러 사람의 손을 거치면서 다듬어진 결과인 것이다. 그런데도 오류가 지적된다면 일차적인 책임은 집필자에게 있을 것이고, 또한 편수 관계자나 출판 관계자에게도 일부분 그 책임이 있을 것이다.

이러한 교과서 개발과 편찬의 현실을 개선하기 위해서 교과서 문장을 작성하는 집필자는 다른 글에 비해 좋은 글, 바른 글을 써야겠다는 노력을 더 많이 기울여야 한다. 이 과정에서 국어사전을 참고해야 하는 것은 필수적이고 어문 규정을 철저히 익혀 정확한 글을 써야 할 것이다. 또한 집필자는 완성된 글을 집필자 자신이 여러 번 검토를 하여 수정을 해야 하겠지만 남에게 보여 주는 것을 결코 두려워하지 말아야 한다. 언젠가는 모든 사람에게 공개되는 것이 교과서 문장이므로 출판되기 전에 반드시 사전 검증을 받는 것이 좋을 것이다.

그리고 편수 관계자나 출판 관계자는 그러한 노력을 도와줄 수 있도록 충분한 연구와 제도를 마련해 주어야 한다. 지금 우리 교과서 문장의 상황은 한 번 지적되는 내용이 반복하여 지적되는 경우가 많다. 이러한 상황은 어떤 잘못된 문장이 있을 때에 왜 그 문장이 잘못된 문장인지 명쾌하게 설명해 주지 못하기 때문이며 어떻게 쓰는 것이 바른 문장인지 충분한 연구가 없었기 때문이다.

5.3. 교과서 문장의 심사 원칙

교과서의 검정 업무는 양질의 도서를 선별해 내기 위하여 공정하고 효율적인 방법에 따라 수행되고 있다. 이를 위하여 위원회는 교육과정 취지에 맞는 양질의 교과용 도서를 선별하여 기존 교과서 문제점을 해결하도록 하는 합목적성, 검정 참여자의 이해관계나 편견, 우연성 등을 초월하여 최선의 판정을 할 수 있도록 법규에 따라 엄정하게 심의하는 공정성, 최소 비용·최대 효용 원칙에 따라 업무를 진행하는 효율성을 검정 실시의 기본 방향으로 설정하고 있다.

이를 바탕으로 하여 교과서 문장의 심사는 국어 표기와 표현을 연구 위원들이 조사하고 있다. 먼저 국어 표기와 관련해서는 한글 맞춤법, 표준어 규정, 외래어 표기법, 로마자 표기법 등 어문 규범 준수 여부와 편수 자료의 용어 사용 여부를 조사한다. 국어 표현과 관련해서는 몇 가지 진술 원칙을 제시하고 있는데 다음과 같다.

첫째, 교과서 문장은 분명해야 한다. 문장을 명료하게 기술하여 그 뜻을 쉽게 알 수 있도록 해야 한다. 불분명한 문장은 의사소통에도 문제가 있지만 교육에도 많은 지장을 초래하기 때문이다.

둘째, 교과서 문장은 정확해야 한다. 진술된 내용에 오류가 없어야 한다는 것이다. 정확한 문장은 사실에 근거를 두고 진술해야 하며 왜곡하거나 조작하는 일이 없어야 하다. 글쓰기에서 정확성은 글쓴이의 인격과도 무관하지 않다.

셋째, 교과서 문장은 정밀해야 한다. 진술된 내용에 대한 설명은 깊이 있게 자세히 해야 된다. 물론 학교 간 차이는 있겠지만 깊이 있는 설명은 누구나 필요한 부분이다.

넷째, 교과서의 문장은 논리적으로 일관성이 있어야 한다. 진술된 내용이 앞뒤가 맞아야 하고 일률적이어야 한다. 문장이 자꾸 변하면 혼란을 가져다주기 때문이다.

다섯째, 교과서의 문장은 의미가 있어야 한다. 진술된 내용이 주제 상황에 맞게 의미 있는 내용이어야 한다는 것이다. 주제와 내용이 맞지 않으면 국어 문장으로서 좋은 글이 될 수 없는 것이다.

특히 '국어' 과목은 다음과 같은 것을 예시하고 있는데 ① 학생 수준을 고려하지 아니 한 과다 분량과 부실 내용 ② 내용에 대한 합리적인 설명과 학습 방법 안내, 학습 자료 부족 ③ 구성이 산만하며 체계가 부실하고 중복된 내용과 맞지 않은 내용 ④ 구조화 및 체계화가 미흡한 내용 ⑤ 작품 선정이 나쁘고 실제 내용과 긴밀도가 미흡하며 지식 전달과 표현 수단에만 치중된 내용 등이다.

6. 맺음말

지금까지 교과서 문장의 글쓰기에 대하여 이모저모를 살펴보았다. 이 글을 쓴 목적이 교과서 문장의 오류를 줄이고 온 국민이 바른 문장을 쓰는 능력을 향상시키는 데 있지만 이 일이 그렇게 쉬운 일만은 아니다. 아무리 체계화된 이론만을 습득한다고 해도 금방 해결될 문제가 아니다. 비교적 문장의 오류가 적다고 생각하는 교과서의 문장이 이 정도라면 다른 교과서나 신문, 잡지 등은 더 말할 것이 없을 것이다. 교과서 문장의 오류를 줄이기 위한 최선의 방법은 아마도 실제 예시를 중심으로 하여 끊임없이 수정하고 검토하는 훈련이 필요할 것이다.

특히 교과서에 실릴 문장이라면 더욱 철저하게 검토하고 검증을 받아야 한다. 교과서 문장은 모든 문장의 모범을 보여 주어야 하기 때문이다. 그래서 교과서 문장을 작성한 사람은 다른 글에 비해 좋은 글, 바른 글을 쓰려는 노력을 더 많이 기울여야 한다. 또 여러 사람의 윤문 과정을 거쳐 올바른 문장으로 다듬어야 할 것이다.

이런 교과서 문장을 개선하기 위해서는 우선 글을 쓰는 개인의 노력이 각별히 필요할 것이다. 또 교과서에 실리는 글일 때에는 그 중요성을 생각하여 더욱 세심한 주의가 필요하다. 그리고 문장의 오류 유형이나 바른 문장에 대한 연구가 끊임없이 있어야 한다. 같은 잘못이 반복되는 것은 잘못된 까닭을 명쾌하게 설명해 주지 않았기 때문이다. 잘못된 문장이 있을 때 그 까닭을 명쾌하게 설명할 수 있어야 하며 나아가 어떻게 쓰는 것이 바른 문장을 쓰는 것인지에 대한 연구가 계속 쌓여 가야 할 것이다.

※ 한국교과서연구재단, 『교과서 출판교실 강의 교재』(2006. 10.)를 수정하여 보완한 것임.

찾아보기

(ㄱ)

가독성 ················ 21
가로풀어쓰기 ············ 202
가운뎃점 ·············· 170
각성 ················· 18
간결체 ··············· 530
간디아카데미 ············ 300
간편화 ················ 18
강건체 ··············· 530
강압 통치 ·············· 39
강조성 ··············· 529
건재 정인승 ············ 485
건조체 ··············· 530
겨레말큰사전 ············ 128
경성어 ················ 46
경어법 ··············· 457
경어체 ··············· 531
경하전 ················ 15
고어 사전 ············· 492
고유어 ··············· 121
고저표 ················ 46
고전대감 ··············· 15
공공언어지원단 ·········· 254
공동체 사회 ············ 476
공용어 ············ 185, 253
공자 학원 ············· 264
공통어 ············· 22, 128

관형사 ················ 92
광고 문안 ············· 407
광고 언어 ············· 407
괴테 인스티투트 ········· 264
교양(教養)의 기능 ········ 489
교원자격검정령 ·········· 328
교육과정 ············· 444
교육과학기술부 ·········· 254
교육진흥부 ············ 254
교재 은행 ············· 311
교정 편람 ·············· 81
구결문 ················ 72
구결법 ················ 72
구두법 ················ 71
구문식 ················ 72
구어 ················ 117
구어체 ··············· 531
구역인왕경 ············· 72
구절식 ················ 72
구텐베르크 ············ 459
국가 경쟁력 ············ 305
국립국어연구원 ·········· 254
국립국어원 ········ 196, 254
국립국제교육원 ·········· 269
국문 ················· 11
국문동식회 ············· 47
국문연구소 ············· 38

국문연구의정안 ················· 46
국문정리 ························· 20
국문초학 ························· 21
국수주의 ······················· 165
국어 4법 ························ 20
국어 교과서 ···················· 444
국어 사랑 ······················ 165
국어 상용 ······················· 42
국어 순화 ······················ 133
국어 정책 ······················· 37
국어 편수관 ···················· 465
국어대사전 ····················· 104
국어문화원 ····················· 334
국어민족문화과 ················· 254
국어사전 ······················· 445
국어사정위원회 ················· 258
국어심의회 ····················· 194
국어연구소 ····················· 254
국어연구학회 ···················· 47
국어정책과 ····················· 254
국어학자 ······················· 445
국제 공개어 ····················· 32
국제 음성 기호 ················· 172
국제결혼 ······················· 354
국제결혼이주여성 ··············· 325
국제교육진흥원 ················· 269
국제이주기구 ··················· 298
국제표준기구(ISO) ············· 245
국한문체 ······················· 531
군국주의 ······················· 297
궁체 ··························· 503

권점 ···························· 20
권환 ···························· 20
궐자법 ························· 74
규범성 ························ 135
규범어 ························ 128
글방 ··························· 260
글자 혁명 ······················ 14
글자꼴 ························· 25
기념주화 ······················· 16
기획관리과 ···················· 254

(ㄴ)

노르웨이어 ···················· 255
누리 – 세종학당 ·········· 264, 326

(ㄷ)

다듬은 말 묶음 ················ 204
다문화 가정 ··················· 353
다문화가족지원센터 ············ 334
단모음 ························· 418
대국 언어 ····················· 296
대성 ··························· 18
대중 매체 ····················· 377
대한민일신보 ··················· 76
덴마크어 ······················ 255
도배 ·························· 471
독립경고문 ···················· 20
독립신문 ··················· 21, 71
독음법 ························ 229
독일어 ························ 255
돋움체 ························ 503

찾아보기 • 559

돌림자 ·· 25
동국정운 ·· 15
동북 공정 ······································ 261
동어 반복 ······································ 458
동의 반복 ································ 176, 458
동질화 ··· 225
두문자어 ·· 23
두미사 ··· 494
두음 법칙 ································ 231, 509
들을이 ··· 457

(ㄹ)

루마니아어 ···································· 255
리두 연구 ····································· 200

(ㅁ)

만연체 ··· 530
말다듬기 ······································ 210
말뭉치 ·· 23
말본 파동 ······································· 58
말본파 ·· 59
말의 소리 ································· 21, 77
미일신문 ······································· 76
매일신보 ······································· 77
매큔-라이샤워안 ······························ 244
머리글자 ······································ 170
명문장가 ······································ 551
모아쓰기 ······································· 26
무단 통치 ······································· 39
무성 파열음 ··································· 418
문교부 ··· 254

문맹 퇴치 ····································· 238
문법 의식 ······································· 16
문법 통일안 ··································· 191
문법 파동 ····································· 191
문법파 ·· 59
문어 ··· 117
문어체 ··· 531
문자 개혁 ····································· 202
문자 정책 ······································· 34
문장 부호 ····································· 170
문장 상담소 ··································· 466
문장 성분 ····································· 450
문학 작품 ····································· 446
문화 강국 ····································· 261
문화 충격 ····································· 265
문화 통치 ······································· 39
문화부 ··· 254
문화어 ································· 202, 226
문화어 발음법 ································ 241
문화어 운동 ··································· 198
문화어 학습 ··································· 203
문화예술국 ···································· 254
문화체육관광부 ······························· 254
물음과 대답 ··································· 505
미적 기능 ····································· 471
민본 정신 ······································· 14
민족주의 ······································ 165

(ㅂ)

바탕체 ··· 503
반모음 ··· 439

반점	170
방문 취업	299
방문 취업제	262
방선	21
방언	462
방언 사전	492
방언사전	123, 204
백년지계	553
번역체	531
변동	18
별전	15
보건교사	328
보조 용언	88
보조사	84, 85
복선	21
복선법	21
복수 표준어	109
분석식	72
브리티시 카운슬	264
비방	471
비속어	471
비어체	531

(ㅅ)

사고방식	17
사대주의	18
사서교사	328
사숙	260
사전편찬리론연구	204
사화기략	76
사회교육원	263
삼다설	522
상용일천한자표	189
상호 수용	374
새한글사전	104
생활 국어	444
서당	260
서유견문	76
석보상절	16
설득	377
성차별	471
성희롱	471
세계관 이론	245
세계이민백서	298
세르보크로아트어	255
세종 사업	326
세종학당	253
소년	22
소프트웨어 방식	30
수식 구조	179
순결성	135
순차 배열	503
순행 동화	229
쉬운말 사전	137
스웨덴어	255
시편촬요	76
신약젼셔	76
신어	117
신어 사전	492
신역화엄경	72
신정국문	46
신조어	117

신철자법 ·· 51
신해혁명 ·· 514
신흥 대국 ······································· 32
실기교사 ·· 328
심사 방법 ·· 550
심사 원칙 ·· 550
쓰기 ·· 444
쓰기체 ·· 503

(ㅇ)

악문 ·· 551
알리앙스 프랑세즈 ······················ 264
압존법 ·· 457
애니메이션 ···································· 263
약어 ·· 23
양성기관 ·· 329
어규 ·· 487
어문과 ·· 254
어문연구실 ···································· 254
어문출판국 ···································· 254
어미 ·· 86
어사(語辭) ······························ 493, 494
어원 사전 ······································ 492
어음 ·· 487
어의 ·· 494
어재(語材) ····································· 492
어중 ·· 416
어형식 ·· 72
언문 철자법 ·································· 44
언어 계획 ······································ 38
언어 분포 ······································ 296

언어 수련 ······································ 38
언어 정책 ······························ 38, 253
언어 제국주의 ······························ 307
언어폭력 ·· 470
언어학연구소 ································ 258
에스파냐어 ···································· 255
연희전문학교 ································ 485
영양교사 ·· 328
영어 ·· 255
영어 교육세 ·································· 292
예성표 ·· 46
오스왈드 스펜글러 ······················ 297
온누리안 ·· 353
완결성 ·· 529
완료상 ·· 454
완성형 한글 ·································· 28
외국말 적기법 ······························ 243
외국어 ·· 243
외국어 교육세 ······························ 292
외래 요소 ······································ 211
외래어 ·· 243
외래어 사전 ·································· 492
욕설 ·· 471
용비어천가 ···································· 16
우경화 ·· 261
우리나라에서의 어휘정리 ·········· 204
우리말 어휘 및 표현 ·················· 204
우리말본 ·· 78
우유체 ·· 530
원어 ·· 416
월인천강지곡 ································ 16

유비쿼터스	263	재외동포	327
유행어	471	재외동포위원회	283
은어	471	저비용 고효율	265
음소주의	51	전문상담교사	328
음역	24, 256	전문어 사전	492
음운첨가	241	전북 방언	122
응결성	458	전사법	256
응집성	458	전설 모음화	229
의사소통	507	전자법	256
의존 명사	84, 85	접두사	92
이두	17	접미사	85
이주노동자	325	접속 관계	452
이주민지원센터	338	접속 용언	88
이중 구조	20	정간보	14
이중 언어반	370	정교사	328
이중 피동	454	정보 기능	471
이탈리아어	255	정음	49
인도주의	14	정착	18
인증제도	346	제목체	503
일관성	529	제자 원리	25
일본어	255	조사	86
일본어 교육 센터	264	조선 교육령	40
일상 회화체	394	조선 국어	187
일제 강점기	36	조선말 규범집	201
		조선말 사전	200
(ㅈ)		조선말규범집	96
자 띄움법	74	조선말대사전	227
자주정신	13	조선문화어문법	204
작문	444	조선문화어사전	203
장모음	438	조선방언학개요	200
재외국민교육원	269	조선속담	204

조선어 강습원	47
조선어 사전	41
조선어 소사전	200
조선어 철자법	199
조선어력사문법	204
조선어문법	78
조선어문법제요	78
조선어문연구회	197
조선어연구회	48
조선어철자법	95
조선어학개론	204
조선어학연구회	38
조선어학회	38
조선어학회 사건	45
조선총독부	38
조어법	165, 233
조음 방법	26
조음 위치	26
조일사전	47
조합형 한글	29
존중	374
종합국어대사전	105
좌견점	102
준거(準據)의 기능	489
준교사	328, 337
준교원	337
준사서	337
준학예사	337
줄 바꿈법	74
중국어	255
중모음	418, 438
중세국어	122
지시 기능	471
지역 방언	226
지역어	101, 119
직지	459
집단 따돌림	472
집현전	268

(ㅊ)

참화	19
창씨 개명	45
창제	18
청춘	22
체코어	255
쵸목필지	78
칙령	11
친교 기능	471

(ㅋ)

코시안	353
크리스탈	295
큰따옴표	170

(ㅌ)

탈네모꼴	27
탈무드	450
태서신사	21
통사 구성	447
통일(統一)의 기능	489
통일국어대사전	105
통일성	529

(ㅍ)

파생어 …………………………………… 92
파열음 ………………………………… 419
패권주의 ……………………………… 297
편수 자료 ……………………………… 60
평생교육원 …………………………… 263
평어체 ………………………………… 531
폴란드어 ……………………………… 255
표기 세칙 ……………………………… 24
표음주의 ……………………………… 24
표음주의 표기법 ……………………… 50
표의주의 표기법 ……………………… 50
표준 발음법 ………………………… 112
표준국어대사전 …………………… 105
표준말 모음 ………………………… 103
표준어 ………………………………… 226
표준어 규정 ………………………… 113
표준어 모음 ………………………… 112
표준어 사전 ………………………… 492
표준어 사정 ………………………… 114
표현 기능 …………………………… 471
프랑스어 ……………………………… 255

(ㅎ)

하드웨어 방식 ………………………… 30
학교 문법 ……………………………… 58
학당 …………………………………… 260
학부 ……………………………………… 38
학예연구관 ………………………… 254
한국교육원 ………………………… 261
한국어 교육 봉사자 ……………… 343
한국어교원 …………………… 275, 325
한국어교육능력검정시험 ………… 326
한국어문화학교 …………………… 260
한국어세계화재단 ………………… 289
한국어세계화추진위원회 ………… 289
한국학교 …………………………… 261
한글 간소화 …………………………… 19
한글 기계화 ………………………… 486
한글 나눔 ……………………………… 31
한글 문화권 …………………………… 31
한글 전용 ……………………………… 68
한글 전용법 …………………………… 20
한글 진흥 ……………………………… 33
한글 코드 ……………………………… 28
한글진흥원 …………………………… 34
한글학교 …………………………… 261
한류 ………………………………… 261
한성주보 ……………………………… 76
한자성어 …………………………… 447
합리성 ………………………………… 135
합성 동사 …………………………… 447
합성 명사 …………………………… 90, 447
합성 부사 ……………………………… 92
합성 용언 ……………………… 88, 90
합성어 ………………………… 90, 446
향가 …………………………………… 17
향가 해석 …………………………… 200
헝가리어 …………………………… 255
헤드 스타트 ………………………… 368
현금 조선문전 ……………………… 78
현대 조선말 사전 ………………… 204

현대 조선말사전	203	황성신문	76
협성회회보	76	효뎨례의	15
형태주의	51	훈몽자회	26
호환성	28	훈민정음	11
홍무정운역훈	15	훈민정음체	503
화려체	530	홈볼트	245
화엄경소	72